MANUAL DEL SISTEMA TRIBUTARIO ESPAÑOL

JAIME GARCIA AÑOVEROS
Catedrático de Dcho. Fro. y Tributario de la Universidad de Sevilla

JUAN CALERO GALLEGO
Catedrático de Dcho. Fro. y Tributario de la Universidad de Sevilla

FRANCISCO ESCRIBANO LOPEZ
Catedrático de Dcho. Fro. y Tributario de la Universidad de Cádiz

RAFAEL NAVAS VAZQUEZ
Catedrático de Dcho. Fro. y Tributario de la Universidad de Huelva

IGNACIO PEREZ ROYO
Profesor Asociado de Dcho. Fro. y Tributario de la Universidad de Sevilla

SALVADOR RAMIREZ GOMEZ
Profesor Titular de Dcho. Fro. y Tributario de la Universidad de Sevilla

ANTONIO VAZQUEZ DE LA TORRE
Profesor Asociado de Dcho. Fro. y Tributario de la Universidad de Sevilla

MANUAL DEL SISTEMA TRIBUTARIO ESPAÑOL

QUINTA EDICION

EDITORIAL CIVITAS, S. A.

MADRID, 1997

Primera edición, 1993
Segunda edición, 1994
Tercera edición, 1995
Cuarta edición, 1996
Quinta edición, 1997
Edición cerrada a 1 de septiemre de 1997

La dirección de la obra y su primer capítulo se deben a Jaime García Añoveros.
Las restantes partes del libro han sido elaboradas por los siguientes autores:

Capítulo 2: Juan Calero Gallego.
Capítulos 3, 7 y 12: Rafael Navas Vázquez.
Capítulos 4, 5, 8, 9, 13 y 15: Ignacio Pérez Royo.
Capítulos 6 y 14: Francisco Escribano López.
Capítulos 10 y 16: Antonio Vázquez de la Torre González-Meneses.
Capítulo 11: Salvador Ramírez Gómez.

Editorial Civitas, S.A.
Ignacio Ellacuría, 3. 28017 Madrid (España)
ISBN: 84-470-0945-9
Depósito legal: M. 33.279-1997
Compuesto en Sociedad Anónima de Fotocomposición
Printed in Spain - Impreso en España
por Closas-Orcoyen. Paracuellos de Jarama (Madrid)

NOTA DE LOS AUTORES

Los libros deben explicarse por sí mismos, y éste no pretende ser una excepción. Sin embargo unas breves palabras pueden ayudar a su mejor encuadramiento.

Esta obra está pensada y realizada para servir de Manual para los alumnos que en las Universidades han de afrontar el estudio de la parte especial del Derecho Tributario, dándose, por tanto, por supuesto el conocimiento de la parte general del Derecho Financiero y, concretamente, del Tributario.

En el texto no se consideran solamente las normas tributarias elaboradas y promulgadas en España, sino las de aplicación en España, aunque sean de elaboración comunitaria; lo que parece más coherente con la nueva situación generada por el Tratado de Maastricht. Por ello se tratan los impuestos aduaneros y se presta especial atención, en el primer capítulo, a la inserción tributaria europea.

La exposición es coherente con la estructura y distribución del poder tributario en España, que es un Estado de Autonomías en el que existen además las singularidades territoriales que significan los regímenes forales tradicionales y los de Canarias, Ceuta y Melilla. Pero los tributos se enuncian y estudian según su naturaleza, tal como resulta de las clasificaciones presupuestarias. Por ello los tributos locales se insertan en el lugar que a cada uno de ellos corresponde. Los problemas no tributarios de las Haciendas Locales no son propios de este libro sobre el sistema tributario.

No es fácil exagerar la importancia de la Constitución para el sistema tributario. Precisamente, la inercia de las ideas y de las normas hace que los desajustes entre Constitución y sistema tributario sean un problema real. Aunque el sistema tributario no es un mero desarrollo constitucional, sí está condicionado por la Constitución de manera más profunda que lo que habitualmente se piensa.

Con un criterio de síntesis, y procurando la brevedad, se ha tratado de incorporar el imprescindible espíritu crítico. Aunque la exposición es descriptiva, se plantean los problemas de aplicación, y por tanto, de interpretación de las normas a la luz de los principios constitucionales.

Se ha pretendido atender, en cada caso, a la fundamentación del tributo, a la racionalidad de la determinación de su objeto y a la modulación de las circunstancias que determinan la cantidad a pagar por cada sujeto. Sin desviarse, por tanto, del principal objetivo docente de esta publicación, es de esperar que el libro resulte de utilidad, no sólo para el estudiante, sino para el estudioso y el profesional.

La presente edición ofrece considerables cambios con respecto a la anterior, debidos ante todo a la amplitud de las reformas legales producidas, esencialmente en el campo de la financiación autónomica, tanto común como foral, y de la imposición directa, consecuencia, en buena medida, de la cesión del IRPF a las CCAA y de la posibilidad de que éstas ejerzan potestades normativas en relación con los impuestos cedidos. Si a esto se une la aprobación del nuevo Reglamento del Impuesto sobre Sociedades, se comprenderá que el texto haya sido reelaborado en algunas de sus partes y sometido, en su conjunto, a una cuidadosa revisión general, que, además, ha mantenido actualizadas las referencias jurisprudenciales. En esa tarea ha seguido estando presente nuestro cuidado de no hacer simples añadidos, sino de mantener la obra dentro de sus cánones originarios. En nuestra pretensión de aumentar la utilidad de este manual para sus lectores en sus sucesivas ediciones, la presente incorpora un índice alfabético de materias que han elaborado los becarios de investigación del Area de Derecho Financiero y Tributario de la Universidad de Sevilla, de cuyos nombres nos es grato dejar constancia: Pilar Cubiles, Rocío Lasarte, Ana Luque, Eva Márquez y Jesús Ramos.

Sevilla, septiembre de 1997

ABREVIATURAS

AEAT	Agencia Estatal de Administración Tributaria
AJD	Actos Jurídicos Documentados
Ar.	Repertorio Cronológico de Jurisprudencia Aranzadi
AT	Actualidad Tributaria
BOCan.	Boletín Oficial de Canarias
BOGuip.	Boletín Oficial de Guipúzcoa
BON	Boletín Oficial de Navarra
BOTHA	Boletín Oficial del Territorio Histórico de Alava
BOV	Boletín Oficial de Vizcaya
CaT	Carta Tributaria
Cc	Código civil
CCAA	Comunidades Autónomas
CCLL	Corporaciones Locales
C. de c.	Código de comercio
CE	Constitución española
CEE	Comunidad Económica Europea
CGCCT	Centro de Gestión Catastral y Cooperación Tributaria
CIF	Código de Identificación Fiscal
CISS, JT	Enciclopedia Fiscal CISS, Jurisprudencia Tributaria
CNAE	Clasificación Nacional de Actividades Económicas
CNV	Consulta no vinculante
CT	Crónica Tributaria
CTRP	Contribución Territorial Rústica y Pecuaria
CTU	Contribución Territorial Urbana
DA	Disposición adicional
DF	Decreto Foral
DGCHT	Dirección General de Coordinación de las Haciendas Territoriales
DGIFT	Dirección General de Inspección Financiera y Tributaria
DGT	Dirección General de Tributos
DGTE	Dirección General de Transacciones Exteriores
Doc. DGT	Impuesto sobre la Renta de las Personas Físicas. Doctrina de la Dirección General de Tributos
DOCE	Diario Oficial de las Comunidades Europeas
DT	Disposición transitoria
EF	Estudios Financieros. Revista de contabilidad y tributación
EO	Estimación Objetiva
FIFO	*First in, first out*
FII	Fondo de Inversión Inmobiliaria
FIM	Fondo de Inversión Mobiliaria
GF	Gaceta Fiscal
IAE	Impuesto sobre Actividades Económicas
IBI	Impuesto sobre Bienes Inmuebles
ICIO	Impuesto sobre Construcciones, Instalaciones y Obras
IF	Información Fiscal *Lex Nova*
IGIC	Impuesto General Indirecto Canario
IGTE	Impuesto General sobre el Tráfico de las Empresas
IIEE	Impuestos Especiales
IIVTNU	Impuesto sobre el Incremento del Valor de los Terrenos de Naturaleza Urbana
INEM	Instituto Nacional de Empleo
IP	Impuesto sobre el Patrimonio
IRPF	Impuesto sobre la Renta de las Personas Físicas
IS	Impuesto sobre Sociedades
ISD	Impuesto sobre Sucesiones y Donaciones
ITP	Impuesto sobre Transmisiones Patrimoniales
ITPAJD	Impuesto sobre Transmisiones Patrimoniales y Actos Jurídicos Documentados
IVA	Impuesto sobre el Valor Añadido
IVTM	Impuesto sobre Vehículos de Tracción Mecánica
JPT	Jefatura Provincial de Tráfico

JT	Jurisprudencia Tributaria Aranzadi
LF	Ley Foral
LGT	Ley General Tributaria
LIFO	*Last in, first out*
LIRPF	Ley del Impuesto sobre la Renta de las Personas Físicas
LIS	Ley del Impuesto sobre Sociedades
LIVA	Ley del Impuesto sobre el Valor Añadido
LO	Ley Orgánica
LOFCA	Ley Orgánica de Financiación de las Comunidades Autónomas
LRHL	Ley Reguladora de las Haciendas Locales
LSA	Ley de Sociedades Anónimas
LTPP	Ley de Tasas y Precios Públicos
NIF	Número de Identificación Fiscal
OCDE	Organización para la Cooperación y el Desarrollo Económico
OS	Operaciones societarias
PGC	Plan General de Contabilidad
PIB	Producto Interior Bruto
QF	Quincena Fiscal
RD	Real Decreto
RD-L	Real Decreto Ley
RDL	Real Decreto Legislativo
Res.	Resolución
RGR	Reglamento General de Recaudación
RIRPF	Reglamento del Impuesto sobre la Renta de las Personas Físicas
RIS	Reglamento del Impuesto sobre Sociedades
RISD	Reglamento del Impuesto sobre Sucesiones y Donaciones
RIVA	Reglamento del Impuesto sobre el Valor Añadido
RJT	Repertorio de Jurisprudencia Tributaria (Centro de Estudios Financieros)
RRM	Reglamento del Registro Mercantil
SAN	Sentencia de la Audiencia Nacional
SAT	Sentencia de la Audiencia Territorial
SII	Sociedad de Inversión Inmobiliaria
SIM	Sociedad de Inversión Mobiliaria
STC	Sentencia del Tribunal Constitucional
STJCE	Sentencia del Tribunal de Justicia de las Comunidades Europeas
STS	Sentencia del Tribunal Supremo
STSJ	Sentencia del Tribunal Superior de Justicia
TC	Tribunal Constitucional
TCCE	Tratado constitutivo de las Comunidades Europeas
TEAC	Tribunal Económico Administrativo Central
TJCE	Tribunal de Justicia de las Comunidades Europeas
TPO	Transmisiones Patrimoniales Onerosas
TR	Texto Refundido
TRTF	Texto Refundido de Tasas Fiscales
TS	Tribunal Supremo
UE	Unión Europea

MANUAL DEL SISTEMA TRIBUTARIO ESPAÑOL

CAPITULO 1
LOS TRIBUTOS EN ESPAÑA

EL SISTEMA TRIBUTARIO ESPAÑOL

1. El sistema tributario

Un sistema tributario es un conjunto coherente de tributos. Cualquier acumulación de tributos no es un sistema tributario. La coherencia es necesaria para que de esa acumulación pueda decirse que es un sistema. La coherencia supone la acomodación de ese colectivo tributario a unos principios, criterios u objetivos. Los tributos existen, en esencia, para financiar gastos públicos, pero esa finalidad financiadora (es decir, recaudatoria) no agota, necesariamente, la racionalidad del tributo. Esta se nutre, también, de otro u otros criterios, directa o indirectamente ligados a la finalidad financiadora.

Como más lógico y esencial, el conjunto de tributos puede estar determinado de acuerdo con un criterio de reparto de la carga pública, la contribución al sostenimiento de los gastos públicos, entre quienes, ciudadanos o no, tengan que pagar. Ese criterio es respuesta a numerosas preguntas: ¿han de pagar todos, o algunos deben ser excluidos?; entre los que se decida que paguen, ¿todos habrán de hacerlo por igual, o unos habrán de contribuir más que otros?; si unos han de pagar más que otros, ¿habrán de hacerlo según su riqueza, o capacidad económica, o de acuerdo con los beneficios recibidos del ente público?; ¿han de tenerse también en cuenta otros criterios de discriminación ante el pago, como la nacionalidad y extranjería, la raza, la religión, la cultura, los conocimientos, la fidelidad al sistema político, los servicios prestados al Estado, las funciones sociales desempeñadas?

Puede existir un criterio de distribución personal de la carga, como principio ordenador del conjunto de los tributos. Cuando exista, ese conjunto dejará de ser una amalgama inerte, y podrán apreciarse en él los rasgos de un sistema, la coherencia en la selección y ordenación de cada uno de los tributos.

En ocasiones, el criterio de distribución de la carga puede ser, no personal, sino territorial: las colonias pagarán más que la metrópoli; las colonias pagarán menos que la metrópoli; las zonas más desarrolladas pagarán menos (o más) que las subdesarrolladas, y así sucesivamente.

El criterio de distribución de lo que de todos modos se ha de recaudar puede venir dado por consideraciones de otro tipo: económicas, en cuanto que el tributo se utilice, también, para luchar contra la inflación, o estimular desarrollos sectoriales, o reprimir actividades sectoriales (el consumo de energía, por ejemplo), o conseguir el máximo de eficiencia económica en términos de PIB, o el máximo de libertad de los agentes económicos, o la máxima competitividad con otros países.

Y también por consideraciones políticas de todo tipo, como la redistribución de rentas, el fomento o represión de la natalidad, la difusión de la cultura, el adoctrinamiento político, y tantas y tantas finalidades y objetivos.

En la medida en que aparecen uno o varios hilos conductores en la ordenación de los tributos, estamos en presencia de un sistema tributario. Este existe, por tanto, en cuanto que la función puramente recaudatoria del tributo está condicionada por unos criterios que implican la elección entre distintos tributos y modalidades tributarias posibles.

Lo que no quiere decir, sin embargo, que para que apreciemos la existencia de un sistema tributario tengamos que estar en presencia de un conjunto coherente de tributos sin contradicción alguna. Esto es imposible.

La primera contradicción aparece, con frecuencia, entre los objetivos o principios inspiradores. Un sistema que, por ejemplo, persiga a la vez la igualdad en el sacrificio que supone la carga fiscal y el desarrollo especial de ciertos territorios tendrá que incentivar éste a costa de una vulneración de la igualdad; y viceversa.

Y es que la contradicción entre los objetivos no es, muchas veces, más que un reflejo de una realidad social: los distintos grupos sociales, y aún individuos, compiten en el intento de minimizar la carga que gravita sobre ellos, lo que supone, lógicamente, incrementar la de los demás. Es una lucha abierta pero no leal, en la que todo subterfugio vale, o, al menos, se utiliza. La competencia en este campo concluye, con frecuencia, en compromisos. Los compromisos implican, en mayor o menor medida, contradicciones.

Además, un sistema tributario no es, por regla general, fruto de un tiempo concreto y estricto. Suele contener aportaciones de distintas épocas. Es un producto histórico; lo que quiere decir que mantiene huellas de racionalidades sucesivas. Y esto determina, también, la existencia de contradicciones. Ningún sistema tributario ha salido casi nunca perfilado, de una sola vez, como de la cabeza de Minerva. Y cuando ha sucedido así en algún momento excepcional, en muy poco tiempo se han introducido factores de desviación de las netas ideas iniciales.

Por último, un sistema tributario está siempre presidido por una idea dominante, la función recaudatoria. Los avatares de los cambios económicos y de las necesidades públicas hacen que esa función primordial, más fuerte que ninguna otra en cualquier momento, introduzca contradicciones adicionales en el esquema teórico inicial.

Y así, un sistema tributario, resultado de un compromiso entre objetivos, de un compromiso político-social, de una evolución histórica, y dominado por la básica exigencia recaudatoria, presenta, siempre, numerosas contradicciones. Pero no por ello deja de ser un sistema, aunque lleno de imperfecciones, un conjunto coherente de tributos; no es un resultado del azar.

Una observación adicional: al hablar de sistema tributario se excluye la consideración de los ingresos públicos que no tienen carácter tributario, y en esencia los de carácter patrimonial, tanto si son rendimientos como productos de enajenaciones patrimoniales, y los procedentes del endeudamiento del ente público. El sistema tributario se refiere, exclusivamente, a esos ingresos públicos en que resulta determinante la coactividad de la técnica de obtención del ingreso; en nuestra clasificación legal se trata de los impuestos, tasas y contribuciones especiales (art. 26 LGT).

Y todavía otra consideración. La coherencia que hace de un conjunto de tributos un sistema tributario no es sólo la que se enraiza en la funcionalidad económica, política o social entre medios tributarios y fines perseguidos con el sistema. Esa coherencia es, en un Estado de Derecho, jurídica: los criterios de reparto de las cargas públicas, la subordinación del tributo, al menos parcial, a finalidades no recaudatorias, no son sólo opiniones, juicios de valor, o decisiones políticas, sino criterios y objetivos que se transforman o son Derecho vigente en una colectividad. El tributo no es el resultado de una simple coacción de hecho ejercida desde el poder. Es la más típica relación entre sujeto y titular del poder. Pero en un Estado de Derecho esa relación se produce a través de normas a las que se sujetan soberano y súbdito. Más aún: esa relación se produce con sujetos investidos de derechos frente al mismo titular del poder. Esos derechos no sólo tienen que ser respetados por el tributo, sino que contribuyen a configurarlo. Los propios instrumentos recaudatorios, los tributos, son instituciones jurídicas. Un sistema tributario es un sistema de Derecho, un conjunto de normas jurídicas que se integran en el ordenamiento jurídico global, y forman parte de él, y se aplican mediante procedimientos y relaciones jurídicas. Un sistema tributario es un conjunto coherente de instituciones jurídicas llamadas tributos, insertas en el ordenamiento jurídico general.

2. El sistema tributario español. Descripción y clasificaciones

Dice el artículo 31.1 CE: «Todos contribuirán al sostenimiento de los gastos públicos de acuerdo con su capacidad económica mediante un sistema tributario justo inspirado en los principios de igualdad y progresividad que, en ningún caso, tendrá alcance confiscatorio.»

Este artículo no es una declaración programática, sino que contiene un mandato legal, y es fuente de derechos y obligaciones para sus destinatarios. Pero es que, en él, se hacen afirmaciones que tienen una importante significación.

En primer lugar, el conjunto de tributos que hay en España es (o debe ser) un sistema, un conjunto coherente de tributos. Las aportaciones de los sujetos para la cobertura de los gastos públicos han de determinarse mediante la aplicación de un conjunto sistemático de tributos.

Y no sólo eso, sino que se señalan los principios ordenadores del sistema: la Constitución da así respuesta a gran parte de las preguntas que nos hacíamos antes sobre el modo de organización de los tributos.

La Constitución se refiere, en este punto, sólo a los tributos; no al conjunto de los ingresos públicos. No hay que olvidar que el artículo 31 está inserto en una serie de normas que se refieren a derechos y deberes de los ciudadanos. No es una norma directamente ordenadora del sistema sino que crea deberes y derechos de los ciudadanos en relación con una forzada aportación de éstos en una función pública fundamental: el sostenimiento de los gastos públicos. En otras partes de la Constitución se regulan las actividades presupuestarias y las finalidades y medios de la política económica. Aquí se regulan deberes y derechos; indirectamente resultan, también, principios ordenadores del sistema tributario, de su contenido, finalidades y objetivos. Pero indirectamente.

La norma transcrita se refiere, además, al conjunto de ingresos de carácter tributario que afectan al ciudadano o a quien, sin serlo, resulte obligado al pago; no sólo a los tributos del Estado en sentido estricto, sino a los de todos los entes públicos. El sistema a que se refiere no es el de tributos estatales, sino que la idea misma de sistema se predica del conjunto de las aportaciones coactivas de los sujetos afectados al sostenimiento de los gastos públicos. Los criterios ordenadores del sistema lo son de ese conjunto total, y no sólo de alguna de sus partes, por sustanciosa que ésta sea. Una descripción del conjunto del sistema habrá de tener en cuenta los tributos existentes en España, tanto si son del Estado en sentido estricto, como de las Comunidades Autónomas o de los Entes Locales. Una descripción de los tributos que integran el sistema puede ser la que se expone a continuación. En ella se incluyen los tributos de la Unión Europea, a los que luego nos referiremos.

Impuestos Directos	Sobre la Renta	Impuesto sobre la Renta de las Personas Físicas.
		Impuesto General sobre la Renta de las Personas Físicas de Navarra.
		Impuesto sobre la Renta de las Personas Física de Alava.
		Impuesto sobre la Renta de las Personas Físicas de Guipúzcoa.
		Impuesto sobre la Renta de las Personas Físicas de Vizcaya.
		Impuesto sobre Sociedades.
		Impuesto sobre Sociedades de Navarra.
		Impuesto sobre Sociedades de Alava.
		Impuesto sobre Sociedades de Guipúzcoa.
		Impuesto sobre Sociedades de Vizcaya.
		Impuestos sobre tierras infrautilizadas, de Andalucía y Asturias.
		Impuestos sobre dehesas y regadíos infrautilizados de Extremadura.
		Impuesto sobre aprovechamientos cinegéticos de Extremadura.
		Impuesto municipal sobre Actividades Económicas.
		Impuesto municipal sobre Actividades Económicas de Alava.
		Impuesto municipal sobre Actividades Económicas de Guipúzcoa.
		Impuesto municipal sobre Actividades Económicas de Vizcaya.
		Impuesto municipal sobre el Incremento de Valor de los Terrenos de Naturaleza Urbana.
		Impuesto municipal sobre el Incremento de Valor de los Terrenos de Navarra.
		Impuesto municipal sobre el Incremento de Valor de los Terrenos de Naturaleza Urbana de Alava.
		Impuesto municipal sobre el Incremento de Valor de los Terrenos de Naturaleza Urbana de Guipúzcoa.
		Impuesto municipal sobre el Incremento de Valor de los Terrenos de Naturaleza Urbana de Vizcaya.
		Contribución Territorial de Navarra.
		Licencia Fiscal de Navarra (Contribución sobre actividades diversas).
		Recargos (provinciales) sobre el Impuesto municipal sobre Actividades Económicas.
	Sobre el Capital	Impuesto sobre el Patrimonio de las Personas Físicas.
		Impuesto sobre el Patrimonio de las Personas Físicas de Navarra.
		Impuesto sobre el Patrimonio de las Personas Físicas de Alava.
		Impuesto sobre el Patrimonio de las Personas Físicas de Guipúzcoa.
		Impuesto sobre el Patrimonio de las Personas Físicas de Vizcaya.
		Impuesto Especial sobre Bienes Inmuebles de Entidades no Residentes.
		Impuesto sobre Sucesiones y Donaciones.
		Impuesto sobre Sucesiones y Donaciones de Navarra.
		Impuesto sobre Sucesiones y Donaciones de Alava.
		Impuesto sobre Sucesiones y Donaciones de Guipúzcoa.
		Impuesto sobre Sucesiones y Donaciones de Vizcaya.
		Impuesto sobre aprovechamientos cinegéticos de Extremadura.
		Impuesto municipal sobre Bienes Inmuebles.
		puesto municipal sobre Bienes Inmuebles de Alava.
		Impuesto municipal sobre Bienes Inmuebles de Guipúzcoa.
		Impuesto municipal sobre Bienes Inmuebles de Vizcaya.
		Impuesto municipal sobre Viviendas Desocupadas de Navarra.
		Recargo de las Areas Metropolitanas sobre el Impuesto sobre Bienes Inmuebles.

	Impuesto sobre Transmisiones Patrimoniales y Actos Jurídicos Documentados.	
	Impuesto sobre Transmisiones Patrimoniales y Actos Jurídicos Documentados de Navarra.	
	Impuesto sobre Transmisiones Patrimoniales y Actos Jurídicos Documentados de Alava.	
	Impuesto sobre Transmisiones Patrimoniales y Actos Jurídicos Documentados de Guipúzcoa.	
	Impuesto sobre Transmisiones Patrimoniales y Actos Jurídicos Documentados de Vizcaya.	
	Impuesto sobre el Valor Añadido.	
	Impuesto sobre el Valor Añadido de Navarra.	
	Impuesto sobre el Valor Añadido de Alava.	
	Impuesto sobre el Valor Añadido de Guipúzcoa.	
	Impuesto sobre el Valor Añadido de Vizcaya.	
	Impuesto General Indirecto de Canarias.	
		Impuestos especiales: Cerveza, vino y bebidas fermentadas, productos intermedios, alcohol y bebidas derivadas, hidrocarburos, labores del tabaco y determinados medios de transporte.
		Impuesto sobre las primas de seguros.
		Impuestos especiales de Navarra.
		Impuestos especiales de Alava.
		Impuestos especiales de Guipúzcoa.
		Impuestos especiales de Vizcaya.
		Impuesto especial sobre los combustibles derivados del petróleo de la Comunidad Autónoma de Canarias.
		Impuesto sobre el bingo de Asturias, Baleares, Cantabria, Castilla-La Mancha, Cataluña, Galicia, Madrid, Murcia, País Vasco y Valencia.
		Impuesto sobre instalaciones que incidan en el medio ambiente de Baleares.
Impuestos Indirectos	Impuestos sobre consumos específicos:	Impuesto municipal sobre vehículos de tracción mecánica.
		Impuesto municipal sobre vehículos de tracción mecánica de Navarra.
		Impuesto municipal sobre vehículos de tracción mecánica de Alava.
		Impuesto municipal sobre vehículos de tracción mecánica de Guipúzcoa.
		Impuesto municipal sobre vehículos de tracción mecánica de Vizcaya.
		Impuesto municipal sobre construcciones, instalaciones y obras.
		Impuesto municipal sobre construcciones, instalaciones y obras de Navarra.
		Impuesto municipal sobre construcciones, instalaciones y obras de Alava.
		Impuesto municipal sobre construcciones, instalaciones y obras de Guipúzcoa.
		Impuesto municipal sobre construcciones, instalaciones y obras de Vizcaya.
		Impuesto municipal sobre gastos suntuarios (cotos de caza y pesca).
		Impuesto municipal sobre gastos suntuarios de Navarra.
		Impuesto municipal sobre publicidad de Navarra.
		Impuestos sobre el saneamiento de aguas residuales de Asturias, Baleares, Cataluña, Galicia, La Rioja, e Impuestos sobre vertidos al mar, de Murcia.
		Canon de infraestructura hidráulica de Cataluña.
		Deuda Aduanera del Arancel Aduanero Común.
	Impuestos sobre Tráfico Exterior:	Arbitrio sobre la Producción y la Importación de Islas Canarias.
		Arbitrio sobre la Producción y la Importación de Ceuta y Melilla.

Tasas fiscales	Tasas fiscales. Canon de superficie de minas. Tasa por expedición de títulos académicos y profesionales. Tasas por actuaciones y servicios en materia de propiedad industrial, navegación marítima y aérea, y registro de especialidades farmacéuticas. Tasas sobre rifas, tómbolas, apuestas y combinaciones aleatorias. Tasa fiscal sobre juegos de suerte, envite y azar. Tasas fiscales de régimen especial. Tasas de los servicios de correos y telecomunicaciones. Derechos obvencionales de los consulados. Otras tasas estatales. Tasas propias de las CCAA. Recargos sobre la tasa fiscal sobre juegos de suerte, envite y azar de Asturias, Baleares, Castilla-La Mancha, Cataluña, Galicia, Madrid y Murcia. Tasas municipales. Tasas provinciales.
Contribuciones especiales	Contribuciones especiales de las CCAA. Contribuciones especiales municipales. Contribuciones especiales provinciales. Contribuciones especiales de las entidades municipales asociativas.
Tributos parafiscales	Recurso permanente para las Cámaras de Comercio, Industria y Navegación. Exacciones reguladoras agrícolas de la CEE.

En esta enumeración se han incluido tributos existentes, y no los que, estando previstos en las leyes, no han sido creados, como ciertos Impuestos propios de las Comunidades Autónomas, o recargos de éstas sobre impuestos estatales.

Por otra parte, los impuestos locales navarros que en ella figuran se vieron afectados por la nueva ley de Haciendas Locales de Navarra (Ley foral 2/1995, de 10 de marzo). En virtud de ésta, desde el 1 de enero de 1997 empezaron a exigirse el Impuesto sobre Actividades Económicas (en sustitución de la Contribución sobre Actividades Diversas) y el Impuesto sobre el Incremento de Valor de los Terrenos de Naturaleza Urbana (en lugar del actual Impuesto sobre el Incremento de Valor de los Terrenos).

Se han incluido en el cuadro anterior impuestos, tasas y contribuciones especiales, porque esos son los tres tipos de tributos que existen en España, según nuestro derecho positivo (art. 26 LGT, arts. 20 a 29 LHL). No se incluyen, en cambio, los precios públicos —LTPP (Ley 8/1989), LRHL—. porque éstos no son tributos. No entramos aquí en el análisis crítico de esta clasificación, ni de la regulación de esa figura de los precios públicos, que se da por conocida. La STC 185/1995, de 14-12-95, al reducir el ámbito de los precios públicos y dejar, así, ampliado el de las tasas, proporcionará una ampliación en la relación de Tasas fiscales que figuran en el cuadro anterior.

En cuanto a la clasificación de los impuestos, se ha tomado la presupuestaria.

La clasificación tradicional y ambigua entre impuestos directos e indirectos queda totalmente nítida en la clasificación presupuestaria. Este es un criterio de origen antiguo, que ha ido acumulando significaciones diversas a lo largo del tiempo, lo cual lo hace técnicamente ambiguo e impreciso.

Así, la clasificación se ha basado en el procedimiento técnico administrativo de gestión-liquidación; o en la circunstancia de que se graven hechos permanentes o continuados o hechos aislados; o que se graven manifestaciones permanentes o continuadas o manifestaciones momentáneas de capacidad económica; o en que graven inmediatamente esa capacidad, o sólo mediatamente. Y, sobre todo, la clasificación hace referencia a las posibilidades de traslación: son impuestos indirectos aquellos en que el sujeto incidido puede trasladarlos a un adquirente final de bienes o servicios; y directos aquellos en que el sujeto jurídicamente incidido coincide con el definitivamente gravado. Sucede, sin embargo, que el proceso de traslación depende, también, de múltiples circunstancias ajenas a la estructura del tributo (coyuntura económica, elasticidad de la demanda de determinados productos o de sus sustitutivos, estructura del mercado, entre otros) por lo que, con el criterio que contemplamos, la clasificación no es estable y segura. Sin embargo, sí puede afirmarse que la estructura de los tributos es un elemento que los predispone más o menos a la traslación.

Sin embargo, con esa base un tanto insegura, la clasificación ha hecho fortuna, y no sólo está firme y asentada en los presupuestos de los diferentes entes públicos españoles, sino que ha servido de base para la ordenación tributaria en la UE (art. 99 del TCCE).

En fin, a los efectos de la interpretación de las normas en que se tenga en cuenta la clasificación, habremos de concluir que son impuestos directos o indirectos los que como tales sean calificados en la clasificación presupuestaria que utiliza expresiones que proceden de la economía, y que usa el criterio distintivo del objeto de la imposición: el capital, la renta y el gasto. Aunque, por supuesto, la delimitación de los hechos imponibles respectivos no coincida exactamente con la que resultaría de la aplicación estricta de estos conceptos económicos.

En el análisis de cada figura tributaria se pondrán de manifiesto otras calificaciones de las mismas que dan lugar a otras clasificaciones, distintas de las anteriores: así, impuestos reales y personales; progresivos, proporcionales y fijos; sintéticos y analíticos; globales y parciales, tasas por aprovechamiento y por prestación de servicios, etc.

Y otras obvias clasificaciones resultan de la diversidad de entes públicos titulares de los respectivos tributos, que pueden ser de regulación comunitaria estatal, autonómica, provincial o municipal, sin que la competencia para la regulación haya de coincidir necesariamente con la de la gestión y la de la percepción o titularidad de los correspondientes derechos de crédito tributario. Así, hay tributos de regulación estatal y gestión de Comunidad Autónoma o ente local, y otras combinaciones de competencias reguladoras, de gestión y de percepción.

3. Antecedentes históricos

a) La Reforma de 1845

El primer sistema tributario moderno que se establece en España es el creado por la Ley de 23 de mayo de 1845, elaborado, siendo Ministro de Hacienda Alejandro Mon, por Ramón de Santillán, verdadero autor de la Reforma. Es el fin de la Hacienda del Antiguo Régimen, desaparecido, políticamente, en un período próximo anterior. Se establece un sistema tributario racional y con criterio de uniformidad. Tributos creados entonces persisten aún, con la misma lógica jurídica y económica, en nuestro sistema: en esencia, la Contribución de Inmuebles, Cultivo y Ganadería, de la que procede, en evolución sin sobresaltos, el Impuesto sobre Bienes Inmuebles de la Hacienda Municipal actual. Se adopta el sistema francés de imposición de producto, frente al de imposición personal; se acomoda la estructura tributaria a la económica surgida de leyes desamortizadoras y liberalizadoras. Ha sido la más profunda y extensa reforma del sistema tributario español en la época moderna.

Es de destacar la supresión de la alcabala, el viejo impuesto sobre ventas de carácter acumulativo.

El sistema quedó configurado en:

Impuestos directos:

— Contribución de Inmuebles, Cultivo y Ganadería.

— Subsidio Industrial y de Comercio.

— Contribución sobre Inquilinatos (esbozo rudimentario de un impuesto personal).

Impuestos indirectos:

— Impuesto de hipotecas, que gravaba operaciones sobre inmuebles.

— Impuesto de Sello o Papel Timbrado.

— Impuesto sobre consumos diversos.

— Impuesto de Aduanas.

Monopolios:

— Tabacos.

— Sal.

— Pólvora.

Ingresos no tributarios:

— Lotería.

— Productos de la desamortización.

Este sistema, con modificaciones, ha durado hasta 1979.

b) Modificaciones hasta 1900

— En 1846 se suprime la cuota proporcional del Subsidio Industrial y de Comercio, y se cambia el nombre por el de Impuesto Industrial.

— En 1846 se suprime la Contribución de inquilinato.

— En 1851 se crea el «Impuesto sobre Sueldos y Asignaciones».

— En 1851 el Impuesto sobre Papel Sellado pasa a denominarse Impuesto del Timbre del Estado.

— En 1869 se suprime el Monopolio de la Sal.

— En 1875 se crea el Impuesto de Cédulas Personales, otro rudimentario intento de introducir una imposición personal.

— En 1893 la Contribución de Inmuebles se divide en las dos conocidas Contribución Territorial Rústica y Contribución Territorial Urbana. Prosigue la confección del Catastro, que no se completa hasta mediados del siglo XX.

— Se transforma el Derecho de Hipotecas en Impuesto de Derechos Reales con ampliación de su objeto.

c) Reforma de 27 de marzo de 1900

Se conoce por el nombre de Raimundo Fernández Villaverde, Ministro de Hacienda que la promovió. Es la reforma consiguiente a las pérdidas coloniales de 1898, que originan una Hacienda muy desequilibrada. El sistema de impuestos de producto se adapta a las nuevas fuentes de riqueza, industriales y comerciales; se toma también nota de la difusión de las sociedades mercantiles como instrumento jurídico de desarrollo industrial y comercial.

La novedad más importante es la creación de la Contribución sobre las Utilidades de la Riqueza Mobiliaria, que en realidad incluye los posibles impuestos de producto que gravan rendimientos que no proceden de la riqueza inmobiliaria. Se articulan en tres llamadas Tarifas. La Tarifa 1.ª gravaba las rentas del trabajo, sustituyendo a algunos gravámenes surgidos desde 1845. La Tarifa 2.ª, que gravaba rentas del capital mobiliario (intereses, dividendos, y otros). La Tarifa 3.ª, que gravaba las rentas mixtas procedentes del trabajo y el capital conjuntamente; pero en realidad era un impuesto sobre sociedades, ya que los rendimientos empresariales individuales continuaban gravados en el Impuesto Industrial.

De este modo la imposición directa, en su forma de impuestos cedulares o de producto, se adapta a las nuevas realidades económicas, y a las necesidades de una Hacienda que ya ha perdido toda fuente colonial.

d) Reformas hasta la guerra civil 1936-1939

En esencia, inspiradas casi todas ellas por el trabajo, en el Ministerio de Hacienda, de Antonio Flores de Lemus.

Se extienden los ámbitos de aplicación de las tres Tarifas de la Contribución de Utilidades (Ley 29 abril 1920). Se continúa en la labor de confección de los Catastros de Rústica y Urbana. Se crea de nuevo (DL 11 mayo 1926) la Cuota Proporcional de la Contribución Industrial. Se crean diversos impuestos (sobre el caudal relicto —1926—, que es un complemento del Impuesto de Sucesiones), sobre los bienes de determinadas personas jurídicas (1929) que sustituye al de sucesiones no aplicable a entidades de larguísima vida, impuestos de consumo —cerveza (1917), tonelaje (1909), transportes (1924), pólvoras (1916), gasolina (1932), y otros—. Se crea el Monopolio Fiscal de Petróleos (1927); y, en 1932, un impuesto general sobre la renta, complementario de los impuestos de producto, pero que afectaba sólo a pocos titulares de rentas muy altas (superiores a 100.000 pesetas anuales, unos once millones de pesetas actuales), y con unos tipos simbólicos (2 por 100, por ejemplo).

e) Reforma tributaria de 16 de diciembre de 1940. Reforma Larraz

Terminada la guerra civil, aparecen las primeras medidas de lucha contra el fraude. La aportación reformadora esencial es la creación de la denominada «Contribución de Usos y Consumos», que agrupa en cinco Tarifas impuestos anteriores sobre el consumo, junto con otros de nueva creación. Es, en realidad, un conjunto de impuestos indirectos sobre ciertos consumos, en general específicos, algunos *ad valorem*. La imposición indirecta no se articula en un impuesto general a las ventas, pero se generaliza ampliamente.

f) Reforma tributaria de 26 de diciembre de 1957

Siendo Ministro de Hacienda Navarro Rubio. Es la Reforma que corresponde a la ruptura del sistema económico autárquico establecido en España desde la guerra civil; se integra en el conjunto de medidas que constituyeron el Plan de Estabilización de la economía española, y su apertura al exterior.

Transforma las Tarifas de la Contribución de Utilidades y la Contribución Industrial, en una modificación en gran parte nominal, en Impuesto sobre los Rendimientos del Trabajo Personal, Impuesto sobre las Rentas de Capital, Impuesto sobre Actividades y Beneficios Comerciales e Industriales, e Impuesto sobre Sociedades, este último de carácter personal. Los impuestos indirectos no cambian en esencia. Se sustituye el nombre de Contribución de Usos y Consumos por el de Impuesto sobre el gasto, subdividido en Impuesto General sobre el gasto, Impuesto sobre el lujo e Impuesto de compensación de gravámenes interiores, un conjunto de gravámenes sobre el consumo percibidos con motivo de la importación. El Impuesto General sobre el gasto no era un impuesto general; como el del lujo, gravaba una serie de consumos, específicamente señalados.

La novedad más importante de la Reforma fue la introducción de sistemas de evaluación global de rendimientos por gremios u organizaciones profesionales, y de convenios para determinar las cuotas a satisfacer en los impuestos indirectos. Los rendimientos o cantidades a pagar, según los casos, se determinaban globalmente, mediante unos mecanismos de negociación de naturaleza corporativa. La cuota se despersonalizaba, pero el éxito recaudatorio fue grande, ya que los propios gremios se ocupaban de llevar a la mesa de reparto a gran parte de contribuyentes hasta entonces agazapados, para minimizar el efecto de los cálculos globales sobre cada uno de ellos. Eran sistemas de cupo, primitivos y eficaces. Suponían un retroceso en el proceso de responsabilización personal ante el hecho fiscal.

Sistemas incompatibles con los principios de legalidad y capacidad tributaria que, no obstante, figuraban como referencia básica de la Ley General Tributaria de 28 de diciembre de 1963, una pieza básica en la introducción de procesos de racionalización jurídica en la aplicación de los tributos.

g) Ley de 11 de junio de 1964

Da un importantísimo paso adelante en el proceso de Reforma iniciado en 1957. También corresponde al Ministerio de Navarro Rubio.

Hay dos reformas importantes básicas. En la imposición directa, el Impuesto General sobre la Renta de las Personas Físicas y el de Sociedades se transforman, de impuestos complementarios de los de producto, en impuestos definitivos de los que los de producto son impuestos a cuenta. Se da, pues, un paso importante en el proceso de transformación del sistema de impuestos de producto, iniciado en 1845, en otro de impuesto personal sobre la renta global. Cierto, sin embargo, que la mayoría de los contribuyentes sólo pagaban impuestos de producto a cuenta. La obligación personal, global, generalizada, no existía, aún, en este sistema.

La modificación es aún más importante en la imposición indirecta, ya que el conjunto de impuestos de consumo se sustituye, en parte importantísima, por el Impuesto General sobre el Tráfico de Empresas, un impuesto general a las ventas, acumulativo en cascada, del tipo de los que existían, desde hacía quince o veinte años, en los países de Europa Occidental. Se racionalizaron los impuestos de Transmisiones.

h) La Reforma tributaria iniciada en 1977

Es la más importante producida en España desde 1845. Supone la modernización total del sistema tributario, que queda estructuralmente equiparado al de los demás países de Europa Occidental. Fue obra del gobierno nacido de las elecciones democráticas de 15 de junio de 1977 y de los gobiernos sucesivos; se realizó, en la parte sustancial inicial, de modo simultáneo a la elaboración de la Constitución, y obtuvo, en su aprobación, mayorías parlamentarias casi unánimes.

Esta Reforma crea el sistema vigente, y al analizar los impuestos y tributos que lo integran se puede ver su contenido. Sin embargo, cabe destacar lo siguiente:

En 1977 se crea el Impuesto transitorio sobre el Patrimonio Neto, que luego se transformará, ligeramente, en el vigente Impuesto sobre el Patrimonio. En 1978 se suprime el sistema de impuestos de producto, creado en 1845, y se crea un Impuesto sobre la Renta global de las personas físicas, personal, progresivo, universal. En 1978 se adapta a la nueva situación la imposición de sociedades. Se suprimen los sistemas de evaluación global. En el período 1979-1980 se modifica la imposición indirecta para adaptarla a las necesidades de la negociación para el ingreso en la CEE. Simultáneamente se crea el nuevo sistema de financiación de las Comunidades Autónomas (LOFCA, de 22 de septiembre de 1980, y Estatutos de Autonomía). En 1985 se aprueba el Impuesto sobre el Valor Añadido, que sustituye al Impuesto sobre el Tráfico de Empresas; es, también, una exigencia del ingreso en la CEE. En consecuencia, se modifican los Impuestos Especiales en el mismo año. En 1987 se regula el nuevo Impuesto de Sucesiones y Donaciones. En 1988 se regulan las Haciendas Locales. En 1991 se regula definitivamente el Impuesto sobre el Patrimonio.

4. La estructura territorial del sistema tributario. La Unión Europea

En esta obra tratamos del sistema tributario español. Nos referimos a los tributos vigentes en España.

Esto no quiere decir que no existan problemas por la coincidencia, en el mismo supuesto, de cargas tributarias derivadas del ejercicio del poder tributario español (o poderes tributarios españoles), y poderes tributarios no españoles. El problema puede darse cuando los hechos imponibles contienen elementos que, por estar vinculados a España (territorio o personas) y a otros países y poderes tributarios, dan lugar a que un mismo supuesto genere cargas tributarias en favor de poderes tributarios distintos, españoles y no españoles. También puede suceder (más bien teóricamente), que un supuesto de hecho conectado con varias áreas de ejercicio de poderes tributarios diversos, españoles y no españoles, dé lugar a una laguna impositiva.

Estos supuestos existen desde siempre, y se han generalizado a causa del predominio de los impuestos personales de carácter general, de la proliferación de relaciones económicas entre sujetos a distintos poderes tributarios, españoles y no españoles, y de la movilidad extraterritorial del capital mobiliario y del factor trabajo. Estas cuestiones se resuelven por los procedimientos típicos para afrontar los conflictos normativos, propios, principalmente, del derecho internacional privado. En cuanto referidos a cuestiones tributarias, integran lo que se denomina derecho internacional tributario.

Los instrumentos para resolver estos problemas son, por tanto:

— Normas internas que tienden a evitar el exceso de carga que se genera por la doble imposición internacional, o la ausencia de tributación por la aparición de «vacíos tributarios» internacionales.

— Normas de derecho internacional, de carácter bilateral o multilateral, que se integran en el derecho interno como cualesquiera otras normas de derecho internacional. Destacan, entre ellas, en el caso de España, los

Convenios bilaterales para evitar la doble imposición, que nuestro país tiene suscritos con numerosos países. Son acuerdos internacionales mediante los cuales poderes tributarios diferentes se conciertan para resolver los problemas contemplados, mediante derogaciones parciales de las normas internas de carácter tributario.

Así, por ejemplo, en España, en el IRPF y en el IS rige el principio de tributación, para el residente en España, por la renta mundial (§§ 15 y 101); lo que puede producir, y produce, supuestos claros de doble imposición. Esta se elimina o atenúa mediante medidas unilaterales, de derecho interno español (§§ 80 y 149), o mediante las soluciones adoptadas en los distintos convenios bilaterales para evitar la doble imposición.

Esto no cambia la naturaleza territorial del sistema tributario español, producto del ordenamiento jurídico español, en el que se «nacionalizan» las normas internacionales pactadas por España. El sistema no es sólo el que resulta de la vigencia y aplicación de las normas internas, sino que, para los supuestos fronterizos con las áreas a que alcanzan otros poderes tributarios, se introducen decisiones específicas que modifican el sistema, tal como sería si no existieran esas soluciones de naturaleza internacional.

Pero, además de lo anterior, hay que decir que España forma parte de una entidad política y económica supranacional que, en su estructura y esencia, tiene implicaciones tributarias de diversa naturaleza para los países miembros de esta entidad: me refiero a la Unión Europea, en la que España se integra [1].

La consecuencia es que, sin que pueda decirse que el sistema tributario español es una parte del sistema tributario europeo, como puede decirse del de una parte respecto del todo dentro de España, sí puede afirmarse que los condicionamientos y determinaciones que afectan al sistema tributario español como consecuencia de la pertenencia de España a la UE afectan de modo sustancial a la estructura y características del sistema tributario español, y a su evolución futura.

Los rasgos fundamentales de esta realidad son:

— No existe un sistema tributario europeo, dando a esta expresión el mismo sentido que tiene la de que «hay un sistema tributario español». La UE no es un superestado, ni un Estado federal, ni una Confederación. Carece de una norma de atribución del poder tributario a sus Estados miembros y a la entidad supraestatal, a la manera de la Constitución de una unidad política más acabada.

— Existen unos principios tributarios de la UE que se superponen a los principios del sistema tributario español de orden constitucional. Y existen tributos europeos, en el sentido más tradicional de la expresión.

[1] La adhesión a la CEE fue autorizada por LO 10/1985, de 2 de agosto; el Acta Unica europea se ratificó previa autorización por LO 4/1986, de 26 de noviembre; el Tratado de la Unión Europea (Tratado de Maastricht) se ha ratificado por autorización de LO de 12 de enero de 1994, con entrada en vigor el 1 de noviembre de 1993.

— Una parte del poder tributario del Estado español (entendido en un sentido amplio) se ha transferido a la UE, que lo ejerce a través de diversos órganos.

— El sistema tributario español se integra con disposiciones y regulaciones que proceden, directa o indirectamente, de la UE.

Esta situación es muy diversa de la que antes hemos analizado, según la cual, las relaciones internacionales modifican, para ciertos supuestos, la lógica interna del sistema tributario español aisladamente considerado. Estos no son sino retoques al sistema como consecuencia de que el Estado español convive y se relaciona con otros Estados que tienen otros sistemas tributarios. La pertenencia a la UE fuerza soluciones tributarias estructurales que exceden del ámbito de las relaciones entre entes fiscalmente soberanos para resolver conflictos de poder tributario de carácter internacional.

Las características que aporta al sistema tributario español la pertenencia de España a la UE pueden agruparse en los cuatro siguientes grandes capítulos.

— El primero consiste en la incorporación al censo de obligaciones tributarias de las correspondientes a tributos en los que el poder tributario pertenece a la UE. Tales son las Exacciones Reguladoras Agrícolas, esto es, impuestos variables percibidos sobre las importaciones y exportaciones de productos agrarios, así como los derechos de aduana que provienen de la aplicación del Arancel Aduanero Común. Estos tributos integran el sistema tributario que se aplica en España, pero proceden de un poder tributario no español, no del Estado ni de ningún ente público territorial español (TCCE, arts. 9, 19 y 28. TCCE de la Energía Atómica, art. 94).

— El segundo está constituido por los tributos «armonizados». La UE puede imponer una «armonización» de las legislaciones de cada país relativas a los impuestos sobre el volumen de negocios, los impuestos sobre consumos específicos y otros impuestos indirectos, en la medida en que dicha armonización sea necesaria para garantizar el establecimiento y el funcionamiento del mercado interior (art. 99 TCCE). La forma adoptada para esta armonización ha sido, generalmente, la de «directivas». De este modo, las normas del sistema tributario español sobre IVA e Impuestos Especiales se acomodan a lo establecido en «directivas» de la UE, que son de obligado cumplimiento para España, pero que, además, pueden resultar de directa aplicación en determinados supuestos. Especialmente hay que significar que los sujetos concernidos por dichas normas pueden invocar en su favor la norma comunitaria, en cuanto ésta no sea respetada por la correspondiente norma española, con posibilidad de acceso al Tribunal de Justicia de la UE.

Las normas del sistema tributario que están afectadas por la «armonización» tributaria son normas de derecho interno, pero no lo son en la misma medida que las otras normas de derecho interno, porque su configuración viene determinada por las normas comunitarias que, con posibilidades de adaptación variables, pero en general escasas, han de ser «vertidas» al ordenamiento puramente interno de una manera forzosa.

— El tercero está constituido por el resultado de la aplicación de normas comunitarias que han nacido para aproximar disposiciones legales, reglamentarias y administrativas de los Estados miembros que incidan directamente en el establecimiento o el funcionamiento del mercado común (art. 100 TCCE). Este es un mandato muy amplio, del que pueden derivarse «directivas» que afecten a materia tributaria. Esas «directivas» han de trasladarse, como en el caso anterior, al derecho interno. Pueden recordarse las relativas a las fusiones de sociedades o las relaciones entre sociedades matrices y filiales.

Así como en el caso anterior (normas de armonización) el campo está limitado por el objeto de la norma del artículo 99 del Tratado de Roma, aquí resulta mucho más vago e impreciso. En consecuencia, de aquí no surgen normas comunitarias que contengan regulaciones completas de un impuesto (caso del IVA, por ejemplo), pero sí pueden surgir normas que afecten parcialmente a la regulación de un número amplio de impuestos (impuestos sobre la renta y sociedades). La extensión que puede alcanzar este tipo de regulaciones no puede precisarse, y su potencialidad «invasora» del Derecho interno es muy amplia: todo lo que sea conducente a los fines de la existencia misma de la UE. Piénsese que se trata del «establecimiento de un mercado común y de una unión económica y monetaria», y que para ello se implanta, entre otras, una política comercial común; un mercado interior caracterizado por la supresión, entre los Estados miembros, de los obstáculos a la libre circulación de mercancías, personas, servicios y capitales; una política común en los ámbitos de la agricultura y de la pesca; una política común en el ámbito de los transportes, un régimen que garantice que la competencia no será falseada en el mercado interior, una política en el ámbito del medio ambiente, el fortalecimiento de la competitivad de la industria en el ámbito de la comunidad, etc. (arts. 2 y 3 TCCE).

El tributo puede ser obstáculo y estímulo para la consecución de esas finalidades. Las normas tributarias comunitarias pueden extenderse de una manera insospechada.

— El cuarto está constituido por las prohibiciones y principios que, por aplicación directa de los Tratados comunitarios, afectan a la relación y estructura del sistema tributario interno, en este caso el español, sin necesidad de que se concreten en normas comunitarias que han de trasladarse a los ordenamientos internos, como en los dos casos anteriores. En realidad, el conjunto de los Tratados prevalece sobre el derecho interno en el ámbito de las competencias de la UE, pero en ocasiones las prohibiciones o principios se concretan de manera más específica, como cuando se prohíbe a cualquier Estado miembro gravar directa o indirectamente los productos de los demás Estados miembros con tributos internos, cualquiera que sea su naturaleza, superiores a los que graven directa o indirectamente los productos nacionales similares (art. 95 TCCE).

Por ello, el Tribunal de Justicia ha podido decidir que el trato discriminatorio entre nacionales y extranjeros, mediante la regulación de una tasa de entrada a los museos públicos, es una práctica discriminatoria contraria al sistema de la UE, por lo que el Estado ha tenido que modificar una norma tributaria. Este es sólo un pequeño ejemplo.

De aquí que el sistema tributario español haya modificado sustancialmente su naturaleza, y muy grandemente su contenido, a partir de la adhesión de España a la CEE con efectos de 1 de enero de 1986. Nuestro sistema tributario no es el de una unidad política soberana aisladamente considerada, sino el de un Estado miembro de la Unión Europea, con el alcance que acabamos de ver. El poder tributario de esta entidad política que es España está totalmente penetrado por el poder tributario de esa entidad política que es la Unión Europea. Es cierto que este poder resulta de la transferencia que se le ha hecho desde los Estados miembros. Pero es una realidad jurídica y política plenamente operativa. La «libertad tributaria» española se ha reducido considerablemente.

5. (sigue) Los Regímenes forales

Al examinar la relación de impuestos que integran el actual sistema tributario español se habrá observado una especie de duplicidad de impuestos en algunas zonas del territorio; en concreto, en Navarra, y en los Territorios Históricos del País Vasco: Alava, Guipúzcoa y Vizcaya. Y es que en esos territorios no están vigentes todos los impuestos españoles comunes, sino otros, paralelos, de regulación muchas veces idéntica a la de aquellos impuestos comunes, pero con su propia promulgación y autonomía normativa, y, además, con sujetos activos distintos del Estado, y que son, precisamente, el Gobierno o Diputación Foral de Navarra y las Diputaciones Forales de Alava, Guipúzcoa y Vizcaya. Estas regulaciones específicas integran el sistema tributario español, considerado en su conjunto, pero son peculiares, con propia identidad.

Son, en realidad, reminiscencias del Antiguo Régimen, más acusadamente en el caso de Navarra: excepciones al carácter unitario del Estado que se perfila, primero en la monarquía absoluta de la época borbónica, y, después, en los sistemas de monarquía liberal parlamentaria que se sucede en los siglos XIX-XX.

Navarra, por un lado, las provincias vascongadas, por otro, mantuvieron, mediante la técnica de la subsistencia de unos «fueros» o «derechos históricos», una peculiaridad tributaria que se concreta en el derecho a establecer y exigir sus propios tributos, y en la limitación del Estado para exigir los suyos. A cambio, estas zonas hacían unas aportaciones globales a la Corona, el llamado «subsidio» en Navarra y los «donativos» de los Territorios Vascos. Así se llega al primer tercio del siglo XIX, cuando el Antiguo Régimen se desmorona. En esa época, la situación resulta ambigua por dos razones: una, la primera guerra carlista (1833-1839), que es una lucha, entreverada de cuestión dinástica, entre la concepción moderna del Estado liberal de derecho y la monarquía tradicional. Las normas del Estado Central y unitario no se aplican, de hecho, en unas zonas que se llamarán forales.

Terminada la guerra en 1839, el artículo 1 de la Ley de 25 de octubre de 1839 confirma «los fueros de las provincias vascongadas y Navarra, sin perjuicio de la unidad constitucional de la Monarquía».

En relación con Navarra se desarrolla la Ley de 1839 mediante una negociación que da lugar a la Ley de 29 de octubre de 1841, llamada Ley Paccionada, que es la raíz de la actualización del régimen fiscal peculiar (foral) de Navarra (leyes vigentes en la actualidad, según la Disposición final 1.ª, de la LO de 10 de agosto de 1982, de Reintegración y Amejoramiento del Régimen Foral de Navarra) que conserva la base fundamental que procede del Antiguo Régimen: en Navarra no se aplican la mayoría de los impuestos del Estado; Navarra establece y aplica sus propios impuestos, mantiene una serie de servicios propios, y paga un cupo anual al Estado. Es el sistema llamado de «convenio económico». El sistema ha sufrido actualizaciones y adaptaciones, y se ha mantenido hasta la actualidad.

En las provincias vascongadas no se produce la misma evolución. Las provincias vascas no aceptaron negociar la situación foral derivada de la Ley de 25 de octubre de 1839. No hay, para ellas, nada equivalente a la Ley Paccionada de 1841. La Ley de 25 de octubre de 1839 se considera derogada en lo que pudiera afectar a las provincias de Alava, Guipúzcoa y Vizcaya, según la Disposición derogatoria 2.ª de la Constitución vigente. Por una parte, el Estado opera, en los textos, como si hubiera desaparecido el régimen peculiar vasco en materia tributaria. La Ley de Mon-Santillán de 1845, a la que antes nos hemos referido, suprime el «Donativo de las Provincias Vascas». Pero los impuestos del Estado no se aplican efectivamente por el Estado en dichas provincias. Disposiciones del Gobierno Central de 1844, 1871 y 1876 invitan a comisionados de las tres provincias a negociar un acuerdo, pero jamás concurrieron. Se seguían aplicando los Tributos por las respectivas Diputaciones Forales.

De 1872 a 1876 se produce la segunda guerra carlista. A su terminación, la Ley de 21 de julio de 1876 impone a las provincias vascas la obligación de pagar «contribuciones, rentas e impuestos, ordinarios y extraordinarios, que se consignen en los Presupuestos Generales del Estado». Es una supresión formal de los fueros, contradicha, de algún modo, en la propia Ley, que autoriza al gobierno «para proponer todas las reformas que su antiguo régimen foral exija»; se negocia con las Diputaciones de las mismas el primer «concierto económico», de 28 de febrero de 1878. El poder negociador de las provincias vascas emana, así, de una ley ordinaria del Estado, no paccionada previamente, como sucede con la Ley de 29 de octubre de 1841 para Navarra. La Ley de 21 de julio de 1876 se considera definitivamente derogada, según la Disposición derogatoria 2.ª de la vigente Constitución. A partir de ese momento derogatorio, el sistema de concierto es una actualización de un derecho histórico, que fue suprimido pero que renace gracias a la Constitución y en su marco; en este caso, la Constitución es la fuente de este Renacimiento. En esencia, el sistema de «concierto», desde el punto de vista económico, responde a los mismos principios que el de «convenio» de Navarra, pero existen entre uno y otro diferencias, sobre todo la ya indicada de la raíz del poder tributario: Navarra ha mantenido siempre su poder tributario, que será reconocido por la Constitución y la

Ley de Amejoramiento del Fuero, aunque deba negociarse su adaptación al marco constitucional.

Existen numerosas actualizaciones del Concierto según el sistema de 1878. El Estatuto de Autonomía del País Vasco de 1936 confiere a las provincias vascas una situación fiscal más parecida a la de Navarra, por su contenido. Dato importante es que el régimen foral fiscal se suprime para Vizcaya y Guipúzcoa en 1938, por no haberse sumado esas provincias al Alzamiento Nacional; así, quedaron sujetas al régimen fiscal común. El sistema de concierto se mantiene, en cambio, para Alava, y es objeto de actualizaciones en 1942, 1952 y 1967. Y así se llega al período constitucional de 1977-1978.

La Disposición Adicional primera de la vigente Constitución establece: «La Constitución ampara y respeta los derechos históricos de los territorios forales. La actualización general de dicho régimen foral se llevará a cabo, en su caso, en el marco de la Constitución y de los Estatutos de Autonomía.»

En esta norma constitucional se inserta el actual régimen fiscal foral, de Navarra y de las provincias vascas. Pero ambos deben analizarse por separado.

A) El sistema de «convenio económico» de Navarra

La Disposición Adicional primera de la Constitución es un reconocimiento de la peculiaridad navarra en su aspecto tributario. La actualización de su régimen foral se lleva a cabo en el marco del nuevo Estado de las Autonomías. Pero ya es significativo que el equivalente de lo que es un Estatuto de Autonomía para las demás Comunidades Autónomas se denomine en el caso de Navarra «Ley Orgánica 13/1982, de 10 de agosto, de Reintegración y Amejoramiento del Régimen Foral de Navarra». Como los Estatutos de Autonomía, esta Ley fue pactada. Por lo que aquí nos interesa, el artículo 45 de la misma establece: «En virtud de su régimen foral, la actividad tributaria y financiera de Navarra se regulará por el sistema tradicional de Convenio Económico... Navarra tiene potestad para mantener, establecer y regular su propio régimen tributario, sin perjuicio de lo dispuesto en el correspondiente Convenio Económico... Dada la naturaleza paccionada de los Convenios Económicos, serán sometidos al Parlamento Foral y a las Cortes Generales para su aprobación mediante Ley Ordinaria».

La potestad tributaria de Navarra es de naturaleza equivalente a la del Estado; tiene las limitaciones derivadas de la Constitución y de los tratados internacionales suscritos por España; y, además, se ejerce, necesariamente, en los términos del Convenio con el Estado; lo cual, por supuesto, supone una limitación para Navarra, pero también para el Estado, que no puede ejercer su potestad tributaria más que en el marco del acuerdo con Navarra. Esta potestad tributaria está expresamente reconocida, como hemos visto, en la Ley de Amejoramiento, cuya Disposición final declara la vigencia expresa de la Ley de 25 de octubre de 1839 y de la «Ley Paccionada de 16 de agosto de 1841»; de este modo se fija, de una manera muy expresa, la raíz histórica de esa potestad que la Constitución reconoce.

La actualización del Convenio, en aplicación de lo previsto en la Constitución y en la Ley de Amejoramiento, se produce recientemente, mediante negociación que da lugar al nuevo Convenio con efectos de 1 de enero de 1991, aprobado, por el Estado, por Ley 28/1990, de 26 de diciembre, y por Navarra, por Ley foral correspondiente; modificado por Ley 12/1992, de 13 de diciembre, y correspondiente Ley foral.

El Convenio vigente introduce, en su regulación pactada, el principio de solidaridad interterritorial, y establece expresamente criterios de armonización con el Estado, y otros que implican limitaciones de principio en garantía de la equidad interterritorial y la libertad de circulación de bienes y servicios en todo el territorio español.

El sistema se estructura del siguiente modo:

Son competencias exclusivas del Estado las correspondientes a los tributos que integran la Renta de Aduanas, el impuesto especial sobre Hidrocarburos y el impuesto especial sobre las Labores del Tabaco. El Estado tiene la alta inspección para el ejercicio de las facultades que le corresponden según el Convenio.

Corresponden a la Comunidad Foral de Navarra competencias tributarias en relación con los siguientes tributos:

a) Impuesto sobre la Renta de las Personas Físicas.

b) Impuesto sobre el Patrimonio.

c) Impuesto de Sociedades.

d) Impuesto sobre Sucesiones y Donaciones.

e) IVA, en cuya exacción Navarra aplicará los mismos principios básicos, normas sustantivas y formales vigentes en cada momento en territorio del Estado, salvo en lo que se refiere a los modelos de declaración e impresos.

f) Impuestos Especiales sobre el Alcohol y Bebidas derivadas y sobre la Cerveza, pero aplicando los mismos principios básicos y normas sustantivas que las vigentes en cada momento en territorio del Estado.

g) Impuesto sobre Transmisiones Patrimoniales y Actos Jurídicos Documentados.

h) Las tasas y precios públicos correspondientes a los servicios prestados por Navarra.

i) Los tributos locales.

Aportación de Navarra. El sistema se cierra mediante una contribución de Navarra al Estado, en forma de aportación anual para la financiación de las cargas generales del Estado no asumidas por la Comunidad Foral. La aportación se determina, por el método establecido en el Convenio, cada cinco años, pero se actualiza cada año en función de determinadas magnitudes económicas y fiscales. Lo cual supone una novedad importante respecto del sistema anterior de cupo fijo por Convenio.

B) El sistema de «concierto económico» de las provincias vascas

La Disposición Adicional primera de la Constitución tiene su desarrollo en el Estatuto de Autonomía para el País Vasco, aprobado por Ley orgánica 3/1979, de 28 de diciembre, cuya disposición adicional dice: «La implantación del régimen de autonomía que se establece en el presente Estatuto no implica renuncia del Pueblo Vasco a los derechos que como tal le hubieran podido corresponder en virtud de su historia, que podrán ser actualizados de acuerdo con lo que establezca el Ordenamiento Jurídico.»

En consecuencia, establece el artículo 41 del Estatuto de Autonomía que «las relaciones de orden tributario entre el Estado y el País Vasco quedarán reguladas mediante el sistema foral tradicional de Concierto Económico o Convenios». En consecuencia «las Instituciones competentes de los Territorios Históricos podrán mantener, establecer y regular, dentro de su territorio, el régimen tributario...».

De este modo se produce una doble novedad: se recupera el régimen de concierto para los tres territorios históricos, y se supera, como fuente normativa, la Ley de 21 de julio de 1876. El régimen tributario de concierto queda anclado, a través de la Constitución, en la Historia, y se hace en una Ley por esencia pactada como es el Estatuto de Autonomía. De este modo, la naturaleza de la potestad tributaria de los Territorios Vascos es ahora similar a la de Navarra, aunque el contenido y alcance concretos difieran en algunos puntos, así como su raíz histórica. El Concierto, en 1876, atribuía, esencialmente, facultades recaudatorias de gestión tributaria, pero no facultades normativas. En la evolución posterior las Diputaciones forales fueron adquiriendo facultades normativas. El poder tributario de las Provincias vascas no tiene su raíz histórica en una Ley paccionada como la de Navarra de 1841. La única norma paccionada que ampara el actual alcance de sus potestades tributarias es el vigente Estatuto de Autonomía, que tiene la misma sustancia de pacto que los demás Estatutos de Autonomía, amparados en la Constitución.

El Concierto Económico se aprobó, por el Estado, por Ley 12/1981, de 13 de mayo, y ha sido modificado por Ley 27/1990, de 26 de diciembre, singularmente como consecuencia del establecimiento del IVA y supresión de los impuestos a los que sustituye, y por Ley 2/1990, de 8 de junio, con adaptaciones derivadas de la nueva regulación estatal de las Haciendas Locales; nuevamente modificado por Ley 11/1993, de 13 de diciembre y, más recientemente, por Ley 38/1997, de 4 de agosto, que introduce importantes modificaciones.

Al ser resultante de un pacto, el Concierto y su modificación han sido aprobados también por las correspondientes normas de la otra parte negociadora.

El Concierto vigente tiene la novedad, respecto de los anteriores, de que, en conformidad con lo afirmado en el Estatuto de Autonomía, la potestad tributaria de los Territorios Vascos se ejerce atendiendo a la estructura general impositiva del Estado, según criterios de coordinación, armonización y coordinación con el Estado, respetando el principio de solidaridad de la Constitución; y con vinculaciones y limitaciones diversas, en garantía de la equidad fiscal interterritorial y para la evitación de distorsiones económicas nacidas de discrepancias tributarias. Es una actualización del sistema de concierto que se inserta en la Constitución, y responde a los principios constitucionales en materia tributaria.

El sistema se estructura del siguiente modo:

Son competencias exclusivas del Estado las correspondientes a los tributos que se recauden a través de Monopolios fiscales, así como al IVA y los Impuestos Especiales sobre la importación, y la regulación del régimen tributario de los no residentes . El Estado tiene facultades de alta inspección para la aplicación del Concierto.

Corresponden a las respectivas Diputaciones forales las competencias en relación con los siguientes tributos:

a) Impuesto sobre la Renta de las Personas Físicas, con normas idénticas a las del derecho común, con algunas excepciones que no se refieren sólo a la gestión.

b) Impuesto sobre el Patrimonio, de conformidad con la regulación común, con excepciones que sólo afectan a circunstancias de la declaración.

c) Impuesto sobre Sociedades, como tributo concertado de normativa autónoma.

d) El Impuesto de Sucesiones, como tributo concertado de normativa autónoma.

e) IVA, que se rige por las mismas normas sustantivas y formales establecidas por el Estado, salvo en cuanto a los modelos de declaración e ingreso.

f) Impuesto sobre Transmisiones Patrimoniales y Actos Jurídicos Documentados, como tributo concertado de normativa autónoma, salvo en las operaciones societarias, letras de cambio y documentos que realicen funciones de giro, que se regirá por la normativa común.

g) Impuestos especiales, que se rigen por las mismas normas sustantivas y formales que las establecidas por el Estado, salvo en algunos aspectos de la gestión.

h) Las tasas, que serán percibidas por la Administración que preste el correspondiente servicio.

i) Los impuestos locales, que son, todos, de regulación de las Diputaciones forales.

Cupo. El sistema se cierra con el cupo. «La aportación del País Vasco al Estado consistirá en un cupo global, integrado por los correspondientes a cada uno de sus territorios, como contribución a todas las cargas del Estado que no asuma la Comunidad Autónoma» [art. 41.2.*d)* del Estatuto de Autonomía]. El cupo se negocia cada cinco años, pero es variable en función de las magnitudes macroeconómicas que se señalan en la metodología para su cuantificación [2]. También ésta es una novedad respecto de la situación anterior en el régimen de Concierto Económico.

Impuestos de la Comunidad Autónoma del País Vasco. Con independencia del sistema de concierto, que afecta a los Territorios Históricos del País Vasco (las tres provincias vascas), la Comunidad Autónoma en cuanto tal puede establecer tributos o recargos como las Comunidades de Régimen Común. Esta competencia deriva de la Constitución, al Estatuto y la LOFCA. La Ley del Parlamento Vasco 1/1988, de 17 de mayo, prevé la posibilidad del establecimiento de tributos propios de la Comunidad. Así, la Ley 6/1992, de 16 de octubre, crea un Impuesto sobre el juego del bingo, y la Ley 3/1990, regula las Tasas de la Comunidad.

6. (sigue) Las Comunidades Autónomas de régimen financiero común

La organización política tiene una estructura territorial y, a la vez, piramidal. El poder y las competencias políticas no se acumulan en un único ente territorial, el Estado en sentido estricto. Existen entidades con alcance territorial menor que el total del territorio español, y que tienen atribuido poder y competencias políticas. Lo que tiene inevitables consecuencias en materia de Hacienda y, en concreto, de atribución de competencias tributarias. El sistema tributario español está, en realidad, integrado por subsistemas, en función de la titularidad distribuida de competencias tributarias en todo el territorio español. Y así, la estructura territorial del sistema tributario no se ve afectada solamente por la existencia de los territorios forales, sino por la existencia en todo el territorio, de Comunidades Autónomas y Corporaciones Locales. Veamos primero las Comunidades Autónomas.

La previsión constitucional sobre la posibilidad de que los territorios se constituyan en Comunidades Autónomas ha sido ampliamente utilizada. Todo el territorio español se integra en Comunidades Autónomas, salvo Ceuta y Melilla, que son ciudades en régimen de autogobierno.

Existen en España, por tanto, diecisiete Comunidades Autónomas. Dos de ellas tienen regímenes fiscales forales (Navarra y País Vasco). Estos regímenes forales resuelven el problema de la financiación de la respectiva Comunidad, de modo que la Hacienda de la Comunidad no requiere necesariamente ingresos que no sean los integrados en el régimen foral, aunque como hemos visto, pueden tenerlos como cualquier otra Comunidad. Las demás Comunidades Autónomas debían encontrar un mecanismo adecuado de financiación. Dentro de ellas se encuentra Canarias. Pero Canarias, antes de constituirse en Comunidad Autónoma, tenía un régimen fiscal especial, que ha pervivido, transformándose. Dentro de las Comunidades Autónomas no forales el régimen fiscal de Canarias es peculiar. Hay, pues, un sistema de financiación de Comunidades Autónomas que se aplica

---

[2] La Ley 37/1997, de 4 de agosto, aprueba la metodología de determinación del Cupo para el quinquenio 1997-2001.

a todas las peninsulares y Baleares: son, en total, catorce Comunidades Autónomas. El sistema también se aplica en Canarias, pero con las especialidades que se verán después.

La financiación de estas CCAA está regulada, en esencia, en la Constitución (arts. 156 a 158), en los respectivos Estatutos de Autonomía y en la Ley Orgánica de financiación de las Comunidades Autónomas (LOFCA) de 22 de septiembre de 1980, modificada por Ley Orgánica 1/1989, de 13 de abril. En la actualidad existen dos sistemas de financiación, el que podríamos denominar sistema LOFCA puro, y el que llamaremos sistema LOFCA actualizado. El primero subsiste para Andalucía, Castilla-La Mancha y Extremadura; el segundo se aplica a todas las demás Comunidades Autónomas de régimen no foral. Decimos sistema LOFCA, porque las normas financieras y fiscales de los distintos Estatutos de Autonomía coinciden con las de la LOFCA, de modo que el sistema fiscal y financiero resultante para estas CCAA es plenamente homogéneo. Así ha resultado, de hecho, al haberse discutido los Estatutos de Autonomía, en esta materia, mediante una referencia, según fechas, al proyecto de Ley de la LOFCA (presentado en las Cortes Generales en julio de 1979) o a la LOFCA misma, ya aprobada. Homogeneidad resultante de un interés político en lograrla, aunque las previsiones constitucionales hubieran permitido también soluciones heterogéneas para las distintas CCAA.

Las CCAA, según la Constitución (art. 157), tendrán los siguientes recursos relacionados con los tributos: *a)* impuestos cedidos total o parcialmente por el Estado, recargos sobre impuestos estatales y otras participaciones en los ingresos del Estado; *b)* sus propios impuestos, tasas y contribuciones especiales. Las posibilidades son amplias. Estas posibilidades habían de concretarse en los Estatutos de Autonomía y en la LOFCA.

El sistema LOFCA puro configura una Hacienda en la que la partida de ingreso más importante es la participación en ingresos del Estado. No sólo es la partida más importante, sino la partida que cierra, en el sentido de que se ajusta para cada CA de modo que, junto con la recaudación prevista por impuestos cedidos por el Estado, se consigue para cada una de ellas una financiación suficiente y equitativa, en el sentido de que cada una sea financiada según sus necesidades estimadas con criterio solidario. Es decir, de modo que los servicios públicos en los que son competentes las CCAA se presten en cada una de ellas con parecidos niveles y calidades.

La participación en ingresos del Estado tiene una gran importancia, por tanto, desde el punto de vista de la financiación de las CCAA, y, en consecuencia, para el análisis de los principios de suficiencia y autonomía financiera; pero en nada afecta a la estructura del sistema tributario. Las respectivas partidas de ingreso de los presupuestos de las Comunidades Autónomas corresponden a otras tantas partidas de gasto de los presupuestos generales del Estado, pero sin incidencia alguna tributaria específica, ni en el lado activo de la relación, ni en el pasivo: el ciudadano paga tributos al Estado; que una parte de su importe vaya a las arcas de las CCAA es una cuestión interna entre entes públicos, sin trascendencia alguna para aquél. Esto plantea problemas que afectan a la propia sustancia política de estos entes, ya que se pueden embarcar en gastos sin que el ciudadano afectado sienta ninguna vinculación tributaria a esos gastos y a los servicios (o despilfarros) que financian. En esencia, las CCAA tienen un sistema de financiación altamente solidario en el que se echa de menos un mayor grado de responsabilidad fiscal de la CA frente a los ciudadanos, lo que se traduce en una cierta tendencia de estos entes a una conducta financiera irresponsable o poco responsable.

Se ha pretendido introducir un atisbo de corresponsabilidad fiscal mediante la transformación de parte de esta participación en una referida a la recaudación por IRPF en el espacio de cada CA; en concreto, un 15 por 100 de la recaudación por IPRF; a lo que acompañará una presencia de la CA en la AEAT. Pero el Acuerdo del Consejo de Política Fiscal y Financiera de 10 de octubre de 1993 no ha sido aceptado por todas las CCAA. Las normas que de él se derivan han sido impugnadas ante el TC; se trata, además, de una regulación, por ahora, por un período breve, y con numerosas cortapisas. Es una incógnita en qué medida el camino así iniciado proporcionará a las CCAA una financiación más libre, y si será a costa de una tan rigurosa solidaridad como la del sistema que estamos describiendo.

El sistema LOFCA actualizado es el establecido por LO 3/1996, de 27 de diciembre, que modifica la LOFCA inicial. En esencia, para dar entrada al criterio de corresponsabilidad fiscal, la participación en ingresos del Estado se sustituye, en mayor o menor medida según los casos, por una cesión del Impuesto sobre la Renta de las Personas Físicas, con carácter parcial, con el límite máximo del 30 por 100; es el impuesto que recae sobre las personas físicas residentes en el territorio de la respectiva Comunidad; pero es que, además, la Comunidad puede tener competencias normativas limitadas en los impuestos cedidos y entre éstas se encuentran la regulación de la Tarifa autonómica (el 30 por 100 de la Tarifa general) y la regulación de algunas deducciones. Existe también una posibilidad de competencias normativas limitadas en relación con otros tributos cedidos (Impuestos sobre el Patrimonio, sobre Sucesiones y Donaciones, sobre Transmisiones patrimoniales onerosas, y Tributos sobre el Juego).

De este modo se configura un sistema en el que se dan oportunidades a la corresponsabilidad fiscal de las Comunidades Autónomas; se refuerza la efectividad del principio de autonomía financiera, pero suscita algunas dudas en cuanto al modo de conseguir una efectiva vigencia del principio de solidaridad, que en el sistema LOFCA puro estaba garantizada con más contundencia; ésta es la razón básica por la que el sistema está impugnado ante el Tribunal Constitucional, y no haya sido aceptado por las tres Comunidades que se siguen rigiendo por el sistema que hemos denominado puro.

La segunda partida de ingreso en importancia en el sistema puro, y la primera en el sistema actualizado, es la que corresponde a los impuestos cedidos por el Estado. Y aquí sí que hay trascendencia en cuanto a la estructura del sistema tributario.

La Constitución, los Estatutos de Autonomía y la LOFCA (arts. 10 y 11) contemplan la cesión de tributos (aunque la Constitución habla sólo de impuestos) como base de una fuente de financiación de las CCAA. La cesión contemplada en estas normas tiene las siguientes características en el sistema puro:

— Es una cesión de producto recaudatorio, en cualquier caso.

— Se cede también la gestión del tributo. La Comunidad cesionaria llega a ser sujeto activo de las relaciones tributarias correspondientes; desde el punto de vista estructural, en este caso la cesión afecta a la estructura territorial del sistema tributario. Si no fuera así, la Comunidad cesionaria llegaría a ser titular de un derecho de crédito frente al Estado por el importe de la recaudación devengada o realizada por el tributo cedido, pero no se crearía ninguna relación tributaria sobre los sujetos pasivos. No habría ya una cesión, sino un caso de participación en ingresos estatales, que antes hemos visto.

— El establecimiento y regulación de la correspondiente figura tributaria corresponde al Estado. Por tanto, también la supresión y modificación.

— La cesión puede ser total o parcial, en cuanto que engloba la totalidad o una parte de los hechos imponibles contemplados en la normativa de lo que llamamos un tributo, en sentido amplio.

— Los puntos de conexión para delimitar las competencias entre las Comunidades cesionarias y entre éstas y el Estado son, en principio, la residencia habitual de los sujetos pasivos en los tributos personales, el lugar de venta o realización de la operación gravada en los impuestos sobre el consumo, y el lugar de ubicación del inmueble *(lex rei sitae)* en los tributos que graven operaciones inmobiliarias.

— Las técnicas adicionales de la cesión se han de fijar en una Ley de las Cortes Generales, singularmente en lo que se refiere a la gestión, aunque hayan podido preceder acuerdos con las CCAA sobre las modalidades de esa gestión.

— Los tributos cedibles son el IP, el ITP, el ISD, la imposición general sobre las ventas en su fase minorista, los impuestos sobre consumos específicos en su fase minorista, salvo los que graven el consumo de tabaco y de derivados del petróleo, que en la fecha de la LOFCA (1980) se recaudaban mediante monopolios fiscales, y las tasas y demás exacciones sobre el juego.

— La Constitución habla, como antes hemos dicho, de cesión de impuestos. La LOFCA y los Estatutos, de cesión de tributos. La posible contradicción se concreta, exclusivamente, en las tasas y demás exacciones sobre el juego. La contradicción no existe, si atendemos a la naturaleza de las instituciones, y no a su nombre. Las tasas y demás exacciones sobre el juego que han sido objeto de cesión son, a pesar del nombre, verdaderos impuestos, en su parte más sustancial. En la parte en que son verdaderamente tasas, su cesión es corolario de la transferencia del correspondiente servicio, como sucede con cualquier otra tasa; en este caso, la tasa ya no es un tributo cedido, sino un tributo propio de la CA que tiene, sobre él, poder de establecimiento, modificación, extinción y regulación. En realidad, dada la ambigüedad terminológica en materia de exacciones sobre el juego, los ingresos de este tipo de las CCAA pertenecen a categorías no siempre bien delimitadas en este caso: tributos cedidos, tributos propios o recargos sobre impuestos estatales.

— Los tributos de cesión prohibida son los impuestos estatales sobre la renta global de las personas físicas, sobre el beneficio de las Sociedades, sobre la producción o las ventas, salvo lo permitido expresamente según acabamos de ver, y sobre el tráfico exterior.

Los impuestos efectivamente cedidos han sido los siguientes (Leyes 41/1981, de 28 de octubre; 30/1983, de 28 de diciembre; 31 a 43/1983, de 28 de diciembre; 51/1985, de 27 de diciembre; 32/1987, de 22 de diciembre, y normas reguladoras de los tributos correspondientes):

— Impuesto sobre el Patrimonio.

— Impuesto sobre Sucesiones y Donaciones.

— Impuesto sobre Transmisiones Patrimoniales y Actos Jurídicos Documentados.

— Tasa estatal sobre los juegos de suerte, envite o azar.

La tasa estatal sobre rifas, tómbolas, apuestas y combinaciones aleatorias es, en sentido propio, una tasa, y, por tanto, un tributo propio de la Comunidad Autónoma a la que se ha transferido, en cada caso, el servicio correspondiente.

Estos impuestos han sido transferidos a todas las Comunidades Autónomas de régimen no foral. Pero existen hechos imponibles que continúan siendo de competencia estatal, como los de rehabilitación y transmisión de títulos nobiliarios.

En el sistema actualizado hay algunas diferencias importantes (Ley 14/1996, de 30 de diciembre):

— Se cede la gestión del tributo, pero no la del Impuesto sobre la Renta de las Personas Físicas.

— Se confieren a la Comunidad Autónoma poderes normativos más o menos amplios sobre la regulación de los Impuestos o Tributos cedidos.

— La cesión puede ser total o parcial, no sólo en cuanto a los hechos imponibles afectados por dicha cesión, sino en cuanto al producto recaudatorio (parcial en el caso del IRPF).

— Se mantienen, en esencia, los criterios del sistema puro para la fijación de los puntos de conexión, pero éstos se especifican con cambios y mayores precisiones, en una regulación nueva.

— La lista de tributos cedibles se incrementa en el Impuesto sobre la Renta de las Personas Físicas con el límite máximo del 30 por 100.

Los Tributos efectivamente cedidos son los mismos que en el sistema puro, más el Impuesto sobre la Renta de las Personas Físicas.

De este modo, como las tres Comunidades Autónomas antes señaladas no han aceptado este sistema de cesión, nos encontramos en la actualidad con dos sistemas: el que corresponde al sistema LOFCA puro, y el que corresponde al actualizado. Además, la cesión de poderes normativos en los términos indicados ha sido también impugnada ante el Tribunal Constitucional.

La tercera fuente tributaria está constituida por los **tributos propios** de las CCAA. Según la CE, entre los recursos de las CCAA figuran «sus propios impuestos, tasas y contribuciones especiales». Esta norma ha sido asumida en todos los Estatutos de Autonomía, y en la LOFCA. Pero ésta, de acuerdo con su naturaleza, ha establecido importantes limitaciones a la competencia de las CCAA para crear tributos propios. En realidad, estas limitaciones afectan, de hecho, de una manera sustancial, a la creación de impuestos propios, siendo menos significativas por sus efectos en cuanto afectan a tasas y contribuciones especiales (v. arts. 6 a 9, 17, 19 y 20 LOFCA y art. 7 de la LO 1/1989, de 13 de abril). En esencia:

— Los tributos que establezcan las CCAA no podrán recaer sobre hechos imponibles gravados por el Estado.

— Las CCAA pueden establecer tasas relacionadas con la utilización de su dominio público, la prestación de sus servicios públicos o la realización de sus actividades.

— Las CCAA pueden establecer contribuciones especiales relacionadas con el desarrollo de sus actividades.

— Las CCAA pueden establecer sus propios impuestos con las siguientes limitaciones (art. 9 LOFCA):

a) No podrán sujetarse elementos patrimoniales situados, rendimientos originados ni gastos realizados fuera del territorio de la respectiva Comunidad Autónoma;

b) no podrán gravarse, como tales, negocios, actos o hechos celebrados o realizados fuera del territorio de la Comunidad impositora, ni la transmisión o ejercicio de bienes, derechos y obligaciones que no hayan nacido ni hubieran de cumplirse en dicho territorio o cuyo adquirente no resida en el mismo;

c) no podrán suponer obstáculo para la libre circulación de personas, mercancías, servicios y capitales, ni afectar de manera efectiva a la fijación de residencia de las personas o a la ubicación de empresas y capitales dentro del territorio español, de acuerdo con lo establecido en al artículo 2.1.*a)*, ni comportar cargas trasladables a otras Comunidades.

— Las CCAA son competentes para regular el establecimiento, modificación y extinción, y gestión, en el más amplio sentido, de sus propios tributos, así como para organizar y realizar dicha gestión.

Se comprende que, en estas circunstancias, las CCAA hayan creado numerosas tasas, alguna contribución especial y muy escasos impuestos.

Los impuestos propios de las CCAA son los siguientes:

Andalucía: Impuesto sobre Tierras Infrautilizadas (Ley 8/1984, de 3 de julio). Prácticamente no se ha aplicado, a pesar de que la Sentencia del TC

37/1987, de 26 de marzo, mantuvo la aventurada doctrina de su constitucionalidad; canon de vertido (Ley 7/1994, art. 61).

Asturias: Impuesto sobre Tierras o explotaciones agrarias infrautilizadas (Ley 4/1989, de 21 de julio); Impuesto sobre los premios del bingo (Ley 2/1993, de 30 de diciembre); Impuesto sobre el saneamiento de aguas residuales (Ley 1/1994, de 21 de febrero).

Baleares: Impuesto sobre el juego del bingo (Ley 13/1990, de 29 de noviembre); Impuesto sobre instalaciones que incidan en el medio ambiente (Ley 12/1991, de 20 de diciembre); Impuesto de saneamiento de aguas residuales (Ley 9/1991, de 27 de noviembre). La Ley 12/1990, de 28 de noviembre, por la que se estableció un impuesto que gravaba la participación en las Loterías del Estado, ha sido declarada inconstitucional y consiguientemente nula por la STC 49/1995, de 16 de febrero, por invadir o menoscabar la competencia del Estado sobre Hacienda general.

Canarias: Impuesto especial sobre combustibles derivados del petróleo (Ley 5/1986, de 20 de julio, modificada por Ley 8/1992, de 4 de diciembre); este impuesto se pudo crear porque nunca se había recaudado en Canarias mediante monopolios fiscales.

Cantabria: Impuesto sobre el juego del bingo (Ley 3/1988, de 26 de octubre).

Castilla-La Mancha: Impuesto sobre los premios del juego del bingo (Ley 4/1989, de 14 de diciembre, y Ley 4/1991, de 26 de diciembre, Adicional 4).

Cataluña: Canon de saneamiento de aguas (Leyes 19/1991, de 7 de noviembre, y 7/1994, de 18 de mayo); Impuesto sobre el juego del bingo (Ley 21/1984, de 24 de octubre, y Ley 32/1991, de 24 de diciembre); Canon de infraestructura hidráulica de Cataluña (Ley 5/1990, de 9 de marzo).

Extremadura: Impuesto sobre dehesas calificadas en deficiente aprovechamiento (Ley 1/1986, de 2 de mayo); Impuesto sobre aprovechamientos cinegéticos (Ley 8/1990, de 21 de diciembre); Impuesto sobre Tierras Calificadas como Regadíos Infrautilizados (Ley 3/1987, de 8 de abril).

Galicia: Impuesto sobre la contaminación atmosférica (Ley 7/1991, de 19 de junio); Impuesto sobre el juego del bingo (Ley 7/1991, de 19 de junio); Impuesto sobre saneamiento de aguas residuales (Ley 8/1993, de 23 de junio).

La Rioja: Impuesto para saneamiento de vertidos (Ley 7/1994, de 19 de julio).

Madrid: Impuesto sobre los premios del bingo (Ley 12/1994, de 27 de diciembre).

Murcia: Impuesto sobre los premios del bingo (Ley 12/1984, de 27 de diciembre); Impuesto sobre vertidos al mar (Ley 1/1995, de 8 de marzo).

Valencia: Impuesto sobre el juego del bingo (Ley 4/1988, de 3 de junio, Ley 14/1985, de 27 de diciembre, y Ley 2/1991, de 18 de febrero); Canon de saneamiento de aguas residuales (Ley 2/1992, de 26 de marzo).

Hay que incluir también el Impuesto sobre el juego del bingo del País Vasco antes citado, aunque ésta no sea una Comunidad Autónoma de régimen financiero común.

La última fuente de ingresos tributarios posibles de las CCAA está constituida por los recargos sobre impuestos estatales. Posibilidad regulada en la Constitución, LOFCA y en los Estatutos de Autonomía, pero con limitaciones importantes (art. 157.1 CE, art. 21 LOFCA y todos los Estatutos de Autonomía). Según la LOFCA, «las Comunidades Autónomas podrán establecer recargos sobre los impuestos estatales cedidos, así como sobre los no cedidos que graven la renta o el patrimonio de las personas físicas con domicilio fiscal en su territorio». En el caso de impuestos cedidos, los recargos equivalen a la posibilidad de establecer aumentos en la cuantía a pagar. En el caso de impuestos no cedidos, el recargo genera una obligación tributaria adicional, distinta de la del impuesto principal, en cuanto que tiene un sujeto pasivo diferente. En este último caso se puede dudar quién tiene que llevar la gestión del mismo: caben las dos soluciones: gestión por el Estado, o por la Comunidad Autónoma; esta última es menos razonable, más incómoda para el ciudadano, pero tiene la ventaja de que identifica mejor la responsabilidad político-fiscal de la CA.

Esta posibilidad de establecer recargos tiene limitaciones, aparte de la constituida por la expresa concreción de los tributos objeto de recargo (que son los que hemos visto). Los recargos no podrán configurarse de forma que puedan suponer una minoración de los ingresos del Estado por dichos impuestos, ni desvirtuar la naturaleza o estructura de los mismos: no cabe, por ejemplo, un recargo sobre una parte de la base del Impuesto sobre la Renta, como la correspondiente a las rentas del capital.

La utilización de esta modalidad impositiva ha sido muy escasa. Se pueden enumerar los recargos que se indican a continuación:

Asturias: Sobre la tasa estatal de juegos de suerte, envite o azar mediante máquinas o aparatos automáticos (Ley 5/1989, de 22 de diciembre).

Baleares: Sobre la tasa estatal de juegos de suerte, envite o azar (Ley 13/1990, de 29 de noviembre).

Cantabria: Sobre la tasa estatal del juego (Ley 3/1988).

Castilla-La Mancha: Sobre la tasa estatal de juegos de suerte, envite o azar (Ley 4/1989, de 14 de diciembre).

Cataluña: Sobre la tasa estatal que grava las máquinas tragaperras (Ley 2/1987, de 5 de enero).

Galicia: Sobre la tasa estatal del juego (Ley 7/1991, de 19 de junio).

Madrid: Sobre el IRPF (Ley 4/1985, de 18 de abril. Derogada sin haberse aplicado). Sobre la Tasa que grava las máquinas recreativas y los casinos (Ley 12/1994, de 27 de diciembre).

Murcia: Sobre la tasa estatal del juego (Ley 12/1984, de 27 de diciembre, y Ley 11/1990, de 26 de diciembre).

Valencia: Sobre la tasa estatal del juego (Ley 14/1985).

El único recargo con eficiencia recaudatoria apreciable fue el de la Comunidad de Madrid sobre el IRPF. Aunque el TC lo declaró constitucional, fue derogado antes de haber sido aplicado.

7. (sigue) Las Corporaciones locales

El Estado se organiza territorialmente en municipios y en provincias (art. 37 CE). Estas son las entidades locales básicamente consideradas. También pueden existir otros entes locales con personalidad jurídica, que de algún modo quedan referidos a los dos anteriores. Se pueden crear agrupaciones de municipios diferentes de la provincia (art. 141.3 CE): éstas pueden ser comarcas, áreas metropolitanas, entidades municipales asociativas y otras entidades supramunicipales. La Constitución (art. 141.4 CE) también se refiere como entidades locales a las islas, en los archipiélagos balear y canario.

Desde el punto de vista de la estructura del sistema tributario, tienen trascendencia significativa los municipios, las provincias y las islas, especialmente las de Canarias.

Las Corporaciones locales (Ayuntamientos, Diputaciones y Cabildos o Consejos Insulares) pueden establecer y exigir tributos, de acuerdo con la Constitución y las Leyes (art. 133.2 CE). El poder tributario de estas corporaciones deriva, por tanto, de la Constitución, pero necesariamente a través de leyes ordinarias, estatales o autonómicas. Navarra tiene competencia para regular sus Haciendas locales (arts. 45 y 46 de la Ley de Amejoramiento del Régimen Foral, de 10 de agosto de 1982). Las instituciones competentes de los territorios históricos del País Vasco tienen competencia para la regulación de las correspondientes Haciendas Locales, con las limitaciones que establece el Concierto Económico (Ley 12/1981, de 13 de mayo, y Disposición adicional 18.ª de la LRHL, Ley 39/1988, de 28 de diciembre); si bien estas instituciones no dictan leyes en sentido estricto, sí dictan «normas forales» que tienen naturaleza adecuada para que, mediante su elaboración y promulgación, se creen disposiciones que respeten el principio de legalidad tributaria del artículo 31 CE. Entre las CCAA de régimen común han asumido competencias en materia de Haciendas Locales Andalucía, Aragón, Baleares, Cataluña, Galicia y Valencia. Y también Canarias, en combinación, además, con su régimen especial económico-fiscal.

Sistema tributario municipal. Del conjunto de normas señaladas, y especialmente de la Ley 39/1988, resulta que los Municipios tienen o pueden tener, como fuentes de ingresos tributarios, impuestos, tasas y contribuciones especiales.

En cuanto a los impuestos, se dividen en dos grupos:

a) Impuestos que deben existir en todos los municipios:

— Impuesto sobre Bienes Inmuebles.

— Impuesto sobre Actividades Económicas.

— Impuesto sobre Vehículos de Tracción Mecánica.

Estos impuestos son propios de los municipios en cuanto que su recaudación integra sus respectivas Haciendas. Son de creación y regulación estatal (o de la entidad foral correspondiente).

b) Impuestos que «pueden existir» en los Municipios.

— Impuesto sobre Construcciones, Instalaciones y Obras.

— Impuesto sobre el Incremento de Valor de los Terrenos de Naturaleza Urbana.

Estos impuestos de exacción voluntaria sólo pueden ser exigidos por los municipios que los hayan establecido y regulado expresamente mediante la correspondiente ordenanza fiscal.

Sistema tributario provincial. Está constituido por tasas, contribuciones especiales y recargos. El único recargo previsto en la Ley 39/1988 opera sobre el IAE. El recargo es potestativo de la Diputación. La gestión es del Ayuntamiento respectivo. La Ley establece el tipo máximo del recargo.

Sistema tributario de las entidades supramunicipales. Puede estar constituido por tasas, contribuciones especiales y recargos, y otros ingresos tributarios (Ley 39/1988). Es de destacar el posible recargo sobre el Impuesto de Bienes Inmuebles en favor de las Areas Metropolitanas.

Sistema tributario de las Islas Baleares. Los correspondientes Consejos Insulares disponen de los mismos recursos de las Diputaciones (art. 138 Ley 39/1988). En las Islas Baleares la Diputación Provincial está sustituida por los respectivos Consejos Insulares.

8. (sigue) Las Islas Canarias. Ceuta y Melilla

Las Islas Canarias

El archipiélago canario tiene un régimen económico y fiscal de carácter especial. Desde mediados del siglo XIX no se han aplicado en Canarias ciertos tributos estatales, las Islas constituyeron un sistema diferente de organización territorial, y los órganos correspondientes dispusieron de ingresos tributarios especiales, y de un ámbito de competencias mayor que el de entidades y órganos equivalentes de la península e Islas Baleares.

La Constitución establece que «la modificación del régimen económico y fiscal del archipiélago canario requerirá informe previo de la Comunidad Autónoma» (Disposición Adicional Tercera). Es un reconocimiento constitucional de la especialidad de su régimen económico y fiscal. Se trata, sin embargo, de una especialidad otorgada por el Estado. Esta especialidad emana del Estado; nada tiene que ver con la participación en el poder tributario que es característica de los territorios forales.

En Canarias existe una Comunidad Autónoma (la CA canaria), cuyo régimen tributario no es en principio distinto del de las CCAA no forales, según hemos visto antes, salvo en lo que le afecta el régimen fiscal especial de Canarias.

En Canarias no existen Diputaciones Provinciales. Sus competencias corresponden, para cada isla, a los correspondientes Cabildos Insulares, pero éstas exceden de las de una Diputación Provincial o Consejo Insular en cuanto en ellas incide el régimen fiscal especial de Canarias (art. 41 Ley 7/1985, de 2 de abril, y Ley 20/1991, de 7 de junio).

Los Ayuntamientos canarios no tienen especialidad fiscal alguna.

De este modo, en el archipiélago canario la CA y los Cabildos Insulares tienen los ingresos propios de estas entidades en el régimen fiscal peninsular común. Y además (Ley 20/1991, de 7 de junio):

— El Impuesto General Indirecto Canario.

— El Arbitrio sobre la Producción y la Importación.

En el archipiélago canario no se aplican los siguientes impuestos estatales:

— El IVA.

— El Impuesto especial sobre hidrocarburos.

— El Impuesto especial sobre las labores del tabaco.

Existen, además, otras peculiaridades tributarias que se señalan al estudiar los impuestos estatales correspondientes.

Ceuta y Melilla

Estas ciudades, de acuerdo con el artículo 144.6 CE, tienen régimen de autogobierno y Estatutos de Autonomía aprobados por LO 1/1995, de 13 de marzo (Ceuta), y LO 2/1995, de 13 de marzo (Melilla). No son Comunidades Autónomas, y tampoco se insertan en Comunidad Autónoma alguna; carecen de poder legislativo y sus respectivas Asambleas tienen poder normativo reglamentario (art. 21 de los correspondientes Estatutos; art. 38 y Disposición adicional Segunda de los Estatutos; Ley de 22 de diciembre de 1955; Ley 8/1991, de 25 de marzo; Ley 39/1988, art. 140).

Tienen un régimen fiscal específico, consistente en algunas peculiaridades económico-fiscales, que se actualizan y garantizan mediante Ley del Estado. Su sistema fiscal básico es el del régimen municipal común. Cuentan, además, con un Impuesto sobre la producción, los servicios y la importación, regulado por la Ley 8/1991, de 25 de marzo; a propósito de la normativa originaria del mismo, el TJCE ha recordado que los Tratados constitutivos de las Comunidades Europeas «se oponen a que un Estado miembro recaude un arbitrio que, aunque presente la apariencia de un tributo interno, esté en realidad configurado de tal modo que, ya por el tenor de las normas que lo imponen, ya por el modo en que lo aplique la Administración, grave los productos importados o determinadas categorías de dichos productos, con exclusión de los productos locales de la misma categoría» (STJCE 7-12-1995, asunto C-45/1994, Cámara de Comercio de Ceuta) [3]; en consecuencia, el RD-ley 14/1996, de 8 de noviembre, modificó el Arbitrio originario, que ha sido modificado de nuevo por la Ley 13/1996, de 30 de diciembre, la cual le ha dado su actual denominación.

En Ceuta y Melilla no se aplican los siguientes impuestos estatales:

— El IVA.

— El Impuesto especial sobre el alcohol, bebidas derivadas y cerveza.

— El Impuesto especial sobre hidrocarburos.

Existen, además, otras peculiaridades tributarias que se señalan al estudiar los impuestos estatales correspondientes.

9. Dinamicidad del sistema. Complejidad y relaciones internas

El sistema no es una estructura inmóvil. Sus funciones sólo pueden entenderse si se considera su dinamicidad, su operación en el tiempo. En realidad, la mayor parte de los juicios de valor que pueden emitirse sobre un sistema en su conjunto necesitan contemplar el factor temporal. Porque sólo en el tiempo se producen las interrelaciones que lo integran. Un sistema tributario es un organismo vivo.

Los tributos están, todos, en conexión íntima unos con otros, y los que gravan a unos sujetos con los que gravan a otros, se trate o no del mismo impuesto. Sin ánimo exhaustivo podemos considerar las siguientes relaciones:

— Dentro del mismo impuesto, entre unos sujetos y otros: lo que para uno es ingreso, por ejemplo, para otros es gasto. Así, los salarios.

— Esto sucede también entre impuestos formalmente diferentes, como el IRPF y el IS.

— Los impuestos sobre la renta de carácter no general (IAE, IBI, IIVTNU), reducen la base imponible, o la cuota, de los impuestos generales sobre la renta.

— Algunos impuestos indirectos (IT, por ejemplo) afectan a las bases imponibles de los impuestos generales: el impuesto sobre transmisiones aumenta el costo de adquisición de bienes inmuebles, a efectos de determinar el importe de su cuota de amortización o la cuantía del incremento patrimonial que haya de tributar en los impuestos generales sobre la renta.

— Los impuestos personales sobre el patrimonio (IP, IS) proporcionan elementos de control de los impuestos generales sobre la renta, o afectan a las bases imponibles de éstos.

---

[3] QF núm. 2/1996.

— El IVA es elemento de control de hechos imponibles en los impuestos sobre la renta, y viceversa. Por ejemplo, para fijar el volumen de operaciones de un sujeto empresario.

— La interrelación es evidente en materias de valoraciones de bienes o servicios. El mismo hecho tiene repercusiones tributarias en varios impuestos o tributos. Si un bien se vende, por ejemplo, la valoración a efectos de IT puede coincidir, o no, con su valoración a efectos de IRPF o IS, o a efectos del IBI, o del Impuesto municipal sobre incremento de valor de los terrenos.

Estas relaciones se producen en el tiempo: con efectos para el mismo ejercicio, o para ejercicios anteriores o posteriores. El sistema tributario es un organismo complejo, interrelacionado, y en continuo fluir. Aspecto que hay que tener muy presente para juzgar de la vigencia en el sistema, por ejemplo, de algunos de los principios constitucionales que luego veremos, como la capacidad, igualdad, no confiscatoriedad, etc. Así, del análisis de la legislación aplicable puede concluirse que las rentas del capital inmobiliario y de la actividad empresarial y profesional están, según la norma, más gravadas que las del trabajo dependiente y del capital mobiliario. La realidad económica no coincide, quizá, con este designio normativo. Pero el hecho es que si la realidad se correspondiera con la previsión de la norma, existiría una discriminación tributaria de las rentas por su origen.

Otro aspecto que genera incertidumbre sobre los resultados comparativos interpersonales es la diversidad de regímenes tributarios (esencialmente forales). Es cierto que sus regulaciones tienen previsiones para conseguir una equiparación de presión fiscal entre todos los españoles. Pero no es seguro que se consiga. De todos modos, estos problemas se resuelven con el análisis de las situaciones reales (no sólo normativo, por tanto). Los métodos para este análisis no son jurídicos. Pero el juicio último (jurídico) sobre la aplicación de determinados principios y normas no puede dejar de tenerlos presentes, sobre todo en la valoración jurídico-constitucional de ciertos principios enunciados, especialmente en el artículo 31 CE la inconstitucionalidad puede estar en la norma, y también en su aplicación. Y es necesario tenerlo muy presente.

Si, a efectos didácticos, exponemos los tributos en un determinado orden, y como entidades separadas, la realidad sólo se capta cuando se conocen los detalles y el conjunto.

10. Los principios del sistema

No es éste el lugar de analizarlos en detalle, pero sí conviene recordarlos con indicación de su sentido esencial, pues el análisis crítico del sistema y de sus componentes ha de realizarse en función de los mismos. No cabe un análisis jurídico del sistema tributario sin tenerlos presentes de una manera continuadamente operativa.

Los principios de que se trata son principios jurídicos; se integran en normas que contienen mandatos jurídicos, o se inducen de la legislación como principios inspiradores con función de obligar. Unos y otros pueden ser, según su rango en cuanto fuentes del derecho, constitucionales, no constitucionales, y de derecho comunitario europeo.

Los principios pueden tener, por tanto, rango constitucional, tanto si vienen explícitamente expresados como si resultan implícitos en la Constitución, y se ponen de manifiesto mediante la elaboración doctrinal o jurisprudencial. Estos principios son mandatos para el legislador tributario ordinario. De ahí su importancia. Definen, no lo inmutable, porque la Constitución puede cambiar, pero sí lo difícilmente mutable del sistema tributario, en cuanto que la Constitución puede cambiar sólo si se superan apreciables dificultades de procedimiento.

Con frecuencia se habla de principios económicos o técnicos de la imposición o del sistema tributario. A los efectos de esta enumeración sólo tienen relevancia en cuanto se integran en el sistema constitucional, pues no cabe la existencia de principios imperativos para el legislador ordinario al margen del ordenamiento jurídico constitucional.

Esos principios económicos o técnicos no constitucionales pueden ser, sin embargo, principios jurídicos, en cuanto se incorporan al sistema tributario, o a alguno de sus componentes, por la vía de la legislación ordinaria y las normas reglamentarias, incluso por la vía de los usos administrativos. Estos principios, sin embargo, pueden modificarse con más facilidad que los constitucionales; y, sobre todo, no son imperativos para el legislador tributario. Pero, en la medida en que sean jurídicamente operativos, habrán de ser tenidos en cuenta en la interpretación e integración aplicativa del sistema y de sus componentes. También hay que decir que estos principios son, con frecuencia, consecuencia de los principios constitucionales.

En consecuencia, podemos afirmar:

1.º La Constitución no establece todos los criterios ordenadores del sistema tributario español, sino sólo algunos.

2.º Los principios constitucionales afectan al sistema, al conjunto de tributos que gravan a los sujetos, y no sólo a los tributos del Estado en sentido estricto. Precisamente la Constitución fija los criterios del ejercicio del poder tributario por distintos entes territoriales, en los que se concreta un importante aspecto de la organización política, la que determina un ejercicio descentralizado del poder, y por tanto del poder tributario. Los principios afectan, por ello, al conjunto y a cada una de sus partes, en cada caso según el alcance y sentido de su respectivo contenido.

A) Los principios constitucionales

La Constitución puede comprender más o menos principios tributarios. Pero hay uno que tiene en la Constitución su lugar propio, inexcusable: el principio de reserva de ley. Aparece en toda la historia constitucional española, desde 1812, como principio de autoimposición. Para tener plena eficacia, ha de disfrutar de rango constitucional. Desde un punto de vista de lógica jurídica, ningún otro es imprescindiblemente constitucional. Sin embargo, en la medida en que la Constitución contiene una proclamación de derechos fundamentales, es también inevitable que aspectos esenciales de la institución tributaria tengan rango definitorio constitucional.

En la vigente Constitución española de 1978 se ha ido mucho más allá. Las normas de la Constitución que afectan a los tributos son variadas y dispersas; y muchas más de las que se aprecian en una lectura superficial, pues al contenido y aplicación de los tributos afectan normas constitucionales que no hablan expresamente de gravámenes tributarios.

No está de más destacar la trascendencia de la Constitución para el sistema tributario español. Todas y cada una de las normas que lo configuran han de entenderse e interpretarse en cuanto insertas en el orden constitucional.

La Constitución está vigente desde finales de 1978. Algunos parecen ignorar que se trata de una norma jurídica de aplicación directa e inmediata. Y lo que resulta menos corriente todavía es que quienes están especialmente interesados en alguna parcela del ordenamiento jurídico se impongan la tarea de analizarlo a la luz de la Constitución, y extraer las oportunas consecuencias. Todo lo cual es válido para los ciudadanos sometidos al ordenamiento, y, especialmente, para quienes de un modo u otro tienen responsabilidades en su análisis, modificación y aplicación: juristas, políticos y funcionarios, jueces.

Esta actitud es fruto de la inercia de unos modos de actuar y pensar preconstitucionales. Son numerosas las normas del ordenamiento que han sido modificadas después de la Constitución. Otras están implícitamente derogadas por su carácter inconstitucional, y todos están obligados a considerarlas así. Todos; no sólo jueces y magistrados, sino también, de manera específica, todos los órganos de las Administraciones públicas. Y ahí está la amplia función definidora del Tribunal Constitucional. Pero todavía no está claramente adquirido el reflejo de someter, casi instintivamente, cualquier norma que haya que aplicar a un control racional de constitucionalidad por el intérprete en cada caso concreto. E intérprete es todo aquel que haya de aplicar la norma, o tenga que actuar de acuerdo con sus dictados.

Esta inercia opera también en los legisladores. No es tan raro oír propuestas, proposiciones, proyectos, que, a simple vista, tienen contenidos con tacha o sospecha de inconstitucionalidad. Y a veces llegan a ser leyes. El Tribunal Constitucional no puede corregirlas más que en los casos en que el problema se le plantee por quien tenga legitimidad para ello, que no es precisamente todo el mundo. El análisis debe hacerse por los sujetos, con objeto de conseguir, al fin, y en el caso en que se aprecie inconstitucionalidad, la rectificación de la norma o el pronunciamiento, en su caso, de la Administración o del Tribunal competente.

De acuerdo con lo anterior podemos hacer una breve referencia a los principios constitucionales de nuestro sistema. Algunos de ellos son más bien condicionantes de las estructuras del sistema, del contenido del mismo y de los tributos. Otros afectan más bien a los modos de aplicación. Pero esta clasificación es aproximativa y no excluyente. Todos los principios contienen límites para el legislador ordinario. Todos o casi todos definen, de algún modo, derechos de los sujetos frente al titular del poder tributario. Así, por ejemplo, el principio de capacidad condiciona la estructura del sistema (debe pagarse según la capacidad), a la vez que delimita las facultades del legislador ordinario (que debe regular los tributos acomodándose a ese principio) y determina un derecho de los sujetos a ser gravados de conformidad con su capacidad, y no de otra manera.

Existen normas constitucionales especialmente referidas a la tributación y otras que producen especiales posibilidades de interferencia con el sistema tributario. Esas normas se encuentran especialmente, pero no exclusivamente, entre las que regulan derechos públicos subjetivos, la ordenación social y económica y la estructura organizativa territorial del Estado, entendido éste en sentido amplio.

1. **Principio de capacidad.** «Todos contribuirán al sostenimiento de los gastos públicos de acuerdo con su capacidad económica mediante un sistema tributario justo inspirado en los principios de igualdad y progresividad que, en ningún caso, tendrá alcance confiscatorio», dice la Constitución, como ya hemos visto.

Este artículo contiene varios principios tributarios. Fijémonos ahora en el de capacidad.

La capacidad económica es la aptitud para adquirir y ser titular de bienes y servicios económicos, es decir, escasos. Por ello esta capacidad se puede denominar también capacidad de pago.

Es una aptitud que viene modulada por el tiempo: la inmediatez tiene más valor que la lejanía temporal en la posibilidad de adquisición de esos bienes o servicios. Por ello esa capacidad puede ser más o menos actual o potencial (v. STC 26-3-1987, FJ 13.º).

La capacidad económica no es una aptitud psicológica, pero, de todos modos, se refiere principalmente a las personas físicas (v. STC 20-2-1989, FJ 7.º, y STC 10-11-1988, FJ 9.º). A pesar de ello, la ficción de la persona jurídica puede también extenderse a la capacidad económica, ya que dichos entes tienen titularidad de derechos de contenido económico.

Conocemos la capacidad por sus manifestaciones: la aptitud en que consiste se manifiesta como acumulación (capital o patrimonio), como flujo de entrada (renta o ingresos) o como flujo de salida (gasto, consumo o inversión). A su vez, esa manifestación puede ser global, en cuanto se considere en su conjunto (patrimonio, renta total, gasto general o total) o parcial (bienes o elementos patrimoniales, renta delimitada por su fuente, gastos concretos de consumo o inversión).

Podemos deducir de lo anterior que se adecúan a la capacidad los tributos que establecen la cantidad a satisfacer en función directa del valor del patrimonio o de una parte de él, de la renta o de una parte de ella, del gasto o de una parte del gasto.

En cambio, no se contribuye «de acuerdo con la capacidad económica» cuando el tributo hace abstracción de una manifestación de la capacidad económica: tributos cuya cuota a pagar se determina por la mera existencia (pura capitación indiscriminada), o por razón de edad, sexo, nacionalidad, religión, estado civil, vinculación a un territorio, beneficios recibidos del ente público, estímulo económico, o cualesquiera otros que no sean la capacidad económica.

El principio de capacidad es el criterio básico de distribución de la carga fiscal. En cuanto tal, un criterio para responder a la pregunta de quién debe pagar los tributos: los titulares de capacidad económica, y en función de esa capacidad.

Desde un punto de vista lógico e histórico este principio se opone al de equivalencia o beneficio, y como tal hay que entenderlo. La carga sufrida no ha de ser un equivalente del beneficio recibido del ente público o del incremento de costo generado en dicho ente por la actuación del sujeto o por el servicio que a éste se le ha prestado. La carga que a cada ciudadano compete es función de su capacidad económica con abstracción de los beneficios recibidos o costes generados en el ente público por el que paga.

De aquí que al ser éste el criterio de distribución, todos los que tienen capacidad han de contribuir (principio de generalidad) y quienes tengan la misma capacidad han de contribuir de modo igual (principio de igualdad).

Pero conviene precisar el alcance de este principio como principio jurídico. Es fundamental a la hora de interpretar las normas tributarias.

La capacidad se establece en el artículo 31 CE, aparentemente, como principio inspirador del total sistema tributario: pero esta afirmación no puede admitirse sin algunas matizaciones.

Los tributos no son la única fuente de financiación del gasto público; existen los ingresos de derecho privado, y la deuda pública, si bien está claro que al servicio de la deuda habrá que hacer frente, posteriormente, con tributos. La Constitución no dice en qué medida el gasto público ha de financiarse con tributos, y en qué medida con otros ingresos. En cuanto se cubra con otros ingresos, el principio de capacidad no es aplicable (ni los de generalidad e igualdad), pues éste se refiere al sistema tributario que solamente cubre una parte del gasto público. El artículo 31 CE no dice que todo el gasto público se cubrirá con ingresos basados en el criterio distributivo de la capacidad económica.

Pero es que, además, según la clasificación de la LGT, los tributos pueden ser impuestos, contribuciones especiales y tasas. Sin embargo, estos últimos tipos de tributos responden, por su estructura, a una financiación del gasto público acorde con el principio de equivalencia, y no precisamente con el de capacidad. Es cierto que en la regulación de las tasas, singularmente en la fijación de las tarifas o tipos de gravamen, puede tenerse en cuenta la capacidad económica de los sujetos; y también, en teoría, en las contribuciones especiales. Pero la esencia de la regulación es el principio de equivalencia, aunque esa equivalencia no se establece claramente, en su caso, más que de manera global, y no para cada sujeto en particular.

También es cierto que, según un concepto amplio de la capacidad económica, en la utilización de un servicio o en el beneficio especial recibido se puede encontrar un indicio de capacidad económica; pero eso es dejar sin sentido el principio de capacidad, que así quedaría reducido a una forma abstracta, casi vacía como criterio de reparto de cargas fiscales entre los sujetos.

En este sentido se puede llegar a la conclusión de que el principio de capacidad se refiere a los impuestos, y no a todos los tributos, es un criterio de reparto de los gastos públicos que se financian con impuestos.

Esto no significa que las tasas y las contribuciones especiales sean inconstitucionales, como tampoco lo son los ingresos de derecho privado ni la deuda pública, que igualmente sirven para «sostener gastos públicos». ¿Qué significado tiene, entonces, el principio de capacidad?

Hay servicios públicos cuyo coste puede cubrirse claramente con precios o tributos basados en el principio de equivalencia, por un lado, o, alternativamente, por impuestos. Hay servicios cuyo coste sólo pueden cubrirse por impuestos. Los primeros son los servicios divisibles. Los segundos, los indivisibles. La distinción, sin embargo, no es tajante y nítida. Hay servicios indivisibles que tienen factores de individualización (por ejemplo, el servicio exterior y la asistencia diplomática a personas concretas en situaciones concretas). Y los servicios perfectamente divisibles tienen factores de interés colectivo (por ejemplo, el servicio de recogida de basuras y el interés colectivo en la salud). Por ello caben soluciones graduadas, muy variadas, entre la financiación-equivalencia y la financiación mediante impuestos. De suyo, cuando prevalece el principio de equivalencia hay una parte importante de los gastos públicos que responden a servicios indivisibles para los que la aplicación del principio tiene que hacerse en la presunción de que el beneficio mayor es el recibido por quienes tienen más capacidad económica, más renta, o patrimonio, o gasto.

Por todo ello podemos concluir que el principio de capacidad significa: que la parte de gasto público que se financie con impuestos ha de estructurar éstos de acuerdo con la capacidad económica de los sujetos; que existe un amplio margen para financiar con ingresos no impositivos el gasto público, siendo opciones políticas las que fijarán la concreción de ese margen; que, no obstante, del conjunto del artículo 31.1 CE y de otras normas constitucionales (arts. 27 y 39 a 52 CE) se deduce una preferencia constitucional por una financiación preponderante de acuerdo con el principio de capacidad económica; que en la regulación de los tributos que no son impuestos se pueden tener en cuenta criterios de capacidad del sujeto a la hora de establecer las tarifas.

El principio de capacidad no es absoluto: se producen desviaciones del mismo siempre que el impuesto se utiliza para fines extrafiscales, lo cual puede ser legítimo si existe base constitucional para ello.

Pero es que, además, la desviación sólo puede producirse en ese sentido: que quien tenga capacidad pague menos de lo que corresponda a esa capacidad. No caben desviaciones en sentido contrario, ni siquiera por razones constitucionalmente protegidas: de este modo, no puede someterse a imposición a quien no tenga capacidad, ni puede gravarse a nadie por encima de su capacidad; en este último caso se entraría en el terreno de la confiscación, a lo que luego nos referiremos.

Más aún, la enunciación constitucional del principio de capacidad conduce a delimitar las posibilidades de financiación mediante el principio de equivalencia (precios o tasas): éste no puede llevarse hasta la situación en que la utilización de servicios esenciales (concepto de contenido variable) requiera el pago de servicios o tasas por quienes carecen de capacidad económica para hacerles frente, por lo que quedarían fuera del ámbito de aplicación de esos servicios esenciales.

El principio de capacidad se predica del sistema y de cada una de las figuras que lo integran, en el sentido de que no puede haber gravamen si no hay indicio de capacidad en el sujeto gravado en relación con el objeto imponible elegido como prueba de la existencia de capacidad, a la vez que el conjunto de lo que pague cualquier sujeto por distintos conceptos tiene que estar en función de su capacidad.

La capacidad, en cambio, no se manifiesta necesariamente en el hecho imponible, como quiere, erróneamente, la generalidad de la doctrina, pues si así sucede muchas veces (impuestos sobre la renta y el patrimonio, o impuestos sucesorios, por ejemplo) no en otras, especialmente en la imposición indirecta cuando el hecho imponible se refiere a un sujeto y situación alejados del sujeto cuya capacidad económica se pretende gravar; es frecuente que en los impuestos sobre el consumo o el gasto se establezca el gravamen en momentos del proceso productivo alejados del consumidor o adquirente final, que es el que se pretende gravar. O, lo que es lo mismo, la capacidad no se predica del sujeto pasivo del tributo, sino del sujeto al que el tributo pretende gravar como incidido final.

2. **Principio de generalidad.** «Todos contribuirán al sostenimiento de los gastos públicos...» Este es realmente el primer principio de la imposición. Es el que establece el deber general de contribuir, el principio que recuerda la condición de súbdito, la actuación efectiva de la coactividad. En tal sentido, es un principio muy querido por la jurisprudencia del TC y de los demás Tribunales, que suelen resaltar este deber de contribuir cuando se trata de enjuiciar el alcance de derechos y obligaciones de los sujetos tributarios. Si tratamos de este principio después del de capacidad, es porque la generalidad está condicionada por la capacidad de los sujetos.

El principio de generalidad es inseparable del de capacidad. El «todos» del artículo 31 CE está matizado por la apreciación de la capacidad del sujeto que deba contribuir. El «todos» del artículo 31 CE se refiere a nacionales o extranjeros; y tanto a personas físicas como a personas jurídicas, en la medida en que, para éstas, se cumpla la exigencia constitucional de capacidad.

Desde otro punto de vista, el «todos» no está limitado más que por el alcance del poder efectivo del Estado, en sentido amplio, para hacer valer la coactividad.

Este principio no es absoluto, sin embargo. Caben excepciones: en primer lugar, las determinadas por el principio mismo de capacidad; y otras, con fundamentación constitucional, que afectan también al principio de capacidad (utilización del impuesto como instrumento de política económica, de política cultural, reciprocidad internacional, etc.).

3. **Principio de igualdad** (arts. 14 y 31.1 CE). Según la conocida y gráfica formulación, este principio significa tributación igual de los iguales, tributación desigual de los desiguales; iguales ¿en qué?, esencialmente, en capacidad. Este principio no puede abstraerse tampoco, en su aplicación, del de capacidad económica. En realidad es inseparable de él. Aunque el principio de igualdad podría subsistir en un sistema que no se construyera de acuerdo con el principio de capacidad, sino, por ejemplo, con el de equivalencia. Por ello opera en aquellos sectores del sistema no amparados en el principio de capacidad.

En alguna sentencia del TC se aprecia una tendencia a distinguir entre la igualdad del artículo 31 CE (igualdad tributaria) y la del artículo 14 CE (interdicción de la discriminación). Es una distinción sumamente discutible; más bien carece de fundamento; y se explica sobre todo por el afán del Tribunal de no dejarse inundar por recursos de amparo en materia de desigualdad tributaria, ya que la vulneración del artículo 31 CE no da derecho al amparo constitucional, y la del artículo 14 CE sí. Pero la igualdad del artículo 31 CE no es más que un caso concreto de la igualdad ante la Ley del artículo 14 CE, y está comprendida en este último.

Al existir múltiples impuestos, se plantea el problema de si el principio de igualdad ha de respetarse en cada uno de ellos o sólo en el conjunto. Aunque la capacidad económica es única, las manifestaciones de la misma que gravan los impuestos sacan a la luz partes de esa capacidad. En tal sentido, se impone un juicio de igualdad a la vista del conjunto del sistema tributario. Así, un impuesto sobre el patrimonio, por ejemplo, puede compensar la desigualdad que, en relación con la capacidad global, va incluida en un impuesto sobre el gasto, y viceversa.

Pero las exigencias de la igualdad se dan también en el ámbito de cada tributo. Este no puede introducir factores de discriminación prohibidas o no razonables, es decir, no propias de la estructura misma del tributo, o derivadas de las excepciones, con base constitucional, a la aplicación del principio. Por ejemplo, una discriminación tributaria por razón de religión en el Impuesto sobre la Renta sería siempre vulneradora del principio de igualdad, porque nada tiene que ver con la estructura del tributo mismo, ni existe base constitucional alguna para ampararla, ni, en fin, cabe regular otro impuesto de modo que, en el conjunto del sistema, se pueda producir la adecuada compensación desde el punto de vista de la globalidad de la capacidad económica.

Porque el principio no tiene carácter absoluto. Puede existir fundamentación constitucional para que no sea respetado en sentido estricto. Por ejemplo, en cuanto que el impuesto se puede utilizar como instrumento de política económica, o cultural, o sanitaria. Y, además, el TC tiene reiteradamente declarado que el principio de igualdad no es absoluto, y que implica la interdicción de discriminación que no tenga una justificación razonable. En realidad, el principio de igualdad prohíbe que los iguales en capacidad sean discriminados por razón de «nacimiento, raza, sexo, religión, opinión o cualquier otra condición o circunstancia personal o social» (art. 14 CE), lo cual tampoco debe entenderse en su sentido más amplio. Si bien es cierto que el TC ha aplicado esa prohibición a los cónyuges por el hecho de serlo (STC 10-11-1988 y STC 20-2-1989), lo cual es «circunstancia personal y social», también lo es que son circunstancias sociales en sentido amplio las que dan lugar a tratos fiscalmente diferenciados que no implican, sin embargo, discriminación prohibida (diferencias de trato fiscal por razón de política de desarrollo territorial, sectorial, o cultural, o sanitaria, por ejemplo, a las que antes hemos aludido); en último extremo, la capacidad económica misma es una circunstancia personal.

El principio de igualdad tributaria tiene concreciones en otros puntos de la Constitución. El artículo 139.1 establece que «todos los españoles tienen los mismos derechos y obligaciones en cualquier parte del territorio del Estado». Por lo demás, esta norma permite dar el verdadero sentido al principio tributario de igualdad, que no implica que los sujetos con la misma capacidad hayan de pagar lo mismo en todo el territorio, lo que choca con la autonomía tributaria de los entes territoriales. Así ha sido expresamente admitido por el TC respecto de las CCAA (STC 4-10-1990, FJ 7.º), y la situación es la misma para los entes locales (STS 4-10-1984). Lo que no se puede hacer, en ninguna parte del territorio, es discriminar entre españoles a la hora de ejercer el poder tributario, ni tampoco entre españoles y extranjeros (art. 13.1 CE). Por último, la interdicción de discriminación por razones de religión y opinión, contenida en el artículo 14 CE, se reafirma de una manera implícita y solemne en el artículo 16.1 CE: «Se garantiza la libertad ideológica, religiosa y de culto de los individuos y las comunidades...»

4. **Principio de progresividad.** De acuerdo con el principio de capacidad, el sujeto que tenga más capacidad económica habrá de pagar más impuestos que el que tenga menos. Esta exigencia se satisface con impuestos proporcionales, es decir, de tipo, normalmente, único. La progresividad va más lejos; implica que la cantidad a pagar en concepto de impuesto no sólo es más alta cuanto mayor sea la base de tributación, sino que el tipo impositivo es función creciente del importe de la base.

La progresividad, como el principio de capacidad, es el resultado de una opción política. Está ligada a la idea de la utilización del sistema tributario como un instrumento de redistribución de rentas. La pretendida justificación de la progresividad como técnica para alcanzar la igualdad de los sacrificios marginales de los sujetos gravados carece de credibilidad sustancial, ya que no son posibles las comparaciones interpersonales de utilidad o sacrificio.

La progresividad se predica en el artículo 31.1 CE del conjunto del sistema; para ello tendrá que haber en éste, forzosamente, impuestos progresivos o impuestos que, aún siendo proporcionales o fijos, afecten a los sujetos de más capacidad económica y sólo a ellos. La segunda posibilidad es más teórica que real, y ha sido uno de los fundamentos tradicionales de la imposición sobre el lujo.

Ahora bien, la técnica del impuesto progresivo sólo produce el efecto buscado cuando la base a que se aplica la tarifa progresiva es la cuantificación de una magnitud que sea manifestación global de capacidad económica, en su categoría de renta o de patrimonio o gasto, pues si se utilizan bases que representan manifestaciones parciales de esa capacidad económica se crearán grandes distorsiones vulneradoras de los principios de capacidad e igualdad, y, por supuesto, del principio mismo de progresividad. Por ello la técnica de la progresividad, desde el punto de vista del mandato constitucional de progresividad del sistema, no es aplicable en impuestos de producto, o parciales sobre el patrimonio, o indirectos sobre el consumo en general. Tampoco es aplicable en el campo de los tributos que no son impuestos, salvo que la tarifa gradúe la cuota en función de una magnitud reveladora de capacidad económica distinta de la que haga referencia al costo del servicio prestado o volumen del costo originado por el sujeto concreto en el ente público; pero, en este caso, la tasa de alguna manera se convierte en impuesto.

Y es que la progresividad solamente es compatible con la tributación basada en el principio de capacidad; tanto si se piensa en los fines redistributivos de la misma como en su fundamentación en la igualdad de los sacrificios marginales. Y no es coherente con la tributación basada en el principio de equivalencia.

El TC ha afirmado que «la igualdad es perfectamente compatible con la progresividad del impuesto, que sólo exige que el grado de progresividad se determine en función de la base imponible y no en razón del sujeto»; no sólo, sino que el sistema tributario justo que proclama el artículo 31 de la Constitución «no puede separarse, en ningún caso, del principio de progresividad ni del principio de igualdad. Es por ello —porque la igualdad que aquí se reclama va íntimamente enlazada al concepto de capacidad económica y al principio de progresividad— por lo que no puede ser, a estos efectos, simplemente reconducida a los términos del artículo 14 de la Constitución: una cierta desigualdad cualitativa es indispensable para entender cumplido ese principio. Precisamente la que se realiza mediante la progresividad global del sistema tributario en que alienta la aspiración a la redistribución de la renta» (STC 20-2-1989, FJ 4.°, y STC 20-7-1981, FJ 4.°). Pero la aplicación de este principio es de difícil, aunque no imposible, control jurisdiccional, habida cuenta de que se refiere al conjunto del sistema y a una magnitud global personal, la medida de la capacidad económica. De suyo, los impuestos en que la progresividad puede realizarse para el conjunto son solamente el de la renta global y los globales de patrimonio (incluido el Impuesto de Sucesiones). Por tanto, configuraciones de estos tributos en los que desapareciera la progresividad podrían resultar inconstitucionales. Más difícil es de apreciar jurisdiccionalmente la ausencia de progresividad del sistema como consecuencia del predominio de impuestos regresivos, como el IVA, aparte de que en tal caso el principio constitucional puede chocar con las exigencias de la pertenencia de España a la CEE. Por último, hay que decir que es difícil, si no imposible, configurar la progresividad como un derecho de los sujetos individualizados, de una manera jurisdiccionalmente eficaz, a diferencia de lo que sucede con la capacidad, la igualdad o la no confiscatoriedad.

5. **Principio de no confiscatoriedad.** Confiscación es, en principio, obtención de bienes por el ente público sin compensación. En tal sentido confiscación se opone a expropiación con pago de justiprecio. Podemos decir, entonces, que allí donde rige el principio de capacidad económica como criterio de distribución de la carga fiscal, el impuesto se satisface sin compensación, a diferencia del impuesto o tributo fijado de acuerdo con el criterio de la equivalencia o beneficio; por tanto, en tal situación todo impuesto es confiscatorio.

Está claro que no es éste el sentido en que utiliza la expresión el artículo 31.1 CE, pues equivaldría a tanto como ordenar la creación, un tipo de impuesto que simultáneamente se prohíbe. Por ello este principio hay que ponerlo en relación con lo que establece el artículo 33 CE: «1. Se reconoce el derecho a la propiedad privada y a la herencia. 2. La función social de estos derechos delimitará su contenido, de acuerdo con las leyes. 3. Nadie podrá ser privado de sus bienes y derechos sino por causa justificada de utilidad pública o interés social, mediante la correspondiente indemnización y de conformidad con lo dispuesto en las leyes.»

Entre las leyes que delimitan el contenido del derecho a la propiedad privada y a la herencia ocupan un lugar preponderante las tributarias. Pero éstas no pueden llegar a suprimir el derecho a la propiedad; para ello, como se dice en el mismo artículo 33 CE, hay que indemnizar. Esas leyes «limitan», pero no suprimen. El alcance de esa delimitación puede llegar hasta donde sea compatible con el mantenimiento de un sistema económico basado en la propiedad privada y en la libertad de empresa (art. 38 CE), pero no sólo con carácter colectivo, sino individual; es decir, que no se trata de que las leyes delimitadoras, en este caso fiscales, no acaben con el sistema, para lo que sería suficiente que la confiscatoriedad no afectara a la mayoría de los sujetos, sino que ésta no debe ser operativa en ningún caso, pues cada sujeto tiene derecho a participar en el sistema en condición de titular de medios privados de producción y consumo. De lo contrario, no tendría sentido la obligación de indemnizar en los casos de expropiación.

Puede decirse que el principio de no confiscatoriedad consiste en la interdicción de la agresión al contenido sustancial del derecho de propiedad mediante el instrumento tributario, lo que implica la supresión total, por ejemplo, de la capacidad de ahorro e inversión. Por otro lado, la confiscatoriedad ha de entenderse también en función de la capacidad económica del sujeto afectado, en el sentido de que el impuesto no puede despojarle del mínimo vital o imprescindible; en este caso el principio considera el derecho de propiedad en cuanto ordenado al consumo, y no, como más arriba, el derecho de propiedad en cuanto se realiza a través del ahorro y la inversión; así un tipo de gravamen del 50 por 100 de la renta, en un impuesto periódico sobre la misma, puede considerarse no confiscatorio para una renta elevada, mientras que lo es, sin duda, para una renta mínima, como por ejemplo, la que equivalga al salario mínimo.

La confiscatoriedad ha de apreciarse en cada caso; en ocasiones, y quizá sea lo más corriente, la confiscatoriedad puede producirse por acumulación de tributos, aunque ninguno, aisladamente considerado, reúna esa condición. Pero también puede producirse con un solo tributo.

Para estimarla hay que considerar el carácter permanente o recurrente del tributo, frente a la posibilidad de que sea ocasional. Pueden fijarse, así, algunos supuestos en que aparecen lo que podríamos llamar indicios de confiscatoriedad:

— Impuestos permanentes sobre el patrimonio cuya cuantía excede de la renta de ese patrimonio.

— Impuestos sobre la renta o el producto que dejan porcentajes irrisorios de renta disponible.

— Impuestos sobre consumo o gasto que reducen la capacidad adquisitiva de sujetos por debajo de lo que pueden considerarse mínimos vitales.

— Acumulación de tributos que produce efectos equivalentes a los indicados en los tres supuestos anteriores.

La confiscatoriedad no debe juzgarse sólo en función de la carga tributaria en sentido estricto, sino habida cuenta del conjunto de obligaciones tributarias que surgen y se acumulan en el proceso de aplicación de los tributos.

Por otro lado, la interdicción de confiscatoriedad se refiere, no sólo a los impuestos, sino a los otros tributos, y tanto porque de la acumulación de todos ellos puede surgir el efecto confiscatorio, como porque esos otros tributos, aisladamente considerados, pueden serlo por sí mismos en cuanto deterioren la capacidad adquisitiva de los sujetos por debajo del mínimo vital, si están ligados a servicios públicos esenciales.

La jurisprudencia ha tenido ocasión de pronunciarse sobre la confiscatoriedad de los tributos: «Es evidente que el sistema fiscal tendría dicho efecto si mediante la aplicación de las diversas figuras tributarias vigentes se llegara a privar al sujeto pasivo de sus rentas y propiedades... como sería asimismo, y con mayor razón, evidente el resultado confiscatorio de un IRPF cuya progresividad alcanzara un tipo medio de gravamen del 100 por 100 de la renta...» (STC 4-10-1990, FJ 9.º). El alcance confiscatorio no puede derivarse necesariamente del carácter progresivo del impuesto «cuando no se ha acreditado que la aplicación de tal impuesto tenga como efecto el vaciamiento del derecho de propiedad que vincula su titular a los bienes gravados» (SAT Valencia 31-12-1987).

6. **Principio de reserva de Ley** (arts. 31.3 y 133.1 CE). El principio de reserva de Ley, cuyo contenido y alcance no se van a exponer aquí, es, en materia tributaria, un principio de justicia material: es absurdo hablar de justicia formal, como si se tratara de requisitos protocolarios. El principio de reserva de Ley en materia de tributos existe como principio de autoimposición, y es un principio de justicia porque un sistema tributario, por acertado que sea en cuanto a la distribución de la carga, sólo es justo en

cuanto que es democrático, es decir, si se establece y regula por el medio de expresión democrática por excelencia, la ley como expresión típica y exclusiva de la representación popular. Un sistema tributario no democrático por su procedimiento de creación, es decir, no creado y regulado por la representación del pueblo, es injusto, en una concepción política como la que se concreta en la Constitución.

Una de las más evidentes formas de ejercicio de la soberanía es la imposición; el poder de imposición es un integrante sustancial de esa soberanía. El principio de reserva de Ley en materia de tributos es la inevitable consecuencia del principio básico de la democracia: el poder soberano reside en el pueblo. Un tributo no nacido y regulado por la ley carece de legitimidad de origen, es decir, carece de justicia de origen, es un impuesto ilegítimo, es injusto. No es una cuestión de formas, como tienden a pensar con frecuencia los titulares del poder ejecutivo y muchas otras personas. Es una cuestión de fondo. Y lo es también porque la ley no sólo es la garantía del respeto de un principio de soberanía popular, es decir, de autoimposición, sino del respeto de la libertad del individuo, de su derecho a no ser gravado por nadie que no sean sus representantes legítimos. Además, como ha dicho el TC, esta exigencia de legalidad es «una consecuencia de la igualdad y por ello preservación de la paridad básica de posición de todos los ciudadanos, con relevancia no menor, de la unidad misma del ordenamiento (art. 2 de la Constitución)» (STC 17-3-1987, FJ 4.º).

Por lo demás, sabido es que el principio tiene carácter relativo, según el TC y el TS, y que la ley ha de determinar los elementos esenciales del tributo; el artículo 10 LGT contiene un adecuado desarrollo de este principio, una adecuada interpretación de su alcance.

7. **Principio de justicia.** Es cierto que el principio de capacidad económica es un criterio de justicia material del sistema impositivo. Pero no es el único. También lo son el de igualdad y el de generalidad, así como los de progresividad, no confiscatoriedad y legalidad: «El sistema justo que se proclama no puede separarse, en ningún caso, del principio de progresividad ni del principio de igualdad», ha dicho el TC (STC 20-7-1987, FJ 4.º). Estamos hablando del criterio de justicia en el reparto de la carga fiscal que ha adoptado la Constitución. Pero cabe preguntarse si el sistema que responda, en su estructura, a los principios enunciados hasta ahora es, sin más, un sistema constitucionalmente justo, o si no es suficiente que se realicen adecuadamente dichos principios para que el sistema pueda ser calificado, sin lugar a dudas, de justo. O, lo que es lo mismo: ¿puede hacerse al sistema tacha de injusticia que no se reconduzca a la vulneración de al menos uno de los principios enunciados hasta ahora?

En mi opinión la respuesta ha de ser afirmativa. Hasta ahora los principios enunciados conducen a una determinación justa, realizada por el órgano adecuado, de la cantidad a satisfacer por cada sujeto. Es decir, una determinación justa, por quien puede obligar, de quién debe pagar y cuánto debe pagar. Pero esos principios, sin más, nada dicen del cómo se debe establecer la determinación concreta del *quantum* y del quién, y cómo y cuándo, y en qué condiciones se debe realizar el pago. El sistema tributario no es un cuadro descriptivo sustancial o material, sino un conjunto de instituciones que han nacido para aplicarse y que se aplican a los sujetos afectados. En el modo de aplicación, entendido en sentido amplio, puede haber factores de injusticia no reconducibles a la vulneración de los principios anteriormente señalados. Por eso el artículo 31.1 CE exige, específicamente, que el sistema sea justo, lo que sería innecesario si la justicia se agotara en el cumplimiento de los principios hasta ahora enunciados.

No se trata de la vulneración de otras normas y principios constitucionales que permitirían calificar de injusto el sistema: por ejemplo, un sistema cuya aplicación vulnerara la inviolabilidad del domicilio (art. 18 CE), o el derecho a la intimidad (art. 18 CE), o el derecho a la libertad religiosa (art. 16 CE), o el derecho a la libre circulación (art. 19 CE), o el derecho a la tutela judicial (art. 24 CE), o a la libertad de empresa (art. 38 CE). Además de esos supuestos que se enumeran a título de ejemplo, existen otros que no tienen cobertura constitucional específica, pero que sí la tienen en la exigencia genérica de justicia del sistema, tal como lo estamos analizando: por ejemplo, la exigencia de prestaciones accesorias o colaterales de imposible cumplimiento práctico (como exigir una declaración escrita a un analfabeto); o muy onerosas, y desigualmente onerosas, y sin compensación; o la regulación de procedimientos que producen una desproporcionada «presión fiscal indirecta»; o el establecimiento de responsabilidades tributarias (no penales o por sanción) a sujetos sin capacidad para asumirlas, y tantas otras posibilidades (y realidades) que implican vulneraciones del principio constitucional de justicia del sistema.

8. **Principio de seguridad jurídica.** No está expresamente aludido en el artículo 31 CE, pero según el artículo 9.3, «la Constitución garantiza el principio de legalidad, la jerarquía normativa, la publicidad de las normas, la irretroactividad de las disposiciones sancionadoras no favorables o restrictivas de derechos individuales, la seguridad jurídica, la responsabilidad y la interdicción de la arbitrariedad de los poderes públicos». La seguridad jurídica es, así, una condición básica de la existencia de un Estado de derecho que confiere además a los sujetos una irremisible titularidad de derechos. Por ello la seguridad jurídica aparece en el contexto de la legalidad y las consecuencias de ella para los derechos individuales. La interpretación conforme al criterio de seguridad jurídica es siempre válida, y de una manera muy especial en el ámbito tributario, en el que los atentados contra la misma no son tan extraños, tanto en el orden normativo como en el de la aplicación de las normas. Aunque existen numerosos supuestos en que este principio puede determinar una concreta interpretación y aun validez de normas y regulaciones y decisiones administrativas, baste recordar la incidencia especial del mismo en el derecho sancionador tributario, cuando se trata de calificar una conducta en el marco de una regulación «jurídicamente insegura».

9. **Principios que afectan a la estructura institucional y territorial del sistema tributario.** Podemos enunciar los siguientes:

a) Organización territorial del Estado en Comunidades Autónomas con Hacienda propia y, en consecuencia, con tributos propios (arts. 2, 137, 156, 157 CE).

b) Organización territorial del Estado en municipios y provincias con autonomía propia. Consecuencia, la existencia de tributos propios en las Haciendas Locales (arts. 133.2, 137, 140, 141, 142 CE).

c) Solidaridad entre las nacionalidades y regiones que integran España (arts. 2, 138.1, 158.2, 40.1, 130.2 CE).

d) Amparo y respeto de los derechos históricos de los territorios forales (Navarra y los tres territorios del País Vasco) con acusadas peculiaridades de carácter tributario (DA 1.ª CE).

e) Respeto a las peculiaridades fiscales de Canarias (DA 2.ª CE).

f) Interdicción de privilegios económicos o sociales a las CCAA (art. 158.2 CE).

10. **Principios que resultan de la vigencia de derechos y libertades constitucionales:**

a) Libertad de circulación y establecimiento de personas en todo el territorio español (art. 139.2 y 19 CE).

b) Libertad de circulación de bienes en todo el territorio español (art. 139.2 CE).

c) Derecho al honor y a la intimidad personal y familiar. Inviolabilidad del domicilio. Secreto de las comunicaciones. Limitación del uso de la informática (art. 18 CE).

d) Derecho al secreto profesional en el ejercicio del derecho a recibir o comunicar libremente información por cualquier medio de difusión (art. 20.1 CE).

e) Derecho a la tutela efectiva de jueces y tribunales en el ejercicio de derechos e intereses propios; derecho al juez ordinario predeterminado por la ley, a la defensa y a la asistencia de letrado, a no declarar contra sí mismo, a utilizar los medios de prueba pertinentes para su defensa (art. 24 CE).

f) Principios constitucionales en materia penal y vigentes para todo el derecho sancionador (presunción de inocencia, reserva de ley en materia de delitos, faltas e infracciones administrativas), e interdicción de sanciones administrativas de privación de libertad (arts. 24 y 25 CE).

g) Sujeción de los poderes públicos a la Constitución y al resto del ordenamiento jurídico (art. 9.1 CE), principio que se vulnera cuando los órganos de la Administración tributaria prescinden de consideraciones de orden constitucional y legislativo al aplicar al sistema tributario, como si la interpretación de las normas del sistema de una manera integrada fuera competencia exclusiva de los Tribunales de Justicia.

11. **Principios relacionados con los criterios constitucionales para la política social y económica.** En las normas de este grupo se encuentran habitualmente las fundamentaciones de las desviaciones en la aplicación estricta de los principios de capacidad e igualdad.

a) La protección social, económica y jurídica de la familia, la protección integral de los hijos, y la obligación de los padres de prestar asistencia a los hijos durante su minoría de edad (art. 39 CE).

b) La obligación de los poderes públicos de promover las condiciones favorables para el progreso social y económico (arts. 40.1, 130.1, 131.1 CE).

c) La obligación de los poderes públicos de promover las condiciones favorables para una distribución de la renta personal más equitativa (arts. 40.1, 130.1, 131.1 CE).

d) La obligación de los poderes públicos de tutelar la salud pública y fomentar la educación sanitaria, la educación física, el deporte, la ciencia, la investigación científica y técnica, el acceso a la cultura; de velar por la utilización racional de todos los recursos naturales, por la protección del medio ambiente; de promover el enriquecimiento del patrimonio histórico, cultural y artístico de los pueblos de España y de garantizar su conservación; de promover las condiciones necesarias para la efectividad del derecho a una vivienda digna; de realizar una política en favor de los disminuidos físicos y psíquicos; de defender a los consumidores y usuarios (arts. 43 a 51 CE).

B) Los principios comunitarios o de la Unión Europea

Como hemos visto antes, todo el sistema tributario interno está sujeto a los principios comunitarios, que operan más bien como límites o prohibiciones al ejercicio del poder tributario interno. Son principios jurídicos, que obligan al legislador español, y crean derechos de los ciudadanos, que pueden hacer valer ante la justicia interna o ante el Tribunal de Justicia de la UE. Son los principios que se encuentran en los artículos antes citados del Tratado de Roma, y entre otros muchos, a lo largo y ancho de toda la regulación básica de la UE, y han sido, en su caso, concretados y perfilados por el Tribunal de Justicia de la UE.

Se puede hacer una enumeración sin pretensiones de exhaustividad.

1. Principio de no discriminación tributaria de los productos de los demás Estados miembros (art. 95 TCCE).

2. Principio de supresión de obstáculos a la libre circulación de mercancías, personas, servicios y capitales [art. 3.*c)* TCCE].

3. Principios derivados de una política común en los ámbitos de agricultura, pesca, transportes, medio ambiente (art. 3 TCCE).

4. Principio de competencia no falseada en el mercado interior [art. 3.*g)* TCCE].

5. Principio de competitividad de la industria de la Comunidad (art. 3.1 TCCE).

6. Principio de no discriminación entre ciudadanos de los Estados miembros.

¿Pueden ser estos principios incompatibles con los constitucionalmente antes indicados? O, lo que es lo mismo, ¿pueden producirse conflictos entre estos principios y los de la Constitución? La respuesta cabal a estas preguntas nos lleva a plantearnos el problema más general de la relación entre Constitución y derecho comunitario. Sin que la cuestión esté definitivamente resuelta, la posición del Tribunal de Justicia de la UE es que el derecho de cada país cede ante el comunitario en el ámbito de competencia de este último. Pero no es pacífico que los Tribunales Constitucionales de los países miembros, u órganos equivalentes, acepten esta tesis cuando el derecho comunitario afecta al núcleo constitucional del país respectivo. Sin embargo, en nuestro campo concreto, más que de conflicto hay que hablar de integración: así, en nuestra Constitución no hay una afirmación del principio de competencia, núcleo de la ordenación comunitaria. Pero este principio es compatible con los principios tributarios de la CE. Ningún principio constitucional es absoluto, según hemos visto; por ello es lógico que la presencia de principios comunitarios conduzca a una matización de la interpretación de los constitucionales: por ejemplo, en materia de capacidad económica, o de progresividad.

BIBLIOGRAFIA

ALBI IBÁÑEZ, E., y GARCÍA ARIZNAVARRETA, J. L., *Sistema fiscal español,* Barcelona, Ariel, 10.ª ed., 1995.

ALBIÑANA GARCÍA-QUINTANA, C., y FUENTES QUINTANA, E., *Sistema fiscal español y comparado,* Madrid, Tecnos, 1992.

BERLIN, D., *Droit fiscal communautaire,* París, PUF, 1988.

CARMINI, S., y MAINARDI, A., *Elementi di diritto comunitario,* Padua, CEDAM, 1996.

CAYÓN GALIARDO, A.; ALVAREZ MARTÍNEZ, J.; COLÁS VICENTE, A.; GARCÍA GÓMEZ, A.; JIMÉNEZ COMPAIRED, I, y RUIZ BAÑA, M. L., *Sistema Impositivo Estatal. Los Impuestos sobre la Renta, el Patrimonio y el Valor Añadido,* Zaragoza, Kronos, 4.ª ed., 1995.

FERREIRO LAPATZA; J. J.; CLAVIJO HERNÁNDEZ, F.; MARÍN QUERALT, J.; PÉREZ ROYO, F., y TEJERIZO LÓPEZ, J. M., *Curso de derecho tributario,* Madrid, Marcial Pons, 12.ª ed., 1996.

LÓPEZ BERENGUER, J., *Manual de Derecho Tributario (Parte especial),* Madrid, Centro Cultural Universitario, 6.ª ed., 1995.

CAPITULO 2
EL IMPUESTO SOBRE LA RENTA DE LAS PERSONAS FISICAS

I. GENERALIDADES

11. Introducción

La ley básica por la que se rige en la actualidad el IRPF es la Ley 18/1991, de 6 de junio. Esta ley ha coronado una evolución que, si se contempla sólo la configuración moderna del tributo como impuesto único sobre la renta, arranca de la Ley 44/1978. No puede decirse que entre ambas fechas la regulación positiva del Impuesto haya gozado de gran estabilidad. La primitiva ley de 1978 sufrió, hasta su definitiva derogación al entrar en vigor la Ley 18/1991 el 1 de enero de 1992, abundantes e importantísimas modificaciones, de las que las de mayor trascendencia fueron las operadas por la Ley 14/1985, de régimen fiscal de los denominados activos financieros, la Ley 48/1985 y la Ley 20/1989.

La vigente Ley 18/1991 constituye algo más que un simple paso adelante en la evolución legislativa del Impuesto, toda vez que la configuración del mismo responde a criterios sensiblemente distintos de los que inspiraron al legislador de 1978 en cuestiones tan relevantes como, por ejemplo, el decantamiento por la tributación individual, una nueva concepción de la transparencia fiscal, la regulación de los incrementos y disminuciones patrimoniales o el esfuerzo por unificar en lo posible el régimen jurídico tributario de los beneficios empresariales. Precisamente en relación con este último punto, ha de indicarse que, como se verá en otro lugar (§ 45), la Ley 18/1991 se remite expresamente a la legislación del Impuesto de Sociedades, con importantes salvedades. La ley del IS es, por otra parte, tras la promulgación del texto actualmente en vigor (la Ley 43/1995, de 27 de diciembre), una fuente normativa directa del Impuesto sobre la Renta, no sólo en esta materia, sino también en relación con la transparencia fiscal, que ha sido objeto de nueva regulación *(vid.* §§ 62 y 63).

Por último, hay que aludir a las dos últimas grandes reformas de la Ley de 1991: por la primera, introducida por vía de urgencia, el Real Decreto-ley 7/1996, de 7 de junio, afectó al régimen tributario de las variaciones patrimoniales, restableciendo medidas de corrección monetaria para su cálculo y sujetando algunas de ellas a un gravamen proporcional y no progresivo. La segunda se inscribe en el nuevo sistema de financiación de las CC.AA. de régimen financiero común, descrito en páginas anteriores (§ 6); en virtud del mismo, la Ley 14/1996 ha regulado la cesión de tributos estatales a las CC.AA. que asuman el nuevo sistema y, dado que éste implica la atribución de competencias normativas a las mismas en relación con el IRPF —al igual que con los demás impuestos cedidos—, se ha visto obligada a adaptar al nuevo esquema la ley del Impuesto, en la que, esencialmente, se estrenan conceptos como el de residencia habitual en una C.A. (§ 15) y se distribuye la cuota en dos partes, una estatal y otra autonómica (§ 77). Con independencia de las acusaciones que sobre ambas intervenciones legislativas vierten diversos recursos de inconstitucionalidad sobre los que (algún día) habrá de pronunciarse el Tribunal Constitucional, huelga decir que, por de pronto, y a pesar de las frecuentes invocaciones a la simplificación legislativa, la regulación del Impuesto es ahora mucho más compleja que antes de las últimas reformas, con lo que su gestión resultará a buen seguro mucho más complicada y enfadosa, tanto para los contribuyentes como para la Administración.

La Ley 18/1991 ha sido objeto de desarrollo reglamentario, esencialmente por obra del Reglamento del Impuesto sobre la Renta, aprobado por el RD 1841/1991. Como indica el preámbulo de esta norma, se trata de un «Reglamento de mínimos», cuyo articulado pretende ofrecer «soluciones puntuales a casos también puntuales». Estamos, pues, lejos de un auténtico reglamento general del impuesto, que desarrolle de manera sistemática el conjunto de preceptos que integran la norma legal.

12. Ambito espacial de aplicación

Aunque la Ley 18/1991 es de aplicación en todo el territorio nacional, ello se entiende sin perjuicio de los regímenes tributarios forales, es decir, el Concierto Económico con el País Vasco y el Convenio Económico con Navarra, reconocidos a ambos territorios por las normas reguladoras de sus respectivos regímenes autonómicos. Las características básicas del IRPF navarro y del IRPF de los Territorios Históricos que integran el País Vasco se examinan más adelante (§§ 94 a 98). Hay también normas especiales en Canarias, en materia de incentivos a la inversión empresarial, que, por ser comunes a este impuesto y al IS, se examinan en otro lugar (§§ 147 ss.).

Por otra parte, en la aplicación de la Ley 18/1991, habrán de ser tenidos en cuenta, en su caso, los numerosos convenios de doble imposición suscritos por España con otros países (treinta y cinco, actualmente), así como el Acuerdo de 1979 con el Vaticano sobre asuntos económicos.

13. Armonización comunitaria del IRPF

Como es sabido, los progresos alcanzados en la armonización comunitaria de los impuestos indirectos sobre el consumo (*vid.* §§ 287 y 371) contrastan llamativamente con la armonización de la fiscalidad directa sobre la renta que, hasta el momento, ha conseguido bien magros resultados. En este plano, por otra parte, el objeto de la armonización no es específicamente la imposición sobre la renta de las personas físicas, sino, más bien, la fiscalidad directa sobre el beneficio de las empresas, por lo que aquélla afecta tanto al IRPF como, sobre todo, al IS. Entre las escasas medidas armonizadoras adoptadas pueden citarse la directiva sobre fusiones, escisiones y otras operaciones societarias, ya transpuesta a nuestro derecho *(vid.* §§ 57 y 102), el llamado Convenio de arbitraje [1], para la supresión de la doble imposición en caso de corrección de los beneficios de empresas asociadas, o, en relación con el IRPF, la Recomendación de la Comisión [2] sobre la tributación de los rendimientos del trabajo, empresariales y profesionales obtenidos por no residentes en un Estado miembro distinto de aquél en el que residen. Entre las propuestas de armonización más recientes destacan las contenidas en el llamado Informe Ruding, de 1992, sobre la imposición de las sociedades.

Un segundo terreno, igualmente común a ambos impuestos, en el que se han planteado medidas de armonización, es el de la fiscalidad del ahorro [3]. Pero no se ha logrado por ahora ningún acuerdo, en buena parte por el escollo de las retenciones sobre los intereses de las cuentas bancarias, en el contexto de la libre circulación de capitales dentro de la Unión Europea. En fechas recientes, el Comité Económico y Social ha alertado sobre los riesgos de la «desfiscalización competitiva» entre los países miembros de la Unión, a que dará lugar el mantenimiento de la actual situación, caracterizada por la gran diversidad del régimen de retenciones y la diferencia de trato entre residentes y no residentes en cada uno de los países miembros. El Comité aboga, entre otras medidas, por la introducción de la noción de «residente europeo», la eliminación de los paraísos fiscales en el interior de la Unión, y el establecimiento de una retención mínima uniforme o el intercambio sistemático de información, entre los Estados miembros, acerca de intereses y dividendos percibidos por sus respectivos nacionales [4].

14. Naturaleza y características

Es común atribuir al Impuesto sobre la Renta la naturaleza de impuesto directo, personal y subjetivo, como indica expresamente la propia ley (art. 1.1). Pero, en realidad, cuando hablamos del Impuesto sobre la Renta, sin más, nos estamos refiriendo a lo que, más técnicamente, deberíamos llamar Impuesto sobre la Renta por «obligación personal», es decir, el que recae sobre los sujetos residentes en España. Sólo a esta «obligación personal» convienen en puridad las notas de personalidad y subjetividad; no

[1] Convenio 90/436/CEE, de 23 de julio de 1990 (DOCE núm. L 225, de 20-8-90). Este Convenio fue ratificado por España el 10 de abril de 1992 (BOE de 21-12-1994).

[2] Recomendación de la Comisión 94/79/CEE, de 21 de diciembre de 1993 (DOCE núm. L 39, de 10-2-1994).

[3] Propuesta de Directiva del Consejo relativa a un régimen común de retención a cuenta sobre los intereses (presentada por la Comisión el 10 de febrero de 1989, DOCE núm. C 141, de 7-6-1989).

[4] Dictamen del Comité Económico y Social sobre «Fiscalidad directa e indirecta» de 21-12-1995 (ECO/189).

puede decirse lo mismo respecto de la llamada «obligación real» del IRPF, a la que se someten los sujetos no residentes.

El Impuesto sobre la Renta personal es subjetivo en la medida en que su regulación permite graduar la deuda tributaria en función de las circunstancias personales y familiares en que se hallan los sujetos pasivos, mediante reducciones de la base imponible o deducciones sobre la cuota.

La caracterización legal del Impuesto —contemplada siempre su «obligación personal» exclusivamente— debe completarse aludiendo a su condición de impuesto periódico y progresivo (arts. 93-94 y arts. 74 y 91, respectivamente), si bien esta última nota no es predicable ya de todas las rentas, ya que, tras la reforma de 1996, algunas tributan a un tipo único del 20 por 100 *(vid.* § 77).

En el plano doctrinal, el impuesto personal sobre la renta se define normalmente como un impuesto sintético, es decir, un impuesto que grava la renta teniendo en cuenta sólo el importe de ésta, sin atender a su origen o naturaleza y sin atribuir, por tanto, diversos regímenes jurídicos a sus distintos componentes. Sin embargo, lo cierto es que en ningún sistema tributario el Impuesto es absolutamente sintético. En muy escasa medida lo era ya, desde luego, el Impuesto diseñado por la Ley 18/1991, que, en franco retroceso respecto del legislador de 1978, recupera en buena parte de su regulación una concepción abiertamente analítica de la renta: ésta se define a través de los diversos componentes que la integran, cuya regulación se diversifica extraordinariamente en aspectos tan importantes como, por ejemplo, la cuantificación, el método de determinación o el tratamiento de las rentas según que sean de generación anual (rentas regulares) o plurianual (rentas irregulares). Y más lejos aún ha ido, en esa fuga de la sinteticidad del Impuesto, la reforma actuada por el Real Decreto-ley 7/1996, que acentúa la diversificación de las categorías de renta y la disparidad de trato entre ellas, sustrayendo incluso algunas a la escala progresiva del Impuesto, como se acaba de indicar.

Por último, ya se ha dicho antes que la LIRPF se pronuncia resueltamente por un «impuesto individual», frente al «impuesto de grupo» instaurado por el legislador de 1978. Nuestro Impuesto sobre la Renta está concebido como un impuesto que grava la renta individual de cada persona física, con independencia de su estado civil. Sin perjuicio de ello, la ley contempla también las llamadas unidades familiares, permitiendo a sus miembros, si lo desean, optar por la llamada tributación conjunta (arts. 86 y ss.), que conlleva la acumulación de las distintas rentas singulares en una sola renta a los efectos del Impuesto.

15. Obligación personal y obligación real; remisión; la residencia habitual. La residencia habitual en una C.A.

Antes se ha aludido a la distinción, dentro del Impuesto, de dos figuras distintas, las llamadas obligación personal y obligación real. Sin perjuicio de que la obligación real se examine en otro lugar (§§ 91 a 93), es oportuno detenerse un momento en la contraposición entre ambas figuras.

La diferencia esencial entre la sujeción al Impuesto por obligación personal o por obligación real reside en el diverso ámbito territorial al que es referida la renta gravada. Los sujetos gravados por obligación personal tributan por la totalidad de su renta, tanto si ésta se obtiene en España como si se obtiene en el extranjero y cualquiera que sea la residencia del pagador (art. 13 LIRPF); sin perjuicio, naturalmente, de la eventual aplicación de convenios de doble imposición, o de las medidas contenidas en la propia ley (art. 82) para corregir la doble imposición internacional.

En cambio, en la obligación real, lo que se somete al Impuesto son «los rendimientos o incrementos de patrimonio producidos en territorio español» [art. 11.1.*b)* LIRPF] o, cuando los sujetos actúan en España mediante establecimiento permanente, «la totalidad de la renta imputable» a éste, «háyase obtenido en territorio español o extranjero» (art. 16.2.1.ª LIRPF).

La sujeción por obligación personal o por obligación real se vincula a la condición de residente o no residente: tributan por obligación personal, salvo supuestos especiales (arts. 14 y 15 LIRPF), quienes tengan en España su **residencia habitual.** Es éste un concepto distinto del de domicilio fiscal definido en la LGT (art. 45.1). La noción positiva de residencia habitual (art. 12 LIRPF), inspirada en el modelo de convenio de doble imposición de la OCDE —si bien con criterios más restrictivos—, remite indistintamente a dos notas: la permanencia física del sujeto en territorio español durante más de 183 días del año natural o la circunstancia de que en el mismo radique el **núcleo principal** o la **base** de sus actividades empresariales o profesionales o de sus **intereses económicos.** Como en toda cuestión de hecho, revisten gran importancia los problemas de prueba, de los que en definitiva dependerá la atribución de la condición de residente en España y la consiguiente sujeción a la obligación personal.

La ley ha pretendido resolver o evitar esos problemas recurriendo a la técnica de las presunciones. Así, se presume, salvo prueba en contrario, la residencia habitual de un sujeto cuando su cónyuge o sus hijos menores residen habitualmente en España (art. 12.2 LIRPF). Esta presunción puede parecer, desde luego, poco útil, toda vez que no se basa en un hecho cierto, sino en una situación (la residencia habitual del cónyuge o los hijos menores) idéntica a la que se pretende probar. Pero, al menos, permite fundar la condición de residente de un sujeto sobre datos de hecho referibles tanto a él mismo como a terceros, los cuales pueden hallarse en situaciones de mayor facilidad de prueba.

Para el cómputo del tiempo de permanencia en territorio español, no se tienen en cuenta las ausencias temporales, salvo que los sujetos prueben su residencia habitual en otro país durante, al menos, 183 días en el año natural (art. 12.3 LIRPF).

Los restantes criterios que atribuyen la residencia habitual, relativos a lo que se podría llamar el centro de intereses económicos, son aún menos concluyentes, pues a los mismos problemas de prueba ya referidos se añaden los que plantean los conceptos jurídicos indeterminados en que aquéllos se asientan.

Junto al concepto de residencia habitual, hay que referirse brevemente, además, al de **residencia habitual en una C.A.,** que obligadamente ha de definir la ley desde el momento en que es ése, precisamente, el punto de conexión que rige la cesión del Impuesto a dichos entes (art. 8.2 de la Ley de cesión de tributos 14/1996). Para determinar a cuál de entre las distintas CC.AA. corresponde la cesión del IRPF de un contribuyente concreto sometido a la obligación personal, el artículo 12 bis de la LIRPF regula la que llamaríamos «residencia autonómica» de los residentes en España recurriendo, por preferencias sucesivas, a tres criterios. En primer término, el Impuesto se cederá a aquella C.A. en cuyo territorio permanezca mayor número de días del período impositivo el sujeto; cuando ello no pueda determinarse, a la C.A. en donde obtenga la mayor parte de su base imponible del Impuesto; por último, cuando sean inviables los dos criterios anteriores, se atenderá a la última residencia declarada por el sujeto a efectos del propio Impuesto (con lo que la ley está aludiendo más bien, en este caso, al domicilio fiscal). Al ser posible, al menos en teoría, que la presión fiscal autonómica sea más fuerte en unas CC.AA. que en otras, la ley —preocupada probablemente en exceso, pues todo apunta más bien a un empleo parsimonioso de las potestades autonómicas en esta materia— pretende desactivar las deslocalizaciones puramente fiscales: para ello, deja sin efecto los cambios de residencia cuyo motivo principal sea el ahorro de impuesto y regula una serie de presunciones en las que se tiene por no realizado el cambio de residencia.

II. LA OBLIGACION PERSONAL

1.º EL HECHO IMPONIBLE

16. Delimitación del hecho imponible

La ley define el hecho imponible como «la obtención de renta por el sujeto pasivo» (art. 5.1), términos a los que habría que añadir «en el período impositivo». Esta escueta formulación permite identificar los distintos elementos que lo integran.

— El elemento material del hecho imponible es la renta. La ley no define la renta, sino que se limita a identificar los diversos elementos que la componen: rendimientos netos, incrementos de patrimonio y rentas imputadas en virtud de transparencia fiscal (§ 20).

— El elemento subjetivo del hecho imponible es la persona física. Sin perjuicio de ello, cuando varias personas físicas integran lo que la ley llama una unidad familiar, pueden optar por tributar conjunta y solidariamente (§§ 88 a 90). Pero incluso en esta hipótesis habría que entender que la titularidad subjetiva del hecho imponible correspondería singularmente a todos y cada uno de los miembros de la unidad familiar que obtuviesen renta.

— El período impositivo (§ 66) permite la delimitación del hecho imponible en el tiempo. Lo que el Impuesto grava es la renta que un sujeto obtiene en un lapso de tiempo legalmente establecido —el período impositivo o período de la imposición—, que coincide normalmente con el año natural.

— Por último, el vínculo que conecta los tres anteriores elementos es el concepto de obtención, mediante el cual podemos determinar a qué período impositivo y a qué sujetos se atribuye fiscalmente la renta. De ahí que la ley regule los criterios de imputación temporal de la renta (§§ 67 y 68) y las reglas de imputación subjetiva, las cuales dan respuesta a un doble orden de cuestiones. En primer término, establecen la titularidad tributaria de determinadas rentas cuya titularidad jurídico-privada se ostenta no por los sujetos pasivos del impuesto, sino por otros sujetos distintos: es lo que sucede en los regímenes de transparencia fiscal (§§ 62 a 64 y 71). Desde otro punto de vista, la ley precisa también la imputación de la renta («individualización», en la terminología legal) en los casos en que las personas físicas forman parte de una unidad familiar, pero no han optado por la tributación conjunta: en tal caso, es imprescindible saber a cuál o cuáles de los sujetos debe ser imputada fiscalmente la renta (§ 69).

17. El concepto de renta

Desde un punto de vista doctrinal, la renta se considera corrientemente como el enriquecimiento patrimonial del sujeto en un período de tiempo dado. Pero, como hemos dicho, el legislador del IRPF, a semejanza de lo que ocurre en otros ordenamientos, ha renunciado a definir jurídicamente la noción de renta en términos abstractos y generales. En lugar de ello, enumera descriptivamente los diversos componentes que pueden integrar la renta —rendimientos netos, variaciones patrimoniales, rentas imputadas por transparencia—, y regula determinados supuestos de no sujeción (§ 18), en los cuales el sujeto no obtiene renta aunque aumente el valor de su patrimonio. Y, de otra parte, ha de tenerse también en cuenta que tampoco se gravan aquellas rentas que se declaran expresamente exentas por la ley (§ 19).

La renta, en términos de derecho positivo, no es, pues, un concepto «abierto», cuya interpretación pudiese permitir llegar a la conclusión de que un determinado supuesto, no mencionado explícitamente por la ley, constituye o no renta. Sino que sólo estaremos en presencia de una renta en los casos que han sido formulados de modo expreso por la norma como constitutivos de la misma.

El legislador pretende que esa tipificación «cerrada» se traduce en una mayor seguridad jurídica para los contribuyentes, en cuanto que evita o simplifica los problemas de interpretación. Pero, en realidad, estos problemas no hacen sino trasladarse de ámbito, puesto que podrán siempre plantearse en relación con los variadísimos supuestos tipificados. Más aún. El respeto del artículo 31 de la Constitución exige que el Impuesto recaiga sobre manifestaciones de capacidad económica expresadas por la renta. Pues bien, la inexistencia de un concepto positivo de ésta puede suscitar, desde la perspectiva constitucional, dudas de muy difícil solución sobre si un supuesto determinado revela o no una capacidad contributiva susceptible de ser gravada, a título de renta, por el Impuesto.

Sin perjuicio de que más adelante se analicen los diversos componentes de la renta gravada (§ 20), puede ser útil avanzar ya aquí algunas características de la misma.

En la gran mayoría de los casos, la renta consiste en un ingreso, en la entrada de dinero, o de otros bienes o derechos valorables en dinero, en el patrimonio del contribuyente. Pero la ley también recoge supuestos excepcionales, en los cuales lo que merece la consideración de renta es el menor gasto o «ahorro» que realiza un sujeto al adquirir bienes o servicios (§ 29).

La renta gravada es normalmente una renta percibida. Sin embargo, la ley regula numerosos supuestos en que se presume la existencia de la renta, admitiéndose o no, según los casos, la prueba en contrario. Más aún, ciertos conceptos de renta constituyen, como veremos, una *fictio iuris*, en el sentido de que son una pura creación normativa: existen a efectos tributarios sólo porque la ley del Impuesto determina que existen (§ 33).

La naturaleza material de la renta es indiferente a los efectos del Impuesto, que, como veremos, puede gravar tanto rentas en dinero como en especie, tanto rentas líquidas como ilíquidas.

Cabe plantearse si puede ser considerada como renta gravable la que se origina en actividades ilícitas (p. ej., el tráfico de drogas o el rufianismo). Con independencia de los problemas de prueba, y al margen de la polémica doctrinal aún no zanjada sobre esta materia, no hay duda de que tales rentas podrían siempre ser reabsorbidas por el Impuesto, aunque fuese indirectamente, bajo la especie de los llamados incrementos no justificados de patrimonio (§ 49).

18. Supuestos de no sujeción

La definición legal del hecho imponible se completa, desde un punto de vista negativo, mediante la línea divisoria que se traza entre el IRPF y el ISD: no están sujetos al primero los incrementos de patrimonio sujetos a éste, es decir, los obtenidos por las personas físicas a título lucrativo (arts. 5.5 LIRPF y 3 y 4 RISD).

Otros conceptos —de los que volveremos a ocuparnos más adelante (§ 48)— deben su exclusión del hecho imponible del Impuesto no a una razón técnica (estar sometidos a otro tributo distinto), sino a que no constituyen renta según el legislador. Lamentablemente, la técnica no ha sido utilizada con excesivo rigor. Así, puede verse cómo, por ejemplo, los incrementos netos patrimoniales producidos por transmisiones onerosas cuyo importe total en el año no supere 500.000 ptas. —con ciertas excepciones— se declaran «no sujetos» en el texto dispositivo (art. 44.1), cuando este supuesto se califica de «exención» en el preámbulo de la ley. Podría pensarse a la vista de éste que si tales incrementos patrimoniales no tributan no es porque no constituyan intrínsecamente renta —¿por qué no serían renta si las ventas fueran de 500.000 pesetas y sí lo serían si éstas fueran de 500.001 pesetas?—, sino gracias a una específica voluntad del legislador de eximirlos del Impuesto. Pero en realidad, al no existir una definición jurídica de la renta en abstracto tampoco es posible pronunciarse con fundamento sobre la justeza de la tipificación legal, puesto que carecemos de término de comparación. En última instancia, sólo nos queda la constatación de una tautología: es renta lo que la ley dice que es renta.

Reflexiones parecidas cabría hacer respecto de las variadas especies de incrementos y disminuciones patrimoniales que, en los equívocos términos de la ley (art. 44.5), «no se someterán al Impuesto»: los producidos por transmisiones *mortis causa*, o por las donaciones que dan derecho a deducción de la cuota íntegra, o por la transmisión de la vivienda por personas ancianas para la constitución de una renta vitalicia, o, finalmente, por el pago, con bienes de interés cultural, del IRPF, el IP o el ISD (véase el art. 73 L 16/1985, de 25 de junio).

Un último supuesto de no sujeción expresa lo constituyen las indemnizaciones que la Ley de Presupuestos para 1990 (Ley 4/1990) concedió a las personas encarceladas por motivos políticos bajo la dictadura del General Franco (DA 10.ª LIRPF). Podría pensarse que, al tratarse de la indemnización de un daño personal, no existe realmente renta, lo que explicaría la calificación de la ley; y eso consentiría establecer un criterio general de no sujeción de otras indemnizaciones similares destinadas a compensar lesiones o daños inferidos a los bienes de la personalidad o no patrimoniales, a semejanza de los antecedentes inmediatos en nuestro derecho positivo. Ello no resulta viable, sin embargo. Recuérdese que la ley sigue un esquema descriptivo y cerrado tanto de los supuestos de no sujeción como de los conceptos específicos en que se desglosa la inexistente noción de renta; pero la especie «incrementos patrimoniales» permite gravar conceptos no susceptibles de ser integrados en otras categorías de renta. Y, más particularmente, la propia ley incluye entre las exenciones (§ 19) —presuponiendo, por tanto, su sujeción— determinadas indemnizaciones de parecido carácter a las que nos ocupan, lo que impide formular un criterio general respecto de todas ellas.

19. Rentas exentas

Aunque la ley consagra un precepto específico a esta materia (art. 9), están reguladas dispersamente otras exenciones, relativas a los rendimientos del trabajo (DA 11.ª) o los incrementos patrimoniales (§§ 46 y 61).

Los supuestos «típicos» podrían encuadrarse dentro de los rendimientos o de los incrementos patrimoniales en que se descompone la regulación legal de la renta, y, por lo tanto, constituyen verdaderas exenciones, que el legislador ha querido establecer como excepciones innovativas a la regla de sujeción.

— Así, en primer término, algunos de tales supuestos [5] [letras *b)*, *c)*, *d)*, *j)*, *k)*, *n)* y *o)* del art. 9] son reconducibles, en principio, a la categoría de los rendimientos del trabajo (§§ 27 y 28).

Bajo la legislación anterior a 1991, la jurisprudencia consideraba no sujetas las prestaciones por inutilidad, genéricamente consideradas, dada su «función intrínseca y notoriamente indemnizatoria» [6], siempre que estuviesen comprendidas dentro del límite máximo establecido legalmente [7]. La ley vigente las declara exentas, distinguiendo según que los perceptores sean trabajadores incluidos en la Seguridad Social o funcionarios públicos: las prestaciones en favor de los primeros están exentas cuando son consecuencia de incapacidad permanente absoluta o de gran invalidez; respecto de los funcionarios, la actual redacción del artículo 9.1.*c)* de la ley, consecuencia de la STC 134/1996, de 22 de julio, establece la exención de las pensiones por inutilidad o incapacidad permanente siempre que el sujeto esté inhabilitado para ejercer cualquier profesión u oficio.

En cuanto a las prestaciones por despido o cese de la relación laboral, el art. 2 RIRPF busca impedir que retribuciones de trabajo se enmascaren como indemnizaciones por despidos ficticios, con la finalidad de eludir el Impuesto. Con esas cautelas, las indemnizaciones en cuestión están exentas sólo en la cuantía en que resulten **legalmente obligatorias,** sin que la exención alcance al exceso sobre estos límites legales, resultante de convenio o pacto entre las partes. Dicho exceso no tendría carácter de indemnización y estaría por tanto gravado [8].

Por las mismas razones, si el despido o cese fuese absolutamente voluntario o fruto del libre acuerdo bilateral entre el empresario y el trabajador (p. ej., en los casos de jubilaciones voluntarias, bajas incentivadas o similares), las cantidades percibidas por éste no tendrían —independientemente de la denominación que les dieran las partes— la consideración de indemnización exenta, sino que tributarían como rendimiento de trabajo. Se exceptúan solamente los casos en que la baja del trabajador, aun siendo voluntaria, se encuadra en un expediente de regulación de empleo tramitado conforme a lo dispuesto por la legislación laboral (extinción del contrato de trabajo por causas tecnológicas o económicas). En tales supuestos, estarían exentas, dentro de los límites fijados por el Estatuto de los Trabajadores (veinte días por año de servicio, hasta un máximo de doce mensualidades), las indemnizaciones y, en su caso, los complementos recibidos de los Fondos de Promoción de Empleo, sin perjuicio de cuanto dispone la DA 11.ª de la LIRPF para expedientes autorizados antes de su entrada en vigor [9].

---

[5] En relación con las becas, véase STC 214/1994, de 14 de julio (FJ 8.º).

[6] Entre otras, pueden verse dos sentencias del TS, de 27-9-1990 (AT 1991, J-178 y J-215).

[7] Respuestas de la DGT a consultas de 25-11-1983 y 1-2-1988; se recogen ambas en las sentencias citadas en la nota anterior.

[8] DGT de 8-9-1992 y 15-12-1992 (Doc. DGT).

[9] Art. 51 del Texto Refundido del Estatuto de los Trabajadores (RDL 1/1995, de

— Naturaleza de rendimiento profesional (§ 44) tienen los premios literarios, artísticos o científicos; y dentro de ellos la exención queda reservada a los «relevantes», en las condiciones establecidas reglamentariamente [arts. 9.1.*i)* LIRPF y 3 RIRPF]. Va de suyo el sometimiento al Impuesto, al título indicado, de cualesquiera otros premios del mismo carácter en los que no concurran tales condiciones.

— Las restantes rentas exentas [letras *a)*, *e)*, *f)*, *g)*, *h)*, *l)* y *m)* del art. 9.1 LIRPF] encajarían en la noción de incremento patrimonial (§ 48). Se trata, no obstante, de conceptos heterogéneos. Algunos de ellos, como los premios de juego, evidencian una capacidad económica que sólo gracias a las opciones de política tributaria o de política social del legislador queda exonerada del Impuesto. Poco tienen que ver con ellos, en cambio, las prestaciones públicas por terrorismo, por acogimiento de minusválidos o ancianos, o por lesiones sufridas en la guerra civil, en las que es mucho menos patente la manifestación de capacidad económica y que quizá hubieran debido ser declaradas, más correctamente, como no sujetas al Impuesto. Lo mismo podría decirse, para concluir, de las indemnizaciones por daños físicos o psíquicos. En éstas, además, se da una discriminación entre las que se reconocen por ley o por decisión judicial y las que son consecuencia de contrato de seguro, pues la exención de las primeras carece de los topes cuantitativos impuestos a las segundas. La ley, por otra parte, al mencionar sólo los daños «físicos o psíquicos», está excluyendo implícitamente de la exención, en cualquier caso, a otro tipo de indemnizaciones, como, por ejemplo, las que resarcen a un sujeto por daños morales o por lesión o daño de bienes de la personalidad, tales como el derecho al honor, al nombre, a la propia imagen o a la intimidad; indemnizaciones, todas éstas, sometidas al Impuesto como incrementos de patrimonio.

2.º LA RENTA GRAVADA

20. Los componentes de la renta gravada

El art. 5.4 de la ley describe la composición de la renta siguiendo básicamente el esquema tradicional, aunque con novedades de relieve. Así, la renta gravada se desagrega en tres grandes bloques:

— En primer término, los **rendimientos netos.** Estos, a su vez, se agrupan en tres categorías, según que deriven **del trabajo** dependiente, **de las actividades empresariales o profesionales** o, por último, de bienes patrimoniales no afectos de manera exclusiva a estas actividades (rendimientos **de capital,** subdivididos en rendimientos **del capital inmobiliario** y rendimientos **del capital mobiliario,** en función de la naturaleza de los bienes).

---

24 de marzo, BOE de 29 de marzo). Véanse SSTS de 3-5-1989 (EF núm. 86), 4-12-1991 (AT 1992, J-185) y 7-5-1996 (Ar. 1996/5272), sentencia esta última que fija doctrina legal; DGT de 15-6-1992 y 19-5-1994 (Doc. DGT).

— En segundo lugar, las **variaciones patrimoniales netas.** Aunque la ley se refiere a «los incrementos de patrimonio», parece claro que también han de ser tenidas en cuenta las disminuciones patrimoniales, pues también ellas pueden formar parte de la renta gravada (disminuyéndola, por tanto), aunque sea con las particularidades y las restricciones que en este orden establece la norma. En realidad, como se verá más adelante (§§ 45 y 46), habría que distinguir, dentro de este componente de la renta, la subespecie de los **incrementos y disminuciones patrimoniales derivados de bienes afectos** a las actividades empresariales y profesionales, para los que la ley establece un régimen jurídico peculiar.

— Por último, las **rentas** (positivas, por regla general) de sociedades **imputadas** a sus socios en virtud del sometimiento de aquéllas al régimen de **transparencia fiscal** en sus distintas modalidades (§§ 63 y 64). Esta categoría autónoma de renta se refiere a la transparencia fiscal en sentido estricto: sólo en tal supuesto se produce la llamada «imputación de rentas» [10], en virtud de mecanismos jurídicos radicalmente diversos de la «atribución de rentas» de las sociedades civiles y de los entes de hecho a los socios o partícipes *(vid.* § 71). Las rentas «atribuidas» a éstos carecen de individualidad propia desde el punto de vista de su clasificación, integrándose, dentro de la renta personal del socio o partícipe, en alguna de las tres grandes categorías de renta ya dichas (rendimientos, variaciones patrimoniales o rentas imputadas), según corresponda por la naturaleza de la actividad o fuente de la que procedan (imagínese, por ejemplo, que una comunidad de bienes o una sociedad civil percibe alquileres de un local comercial arrendado a un tercero, o que obtiene un incremento patrimonial en la venta de un inmueble o, por último, que es titular de un paquete de acciones de una sociedad sometida a transparencia fiscal).

21. Clases de renta: renta regular y renta irregular; remisión

La ley no sólo clasifica los componentes de la renta atendiendo a su naturaleza o su fuente de procedencia; sino que, además, tiene también en cuenta el lapso de tiempo en que se han generado los mismos. Como se verá más adelante (§§ 72 y siguientes), es el carácter progresivo del impuesto el que, en último término, justifica, en orden a la determinación de la deuda tributaria, el reagrupamiento de las diversas categorías de renta, según que se hayan generado en un período de tiempo igual o inferior al año (rentas **regulares,** en la terminología de la ley), o superior al año (rentas **irregulares**).

22. Cuestiones generales relativas a los rendimientos

Sin perjuicio del análisis específico de las distintas clases de rendimientos, puede ser útil formular con carácter previo ciertas observaciones válidas para todos ellos.

[10] Véase STC 214/1994, de 14 de julio (FJ 4.º).

Para comenzar, debe indicarse que, con carácter general, los rendimientos netos se definen, sea cual sea su naturaleza (arts. 29, 32 y 41.1 LIRPF), como la diferencia entre rendimientos brutos o íntegros (también llamados ingresos en ocasiones) y gastos deducibles, conceptos ambos que son los que se regulan en concreto por la ley en cada caso. Pero este esquema quiebra, en diverso grado, como consecuencia de la aplicación de la estimación objetiva en sus dos modalidades (§ 47).

De manera excepcional, no obstante, se califican directamente como netos ciertos rendimientos —así sucede, en particular, con algún concepto de retribuciones en especie por prestaciones de trabajo personal (§§ 30 y 31)— o se establecen mecanismos presuntivos para la cuantificación de otros —así, los supuestos especiales de arrendamiento de inmuebles entre parientes (§ 34).

Como regla general, los rendimientos sometidos al impuesto son los rendimientos reales. No ocurre siempre así, sin embargo. En efecto, la ley puede determinar la existencia de rendimientos a efectos puramente tributarios, aunque no se hayan percibido de terceros en la realidad económica y sean por ello, desde este punto de vista, ficticios: este es el caso de la posesión de ciertos inmuebles urbanos por sus propietarios [art. 34.*b)*]. La ley puede gravar también rendimientos presuntos, como se verá a continuación (§ 23). O, por último, puede renunciar a gravar rendimientos reales, para tomar en lugar de los mismos rendimientos potenciales o estimados: así sucede en la estimación objetiva (§ 47), especialmente en la modalidad de signos, índices o módulos.

Respecto de los gastos, debe resaltarse la inexistencia de un concepto genérico de gasto deducible válido para todas las categorías de rendimientos. La regulación concreta de los gastos se vincula, por el contrario, a cada uno de los rendimientos íntegros, sin que, por otra parte, sea uniforme ni siquiera dentro de ese ámbito: así, la ley puede establecer enumeraciones exhaustivas de gastos para ciertas clases de rendimientos [por ejemplo, arts. 28, 35.B) o 39.1], o formular un concepto genérico de gasto aplicable exclusivamente a otros rendimientos distintos [arts. 35.A), 39.2, 42].

Con independencia de las definiciones normativas, la deducibilidad concreta de los gastos se condiciona generalmente a la acreditación o justificación de los mismos, como más adelante se indica (§ 25).

23. (sigue) La presunción de retribución

En relación con los rendimientos íntegros, ha de tenerse en cuenta la **presunción de retribución** de «las prestaciones de trabajo personal y las cesiones de bienes o derechos en sus distintas modalidades» (art. 7 LIRPF). Se trata de una presunción *iuris tantum*, en virtud de la cual, caso de ser aplicada, se produce un doble efecto: en primer lugar, se consideran retribuidas las prestaciones de trabajo y las cesiones de bienes o derechos; y, en segundo término, se fija el importe del rendimiento presunto en el valor normal de mercado de aquéllas, entre sujetos independientes; excepcionalmente, en los casos de cesión de capitales en general, no se atiende al interés de mercado, sino al interés legal del dinero en la fecha de devengo del Impuesto (interés legal que, para el año 1997, ha sido fijado en el 7,5 por 100 por la Ley 12/1996, de 30 de diciembre).

En consecuencia, la prueba en contrario puede dirigirse a demostrar bien la gratuidad de la prestación (es decir, la inexistencia absoluta de contraprestación), bien la percepción de una contraprestación de importe inferior al valor normal de mercado [11]. La Administración y los tribunales admiten con bastante amplitud la prueba de la gratuidad, especialmente en materia de préstamos (por ejemplo, si el contrato consta en documento público o en documento privado con los requisitos exigidos por el CC [12], o si en la contabilidad de una sociedad no figuran acreditados ni satisfechos intereses a favor del prestamista [13]).

Se entiende comúnmente que, al mencionar «las prestaciones de trabajo personal», la ley está refiriéndose precisamente al trabajo dependiente, con lo que la presunción no afectaría a los servicios prestados por los empresarios y profesionales en el ejercicio de su actividad. Los rendimientos de esta naturaleza se ven afectados, sin embargo, por unas reglas de valoración específicas que encierran realmente una presunción *iuris et de iure,* como se indica más adelante (§ 45).

24. (sigue) Retención e ingreso a cuenta y cómputo de la renta; la elevación al íntegro

La ley establece la obligación de practicar retención cuando se satisfagan rentas sujetas al Impuesto, y de ingresar tales retenciones en el Tesoro en concepto de pago a cuenta; y encomienda la regulación concreta de esta materia a la norma reglamentaria. En otro lugar (§ 83) se analiza el régimen jurídico de las retenciones en su conjunto. Pero lo que nos interesa en este momento es detenernos en aquellos aspectos del mismo que afectan a la determinación del importe de los rendimientos (*rectius* de las rentas, en general) sujetos a retención.

Ha de anticiparse que el Reglamento somete a retención, en determinadas circunstancias, sólo los rendimientos de trabajo, de capital mobiliario, de actividades profesionales y de ciertas actividades empresariales, así como ciertos premios de juego, con algunas excepciones. Si las rentas indicadas se satisfacen en especie, la retención, técnicamente impracticable, queda sustituida por el denominado ingreso a cuenta, mediante el cual se pretende lograr efectos análogos a los de aquélla. En la retención, por tanto, se descuenta una determinada cantidad de dinero con ocasión de un pago en metálico efectuado al sujeto pasivo del Impuesto. Cuando el retenedor detrae e ingresa está operando, en definitiva, no con dinero propio, sino con dinero ajeno (del sujeto pasivo a quien realiza el pago). Pero cuando la renta satisfecha consiste en bienes distintos del dinero o en servicios —dejando a un lado otros casos

---

[11] STS 18-1-1984 (Ar. 1984/162).

[12] Resolución de la DGT de 31-10-1979 (CISS, JT).

[13] STS de 7-10-1992 (Ar. 1992/8987), 14-12-1994 (Ar. 1994/9881) o 19-1-1996 (Ar. 1996/1701).

de ingreso a cuenta—, la retención es materialmente inviable (piénsese, v. gr., en un coche ganado en una rifa o en las vacaciones pagadas a un empleado por su empresa), y por ello el legislador constituye al pagador de la renta en el deber de ingresar una determinada cantidad a cuenta de la deuda tributaria del perceptor de aquélla.

— De lo dicho se deriva una consecuencia inmediata en los supuestos de **retención:** a efectos del Impuesto, el importe de la renta no es la cantidad líquida percibida por el sujeto, sino el resultado de sumar a la misma las retenciones soportadas, que no son sino una parte de tal renta. El problema surge cuando el retenedor incumple su deber de retener y satisface, pues, la cantidad de que se trate sin practicar la retención establecida (o detrayendo una suma inferior a la debida). Normalmente, el sujeto tampoco ingresará tales sumas, con lo que cometería la infracción grave recogida en el artículo 79.*a)* LGT —o, en su caso, el delito de defraudación tributaria del art. 305 CP.

Dejando para otro momento los efectos derivados de la configuración legal de las retenciones como ingreso anticipado, a cuenta del IRPF del perceptor *(vid.* §§ 81 y 85), veamos ahora cómo afecta al cómputo de la renta de éste el incumplimiento del deber de retener.

Desde 1997, tras la reforma del apartado 2 del artículo 98 LIRPF por la Ley 13/1996, hay que distinguir dos situaciones:

— con carácter general, el hecho de que la retención se haya practicado o no, o de que hubiera sido inferior a la debida, es indiferente desde este punto de vista: se toma siempre la cantidad «íntegra devengada»;

— cuando no pudiera probarse la contraprestación íntegra devengada, la ley faculta a la Administración —pero no obliga a los sujetos— a llevar a cabo la llamada «elevación al íntegro», es decir, a computar como renta la cantidad resultante de sumar a la efectivamente percibida la que debería haber sido retenida por el pagador (que resultaría a su vez de aplicar a la cantidad íntegra el porcentaje correspondiente); por ejemplo, si se percibe efectivamente una renta de 100.000 sin haberse soportado retención (supongamos al tipo del 25 por 100), la elevación al íntegro llevaría a computar fiscalmente una renta de 133.333, restada de la cual la retención debida (su 25 por 100, o sea, 33.333) resultaría la cantidad líquida obtenida (100.000). La ley, en estos casos, está estableciendo una presunción *iuris et de iure* de que la retención ha tenido lugar, con lo que, en definitiva, se grava una renta parcialmente ficticia. Se debe aclarar, con todo, que eso no perjudica al contribuyente, toda vez que, como se verá (§§ 81 y 85), la ley le permite deducir la retención como si ésta hubiera tenido lugar.

Esta operación era la que parecía implicar, como regla general, la redacción del artículo 98.2 vigente hasta 1996 [14], si bien la cuestión era francamente controvertida tanto en sede doctrinal como jurisprudencial [15].

---

[14] El texto del art. 60.1 RIRPF, no adaptado aún a la reforma de la ley, reproduce y desarrolla el antiguo art. 98.2.

[15] Entre otras, Res. TEAC de 2-11-1989 y de 4-6-1992 (JT 1992, 165), dictada en unificación de criterios; SAN de 4-7-1995 (JT 1995, 885).

— El Reglamento contiene una norma aparentemente similar para los supuestos de **ingreso a cuenta:** la renta computada es el valor de la retribución o del incremento patrimonial, más el ingreso a cuenta efectivamente realizado, toda vez que «se presumirá que dicho ingreso ha sido efectuado» (art. 60.2). Esta presunción carece de todo sustento legal con la actual redacción del artículo 98.2 LIRPF; en todo caso, si se quisiera pasar por alto ese vicio radical, de lo que no cabría duda es de que dicha presunción sería sólo *iuris tantum*, en virtud del artículo 118.1 LGT. Con lo que la integración del ingreso a cuenta dentro de la renta bruta del perceptor de la misma no se produciría cuando se probara que dicho ingreso a cuenta no había tenido lugar.

Esta interpretación se refuerza a la vista de la regulación legal de los rendimientos de trabajo en especie (art. 27.3 LIRPF): dentro de los mismos se incluye el ingreso a cuenta **realizado** por quien satisfaga la retribución en especie, sin atender, pues, a los ingresos a cuenta no efectuados realmente.

— Si un sujeto percibe a la vez retribuciones en dinero y en especie (p. ej., un empleado de un banco que recibe de éste un préstamo a bajo interés), ¿se computan fiscalmente las primeras por su importe íntegro menos el ingreso a cuenta? Las respuestas a este problema distan de ser coincidentes. En nuestra opinión, el ingreso a cuenta no puede ser «recuperado» de tal forma por quien lo efectúa, salvo acuerdo entre las partes (con efectos sólo entre ellas): al igual que las retenciones, los ingresos a cuenta son cantidades que pertenecen al perceptor de las retribuciones y que, en consecuencia, serán, como regla general, gasto deducible para el pagador de las mismas, lo que excluiría su repercusión sobre los rendimientos en dinero *(vid.* § 83). La Administración entiende que ninguna norma permite, a efectos fiscales, repercutir el ingreso a cuenta sobre el perceptor de la retribución en especie. La jurisdicción laboral ha llegado, sin embargo, a la conclusión contraria [16].

25. (sigue) La justificación de los gastos deducibles

Con carácter general, la deducción de los gastos que tengan legalmente la condición de deducibles requiere que dichos gastos sean **justificados,** es decir, que se acredite suficientemente la real producción de los mismos. Esta exigencia no está recogida en la legislación del Impuesto, sino en el RD 2402/1985, de 18 de diciembre (arts. 8 y 11), que, según los casos, exige la factura o documento equivalente o permite justificar el gasto por cualquiera de los medios de prueba admitidos en derecho, con ciertos requisitos y limitaciones.

Puede darse un paso más. Cuando la ley permite deducir de un determinado rendimiento los gastos necesarios para su obtención —concepto sobre el que volveremos más adelante (§§ 34 y 45)—, la jurisprudencia [17]

[16] STS (Sala de lo Social) de 16-6-1995 (EF núm. 152).

[17] Así, por ejemplo, STS 31-5-1991 (RJT, T. II, 617).

entiende que el sujeto pasivo está obligado a probar no sólo la efectiva realización del gasto, sino también su necesidad y su nexo objetivo con la actividad o con los bienes susceptibles de producir los rendimientos.

26. Reglas especiales de valoración; las operaciones vinculadas

El art. 8 LIRPF contiene reglas especiales de valoración —para cuantificar tanto los rendimientos íntegros o los gastos deducibles, como los incrementos y disminuciones patrimoniales— de las operaciones vinculadas, es decir, las efectuadas entre una sociedad y sus socios con participación de al menos un 5 por 100 (1 por 100 si se trata de valores cotizados); o entre una sociedad y sus consejeros o administradores, o los de otra sociedad del mismo grupo (o los cónyuges, ascendientes o descendientes de las personas indicadas), remitiéndose a la regulación del IS. Los supuestos de vinculación que recoge ésta en su art. 16.2 son mucho más amplios, pues se refieren también a operaciones entre sociedades. Pero los efectos jurídicos son comunes a todos ellos, en el impuesto sobre la renta que corresponda (IRPF o IS): la Administración podrá valorar la operación vinculada por su **valor normal de mercado** cuando la valoración de las partes hubiese determinado en su conjunto una reducción o un diferimiento de la tributación. En otro lugar (§ 113) se abordan los problemas que plantea en general la interpretación del art. 16 LIS, sobre el que también volvemos más adelante (§ 51), en relación con la determinación de los valores de adquisición y de transmisión.

Indiquemos por último que, a efectos del IRPF como del IS, los valores normales de mercado estaban también previstos por el art. 12 de la Ley 42/1994 para las operaciones realizadas con personas o entidades residentes en paraísos fiscales. El precepto ha sido derogado por la nueva LIS, que, no obstante, regula de nuevo el supuesto de hecho (art. 17.2), circunscrito ahora sólo al ámbito del IS *(vid.* § 115).

A) Los rendimientos del trabajo personal

27. El concepto genérico de rendimientos íntegros del trabajo

El concepto general de rendimientos del trabajo personal se define básicamente por exclusión respecto de los empresariales o profesionales, de tal suerte que dentro de sus contornos se alberga cualquier rendimiento en cuya producción haya intervenido una prestación de trabajo y cuya calificación no sea la de rendimiento empresarial o profesional.

Las notas que definen legalmente estos rendimientos (art. 24 LIRPF) son, esencialmente, las que siguen:

a) Atendiendo a su origen, deben derivar, directa o indirectamente, de una actividad de trabajo prestada en régimen de **dependencia** laboral o administrativa. Este es precisamente el criterio que permite distinguir estos rendimientos de los empresariales o profesionales: lo decisivo a este respecto no es el hecho de que la actividad consista exclusivamente en una actividad de trabajo personal, sin la utilización de bienes patrimoniales propios; sino el régimen en que tenga lugar dicha actividad. Así, si el sujeto la desarrolla con autonomía organizativa y con la asunción consiguiente del riesgo, estaremos en el ámbito de los rendimientos empresariales o profesionales a efectos tributarios, aunque no se utilicen medios materiales propios y estemos por ello ante una actividad «pura» de trabajo. Por eso la ley vigente no dice, a diferencia de la anterior, que el rendimiento deba derivar exclusivamente de una actividad de trabajo: esa circunstancia no basta por sí misma para tal calificación.

Viceversa, no se consideran rendimientos profesionales, sino de trabajo, las remuneraciones derivadas de actividades que obligan legalmente a quienes las realizan a inscribirse en un Colegio profesional, si dichas remuneraciones derivan «de una relación de carácter laboral o dependiente» (art. 51.3 RIRPF).

b) Desde un punto de vista material, el concepto fiscal de rendimiento de trabajo es más amplio que el concepto laboral de salario. Y así, a efectos tributarios, son rendimientos de trabajo, desde luego, las **contraprestaciones** retributivas de la prestación, las cuales constituirían el precio que el trabajador recibe por el trabajo que vende; pero también lo son las **«utilidades»** que deriven aun indirectamente del trabajo, o «sean consecuencia de la relación laboral», o surjan «de la mera adscripción o pertenencia [del sujeto] a las plantillas de la Empresa, abstracción hecha del trabajo que rinda» [18].

c) A efectos del Impuesto es indiferente la denominación o la naturaleza de los rendimientos. En particular, éstos pueden ser tanto dinerarios como en especie; los problemas específicos de estos últimos serán vistos más adelante (§ 29).

28. Conceptos específicos de rendimientos del trabajo

Además de una noción genérica de esta categoría de renta, la ley ofrece una larga lista, no exhaustiva, de supuestos concretos de rendimientos íntegros del trabajo.

a) En ella, ante todo, se recogen las manifestaciones **típicas** del concepto, tales como los sueldos y salarios, en sentido amplio, de los empleados y funcionarios [art. 25, letras *a)*, *b)*, *c)*, *f)*, *h)*, *i)* y *ñ)*] [19], o los derivados de relaciones laborales especiales [art. 25.*l)*], o las pensiones y haberes pasivos [art. 25.*g)*]. Aunque no sean propiamente sueldos, a ellos pueden asimilarse, como hace la ley [art. 25, letras *m)* y *n)*], las percepciones de quienes ocupan cargos públicos electivos.

---

[18] STS 24-6-1986 (Ar. 1986/3595).

[19] Véase STC 214/1994, de 14 de julio (FJ 7.º y 8.º), en relación con las ayudas familiares y las becas.

Dentro de este primer bloque, ciertos conceptos [art. 25, letras *d)*, *e)* y *g)*] pueden no tributar por tratarse de rentas exentas: así sucede, por ejemplo, como vimos (§ 19), con las prestaciones por inutilidad, incapacidad permanente absoluta o gran invalidez, con las becas concedidas por entes públicos para cursar estudios hasta el nivel de licenciatura o con ciertas prestaciones por desempleo.

No es técnicamente muy afortunada la inclusión de «los premios e indemnizaciones no comprendidos en el artículo 9 de esta ley». Obviamente, en primer término, no constituyen rendimientos de trabajo todos los premios que no estén exentos, sino sólo aquellos que tengan su origen en una prestación de trabajo subordinado o dependiente; los restantes se gravarán por otro título, según corresponda, de acuerdo con su naturaleza (podrán ser, p. ej., incrementos patrimoniales si se trata de premios de juego, o rendimientos profesionales si consisten en premios literarios). Y en segundo lugar, como ya hemos dicho más arriba (§ 19), existen indemnizaciones que pueden estar, simultáneamente, en parte gravadas y en parte exentas: las indemnizaciones por despido o cese de la relación laboral no tributan, dentro de ciertos límites y requisitos establecidos normativamente; se gravaría como rendimiento de trabajo —de carácter plurianual, en su caso— la cantidad que procediera en caso de rebasarse esos límites o incumplirse los requisitos legales.

Las indemnizaciones por traslado están «exoneradas de gravamen» con ciertas limitaciones (art. 4.6 RIRPF), en virtud de su asimilación con las asignaciones para gastos de locomoción y para gastos normales de manutención y alojamiento, de las que nos ocupamos inmediatamente.

En principio, están sujetas al Impuesto, como regla general, las **dietas** y **asignaciones para gastos de viaje** (art. 25.1 LIRPF); pero, excepcionalmente, no se califican como rendimientos de trabajo y, por tanto, no se gravan las asignaciones para gastos de locomoción y para gastos normales de manutención y alojamiento, dentro de los límites fijados reglamentariamente (art. 4 RIRPF):

— Las **asignaciones para gastos de locomoción** quedan fuera del Impuesto sólo cuando el gasto se haya producido por el desplazamiento del sujeto desde el establecimiento en que presta su trabajo para realizarlo en otro lugar distinto, o por motivo de traslado, y sólo dentro de ciertos límites y exigencias (art. 4.Dos RIRPF); los excesos se gravarían como rendimientos de trabajo. Pero no se consideran como tales —y, por lo tanto, se gravan como rendimientos del trabajo— los pluses de transporte que se satisfagan a un sujeto para compensarlo por sus desplazamientos desde su domicilio hasta el centro de trabajo [20].

— En cuanto a las **asignaciones para gastos normales de manutención y alojamiento** en establecimientos de hostelería —no gravadas—, el Reglamento exige ante todo, como regla general, que se perciban con ocasión de la estancia del sujeto, por motivos de trabajo, en municipio

[20] Así, TEAC 6-7-1988 y 21-12-1988.

distinto de su lugar de trabajo habitual (art. 4.Tres), o que se ocasionen por el traslado del sujeto (art. 4.Seis). En el primer caso, las asignaciones tributan, sin embargo, si dicha estancia se prolonga por un espacio continuado superior a ciento ochenta y tres días, salvo supuestos especiales relativos a sujetos que trabajan en el extranjero.

Estas asignaciones no se incluyen entre los rendimientos de trabajo en la medida en que cubran los gastos **normales** de manutención y alojamiento. A estos efectos, hay dos posibles vías para determinar el importe de la asignación exceptuada de gravamen por este concepto:

— hasta una cantidad máxima diaria (mayor si el desplazamiento es al extranjero —61.000 ptas/día— que si se produce dentro de España —36.900 ptas/día—), el sujeto no tributará siempre que acredite documentalmente la efectiva realización del gasto, es decir, demuestre que la asignación ha sido destinada al fin para el que le había sido atribuida. Si la asignación es superior al máximo, el exceso tributaría en todo caso, aunque el sujeto demostrara haberla empleado totalmente en sufragar los gastos en cuestión: pues estos gastos no serían «normales» más allá de la determinación reglamentaria (apartados Tres.1 y Tres.2 del art. 4 RIRPF);

— en todo caso, la asignación queda exceptuada del Impuesto, sin necesidad de probar documentalmente que ha sido gastada, hasta ciertos límites, diferentes según que el desplazamiento sea dentro de España —13.000 ptas/día— o al extranjero —22.600 ptas/día—, si el sujeto pernocta fuera de su residencia y de su lugar habitual de trabajo, e inferiores en caso contrario (respectivamente, 3.600 ptas/día y 7.700 ptas/día). En estas circunstancias, lo único que ha de probar el sujeto es la realidad y los motivos del desplazamiento (art. 4.Tres.3 RIRPF).

Las limitaciones expuestas no parecen ser de aplicación en los supuestos de traslado *(vid.* art. 4.Seis RIRPF).

Un tratamiento simétrico al reseñado se ha previsto para un supuesto completamente distinto: en las relaciones laborales especiales —v. gr., cargos de alta dirección o comisionistas por cuenta ajena—, los rendimientos podrán ser minorados en el importe de «los **gastos** de locomoción, manutención y estancia» en que hubiesen **incurrido** los sujetos, en las mismas condiciones, ya expuestas, fijadas por la propia norma para excluir del Impuesto las **asignaciones** para gastos de viaje **percibidas** por los sujetos (art. 4.Cinco RIRPF).

Las normas expuestas son también aplicables cuando el desplazamiento del sujeto tiene por causa la asistencia a cursos de capacitación profesional organizados y financiados por el empleador (art. 5 RIRPF).

Siempre en el marco de las relaciones laborales, finalmente, la ley menciona también las prestaciones de los Planes de Pensiones, cuyo tratamiento se ofrece en otro lugar (§§ 31 y 76).

b) Otras contraprestaciones no derivan propiamente de una relación de trabajo subordinado, por lo que su calificación podría haber sido más bien la de rendimientos profesionales: tal ocurre con las partes de fundador, las remuneraciones de los sacerdotes de confesiones legalmente reconocidas o las retribuciones de los administradores de sociedades [art. 25, letras *j), o)* y *p)*, LIRPF]. En este último caso, la ley tributaria no tiene en cuenta la naturaleza mercantil, y no laboral, de la relación entre la sociedad y sus administradores [21].

c) Por último, la ley se olvida por completo de su propio concepto genérico de rendimiento de trabajo, al otorgar dicha condición [art. 25.*q)*] a las pensiones compensatorias entre cónyuges y a las anualidades por alimentos, siempre que no se trate de alimentos obtenidos por los hijos mediante decisión judicial, que están exentos del Impuesto (§ 19). Pues es evidente que estas percepciones no tienen absolutamente nada que ver con una actividad de trabajo realizada por quien las obtiene.

d) Fuera de la ley del IRPF, la Ley 20/1990, de Régimen Fiscal de las Cooperativas, atribuye también esta calificación a los «anticipos laborales» de los socios de trabajo de las Cooperativas.

29. Las retribuciones en especie

En la caracterización general de las retribuciones en especie destaca, en primer lugar, la gran amplitud de la ley, que se refiere a «la utilización, consumo u obtención... de bienes, derechos o servicios» (art. 26). El TS entiende que por remuneración en especie hay que entender «no sólo la entrega de bienes o servicios, sino también el otorgamiento de determinados derechos que respondan o sean compensación de la prestación del trabajo» [22].

En segundo término, tales bienes, derechos o servicios han de obtenerse o disfrutarse «de forma gratuita o por precio inferior al normal de mercado, aun cuando no supongan un gasto real para quien los conceda». Es decir, las retribuciones en especie pueden consistir tanto en un **mayor ingreso** obtenido por el sujeto —aunque el valor del mismo esté representado en bienes distintos del dinero— cuanto en la realización de un **menor gasto**, cuando se paga un precio menor que el de mercado, excepto en ciertos casos (consumos en cantinas o economatos de empresas a precios rebajados, utilización de servicios socioculturales prestados por la empresa a su personal y entrega gratuita de acciones de la propia empresa, con ciertos límites y requisitos) (art. 26 LIRPF *in fine)* [23]. En relación con los préstamos a bajo interés, la ley se aparta también del criterio general, al exigir que el interés al que el sujeto obtiene el préstamo de su empresa sea inferior al interés legal [art. 26.*c)*], y no al interés normal de mercado, sensiblemente más alto que éste.

---

[21] Véanse a este respecto art. 1.3.*c)* del Texto Refundido del Estatuto de los Trabajadores (RDL 1/1995, de 24 de marzo, BOE de 29 de marzo) y STS de 22-12-1994 (Ar. 10221).

[22] STS 4-3-1992 (Ar. 1992/1932).

[23] La STS de 3-7-96 (ET 161-162) declaró nulo el art. 5.1.º del RIRPF, por establecer límites no fijados por la ley; ésta, en su actual redacción, sí habilita al Reglamento para establecerlos.

Las retribuciones en especie sólo se consideran fiscalmente como rendimientos cuando se efectúan «para **fines particulares**» del perceptor, es decir, cuando no vienen exigidas o no guardan relación con la actividad de trabajo realizada por el sujeto: si un empresario, por ejemplo, traslada gratuitamente al centro de trabajo a sus empleados, éstos no satisfacen ningún «fin particular» con la prestación que reciben, la cual sería fiscalmente irrelevante para ellos.

La naturaleza no monetaria de estas rentas impone la formulación de unas reglas legales de **valoración.** El criterio general (el valor normal de mercado) tiene carácter residual: sólo se aplicará a falta de la valoración específica de cada una de las retribuciones que encuentran una acogida expresa en el texto de la ley (además de los ejemplos ya mencionados, pueden citarse la utilización de vivienda o de vehículos, las prestaciones de manutención, alojamiento o viajes de turismo, las primas de seguros satisfechas por la empresa, o las contribuciones a Planes de Pensiones satisfechas por los promotores de éstos); como regla general, la ley valora estas retribuciones atendiendo a su coste para el empleador (art. 27).

La utilización gratuita de la vivienda se computa, cuando es la empresa la que satisface el alquiler, por el importe de éste, y, en los demás casos, por la suma que resulte de aplicar las reglas del artículo 34.*b)* de la ley relativas a los inmuebles de uso propio *(vid.* § 33), con el límite del 10 por 100 de las restantes contraprestaciones de trabajo percibidas por el sujeto. La Administración entiende que este límite no se aplica en el primero de estos dos supuestos.

Hay que subrayar que el valor resultante de estas reglas de valoración puede no ser el valor por el que deban integrarse estos rendimientos en la renta del sujeto. En efecto, habrá de tenerse en cuenta el importe del ingreso a cuenta realizado, en su caso, por quien haya satisfecho la retribución en especie: la suma de ambos se computará como «rendimiento neto» (art. 27.3 LIRPF). Esta última expresión, por otra parte, no debe tomarse en sentido técnico-jurídico, es decir, en el sentido de que impediría la deducción de gasto alguno; pues ello supondría una discriminación injustificable frente a los rendimientos monetarios.

30. Los gastos deducibles

Respecto de los rendimientos íntegros del trabajo, la ley ha previsto taxativamente dos únicos supuestos **exclusivos** de gastos deducibles (art. 28) [24]. En primer lugar, las cotizaciones sociales obligatorias de los empleados y funcionarios y las cuotas de afiliación sindical; y en segundo término, un concepto indeterminado de gasto consistente en un porcentaje —el 5 por 100 o, si se trata de invidentes o minusválidos, el 15 por 100— de los rendimientos íntegros, con un límite cuantitativo —250.000 ptas. o

[24] La constitucionalidad de este precepto ha sido afirmada por la STC 214/1994, de 14 de julio (FJ 6.º).

600.000 ptas., respectivamente—. De acuerdo con la interpretación administrativa de la ley, plasmada en el modelo de declaración del Impuesto, este porcentaje se aplica también sobre las retribuciones en especie —excluidas, por expreso mandato legal, las contribuciones de los promotores a los Planes de Pensiones.

31. Rendimientos del trabajo y Planes de Pensiones

La ley del IRPF incorpora las normas tributarias que se encontraban ya insertas, aunque con escasa precisión, en la regulación de los Planes y Fondos de Pensiones [25]. Como se verá más adelante (§§ 76 y 77), esas normas afectan también a la liquidación del Impuesto.

Se consideran rendimientos de trabajo [art. 25.*k)* LIRPF] las prestaciones que los beneficiarios reciben por su condición de partícipes de un Plan o de los sistemas alternativos para la cobertura de prestaciones análogas a las de los Planes, salvo cuando deban tributar por el ISD *(vid.* § 260).

Este tratamiento tributario está justificado cuando se trata de las prestaciones de Planes de la modalidad llamada «Sistema de Empleo», es decir, aquéllos cuyo promotor es cualquier entidad, corporación, sociedad o empresa y cuyos partícipes son los empleados de las mismas. En esta clase de Planes está claro que las prestaciones recibidas por los beneficiarios se vinculan en última instancia a la actividad de trabajo realizada por los partícipes.

Pero esa conexión con la actividad del partícipe, que es la que fundamenta la calificación de las prestaciones como rendimiento del trabajo, no existe cuando las prestaciones proceden de Planes de las restantes modalidades, «Sistema Asociado» o «Sistema Individual». En efecto, los Planes del Sistema Asociado son los promovidos por cualquier asociación, sindicato, gremio o colectivo y cuyos partícipes son los asociados o miembros de éstos; mientras que los Planes del Sistema Individual tienen como promotor a cualquier entidad financiera, pudiendo ser partícipes de los mismos cualesquiera personas físicas, excepto las que estén vinculadas laboralmente a la entidad promotora.

En cualquier caso, si las prestaciones se materializan en una percepción única en forma de capital, se considerarán como un rendimiento plurianual y tendrán por tanto el tratamiento propio de los rendimientos irregulares *(vid.* §§ 72 y 73).

Como retribuciones **netas** del trabajo en especie se consideran las contribuciones de los promotores de Planes del Sistema de empleo —o las cantidades satisfechas por los empresarios, en los sistemas alternativos a los Planes— [arts. 26.*a)* y 28.2 LIRPF]. Estas contribuciones, que constituyen una forma de financiación del Plan añadida a las aportaciones realizadas

---

[25] Ley 8/1987, de 8 de junio (BOE de 9 de junio), y RD 307/1988, de 30 de septiembre (BOE de 2 de noviembre).

por los partícipes, tienen la consideración fiscal de gasto deducible para los promotores, pero para ello «es imprescindible que se impute a cada partícipe... la parte que le corresponda sobre las citadas contribuciones, quien, a su vez, la integrará en su base imponible del Impuesto sobre la Renta de las Personas Físicas» [art. 27.*a)* L. 8/1987]. La ley del Impuesto se limita, pues, a dar una concreción legal a la calificación tributaria de estas contribuciones imputadas a los partícipes.

B) LOS RENDIMIENTOS DE CAPITAL

32. Concepto genérico de los rendimientos de capital. La no afectación

Por rendimientos de capital —en cualquiera de sus dos subdivisiones, de capital inmobiliario o de capital mobiliario— se entienden los que derivan exclusivamente de bienes patrimoniales, contraponiéndose así a aquellos otros en cuya formación interviene en mayor o menor grado una actividad de trabajo humano (rendimientos del trabajo, o rendimientos de actividades empresariales o profesionales). Esta idea se concreta legalmente en la nota de **no afectación:** los rendimientos de capital sólo pueden provenir de elementos patrimoniales que no se hallen afectos a una actividad económica desarrollada por el mismo titular de los bienes. En caso de afectación, los bienes en cuanto tales no podrían producir rendimientos de capital; de producirse rendimientos, serían los de la actividad llevada a cabo por el sujeto y se encuadrarían fiscalmente, en consecuencia, entre los rendimientos de actividades empresariales o profesionales (art. 31 *in fine* LIRPF). Más adelante (§ 83) veremos, con todo, cómo incluso en esta situación pueden plantearse problemas de calificación.

El concepto de afectación marca, pues, el límite entre los rendimientos de capital y los de naturaleza empresarial o profesional. Más aún, la importancia de dicho concepto se acentúa porque, como se verá en otro lugar (§ 46), sobre el mismo se basa la distinción entre los dos distintos regímenes jurídicos a que pueden estar sometidos los incrementos y disminuciones patrimoniales, el común (para bienes no afectos) o el especial (para bienes afectos).

De los supuestos concretos de afectación regulados por la ley (arts. 1 y 6) puede abstraerse una nota básica: se considerarán afectos todos los bienes (muebles o inmuebles) o derechos **necesarios** para el ejercicio de la actividad y, por tanto, para la obtención de ingresos en la misma. De ahí que se excluyan, en todo caso, de la situación de afectación los bienes de esparcimiento y recreo y los de uso particular de quien lleve a cabo la actividad, salvo cuando tal uso sea accesorio y notoriamente irrelevante (apartados 2.1.º y 4 del art. 1 RIRPF).

La ley, por otra parte, no distingue entre los bienes pertenecientes al activo fijo o inmovilizado y los bienes del activo circulante: la afectación es predicable tanto de unos como de otros [26].

---

[26] Res. TEAC 29-1-1992 (Imp. 20/1992).

Si bien se exige, por otra parte, la afectación **exclusiva** de los bienes [arts. 5.4.*b)* LIRPF y 1.2 RIRPF], cabe, no obstante, la afectación **parcial,** excluidos con todo los bienes indivisibles (art. 6.1 LIRPF). La afectación parcial, así, sólo puede darse respecto de «aquellas partes de los elementos patrimoniales que sean susceptibles de un aprovechamiento separado e independiente del resto» (art. 1.3 RIRPF), p. ej., la parte de una vivienda que se dedica a local comercial [27].

Previendo los efectos que los distintos regímenes económicos matrimoniales pueden producir en los casos de tributación individual de los matrimonios, la ley ha definido la situación de afectación por referencia objetiva a los bienes patrimoniales, con independencia de que los mismos sean privativos o comunes de los cónyuges: por ejemplo, si uno de los cónyuges ejerce una actividad profesional en un inmueble urbano perteneciente a la sociedad de gananciales, se entenderá que está afecto el inmueble en su totalidad, y no la mitad del mismo.

Los rendimientos íntegros del capital consisten en las utilidades o contraprestaciones de cualquier denominación o naturaleza, en metálico o en especie, que procedan directa o indirectamente de bienes o derechos no afectos (art. 31.1 LIRPF). Esta noción tan amplia se perfila inmediatamente con mayor precisión: la ley distingue dos grandes grupos dentro de los rendimientos de capital, según que provengan de bienes inmuebles (rendimientos de capital inmobiliario) o de bienes muebles o derechos (rendimientos de capital mobiliario).

33. Los rendimientos íntegros de capital inmobiliario

Hemos de distinguir dos clases de rendimientos del capital inmobiliario, que se corresponden respectivamente con dos posibles situaciones en las que pueden encontrarse los inmuebles no afectos:

a) Si los inmuebles, rústicos o urbanos, están **arrendados** o **subarrendados**, el rendimiento íntegro es, básicamente, el alquiler o contraprestación —real o presunta *(vid.* § 23)— que se obtenga del arrendatario o subarrendatario [art. 34.*a)* LIRPF]; se excluye la cuota del IVA repercutida, cuando proceda, por el arrendador, pues éste no hace suya tal cuota, sino que ha de liquidarla a la Administración *(vid.* § 354). Sería también rendimiento íntegro la parte del derecho de traspaso que, de acuerdo con la legislación civil, corresponde al propietario del local.

En caso de que se alquilen otros bienes con el inmueble (p. ej., cuando se arrienda un piso amueblado), la totalidad del alquiler mantendría una misma y única calificación como rendimiento del capital inmobiliario.

b) Si los inmuebles **no están arrendados** ni cedidos de otro modo a terceros, sino que permanecen en la esfera de disposición jurídica de sus propietarios o titulares del derecho real de disfrute, es claro que no se

[27] Consulta DGT, 29-6-1993 (Doc. DGT).

produce realmente ningún rendimiento, entendido como contraprestación, como un ingreso obtenido de un tercero por el titular del derecho real.

Sin embargo, excepcionalmente, el art. 34.*b)* de la ley atribuye la calificación de rendimiento íntegro al valor económico que supone para los dueños o titulares del derecho real de disfrute la utilización, o, mejor aún, la simple disponibilidad de determinados bienes inmuebles: en concreto, de los «inmuebles urbanos, excluido el suelo no edificado», y sin que tampoco se tomen en consideración los inmuebles en construcción ni aquellos que, por razones urbanísticas, no sean susceptibles de uso. El Reglamento del Impuesto precisa (art. 6.1) que, a estos efectos, se toman sólo las **edificaciones** y los terrenos anejos a las mismas y de usos subordinados respecto de aquéllas (zonas verdes, recreativas, etc.).

En este caso, ese rendimiento «legal» se fija en un porcentaje del valor catastral del inmueble: con carácter general, el 2 por 100; en caso de revisión o modificación de valores catastrales en vigor a partir de 1 de enero de 1994, el 1,10 por 100. En defecto de valor catastral, se toma el 1,10 por 100 del valor que deba computarse a efectos del IP *(vid.* § 203). La norma reglamentaria (art. 6.2) establece la reducción del rendimiento, en proporción al número de días, dentro del año natural, en que el inmueble se haya encontrado en la situación contemplada por la ley. Desde otra perspectiva, hay que recordar quc cl inmueble puede encontarse en situación de afectación parcial a una actividad económica (§ 32): en tal caso, se computaría sólo el rendimiento de capital inmobiliario que correspondiera proporcionalmente a la parte no afecta.

34. Los gastos deducibles; el rendimiento neto en los arrendamientos entre parientes

La regulación legal de los gastos deducibles distingue según que se trate de una u otra de las dos categorías de rendimientos íntegros que se acaban de describir; y, de modo excepcional, la ley se refiere a supuestos especiales en que el rendimiento neto puede no ser el resultante de la deducción de los gastos.

a) Respecto de los **rendimientos íntegros consistentes en contraprestaciones,** la ley permite deducir, en principio, los **gastos necesarios** para su obtención y el importe del deterioro experimentado por los bienes por su uso o por el paso del tiempo [art. 35.A)]. En cualquier caso, es obvio que para que un gasto pueda tener la condición de fiscalmente deducible ha de tratarse de un gasto realizado y asumido por quien obtiene el rendimiento íntegro, es decir, el arrendador. De ahí que el Reglamento excluya los gastos que se repercuten sobre el arrendatario [art. 7.2.*a)*].

El concepto de gastos necesarios, de gran tradición en la imposición sobre las rentas empresariales, ha visto reducida su vigencia, tras la reforma del IS, a determinadas categorías de rendimientos gravados por el IRPF *(vid.* §§ 42 y 45). En relación con estos supuestos específicos, ha de precisarse qué se entiende por necesariedad del gasto: ello no significa que éste deba ser absolutamente imprescindible; basta con que venga exigido por la producción del rendimiento en las condiciones usuales del mercado (p. ej., gastos de publicidad).

Dado el carácter genérico del concepto, la enumeración del art. 7.1.A) del RIRPF, que recoge ciertamente los supuestos más frecuentes en relación con los inmuebles arrendados (intereses, IBI, saldos de dudoso cobro, seguros, etc.), es meramente indicativa y no exhaustiva.

Como regla general, los gastos necesarios se deducirán por su importe. Pero los **intereses** y gastos de financiación de los préstamos destinados a la adquisición o mejora de los inmuebles sólo podrán ser deducidos en una cuantía máxima igual a los rendimientos íntegros [28].

Además de los gastos necesarios, la ley permite deducir también el importe del **deterioro** experimentado por los bienes, en las condiciones fijadas reglamentariamente. También aquí estamos ante un concepto de gran raigambre en relación con los rendimientos empresariales. Sin perjuicio, pues, de lo que se indique en otro lugar (§ 124), se puede adelantar que la ley comprende con este término cosas distintas.

Puede aludir, así, en primer lugar, a gastos realmente producidos —es decir, a retribuciones a terceros—, destinados a mantener el valor económico y el estado físico de uso del bien, tales como los denominados gastos de conservación y reparación (conservación y reparación que deben ser distinguidas de la ampliación o mejora de los bienes, las cuales no constituyen en puridad un gasto, puesto que añaden valor a los bienes).

Pero como deterioro de los bienes arrendados pueden también deducirse partidas que no corresponden propiamente a gastos en los que haya incurrido el propietario, sino más bien a pérdidas reales del valor de los bienes como consecuencia ordinaria de su uso o de su envejecimiento por el paso del tiempo. Si la pérdida de valor fuese producida por otros motivos (p. ej., un siniestro), no estaríamos en el campo de los gastos deducibles, sino en el de las disminuciones patrimoniales, que son un componente de la renta distinto de los rendimientos [art. 7.2.*b)* RIRPF].

Esas partidas deducibles que reflejan la **efectiva depreciación** de los inmuebles en el período impositivo se denominan **amortizaciones.** De lo dicho se concluye que los únicos inmuebles susceptibles de amortización son las construcciones; no lo será el suelo, que no sufre ninguna depreciación por los motivos indicados.

Para la determinación de las amortizaciones se ha de distinguir (art. 8 RIRPF) entre dominio pleno y derechos reales de uso o disfrute sobre los bienes.

En el primer caso, la amortización es deducible en cuanto no supere el resultado de aplicar anualmente el 1,5 por 100 al valor de los inmuebles (excluido el valor del suelo), determinado según las normas del IP. Si los

[28] La STC 214/1994, de 14 de julio, entiende (FJ 6.º) que esta limitación no es contraria al principio de capacidad económica.

bienes amortizables son muebles, se aplican las tablas de amortización establecidas en relación con los rendimientos empresariales *(vid.* § 124).

En los supuestos de derechos reales de uso o de disfrute sobre los inmuebles, no es el bien, sino el propio derecho real el que es amortizable, «siempre que su adquisición haya supuesto coste para el sujeto pasivo» (art. 8.3 RIRPF).

De lo hasta aquí dicho se desprende que, no obstante el tope impuesto por la ley a la deducción de intereses, el conjunto de los gastos deducibles puede ser superior al rendimiento íntegro. El rendimiento neto, por lo tanto, puede ser negativo, como regla general.

Mención especial merecen, sin embargo, desde esta perspectiva, los **arrendamientos entre parientes** hasta el tercer grado (art. 36 LIRPF). En estos casos, no sólo no se admite que pueda darse un rendimiento neto negativo, sino que la ley va aún más lejos al establecer un rendimiento neto **mínimo**, que no puede ser inferior al rendimiento íntegro fijado para los inmuebles urbanos no arrendados (§ 33). Aunque la ley hable de «inmuebles», parece que debe limitarse el alcance de esta regla especial sólo a los arrendamientos de inmuebles urbanos, excluido el suelo no edificado.

La fijación de este rendimiento neto mínimo, de dudosa constitucionalidad, supone una vuelta de tuerca adicional respecto de las presunciones genéricas de retribución (*iuris tantum*, como ya se dijo). Pues lo que se formula ahora es, en definitiva, una presunción *iuris et de iure* en cuya virtud el rendimiento ficticio normativamente prefijado se impone sobre el rendimiento real, sin que se permita al propietario probar eficazmente que este último es negativo, inexistente o inferior a aquél.

b) Muy distinta es la regulación de los gastos deducibles de los **rendimientos «legales»** de los inmuebles urbanos de uso propio: sólo se admiten [art. 35.B) LIRPF] la cuota y los recargos del IBI que recaigan sobre el inmueble (excepto el recargo de apremio), y los intereses por préstamos destinados a la adquisición o mejora de la vivienda habitual (no de otras construcciones urbanas distintas), con un límite máximo por año de 800.000 ptas. La ley no define cuál es la vivienda habitual; puede asumirse el concepto que formula, aunque sea en el contexto de la deducción por adquisición de vivienda, el art. 34 RIRPF.

35. Los rendimientos íntegros de capital mobiliario: consideraciones generales

Dicho de modo muy genérico, estos rendimientos consisten en las contraprestaciones, en dinero o en especie, derivadas de la inversión de capitales o de la cesión a terceros de bienes muebles y derechos no afectos a actividades empresariales o profesionales. Dentro de ellos, pueden distinguirse tres grupos: los que derivan de la participación en el capital de toda clase de sociedades (§ 36), los derivados de préstamos o cualquier otra forma de cesión de capitales propios a terceros (§§ 37 a 39), y, por último, una gran variedad de rendimientos procedentes de otros bienes y derechos (§ 40).

En particular, los rendimientos derivados de la colocación de capitales se singularizan por la gran variedad de los negocios jurídicos en que se puede materializar la inversión, con la consiguiente diversidad de calificaciones y de gravamen efectivo sobre la rentabilidad de la misma. La LIRPF de 1978 sometía a retención los rendimientos de capital mobiliario, pero no los incrementos de patrimonio. Por ello, los operadores económicos ofrecían en el mercado una gran variedad de productos financieros (v. gr., títulos emitidos al descuento, seguros de vida de prima única) que garantizaban a los inversores una rentabilidad horra del control de las retenciones, toda vez que se obtenía en una operación patrimonial (la venta o la amortización de los títulos, o el cobro de un capital de la entidad aseguradora), cuyos resultados eran calificables como incrementos patrimoniales. Esta situación provocó, ya desde 1985, una respuesta del legislador, que se puede sintetizar en dos puntos: la calificación de la rentabilidad de los títulos emitidos al descuento como rendimientos implícitos (§ 37), con su consiguiente sometimiento a retención (§ 83); y la distinción, en las operaciones de seguro, entre las que dan lugar a incrementos patrimoniales o a rendimientos de capital mobiliario, según que incorporen o no determinados componentes mínimos de riesgo y duración (§§ 40 y 59).

En la actualidad, quedan fuera de la escala progresiva determinados incrementos patrimoniales realizados en activos financieros, sometidos a un tipo fijo del 20 por 100 (*vid.* § 77); mientras que si la ganancia de la inversión se materializa en intereses, sobre éstos recae todo el peso de la progresividad. Esta evidente discriminación de orden tributario entre las distintas alternativas que los mercados financieros ofrecen a los inversores para la colocación de sus ahorros presagia, a buen seguro, una nueva modificación del IRPF en plazo no lejano.

36. Rendimientos de participaciones en sociedades

Bajo esta denominación se agrupan no sólo los **dividendos** o participaciones en beneficios de sociedades, sino, de un modo muy amplio, «cualquier otra utilidad percibida de una entidad en virtud de la condición de socio, accionista o asociado» (art. 37.1 LIRPF), en la terminología ya clásica de nuestro derecho.

Se asimilan a estos rendimientos los de quienes, por causa distinta de la retribución del trabajo, reciben títulos que no representan el capital social, pero facultan a sus tenedores para participar en los beneficios o en los ingresos de la sociedad.

Además de las primas de asistencia a juntas, mencionadas expresamente, la genericidad del precepto legal permite englobar dentro del mismo conceptos tan dispares como, verbigracia, la distribución de reservas de una sociedad; el suministro de bienes o servicios por parte de una sociedad a sus socios a precios más bajos que los de mercado, sin perjuicio, en este último caso, de las normas específicas sobre operaciones vinculadas (§ 26); o, por poner un último ejemplo, las cantidades recibidas por el socio como consecuencia de la reducción de capital por parte de la sociedad, en cuanto tales cantidades sobrepasen el valor de adquisición de las acciones o participaciones del socio [art. 44.4.*d)* LIRPF]. La misma condición tienen los «retornos cooperativos», con los límites y requisitos que fija la legislación especial (Ley 20/1990, de Régimen Fiscal de las Cooperativas).

No estamos, en cambio, ante una «utilidad» cuando el socio de una sociedad recibe de ésta acciones liberadas [29] o cuando vende derechos de suscripción preferente. El tratamiento de ambos supuestos se remite a la regulación de los incrementos y disminuciones patrimoniales (*vid.* §§ 53, 54 y 56).

Como consecuencia de la técnica de corrección de la doble imposición de los dividendos —gravados primero, en cuanto parte del beneficio social, por el IS, y, posteriormente, por el IRPF—, el importe íntegro de estos rendimientos se multiplica, para su cómputo dentro de la renta del sujeto, por unos porcentajes que varían en función del tipo impositivo a que es gravada por el IS la entidad pagadora del dividendo, siempre que sea residente en España; tal porcentaje es, con carácter general, el 140 por 100 (art. 37.1 LIRPF). En definitiva, se establece la ficción de que los rendimientos percibidos por el sujeto, a efectos del IRPF, proceden de los «beneficios antes de impuestos» de la sociedad; y, en un segundo momento, se deduce de la cuota del IRPF la cuota del IS que había «drenado» aquellos rendimientos (§ 78).

No se consideran rendimientos del capital mobiliario las participaciones en beneficios de cualquiera de las entidades sometidas al régimen de atribución de rentas (§ 71).

Tampoco lo son los dividendos de sociedades sujetas a transparencia fiscal o a transparencia fiscal internacional que sean objeto de imputación, pues, como se dijo (§ 20), estamos en este caso ante una de las categorías autónomas en que se descompone la renta. Ello no obstante, si la sociedad transparente participa en los beneficios de otra sociedad residente en España, a la parte de su base imponible, imputada a cada socio, que corresponda a dichos beneficios han de aplicarse los porcentajes multiplicadores a que acabamos de referirnos (art. 52 LIRPF).

37. Rendimientos derivados de la cesión a terceros de capitales propios; rendimientos implícitos

Un segundo grupo de rendimientos del capital mobiliario está constituido por los **intereses** y las contraprestaciones de cualquier tipo que se

[29] Para el TEAC (Res. de 23-4-1996, RJT 1170), es distinta de la entrega de acciones liberadas la liberación de dividendos pasivos, que tributa como rendimiento de capital mobiliario.

derivan de la cesión de capitales propios a terceros. Dentro de este grupo se distinguen los rendimientos implícitos, los explícitos y los mixtos.

Estamos ante **rendimientos implícitos** [art. 37.2.*a)* LIRPF] en aquellos casos en que el inversor recupera simultáneamente su capital y la remuneración de éste, sean cuales sean las modalidades de la inversión y de la obtención de la rentabilidad. En estos supuestos, la captación de los capitales se instrumenta mediante valores mobiliarios (tales como, por ejemplo, pagarés, letras financieras, obligaciones o bonos «de cupón cero») emitidos al descuento, es decir, por un valor inferior al que la entidad emisora se compromete a reembolsar en el momento del vencimiento de los mismos. Estos **activos financieros** pueden estar materializados en títulos o documentados en simples anotaciones en cuenta; la misma condición atribuye el art. 37.2.*a)*, a estos efectos, a cualquier instrumento de giro (el ejemplo más característico es la letra de cambio) a partir de su endoso o transmisión, salvo cuando «el endoso o la cesión se haga como pago de un crédito de proveedores o suministradores».

En estos casos, la rentabilidad que obtiene el inversor es, en principio, la diferencia entre la cantidad por la que se adquirió el activo en el momento de su puesta en circulación por la entidad emisora y la cantidad (superior) entregada por ésta al amortizarse el activo a su vencimiento: es entonces cuando el inversor recupera su inversión inicial y, simultáneamente, obtiene el rendimiento implícito de la misma.

Es evidente que entre esos dos momentos —emisión y amortización—, el activo puede ser transmitido por el primer tenedor a un tercero. Si se contemplan, pues, las distintas hipótesis, el rendimiento implícito será la diferencia entre la cantidad satisfecha (a la entidad emisora en caso de suscripción del activo, al anterior tenedor en caso de compra) y la cantidad recibida (de la entidad emisora en caso de amortización, o del nuevo titular del activo en caso de venta del mismo). Se incluyen como rendimientos implícitos las primas de emisión, amortización o reembolso.

Como se está indicando, los rendimientos implícitos no se perciben separados del capital del que emanan, sino que su apropiación se produce conjunta e inescindiblemente con la recuperación de ese capital, bien directamente de la entidad emisora —en el momento de la amortización del activo—, bien de un tercero —en caso de transmisión del activo—. La obtención del rendimiento tiene lugar, pues, mediante una operación patrimonial, la amortización o la venta del activo financiero.

Pero tal operación no produce, a efectos fiscales, una variación patrimonial, sino un rendimiento de capital (implícito), ya desde la promulgación de la Ley 14/1985. Aunque esta ley está derogada prácticamente en su totalidad, buena parte de sus preceptos están incorporados al art. 37.2 LIRPF, en el que se encuentran ahora —todavía con reflejos de la antigua regulación— las reglas de cómputo de estos rendimientos: el cálculo de los rendimientos implícitos se hará individualmente para cada activo, teniéndose en cuenta, a tal efecto, los gastos accesorios de adquisición y de enajenación; sólo se computarán los rendimientos positivos, no los negativos.

Asimilables a los rendimientos implícitos —aunque no les sean aplicables las reglas de cómputo recién expuestas— son los obtenidos en las operaciones llamadas «lavado del cupón», es decir, las transmisiones de determinados títulos de rentabilidad explícita, efectuadas a un no residente dentro de los treinta días anteriores al vencimiento del cupón (DA 15.ª LIRPF y DA 1.ª L. 22/1993, de 29 de diciembre). El transmitente obtiene en ellas —con independencia de la variación patrimonial que se produzca— un rendimiento (implícito), sujeto a retención, igual a la parte del precio de venta que equivalga al cupón corrido.

38. (sigue) Rendimientos explícitos

Los intereses son **explícitos** cuando, en virtud de los pactos entre las partes, o de las condiciones de emisión de los títulos de captación de los préstamos (tales como obligaciones, bonos, cédulas u otros títulos de renta fija), el prestamista tiene derecho a que le sean abonados de manera periódica los intereses estipulados, independiente y separadamente de la devolución del capital prestado o invertido. La materialización de la rentabilidad y la recuperación de la inversión representan, pues, dos momentos distintos, sin que se confundan en uno solo el capital y el rendimiento emanado del mismo. Y dan lugar también a efectos fiscales igualmente diferentes: la percepción de los intereses supone la obtención de rendimientos explícitos de capital mobiliario, al margen del incremento o la disminución patrimonial que el sujeto pueda experimentar por la transmisión, canje, conversión o amortización del título.

Los rendimientos explícitos, por otra parte, se caracterizan legalmente por exclusión respecto de los implícitos [art. 37.2.*b)* LIRPF], siempre que se trate de contraprestaciones por la cesión de capitales.

Contraprestaciones que pueden ser muy variadas: así, pueden consistir en dinero, pactándose un tipo de interés fijo o variable, o incluso con un contenido de aleatoriedad (por ejemplo, cuando, además de los intereses periódicos, se sortea entre los impositores de una entidad financiera, o entre los titulares de obligaciones que se amortizan, una cantidad en metálico —un «lote»— adicional). La contraprestación puede ser también en especie, o parte en metálico y parte en especie.

Tomando *a contrario* el art. 38 de la ley, la misma calificación ha de darse a los intereses por aplazamiento de pago, en operaciones que no se realicen en el desarrollo de una actividad empresarial o profesional por parte del sujeto.

39. (sigue) Rendimientos mixtos

Puede ocurrir que la rentabilidad generada por un activo financiero sea en parte explícita (intereses) y en parte implícita (v. gr., primas de emisión, de conversión o de amortización). Ello plantea el problema de calificar esta última retribución a efectos tributarios. En efecto, los intereses pactados como tales tendrán siempre la calificación fiscal de rendimientos de capital mobiliario. Pero, como sabemos, es la ganancia obtenida implícitamente, con ocasión de la transmisión, reembolso o amortización de los títulos, la que puede dar lugar, a efectos tributarios, bien a incrementos o a disminuciones patrimoniales —cuando el título produce intereses cuya percepción se estipula separadamente de la recuperación del capital invertido—, bien a rendimientos implícitos de capital mobiliario —cuando el título se emite por un precio inferior a su valor de reembolso—. Por ello, el problema surge ante títulos cuya rentabilidad resulta de la conjunción de ambas técnicas.

La solución de la ley consiste, en realidad, en atribuir en determinados casos a los títulos en cuestión la condición de **títulos de rentabilidad explícita.** Las consecuencias de tal atribución son claras: los intereses pactados como tales serán, sin duda, rendimientos de capital mobiliario; y la ganancia o la pérdida eventualmente obtenidas en la transmisión o amortización de los títulos tendrían la consideración de incrementos o disminuciones de patrimonio, como todas las operaciones de ese tipo con títulos de rentabilidad explícita.

La ley atribuye esa condición (fiscal) de títulos de rentabilidad explícita a los títulos de rentabilidad mixta en los que el interés explícito pactado sea igual o superior al tipo de referencia que a tales efectos fije la Ley de Presupuestos del año de la emisión del activo (o, en su defecto, al tipo de interés legal del dinero en la fecha de la emisión). Para 1997, la DA 11.ª de la Ley 12/1996, de 18 de diciembre, determina ese tipo de interés tomando como referencia los tipos de interés de los bonos del Estado.

En caso contrario —si los rendimientos efectivos anuales pactados como explícitos son inferiores a los que resultarían de aplicar el tipo de referencia indicado—, los rendimientos producidos por los títulos se calificarían en su totalidad como implícitos.

40. Otros rendimientos de capital mobiliario; la cesión de los derechos de imagen

Bajo esta rúbrica se agrupan conceptos muy heterogéneos. En la mayoría de ellos [letras *a)*, *b)*, *c)* y *d)* del art. 37.3 LIRPF], de lo que la ley se preocupa es, sobre todo, de distinguirlos de los rendimientos profesionales o empresariales. Debe subrayarse, por otra parte, la aparente disparidad de trato que se da a la propiedad intelectual y a la propiedad industrial [letras *a)* y *b)* del art. 37.3 LIRPF y art. 51.2.2.*a)* RIRPF]: los rendimientos derivados de la primera serán de capital mobiliario cuando quien los obtiene es alguien distinto del autor (si los obtiene el autor, su calificación será de rendimientos profesionales o empresariales, según los casos); en cambio, para los rendimientos procedentes de la propiedad industrial, la ley exige la no afectación a actividades empresariales o profesionales y omite cualquier referencia al autor o inventor. Pero esto no quiere decir que si es éste quien obtiene los rendimientos deban calificarse como de capital mobiliario: pues los rendimientos serían siempre el fruto del ingenio o la creatividad personales del sujeto, plasmadas en la realización del invento, la patente, etc., de que se trate; y, en consecuencia, tales rendimientos tendrían, a efectos tributarios, naturaleza empresarial o profesional. Lo que la ley correctamente entendida significa es que dichos rendimientos serán de capital mobiliario cuando sean obtenidos por quien, no siendo el autor, tampoco tenga afectada la propiedad industrial a una actividad productiva.

En los rendimientos derivados del arrendamiento de negocios es corriente emplear la expresión «rendimientos conjuntos», pues provienen en realidad de una masa organizada de bienes que pueden ser bienes o inmuebles, toda vez que lo que se arrienda es un negocio, una empresa en funcionamiento. Esta circunstancia es la que permite distinguir esta hipótesis del arrendamiento de bienes inmuebles con los que también se ceden bienes muebles: como se recordará, el total importe de la contraprestación se considera en este caso rendimiento de capital inmobiliario.

Otros supuestos pueden plantear difíciles problemas de calificación. Así ocurre en primer término con las rentas vitalicias o temporales que tengan por causa la imposición de capitales [art. 37.3.*e)* LIRPF]. Cuando estas rentas están sujetas al Impuesto —por no constituir la constitución de las mismas hecho imponible del ISD—, la ley no considera rendimiento de capital mobiliario la totalidad de su importe, sino sólo un porcentaje constante sobre la percepción del rentista, que es único (el 60 por 100) si la renta es temporal y que varía si es vitalicia (entre un máximo del 70 por 100 y un mínimo del 30 por 100), en función de la edad del rentista en el momento de la imposición del capital. Pero puede haber contratos en que no sea fácil concluir si estamos ante este supuesto o ante simples depósitos retribuidos con intereses que deban someterse, en cuanto tales, íntegramente al impuesto [30].

La misma dificultad puede presentarse en relación con los contratos de seguro sobre la vida: pueden originar rendimientos de capital mobiliario cuando no incorporen los componentes mínimos de riesgo y duración establecidos reglamentariamente [arts. 37.3.*f)* LIRPF y 9 RIRPF]. En otro caso, darían lugar a un incremento patrimonial.

La Ley 13/1996, de 30 de diciembre, ha añadido dos nuevos supuestos, relacionados con la cesión del derecho de imagen.

a) Como regla general, las contraprestaciones que obtiene una persona física por la cesión del derecho a su propia imagen o la autorización para la utilización de la misma se califican como rendimiento de capital mobiliario [art. 37.3.*g)* LIRPF].

b) Con la misma calificación, la Ley 13/1996 (art. 2, apartado Tres, modificado en este punto por la Ley 14/1996, de igual fecha y publicada en el mismo BOE que la anterior) ha previsto un supuesto especial en el que lo que se establece es, esencialmente, un efecto de imputación rentas, en virtud del cual se entienden obtenidas por una persona física las contraprestaciones satisfechas a un tercero por la cesión de los derechos de imagen

[30] Al respecto, Res. TEAC de 9-12-1988 (CaT núm. 97), 2-11-1989 (CaT núm. 106) y 29-5-1991 (CT núm. 61).

de aquélla, previamente adquiridos. La persona física obtendría, pues, dos rendimientos del capital mobiliario: uno, directamente (al ceder sus derechos inicialmente al tercero); y otro, por imputación (cuando el tercero a su vez transmite los derechos, en las condiciones a que haremos referencia).

El texto de la Ley 13/1996, farragoso y prolijo como pocos, bajo su apariencia de generalidad está cortado, en realidad, a la medida de supuestos muy concretos (casi con nombres y apellidos): intenta salir al paso de la práctica frecuente mediante la cual una parte de las astronómicas fichas y/o sueldos de ciertos deportistas profesionales se satisface a una sociedad interpuesta (no residente, normalmente) a la que el deportista ha cedido con anterioridad la explotación de sus derechos de imagen; en estos casos, el pagador de esos derechos (es decir, la entidad que contrata al jugador) no estaba obligado a practicar retención sobre dicha parte.

La norma requiere la concurrencia de dos circunstancias. En primer lugar, que se dé la situación descrita: una persona física residente (por ejemplo, el futbolista R) cede a un tercero (X SA) la explotación de sus derechos de imagen; R se liga por contrato laboral con una entidad (el club B), que, a su vez, adquiere de X SA mediante contraprestación la cesión de aquellos derechos. Y, en segundo término, que las (únicas) cantidades percibidas directamente por R del club B —cuya calificación fiscal es, obviamente, la de rendimientos del trabajo personal— sean inferiores al 85 por 100 de la suma que, en total, paga la entidad B (una parte a R y otra a X SA).

Cuando se realiza este complejo presupuesto de hecho, la ley imputa a la persona física (R) la contraprestación obtenida por la titular de los derechos de imagen (X SA), sumando a la misma el ingreso a cuenta que está obligada a practicar la entidad pagadora de los derechos (el club B), y restando de ella la cantidad que la propia persona física hubiese obtenido por la cesión inicial de sus derechos al intermediario (X SA). Evidentemente, la imputación se basa en que para la ley tal intermediario es en realidad una ficción tras la que se oculta la persona física (R), que, de este modo, tributaría por la totalidad de lo que la ley considera que cobra. Pero no es menos evidente que, al no haber intentado el legislador identificar ni siquiera el más mínimo dato objetivo que relacione a la persona física con el intermediario y que, en consecuencia, permita dotar de una cierta racionalidad la presunción de que las sumas en cuestión tienen como destinatario real a la persona física, la imputación legal de esta renta difícilmente puede conciliarse con el principio de capacidad económica.

41. Valoración de los rendimientos en especie

A falta de reglas legales en esta materia, el Reglamento del Impuesto (arts. 54 y 60.2) dispone que el rendimiento en especie se computa por la cifra resultante de sumar a su valor de mercado —igual al valor de adquisición o coste para el pagador, incrementado en un 25 por 100— la cantidad ingresada a cuenta por éste —como veremos, el ingreso a cuenta se obtiene en estos casos aplicando el 25 por 100 al valor de mercado—. Si, por ejemplo, la retribución en especie consiste en un objeto cuyo coste de adquisición para quien lo entrega ha sido de 40.000 pesetas, quien lo recibe computaría 62.500 pesetas, cantidad igual a la suma del valor de mercado (50.000 = 40.000 + 10.000) más el ingreso a cuenta (12.500, el 25 por 100 de 50.000).

Recuérdese que el ingreso a cuenta sólo se integrará en el valor de la retribución en especie cuando haya sido realmente efectuado por el pagador de ésta; y que la presunción de que así ha sido admite prueba en contrario (§ 24).

42. Gastos deducibles y reducciones

Los gastos deducibles de los rendimientos íntegros del capital mobiliario se limitan, como regla general (art. 39 LIRPF) [31], a «los de administración y custodia», concepto este referible especialmente a los valores mobiliarios productores del rendimiento.

Sin embargo, cuando éste procede de la prestación de asistencia técnica —lo normal será que tal prestación dé lugar a rendimientos empresariales— o del arrendamiento de bienes muebles, negocios o minas, la ley admite como deducibles los «gastos necesarios» para la obtención de los rendimientos y «el importe del deterioro sufrido por los bienes de que los ingresos procedan». Pueden darse por reproducidas aquí las ideas generales que sobre ambos conceptos han quedado expuestas más arriba (§ 34).

Por lo demás, ya se dijo (§ 37) que la determinación de los rendimientos implícitos permite tener en cuenta a estos efectos los gastos de adquisición y de enajenación.

Junto a esta doble regulación de los gastos deducibles, la ley se refiere a las llamadas «reducciones», permitiendo minorar en 29.000 ptas. los rendimientos de capital mobiliario netos —es decir, una vez descontados los gastos deducibles que procedan—. Tal reducción puede llegar a absorber totalmente los rendimientos netos, pero éstos no pueden, como consecuencia de la misma, resultar negativos. La reducción no es por tanto un gasto deducible adicional, sino algo cualitativamente distinto: se aplica sólo cuando los rendimientos netos son positivos, hasta el límite de 29.000 ptas.; no sería de aplicación, en cambio, si los rendimientos netos fueran negativos, circunstancia esta que puede producirse como consecuencia de los gastos deducibles propiamente dichos.

[31] La STC 214/1994, de 14 de julio, considera que esta limitación de los gastos deducibles no vulnera el principio de capacidad económica (FJ 6.º).

C) Rendimientos empresariales o profesionales

43. Concepto de actividad empresarial o profesional

En una primera aproximación, la ley (art. 40.1) identifica los rendimientos de actividades empresariales o profesionales como una categoría unitaria, cuya base común es la procedencia de una empresa en sentido material, cuyo concepto se formula en términos prácticamente análogos a los que se utilizan en relación con otros tributos, tales como el IVA o el IAE (sin que ello quiera decir en modo alguno que exista un concepto de empresario idéntico en el IRPF que en el IVA: *vid.* § 295). Una actividad productiva susceptible de producir rendimientos empresariales o profesionales exige, en principio, la concurrencia de una organización, aunque sea mínima [32], en la que un sujeto integre autónomamente recursos materiales y humanos y asuma el riesgo de la producción de bienes o servicios que son ofrecidos en el mercado.

Tal caracterización de este tipo de actividades —incluso el propio término «actividad»— lleva implícita también la nota de habitualidad. Sin embargo, la habitualidad no tiene por qué ser necesaria en relación con los rendimientos profesionales, algunos de los cuales pueden ser ocasionales.

Por otra parte, la ley no distingue entre actividad empresarial y ejercicio de una profesión. Y esa distinción reviste, sin embargo, una gran importancia, dadas las diferencias de régimen jurídico tributario entre los rendimientos empresariales y los profesionales en cuestiones fundamentales, como, por ejemplo, la determinación del rendimiento neto o la regulación de las retenciones. El Reglamento (art. 51) ayuda a precisar el concepto de actividad profesional al otorgar esa condición, con carácter general, a las actividades calificadas de tales en las Secciones 2.ª y 3.ª de las Tarifas del IAE (§ 171), además de contener una enumeración de supuestos que tienen la misma consideración y una delimitación casuística del concepto de rendimientos profesionales respecto de los de rendimientos de trabajo y los rendimientos empresariales (en relación, por ejemplo, con los comisionistas o los profesores).

44. Concepto de rendimientos empresariales o profesionales; delimitación respecto de los rendimientos de trabajo y de los rendimientos de capital

Los rendimientos empresariales o profesionales son, en primer término, los que se obtienen en el ejercicio de una actividad empresarial o profesional, en sentido propio, con carácter de habitualidad. En principio, es fácil distinguir estos rendimientos «mixtos» —en cuanto que proceden del capital y del trabajo de forma conjunta—, de los rendimientos «puros» del trabajo o del capital. Con todo, en relación con la calificación de los beneficios obtenidos por el arrendamiento o la compraventa de inmuebles, el art. 40.2

[32] Res. TEAC de 9-10-1996 (Ar. 1996/1535).

de la ley requiere un mínimo de organización material (local exclusivamente destinado a la gestión de la actividad, y, al menos, un empleado) para calificarlos como rendimientos empresariales.

Pero pueden igualmente considerarse rendimientos empresariales o profesionales los que procedan sólo del trabajo o sólo del capital, estando a la letra de la ley (art. 40.1). Esta, sin embargo, respecto de los últimos, parece incurrir en contradicción interna. Pues si el rendimiento procede sólo del capital, es decir, si los bienes patrimoniales no están afectos a ninguna actividad productiva, dicho rendimiento tendrá, como ya sabemos (§ 32), la calificación tributaria de rendimientos del capital (mobiliario o inmobiliario, según la naturaleza de los bienes).

Es menos problemático pensar en rendimientos profesionales generados exclusivamente por una actividad de trabajo humano (por ejemplo, un modelo publicitario). Como ya hemos dicho (§ 27), esa actividad ha de prestarse de manera autónoma e independiente por parte del sujeto, siendo ése el criterio esencial de delimitación con los rendimientos del trabajo. Es indiferente, por tanto, la titulación del sujeto o incluso el hecho de que éste haya de ser, por obligación legal, miembro de un colegio profesional para realizar su actividad: el ejercicio de la medicina, por ejemplo, puede dar lugar tanto a rendimientos profesionales (en caso de ejercicio libre) como de trabajo personal (en caso de contrato laboral o de pertenencia como funcionario a un ente público), dependiendo únicamente de la existencia o no de una relación de carácter dependiente, laboral o funcionarial (art. 51.3 RIRPF).

De otra parte, los rendimientos en cuestión no tienen por qué derivarse siempre del ejercicio habitual de una actividad, sino que pueden también ser consecuencia de un acto aislado o esporádico. Pensemos, por ejemplo, en los rendimientos de actividades intelectuales, legalmente calificados como profesionales: nada objetaría a tal calificación el hecho de que fuesen obtenidos de manera ocasional (retribución por un artículo periodístico, una fotografía o una casete de vídeo vendidas por un aficionado a un medio de comunicación, etc.) por un sujeto que no se dedica profesionalmente a ese tipo de actividades.

45. Determinación del rendimiento neto: criterio general y normas particulares

De acuerdo con el esquema común, el rendimiento neto se obtiene (art. 41.1 LIRPF) deduciendo de los rendimientos íntegros o ingresos —en metálico o en especie— los gastos fiscalmente deducibles, con la importante salvedad de la estimación objetiva (§ 47).

En esta materia, el art. 42 de la ley se remite a las **normas del IS** *(vid.* §§ 119 y siguientes). El legislador se esfuerza por regular del modo más uniforme posible la determinación del beneficio empresarial a efectos tributarios, con independencia de la condición jurídica del empresario. Esta, desde luego, no puede ser absolutamente indiferente, pues determinará en definitiva que el beneficio se grave por un impuesto progresivo (el IRPF) o por un impuesto proporcional (el IS); e incluso en este terreno es evidente el esfuerzo de la ley por reducir las diferencias entre ambos tributos, como veremos en el § 77.

Pero esa inevitable diversidad de régimen jurídico no obsta para que la cuantificación del beneficio de la empresa pueda y deba contemplarse desde una perspectiva común a ambos tributos. La ley del IRPF llega, en esta línea, a sustraer del régimen general de los incrementos y disminuciones patrimoniales aquellos que se produzcan en bienes afectos a las actividades empresariales o profesionales, para someterlos a normas similares a las establecidas por la LIS, con las debidas adaptaciones (§ 46). No obstante, la asimilación no es absoluta, pues los artículos 41 y 42 de la ley del IRPF contienen **normas especiales** sobre esta materia.

A) Entre los **rendimientos íntegros,** no se incluye el importe de las adquisiciones a título lucrativo, frente a lo previsto por la LIS *(vid.* § 132). Pues si el adquirente de bienes a título lucrativo es una persona física estaremos, en efecto, ante un incremento patrimonial sometido no al IRPF, sino al ISD (arts. 1 y 3 LISD).

— En segundo lugar, se incluye entre los ingresos el **autoconsumo,** es decir, el uso o consumo propio, por parte del sujeto, de bienes o servicios **objeto de la actividad,** o la cesión o prestación de los mismos a terceros gratuitamente o mediante contraprestación notoriamente inferior a su valor normal de mercado (art. 41.5). En estos casos, se computa como ingreso precisamente este valor; se trata, pues, de una regla de valoración equivalente a una presunción *iuris et de iure.*

Si se tratara de bienes que no son objeto de la actividad, sino que forman parte de las inversiones permanentes de la misma (o activo inmovilizado, en las actividades empresariales) no estaríamos ante un ingreso por autoconsumo, sino ante un **cambio de afectación** del bien, que pasaría del patrimonio profesional o empresarial al patrimonio personal (§ 46). Esta contraposición entre bienes objeto de la actividad e inversiones fijas de la misma, entre circulante e inmovilizado, es en realidad una constante en la delimitación de los rendimientos íntegros empresariales o profesionales, frente a los incrementos o disminuciones patrimoniales: con carácter general, sólo producen rendimientos las operaciones relativas a bienes que sean **objeto de la actividad;** por el contrario, las que se refieren a bienes del inmovilizado darán lugar, en su caso, a una variación (un incremento o una disminución) patrimonial, sometida a efectos del Impuesto a un régimen propio, distinto del que con carácter general se establece para los bienes no afectos.

— Una observación adicional puede hacerse, en relación con las cuotas de IVA repercutidas sobre los clientes por los sujetos pasivos cuyos rendimientos se determinen en estimación directa o en estimación objetiva por coeficientes. Como regla general, tales cuotas no forman parte del rendimiento íntegro. Pero, en relación con los comerciantes minoristas sujetos al Régimen especial del Recargo de Equivalencia, las cuotas devengadas y repercutidas a los clientes deben formar parte de los ingresos o rendimientos íntegros a efectos del IRPF, toda vez que no son liquidadas a la Administración *(vid.* § 363). Y lo mismo ocurre con las compensaciones que tienen derecho a percibir los empresarios sometidos al Régimen especial de la Agricultura, Ganadería y Pesca *(vid.* § 358). En cuanto al Régimen Simplificado del IVA (§ 357), si las cantidades liquidadas en el año por el sujeto son inferiores a las que habría ingresado en virtud del régimen general del IVA, la diferencia se califica por la Administración como rendimiento íntegro. En las transmisiones de bienes usados, objetos de arte, antigüedades y objetos de colección, habrá que estar a la opción del sujeto en orden a la aplicación del régimen general del IVA o del correspondiente régimen especial *(vid.* § 359).

— Los rendimientos en especie se valoran (art. 55.2 RIRPF) atendiendo a las reglas de valoración formuladas por la ley para los rendimientos del trabajo en especie (§ 29). Y, a semejanza de los demás, también éstos se computan en la renta del perceptor por la suma del valor de la retribución más el ingreso a cuenta que corresponda (art. 60.2 RIRPF), cuando exista obligación de realizarlo (§ 83) y haya sido realmente efectuado —extremo este último que, aunque se presume, puede ser desvirtuado por prueba en contrario.

B) En relación con los **gastos deducibles,** la ley acoge, por una parte (art. 41.1), el concepto general que tradicionalmente se había utilizado en el ámbito de la imposición sobre los beneficios empresariales (los gastos **necesarios** y el importe del **deterioro** de los bienes de que los rendimientos proceden), y, por otra (art. 42), como ya sabemos, se remite genéricamente en esta materia a la LIS. Al mismo tiempo, se enumeran de modo expreso ciertos conceptos concretos de gastos que no se consideran deducibles, v. gr., los donativos o las cotizaciones a Montepíos laborales y Mutualidades [tampoco lo es, según el art. 5.5 del Real Decreto-ley 7/1996, el llamado «gravamen único» del 3 por 100 sobre el saldo de la cuenta de actualización de balances (§ 130)], o que se sí se admiten como tales, especialmente en relación con los profesionales (por ejemplo, un gasto deducible igual al 1 por 100 de los rendimientos profesionales íntegros). Ahora bien, la asunción, por parte de la nueva LIS, del resultado contable como beneficio gravado (con ciertos ajustes), ha hecho desaparecer de aquélla el concepto mismo de «gasto necesario», al aceptar a efectos del IS todos los gastos efectivos, justificados y contabilizados por el empresario *(vid.* §§ 109 y 121). El reenvío de la LIRPF a la LIS en esta materia permite la misma afirmación en relación con los rendimientos de que tratamos, si bien hay que hacer varias precisiones.

Recuérdese en primer lugar que la legislación mercantil no obliga a llevar contabilidad a los perceptores de rendimientos profesionales e incluso de determinados rendimientos empresariales como, p. ej., los agrícolas. En estos casos, es obvio que la ley fiscal no puede hacer suyo lo que no existe (los gastos **contabilizados**); por lo que se mantendría vigente el antiguo concepto de «gasto necesario», al que ya hicimos referencia (§ 34). Y hay que aludir también a las peculiaridades del régimen de estimación objetiva, en sus dos modalidades, en esta materia (§ 47).

Por lo demás, habría que referirse de nuevo a los regímenes especiales del IVA recién mencionados. En el Régimen especial de la Agricultura, Ganadería y Pesca, y en el Régimen especial del Recargo de equivalencia, los sujetos, al no realizar la liquidación, no recuperan las cuotas de IVA —ni las del Recargo— soportadas. De ahí que, cuando tales cuotas se soportan con ocasión de la adquisición de **bienes o servicios corrientes**, tengan también la consideración de partida deducible a efectos del IRPF, cuando se aplica la estimación directa o la estimación objetiva por coeficientes. En el Régimen Simplificado, si las cantidades liquidadas en el año por el sujeto fuesen superiores a las que habría ingresado por el régimen general del IVA, la diferencia se considera gasto deducible por la Administración cuando los rendimientos se determinan en estimación directa. Para el Régimen especial de los bienes usados, objetos de arte, antigüedades y objetos de colección habría que estar al ejercicio de la correspondiente opción por parte del empresario *(vid.* § 359).

C) Respecto del régimen de determinación del rendimiento neto, ya se ha apuntado que, a efectos del IRPF, pueden aplicarse métodos de **estimación objetiva** (§ 47), que, por el contrario, no se contemplan por la LIS.

46. (sigue) Los incrementos y disminuciones patrimoniales producidos en bienes afectos a las actividades empresariales y profesionales; la exención por reinversión

Dentro del rendimiento neto empresarial o profesional se integran los incrementos y disminuciones patrimoniales producidos en los **bienes afectos** a la actividad, incluidos los que se pongan de manifiesto por la transmisión *inter vivos* de la totalidad del patrimonio empresarial o profesional; se exceptúan únicamente, pues, los supuestos de transmisión *mortis causa* del patrimonio empresarial o profesional (art. 41.2 LIRPF). Como ya se ha dicho, debe tratarse de bienes del inmovilizado de la empresa o integrados de manera permanente o estable en la actividad profesional (p. ej., el local, el mobiliario, los aparatos, etc., de un despacho profesional).

Estas variaciones patrimoniales, por tanto, se determinan al margen de las normas generales por las que se rigen las producidas en bienes no afectos (§§ 48 a 52) y reciben un tratamiento tributario igualmente distinto: el propio de los rendimientos netos, si bien con reglas especiales destinadas a limitar los efectos de la progresividad del Impuesto (§ 77).

Ello podría inducir a los sujetos a modificar la situación de afectación o no afectación de sus bienes para elegir el régimen tributario más favorable con ocasión de la transmisión de los mismos. De ahí que la ley haya regulado con detalle los efectos del cambio de afectación de los bienes, de su paso del patrimonio personal al patrimonio empresarial o profesional, y viceversa.

a) En primer lugar, la simple afectación o desafectación no constituye alteración patrimonial, supuesto, por hipótesis, que los bienes siguen formando parte del patrimonio del sujeto. Téngase en cuenta que, en sentido jurídico, este patrimonio es único; cuando se habla de «patrimonio personal» contrapuesto a «patrimonio empresarial o profesional» sólo se está aludiendo a la situación en que se encuentran ciertos bienes (destinados al uso particular o integrados en la actividad productiva ejercida por el sujeto). Pero si los bienes no dejan de pertenecer al patrimonio del sujeto, ni su afectación ni su desafectación al patrimonio empresarial o profesional pueden producir incremento ni disminución patrimonial: la ley exige un acto de realización («alteración patrimonial» en la terminología legal) *(vid.* § 48).

b) La **desafectación** (es decir, el paso de bienes del inmovilizado del patrimonio empresarial o profesional al patrimonio personal) tiene como consecuencia que los futuros incrementos o disminuciones patrimoniales producidos en los bienes ya desafectados se regirían por las normas generales en la materia, pero con una importante salvedad: su valor de adquisición (§ 51) no sería referido a la fecha de adquisición —entendida ésta, en su sentido jurídico, como la incorporación del bien al **patrimonio**—, sino a la fecha de la desafectación —o incorporación del bien al **patrimonio personal**—: el valor de adquisición sería el valor neto contable que tuviese el bien en el momento de la desafectación; valor neto contable que se obtendría restando al valor con que figurase el bien en el Activo el importe de las amortizaciones practicadas hasta ese momento, sin que tal valor pudiera ser superior al que resultaría de haber aplicado en cada ejercicio la amortización mínima (§ 51).

Ahora bien, la ley impone un período de tres años para que se consolide la desafectación, salvo en los casos de cese en la actividad; hasta tanto eso no ocurra, los bienes seguirán considerándose afectos, con lo que los eventuales incrementos o disminuciones patrimoniales realizados por la enajenación de los bienes seguirían el régimen especial «empresarial».

c) En la hipótesis inversa de **afectación** de bienes del patrimonio personal al empresarial o profesional, el valor por el que se incorporan a éste no es tampoco el de adquisición, referido al momento en que ésta hubiese tenido lugar, sino el que resulte de las normas del IP (§§ 202 y siguientes) al tiempo de la salida de los bienes del patrimonio personal.

La consolidación de la afectación requiere también un plazo de tres años a partir de la contabilización de los bienes en el patrimonio empresarial o profesional. La enajenación de los mismos antes de transcurrido ese término los reconduciría a la situación de no afectos y, en consecuencia, sometería al régimen común el incremento o la disminución patrimonial que se produjere. Sin embargo, se seguiría el régimen especial —aunque no se hubiese consolidado la afectación— si el sujeto reinvirtiera el importe total obtenido en la enajenación en las mismas condiciones establecidas por la ley para la exención de los incrementos patrimoniales producidos por la transmisión de bienes afectos (art. 41.3 *in fine* LIRPF).

La remisión genérica en esta materia a las normas del IS determina que a los incrementos patrimoniales de que hablamos les sean aplicables las reglas de la LIS sobre corrección de los efectos de la depreciación monetaria *(vid.* § 131), con ciertas adaptaciones (apartado 1 de la DA 1.ª del RIS).

El art. 41.4 de la ley dispone, por último, que los incrementos patrimoniales realizados por la transmisión de elementos **materiales** del activo fijo de la empresa o de la actividad profesional no se gravarán si el importe total de la enajenación se reinvierte en otros **bienes materiales** de **activo fijo** afectos a actividades empresariales o profesionales desarrolladas por el sujeto, en las mismas condiciones establecidas para el IS. En la nueva LIS la exención por reinversión sólo está prevista (arts. 122 y 127) para las pequeñas empresas (aquéllas cuya cifra de negocios en el año anterior hubiese sido inferior a 250 millones de pesetas). La exención tiene como límite un máximo de 50 millones de pesetas. Pero si la plusvalía obtenida fuese mayor, el exceso de ésta sobre la cifra indicada podría seguir el régimen de diferimiento del impuesto que el art. 21 LIS reserva a la reinversión de los beneficios extraordinarios *(vid.* § 136).

47. Regímenes de determinación del rendimiento neto: la Estimación Objetiva; modalidades: *a)* Signos, índices o módulos; *b)* Coeficientes

Por regla general, los diversos componentes de la renta se determinan en estimación directa —y subsidiariamente en estimación indirecta, según establece la LGT—. No obstante, los rendimientos netos de las pequeñas y medianas empresas y de algunos profesionales pueden determinarse mediante procedimientos de estimación objetiva, cuya concreción se deja a las normas reglamentarias, que regulan las dos modalidades distintas de Estimación Objetiva: la de Signos, índices y módulos y la de Coeficientes.

La ley se ha limitado a formular los criterios básicos en que se inspira la Estimación Objetiva, de entre los que pueden destacarse los siguientes:

1.º **Voluntariedad** [art. 68.*b)*]. El régimen de Estimación Objetiva será de aplicación, en cualquiera de sus dos modalidades, a los sujetos en los que concurran los requisitos y circunstancias establecidos normativamente, salvo que renuncien al mismo. La **renuncia,** como la **revocación** de ésta, ha de presentarse, mediante la llamada «declaración censal», en el mes de diciembre anterior al año en que deba surtir efectos (art. 20 RIRPF).

La renuncia voluntaria es distinta de la **exclusión** del régimen, que se produce *ope legis* por razones objetivas, cuando se rebasan los topes que, en cada una de las modalidades de aquél, delimitan las dimensiones de las actividades desarrolladas por el sujeto. La exclusión se hace efectiva en el año siguiente a aquel en que se produzcan las circunstancias que la determinan (art. 21 RIRPF).

2.º **Coordinación con el IVA** [art. 69.1.*a)*]. Esa coordinación se manifiesta en varios aspectos:

— la aplicación **simultánea,** para determinadas actividades empresariales, de la Estimación Objetiva por **signos, índices y módulos,** a efectos del IRPF, y del **Régimen Simplificado,** a efectos del IVA; tales actividades se enumeran en la Orden de 27 de noviembre de 1996;

— la regulación conjunta (en esta misma Orden) de los signos, índices y módulos aplicables tanto a efectos de la Estimación Objetiva como del Régimen Simplificado;

— la vinculación de los efectos de la renuncia, que se comunican inescindiblemente a ambos regímenes (arts. 25 RIRPF y 36.1 RIVA).

3.º **Exclusión de las variaciones patrimoniales** procedentes de **bienes inmuebles** o **buques** (art. 69.1 LIRPF) o de **activos fijos inmateriales** (art. 22.1 RIRPF), afectos todos ellos a la actividad, con ciertas excepciones. Es decir, los incrementos o disminuciones patrimoniales en cuestión se determinarían de acuerdo con las normas de la ley al respecto (art. 41), y se sumarían o restarían, respectivamente, al rendimiento neto resultante de la Estimación Objetiva **en cualquiera de sus dos modalidades** (salvo los incrementos exentos por reinversión).

4.º **Aplicabilidad a las entidades en régimen de atribución de rentas** (§ 71) cuyos miembros sean todos personas físicas (art. 69.6 LIRPF y art. 23 RIRPF).

5.º El legislador, consciente de que los rendimientos netos **estimados** en virtud de este régimen pueden ser inferiores a los rendimientos **reales** de la actividad, ha querido dejar claro que el exceso de éstos sobre aquéllos no puede ser gravado en concepto de incremento de patrimonio, sin perjuicio de lo indicado en relación con los inmuebles, buques y activos fijos inmateriales (art. 69.5).

Analicemos ahora brevemente las dos modalidades de Estimación Objetiva.

a) La **Estimación Objetiva por signos, índices o módulos** es la única modalidad aplicable a determinadas actividades **empresariales,** especificadas reglamentariamente, siempre que no rebasen determinados topes (para el año 1997, en la Orden de 27 de noviembre de 1996).

Si el sujeto realiza además otro tipo de actividades, en estas últimas puede ser de aplicación la Estimación Objetiva por coeficientes; ambas modalidades son, pues, compatibles para un mismo sujeto, dentro de los respectivos ámbitos de cada una de ellas [art. 29.3.*a)* RIRPF]. Pero si el sujeto renuncia a la Estimación objetiva por signos, índices o módulos, se determinará en **estimación directa** el rendimiento neto de **todas** las actividades empresariales o profesionales que ejerza (art. 24.1 RIRPF).

El rendimiento neto se determina separadamente para cada una de las actividades incluidas en esta modalidad, prescindiendo por completo de los ingresos o rendimientos íntegros y de los gastos deducibles: no se cuantifican ni los unos ni los otros. El rendimiento neto se obtiene, salvo cuanto se acaba de indicar en relación con las variaciones patrimoniales, multiplicando el rendimiento por unidad fijado por la Orden citada para los módulos seleccionados por la misma para cada actividad —por ejemplo, «personal asalariado», «superficie del local» en metros cuadrados, «consumo de energía eléctrica» en kW/hora, etc.—, por el número de unidades de módulos correspondientes en cada caso a la actividad desarrollada por el sujeto. La cifra así obtenida puede verse modificada en más o en menos por la aplicación, cuando proceda, de los índices correctores establecidos al efecto en la misma norma.

El rendimiento neto resultante de la aplicación de los módulos e índices puede reducirse en un 15 por 100 durante 1997 (art. 4 de la Ley 13/1996, de 30 de diciembre), con independencia de otras reducciones transitorias anteriores (art. 13 del Real Decreto-ley 3/1993) y de las previstas para circunstancias excepcionales tales como incendios, inundaciones, etc. (arts. 22.2 y 28.4 RIRPF).

b) La **Estimación Objetiva por coeficientes** sólo puede aplicarse (art. 29 IRPF) para determinar el rendimiento neto de actividades **empresariales** —excepto las incluidas en la modalidad de signos, índices y módulos— o de actividades **profesionales,** en las que concurran los siguientes requisitos, referidos al año inmediatamente anterior a aquel en que vaya a aplicarse el régimen:

— si se trata de actividades empresariales, el número de empleados no debe haber sido superior a 12 en cualquier día del ejercicio ni el volumen de operaciones haber superado 50 millones de pesetas;

— si se trata de actividades profesionales, no puede haber habido personal asalariado y el volumen de ingresos no ha debido ser superior a cinco millones de pesetas.

A estos efectos, no se incluyen en el volumen de operaciones o ingresos los incrementos patrimoniales derivados de bienes afectos a la actividad.

En caso de que se ejerzan simultáneamente varias actividades, los topes cuantitativos indicados se computan, **por separado,** para el **conjunto** de las actividades empresariales (sin tener en cuenta las incluidas en la otra modalidad de Estimación Objetiva) o de las actividades profesionales. Y en cualquier caso, no puede aplicarse esta modalidad de coeficientes en ninguna de las diversas actividades empresariales (o profesionales) que realice un sujeto si el rendimiento de alguna de ellas se determina en estimación directa (art. 24.2 RIRPF). Es decir, para el conjunto de actividades empresariales de un sujeto —excluidas aquéllas en las que la única modalidad de estimación Objetiva aplicable sea la de signos, índices y módulos— procederá o la estimación directa o la estimación objetiva por coeficientes, sin que puedan simultanearse ambas. Y lo mismo, si se trata de varias actividades profesionales.

El rendimiento neto, en esta modalidad de la Estimación Objetiva, se obtiene —sin perjuicio de lo dicho más arriba en relación con las variaciones patrimoniales— a partir del «importe total del **volumen de ventas**, operaciones o ingresos correspondientes» (art. 30 RIRPF). En ese «importe total» no se incluyen las cuotas de IVA repercutidas, con las salvedades, ya expuestas (§ 45), relativas a determinados regímenes especiales.

Del importe total del volumen de ventas se restan, para determinar el rendimiento neto, los **gastos** previstos reglamentariamente. Sólo pueden deducirse individualizadamente y por sus importes reales determinados gastos: coste de personal, compras de mercaderías consumidas en el ejercicio, consumo de agua y energía, alquileres —excluida la parte de las cuotas de arrendamiento financiero que corresponda a la recuperación del coste del bien—, intereses, otros gastos financieros y primas de seguros, tributos no estatales, y gastos de reparación y conservación, así como «otros trabajos realizados por otras empresas que tengan relación directa con el normal desarrollo de la actividad» (art. 30.1 RIRPF): como se ve, esta última expresión pone en entredicho, en cierta forma, el carácter exhaustivo de la enumeración de gastos, en la medida en que es susceptible de interpretación extensiva, dada su relativa indeterminación.

Adicionalmente, del resultado de restar de los ingresos estos gastos específicos se deducirá otra cantidad, que corresponde a un concepto innominado de gasto y consiste en un **porcentaje** (el 20 por 100, el 15 por 100 o el 10 por 100, según que se trate de actividades de fabricación, mineras o de construcción, de otras actividades empresariales, o de actividades profesionales) de aquel resultado. Este porcentaje de gastos sustituye, pues, a los gastos que, siendo conceptualmente deducibles según la ley, sólo pueden ser deducidos cuando el rendimiento neto se determina en estimación directa, tales como, por ejemplo, las amortizaciones, los créditos de dudoso cobro, el 1 por 100 sobre el rendimiento íntegro de los profesionales o los tributos estatales; por lo que a éstos hace, la Administración entiende que sí es deducible el IVA soportado —incluido en su caso el Recargo de equivalencia— cuando se trata de actividades empresariales sometidas al Régimen especial de la Agricultura, Ganadería y Pesca o al Régimen especial del Recargo de equivalencia.

El rendimiento neto así obtenido puede ser objeto de reducción como consecuencia de situaciones excepcionales, tales como incendios, inundaciones u otras similares (art. 30.2 RIRPF).

D) Incrementos y disminuciones patrimoniales

48. El concepto común de incrementos y disminuciones patrimoniales

El que podríamos denominar régimen común de las variaciones patrimoniales es el relativo a los bienes **no afectos** a las actividades empresariales o profesionales.

En principio, son para la ley incrementos o disminuciones patrimoniales «las variaciones en el valor del patrimonio del sujeto pasivo que se pongan de manifiesto con ocasión de cualquier alteración en la composición de aquél» (art. 44.1); pero esta idea inicial ha de concretarse con las salvedades que formula la propia norma:

a) Así, hay que recordar en primer término que no constituyen incrementos de patrimonio a efectos del IRPF los incrementos patrimoniales que experimenta un sujeto por la **adquisición de bienes a título gratuito:** como ya quedó dicho (§ 18), están sujetos a tributación por el ISD y, por ello, no están sujetos al IRPF.

b) También nos hemos referido con anterioridad (§ 18) a los variados supuestos que «no estarán sujetos» o «no se someterán» al Impuesto. Puede ser útil volver de nuevo brevemente sobre el tema.

La «no sujeción» se refiere, en primer lugar, a los incrementos **netos** de patrimonio producidos por transmisiones onerosas de bienes —salvo acciones o participaciones en instituciones de inversión colectiva (v. gr., sociedades o fondos de inversión mobiliaria)— cuando el importe global de las mismas en el año no supere 500.000 pesetas (art. 44.1). Aunque se trata de un concepto no definido por la ley, el incremento neto de patrimonio es el resultado positivo de compensar entre sí los incrementos y las disminuciones patrimoniales realizadas. Eso significa que si dicho resultado fuera negativo, la disminución neta patrimonial estaría sujeta al Impuesto: o lo que es lo mismo, integraría con signo negativo la renta gravada *(vid.* §§ 72 y 73).

Entre los incrementos y disminuciones patrimoniales que «no se someten» al Impuesto (art. 44.5 de la ley), destacan, junto a otros de menor interés —los contenidos en las letras *b)*, *c)* y *d)*—, aquéllos que se ponen de manifiesto por las **transmisiones lucrativas *mortis causa:*** no se considera renta del **transmitente** el mayor o el menor valor que tengan sus bienes en el momento del fallecimiento respecto del valor de adquisición de los mismos.

En cambio, sí podrán producirse incrementos o disminuciones de patrimonio para quienes transmitan bienes a título lucrativo por actos ***inter vivos*** (sin perjuicio de que los adquirentes, como en el caso anterior, tributen por el ISD). Tales variaciones patrimoniales siguen el mismo régimen jurídico que las derivadas de transmisiones a título oneroso.

En estos casos, hay que distinguir: una cosa es el valor que el bien transmitido tenga en el momento de la transmisión, y otra bien distinta el mayor o menor valor que el bien tenga en ese momento respecto del momento en que hubiese sido adquirido de un tercero. Por ejemplo, si Ticio dona a Cayo un bien valorado en diez millones de pesetas, que tenía un valor de un millón de pesetas en el momento de ser adquirido de Sempronio, para Ticio se produce, en principio, un incremento patrimonial de nueve millones de pesetas. Y ello a pesar de que el valor neto de su patrimonio disminuya en diez millones de pesetas como consecuencia de la salida del bien donado, pues, como se verá a continuación, la ley no reconoce esta disminución de patrimonio como tal, a los efectos del Impuesto.

c) Tampoco existe incremento o disminución de patrimonio cuando la variación de valor del patrimonio, en más o en menos, se debe a rendimientos negativos o pérdidas experimentadas por el sujeto (por ejemplo, pérdidas en una actividad empresarial o rendimientos negativos de capital inmobiliario) y que se integran como tales en la renta gravada.

d) En determinados supuestos no se produce legalmente incremento ni disminución de patrimonio. Aunque se trata de conceptos heterogéneos, su encuadramiento unitario (art. 44.4 de la ley) podría entenderse justificado por una nota común: tanto en la **división de la cosa común** o en lo que la norma llama, con terminología extraña al derecho civil, **«disolución de comunidades de bienes»** o **«separación de comuneros»,** como en la **disolución de la sociedad de gananciales** o en la **extinción del régimen de participación,** como, por último, en la **reducción de capital** de las sociedades, no se produciría alteración en la composición del patrimonio de los comuneros, los cónyuges o los socios, respectivamente; alteración que, como se recordará, es un requisito de las variaciones patrimoniales. Analicemos brevemente por separado estos supuestos.

— En las operaciones relativas a las **comunidades de bienes,** así como en la **disolución de la sociedad de gananciales** [letras *a)*, *b)* y *c)* del art. 44.4], los comuneros, al igual que los cónyuges, reciben sumas de dinero o les son adjudicados singularmente bienes que antes eran poseídos en común por una pluralidad de sujetos; y simultáneamente desaparece de su patrimonio la cuota de condominio o la participación en la sociedad de gananciales, respectivamente. Es decir, se produce la sustitución de un derecho patrimonial por otros bienes o derechos como consecuencia de la especificación o el ejercicio de aquél. Pero la ley estima que no ha habido alteración patrimonial —entendida como **realización** de la plusvalía o minusvalía generadas en los bienes— porque no se produce propiamente una transmisión del dominio de los bienes de un titular a otro. Los mismos sujetos siguen siendo dueños de los mismos bienes; simplemente, cambian su condición de cotitulares (como condóminos o como cónyuges) de un bien o de una masa de bienes por la de adjudicatarios singulares de bienes concretos.

Los efectos derivados de esta concepción son de dos órdenes. Por una parte, como se viene diciendo, es irrelevante el hecho de que la cosa común o los bienes de la sociedad de gananciales hayan aumentado o disminuido su valor: esas plusvalías o minusvalías generadas en los mismos carecen de la consideración tributaria de renta porque no han sido realizadas, al no haber tenido lugar una verdadera transmisión.

Y, de otro lado, al ingresar los bienes en el patrimonio del comunero o del cónyuge adjudicatario se les atribuye, a efectos tributarios, el mismo valor que tenían cuando fueron adquiridos por la comunidad o por la sociedad conyugal, a efectos de cuantificar en el futuro la variación patrimonial que pueda producirse por su posterior transmisión. Es decir, los bienes o derechos recibidos mantienen su valor de adquisición originario, sin que los supuestos de adjudicación examinados puedan dar lugar a la actualización de dichos valores.

Consecuentemente, para aplicar en su momento al valor de adquisición los coeficientes de corrección monetaria (§ 52), la adquisición debe ser referida al momento originario de la entrada del bien en la comunidad o en la sociedad conyugal, y no a la fecha de la adjudicación.

Desde otro ángulo, nada dice la ley sobre otros regímenes económicos matrimoniales de carácter comunitario o asociativo, propios de nuestra legislación civil foral (por ejemplo, la comunicación de bienes prevista en la compilación civil foral de Vizcaya y Alava, el régimen de conquistas de Navarra, o el *agermanament,* la *convenença* o la *mitja guadanyeria* del derecho catalán). Ha de entenderse que estas situaciones deben seguir el mismo régimen jurídico tributario que la sociedad de gananciales.

— Idénticas consecuencias que la disolución de ésta produce la **extinción del régimen económico matrimonial de participación** [art. 44.4.*b)*]. La asimilación de ambas situaciones carece de justificación desde el punto de vista tributario. Pues, en efecto, los efectos jurídico-privados de la extinción del régimen de participación son completamente diferentes de los de la disolución de la sociedad de gananciales. Partiendo de la base de que el régimen de participación funciona durante su vigencia como un régimen de separación de bienes (arts. 1.412 y 1.413 Cc), la extinción del mismo hace surgir el derecho de crédito de un cónyuge contra el otro —que, si bien debe pagarse normalmente en dinero, puede también ser satisfecho mediante la adjudicación de bienes del deudor al acreedor (arts. 1.431 y 1.432 Cc)— para igualar las ganancias de ambos. Es decir, en ningún momento, ni durante la vigencia de este régimen, ni en su extinción, se constituye una masa de bienes comunes que se atribuyan posteriormente a los cónyuges, como sucede en la sociedad de gananciales.

En la extinción del régimen de participación, por lo tanto, no se realiza un acto de especificación de derechos, sino la satisfacción de un crédito; y, de otra parte, como consecuencia de la misma, sí se produce una auténtica transmisión (de dinero o de otros bienes) de un cónyuge a otro, susceptible de realizar, en su caso, una variación patrimonial. Por ello, las razones de su inclusión en la norma son difícilmente comprensibles.

— Por completo diferente de los supuestos vistos es la **reducción de capital** de las sociedades [art. 44.4.*d)*]. La ley no hace distingos entre los diversos procedimientos a través de los cuales puede realizarse tal operación (p. ej., amortización de acciones o disminución del valor nominal de las mismas), ni entre las distintas finalidades a que puede estar dirigida (p. ej., devolución de aportaciones, constitución o aumento de reservas, restablecimiento del equilibrio patrimonial como consecuencia de pérdidas). Sí indica la ley, con todo, que cuando la reducción tiene por objeto la devolución de aportaciones a los socios —o, habría que añadir, la condonación de dividendos pasivos—, el valor de adquisición de las acciones o participaciones de los socios se reducirá en el importe recibido por éstos como consecuencia de la reducción de capital —en orden a la determinación de la variación patrimonial que pueda producirse más adelante por una posterior transmisión de los títulos—, pudiendo incluso llegar a ser igual a cero. Las cantidades adicionales que recibiesen los socios por la misma causa constituirían rendimiento de capital mobiliario (§ 36).

Sin embargo de que la ley no formule ninguna excepción, la reducción de capital sí puede producir al socio incremento o disminución de patrimonio cuando es consecuencia de la separación del socio de la sociedad por sustitución del objeto social *(vid.* § 57).

e) Por último, no se reconoce legalmente la consideración tributaria de disminuciones patrimoniales, en primer término a aquellas cuya realidad

no se justifique por el sujeto. Pero, incluso cuando las disminuciones de valor estén justificadas, carecerán de relevancia a efectos fiscales las que se deban al **consumo,** a **donativos o liberalidades** o a **pérdidas de juego** (art. 44.3 de la ley); supuestos todos ellos que responden a la libre voluntad del sujeto, que decide a su albedrío sobre la aplicación o el empleo de su renta o de su patrimonio.

En relación con los donativos o liberalidades, ha de traerse a colación lo que se indicó más arriba en relación con las transmisiones *inter vivos* a título lucrativo: independientemente de que, en ningún caso, se produzca para el transmitente, a efectos del Impuesto, una disminución de patrimonio (por el importe del dinero donado o por el valor **actual** del bien transmitido), las **diferencias** positivas o negativas **de valor** que hubiese experimentado ese bien durante su permanencia en el patrimonio del sujeto se integrarían en la renta de éste como incrementos o disminuciones patrimoniales, de acuerdo con las reglas generales de la ley.

Tras esta exposición de las delimitaciones legales al concepto básico de variaciones (incrementos o disminuciones) patrimoniales, podemos subrayar algunas **notas esenciales** del mismo:

a) Han de concurrir a la vez tanto una variación **cuantitativa del valor** del patrimonio cuanto una variación cualitativa de la composición del patrimonio. Si sólo aumenta o disminuye el valor, pero permanece constante la composición del patrimonio, esa plusvalía o minusvalía aún latente no constituye renta. No son incrementos o disminuciones patrimoniales los simplemente generados, sino los que se ponen de manifiesto por un acto de realización —con los matices que deben introducirse en relación con los incrementos no justificados de patrimonio (§ 49) y con los derivados de la comprobación de valores (§ 50).

b) Tampoco hay renta si se producen modificaciones en la composición del patrimonio que no revelen diferencias en el valor del mismo. Las **alteraciones patrimoniales** no representan necesariamente por sí mismas incrementos o disminuciones patrimoniales (aunque ello puede suceder en ciertos casos, v. gr., la incorporación o la pérdida de un bien). Así, por ejemplo, no existe disminución patrimonial para el avalista contra el que es ejecutado el aval, pues —aunque se produce una evidente alteración patrimonial— surge para él, como consecuencia del pago, un crédito del mismo importe contra el avalado; la disminución de patrimonio sólo se produciría cuando se extinguiera tal crédito sin haber podido ser hecho efectivo [33]. Tampoco la hay para el socio que hace aportaciones a una sociedad anónima para compensar las pérdidas de ésta [34], o cuyas acciones son canjeadas por igual número de otras de valor nominal inferior [35], o cuyas acciones son canjeadas por participaciones del mismo nominal, al transformarse la sociedad anónima en limitada [36].

---

[33] STS de 2-3-1987 (Ar. 1987/1829); véase también consulta DGT, 12-4-1994 (Doc. DGT).

[34] STS de 14-9-1990 (AT 1991, J-169).

[35] DGT 17-6-1992 y 27-10-1992 (Doc. DGT).

[36] DGT 27-10-1992 (Doc. DGT).

No existe una definición legal del concepto de **alteración patrimonial,** que debe entenderse, en sentido muy amplio, como la adquisición o la pérdida de cualesquiera elementos patrimoniales (activos o pasivos). Para el TEAC, el patrimonio sufre alteraciones en su composición «bien mediante entradas y salidas de sus elementos, bien mediante la incorporación de nuevos, o la cancelación de las deudas que lo componen» [37].

Bajo el concepto pueden, pues, albergarse supuestos tan variados como, por ejemplo, la transmisión onerosa o lucrativa de bienes o derechos, por actos voluntarios de disposición o en virtud de procedimiento judicial o administrativo (p. ej., embargo o expropiación forzosa) [38]; la permuta [39]; la incorporación al patrimonio de dinero u otros bienes (p. ej., premios de juego o de concursos; o indemnizaciones percibidas por los inquilinos de viviendas por la resolución del contrato de arrendamiento [40]); la cancelación de obligaciones de contenido económico (p. ej., la condonación de una deuda, en cuanto supone la eliminación de un pasivo patrimonial, con lo que aumenta el valor neto del patrimonio); o la pérdida o destrucción de bienes (p. ej., por robo o incendio, debidamente acreditados), derechos (p. ej., un crédito incobrable por insolvencia del deudor) [41], o dinero (p. ej., para la DGT [42], es disminución de patrimonio el pago de una indemnización a un inquilino con ocasión de la rescisión de un contrato de arrendamiento).

c) Las diferencias de valor del patrimonio no deben ser referidas al patrimonio neto del sujeto, en sentido jurídico tributario (es decir, a efectos del IP), sino que han de computarse **bien por bien.** Los incrementos o las disminuciones patrimoniales podrán producirse por cada acto de realización, por cada alteración de la composición del patrimonio, y en relación con cada uno de los bienes, singularmente considerados, que sean objeto de tales actos, con independencia de que el valor neto del patrimonio aumente, disminuya o permanezca invariable [43].

d) De lo dicho se desprende que el de incremento de patrimonio es un concepto en cierto modo residual de renta: tendrá tal condición toda renta que no pueda ser encuadrada entre los restantes componentes de la misma, es decir, que no pueda ser calificada como rendimiento, en alguna de sus categorías, o como renta imputada por transparencia fiscal. La ley es consciente de ello cuando, como ya indicamos (§ 47), se preocupa de decir expresamente que no se gravará como incremento de patrimonio (es decir, que no se gravará de ningún modo) el eventual exceso de los rendimientos reales de las actividades empresariales o profesionales sobre los rendimientos determinados en aplicación de los métodos de estimación objetiva.

---

37 Res. de 5-3-1991.

38 DGT 17-6-1992 (Doc. DGT).

39 Res. TEAC de 21-2-1989 (GF núm. 67).

40 DGT 31-1-1992 y 5-5-1994 (Doc. DGT); Res. TEAC de 23-7-1996 y 11-9-1996 (Ar. 1996/1294 y 1376).

41 DGT, respuesta a consulta de 14-12-1993 (Doc. DGT). Pero no es pérdida de un bien o un derecho el abandono o renuncia a la titularidad de los mismos, que constituye un acto voluntario del sujeto: Res. TEAC de 23-7-1996 y 11-9-1996 (Ar. 1996/1294 y 1376).

42 Respuesta a consulta de 8-2-1985 (CISS Com. núm. 30).

43 Res. TEAC de 3-7-1990 y 5-3-1991.

49. Los incrementos no justificados de patrimonio

No todas las rentas que deberían ser gravadas lo son, porque los contribuyentes pueden omitirlas total o parcialmente en sus declaraciones. Por eso la ley ha previsto que las rentas ocultas puedan salir directa o indirectamente a la luz —mediante la adquisición de bienes—, y ser así detectadas y sometidas a tributación, precisamente en concepto de incrementos no justificados de patrimonio. La apreciación de la existencia de éstos es, para la jurisprudencia [44], la consecuencia de un criterio de valoración que opera como una presunción *iuris tantum* emanada de la propia ley.

En concreto, se atribuye tal condición a «los bienes o derechos cuya tenencia, declaración o adquisición no se corresponda con la renta o patrimonio declarados por el sujeto pasivo» (art. 49 LIRPF). Correctamente entendido el precepto, el incremento de patrimonio estaría constituido por el **valor de adquisición** de los bienes o derechos —entendidos en sentido amplio, de suerte que también pueden considerarse incluidos los bienes perecederos o los servicios consumidos—, **en la medida** en que tal valor no se corresponda con la renta y el patrimonio declarados. Si el sujeto puede justificar la tenencia o la adquisición del bien —por ejemplo, mediante herencia o donación—, no podría apreciarse la existencia del incremento no justificado, sin perjuicio de otras consecuencias de orden tributario que pudieran producirse: para seguir con el ejemplo, la exigencia del ISD —con los recargos y sanciones a que hubiere lugar— en caso de que no hubiese sido satisfecho en su momento, y del IP por los devengos anteriormente producidos, todo ello dentro del límite de la prescripción. Análogamente, en caso de adquisiciones de bienes a título oneroso, no podría considerarse como incremento no justificado la parte del valor de los mismos cuya financiación fuese suficientemente acreditada por el sujeto —v. gr., por préstamos de terceros o previa transmisión de otros bienes—, con independencia de otros posibles efectos tributarios.

Cuando la Administración determina la existencia de un incremento no justificado, no estamos ante una categoría «sustantiva» de renta; ni siquiera se está contemplando necesariamente una alteración patrimonial que se haya producido en ese momento. Los incrementos no justificados de patrimonio no son en realidad sino un expediente técnico mediante el cual el legislador confiere la calificación de renta actual a una renta o a rentas presuntas y pretéritas cuya verdadera naturaleza material, desde el punto de vista de las categorías legales de renta, no puede determinarse [45]. De ahí que cuando pueda probarse —por el sujeto o por la Administración, pues la norma no distingue— que los bienes o derechos en cuestión se financia-

[44] En la jurisprudencia administrativa pueden citarse varias Res. del TEAC, como las siguientes: 16-12-1991 (Imp. 15-16/1992), 9-6-1993 (RJT 823), 20-7-1994 (RJT 916) y 22-5-1996 (Ar. 1996/634). En el mismo sentido, STS de 9-7-1986 (Ar. 1986/4341) o la sólidamente fundamentada STS de 29-3-1996 (Ar. 1996/6274). En sentido contrario, escasamente convincente, STS de 13-10-1992 (Ar. 1993/449), reiterada por la de 1-12-1993 (Ar. 1993/9451).

[45] Véanse Res. TEAC de 9-6-1993 (RJT 823), 7-7-1993 (RJT 802), 20-7-1994 (RJT 916) y 23-10-1996 (Ar. 1996/1540); en sentido contrario, las SSTS de 13-10-1992 y 1-12-1993 citadas en la nota anterior.

ron con rendimientos, serán éstos los que deban gravarse **como tales,** regularizándose la situación tributaria del contribuyente. Y lo mismo si lo que se hubiera producido hubiera sido la sustitución de unos activos patrimoniales por otros. Todo ello, salvo que esas rentas pretéritas correspondan a ejercicios ya prescritos, en cuyo caso no podrían ser gravadas.

Estas características de los incrementos patrimoniales no justificados impiden la aplicación de los coeficientes de actualización del valor de adquisición establecidos con carácter general (§ 52) y explican también el que no formen parte de la base imponible, sino que se integren directamente en la base liquidable regular (§§ 72 y 76).

Supuesta la existencia de un incremento patrimonial no justificado, la jurisprudencia parece admitir la imposición de sanciones tributarias de carácter administrativo, pero no penales [46].

50. Los incrementos patrimoniales derivados de la comprobación de valores en el ITPAJD

Cuando, en una transmisión onerosa de bienes o derechos por actos *inter vivos*, gravada por el ITPAJD (concepto «transmisiones patrimoniales onerosas»), el valor comprobado por la Administración competente a efectos de dicho tributo *(vid.* § 440) exceda del valor consignado documentalmente por las partes en más de un 20 por 100 de éste y en más de 2.000.000 de pesetas en cifras absolutas, **todo el exceso** del valor comprobado sobre el valor consignado «tendrá para el transmitente y para el adquirente las repercusiones tributarias de los incrementos patrimoniales derivados de transmisiones a título lucrativo» (independientemente de la tributación que corresponda por el ITPAJD) (art. 44.6 LIRPF) [47]. Y ello con independencia de que las partes pudiesen probar que el precio realmente pagado hubiese sido el consignado documentalmente. La DGT entiende [48] que la norma no se aplica cuando el valor consignado «sea consecuencia necesaria de normas legales o de resolución firme judicial o administrativa» (p. ej., la venta de un bien en subasta como consecuencia de una sentencia judicial). Para el TEAC, por su parte, cuando concurren varios condóminos en un proindiviso, las diferencias de valores se computan respecto del total del bien transmitido, sin perjuicio de su posterior reparto entre los condóminos en función de sus respectivas cuotas de participación en la cosa común [49].

En definitiva, se intenta atajar la práctica frecuente de que en las transmisiones onerosas se estipulen aparentemente, con fines de elusión fiscal, unos precios muy inferiores a los que realmente se pagan. Y para ello

[46] Respectivamente, Res. TEAC de 7-7-1993 (RJT 802), SSTS de 13-10-1992 (Ar. 1993/449) y 1-12-1993 (Ar. 1993/9451) y Auto del Juzgado de Instrucción núm. 28 de Madrid de 16-12-1988 (Imp. 1989, núm. 10).

[47] El texto de la DA 4.ª L. 8/1989 constituye actualmente el art. 14.7 del TR del ITPAJD. Huelga decir que el precepto no se aplica si la transmisión, en vez de tributar efectivamente por el ITPP, lo hace por el IVA.

[48] Circular 4/1989, de 29 de diciembre (BOE de 17 de enero de 1990).

[49] Resolución de 2-2-1994 (QF 1994, núm. 10).

el legislador recurre a una ficción: cuando se realiza el presupuesto de hecho descrito, es **como si**, además de la transmisión a título oneroso, se hubiera transmitido también, a título lucrativo, el mayor valor puesto de manifiesto por la comprobación administrativa [50]. Si A vende a B por un precio —que podemos incluso suponer real— de diez millones de pesetas (valor consignado) un bien que vale según la Administración autonómica competente catorce millones de pesetas (valor comprobado), para la ley, además de los efectos derivados de la transmisión a título oneroso, se ha puesto de manifiesto una plusvalía adicional del bien, igual a cuatro millones de pesetas, que A ha renunciado a percibir, como si la hubiera donado a B.

De ahí la duplicidad de efectos jurídico-tributarios que se producen, tanto para el transmitente como para el adquirente:

— para el **transmitente**, el exceso **total** del valor comprobado sobre el consignado (cuatro millones en el ejemplo) tendría la consideración de incremento de patrimonio gravado por el IRPF (o por el IS si el transmitente fuese una persona jurídica); ello, como hemos apuntado, con independencia del incremento o la disminución patrimonial que deba computarse en su renta atendiendo al valor de transmisión consignado;

— el **adquirente** obtendría un incremento patrimonial a título lucrativo (en el ejemplo, cuatro millones) que, en consecuencia, tributaría por el ISD o por el IS, según se tratase de una persona física o de una persona jurídica.

La LIRPF no se pronuncia sobre el carácter regular o irregular de los incrementos patrimoniales lucrativos del transmitente o sobre si les son aplicables los coeficientes de corrección monetaria; ni ha previsto las consecuencias que pueden derivarse del juego conjunto de conceptos distintos como el de «valor comprobado» a efectos del ITPAJD y el de «valor normal de mercado» contenido en el artículo 46.4.

Destaquemos por último que la aplicación de la norma que examinamos sólo puede producirse una vez que sean firmes las actuaciones de la Administración autonómica competente dirigidas a establecer el valor comprobado, lo cual tendrá lugar normalmente con posterioridad a la presentación de la declaración del IRPF por parte del transmitente; ello daría lugar, en consecuencia, a la rectificación de dicha declaración, una vez fuese firme el valor comprobado.

51. Determinación del importe de los incrementos y disminuciones patrimoniales: reglas generales

Con independencia de otras normas especiales (§§ 53 a 60), las reglas generales de cuantificación de los incrementos y disminuciones patrimoniales distinguen dos grandes supuestos (art. 45.1 LIRPF):

— si el incremento o la disminución patrimonial se realizan por una transmisión (tanto a título oneroso como a título lucrativo), su importe es

[50] Res. TEAC de 25-9-1996 (Ar. 1996/1378).

la diferencia entre el valor de transmisión y el valor de adquisición de los bienes transmitidos;

— en los demás casos (es decir, en las hipótesis contrapuestas de incorporación de bienes al patrimonio o de pérdida o destrucción, total o parcial, de bienes), el incremento o la disminución será igual al valor de adquisición del bien (o, en caso de pérdida parcial, la parte proporcional del valor de adquisición). También se atiende al valor de adquisición del bien, en los términos ya expuestos, para determinar los incrementos no justificados de patrimonio *(vid.* § 49).

A los efectos considerados son, pues, determinantes los conceptos de **valor de adquisición** y **valor de transmisión** (art. 46 LIRPF). Antes de entrar a analizarlos por separado, se advertirá que si la adquisición o la transmisión del bien hubieran sido **operaciones vinculadas,** para la determinación de los correspondientes valores (de adquisición o de transmisión) habría que tener en cuenta, en principio, los criterios especiales de valoración de aquellas operaciones (§ 26). Sin embargo, el propio texto del art. 16.1 de la LIS relativiza esta afirmación, en cuanto parece estar pensando sólo en las operaciones corrientes (esto es, aquéllas que se computarían recíprocamente como ingreso y como gasto del mismo ejercicio para cada una de las dos partes), y no en operaciones patrimoniales que, en un primer momento, ocasionan renta a una sola de las partes, y cuya conclusión queda diferida indefinidamente en el tiempo. Piénsese en este ejemplo: una sociedad vende un paquete de acciones a un socio que posee el 95 por 100 del capital, para que éste las tenga «aparcadas» hasta que llegue la ocasión de volver a venderlas («de verdad» esta vez) posteriormente. Hasta que esto no ocurra, no podremos saber cuál ha sido la renta «efectivamente derivada de la operación para el conjunto de las entidades que la hubieran realizado» (art. 16.1 LIS); y, mientras tanto, y aunque aún no hubiera prescrito el derecho de la Administración, ello impediría verificar el cumplimiento del mismo precepto legal que impide someter a tributación, en el IRPF como en el IS, una renta superior a tal renta efectiva conjunta. La consecuencia de todo ello es que, en estos casos, la norma de valoración de mercado resultaría en la práctica inaplicable por la Administración.

52. (sigue) El valor de adquisición; los coeficientes de actualización. El valor de transmisión

En una primera aproximación a la regulación de ambos conceptos, puede observarse que la ley los define distinguiendo según cuál hubiese sido el título jurídico (oneroso o lucrativo) de la adquisición o de la transmisión, como se verá inmediatamente.

A) En cuanto al **valor de adquisición**, antes de analizar las dos alternativas mentadas, conviene recordar cuanto dijimos más arriba sobre la materia al referirnos a la transmisión de bienes desafectados de una actividad empresarial o profesional (§ 46). Y ha de destacarse de entrada, anticipando lo que se expone más adelante, que, tras la reforma de 1996, no se tiene en cuenta el que llamaríamos valor «histórico» —es decir, el correspondiente a la fecha de la adquisición—, sino el valor actualizado, resultante de la aplicación de los coeficientes correctores legalmente establecidos.

a) En caso de adquisición **a título oneroso** (art. 46.1 LIRPF), el valor de adquisición se obtiene de la conjugación de varios elementos:

— el **importe real** por el que se hubiese realizado la adquisición. La ley no habla de valor real del bien adquirido, sino del precio realmente satisfecho;

— **más los gastos y tributos inherentes a la adquisición** (excluidos los intereses) que hubiesen sido satisfechos por el adquirente. Se atiende en definitiva al **coste total real** «originario» de la adquisición, que puede incluir, además del pago del precio al vendedor, otros pagos a terceros que hubiesen intervenido en la operación (por ejemplo, comisiones a intermediarios, honorarios de notarios o registradores, etc.). Por eso pueden sumarse no sólo los tributos inherentes al negocio que sobre el adquirente recaigan legalmente (por ejemplo, el ITPAJD) o sean repercutibles legalmente (v. gr., el IVA); sino también los tributos inherentes a la adquisición cuyo pago hubiese sido asumido contractualmente por el adquirente: el ejemplo típico es el IIVTNU (más conocido vulgarmente como impuesto o arbitrio de plusvalía), cuyo sujeto pasivo es legalmente, en estos casos, el transmitente (§ 183);

— **más el coste de las inversiones y mejoras** efectuadas en el bien con posterioridad a la adquisición, mientras hubiese permanecido en poder del adquirente. La ley vuelve a hablar de coste, no de precio: lo que significa que habría también que añadir a éste los gastos y tributos inherentes a las mejoras;

— **menos,** cuando proceda, **el importe de las amortizaciones** practicadas con arreglo a las normas tributarias, computándose en su caso la amortización mínima. La amortización mínima, concepto más propio del ámbito empresarial, es un porcentaje del valor de los bienes amortizables suficiente para cubrir la totalidad de ese valor en el transcurso de la vida útil del bien; por ejemplo, si la vida útil de un bien es de veinticinco años, la amortización mínima sería de un 4 por 100 anual. La legislación del IRPF sólo regula la amortización de los inmuebles urbanos (§ 34); en lo no previsto sería aplicable subsidiariamente la normativa del IS (§ 124).

En particular, en las transmisiones de inmuebles, las amortizaciones sólo se tendrán en cuenta cuando se trate de edificaciones arrendadas; no se restará, lógicamente, amortización alguna cuando los bienes transmitidos sean terrenos o, en general, inmuebles de uso propio, pues en tales supuestos las amortizaciones no habrán existido, al no ser gasto deducible según la ley. Pero si la amortización sí hubiera sido posible —como sucede en el caso de arrendamiento de inmuebles urbanos que no sean terrenos—, habrá de ser deducida —aplicando, como sabemos, un 1,5 por 100 anual al valor del bien (§ 34)— para calcular el valor de adquisición aunque no hubiera sido practicada en su momento o lo hubiera sido por cuantía inferior (art. 8.5 RIRPF).

b) Si la **adquisición** hubiese sido **a título lucrativo** (art. 47 LIRPF), el primero de los componentes del valor de adquisición que se han enumerado (el importe real) se sustituye por el valor que resultara de la aplicación de las normas del ISD *(vid.* §§ 264 y 265), impuesto al que habría estado sujeta la adquisición a título lucrativo. Ni que decir tiene que a ese valor habría que añadir o restar, según los casos, los mismos conceptos que se acaban de analizar en relación con las adquisiciones a título oneroso (gastos y tributos inherentes a la adquisición, inversiones y mejoras, amortizaciones).

c) Un supuesto no previsto expresamente es el de aquellos bienes cuya adquisición hubiese determinado incrementos patrimoniales a resultas de la comprobación de valores en el ITPAJD. Más arriba (§ 50) se ha descrito cómo, en ciertos supuestos, el adquirente de un bien a título oneroso puede tributar, además de por el impuesto citado, por el ISD, «como si» hubiese recibido una donación. ¿Cuál es en estos casos el valor de adquisición, a efectos de una posterior transmisión del bien? Ante el silencio de la ley, dicho valor se determinaría, por razones de coherencia y de equidad, «como si» la adquisición hubiera sido, a la vez y por partes, a título oneroso y a título gratuito, con la consiguiente aplicación de las reglas que se acaban de exponer.

d) En relación con los bienes adquiridos a partir del 9 de junio de 1996 —fecha en que entró en vigor en esta materia el Real Decreto-ley 7/1996—, el valor de adquisición computado fiscalmente no es el obtenido en virtud de las reglas anteriores, sino el que resulta de aplicar a los distintos componentes del mismo determinados **coeficientes de actualización** o de corrección monetaria cuyo establecimiento se remite (art. 46.2 LIRPF) a la ley de Presupuestos Generales del Estado. Para las transmisiones efectuadas en 1997, la ley de Presupuestos de este año (DA 18.ª L. 12/1996) establece un coeficiente del 1,035 para los bienes adquiridos en 1996, coeficiente cuya aplicación requiere que medie más de un año entre la adquisición y la transmisión del bien. Mediante estos coeficientes multiplicadores se pretende corregir, al cuantificar la variación patrimonial sujeta al Impuesto, los efectos de la inflación y de la consiguiente depreciación de la moneda. Si, al transmitir un bien con plusvalía, se tributara por la mera diferencia entre los valores de transmisión y de adquisición expresados en pesetas, la plusvalía gravada sería superior a la realmente obtenida, toda vez que las pesetas obtenidas en la venta valdrán normalmente menos que las pagadas en la compra como consecuencia de la erosión producida por la inflación durante el período transcurrido. Y lo mismo, sólo que al contrario, ocurriría en caso de minusvalía: ésta sería, realmente, mayor que la integrada en la renta sometida al Impuesto si se tomara como el resultado de restar el valor de adquisición del valor de transmisión (expresado en pesetas comparativamente depreciadas). En cambio, tras la aplicación de los coeficientes multiplicadores de corrección monetaria —que recogerían los índices de inflación acumulados entre el año de adquisición y el de transmisión—, el nuevo valor de adquisición actualizado resultaría «homologable» con el valor de transmisión; con lo que, al restarlo de éste, obtendríamos una variación patrimonial (incremento o disminución) real, no aparente, no meramente monetaria.

Al modificar así los criterios recogidos en la ley del IRPF de 1991 (a saber: no sujeción y reducción indiscriminada de las variaciones patrimoniales mediante porcentajes crecientes en función de la duración del llamado «período de permanencia», es decir, el que media entre las fechas de adquisición y transmisión), esta última reforma representa una vuelta a la situación que estuvo vigente en el decenio 1981-1991. Desautorizando en este punto al legislador de 1978, que había optado por un principio nominalista (se tomaban en consideración magnitudes expresadas en pesetas, con independencia de los cambios de valor de la misma), la ley de Presupuestos para 1981 (Ley 74/1980) introdujo por primera vez en la LIRPF los coeficientes de corrección monetaria. Impugnada la constitucionalidad de ésta por infracción del art. 134.7 de la Constitución, la STC 27/1981, que desestimó tal imputación, consideró que la Ley 74/1980 se había limitado a operar «una adecuación a la actual situación inflacionista que responde a la naturaleza del Impuesto sobre la Renta, que ha de contemplar incrementos reales, no monetarios» (FJ 6).

En coherencia con la finalidad de la reforma de 1996 —depurar la variación patrimonial de su componente puramente monetario, descontando la inflación acumulada—, el art. 46.2 precisa que los coeficientes de actualización han de aplicarse por separado a cada uno de los componentes del valor de adquisición antes examinados (importe real o valor del bien, inversiones y mejoras, gastos y tributos, amortizaciones). Esto significa quc para un bien determinado podrán aplicarse, según las circunstancias del caso, coeficientes distintos, atendiendo al año al que corresponda cada uno de los componentes indicados.

e) Para los bienes adquiridos antes del 9 de junio de 1996, hay que distinguir según la fecha de su transmisión:

— para los transmitidos durante todo el año 1996 se mantiene el mecanismo original de la Ley 18/1991, con dos salvedades: sólo se reducen los incrementos (no las disminuciones) patrimoniales, y se duplican prácticamente los porcentajes de reducción (y, en consecuencia, se acortan a la mitad los períodos de permanencia determinantes de la no sujeción);

— si los bienes se transmiten a partir del 1 de enero de 1997, se combinan los dos sistemas: y así, de una parte, se tendrían en cuenta los coeficientes de actualización fijados en la ley de Presupuestos (la Ley 12/1996 fija un coeficiente del 1,035 para adquisiciones efectuadas en 1996, del 1,083 para las que se hubieran producido entre el 31 de diciembre de 1994 y el 31 de diciembre de 1995, y del 1,000 para las anteriores a 31 de diciembre de 1994); y, de otra, jugaría la Ley 18/1991 con las dos salvedades antes reseñadas, tomándose además como fecha final del período de permanencia el 31 de diciembre de 1996.

B) En cuanto al **valor de transmisión**, hay que distinguir de nuevo (art. 46.3 LIRPF).

a) En las **transmisiones a título oneroso,** el valor de transmisión es «el importe real por el que la enajenación se hubiese efectuado», menos los gastos y tributos inherentes a la transmisión que hubiesen sido satisfechos por el transmitente, con una excepción, relativa al IIVTNU. Entre las deducciones de la cuota íntegra figura el 75 por 100 de la cuota del mencionado impuesto municipal que hubiese sido satisfecha por el transmitente [art. 78.7.*b)* LIRPF]; de ahí que sólo el restante 25 por 100 sea deducido para calcular el valor de transmisión.

Para terminar de precisar este concepto, la ley establece que «por importe real del valor de enajenación se tomará el **efectivamente satisfecho** [*rectius*, percibido], siempre que no difiera del **normal de mercado**, en cuyo caso prevalecerá éste» (art. 46.4). El legislador está pensando en la práctica frecuente, sobre todo en las trasmisiones de inmuebles, de que se reflejen documentalmente precios inferiores a los realmente satisfechos.

Con independencia de otras consideraciones, el precepto es de dudosa constitucionalidad. Sea cual sea el valor normal de mercado de un bien, la capacidad contributiva que su transmisión pone de manifiesto debe ser asumida por la norma tributaria partiendo de la cantidad efectivamente obtenida por el transmitente, no de la que potencialmente podría haber obtenido si el precio de venta hubiese sido igual a aquél. Al establecer como referencia indefectible el valor normal de mercado en lugar del importe realmente obtenido, la ley permite gravar rentas no ya presuntas, sino ficticias: es decir, no garantiza que el impuesto recaiga sobre una capacidad económica presente, real y efectiva, con lo que estaría vulnerando el artículo 31.1 de la Constitución [51]. Máxime si se tiene en cuenta que el desprecio por la real sustancia económica de la operación tiene un alcance general, sin depender de ninguna circunstancia objetiva que pudiera hacerlo más o menos razonable o justificado, a semejanza, por ejemplo, de las normas especiales de valoración para las operaciones vinculadas a las que hemos aludido más arriba.

b) En las **transmisiones a título lucrativo**, el valor de transmisión será el que resulte de las normas del ISD *(vid.* §§ 264 y 265), minorado en los mismos términos que se han dicho en los casos de transmisión a título oneroso.

53. Reglas especiales; acciones y participaciones con cotización oficial; acciones liberadas

La cuantificación de determinados incrementos o disminuciones patrimoniales se rige por reglas especiales (art. 48 LIRPF). Huelga precisar que, en todo lo no previsto expresamente, habrán de tenerse en cuenta las reglas generales que se acaban de analizar.

En estos supuestos especiales debe indicarse de nuevo que, cuando proceda, habrán de aplicarse los criterios de valoración de las operaciones vinculadas, en los términos expuestos anteriormente (§ 51). Recuérdese asimismo que en la reducción de capital con devolución de aportaciones

[51] Véase STC 214/1994, de 14 de julio, FJ 5.º (BOE de 18 de agosto).

(§ 48), del valor de adquisición de las acciones o participaciones debería restarse, en su caso, el importe de las aportaciones devueltas a los socios.

Cuando los incrementos o disminuciones de patrimonio resultan de la **transmisión a título oneroso de acciones o participaciones cotizadas en mercados oficiales** [art. 48.1.*a)*], las especialidades afectan tanto al valor de adquisición como al valor de transmisión.

— Por lo que hace al **valor de adquisición**, hay que referirse a los derechos de suscripción preferente y a las acciones liberadas.

a) Puede suceder que, durante la permanencia de las acciones en el patrimonio del sujeto, éste haya enajenado **derechos de suscripción preferente** de acciones (o de obligaciones convertibles) de nueva emisión. Sin perjuicio de que más adelante (§ 56) nos ocupemos de este asunto con mayor detenimiento, anticiparemos aquí que, cuando los derechos enajenados proceden de acciones cotizadas, el importe de los mismos se deducirá para obtener el valor de adquisición de las acciones; esta regla tiene, no obstante, como veremos, excepciones importantes.

b) Por lo que hace a las **acciones liberadas**, su valor de adquisición, en principio, es el importe realmente satisfecho por el adquirente. Obviamente, el sujeto sólo realiza un desembolso efectivo si la acción es parcialmente liberada; si la acción fuese totalmente liberada, el adquirente no habría de abonar cantidad alguna a la sociedad, al emitir ésta las acciones con cargo a reservas o a beneficios. Dentro del «importe realmente satisfecho» habría que incluir, por otra parte, los gastos inherentes a la adquisición en que hubiese incurrido el adquirente (p. ej., comisiones de intermediarios financieros o importe pagado para adquirir los derechos de suscripción preferente de las acciones liberadas).

Ahora bien, esta noción del valor de adquisición de las acciones totalmente liberadas es, en realidad, meramente instrumental, pues la variación patrimonial se determina, en definitiva, a partir del **coste medio de adquisición** resultante de dividir el coste total de las acciones liberadas, y de aquéllas de las que procedan, por el número total de acciones poseídas por el sujeto. Por ejemplo, Ticio adquiere en Bolsa 10.000 acciones de X S. A. por un total de 50.000.000 pesetas, y, más adelante, con ocasión de una ampliación de capital, suscribe 1.000 acciones íntegramente liberadas, por cuya adquisición no soporta gasto alguno. Con la ley vigente, en caso de transmisión posterior de cualquiera de las acciones (las 10.000 antiguas y las 1.000 nuevas), el valor de adquisición de cada una de ellas sería igual a (50.000.000 + 0) : (10.000 + 1.000), o sea, 4.545 pesetas.

Naturalmente, este cálculo del coste medio unitario, obtenido por referencia al conjunto de títulos (las acciones antiguas y las nuevas), presupone —aunque nada diga la norma —que estamos ante lo que se suele denominar títulos o valores homogéneos, entendiendo por tales los de igual naturaleza emitidos por una misma entidad con igual nominal y derechos.

La expresión «valores homogéneos» sí está presente en la ley en un enfoque distinto y que, además, no abarca sólo a las acciones liberadas. El artículo 48.2 contempla, en una perspectiva general, la hipótesis de que se transmitan acciones integradas en un conjunto homogéneo que se hubiese ido formando en distintos momentos por la agregación de sucesivos paquetes, cuyos valores de adquisición han podido también ser distintos. ¿A cuál o cuáles de esos paquetes pertenecen los títulos transmitidos? La cuestión es de gran importancia, pues de ella dependen otras dos: en primer lugar, como ya sabemos, la aplicación de los coeficientes de actualización (§ 52), que serán mayores mientras más largo sea el período transcurrido desde la fecha de la adquisición; y, en segundo término, la calificación de la variación patrimonial producida como renta regular o renta irregular, decisiva a su vez a la hora de determinar la base imponible y de liquidar el Impuesto, según se verá (§§ 73 y 77). La solución de la ley consiste en adoptar la regla FIFO *(first in, first out)*, estableciendo la ficción de que, a los efectos indicados, los títulos transmitidos son los adquiridos en primer lugar. Por ejemplo, en 1990 Cayo adquiere 2.000 acciones por un precio de 1.000 pts/acción; y en 1996, 10.000 acciones —«homogéneas» con las anteriores—, a 4.000 pts/acción; si en 1999 vendiera 3.000 acciones, se entendería que 2.000 eran las adquiridas en 1990 y las otras 1.000 correspondían al paquete de 1996.

La aplicación de esta regla ha de matizarse cuando estamos en presencia de acciones totalmente liberadas: en tal caso, «se considerará como antigüedad de las mismas la que corresponda a las acciones de las cuales procedan» (art. 45.2 LIRPF). Aclaremos con un breve ejemplo la aplicación de los criterios legales. Supongamos que Sempronio realiza las siguientes operaciones de compra y venta de acciones «homogéneas»:

Adquisiciones			
	Año 1	5.000 acciones × 2.000 pts/acción	10.000.000
	Año 2	500 acciones (liberadas)	0
	Año 3	10.000 acciones × 2.500 pts/acción	25.000.000
Transmisiones			
	Año 4	5.200 acciones	
	Año 5	10.100 acciones	

De las acciones vendidas en el año 4 se entendería que 5.000 eran las adquiridas en el año 1 y las 200 restantes, parte de las liberadas del año 2. Pero a todas se les aplicaría el coeficiente de actualización correspondiente al año 1; coeficiente que se multiplicaría por el coste medio de adquisición, común a todas ellas, de 1.818 pts. (es decir, 10.000.000 / 5.500). De las acciones vendidas en el año 5, 300 serían de las liberadas del año 2, y 9.800 del paquete del año 3. Las 300 primeras tendrían, como ya sabemos, un valor unitario de adquisición de 1.818 pesetas, que habría de ser actualizado por el coeficiente correspondiente al año 1; las otras 9.800 tendrían un valor de adquisición de 2.500 pesetas por acción, multiplicado por el coeficiente de actualización correspondiente al año 3. En poder de Sempronio quedarían aún 200 acciones del año 3.

Una última advertencia, por último: el art. 45.2 y el art. 48.2 se aplican tanto a las transmisiones de valores cotizados, como a las de **acciones y participaciones no cotizadas** o a las de **acciones y participaciones de**

sociedades transparentes, de las que nos ocuparemos en los siguientes parágrafos.

—El **valor de transmisión** sería el de cotización en la fecha de la transmisión o el precio pactado entre las partes, si fuese superior a aquél. Aunque nada se diga al respecto, lo lógico sería deducir los gastos inherentes a la transmisión que hubiesen sido a cargo del transmitente.

54. (sigue) Acciones y participaciones sin cotización oficial

Los incrementos y disminuciones patrimoniales producidos por la **transmisión a título oneroso de acciones no cotizadas o participaciones en el capital de sociedades** [art. 48.1.*b)*] se determinan, según la regla general, por la diferencia entre los valores de adquisición y de transmisión, pero con ciertas matizaciones.

Respecto del valor de adquisición, son válidas las consideraciones anteriores acerca de las **acciones liberadas**, pues, aparte la regla general sobre antigüedad de las mismas (art. 45.2), la ley se limita aquí a reproducir literalmente las normas ya analizadas (§ 53). Y recuérdese también la vigencia de la regla FIFO para los casos de títulos homogéneos (art. 48.2 LIRPF).

Como **valor de transmisión** se toma, en principio, el mayor de entre dos valores deducidos, directa o indirectamente, de la contabilidad de la sociedad: el valor teórico de las acciones según el último balance aprobado, o el valor resultante de capitalizar al 12,5 por 100 (es decir, de multiplicar por 8) el promedio de los beneficios (*rectius*, de los resultados) obtenidos por la sociedad en los tres últimos ejercicios cerrados (y aprobados, entiende la DGT) [52] antes del devengo del Impuesto. El mayor de ambos será el valor de transmisión, salvo que se pruebe que el precio efectivamente percibido por el sujeto se corresponde con el que habrían convenido partes independientes en condiciones normales de mercado [53].

Para la ley, en definitiva, el sujeto no vendería sus acciones o participaciones por menos de lo que valen de acuerdo con la contabilidad de la sociedad; pero le deja abierta la posibilidad de probar que así haya podido ocurrir, en cuyo caso sería el importe realmente obtenido inferior al valor «contable», el que constituiría el valor de transmisión.

55. (sigue) Acciones y participaciones de sociedades transparentes

Un supuesto especial lo constituye la transmisión de **acciones o participaciones de sociedades transparentes**, respecto de las cuales la ley, a diferencia de los dos casos anteriores, no distingue entre a título oneroso o a título lucrativo [art. 48.1.*c)*]. Han de evocarse aquí de nuevo los arts. 45.2

[52] Resolución de 13-4-1989 (GF núm. 81).

[53] Véase TEAC de 27-7-1994 (AT, J-703).

(antigüedad de las acciones liberadas) y 48.2 de la ley (regla FIFO en las transmisiones de títulos homogéneos), aplicables ambos en este supuesto.

Como consecuencia de la transparencia fiscal, pueden imputarse al socio, a efectos tributarios, beneficios sociales que no le han sido distribuidos (§ 63), es decir, que permanecerán como reservas en el balance de la sociedad, acrecentando el valor contable de las acciones y, lógicamente, también su valor de mercado. Si el socio vende la acción, el mayor valor que a la misma confiere su participación en las reservas sociales se corresponde, pues, en todo o en parte, con las imputaciones puramente fiscales que al socio se hicieron a medida que se iban constituyendo tales reservas. Ese valor —imputado, pero no realmente percibido—, que ya tributó en su momento por el Impuesto, no debe volver a tributar de nuevo, en el momento de la transmisión de la acción, bajo la forma de incremento de patrimonio.

Ese resultado se asegura estableciendo que al valor de adquisición de las acciones —que debe entenderse en el mismo sentido que el concepto general, con las salvedades que se expresan más abajo— habrá de sumarse el denominado **valor de titularidad:** es decir, el importe de los beneficios sociales que, sin haber sido efectivamente distribuidos, hubiesen sido imputados fiscalmente a los socios durante el período de permanencia de las acciones o participaciones en su patrimonio.

Ahora bien, si durante ese período se hubieran distribuido al socio beneficios o reservas precedentemente imputados, es claro que, por las mismas razones expuestas, tales cantidades no deberían formar parte del valor de titularidad (art. 75.5 LIS).

Puede ocurrir que la distribución de beneficios o reservas se hiciera a un sujeto distinto de aquel a quien hubiesen sido imputados en su momento, o sea, a un sujeto que hubiera adquirido las acciones o participaciones con posterioridad a la obtención de la renta social y a su imputación fiscal. En definitiva, en esta hipótesis, la renta social se imputa fiscalmente al socio «antiguo», pero se distribuye realmente con posterioridad al socio «nuevo», que no ha sufrido las consecuencias tributarias de la imputación. Esa renta imputada ya tributó por el IRPF, pero a cargo de un sujeto distinto de quien después la recibe. El legislador, entre otras opciones posibles, ha determinado que el importe obtenido por el socio «nuevo» se reste para calcular el valor de adquisición de sus acciones o participaciones (art. 75.5 LIS). Ello equivale a diferir en el tiempo —hasta el momento de la transmisión de los títulos— el sometimiento de esa cantidad al Impuesto.

Por las mismas razones, se integran en el valor de titularidad las pérdidas de la sociedad transparente que hubieran sido imputadas a los socios al amparo de la regulación originaria del IRPF, vigente hasta la promulgación de la Ley 48/1985 (DT 4.ª LIRPF), o las que, excepcionalmente, pueden imputarse en la actualidad [apartados 2.*a)* y 3.*a)* del art. 67 LIS]. Pero aquí la corrección es de signo contrario: dichas pérdidas imputadas deben restarse del valor de adquisición de las acciones o participaciones, con el consiguiente aumento del incremento de patrimonio producido (o la reducción de la disminución patrimonial).

En relación con el **valor de transmisión**, la ley se aparta de las reglas generales de determinación del mismo sólo cuando se trata de la transmisión de acciones o participaciones en sociedades transparentes de mera tenencia de bienes: el valor mínimo es en este caso el teórico según balance, sustituyéndose a tales efectos el valor neto contable de los inmuebles de la sociedad por el que tendrían según las reglas del IP [art. 48.1.*c)* LIRPF].

En nuestra opinión, el valor de titularidad de las acciones o participaciones también deberá tenerse en cuenta, en los términos expuestos, cuando la variación patrimonial experimentada por el socio sea consecuencia de determinadas operaciones, tales como la disolución de la sociedad o la separación del socio (§ 57); pero ha de advertirse que, a diferencia de la ley originaria del Impuesto, la actualmente en vigor guarda silencio al respecto.

Tampoco hay norma expresa sobre el tratamiento de las acciones liberadas en estos casos de disolución o separación del socio: ¿se aplica también aquí el coste medio de adquisición, como en los dos supuestos anteriores? Aunque la cuestión es dudosa, la conclusión podría ser negativa. En efecto, al no existir una previsión normativa expresa, habrían de seguirse las reglas generales, en virtud de las cuales habría que tener en cuenta, por separado, los valores de adquisición de las acciones liberadas (total o parcialmente), y de las acciones de las que éstas procedieran. Lo que sí está previsto, como ya se dijo, es otorgar a las acciones liberadas, con carácter general, la misma antigüedad que las acciones de las que proceden (art. 45.2 LIRPF).

Ha de añadirse, para concluir, que las normas expuestas se aplican también cuando se trate de acciones de sociedades sujetas a transparencia fiscal internacional (§ 64).

56. (sigue) Tratamiento de los derechos de suscripción preferente

El artículo 48 de la ley se refiere, al abordar la transmisión de las acciones o participaciones en sociedades, a la venta de los derechos de suscripción preferente de los socios, sin más precisiones. Ello permite sostener que se contempla tanto el derecho de suscripción preferente sobre nuevas acciones o participaciones emitidas en virtud de una ampliación de capital, como sobre nuevas obligaciones convertibles en acciones; pues ambos corresponden al socio según la legislación mercantil (arts. 48.2, 158 y 293.1 LSA).

La ley distingue según que las acciones de las que derivan los derechos de suscripción tengan o no cotización oficial; y deja sin resolver un problema común a los dos casos, el de la posible aplicación de los coeficientes de actualización.

— Cuando se trata de **acciones cotizadas** [art. 48.1.*a)*], el importe (neto: es decir, deducidos los gastos inherentes a la enajenación) de la venta de los derechos se deducirá para determinar el valor de adquisición de aquéllas. Eso significa que el incremento de patrimonio será tanto mayor (o la disminución de patrimonio tanto menor) al producirse la transmisión de la acción, momento hasta el cual se deja pendiente la tributación de aquel importe. Dicho importe no forma parte, pues, de la renta del sujeto en el año en que se obtuviese.

Como consecuencia de la deducción referida, el valor de adquisición de las acciones puede ser absorbido por completo, llegando a ser igual a cero. El exceso que se obtuviera por la venta de los derechos —que ya no podría ser deducido del valor de adquisición, pues éste no puede ser inferior a cero— se consideraría incremento de patrimonio en el período en que tuviera lugar la transmisión.

— Cuando se trata de **acciones no cotizadas** (incluso de sociedades transparentes), el importe (habría que entender neto, como se apuntó más arriba) de la venta de los derechos se consideraría incremento de patrimonio en el período impositivo en que tuviera lugar la transmisión [art. 48, apartados 1.*b)* y 1.*c) in fine*].

— Puede suceder que la ampliación de capital (con ocasión de la cual se produce la venta de los derechos por los socios que deciden no acudir a la misma) se haga por una sociedad con objeto de aumentar el grado de atomización de su accionariado como paso preparatorio para facilitar la introducción de sus acciones en la Bolsa. En tales supuestos, el importe de la venta de los derechos tendría el mismo tratamiento que si éstos procedieran de acciones cotizadas, con ciertas cautelas dirigidas a evitar la utilización de la norma sin que se haya materializado realmente su presupuesto de hecho *(vid.* DA 5.ª LIS).

— El texto originario del art. 45 de la Ley 18/1991 prevía expresamente la aplicación de reducciones, en función de la duración del período de permanencia, a los incrementos patrimoniales producidos, en los supuestos examinados, por la venta de los derechos de suscripción. Por el contrario, la reforma de 1996 guarda silencio sobre este punto, al sustituir tales reducciones por los coeficientes de actualización. Es dudoso que la corrección monetaria incluya los incrementos patrimoniales de que hablamos, toda vez que los coeficientes actualizadores operan sobre el valor de adquisición, siendo así que en estos casos la ley no toma en consideración en realidad el valor de adquisición o el coste de los derechos enajenados, sino el de las acciones de las cuales se desgajan tales derechos.

57. (sigue) Operaciones societarias

Los socios de una sociedad —tanto si son personas físicas como si son personas jurídicas— pueden registrar incrementos o disminuciones patrimoniales con ocasión de determinados actos jurídicos llevados a cabo por la propia sociedad —con independencia de los efectos que para ésta puedan derivarse—. Así puede suceder, en particular, con la constitución de la sociedad o el aumento del capital social, la disolución de la sociedad y la llamada «disolución parcial», o separación del socio de la sociedad. En todos estos supuestos, objeto de expresa regulación por la LIRPF, ha de tenerse presente el régimen especial de las fusiones y escisiones de sociedades, de las aportaciones de ramas de actividad y del canje de valores representativos del capital social, a cuyas normas se subordinan, en definitiva, las propias de la LIRPF *(vid.* art. 48.3). Dicho régimen especial, opcional para los sujetos pasivos, está contenido actualmente en los arts. 97 a 110 de la LIS, cuyos preceptos incorporan a nuestro derecho la normativa comunitaria sobre la materia *(vid.* § 102). El régimen especial responde a un principio básico de neutralidad respecto de las operaciones mencionadas: como expresaba el preámbulo de la norma que inicialmente transpuso las directivas comunitarias (la Ley 29/1991), no se estimula su realización, pero tampoco se obstaculiza, «porque su ejecución no origina carga tributaria alguna, ni otro beneficio fiscal que el consistente en el simple diferimiento de aquélla». Y así, «los socios de las entidades transmitentes no están obligados a integrar en su base imponible los incrementos y disminuciones de patrimonio que se produzcan con ocasión del canje de valores, pero los recibidos se valoran, a efectos fiscales, por el valor de adquisición de los entregados».

Volviendo a la ley del IRPF, en la **constitución de la sociedad** y en el **aumento del capital social** [54], los socios pueden experimentar una variación patrimonial sólo cuando realizan **aportaciones en especie** como consecuencia de la suscripción del capital [art. 48.1.*d)*]. En tal caso, el incremento o la disminución patrimonial resultará de restar el valor de adquisición de los bienes o derechos aportados del mayor de los siguientes valores:

— el nominal (o la parte proporcional que haya de ser desembolsada según los acuerdos sociales) de las acciones o participaciones suscritas, incluido en su caso el importe de la prima de emisión;

— el valor que a los bienes o derechos aportados se atribuya en el informe de un experto, requerido por la legislación mercantil. Obsérvese que la ley prescinde del valor escriturado, que, de acuerdo con las normas mercantiles (art. 133.2 RRM) puede ser superior al anterior hasta en un 20 por 100;

— en los casos de aumento de capital, el valor de cotización de las acciones recibidas; o, por último,

— el valor de los bienes o derechos aportados, determinado según las normas del IP *(vid.* §§ 203 y siguientes).

e) Con ocasión de la **disolución de la sociedad** o de la **separación de los socios**, éstos pueden obtener un incremento o una disminución patrimonial, por la diferencia entre el valor de la cuota de liquidación social o el valor de los bienes recibidos —para la Administración tributaria, se toma su valor real, no su valor contable—, y el valor de adquisición de las acciones o participaciones poseídas. En lo dicho va implícito que la alteración patrimonial no se produce por el acuerdo de disolución, sino por la liquidación propiamente dicha, pues sólo tras la aprobación del balance final

[54] Aunque se trate de sociedades transparentes (Res. TEAC de 9-10-1996, Ar. 1996/1535).

formado al término de ésta puede determinarse la cuota del activo social que corresponde a cada socio [55].

Si la disolución es consecuencia de la escisión, fusión o absorción de sociedades, el incremento o disminución patrimonial de los socios de la sociedad disuelta —salvo que se aplique el régimen especial referido más arriba— será la diferencia entre el valor de las acciones o participaciones, dinero o derechos recibidos de la sociedad absorbente o resultante de la operación, y el valor de adquisición de los antiguos títulos poseídos. La ley no precisa cómo se determina el valor de los títulos recibidos por los socios. El antiguo Reglamento del Impuesto tomaba, según los casos, el valor de cotización, el valor teórico según el último balance aprobado, o el valor nominal, cuando se crea una sociedad por la fusión de otras.

58. (sigue) Operaciones sobre valores de rentabilidad explícita

Ya hemos señalado la diversa calificación tributaria que merecen la transmisión o la amortización en sentido amplio de valores representativos de la cesión de capitales a terceros, según que la rentabilidad de esos valores sea implícita o explícita: en el primer supuesto estamos ante rendimientos (implícitos de capital mobiliario), en el segundo, en su caso, ante un incremento o una disminución patrimonial.

En relación con esta segunda categoría de valores de renta fija (los de rentabilidad explícita y los mixtos que a ellos sean asimilados), determinadas operaciones —transmisión, amortización, canje o conversión— pueden producir un incremento o una disminución patrimonial, cuyo importe será la diferencia entre el respectivo valor de transmisión, de amortización, o de canje o conversión, y el valor de adquisición [art. 48.1.*f)* LIRPF].

Los valores de adquisición y de transmisión se determinarían según las normas generales. Por valor de canje o conversión se tomará el de los títulos nuevos que reciba el sujeto como consecuencia de la operación.

Nada se dice acerca del derecho de los titulares de obligaciones convertibles a la suscripción preferente de nuevas acciones o de nuevas obligaciones convertibles emitidas por la sociedad *(vid.* arts 158.1 y 293.2 LSA). ¿Cómo tributan las cantidades obtenidas por la transmisión del mismo? La cuestión es, sin duda discutible. A falta de norma expresa, cabría propugnar la aplicación analógica de las normas sobre tributación del importe obtenido por la transmisión de los derechos de suscripción preferente de los socios *(vid.* § 56); o, lo que tal vez parezca más razonable, remitirse simplemente a las normas generales en materia de incrementos y disminuciones de patrimonio. La mayor dificultad de esta segunda alternativa estribaría sin duda en la determinación del valor de adquisición del derecho enajenado, que habría de ser obtenido a partir de la contabilidad de la entidad emisora.

---

[55] *Vid.* Res. TEAC de 27-9-1988.

Un supuesto excepcional es el de las transmisiones de ciertos valores con cupón corrido efectuadas a sujetos no residentes. Como señalamos en otro lugar (§ 37), en estos casos se considerará rendimiento de capital —asimilable para nosotros a los implícitos— la parte del precio que corresponda al cupón corrido, al margen del incremento o disminución patrimonial que se pueda producir al tomar en consideración el resto del precio.

59. (sigue) Operaciones de seguros

En estas operaciones hay que distinguir según que se aseguren elementos patrimoniales o la vida o la integridad física de las personas.

— Cuando se perciba una indemnización por el siniestro producido en un **bien patrimonial** [art. 48.1.*h)* LIRPF], la diferencia entre la misma y el valor de adquisición del bien —o la parte proporcional del mismo que corresponda al daño— se considerará incremento o disminución patrimonial. Si se tratara de la vivienda habitual del sujeto, el eventual incremento patrimonial podría resultar exento, en las mismas condiciones previstas para los supuestos de transmisión de la vivienda *(vid.* § 61).

— Si el cobro del capital tuviera por causa un contrato de **seguro de vida o invalidez con capital diferido,** debe recordarse en primer lugar, cuanto se expuso sobre las rentas exentas (§ 19); y, en segundo término, ya se dijo también (§ 40) que estos contratos pueden originar rendimientos de capital mobiliario.

La expresión legal «contratos de seguros de vida» [art. 48.1.*i)*] debe entenderse referida sólo a los seguros de vida para caso de supervivencia; las prestaciones derivadas de seguros de vida para caso de muerte se someten al ISD [cfr. arts. 10.1.*c)*, 12.*e)* y 16.1.*b)* RISD].

A efectos del IRPF, el incremento o la disminución patrimonial será «la diferencia entre la cantidad que se perciba y el importe de las primas satisfechas». Este texto es equívoco porque parece comprender tanto los supuestos en que es una misma persona quien satisface las primas y cobra el capital, como aquellos en que se trata de personas distintas. Es evidente sin embargo que la norma tiene una lectura lógica sólo en la primera disyuntiva. Sería absurda en la segunda hipótesis (Ticio contrata una póliza en virtud de la cual la compañía aseguradora pagará una cantidad a Cayo si en la fecha estipulada permanece con vida Ticio, Cayo o un tercero): ¿qué razón habría para descontar del capital percibido por Cayo las primas pagadas precedentemente por Ticio? La legislación del ISD confirma esta interpretación, asimilando a las donaciones —y sujetando en consecuencia al ISD— el cobro de capitales derivados de estos contratos por parte de beneficiarios distintos del contratante *(vid.* § 258). En consecuencia, sólo se produciría incremento o disminución patrimonial a efectos del IRPF en caso de que el **beneficiario fuese el propio contratante** del seguro.

Las primas satisfechas hacen aquí las veces del valor de adquisición, si se quieren verter estas reglas especiales en el molde general de cuantificación de los incrementos patrimoniales. Tal asimilación permitiría abordar un problema cuya solución, aun estando prevista en el Reglamento del Impuesto (art. 11), resulta ahora inaplicable por la modificación de la LIRPF. En efecto, la reforma de 1996 nada dice en particular sobre los coeficientes de actualización en estos casos. Cabe entender, sin embargo, que el criterio de desglose particularizado de los distintos elementos del valor de adquisición, presente en el art. 46.2 de la ley, es el que debe seguirse aquí, con lo que a cada prima correspondería un coeficiente distinto.

60. (sigue) Otros supuestos especiales

Además de los supuestos analizados, pueden también producirse variaciones patrimoniales en los siguientes:

— en los **traspasos** de locales de negocio [art. 48.1.*g)*], se considerará que el cedente obtiene un incremento de patrimonio igual a la cantidad que le corresponda en el traspaso de acuerdo con la legislación civil. Si el derecho de traspaso se hubiera adquirido mediante precio, éste se tomaría como valor de adquisición; si esa cantidad fuese superior a la obtenida en el posterior traspaso, la diferencia constituiría para el cedente una disminución patrimonial.

— en las **permutas** —exceptuado el canje o conversión de títulos—, ambas partes pueden obtener un incremento o una disminución patrimonial, que, para cada una de ambas, sería el resultado de restar al valor de mercado del bien recibido el valor de adquisición del bien entregado [art. 48.1.*j)*]. El TEAC entiende [56] que se tomará a este respecto el valor dado al bien por la oficina liquidadora a efectos del ITP; y, por último,

— en la **extinción de rentas temporales o vitalicias**, quien hasta ese momento hubiese estado obligado al pago de las mismas experimentará un incremento o una disminución patrimonial, igual a la «diferencia entre el valor de adquisición del capital recibido y la suma de las rentas efectivamente satisfechas» [art. 48.1.*k)*]. El sentido del texto es claro cuando el capital recibido hubiese sido dinero. Pero si lo que el rentista entregó para constituir la renta fue un bien distinto del dinero, parece que el valor de adquisición del mismo es precisamente el importe total de las rentas satisfechas por el obligado; con lo que la norma carecería por completo de sentido. La viabilidad de la misma obliga a interpretar aquí el valor de adquisición como el valor de mercado del bien en el momento de constitución de la renta.

61. Exención de los incrementos patrimoniales por reinversión: la vivienda habitual

El incremento patrimonial producido por la transmisión a título oneroso de la vivienda habitual del sujeto pasivo está exento (art. 50 LIRPF y art. 10

[56] Resolución de 30-11-1988.

RIRPF) siempre que el importe total percibido se reinvierta en otra nueva vivienda habitual —que no tiene por qué ser de nueva construcción—, en las condiciones fijadas reglamentariamente. Si la reinversión fuese inferior a la cantidad obtenida por el sujeto en la transmisión, la exención sería solamente parcial, en proporción al importe reinvertido en las condiciones establecidas. También cabe la exención si el incremento patrimonial se produjera como consecuencia de un contrato de seguro, en caso de siniestro de la vivienda habitual [art. 48.1.*h)* LIRPF].

Se entiende por vivienda habitual aquella que constituya la residencia del sujeto pasivo durante un plazo continuado de al menos tres años, salvo que se produzcan circunstancias que exijan el cambio de domicilio (arts. 10.1 y 34 RIRPF), por ejemplo, el traslado de un funcionario.

La reinversión habrá de tener por objeto la adquisición o la rehabilitación de la vivienda, en el sentido en que la definen las normas urbanísticas. Se acepta comúnmente que también se consideraría como adquisición la promoción de la edificación por parte del propietario.

Han de observarse también los **requisitos temporales** de la reinversión (art. 10 RIRPF). Esta debe realizarse, de una sola vez o sucesivamente, en un período no superior a dos años desde la transmisión. Y también se consideran reinvertidas las cantidades obtenidas por la transmisión que se destinen a pagar el precio de una nueva vivienda habitual adquirida dentro de los dos años anteriores a dicha transmisión. Es decir, el plazo de dos años se cuenta hacia adelante o hacia atrás, a partir de la fecha de la transmisión.

Por otra parte, el plazo no se considera incumplido si, habiendo sido la venta de la vivienda a plazos o con precio aplazado, el sujeto va reinvirtiendo el importe de los plazos cobrados dentro del mismo período impositivo en que los perciba.

En cualquier caso, el sujeto disfruta de la exención inmediatamente: es decir, puede aplicarla en la declaración-liquidación del Impuesto correspondiente al período impositivo en el que se hubiese producido el incremento. Si la reinversión no se hubiera materializado en el mismo año de la enajenación, sólo se le exige que exprese en tal declaración su propósito de reinvertir en las condiciones y plazos reglamentarios.

La exención es incompatible con la deducción de la cuota íntegra por adquisición de vivienda, en los términos que exponemos más adelante (§ 78).

El incumplimiento de las condiciones reglamentarias tiene como efecto la pérdida de la exención, o, si se prefiere, la reintegración al Impuesto del incremento patrimonial —o de la parte del mismo— que hubiera quedado excluido de tributación: el sujeto pasivo está obligado a rectificar la declaración-liquidación correspondiente al período en que se hubiese producido el incremento patrimonial (y disfrutado de la exención), mediante una liquidación complementaria en la que incluirá también los intereses de demora (art. 10.4 RIRPF).

E) Rentas imputadas por transparencia fiscal

62. El régimen de transparencia fiscal: supuestos típicos

La transparencia fiscal es un régimen especial de la imposición directa que responde al fenómeno de la creación, con fines exclusiva o predominantemente tributarios, de las llamadas sociedades interpuestas. La razón de ser de tal fenómeno radica, en última instancia, en el hecho de que el impuesto sobre la renta es progresivo, mientras que el impuesto de sociedades es proporcional. Eso significa que, a partir de un cierto nivel de renta individual, el tipo medio del impuesto sobre la renta puede llegar a ser superior al tipo del impuesto de sociedades. De ahí que, cuando la naturaleza de las rentas lo permite, los sujetos pasivos del IRPF podrían preferir someterlas, en lugar de a éste, al Impuesto de Sociedades, mediante la interposición de una sociedad entre el fisco y la persona física, que seguiría siendo realmente la verdadera titular de la renta.

Dicho de un modo muy esquemático, la transparencia fiscal, tal como fue concebida originariamente por el legislador del IRPF en 1978, pretendía neutralizar esa maniobra mediante la imputación de la renta social a los socios a efectos fiscales; por lo tanto, la sociedad como tal no tributaba por el Impuesto de Sociedades, sino que la renta social era devuelta al Impuesto sobre la Renta mediante su integración en la renta personal de cada uno de los socios, en la parte que les correspondiera [57].

Posteriormente, la imputación se estableció sólo para los socios residentes en España, lo que implicaba la tributación de la sociedad por el IS por la parte de base imponible no imputada. Desde el 1 de enero de 1996, fecha en que entró en vigor la nueva ley del IS, el régimen de transparencia fiscal —cuya regulación se encuentra básicamente en la LIS (arts. 75 a 77), si bien ha de completarse con las normas específicas de la LIRPF (arts. 52, 53 y 55)— adopta soluciones técnicas distintas [58], que, entre otras cosas, permiten un mejor control de la renta social y evitan las consecuencias discriminatorias que el anterior sistema producía en el orden privado entre socios residentes y no residentes. Siempre con el propósito inicial —lograr que determinadas rentas no tributen por el IS, sino por el IRPF—, se mantiene el mecanismo jurídico de la imputación, pero se establece ahora el sometimiento de la sociedad transparente al IS; de lo cual se deriva que, para evitar la doble imposición (por el IS de la sociedad transparente y por el IRPF o el IS de los socios, según correspondiese), y conseguir a la vez aquel propósito, deban imputarse a los socios, no sólo la base imponible de la sociedad, sino también su propia cuota del IS, las deducciones y los pagos anticipados a cuenta de dicha cuota. La implantación del nuevo régimen se está haciendo gradualmente: a las sociedades transparentes se les aplica, en el IS, un tipo del 0 por 100 en 1996, del 10 por 100 en 1997 y del 20 por

---

[57] Este régimen de imputación no tiene nada que ver con el de «atribución de rentas», recogido en el art. 10 LIRPF, del que nos ocupamos en el § 71.

[58] La no tributación de la entidad transparente por el IS se mantiene aún en casos excepcionales (*vid.* arts. 66, 67.1 y 68.1 LIS).

100 en 1998, quedando sometidas al tipo general a partir de 1999 (Disposición transitoria 22.ª LIS). Analizaremos sus características básicas comenzando por la descripción de los supuestos típicos de transparencia.

Son obligatoriamente **sociedades transparentes** (art. 75 LIS) las siguientes, cuando se den en ellas, durante más de noventa días del ejercicio social, las circunstancias que se indican:

— las llamadas **sociedades de valores** (aquéllas en las que más de la mitad del valor contable de su activo corresponda a valores mobiliarios) y las sociedades «de **mera tenencia de bienes**», o sea, aquéllas en que más de la mitad del valor contable de su activo no esté afecto a una actividad empresarial o profesional desarrollada por la propia sociedad, entendiéndose la afectación en el sentido del art. 6 LIRPF *(vid.* § 32). En ambos tipos de sociedades se exige, para que sean transparentes, que más del 50 por 100 del capital social pertenezca a un «grupo familiar» (parentesco hasta el cuarto grado inclusive), o a 10 o menos socios. Para el cómputo de los valores mobiliarios han de tenerse en cuenta determinadas exclusiones [art. 75.1.*a)* LIS], cuyo objetivo es, básicamente, excluir de la transparencia fiscal a los *holdings* o sociedades matrices de grupos de empresas, en cuyos activos se integran los paquetes de acciones de las sociedades participadas y controladas por aquéllas. En ambas categorías de sociedades no se computan a estos efectos aquellos elementos del activo que representen una simple materialización de los beneficios de explotación no distribuidos, con ciertos límites;

— las sociedades en que más del 75 por 100 de sus ingresos procedan de actividades **profesionales**, cuando los profesionales y sus familiares hasta el cuarto grado participen en, al menos, el 50 por 100 de los beneficios [art. 75.1.*b)* LIS];

— las sociedades en que más del 50 por 100 de los ingresos se deriven mayoritariamente, de manera directa o indirecta, de **actuaciones artísticas o deportivas,** cuando los artistas o deportistas y sus familiares hasta el cuarto grado participen en los beneficios en, al menos, un 25 por 100 [art. 75.1.*c)* LIS].

La ley delimita también **negativamente** la transparencia fiscal. Este régimen no se aplica a las sociedades cuyas acciones estén admitidas a cotización oficial ni a las sociedades de valores o de mera tenencia de bienes en las que una persona jurídica de derecho público sea titular de más del 50 por 100 del capital (art. 75.6 LIS); tampoco son transparentes aquellas sociedades en las que la totalidad de los socios sean personas jurídicas no sometidas, a su vez, a transparencia fiscal (art. 75.2 LIS).

Por lo demás, como veremos a continuación, la transparencia de la sociedad puede ser «parcial»: en el sentido de que el mecanismo de la imputación opera sólo en relación con ciertos socios (los residentes en España) y no en relación con otros (los no residentes). Otro tanto ocurre cuando la sociedad transparente, incumpliendo la obligación legal de que las participaciones en su capital social sean nominativas (art. 54 LIRPF y art. 77 LIS), impide que sean conocidos, en todo o en parte, los socios y hace inviable en consecuencia la imputación. En este caso, con independencia de la sanción correspondiente (art. 77 LIS), la sociedad tributará por el IS por la parte de su renta que no pueda ser imputada, no ya al tipo de este impuesto, sino al tipo marginal más alto de la escala del IRPF.

63. La imputación en el régimen de transparencia fiscal

Como se anticipó en el parágrafo precedente, el mecanismo jurídico de la imputación, en el que se concreta la transparencia fiscal, tiene un objeto múltiple: se imputan, de un lado, la base imponible de la sociedad, y de otro, las deducciones y bonificaciones a que ésta tenga derecho, los pagos anticipados efectuados por la sociedad y, por último, la cuota del IS satisfecha por ésta.

a) En cuanto a la imputación de bases, hay que hacer dos precisiones. En primer término, la imputación se hace sólo a los **socios residentes** en territorio español, sujetos, en consecuencia, por obligación personal del IRPF o del IS (art. 75.2 LIS). Pensando en el usufructo de acciones, indica la ley que la imputación se realiza no a quienes tengan la condición de socio (el nudo propietario), sino a quienes «ostenten los derechos económicos inherentes a la cualidad de socio» (el usufructuario) (art. 76.1 LIS).

En segundo lugar, se imputan sólo las bases imponibles **positivas** de la sociedad, en la proporción que resulte de los estatutos sociales o, a falta de previsión al respecto, según la participación de cada uno en el capital social (apartados 2 y 3 del art. 75 y art. 76.1 LIS; art. 13.1 RIRPF). Y ello haciendo abstracción del destino efectivo que la sociedad haya dado a sus beneficios, y prescindiendo, por tanto, de que el socio residente haya o no haya percibido dividendos.

Objeto de la imputación no son, pues, las rentas o beneficios contables, sino «las bases imponibles positivas obtenidas» por la sociedad, determinadas según las normas comunes del IS (§§ 119 y siguientes) y gravadas por este impuesto. Las bases imponibles negativas de la sociedad no se imputan a los socios [59], salvo en supuestos especiales (arts. 66, 67.1 y 68.1 LIS); la propia sociedad podrá compensarlas con las bases positivas que obtenga en los siete años siguientes (art. 75.3 LIS), con la consiguiente reducción de la magnitud imputada, en caso de efectuarse la compensación.

Como es lógico, la imputación a los socios residentes será provisional en tanto no sea firme la base imponible de la sociedad, a resultas de las eventuales rectificaciones de ésta como consecuencia de la actuación de la Inspección de los Tributos [60].

La composición de esa base imponible es irrelevante desde el punto de vista de la calificación de la renta del socio al que se imputa: sea cual sea la naturaleza material de las rentas obtenidas por la sociedad, la imputación

[59] La no imputación de las pérdidas sociales no es contraria a la Constitución, según la STC 214/1994, de 14 de julio (FJ 4.º).

[60] Así, Res. TEAC de 13-9-1988.

realizada a cada socio constituye, como sabemos, una categoría autónoma de renta (§ 20). Pero no lo es a otros efectos, tales como el cómputo de la base imputada en el IRPF *(vid.* § 36), o la imputación de retenciones e ingresos a cuenta a que nos referiremos inmediatamente.

E irrelevante es también el hecho de que la renta obtenida por la sociedad sea regular o irregular: en cualquier caso, la base imputada al socio tendrá el tratamiento de renta regular (arts. 58 y 61 LIRPF).

Consecuencia de cuanto venimos diciendo es que si, con posterioridad a la imputación, la sociedad distribuyera beneficios o reservas generados en ejercicios en que hubiera estado sujeta al régimen de transparencia, el importe obtenido por cada socio no tributaría por el IRPF (art. 75.5), por la razón elemental de que ya lo habría hecho en el pasado en virtud de la imputación de bases anterior. Más arriba (§ 55) hemos analizado ya las consecuencias de la situación descrita a efectos de determinar el valor de adquisición de las acciones o participaciones en poder de los socios.

b) Como ya dijimos, la sociedad transparente está plenamente sujeta al IS. Ahora bien, al ser imputada su base imponible a los socios, se integra en las respectivas bases imponibles de éstos, gravadas por el IRPF o por el IS, según que los socios sean personas físicas o personas jurídicas. Se produciría así, una doble imposición de la renta social que no respondería a la *ratio* del régimen de transparencia, la cual no es otra, como se dijo, que hurtar la renta social al IS y asegurar en definitiva su sumisión al IRPF, en ciertos casos predeterminados por la ley. La efectividad de tal designio obliga al legislador, dada su opción técnica por el sometimiento de la sociedad al IS, a completar la imputación de la base con la imputación de la cuota. Por su parte, la sociedad transparente está sometida a las normas comunes de la LIS en materia de determinación de la cuota y de gestión del IS *(vid.* §§ 142 y 150). En otros términos, la sociedad practicará en su propia cuota íntegra las deducciones y bonificaciones a que tenga derecho según la LIS (arts. 28 a 36), así como la deducción de los pagos anticipados a cuenta del Impuesto, a título de pago fraccionado o de retención e ingreso a cuenta *(vid.* §§ 153 y 154). Todos estas deducciones, bonificaciones y pagos a cuenta dan lugar a que, con ocasión de la declaración-liquidación del IS, la sociedad transparente ingrese normalmente una cantidad (la llamada cuota diferencial) inferior a la cuota líquida *(vid.* §§ 142 y 150). Pero, evidentemente, lo que en total «paga» la sociedad —por sí misma o a través de terceros, mediante los diversos procedimientos en que se articula gestión del Impuesto— es la suma de los pagos anticipados en su conjunto, más la cuota diferencial.

Por eso no bastaría con que se imputase a los socios la cuota **satisfecha** por la sociedad (entendiendo por tal la cuota diferencial ingresada como resultado de la autoliquidación). Si lo que pretende la transparencia fiscal es «borrar» el IS de la sociedad transparente y que sólo quede el IRPF o el IS de cada socio, deben imputarse a éstos no sólo la cuota del IS satisfecha por la sociedad transparente, sino además las deducciones, bonificaciones y pagos anticipados que correspondan a ésta. Como criterio general de imputación, el art. 76.1 LIS señala el mismo que para la base imponible positiva, ya reseñado más arriba.

Conviene hacer algunas precisiones adicionales.

—Por lo que hace a la imputación de la cuota satisfecha, no puede dejarse de destacar la incomprensible discriminación que establecen los textos positivos entre los socios, según que sean personas jurídicas, sujetos pasivos del IS, o personas físicas, sujetos pasivos del IRPF. Así, en virtud del art. 75.4.*c)* LIS, al socio que sea a su vez una sociedad se imputará no sólo la cuota (del IS) satisfecha por la sociedad transparente, sino, además, «la cuota [del IS] que hubiese sido imputada a dicha sociedad»; mientras que esta coletilla falta en el art. 53.*c)* LIRPF, que sólo prevé pues la imputación de la cuota satisfecha. La hipótesis que se ha planteado el art. 75.4.*c)* LIS es la de las llamadas cadenas de transparencia (que están permitidas por la LIS, a diferencia de lo que establecía la ley del IRPF de 1991): T_1 SA tiene entre sus socios a T_2 SA, en la que participan X SA y el Sr. A, siendo todos los sujetos residentes en España y, en particular, estando T_1 SA y T_2 SA sujetas a transparencia. A T_2 se imputarían tanto la base como la cuota del IS satisfecha por T_1. ¿Qué ocurriría a su vez con los socios de T_2? Según la LIS, a X SA se imputarían la base de T_2, la cuota de ésta por el IS, y la cuota de T_1 imputada anteriormente a T_2; mientras que al Sr. A, de acuerdo con la LIRPF, sólo se podrían imputar la base y la cuota de T_2. Este peor trato del socio persona física, debido acaso simplemente a la precipitación, la desenvoltura o la incuria del legislador, carece por completo de justificación objetiva.

—Las deducciones y bonificaciones en la cuota generadas por la sociedad al amparo de la LIS *(vid.* § 149) se imputan conjuntamente con la base imponible positiva. A tal efecto, cada socio determinará el importe de las deducciones o bonificaciones en que se reducirá su cuota del IRPF, según las reglas de este impuesto, aplicadas a la cantidad que le corresponda en las bases de cálculo de aquéllas [arts. 53.*a)* LIRPF y 75.4.*a)* LIS]. Pero hay que remitirse a cuanto se expone en otro lugar en relación con la hipótesis, ya descrita, de que dentro de la base imponible de la sociedad transparente existan dividendos procedentes de otra sociedad *(vid.* §§ 36 y 79).

64. La transparencia fiscal internacional

En ciertos casos, los sujetos pasivos residentes en España podrían eludir el gravamen de determinadas rentas por obligación personal —básicamente, rentas de capital mobiliario o inmobiliario e incrementos patrimoniales—, localizándolas en el extranjero mediante sociedades no residentes en España controladas directa o indirectamente por ellos, por sí solos o conjuntamente con sociedades vinculadas o con parientes hasta el segundo grado inclusive. Para poner coto a este tipo de maniobras, la Ley 42/1994, de 30 de diciembre, estableció unas reglas de imputación semejantes a las de la transparencia fiscal: en virtud de las mismas, las rentas positivas de la naturaleza indicada, obtenidas formalmente por la sociedad no residente, habrán de incluirse en la base imponible regular (§ 72) de los socios residentes, en el período impositivo en cuyo transcurso hubiese concluido el ejercicio social, como regla general. Lógicamente, la ley, mediante reglas de gran prolijidad, trata de circunscribir la producción de estos efectos estrictamente a los casos en que cree detectar a través de datos y situaciones tipificadas el propósito elusivo.

3.º LOS SUJETOS PASIVOS

65. Tributación individual y tributación conjunta; remisión. La responsabilidad patrimonial del sujeto pasivo

Se ha dicho ya con reiteración que la ley concibe el IRPF como un impuesto «individual», cuyos sujetos pasivos son las personas físicas titulares de la renta gravada, sea cual sea el estado civil de las mismas y la ponderación que el legislador haga de la situación familiar y personal de los sujetos en orden a la determinación de la prestación tributaria. Esta idea preside toda la regulación positiva del impuesto. De ahí que cuando las normas legales establecen límites cuantitativos a la deducción de determinados gastos o fijan las cuantías de determinadas reducciones o deducciones ha de entenderse quc las cifras correspondientes se refieren siempre a la tributación de una persona individualmente considerada.

El principio de tributación individual es también la regla en los supuestos de matrimonio, sea cual sea el régimen económico del mismo. Pero se trata sin embargo de un principio dispositivo, no imperativo: los miembros de las unidades familiares pueden optar si lo desean por someterse conjunta y solidariamente al impuesto. Más adelante (§§ 88 a 90) nos ocuparemos de analizar la tributación conjunta de los miembros de la unidad familiar.

En los supuestos de tributación individual, cada cónyuge, como sujetos pasivos independientes que son ambos, está obligado al pago de la deuda tributaria (art. 84 LIRPF) *(vid.* §§ 75 y siguientes). Pero si estuvieran casados en régimen de gananciales, la deuda tributaria individual de cada cónyuge se asimila a aquéllas de las cuales responden directamente los bienes gananciales frente al acreedor —frente a la Hacienda Pública, en este caso— según lo dispuesto por el Código Civil (art. 85 LIRPF) [61].

La misma regla vale también para los casos de tributación conjunta, sin perjuicio del prorrateo «interno» de la deuda tributaria entre los cónyuges (§ 90).

El principio de tributación individual impone al legislador la formulación de reglas que permitan imputar a sujetos singulares determinadas rentas cuya titularidad o cuya administración pueden ser, en caso de matrimonio, comunes a los cónyuges. En el § 69 examinaremos esos criterios legales de individualización de rentas.

---

[61] Véase TEAC de 17-5-1994 (AT, J-597).

4.º EL PERIODO IMPOSITIVO

66. Período impositivo y devengo del Impuesto; supuestos de devengo anticipado

El período impositivo es el lapso de tiempo que delimita cronológicamente la renta gravada. No basta con definir o describir materialmente la renta. La ley tiene también que decidir cada cuánto tiempo se va a cuantificar la renta del sujeto para someterla a gravamen, definiendo un determinado período de imposición. Sólo cuando ese período se haya perfeccionado podrán decirse obtenida la renta y devengado el impuesto —sin perjuicio de que la declaración y liquidación del mismo se hagan en un momento ulterior—. De ahí que ese día en que concluye el período impositivo, o día del devengo, sea también al que hay que referirse para determinar las circunstancias personales y familiares del sujeto pasivo que dan a lugar a determinadas deducciones de la cuota (art. 95 LIRPF).

El período impositivo coincide normalmente con el año natural. O lo que es lo mismo, el Impuesto se devenga normalmente el 31 de diciembre de cada año (art. 93 LIRPF). Pero la ley recoge varios supuestos de **devengo anticipado** (art. 94): la duración del período impositivo será **inferior al año** (períodos «cortos») en los siguientes casos:

— cuando un sujeto que tribute individualmente fallezca en día distinto del 31 de diciembre; el impuesto se devenga por anticipado el día del fallecimiento;

— tratándose de sujetos que tributen conjuntamente, cuando se produzca la disolución o nulidad del matrimonio (recuérdese que el matrimonio se disuelve por la muerte de cualquiera de los cónyuges o por el divorcio), la separación judicial de los cónyuges o el fallecimiento del padre o la madre (cuando se trata de unidades familiares formadas por el padre o la madre y sus hijos menores); según los casos, el impuesto se devenga anticipadamente en la fecha del fallecimiento o en la fecha de la sentencia judicial;

— cuando dos sujetos contraigan válidamente matrimonio, siempre que tributen conjuntamente en el siguiente período «corto» contenido dentro de ese mismo año natural; el impuesto se devenga anticipadamente en la fecha del matrimonio.

En todos estos casos —salvo en el primero—, el día siguiente a la fecha de devengo comenzaría un nuevo período impositivo que concluiría, en principio, el 31 de diciembre de ese mismo año, salvo que antes de tal fecha volviera a producirse de nuevo alguna de las causas de devengo anticipado.

5.º LA OBTENCION DE LA RENTA

67. Imputación temporal de la renta: criterio general

Los criterios legales de imputación temporal de la renta permiten determinar a qué período impositivo corresponde ésta, en qué período impositivo se entiende fiscalmente obtenida. A través de ellos se concreta el concepto de obtención de la renta en su faceta temporal. Son cosas distintas **obtención** de la renta y **generación** de la renta. La renta se entiende fiscalmente obtenida en un período impositivo cuya determinación resulta de los criterios legales de imputación, con absoluta independencia de cuál haya sido el lapso de tiempo en que dicha renta haya estado generándose, que es irrelevante a estos efectos. No lo será, en cambio, para otorgar a la renta, a efectos de su tributación en el período impositivo en el que se entienda fiscalmente obtenida, la calificación de renta regular (generada en un año o menos) o de renta irregular (generada en más de un año); calificación de la que derivarán distintos efectos jurídicos en orden a la determinación de la base imponible *(vid.* §§ 72 y 73) y a la liquidación del Impuesto *(vid.* §§ 75 a 77).

La ley formula un **criterio básico** de aplicación general, además de otros criterios específicos para determinados supuestos; y excluye de su ámbito de aplicación (art. 56.6) los rendimientos empresariales y profesionales, cuya imputación temporal se rige por las normas del IS (§§ 138 y 139).

Para las rentas consistentes en **rendimientos** o en **variaciones patrimoniales**, el **criterio general** de imputación es el de **devengo** (art. 56.1 LIRPF), entendido como **exigibilidad** de los rendimientos íntegros o ingresos (por parte del sujeto pasivo), o de las cantidades que para él tengan la consideración de gastos deducibles (por parte de un tercero); los incrementos o disminuciones patrimoniales se entienden devengados en el momento en que tenga lugar la alteración patrimonial (apartados 1, 2 y 7 del art. 14 RIRPF). Es decir, los rendimientos íntegros, los gastos deducibles, los incrementos y disminuciones patrimoniales se computarían en el período impositivo en cuyo transcurso hubieran sido exigibles o se hubiese realizado la alteración patrimonial, respectivamente, con independencia de cuándo se produjeran los cobros y los pagos correspondientes.

Pero esta norma de devengo tiene carácter dispositivo, no imperativo. La ley faculta a los sujetos pasivos a regirse por otros **criterios de imputación distintos** (por ejemplo, el criterio de caja, o de materialización efectiva de los cobros y de los pagos), con determinados requisitos (apartados 2 y 3 del art. 56 LIRPF y art. 15 RIRPF).

68. (sigue) Criterios especiales de imputación temporal

Además de las reglas generales expuestas, existen criterios específicos de imputación.

— Los incrementos o disminuciones de patrimonio producidos por la transmisión de un bien para la constitución de una renta vitalicia o temporal se imputan al período en que se constituye la renta (art. 14.4 RIRPF).

— Los **incrementos no justificados de patrimonio** se imputan «al período impositivo respecto del que se descubran» (art. 49 LIRPF) [62]: es decir, no al período impositivo en que se descubran, normalmente como consecuencia de la actividad de la Inspección, sino al período en que dicha actividad acredite la exteriorización de los incrementos patrimoniales. Si, por ejemplo, en 1997 se descubre que un sujeto posee desde 1993 un bien cuya adquisición no puede justificar, el incremento patrimonial se imputaría a 1993.

— Las **rentas imputadas por transparencia fiscal** se consideran obtenidas en el período impositivo en que se hubiesen aprobado las cuentas anuales de la sociedad, salvo que el socio las impute al período en que hubiera tenido lugar el cierre del ejercicio social (arts. 76.2 LIS y 14.3 RIRPF). El mismo criterio se sigue para la imputación de las deducciones y retenciones o ingresos a cuenta [arts. 75.4.*a)* y 76.2 LIS].

— Cuando se trate de **operaciones a plazos o con precio aplazado,** las rentas se van imputando **proporcionalmente** a los sucesivos períodos impositivos en cuyo transcurso se vayan efectuando los **cobros** —«se hagan exigibles los cobros», según el Reglamento—, salvo que el sujeto pasivo decida imputarlas al momento de nacimiento del derecho (art. 56.4 LIRPF) [63]; para que la operación se considere a plazos o con precio aplazado ha de transcurrir más de un año entre la entrega del bien y el vencimiento del último plazo (art. 14.4 RIRPF).

Si el pago se instrumenta mediante letras de cambio y éstas se transmiten en firme antes de su vencimiento, la renta correspondiente se imputará al período en que tenga lugar la transmisión de la letra.

— Los ingresos o gastos derivados de los cambios de cotización de monedas extranjeras se imputan al período en que se produzcan los cobros o los pagos, respectivamente (art. 56.5 LIRPF).

— El criterio de devengo se aplica cuando los rendimientos de trabajo se perciben en períodos impositivos posteriores por causas no imputables al sujeto pasivo; percepción que dará lugar a una declaración-liquidación complementaria de la correspondiente al período del devengo, sin intereses de demora ni recargos (art. 14.6 RIRPF).

— Por último, si un sujeto que viniera rigiéndose por criterios de imputación distintos de los legales dejara de tributar por obligación personal, para hacerlo por obligación real, todos los ingresos y gastos pendientes de imputación deberán incluirse en la declaración correspondiente al último período en que el sujeto tribute por obligación personal (art. 16 RIRPF).

[62] Véase Resolución TEAC de 21-9-1994 (AT 1995, J-38).

[63] STS de 31-5-1991 (RJT, T. II, 617).

69. La imputación subjetiva de la renta: reglas de individualización de la renta

El principio de tributación individual, que es el que informa la disciplina positiva del impuesto, se concreta, entre otras cosas, en la formulación de reglas que permiten imputar la renta a uno o varios sujetos determinados, en casos en que la titularidad de la misma es compartida según las normas jurídico-privadas. Así ocurre, especialmente, como consecuencia de los regímenes económicos matrimoniales de carácter comunitario o asociativo (la sociedad de gananciales, en el territorio civil común, o los sistemas de características parecidas recogidos en los derechos forales). En todos los supuestos en que la renta pertenece en común, desde el punto de vista privado, a ambos cónyuges, se hace necesario fijar pautas legales que, a través de su atribución a uno de ellos o de su distribución entre ambos, hagan viable el principio de tributación individual; principio éste que, guardando una mayor adecuación con el régimen de separación de bienes, requiere un encaje más complejo con el régimen de gananciales [64].

Los criterios positivos de individualización de la renta se formulan separadamente por la ley, en paralelo con la regulación de cada uno de los componentes de la misma.

— Los **rendimientos del trabajo** se imputan «exclusivamente a quien haya generado el derecho a su percepción», es decir a quien haya realizado las prestaciones de trabajo; excepto las pensiones y haberes pasivos, que corresponden al pensionista (art. 30). Por tanto, si quien realiza la actividad laboral es uno de los cónyuges de un matrimonio cuyo régimen económico es la sociedad de gananciales, los salarios se imputan en su totalidad a ese sujeto; la norma tributaria, cuya constitucionalidad ha avalado el TC [65], prescinde de que, según el derecho civil, se hagan comunes para ambos cónyuges las ganancias o beneficios obtenidos indistintamente por cualquiera de ellos (arts. 1.344 y 1.347.1.º Cc).

— Los **rendimientos del capital** (tanto inmobiliario como mobiliario) se imputan a quien sea titular de los bienes o derechos patrimoniales de los que aquéllos emanan, de acuerdo con la ley del IP (art. 33) [65] *(vid.* § 200).

De nuevo, la regla tributaria puede producir efectos dispares de los puramente civiles. Por ejemplo, en caso de gananciales, si un cónyuge posee bienes privativos productores de rendimientos de capital, éstos serían gananciales (art. 1.347.2.º Cc); pero a efectos del IRPF se considerarían obtenidos exclusivamente y en su totalidad por el cónyuge titular de los bienes.

— Los **rendimientos empresariales o profesionales** se imputan a quien realice la actividad de que se trate de forma habitual, personal y

[64] STC 146/1994, de 12 de mayo (FJ 5.º). STC 214/1994, de 14 de julio (FJ 2.º). Véase
[65] STC 146/1994, de 12 de mayo (FJ 5.º); también STS de 15-3-1994 (IF 1994, J-144).

directa [66], con independencia del régimen económico del matrimonio; lo cual se presume, salvo prueba en contrario, de quienes «figuren como titulares de las actividades empresariales o profesionales» (art. 43).

En relación con estos rendimientos son válidas también las observaciones que hicimos para los del trabajo [67]. Pero en este caso, el legislador ha previsto la posibilidad de que los contribuyentes, con la finalidad de fragmentar el rendimiento y reducir de ese modo la progresividad del impuesto, asignen al cónyuge no titular o a los hijos menores retribuciones de conveniencia por sus prestaciones de trabajo en la actividad o por las cesiones de bienes afectos a la misma; retribuciones por las que tributarían estos sujetos, pero que serían deducidas como gasto por el titular de la actividad.

La ley trata de garantizar que las prestaciones de trabajo sean reales (exigiendo contrato laboral y afiliación a la Seguridad Social) y admite como gasto deducible las retribuciones pactadas, pero sólo hasta el valor normal de mercado de las mismas. Lo mismo ocurre a efectos de la EO por coeficientes [art. 30.1.*a)* RIRPF]. En contrapartida, tales cantidades serían rendimientos de trabajo del cónyuge no titular o de los hijos menores.

La regla es parecida respecto de las cesiones de bienes o derechos, propiedad de un cónyuge —no es de aplicación cuando los bienes son comunes a ambos cónyuges— o de los hijos menores, «que sirvan al objeto de la actividad» desarrollada por el sujeto pasivo [68]. También aquí la contraprestación **estipulada** se considerará como gasto deducible —igualmente con el valor de mercado como límite— para calcular el rendimiento neto de la actividad, tanto en estimación directa como en EO por coeficientes.

Pero, a diferencia de las prestaciones de trabajo, también se permite la deducción a falta de contraprestación estipulada: el titular de la actividad deducirá como gasto, en tal caso, el **valor de mercado** de la cesión de que se trate (por ejemplo, si se trata de un local comercial, el alquiler normal en el mercado); y la misma suma se considerará rendimiento del capital para el cónyuge o los hijos menores titulares de los bienes.

— Los **incrementos y disminuciones patrimoniales** se imputan a quienes, según las ya referidas normas de la ley del IP, sean titulares de los bienes en los que se produzcan, o, cuando se trate de incrementos no justificados de patrimonio, de los bienes en que éstos se manifiesten (art. 51 LIRPF). Los incrementos patrimoniales por incorporación de bienes (por ejemplo, como consecuencia del juego) se imputarán a quien corresponda el derecho a su obtención o los hubiese ganado directamente; de nuevo la ley tributaria contrasta con la civil *(vid.* art. 1.351 Cc).

— En los casos de **transparencia fiscal,** es preciso distinguir, con el artículo 55 de la ley: si se trata de sociedades de mera tenencia de bienes o

---

[66] Res. TEAC de 8-5-1996 (Ar. 1996/724) y STS de 20-4-1996 (Ar. 1996/4261).

[67] Cfr. art. 1.347.1.º Cc.

[68] La constitucionalidad del art. 43 LIRPF está implícita en la STC 146/1994, de 12 de mayo (FJ 6.º).

de valores, o de sociedades que obtienen ingresos derivados de actuaciones artísticas o deportivas, la imputación se hace a quien ostente la titularidad de las acciones o participaciones, según las reglas de individualización de los rendimientos del capital (que, como se recordará, remiten a la ley del IP); en cambio, en las sociedades de profesionales, la imputación se hará sólo a quien sea socio, aunque la titularidad de las acciones o participaciones fuese común.

70. (sigue) La tributación conjunta; remisión

Si los sujetos integrantes de una unidad familiar optan por la tributación conjunta (§§ 88 a 90), parece evidente la innecesariedad de aplicar las reglas de individualización que se acaban de examinar.

La única duda podría estar en lo que hace a la regulación de las prestaciones «internas» en el seno de la unidad familiar, es decir, las prestaciones de trabajo o las cesiones de bienes entre cónyuges o hijos menores (art. 43 LIRPF). Podría pensarse que el planteamiento de la cuestión es por completo ocioso: puesto que, al producirse en la tributación conjunta la acumulación de las rentas de los diversos miembros de la unidad familiar, ninguna relevancia tendría sobre esa renta total acumulada el doble cómputo de la misma cantidad, una vez como rendimiento de un sujeto y, de nuevo, como gasto de otro, con lo que ambas partidas se anularían entre sí.

Sin embargo, de la respuesta que se dé a tal cuestión pueden derivarse efectos directos sobre las deducciones de la cuota íntegra —y, por lo tanto, sobre la prestación tributaria—. Piénsese, por ejemplo, en la deducción «por la percepción de rendimientos del trabajo dependiente», recogida en el art. 78.7.*c)* de la ley. Es claro que, en los supuestos que estamos considerando, la procedencia de esta deducción dependerá de si se considera, o no, que el cónyuge no titular o los hijos menores que trabajan en la actividad desarrollada por el otro cónyuge, obtienen rendimientos de trabajo.

En nuestra opinión, la respuesta debe ser positiva en tales casos, dado que, al no existir reglas especiales sobre esta cuestión en las normas específicas de la tributación conjunta, habrían de observarse los criterios generales del Impuesto, plasmados en el art. 89 de la ley.

La tributación conjunta puede suscitar el problema más genérico de quién debe ser considerado titular de la renta en estos casos: si la unidad familiar en cuanto tal, que sería titular único de una renta única (la resultante de la acumulación), o si, por el contrario, cada sujeto que obtuviese renta seguiría siendo titular de la misma a efectos tributarios. La cuestión podría formularse en otros términos: ¿quién realiza el hecho imponible, la unidad familiar o los miembros de la misma que obtienen renta? Lo que late bajo esa pregunta es la determinación del alcance de la solidaridad consustancial a la tributación conjunta: ¿afecta la solidaridad en la deuda tributaria a **todos** los miembros de la unidad familiar o **sólo** a los miembros de la unidad familiar que obtengan rentas? Esta última disyuntiva parece la correcta, a la vista del art. 89 de la ley (apartados 2 y 3). Y, en consonancia con ella, incluso en caso de tributación conjunta, no es a la unidad familiar en cuanto tal a quien legalmente se atribuye la titularidad subjetiva de la renta, que corresponde siempre a personas físicas consideradas individualmente.

71. (sigue) La transparencia fiscal y la atribución de rentas: remisión

En otro lugar (§ 63) se ha visto cómo la ley del Impuesto confiere la titularidad de las rentas obtenidas por determinadas sociedades a los socios de las mismas que sean residentes en España, en virtud del régimen de transparencia fiscal.

Este mecanismo de imputación de rentas es distinto —como ya se anticipaba en el § 20—, de la **atribución de rentas** por la que se rigen los **entes de hecho** y las **sociedades civiles**, con excepciones respecto de unos y otras. En virtud de tal régimen, las rentas del ente colectivo se atribuyen a los socios, herederos, comuneros o partícipes «según las normas o pactos aplicables en cada caso y, si éstos no constaran a la Administración en forma fehaciente, se atribuirán por partes iguales» (arts. 10 LIRPF y 6 LIS).

La tributación de los entes sin personalidad jurídica ha sido un problema tradicional de deslinde entre el IRPF y el IS (*vid.* § 106); aunque, de suyo, la subjetividad fiscal de los mismos es innecesaria para lograr el gravamen de las rentas que les procure su actuación en el tráfico civil. Pues para ello basta con extraer la consecuencia inmediata de su falta de personalidad jurídica: dado que la titularidad jurídico-privada de esas rentas no es del ente de hecho en cuanto tal, sino del conjunto de personas (físicas o jurídicas) que lo integren (herederos, comuneros, etc.), la ley tributaria no tendría más que integrar la parte correspondiente de esa renta en la renta personal de cada uno de esos sujetos, sin necesidad de convertir en sujeto pasivo al ente en sí. Ahora bien, esta atribución de rentas opera con carácter general respecto de los entes de hecho a que se refiere el artículo 33 LGT (comunidades de bienes, herencias yacentes, patrimonios separados); mas no juega en cambio para otros entes igualmente desprovistos de personalidad, pero de características y funciones económico-sociales bien distintas, a los que la ley del IS (art. 7.1) define como sujetos pasivos de este impuesto (Uniones temporales de empresas, Fondos de inversión o Fondos de titulización hipotecaria, entre otros).

Lo dicho vale también para las sociedades civiles sin personalidad jurídica. Pero el régimen de atribución de rentas opera asimismo para las **sociedades civiles con personalidad jurídica**, las cuales, por tanto, no tributan por el IS, con la única excepción de las Sociedades Agrarias de Transformación, sujetos pasivos de tal impuesto, y excluidas por tanto de la atribución de rentas.

Objeto de la atribución es la renta, tanto positiva como negativa. No hay precepto expreso que precise cómo se determina tal renta, con carácter general; pero puede concluirse que, al sí haberse previsto expresamente la aplicación de la EO *(vid.* § 47), se está partiendo de una remisión implícita a la normativa del IRPF. Por otra parte, «las rentas atribuidas tendrán la naturaleza derivada de la actividad o fuente de donde procedan» (art. 10.2 LIRPF), por lo que se integrarán en la renta personal de cada miembro o partícipe del ente con la calificación que materialmente les corresponda (rendimiento, variación patrimonial o imputación por transparencia fiscal).

Lógicamente, también se atribuirían las retenciones o ingresos a cuenta a que hubieran estado sujetos los rendimientos obtenidos por el ente colectivo.

6.º LA BASE IMPONIBLE

72. Integración y compensación de rentas regulares; la base imponible regular

En la actual regulación del IRPF, la base imponible no es el importe de la renta neta, entendida como el resultado, positivo o negativo, de sumar algebraicamente todos y cada uno de los elementos, positivos o negativos, que la integran. Como veremos, la disciplina del impuesto no admite esa conjugación o confusión de los diversos componentes de la renta, sino que, por el contrario, formula reglas precisas de integración restrictiva de determinados componentes negativos de la renta con el resto de componentes positivos obtenidos en el mismo período impositivo, así como regula también la compensación de ciertas rentas negativas de un período con rentas positivas de períodos sucesivos.

Y, de otra parte, dentro incluso de las rentas obtenidas en un período dado que se someten al Impuesto en el mismo período, se establece la diferenciación, ya apuntada (§ 21), entre rentas **regulares** y rentas **irregulares** (*rectius*, rentas de generación anual y rentas plurianuales).

El fundamento de esa distinción se halla en la naturaleza progresiva del Impuesto. Si no existiera un tratamiento específico para las rentas plurianuales o irregulares, éstas, al imputarse a un único período impositivo —el de su obtención—, resultarían gravadas con mayor intensidad que si, con el mismo importe, hubiesen sido obtenidas e imputadas a los respectivos períodos en que se hubiesen generado: pues en ese caso el impuesto se habría aplicado en cada uno de los períodos sobre una base considerablemente menor, con lo que menor habría sido también, en su conjunto, la incidencia de la progresividad del Impuesto (menor habría sido el tipo medio de gravamen).

Ese mayor gravamen de las rentas irregulares se evita tanto mediante normas específicas de aplicación de la escala progresiva *(vid.* § 77) como, antes aún, «anualizando» algunas de ellas. Más precisamente, exceptuadas las variaciones patrimoniales y los rendimientos negativos empresariales o profesionales, se anualizan los demás rendimientos cuando su ciclo de producción sea superior a un año o se obtengan de forma notoriamente irregular en el tiempo [art. 59.1.*b)* LIRPF] (por ejemplo, los rendimientos de una explotación forestal, las indemnizaciones por jubilación voluntaria gravadas o las prestaciones de un Plan de Pensiones consistentes en una percepción única), con independencia de que la «vida útil» de ciertas actividades (v. gr., los deportistas profesionales, los toreros o los pilotos civiles) sea especialmente corta [69]. Mediante la ficción que encierra esa operación de «anualización» o promediación, se aísla la parte del rendimiento irregular que puede entenderse generada dentro del período impositivo, la cual se asimila a las rentas propiamente regulares. En concreto, dispone el art. 64 de la ley que el rendimiento irregular se dividirá por el número de años comprendidos en el período en que se hubiesen generado, contados de fecha a fecha, sin redondeo (o por cinco, si tal período no pudiera determinarse). El «cociente» tendrá la calificación de renta regular, y, por lo tanto, sólo el «resto» del rendimiento mantendrá su verdadera naturaleza de renta irregular.

La diversa calificación de los diversos componentes de la renta como regulares o irregulares determinará, a su vez, su agrupamiento dentro de cada una de las dos «partes» —regular e irregular— en que se divide la base imponible (art. 60 LIRPF).

La **base imponible regular** se identifica por la ley con el importe de la renta regular (art. 63 *in fine*). Esta se caracteriza, por exclusión, como aquella que no tenga la consideración de irregular o que no reciba el tratamiento de renta irregular a pesar de serlo (art. 58 LIRPF). En definitiva, se califican como rentas regulares: las que lo sean realmente —rentas «anuales»—; las que, siendo irregulares, sean tratadas como regulares —los «cocientes» recién mencionados o los rendimientos irregulares negativos de actividades económicas—; y, por último, aquellas a las que la ley otorgue tal consideración con abstracción de su naturaleza (así, las rentas imputadas por transparencia fiscal).

Más precisamente, las **rentas regulares** podrán consistir en:

— **rendimientos** netos que hayan sido obtenidos en un período de tiempo **igual o inferior a un año**, sean positivos o negativos;

— **incrementos o disminuciones de patrimonio de régimen «común»** —es decir, excluidos los que se producen por la transmisión de bienes afectos a las actividades empresariales o profesionales— cuyo período de generación sea **igual o inferior a un año**. Tienen la misma consideración, implícitamente, los **incrementos no justificados de patrimonio**, si bien, como ya se dijo (§ 49), se integran directamente en la base liquidable regular.

La ley no se pronuncia expresamente sobre la condición de los incrementos patrimoniales que fuesen consecuencia de la comprobación de valores en el ITPAJD: ¿deben considerarse renta regular o renta irregular?

[69] La jurisprudencia es unánime al respecto: véanse, por ejemplo, SSTS de 20-7-1993 (AT 1993, J-616) o de 8-3-1995 (Ar. 1995/2460), que reitera otras anteriores. Para la noción de renta irregular, Res. TEAC de 23-10-1996 (Ar. 1996/1542).

La importancia de la cuestión radica en la diversa regulación que para unas y otras tiene la integración y compensación de los elementos positivos y negativos de renta. La ausencia de distingos en el texto legal [art. 59.1.*a)*] consiente afirmar que estos incrementos patrimoniales a título lucrativo tendrían la misma consideración que el incremento o la disminución de patrimonio puestos de manifiesto inmediatamente por la transmisión a título oneroso: como éstos, serían renta irregular si la adquisición del bien se hubiera producido con más de un año de antelación a la fecha de la transmisión, y renta regular cuando ese período hubiese sido igual o inferior a un año;

— **rendimientos netos negativos irregulares** derivados de **actividades empresariales y profesionales** [art. 59.2.*b)* LIRPF]. La razón de que estos rendimientos negativos se integren en la renta regular aun siendo irregulares hay que buscarla en el propósito de asimilar en lo posible a las normas del IS la determinación del beneficio empresarial y profesional a efectos del IRPF *(vid.* § 45). Los sujetos pasivos del IS integran sus rendimientos negativos dentro de su renta neta sin tener en cuenta si son regulares o irregulares, pues no existe en dicho tributo ningún régimen especial para las rentas irregulares en general, al tratarse de un impuesto proporcional. De ahí que la ley del IRPF, para evitar un perjuicio comparativo a los empresarios individuales y a los profesionales, otorgue a estos rendimientos el tratamiento de renta regular, excluyéndolos de la «anualización» que se aplica como regla general a todos los rendimientos irregulares;

— los **«cocientes»** o parte «anualizada» de los **rendimientos irregulares** netos —positivos o negativos, según los casos, si proceden del trabajo personal o del capital; sólo positivos, si se trata de rendimientos empresariales o profesionales;

— **rentas imputadas** en virtud del régimen de transparencia fiscal o de la llamada transparencia fiscal internacional. Aunque la ley menciona sólo las bases imponibles positivas, idéntica consideración habrán de tener los supuestos excepcionales de imputación de bases imponibles negativas *(vid.* § 63).

En cuanto a los **incrementos o disminuciones patrimoniales** derivados de bienes **afectos** a actividades empresariales o profesionales [arts. 58 y 59.2.*a)* LIRPF], se incluyen, según se dijo (§ 46), entre los rendimientos netos de la actividad, sin perjuicio de su especial tratamiento en la determinación de la cuota íntegra *(vid.* § 77).

Identificados de este modo los elementos de la renta que pueden calificarse de regulares, la base imponible regular sería el resultado de la **integración y compensación** de todos ellos.

Mas las normas del IRPF (arts. 60 y 63 de la ley) no permiten una integración sin restricciones de los diversos elementos positivos o negativos que componen la renta regular. Por el contrario, imponen una rígida separación —en el sentido que se dirá— entre rendimientos y rentas imputadas, de un lado, y variaciones patrimoniales, de otro.

— Así, en primer lugar, los rendimientos regulares (positivos o negativos) y las bases imponibles imputadas positivas (o también negativas, excepcionalmente) se integrarán y compensarán entre sí sin limitación alguna (art. 61). En consecuencia, el resultado de tal operación podrá ser positivo o negativo, según los casos.

— Por separado se integran y compensan, **exclusivamente entre sí**, los incrementos y disminuciones patrimoniales regulares obtenidos por el sujeto en el período impositivo. La suma así obtenida forma parte de la base imponible regular de ese período **sólo si es positiva**, es decir, si el sujeto tiene un **«incremento patrimonial neto regular»**. En cambio, si es negativa —si el sujeto experimenta una **«disminución patrimonial neta regular»**— no formará parte de la base imponible regular, no podrá reducir los restantes componentes positivos de ésta: de acuerdo con el art. 62.2 de la ley, se compensará con los incrementos patrimoniales irregulares del propio período o de los cinco años siguientes. A estos efectos, la ley (art. 66) distingue dos grupos de variaciones patrimoniales irregulares, según que el período de generación sea de dos o menos años, o de más de dos años. La disminución patrimonial regular neta se compensaría, según los casos, en el mismo ejercicio con el incremento irregular neto de la primera categoría (dos o menos años) o de la segunda categoría (más de dos años), si el primero no bastase a absorber toda la disminución neta regular; o, en el mismo ejercicio, con el neto positivo resultante de integrar y compensar entre sí el incremento neto con la disminución neta de ambas categorías de rentas irregulares. Si en las dos categorías se hubiese registrado una disminución neta, se compensaría con los incrementos de la categoría correspondiente de los cinco años siguientes (art. 66, apartados 2, 3, 4 y 5); si el resultado de tal compensación fuese positivo, es de esa cantidad de la que —aunque no esté expresamente dicho en la ley— podría deducirse la disminución neta regular precedente que estuviese aún pendiente de compensación, siempre dentro de un período de cinco años.

La incomunicación entre ambos segmentos de la renta regular no es absoluta, pues si bien la disminución patrimonial neta no puede compensarse con los rendimientos netos positivos o las bases imponibles positivas imputadas, sí puede darse, en cambio, lo contrario: el incremento patrimonial neto sí puede verse reducido o absorbido por obra de los rendimientos netos negativos regulares o por los rendimientos irregulares netos negativos de naturaleza empresarial o profesional, con los que sí puede integrarse en el mismo período impositivo.

Recapitulando cuanto antecede, puede describirse la **base imponible regular** (art. 63 LIRPF) como el resultado de sumar, con su respectivo signo positivo o negativo, los siguientes componentes:

— los rendimientos regulares o anuales netos (positivos o negativos);

— el incremento patrimonial neto regular;

— los rendimientos irregulares netos «anualizados», es decir, los «cocientes» de los rendimientos irregulares netos (que, en teoría, pueden ser positivos o negativos, pero que en la práctica serán normalmente positivos);

— los rendimientos irregulares netos negativos de las actividades empresariales o profesionales; y

— las bases imponibles positivas imputadas por transparencia fiscal o por transparencia fiscal internacional (excepcionalmente, también las pérdidas imputadas por transparencia fiscal al cobijo de la legislación especial o del derecho transitorio).

El resultado de esta suma podrá ser, claro está, positivo o negativo. La ley, sorprendentemente, no ha previsto compensación alguna en esta segunda hipótesis, al menos de modo expreso. Pero podría pensarse que ello se debe a que sólo ha querido establecer la compensación de la base **liquidable** regular negativa. Abordaremos esta cuestión en otro lugar (§ 76).

73. Integración y compensación de rentas irregulares; la base imponible irregular

Son **rentas irregulares** los incrementos o disminuciones de patrimonio cuyo período de generación haya sido superior a un año (incluidos los producidos por la transmisión de bienes afectados por cualquier clase de siniestro) y los rendimientos netos plurianuales (excepto los rendimientos netos negativos irregulares de naturaleza empresarial o profcsional y la parte «anualizada» de los demás); en ningún caso tendrán el tratamiento de renta irregular los incrementos o disminuciones patrimoniales derivados de bienes afectos a actividades empresariales o profesionales [art. 59.2.*a)* LIRPF], los cuales, como sabemos, se incluyen en el rendimiento neto de esas actividades.

La base imponible irregular resulta de compensar e integrar estas rentas irregulares según las reglas siguientes.

A) En relación con los **rendimientos irregulares** (art. 65 LIRPF), se integrarán y compensarán exclusivamente entre sí los «restos» no anualizados de los mismos. Si el resultado es positivo, formará parte de la base imponible irregular de ese período. Si el resultado es negativo, puede compensarse con los rendimientos irregulares positivos que el sujeto obtenga en los cinco años siguientes. Tal compensación podrá efectuarse con entera libertad por parte del sujeto (por partes iguales o desiguales a lo largo de los cinco años, íntegramente en cualquiera de los cinco años, etc.) con la única limitación de que ese plazo es absolutamente improrrogable, ni directa ni indirectamente.

En garantía de ese límite temporal, el importe máximo de los rendimientos negativos irregulares que pueden compensarse en un año determinado es igual a la cifra de rendimientos positivos irregulares de ese año. Se impide de ese modo que los rendimientos negativos puedan «saltar» a un año posterior, y que se vaya dilatando indefinidamente el período de compensación.

Y en el mismo sentido opera una segunda prohibición legal: los rendimientos netos irregulares negativos de un año no pueden acumularse a los que se produzcan en otro año posterior. Es decir, si se producen sucesivamente rendimientos netos irregulares negativos, cada uno de ellos se identificará por el año de su obtención, a los efectos del cómputo del período quinquenal posterior durante el cual es posible la compensación.

B) Tajantemente aislados de los rendimientos irregulares se encuentran en la ley los **incrementos y disminuciones patrimoniales irregulares**, que, a efectos de la integración y compensación entre ambos, se dividen en dos grupos, según que su período de generación sea *a)* de dos años o más de un año (si fuera de un año o menos, no serían irregulares), o *b)* de más de dos años (art. 66.1). Dentro de cada uno de los dos grupos indicados, los incrementos y las disminuciones se integrarán y compensarán exclusivamente entre sí (art. 66.2), lo que dará un resultado positivo (un incremento patrimonial neto) o negativo (una disminución patrimonial neta). Efectuada esa doble operación, caben distintas posibilidades:

— si en ambas categorías se produce una disminución neta, cada una de ella se compensará, por separado, con los incrementos irregulares de la misma clase que se obtengan en los cinco años siguientes (art. 66.3);

— si hubiese incremento neto en uno de los grupos, y en el otro disminución neta, ésta puede compensarse con el incremento hasta el límite del importe de éste. El resultado de esta operación puede ser negativo (es decir, no se habría podido compensar en su totalidad la disminución neta) o positivo (tras haber absorbido el incremento neto toda la disminución): en el primer caso, dicho saldo negativo se compensaría con los incrementos y disminuciones del grupo correspondiente, en los cinco años sucesivos; en cambio, si el saldo fuese positivo, se compensaría con él, en su caso, hasta el límite de su importe, la disminución neta regular del ejercicio (art. 66.4), como se dijo más arriba (§ 72).

— si, por último, en cada grupo se hubiese registrado un incremento neto, antes de integrarse ambos en la base imponible irregular, habría de compensarse, en su caso, la disminución neta regular: como ya sabemos (§ 72), ésta se restaría, primero, del incremento neto irregular del primer grupo (dos años o menos), hasta el límite del importe de éste; el eventual exceso se compensaría con el incremento neto del segundo grupo (art. 66.5).

El período de compensación es improrrogable, a semejanza de lo que ocurre con los rendimientos irregulares: el art. 66.5 impide acumular los saldos negativos que hemos descrito con disminuciones patrimoniales irregulares de ejercicios posteriores.

Esta clasificación de los incrementos y disminuciones patrimoniales, atendiendo al período de tiempo en que se hayan generado, ha de conectarse con el sometimiento de una y otra categoría a distintas escalas y tipos de gravamen. Como veremos en otro lugar (§ 77), la base imponible irregular —que constituye siempre la base liquidable irregular— se divide a estos efectos en cuatro partes (art. 72 LIRPF), resultantes de separar, primero, *a)* los **rendimientos irregulares** de los incrementos de patrimonio irregulares; éstos, a su vez, se subdividen, distinguiéndose, según se acaba de ver, *b)* los **incrementos patrimoniales** generados en **dos o menos años,** de *c)* los **incrementos patrimoniales** generados en **más de dos años;** entre éstos, por último, se diferencian *d)* los incrementos patrimoniales generados en más de dos años producidos en la enajenación de **participaciones** en el capital o en el patrimonio de **instituciones de inversión colectiva,** o de **activos financieros.**

Huelga añadir, por último, que, como consecuencia de las complicadas reglas que se acaban de describir, la base imponible irregular no puede ser negativa, toda vez que, si existen elementos de renta irregular negativos en un período determinado, son «expulsados» de la base imponible del mismo y quedan pendientes de una posible compensación en los cinco años siguientes.

74. Regímenes de determinación de la base imponible; remisión

Con carácter general, la cuantía de los distintos elementos que componen la base imponible se determina en estimación directa, es decir, a partir de la identificación precisa de los importes de cada una de las partidas que componen la renta neta del sujeto; salvo que sea procedente la estimación indirecta prevista por la LGT.

Pero como sabemos, la ley permite la determinación de ciertos rendimientos netos —los de los pequeños y medianos empresarios y los de algunos profesionales— mediante métodos de estimación objetiva, cuya regulación ya se ha descrito páginas atrás *(vid.* § 47). Precisamente a los signos, índices, módulos o coeficientes de la estimación objetiva, si los sujetos hubiesen renunciado a ésta, se atenderá preferentemente cuando sea de aplicación la estimación indirecta (art. 68 LIRPF).

7.º LA LIQUIDACION DEL IMPUESTO

75. La deuda tributaria: planteamiento general

A grandes rasgos, el proceso que culmina en la cuantificación de la deuda tributaria consta de varias fases, a partir del momento en que se ha determinado la base imponible del período, dividida, en su caso, en sus dos partes regular e irregular.

El primer paso consiste en la aplicación de los tipos progresivos o fijos, según corresponda, a la renta gravada del período o base liquidable, la cual puede ser menor que la base imponible como consecuencia de las reducciones establecidas por la ley (§ 76). Ya hemos anticipado que, como consecuencia de la nueva regulación de la cesión de tributos estatales a las CC.AA., desde 1997 han de aplicarse dos escalas distintas, una estatal y otra autonómica (*vid.* § 77).

En esta fase se mantiene la distinción entre rentas regulares e irregulares (más precisamente, entre la base liquidable regular y la base liquidable irregular), para mitigar los efectos de la progresividad sobre las rentas irregulares; de ahí que éstas se rijan por reglas especiales. Como veremos, para determinadas rentas irregulares el tipo marginal máximo es en conjunto del 20 por 100, muy por debajo del resultante de las escalas general y autonómica (en torno al 56 por 100); para otras rentas irregulares, el Impuesto ya no es progresivo, al aplicarse un tipo fijo conjunto del 20 por 100 *(vid.* §§ 72 y 77).

La cuota íntegra así obtenida, con las minoraciones y ajustes que correspondan sobre sus dos partes (estatal y autonómica), no constituye normalmente la deuda tributaria. Pues, dado el carácter subjetivo del Impuesto, el legislador establece un conjunto de deducciones sobre la misma, tanto estatales como autonómicas, que tienen en cuenta las situaciones personales o familiares de los contribuyentes; así como otras que responden a motivos muy heterogéneos (§§ 78 y 79). El efecto de estas deducciones es la disminución de la cuota íntegra: lo que de ella resta recibe la denominación de cuota líquida —dividida también en una parte estatal y otra autonómica—, que expresa la prestación tributaria del sujeto por el IRPF (salvo lo dispuesto para evitar la doble imposición internacional).

Sin embargo, los sujetos no ingresan normalmente la cuota líquida al cumplimentar la declaración-liquidación del Impuesto. Pues la gestión del IRPF se lleva a cabo a través de un conjunto de procedimientos, como consecuencia de los cuales, en la gran mayoría de los casos, la Hacienda Pública recibe anticipos sobre la deuda tributaria de los contribuyentes con anterioridad al momento de la declaración del Impuesto. Al formalizarse ésta, el contribuyente ingresará sólo la diferencia (la llamada cuota diferencial), o bien se generará para él un derecho a la devolución del exceso de los anticipos sobre su deuda (§§ 82 y siguientes).

Todo este complejo procedimiento debe ser tenido en cuenta para comprender en su justo sentido la regulación legal de la deuda tributaria, que identifica como núcleo esencial de la deuda tributaria la «cuota tributaria» (art. 84.1). Pero parece patente que este concepto no significa gran cosa por sí mismo en el IRPF, si no se lo dota de mayores precisiones: ¿qué debe entenderse por «cuota tributaria»: la que resulta de aplicar los tipos progresivos y/o el tipo fijo, de restar de ésta las deducciones legalmente establecidas, de disminuir ésta a su vez en la deducción por doble imposición internacional, de deducir, por último, los pagos anticipados?

Más confusa aún es la afirmación de que «los sujetos pasivos estarán obligados al pago de la deuda tributaria» (art. 84.2). Esta norma no quiere decir que el cumplimiento de la prestación tributaria deba ser realizado siempre y en todo caso por el sujeto pasivo. Lo que es un deber inexcusable de éste es la presentación de la declaración-liquidación del Impuesto, salvo cuando se encuentra en las circunstancias que lo eximen del mismo (art. 96.2 LIRPF). Pero el cumplimiento de ese deber no implica necesariamente la realización de un pago a cargo del sujeto pasivo; por el contrario, sucede normalmente que para buen número de sujetos surge, como consecuencia de la declaración-liquidación, un «crédito de impuesto», es decir, un derecho a la devolución de determinadas cantidades por parte de la Hacienda Pública (§ 85).

En resumen, la «cuota tributaria» a que se refiere la ley es la prestación tributaria material que resulta de practicar de las dos partes (estatal y autonómica) de la cuota íntegra todas las deducciones que legalmente correspondan, incluida la deducción por doble imposición internacional. Y esa prestación puede ser realizada formalmente por el propio sujeto o por terceros o por ambos, en momentos y mediante procedimientos distintos (*vid.* §§ 82 y siguientes).

76. Base liquidable regular y base liquidable irregular; la compensación de bases liquidables regulares negativas

La base imponible regular puede verse disminuida por obra de diversas reducciones previstas por la ley. El resultado de practicarlas —añadidos, en su caso, los incrementos no justificados de patrimonio— se designa como base liquidable regular. Las **reducciones** se agrupan en dos únicos bloques (art. 71 LIRPF):

— determinadas cotizaciones a Mutualidades de Previsión social —excluidas las cotizaciones a las Mutualidades Generales obligatorias de los funcionarios, que se consideran gasto deducible de los rendimientos íntegros de trabajo (§ 30)— y aportaciones (de los partícipes) o contribuciones (de los promotores, imputadas a los partícipes como rendimiento de trabajo [§ 31]) a Planes de Pensiones. La reducción máxima por estos conceptos es la menor de dos cantidades: el 15 por 100 de los rendimientos netos del trabajo, empresariales y profesionales (es decir, no cuentan los restantes componentes de la renta) o 1.000.000 de pesetas. El exceso de las indicadas cotizaciones a Mutualidades daría lugar a deducción de la cuota íntegra [art. 78.4.*a)* LIRPF]; y

— pensiones compensatorias a favor del cónyuge y anualidades por alimentos satisfechas ambas por decisión judicial. La exigencia de este requisito, aunque intenta con toda evidencia impedir la atenuación fraudulenta de la progresividad, implica también, paradójicamente, tratar de modo más benévolo a quienes han de ser constreñidos judicialmente a cumplir sus deberes familiares que a quienes lo hacen espontáneamente. Las anualidades por alimentos en favor de los hijos no permiten la reducción de la base imponible del pagador ni siquiera si se fijan por decisión judicial: el legislador no ha querido añadir tal reducción a la consideración de las anualidades como renta exenta del perceptor (§ 19).

¿Pueden practicarse estas reducciones si la base imponible regular es negativa? La ley parece contemplar sólo reducciones sobre una base positiva, aunque no lo diga expresamente (arts. 70 y 71). La cuestión es si, en el caso de que la base imponible regular sea negativa, la base liquidable regular coincide con ella —lo que sucedería si se llegase a la conclusión de que la reducción no es posible—, o si, por el contrario, puede ser menor que ella (es decir, mayor que ella en cifra, pero con signo negativo). Si, por ejemplo, un sujeto tiene una base imponible regular de –3 millones de pesetas y ha pagado a su cónyuge una pensión compensatoria, fijada judicialmente, de 2 millones de pesetas, ¿su base liquidable regular sería de –3 millones o de –5 millones? El trasfondo de esta cuestión es importante, pues no es otro que precisar cuál sería la base liquidable regular negativa susceptible de compensación futura.

Estando a la letra de la ley, «si en virtud de las normas aplicables para el cálculo de la base liquidable definida en el artículo 70 ésta resultase negativa, su importe podrá ser compensado con el de las bases liquidables regulares positivas que se obtengan en los cinco años siguientes» (art. 73.1). Parece, pues, que la compensación está prevista sólo para el caso de que la base liquidable regular sea negativa **como consecuencia de las reducciones** que hemos examinado; y esto sólo podría suceder cuando de una base imponible regular positiva se restasen reducciones de importe superior. Pero esta interpretación se nos antoja poco respetuosa con el espíritu de la ley. Lo que ésta se propone es preservar del impuesto la renta que el sujeto destine a determinados fines, bien en el mismo año, bien, cuando ello no fuera posible, en los cinco años siguientes. En el caso límite, un sujeto cuya base imponible regular fuese negativa y que no tuviese derecho a ninguna reducción tampoco podría beneficiarse de la compensación futura: pues su base liquidable regular coincidiría con la imponible y sería negativa, pero no como resultado de las reducciones que hemos supuesto inexistentes. Ese resultado sería manifiestamente absurdo. Habría que concluir, por el contrario, dos cosas: la primera, que la base liquidable regular negativa será compensable aunque su signo negativo no sea consecuencia de las reducciones legales, por ser ya negativa la base imponible regular; y la segunda, que las reducciones pueden operar incluso en esta última hipótesis, con lo que la cifra a compensar sería la suma algebraica (con signo negativo) de la base imponible regular negativa y las reducciones.

El ejercicio de la compensación tiene como único límite un plazo de cinco años, que no puede ser prorrogado ni siquiera indirectamente, «mediante la acumulación a bases liquidables regulares negativas de años posteriores» (art. 73.2). Nada se dice de otro requisito que también debe entenderse implícitamente impuesto: el de que no puede rebasarse la cifra de la base liquidable regular positiva. Pues de no ser así se lograría también ese estiramiento del plazo de cinco años que el legislador ha querido impedir.

Ningún problema suscita la base imponible irregular: no admite reducción alguna, por lo cual es también, siempre, la base liquidable irregular (art. 72 LIRPF).

77. La cuota íntegra; el tipo medio de gravamen agregado y el ajuste de cuota

La cuota íntegra es el resultado de aplicar los tipos progresivos o el tipo fijo del Impuesto a la base liquidable, o mejor a la base liquidable regular y/o a las distintas partes de la base liquidable irregular. Los tipos suelen modificarse, con vigencia anual, por la Ley de Presupuestos, habilitada al efecto por la Ley del Impuesto (DF Primera).

Tras la reforma de la financiación autonómica por obra de la Ley Orgánica 3/1996 y la Ley 14/1996 (*vid.* § 6), la cuota íntegra está dividida en dos partes, una estatal y otra autonómica; para la obtención de cada una de ellas, a su vez, hay que tomar por separado la base liquidable regular y la base liquidable irregular. Veamos cómo se opera con cada una de ellas.

A) Es sabido que la progresividad del Impuesto es de las llamadas «por escalones». Se indica con esta expresión que los tipos marginales sucesivamente crecientes van incidiendo por separado sobre las partes de base liquidable comprendidas en los respectivos tramos o escalones fijados por la ley. Como consecuencia de la cesión del tributo a las CC.AA., dicha progresividad se materializa actualmente en dos escalas (una general o estatal, y otra autonómica) de similar estructura, que inciden ambas sobre la **base liquidable regular.** Para la aplicación de ambas, la ley ofrece en cada una de ellas las cuotas acumuladas hasta cada sucesivo nivel superior de base liquidable, con lo que sólo es preciso sumar el resultado de aplicar el tipo marginal correspondiente al exceso de la base liquidable del contribuyente sobre el último tramo completo de la escala.

a) La **escala estatal** o general, contenida en el artículo 74.1 de la ley (para la tributación conjunta, art. 91) [70], es, para 1997, la siguiente:

Base liquidable hasta pesetas	Cuota íntegra — Pesetas	Resto base liquidable hasta pesetas	Tipo aplicable — Porcentaje
442.000	0	694.000	17,00
1.136.000	117.980	1.169.000	19,55
2.305.000	346.520	1.169.000	23,80
3.474.000	624.742	1.169.000	27,20
4.643.000	942.710	1.169.000	30,60
5.812.000	1.300.424	1.169.000	34,00
6.981.000	1.697.884	1.169.000	38,25
8.150.000	2.145.026	1.169.000	41,65
9.319.000	2.631.915	1.169.000	45,05
10.488.000	3.158.549	en adelante	47,60

Veamos, para su aplicación, un ejemplo elemental:

Si la base liquidable regular de un sujeto fuera de 8.500.000 ptas., la parte estatal de la cuota íntegra se obtendría así: para un nivel de base hasta 8.150.000 ptas. la ley nos indica que las cuotas íntegras acumuladas ascienden a 2.145.026 pesetas; y si seguimos leyendo horizontalmente esa línea de la escala comprobaremos que el tipo marginal siguiente, para el resto

[70] El texto de ambos artículos es el establecido por el art. 27.3 de la L. 14/1996, de 30 de diciembre.

de base hasta completar 1.169.000 pesetas, es del 41,65 por 100. Como la base liquidable de nuestro ejemplo es de 8.500.000 ptas., tal resto es de 350.000 ptas.: a éstas habría que aplicar el 41,65 por 100 con un resultado de 145.775 ptas. Y la cuota íntegra sería por tanto igual a 2.145.026 (ofrecida por la escala) más 145.775 (obtenida por el sujeto), es decir 2.290.801 ptas.

Esta cuota puede ser minorada en pequeñas cantidades, para aquellos contribuyentes cuya base liquidable regular no rebase los dos millones de pesetas (art. 74.2 de la ley).

La parte estatal de cuota correspondiente a la base liquidable regular, por tanto, resulta de la aplicación de múltiples tipos, tantos cuantos sean los tramos o escalones en que haya de fragmentarse a estos efectos dicha base, de acuerdo con la escala general. Ello no obstante, podemos identificar cuál es el grado concreto de progresividad con el que ésta incide sobre una base liquidable regular dada, una vez que hayamos calculado la cuota íntegra correspondiente a la misma: el porcentaje que representa esta parte de cuota íntegra (minorada, en su caso) sobre la base liquidable regular es la expresión de ese grado de progresividad. Ese porcentaje recibe el nombre de **tipo medio de gravamen general** (art. 74.3 LIRPF). Como se está viendo, no se trata —en relación con la base liquidable **regular**— de un verdadero tipo impositivo, pues en ningún momento se aplica a la base indicada, sino que se obtiene *a posteriori* de la aplicación del conjunto de tipos que procedan en cada caso. El tipo medio de gravamen general puede ser aplicado realmente, en cambio, a ciertas rentas irregulares que, en virtud de la ley, no pueden ser gravadas en ningún caso con menor fuerza que la base liquidable regular, sino que soportarán una progresividad **igual o superior.**

b) La determinación de la parte autonómica de la cuota íntegra correspondiente a la base liquidable regular se realiza del mismo modo, sólo que mediante la **escala autonómica.** Esta será, en principio, en cada C.A., la que haya sido aprobada por la misma de acuerdo con el artículo 13.1.1.°*a)* de la L. 14/1996. En todo caso, si no existiera ley autonómica al respecto, se aplicaría la llamada «escala complementaria», recogida en el artículo 74.2 de la ley:

Base liquidable hasta pesetas	Cuota íntegra — Pesetas	Resto base liquidable hasta pesetas	Tipo aplicable — Porcentaje
442.000	0	694.000	3,00
1.136.000	20.820	1.169.000	3,45
2.305.000	61.151	1.169.000	4,20
3.474.000	110.249	1.169.000	4,80
4.643.000	166.361	1.169.000	5,40
5.812.000	229.487	1.169.000	6,00
6.981.000	299.627	1.169.000	6,75
8.150.000	378.534	1.169.000	7,32
9.319.000	464.456	1.169.000	7,95
10.488.000	557.391	en adelante	8,40

A semejanza de lo que se acaba de indicar en relación con la parte estatal de cuota íntegra, también cabe aquí la minoración de cuota; y se obtiene del mismo modo el **tipo medio autonómico.**

B) La **base liquidable irregular** resulta gravada tanto por los tipos generales como por los llamados tipos autonómicos.

a) Para la aplicación de los **tipos generales,** hay que tener en cuenta las cuatro partes en que, según ya dijimos (§ 73), se divide la base liquidable irregular. A estos efectos, se gravan:

— los rendimientos irregulares, al más alto de estos dos tipos: el tipo medio calculado *ad hoc,* con la escala general, sobre la mitad de tales rendimientos irregulares, o el tipo medio de gravamen general;

— los incrementos patrimoniales generados en dos o menos años, de modo análogo al de la parte anterior (calculando el tipo medio *ad hoc,* como es lógico, sobre la mitad de los incrementos irregulares);

— los incrementos patrimoniales generados en más de dos años, a la siguiente escala:

Parte de base liquidable	Tipo aplicable — Porcentaje
Hasta 200.000 pesetas	0
Desde 200.001 pesetas en adelante	17

— los incrementos patrimoniales generados en más de dos años, derivados de la enajenación de participaciones en el capital o en el patrimonio de instituciones de inversión colectiva (sociedades de inversión, fondos, etcétera) o de activos financieros, al tipo único del 17 por 100.

Ahora bien, puede ocurrir que dentro de la base liquidable irregular existan rentas pertenecientes a los grupos tercero y cuarto anteriores. En tal caso, la escala y el tipo del 17 por 100 se aplican, respectivamente, cuando integrados dentro de cada grupo los incrementos y las disminuciones patrimoniales, se obtenga en cada uno de los dos un resultado positivo (un incremento neto); en cambio, si en uno de los grupos se diese un incremento neto, y en el otro, una disminución neta, al resultado positivo de compensar ambos se aplicaría o la escala o el tipo fijo, según el grupo en que estuviera clasificado el incremento. Por ejemplo, Ticio vende en 1997 los siguientes bienes, adquiridos todos en 1991: un solar, acciones de X SA y acciones de Y SA (sociedades, ambas, de inversión mobiliaria); las ventas le ocasionan, respectivamente, sendos incrementos patrimoniales de 15.000.000 y 4.000.000 de pesetas, y una disminución patrimonial de 10.000.000 de pesetas. Para determinar la cuota del IRPF, se aplicaría la escala del art. 75.1 de la ley a 9.000.000 de pesetas [15.000.000 + (4.000.000 – – 10.000.000)].

Ni la escala ni el tipo fijo serían de aplicación si las operaciones descritas diesen un resultado final negativo, pues, como ya ha visto antes, el mismo no formaría parte de la base imponible del ejercicio, sino que quedaría pendiente de una futura compensación en los cinco años siguientes *(vid.* § 73).

b) Por último, se aplicarían del mismo modo los llamados **tipos autonómicos,** con dos salvedades: *mutatis mutandis,* para los dos primeros grupos de rentas irregulares, se tienen en cuenta, lógicamente, la escala autonómica (o, en su caso, la complementaria) y el tipo medio autonómico; mientras que, en los grupos tercero y cuarto, el tipo del 17 por 100 es ahora del 3 por 100.

Una vez calculadas estas distintas porciones de cuota, la cuota íntegra en sentido propio se obtiene por la suma de todas esas cuotas «parciales» (art. 73 bis LIRPF).

La cuota íntegra puede verse reducida cuando de la base imponible regular forman parte incrementos y disminuciones de patrimonio derivados de **bienes afectos a actividades empresariales y profesionales** integrados en un rendimiento neto positivo. La ley determina que tales incrementos patrimoniales —o mejor, el **incremento patrimonial neto** resultante de la suma algebraica de todos los incrementos y disminuciones patrimoniales de estas características obtenidos por el sujeto— no tributarán más de lo que habrían tributado si hubieran sido obtenidos por una sociedad. A estos efectos, el «tipo medio de gravamen agregado» (es decir, la suma del estatal más el autonómico) no puede ser superior al tipo general del IS (el 35 por 100 en la actualidad). Para tal caso, la ley (art. 76) ha previsto el llamado **«ajuste de cuota»:** es decir, el resultado de aplicar la diferencia entre ambos tipos al incremento patrimonial neto antes mencionado se restaría tanto de la cuota íntegra estatal (en un 85 por 100) como de la autonómica (el 15 por 100 restante).

La cuota íntegra así determinada está sujeta a un límite cuantitativo, tomada en conjunto con la cuota íntegra del IP, como se indica más adelante (§ 218).

78. La cuota líquida; deducciones de la cuota íntegra

Cada una de las dos partes, estatal y autonómica, de la cuota íntegra puede verse disminuida por la práctica de las deducciones que procedan. Tales deducciones se fijan, de entrada, en la propia ley del Impuesto (art. 78) [71] y pueden ser modificadas por la Ley de Presupuestos. Además, el nuevo sistema de financiación autonómica (*vid.* § 6) otorga a las CC.AA. competencias normativas para la regulación de deducciones por circunstan-

---

[71] Para el año 1997, el texto del art. 78 LIRPF ha sido establecido por el art. 27.3 de la L. 14/1996, de 30 de diciembre. Un supuesto adicional de deducción «estatal» es el regulado por el art. 2.Tres, apartado 4.1, de la Ley 13/1996: como consecuencia de la imputación de rendimientos del capital mobiliario derivados de la cesión de derechos de imagen (*vid.* § 40), se imputa asimismo, coherentemente, el impuesto personal sobre la renta del intermediario, salvo si se hubiera satisfecho en un paraíso fiscal.

cias personales y familiares, por inversiones no empresariales y por consumo de renta [art. 13.1.1.º*b)* L. 14/1996, de 30 de diciembre].

Para la determinación de la cuota líquida, las deducciones reguladas por el Estado (las del art. 78 LIRPF) se restan tanto de la parte estatal de la cuota íntegra (en un 85 por 100) como de la parte autonómica (el 15 por 100); de esta última, además, se sustraerían, en su caso, las deducciones que hubiesen sido establecidas por la C.A. correspondiente (art. 77 LIRPF); con lo que tendremos pues, también, una parte estatal de la cuota líquida y una parte autonómica.

Ninguna de ambas partes puede ser negativa. La cuota líquida expresa por tanto la prestación tributaria del sujeto en sentido material (si exceptuamos las deducciones ulteriores por razón de doble imposición internacional), aunque como ya dijimos no sea ingresada directamente por el sujeto con ocasión de la declaración del Impuesto, en la inmensa mayoría de los casos.

Las deducciones del artículo 78 LIRPF son de muy variada naturaleza.

a) En un primer grupo podrían integrarse las que responden al carácter **subjetivo** del Impuesto, es decir aquellas que contemplan las especiales situaciones familiares y personales en que pueden encontrarse los sujetos pasivos, en general, o ciertas categorías de sujetos delimitadas básicamente por su bajo nivel de renta. La determinación de tales circunstancias atenderá la situación existente en la fecha de devengo del Impuesto (§ 66). Dentro de este grupo se sitúan:

— las deducciones **familiares** (por descendientes o ascendientes que convivan con el sujeto pasivo, con los prolijos requisitos que establece el art. 78.1 LIRPF). Se incluyen también otras deducciones conectadas a situaciones personales de los sujetos, como el ser de edad igual o superior a 65 años o el ser invidentes o minusválidos (art. 31 RIRPF). Estas deducciones consisten en determinadas cantidades fijas, cuyo importe, en los supuestos de devengo anticipado del Impuesto *(vid.* § 66), se reduce en proporción a la duración del período impositivo (art. 94.3 LIRPF);

— las deducciones por **gastos personales.** El legislador establece un trato más favorable para las rentas que el sujeto destina a determinados consumos. A ello responden las deducciones por gastos de **enfermedad,** accidente o invalidez o por nacimiento de los hijos del sujeto pasivo, así como por cuotas satisfechas a mutualidades o sociedades de servicios médicos (arts. 78.2 LIRPF y 32 RIRPF); por el **alquiler de la vivienda** habitual, siempre que la base imponible del sujeto no supere los 3.500.000 de pesetas anuales y el alquiler exceda del 10 por 100 de sus rendimientos netos; y, siempre que los rendimientos netos no superen los 2.000.000 de pesetas, por los gastos de **custodia de niños** cuando los padres trabajen fuera del hogar (art. 78.3 LIRPF). Todas estas deducciones consisten en un porcentaje (el 15 por 100) del gasto correspondiente, con límites cuantitativos en ciertos conceptos. Todas ellas, también, están condicionadas a que se justifiquen documentalmente (art. 79 LIRPF);

b) Un segundo grupo lo constituyen las **deducciones por inversiones**. La ley discrimina favorablemente las rentas que se invierten frente a las que se consumen, mediante la deducción de determinados porcentajes de las cantidades destinadas a las inversiones específicamente seleccionadas por el propio legislador.

En cualquier caso, el art. 81 LIRPF exige implícitamente que las inversiones en la adquisición de la vivienda habitual o de Bienes de Interés Cultural se financien con la renta obtenida por el sujeto en el año. Pero no indica qué criterios deben seguirse para determinar los valores final e inicial del patrimonio del sujeto, cuya comparación permitirá comprobar el cumplimiento de tal requisito; lo cual puede provocar evidentes problemas en su aplicación práctica.

Por otra parte, la ley fija un límite cuantitativo para la mayoría de las inversiones desgravadas (en seguros de vida, muerte o invalidez; vivienda habitual; Bienes de Interés Cultural y gastos relacionados con estos Bienes), y determinados donativos que generan a su vez deducciones: el conjunto de tales inversiones y donativos «no podrá exceder del 30 por 100 de la base liquidable del sujeto pasivo» (art. 80.1). La expresión «base liquidable» debe entenderse como la suma de la base liquidable regular y de la base liquidable irregular. Por lo demás, no se dice si la base liquidable es la declarada por el sujeto o la comprobada por la Administración. Habría que inclinarse por esta última, dada la provisionalidad de todos los elementos de la autoliquidación.

La efectividad de estas deducciones depende, a semejanza de otras que se han dicho, de la justificación documental de las inversiones (art. 79.2 LIRPF).

Dentro de este bloque de deducciones por inversión, nos detendremos un momento en las inversiones en vivienda habitual y las inversiones empresariales, cuya regulación es especialmente compleja.

— Los sujetos pueden deducir —con los límites y requisitos genéricos que se acaban de mostrar— el 15 por 100 de las cantidades satisfechas en el ejercicio de que se trate por la adquisición o rehabilitación de la vivienda que constituya o vaya a constituir su **residencia habitual** o que se depositen en las llamadas cuenta ahorro-vivienda, con los requisitos fijados reglamentariamente [art. 78.4.*b)* LIRPF y arts. 33 y 34 RIRPF]. Se asimila a la adquisición la construcción y la ampliación, pero no la conservación ni la mejora, como tampoco la adquisición de anexos a la vivienda, independientemente de la de ésta (art. 35 RIRPF).

En las cantidades satisfechas se incluyen los gastos originados por la operación que hayan sido a cargo del adquirente, excepto los intereses (recuérdese que éstos son, con limitaciones, deducibles del rendimiento íntegro de capital inmobiliario derivado de la propiedad de la vivienda). La Administración interpreta con gran amplitud este concepto de gastos que se consideran parte de la inversión desgravable: se admiten, v.gr., los gastos de proyecto de la vivienda, licencia de obra, declaración de obra nueva e ITPAJD; los gastos por adquisición del suelo sobre el que se asienta la edificación; los costes de obra de infraestructura mínima exigida por la legislación urbanística; o los gastos de notaría, registro o ISD producidos por la adquisición de la vivienda [72].

Esta deducción es incompatible, en cuanto sean ambas coincidentes, con la exención del incremento patrimonial producido por la transmisión de la vivienda habitual, que, como se recordará, se condiciona a que el importe obtenido se reinvierta en una nueva vivienda habitual *(vid.* § 62). A este respecto, dispone el art. 78.4.*b)* de la ley que no se computan en la base de cálculo de la deducción —o, lo que es igual, en la suma invertida— «las cantidades que constituyan incrementos de patrimonio no gravados» por la razón antedicha. Distinta y mucho más perjudicial para el contribuyente es la norma reglamentaria —de discutible legalidad—, según la cual, lo que puede acogerse a la deducción es el exceso del «importe invertido en la adquisición de la nueva vivienda» sobre el «reinvertido como consecuencia de la enajenación de la anterior» (art. 10.5 RIRPF).

La deducción es también incompatible con la misma deducción practicada por la adquisición previa de otra vivienda habitual: si se hubiera disfrutado de esta deducción por otra u otras viviendas anteriores, la base de cálculo de la deducción «será la diferencia entre el precio de la nueva y el valor de las anteriores, en la medida que [*sic*] hubiesen sido objeto de deducción» (art. 35.3 RIRPF).

— Las **inversiones empresariales o profesionales** darán derecho a los incentivos y estímulos fiscales establecidos por las normas del IS, con los límites fijados por éstas (§§ 147 y 148). Pero sólo pueden beneficiarse de los mismos los sujetos cuyas actividades empresariales o profesionales determinen su rendimiento neto en régimen de estimación directa, si bien la ley permite el reconocimiento reglamentario de la misma posibilidad —no concretado por el momento— a los sujetos que se encuentren en estimación objetiva (arts. 78.5 y 79.2 LIRPF) [73].

c) En tercer lugar figuran las deducciones por **donativos.** Consisten en el 20 por 100 del valor de los Bienes de Interés Cultural o del dinero que se donen al Estado y otros entes públicos o privados sin fines lucrativos, que cumplan los requisitos fijados por la Ley de Fundaciones (Ley 30/1994, de 24 de noviembre); el porcentaje es el mismo si se donan bienes de activo material que contribuyan a la realización de sus fines propios por parte de las fundaciones o asociaciones de que se trate. La ley permite además deducir el 10 por 100 de las cantidades donadas a otras entidades sin fin de lucro a las que no sea aplicable la citada Ley 30/1994 [art. 78.6.*a)*]. Las diferencias de valor que la entrega de estos bienes pusiera de manifiesto se consideran, como se sabe, no sujetas al Impuesto.

d) Entre las restantes deducciones, de muy diversa índole (art. 78.7 LIRPF), pueden destacarse, además de las relativas al 75 por 100 de las

---

[72] Consultas DGT de 7-4-1981 (CISS, IRPF), 12-9-1984 (CISS, IRPF), 15-12-1993 (Doc. DGT).

[73] Véase STS de 16-12-1994 (Ar. 1994/9899).

cuotas del IIVTNU satisfechas por los sujetos (§ 51) y a las rentas obtenidas en Ceuta y Melilla, dos:

— la deducción por **dividendos** o participaciones en beneficios, percibidos de entidades residentes. La deducción no procede cuando los dividendos son abonados por una sociedad transparente; pero, en congruencia con el criterio legal de cómputo de los dividendos procedentes indirectamente de una sociedad transparente *(vid.* § 36), sí se aplica cuando ésta —con independencia de que distribuya o no dividendos— participa en los beneficios de otra sociedad residente en España. La deducción consiste en un porcentaje del importe íntegro percibido, que varía según el tipo al que sea gravada por el IS la sociedad de la que procede el dividendo (tal porcentaje es del 40 por 100 con carácter general). Mediante esta técnica, el dividendo soporta sólo el IRPF, al quedar exonerado del llamado impuesto subyacente (el IS que había gravado los beneficios de la sociedad); pero esta desgravación no se lleva a cabo atendiendo al tipo efectivo del IS soportado en cada caso, sino que el legislador ha recurrido a la ficción de suponer un tipo efectivo «medio» o «teórico» de común aplicación. Si una sociedad distribuye un dividendo de 100 (sobre el que habrá de retener 25), el sujeto lo computará fiscalmente por 140 *(vid.* § 36) y deducirá de su cuota íntegra 40. Ello equivale a suponer que el IS subyacente es del 28,57 por 100:

$$\frac{40 \text{ (cuota «teórica» del IS)}}{140 \text{ (dividendo «antes de impuestos»)}}$$

La base de la deducción es el importe íntegro **percibido**. Al dividendo se asimila cualquier rendimiento derivado de la participación en fondos propios de cualquier sociedad, incluso la parte de la cuota de liquidación recibida por un socio con ocasión de la disolución de la sociedad que corresponda a beneficios sociales no distribuidos —no con ocasión de la llamada disolución parcial por separación del socio [74]—, siempre que dicha parte esté «sujeta efectivamente» al Impuesto (apartados 5 y 6 del art. 36 RIRPF). Como se recordará *(vid.* § 57), la disolución de la sociedad puede producir al socio tanto un incremento como una disminución patrimonial. Aunque técnicamente hablando tanto uno como otra están sujetos al impuesto —pues ambos se incorporan a la renta, de acuerdo con las normas de la ley—, es claro que la deducción por doble imposición debe quedar limitada al supuesto de que como consecuencia de la disolución de la sociedad el socio obtenga un incremento efectivamente gravado por el Impuesto, pues sólo en tal caso habría en realidad doble imposición.

— La deducción de una cantidad —fija o variable, según los casos— «por la percepción de **rendimientos del trabajo** dependiente».

---

74 TEAC 22-10-1991 (Imp. 10/1992).

79. (sigue) Deducciones imputadas por transparencia fiscal

Con carácter general, a los socios a quienes se realice la imputación de bases y de cuotas de sociedades transparentes les serán también imputables las deducciones y bonificaciones a que tenga derecho la sociedad, en la misma proporción en que se les hubiesen imputado aquéllas: recuérdese cuando quedó dicho más arriba sobre este extremo (§ 63).

Por su parte, el art. 78 LIRPF menciona, en particular, la deducción por doble imposición, como ya se ha indicado en el parágrafo anterior. Ha de insistirse en que los socios residentes de la sociedad transparente tienen derecho a practicar esta deducción por la parte de la base imponible imputada que corresponda a dividendos o participaciones en beneficios percibidos por la sociedad transparente [arts. 78.7.*a)* LIRPF y 36.3 RIRPF]. Es decir, no por los dividendos que pueda haberles distribuido la sociedad transparente; sino por los dividendos que haya percibido ésta de otra sociedad, en la medida en que tales dividendos están representados en la base imponible de la sociedad transparente que le hubiese sido imputada.

80. La deducción por doble imposición internacional

Puede suceder que en la renta dc un sujeto se integren rendimientos o incrementos de patrimonio que hayan sido obtenidos en otro país y gravados por el impuesto sobre la renta del mismo. Dado que nuestro IRPF grava por obligación personal la totalidad de la renta, sea cual sea el lugar en que se haya producido u obtenido, aquellos rendimientos o incrementos de patrimonio volverían a ser gravados de nuevo, esta vez en nuestro país.

Sin perjuicio de los numerosos acuerdos o convenios bilaterales suscritos al efecto entre España y otros Estados, el art. 82 de la ley permite deducir de la cuota líquida la menor de estas dos sumas:

— la que el sujeto haya pagado efectivamente en concepto de impuesto sobre la renta extranjero; y

— la que resulte de aplicar a «la parte de base liquidable gravada en el extranjero» el tipo medio **efectivo** de gravamen correspondiente al impuesto español; tipo medio efectivo que no es otra cosa sino el porcentaje, expresado con dos decimales, que representa la cuota líquida sobre la base liquidable total (es decir, sumadas la regular y la irregular). Obsérvese que este tipo medio no se aplica a los componentes de renta gravados en el extranjero, sino a la parte de base liquidable gravada en el extranjero, lo que es bien distinto. Ambos conceptos coincidirán cuando se trate de rentas irregulares, porque, según ya se sabe, la base imponible irregular es siempre igual a la base liquidable irregular. Pero si las rentas gravadas en el extranjero son regulares habría que prorratear las reducciones de la base imponible regular *(vid.* § 76) entre la parte de ésta obtenida en España y la parte obtenida en el extranjero.

En los supuestos de transparencia fiscal internacional, procederá también la correspondiente deducción del impuesto satisfecho en el extranjero, salvo que se trate de un paraíso fiscal (art. 2.8 L. 42/1994, de 30 de diciembre).

81. Cuota diferencial y devolución: remisión

La cuota líquida, o, en su caso, el resultado de restar de ella la deducción por doble imposición internacional, constituye la deuda tributaria materialmente considerada, tal como resulta de la aplicación de las normas del tributo por el contribuyente en su autoliquidación. Pero, al formalizar ésta el sujeto pasivo, debe tener en cuenta los anticipos que sobre dicha deuda hayan sido entregados a la Hacienda Pública en cumplimiento de los procedimientos legalmente establecidos; anticipos a cargo de terceros (a título de retención o de ingreso a cuenta) o a cargo del propio sujeto pasivo (a título de pago fraccionado) que se deducen, pues, de la deuda autoliquidada por el sujeto. Será también éste el momento de disfrutar de la imputación de los pagos anticipados a cuenta del IS satisfecho por la sociedad transparente (§ 63).

Si la retención soportada por el sujeto hubiera sido correctamente practicada, esa misma será la suma deducible. ¿Qué ocurre si no se hizo retención o si fue inferior a la debida? De acuerdo con el artículo 98.2 de la ley, hay que distinguir: como regla general, el perceptor de la renta deducirá de su cuota una cantidad igual a la que se le habría debido retener; en los supuestos excepcionales para los que está prevista la llamada «elevación al íntegro» (*vid.* § 24), se deducirá la diferencia entre la cantidad realmente percibida y la fiscalmente computada (es decir, la resultante de dicha elevación al íntegro); por último, cuando se trata de retribuciones legalmente establecidas, satisfechas por el sector público, el perceptor sólo puede deducir las cantidades que le hubiesen sido efectivamente retenidas. Anotemos de paso que, en este supuesto, las retenciones pueden perder su condición de anticipos a cuenta del IRPF del perceptor de la renta. En efecto, si la retención no se practica, no sería deducible por el perceptor de la renta; pero el retenedor sigue siendo deudor de la retención frente a la Hacienda [75], de tal suerte que su deuda se habría convertido en totalmente autónoma respecto del IRPF del perceptor, de cuya capacidad económica habría quedado igualmente desconectada.

El conjunto de los anticipos puede ser inferior o superior a la deuda tributaria. En el primer caso, la diferencia (positiva) entre la deuda y los anticipos recibe el nombre de **cuota diferencial**. La presentación de la «declaración positiva» debe ir acompañada del ingreso de la cuota diferencial (*vid.* § 82).

Pero puede darse que el importe total de los anticipos a cuenta de la deuda tributaria sea superior a la deuda misma. La diferencia entre ésta y aquél será por tanto **negativa**. En consecuencia, de la declaración-liquidación presentada por el sujeto nacerá su derecho a la consiguiente devolución (*vid.* § 85).

---

[75] STS de 16-12-1992 (AT 1993, J-510).

8.º LA GESTION DEL IMPUESTO

82. La obligación de declarar; la declaración-liquidación y el ingreso de la cuota diferencial

La gestión del Impuesto corresponde a la Administración del Estado íntegramente, incluida la parte del mismo cedida a las CC.AA. (art. 14.2 L. 14/1996, de 30 de diciembre).

La pieza central del procedimiento de gestión —del conjunto de procedimientos, en rigor— es sin duda la declaración, o, mejor, la declaración-liquidación, que están obligados a presentar, en principio, los sujetos pasivos.

Pero el deber de presentar declaración no es una consecuencia necesaria de la realización del hecho imponible. Puede haber sujetos que obtengan renta y no estén sin embargo obligados a declarar. La exención del deber de declarar se delimita atendiendo a la concurrencia simultánea de requisitos cuantitativos y cualitativos: en términos absolutos, la renta —*rectius*, el importe de los rendimientos íntegros— debe ser inferior a 1.200.000 pesetas brutas anuales (o 1.250.000 si se trata de pensiones o haberes pasivos), sin tener en cuenta en ningún caso los rendimientos «legales» de la vivienda propia; y, desde el punto de vista de su naturaleza, la renta debe consistir exclusivamente en rendimientos del trabajo, o en rendimientos del capital mobiliario o incrementos patrimoniales que, conjuntamente, no superen la cifra de 250.000 pesetas anuales (art. 96.2 LIRPF y art. 38 RIRPF).

Ahora bien, el hecho de que un sujeto que haya obtenido renta no presente la declaración, por no estar legalmente obligado a hacerlo, no quiere decir necesariamente que no resulte gravado. La no presentación de la declaración significa, desde luego, que el sujeto como tal no realiza pago alguno a título de Impuesto; pero esos pagos han podido ser realizados por terceros (los retenedores), con renta del sujeto, a título de anticipo sobre la deuda tributaria de éste. Y si el sujeto no declara, la Administración se apropiaría definitivamente de tales anticipos.

La declaración es el único instrumento documental válido para llevar a cabo la liquidación de la deuda. De ahí que pueda ser presentada también por los sujetos que no tienen obligación de hacerlo, pues es imprescindible para abrir la vía de la devolución del crédito de impuesto que de la autoliquidación practicada por el sujeto pueda surgir para éste (art. 38.2 *in fine* RIRPF).

La declaración puede ser de tres clases: la declaración **abreviada** y la **simplificada** se reservan, con carácter voluntario, para ciertos sujetos que se determinan reglamentariamente por el Ministro de Economía y Hacienda; la declaración **ordinaria**, aplicable con carácter general, es obligatoria para quienes no puedan utilizar cualquiera de las anteriores (arts. 96.4 LIRPF y 38.4 RIRPF y Orden de 20 de marzo de 1997).

Al Ministro de Hacienda compete también aprobar los modelos oficiales y determinar el lugar y el plazo de presentación de la declaración. Salvo supuestos especiales (arts. 10.4 y 14.6 RIRPF), hasta ahora han venido presentándose en las Delegaciones o Administraciones de la AEAT o en las entidades financieras colaboradoras, normalmente entre el 1 de mayo y el 20 de junio de cada año (hasta el 30 de junio si se trata de declaraciones con derecho a devolución).

Si la autoliquidación del sujeto arroja una cuota diferencial positiva, el sujeto debe realizar el ingreso de la misma al mismo tiempo que presenta la declaración; pero puede fraccionar ese ingreso, sin interés ni recargo, en dos partes: un 60 por 100 en el momento de presentar la declaración, y el 40 por 100 dentro de un plazo que, para el ejercicio 1995, concluye el 5 de noviembre de 1996 (art. 39.2 RIRPF y núm. 8.º O. de 20 de marzo de 1997).

El art. 97.3 de la ley, reiterando lo que ya establecía la Ley 16/1985, del Patrimonio Histórico Español, permite pagar el impuesto mediante la entrega de Bienes de Interés Cultural. En estos casos no estaría sujeto el incremento o la disminución patrimonial que la entrega pusiera de manifiesto [art. 44.4.5) LIRPF].

83. Las retenciones y los ingresos a cuenta

A) Dentro del procedimiento de gestión del IRPF, las **retenciones** cumplen varios importantes objetivos: aseguran el control administrativo de las rentas, mediante la declaración que están obligados a presentar los retenedores: pues éstos, en principio, no tienen por qué estar interesados en ocultar rentas ajenas; en virtud de su condición de pagos a cuenta de la deuda tributaria (arts. 83 LIRPF y 40 RIRPF), facilitan a los sujetos que las soportan el cumplimiento de su prestación tributaria, reduciendo a la par los costes políticos del Impuesto en virtud de los efectos de ilusión financiera que inducen al provocar devoluciones por parte del Fisco; y facilitan la financiación del Estado, al procurarle un importante flujo regular de recursos, sin los inconvenientes «estacionales» que tendría un pago del Impuesto realizado en un único momento del año.

Ya nos hemos ocupado de las retenciones en relación con el cómputo fiscal de la renta (§ 24). Analizaremos ahora los perfiles del deber u **obligación de retener,** analizando los sujetos del mismo, su presupuesto de hecho y los comportamientos que en cumplimiento de la misma se imponen a los obligados (los retenedores).

a) Los **sujetos obligados a retener,** cuando satisfagan o abonen determinadas rentas, son las **personas jurídicas** y entes en régimen de **atribución de rentas** y **los empresarios individuales y los profesionales** respecto de las rentas que **satisfagan** o abonen **en el ejercicio de sus actividades** empresariales y profesionales, así como las personas físicas, jurídicas y demás entidades no residentes en territorio español que operen en él mediante **establecimiento permanente** —o que operen en España sin establecimiento permanente, en cuanto a los rendimientos de trabajo que satisfagan— (arts. 98.1 LIRPF y 42.1 RIRPF). Están igualmente obligados a retener, en la **transmisión o amortización de activos financieros con rendimiento implícito,** la entidad emisora, o la entidad financiera que actúe por cuenta del transmitente o el fedatario público que deben intervenir necesariamente la transmisión. En garantía del cumplimiento de esta obligación, los tenedores habrán de acreditar, para enajenar los activos u obtener el reembolso de los mismos, que su previa adquisición se ha realizado con la intervención descrita (Disposición Adicional Cuarta LIS y art. 50.4 RIRPF). En las operaciones de «lavado del cupón» vistas más arriba (§ 37), el retenedor es la entidad financiera mediadora [art. 43.1.*i)* RIRPF].

b) Estando a los términos literales del art. 98.1 de la ley, el presupuesto de hecho de la retención sería el abono de **cualquier renta** sujeta al Impuesto —no la simple mediación de pago (art. 42.2 RIRPF) [76]—, encomendándose al reglamento sólo la determinación del importe de la retención. Sin embargo, el Reglamento del Impuesto (art. 43.1) enumera como **rentas sujetas a retención** las siguientes: los **rendimientos de trabajo,** los de **capital mobiliario** (incluso los originados por cesiones de crédito por parte de entidades financieras), **los de actividades profesionales** y los de ciertas actividades empresariales **(agrícolas o ganaderas),** así como los incrementos patrimoniales consistentes en **premios** obtenidos en el juego o en rifas, concursos, etc., con ciertos límites.

La norma reglamentaria, al mencionar los rendimientos de capital mobiliario, añade «incluidos los derivados del afecto a actividades empresariales». Pero, toda vez que en caso de afectación los rendimientos son legalmente de naturaleza empresarial o profesional (art. 31, párrafo último LIRPF), habría de entenderse que también están sujetos a retención los rendimientos que, siendo materialmente **empresariales** por derivar de bienes afectos, no se obtienen por la utilización de éstos en el ejercicio típico de la actividad por parte de su titular, sino por su cesión a terceros o como consecuencia de cualquier actuación o situación **atípica** (v.gr. los intereses de una cuenta bancaria afecta a la actividad) [77].

La enumeración reglamentaria excluye implícitamente la retención sobre los rendimientos de capital inmobiliario y sobre los rendimientos de actividades empresariales distintas de las agrícolas o ganaderas. Además, el apartado 2 del mismo art. 43 recoge expresamente otras rentas **no sujetas a retención,** entre las que pueden destacarse: los rendimientos de las letras del Tesoro (salvo cuando éstas sirven de soporte a cuentas financieras); los premios obtenidos en casinos de juego o en máquinas «tragaperras», o, en general, aquellos cuyo importe o cuyo valor de adquisición no sea superior a 100.000 pesetas; o los rendimientos de capital mobiliario derivados de la reducción de capital con devolución de aportaciones o de la conversión de obligaciones en acciones.

c) El **contenido de la obligación de retener** es múltiple:

— En primer término el retenedor está obligado a **practicar la retención,** es decir, a detraer de los pagos efectuados al sujeto pasivo la cantidad

[76] Véase Res. TEAC de 9-10-1996 (Ar. 1996/1534).

[77] Véase Res. TEAC de 29-1-1992 (Imp. 20/1992).

que corresponda de acuerdo con las normas reglamentarias (art. 44.1 RIRPF).

En relación con los rendimientos de capital mobiliario explícitos, la obligación de retener nace en la fecha de vencimiento de los intereses, aunque éstos no sean reclamados o se acumulen al capital (art. 49.1). La legalidad de este criterio reglamentario es más que dudosa, en cuanto significa una evidente desviación del presupuesto de hecho legal de la retención, que no es otro que «satisfacer» o «abonar» determinadas rentas [78]. Para los rendimientos implícitos, es el momento de su materialización, por amortización o transmisión, el que marca el nacimiento de la obligación (art. 50.1 RIRPF).

Para el **cálculo de la retención** hay que atender a la naturaleza de la renta sujeta.

Cuando se trata de **rendimientos del trabajo** (arts. 45, 46 y 47 RIRPF), la retención se obtiene aplicando el porcentaje que resulte de una tabla que combina el rendimiento anual con el número de hijos que dan derecho a deducción en la cuota (para las prestaciones por desempleo se aplica una tabla específica).

Para calcular el porcentaje se disminuirá, en su caso, el importe de la retribución en el montante de la pensión compensatoria que el perceptor de aquélla satisfaga a su cónyuge por decisión judicial. El porcentaje no puede ser menor al 15 por 100 en las relaciones laborales especiales, ni al 2 por 100 cuando se trate de contratos de duración inferior al año; pero, a solicitud de los perceptores del rendimiento, puede ser superior al resultante de las tablas, con ciertos requisitos. Si el rendimiento consiste en retribuciones a miembros de Consejo de Administración o asimiladas, se aplica un porcentaje fijo del 30 por 100.

El porcentaje de retención es el 25 por 100 para todos los **rendimientos de capital mobiliario** (art. 48 RIRPF). Para los **rendimientos profesionales**, el porcentaje es del 15 por 100, con carácter general, o del 8 por 100 para determinados rendimientos (art. 51 RIRPF). Para los rendimientos de actividades agrícolas o ganaderas, el porcentaje es del 2 por 100 por regla general, o del 1 por 100 para ciertas actividades (art. 51 RIRPF). A los **premios** (obviamente, sólo cuando su calificación tributaria sea la de incrementos patrimoniales) se les aplica un tipo de retención del 25 por 100 (art. 52 RIRPF).

— El retenedor debe **ingresar las cantidades retenidas** en el Tesoro mediante la presentación de las correspondientes declaraciones-liquidaciones. Como regla general, los períodos y plazos para el ingreso de las retenciones coinciden con los de liquidación del IVA (*vid.* § 354), para tratar de atenuar la llamada presión fiscal indirecta; de ahí que, como en el IVA, se establezcan ingresos trimestrales, salvo en los casos de grandes empresas (con facturación superior a mil millones de pesetas en el año

[78] Véase Res. TEAC de 18-12-1996 (Ar. 1996/1750).

anterior) o exportadores, para quienes la periodicidad es mensual (art. 59 RIRPF).

¿Qué sucede si el retenedor no retiene ni ingresa, o si retiene e ingresa una cantidad inferior a la debida, o si retiene pero no ingresa? De acuerdo con una línea jurisprudencial consolidada, el incumplimiento del deber de retener no exime del deber de ingresar la cantidad que proceda legalmente [79], sin perjuicio de la sanción administrativa o penal que proceda (arts. 88.3 LGT y 305 CP).

Los efectos jurídicos del incumplimiento de sus deberes por parte del retenedor habrán de recaer, como es lógico, exclusivamente sobre él mismo, sin que pueda responsabilizarse ni directa ni indirectamente al perceptor de la renta sujeta a retención *(vid.* §§ 81 y 85).

— En tercer lugar, el retenedor ha de presentar, en el mismo plazo de la última declaración-liquidación de retenciones del año, una **declaración-resumen anual** de las retenciones efectuadas, con identificación de los perceptores de las rentas (arts. 102 LIRPF y 59.2 RIRPF).

— Por último, el retenedor debe comunicar al sujeto pasivo, al realizar el pago correspondiente, el tipo de retención aplicado y la cantidad retenida, así como entregarle, con anterioridad al comienzo del plazo de declaración del impuesto, una **certificación** de las retenciones que hubiese soportado en el período impositivo correspondiente (art. 102 LIRPF y apartados 3 y 4 del art. 59 RIRPF).

B) Una función similar a la de las retenciones cumplen los **ingresos a cuenta.** De ahí que cuanto se acaba de decir de aquéllas sea válido, en general, en relación con éstos, que, sin embargo, se rigen también por reglas específicas.

a) Existe obligación de realizar ingreso a cuenta, en primer lugar, cuando las rentas que hubieran estado sujetas a retención en caso de ser en dinero, se satisfacen **en especie.** Pero se exceptúan las contribuciones de los promotores de Planes de Pensiones o de sistemas alternativos a los mismos, así como las restantes retribuciones en especie del trabajo cuyo valor no exceda de 50.000 ptas. por perceptor y año (apartados 2 y 3 del art. 53 RIRPF).

Para el **cálculo del ingreso a cuenta** se aplica al valor de la retribución el porcentaje establecido para las retenciones, salvo cuando se trate de rentas de trabajo, en las que, como regla general, se aplicará un porcentaje mínimo del 15 por 100 (arts. 44.2 y 53.1 RIRPF). En cuanto al valor de las retribuciones en especie de actividades profesionales, al igual que las del trabajo, los arts. 53 y 55 del Reglamento remiten a las normas legales de valoración de estas últimas (§ 29). Cuando la renta en especie consiste en rendimientos de capital mobiliario o en premios, su valor es «el resultado

[79] Por todas, STS de 16-12-1992, dictada en recurso de apelación en interés de la Ley (AT 1993, J-510). Véase art. 60.3 RIRPF.

de incrementar en un 25 por 100 el valor de adquisición o costes para el pagador» (arts. 54.2 y 58.2 RIRPF).

Las sanciones por incumplimiento de este deber son las mismas establecidas para las retenciones.

b) Habrá de practicarse también ingreso a cuenta cuando la frecuencia de las liquidaciones de los rendimientos explícitos en dinero sea superior a doce meses, tomando como base para el cálculo del mismo el rendimiento generado en el año natural. Este ingreso no sería a cuenta de la deuda tributaria del sujeto pasivo, sino a cuenta de la retención que el pagador habría de practicar al abonar el rendimiento (art. 56 RIRPF).

84. Los pagos fraccionados

El pago del Impuesto puede fraccionarse, quedando los sujetos pasivos obligados a autoliquidar e ingresar las cantidades que correspondan de acuerdo con la norma reglamentaria. Estos pagos fraccionados constituyen, según ya se dijo, anticipos o pagos a cuenta de la deuda tributaria, por lo que serán deducidos, al igual que las retenciones y los ingresos a cuenta, de la cuota líquida —o del resultado de practicar en ésta la deducción por doble imposición internacional— (arts. 98.3 LIRPF y 40 RIRPF).

Obligados a realizar pagos fraccionados están sólo los sujetos pasivos que ejerzan **actividades empresariales o profesionales,** sea cual sea el método de determinación del rendimiento neto de éstas (art. 61 RIRPF).

Los pagos fraccionados se realizan trimestralmente, mediante la correspondiente declaración-liquidación, que debe presentarse en los 20 días siguientes a cada trimestre natural (art. 63 RIRPF).

Para calcular el importe del pago fraccionado que ha de ingresarse en cada plazo, las reglas básicas son las siguientes (art. 62 RIRPF):

— en las actividades cuyo rendimiento se determina en estimación directa o en estimación objetiva por coeficientes, el pago fraccionado es el 20 por 100 de la diferencia entre los ingresos computables y los gastos deducibles, contándose ambos desde el primer día del año hasta el último día del trimestre de que se trate y deduciéndose los pagos fraccionados efectuados en los trimestres anteriores del año. Cuando se trate de rendimientos profesionales, se deducirán igualmente las retenciones o ingresos a cuenta soportados sobre los mismos en los trimestres anteriores;

— en las actividades agrícolas, ganaderas, forestales o pesqueras, se ingresará el 2 por 100 del volumen de ventas del trimestre, incluidas las subvenciones a los precios percibidas por los sujetos;

— en las actividades empresariales en estimación objetiva por signos, índices o módulos, se ingresará el 5 por 100 de los rendimientos netos resultantes de la aplicación de la estimación objetiva —con las reducciones que procedan (§ 47)—, atendiendo a los datos relativos al primer día del año en que se efectúan los pagos fraccionados; si tales datos fueran indeterminables, se ingresará el 2 por 100 del volumen de ventas del trimestre.

En cualquier caso, los sujetos pueden aplicar porcentajes superiores a los indicados.

Si la actividad se realiza por una entidad en atribución de rentas, corresponde a cada uno de los socios, comuneros o partícipes realizar, en proporción a su participación en los beneficios del ente, los pagos fraccionados correspondientes al rendimiento de la actividad.

85. La devolución del crédito de impuesto

Ya hemos indicado (§ 81) que cuando la suma total de los anticipos o pagos a cuenta de la deuda tributaria (a título de retención o ingreso a cuenta, o de pagos fraccionados) sea superior a la cuota liquidada por el sujeto pasivo, surge para éste un «crédito de impuesto», es decir el derecho a que le sea devuelta por la Administración la diferencia entre ambas, expresada por una cuota diferencial negativa. Ese derecho es renunciable, mediante indicación expresa en la misma declaración-liquidación.

Ni la ley ni el reglamento del Impuesto formulan requisitos documentales concretos para el ejercicio del derecho a la devolución. Sin embargo, los modelos oficiales de declaración subordinan la efectividad de tal derecho a que el sujeto pasivo aporte las certificaciones originales de retención y/o ingreso a cuenta *(vid.* § 83) y las cartas de pago de los pagos fraccionados. Es claro que en esta materia debe también ser operante el principio general de prueba formulado por la LGT (art. 114), de acuerdo con el cual el sujeto que pretende ejercer el derecho a la devolución habría de probar los fundamentos del mismo. Pero es no menos claro que esa prueba no puede ser limitada administrativamente, sino que, por el contrario, el sujeto debe poder lograr los efectos probatorios mediante cualquiera de los medios admitidos en derecho. El problema puede plantearse sobre todo en relación con la prueba de las retenciones. No hay duda de que la certificación *ad hoc* del retenedor es el medio más inmediato de prueba. Pero, si el retenedor no la expide, el sujeto que haya soportado tales retenciones no puede ver frustrado su derecho a la devolución por la limitación de su derecho a la prueba.

En realidad el problema tiene otra vertiente: ¿qué es lo que debe ser probado para obtener la devolución: que la retención ha sido efectuada o que ha sido ingresada en el Tesoro? La ley parece apuntar esto último cuando establece que la Administración deberá devolver «el exceso ingresado» sobre la cuota autoliquidada (apartados 1, 2 y 3 del art. 100 LIRPF y art. 66 RIRPF).

En nuestra opinión, la devolución no debería quedar subordinada a que la Administración esté previamente en posesión de las retenciones. Porque, si así fuera, ello equivaldría a hacer indirectamente responsable del incumplimiento del deber de ingreso de las mismas —incumplimiento tipificado como infracción por la ley—, no a su autor, sino a un tercero completamente ajeno a él. La retención es un mecanismo complejo; una vez practicada sobre la renta sujeta a la misma, se habrá perfeccionado para el perceptor de ésta, por lo que tendrá en todo caso la condición de anticipo sobre su deuda, con todas las consecuencias. Como tiene dicho el TS, el haber retenido a un sujeto las cantidades correspondientes es «el hecho constitutivo de su derecho a la devolución» [80].

¿Qué sucede cuando se deducen, al amparo del artículo 98.2 de la ley, retenciones no practicadas y tampoco ingresadas? Se trata de una cuestión controvertida, tanto doctrinal como jurisprudencialmente. A nuestro parecer, también en este caso hay lugar a la devolución. Obsérvese que el artículo 98.2, cuando permite expresamente deducir retenciones legalmente debidas, pero realmente inexistentes, no formula ninguna clase de restricciones; si tales retenciones son deducibles, lo son, pues, con todas sus consecuencias. Y ello, naturalmente, sin perjuicio de que la Administración que procede a la devolución «recupere» esas cantidades —de las que habría debido disponer con anterioridad si el retenedor hubiera cumplido correctamente sus deberes tributarios— desplegando todo el arsenal de medidas represivas de que la ha dotado el ordenamiento para obtener del retenedor el ingreso tardío de las retenciones, con los intereses de demora, e imponerle las sanciones que correspondan. Nótese, además, que no admitir la devolución en estos casos llevaría a la Administración a duplicar el ingreso.

Si el sujeto pasivo no renuncia a la devolución, la Administración está obligada a practicar liquidación provisional dentro de los seis meses siguientes a la conclusión del plazo de presentación de la declaración, y a devolver de oficio mediante transferencia bancaria, dentro del mes siguiente, la cantidad que resulte de dicha liquidación —cantidad que puede ser distinta de la obtenida por el sujeto en su autoliquidación. Agotado ese plazo sin haberse producido la liquidación provisional, la Administración dispone de un mes para devolver el «crédito de impuesto» reflejado en la autoliquidación. Si este mes transcurriese sin que la devolución hubiera tenido lugar, el contribuyente puede reclamar por escrito los intereses de demora, que se devengarán en su favor desde la fecha de la reclamación (arts. 100 LIRPF y 66 RIRPF).

En cualquier caso, las devoluciones obtenidas por los sujetos tendrán carácter provisional hasta tanto no adquiera firmeza la declaración, y habrían de estar, por ello, a resultas de una posible actuación inspectora.

86. La liquidación provisional

La Administración está facultada tanto para emitir una liquidación provisional que acepte los datos y circunstancias de hecho declarados por los contribuyentes, pero difiera de la aplicación de las normas que éstos hayan plasmado en sus autoliquidaciones, como para completar aquellos datos y circunstancias, añadiendo incluso rentas omitidas en la declaración de cuya existencia tenga constancia por los antecedentes que obren en su poder (arts. 99 LIRPF y 65 RIRPF).

---

[80] STS de 25-9-1987 (Ar. 1987/6356).

Estas liquidaciones, por su carácter provisional, no prejuzgan, como es obvio, el resultado de las actuaciones que pudieran llevarse a cabo por la Inspección.

87. Deberes contables y registrales de los sujetos pasivos

Con carácter general, el art. 101 de la ley formula la obligación de conservar durante el período de prescripción los documentos (facturas, recibos, contratos, escrituras públicas, etc.) que acrediten la realidad de las operaciones o situaciones de las que se desprendan los elementos que hayan servido para cuantificar la deuda tributaria del período. Con menor amplitud, esta obligación se recogía ya en el Real Decreto 2402/1985, de 18 de diciembre (art. 8.4).

Existen deberes registrales específicos para aquellos sujetos, como los empresarios o profesionales, cuyas rentas son, en general, de más difícil control (art. 67 RIRPF).

En el caso de los empresarios, las obligaciones formales son distintas según que los rendimientos de la actividad se determinen en estimación directa o en estimación objetiva, en sus dos modalidades.

— Los empresarios en **estimación directa,** o en **estimación objetiva por coeficientes,** están obligados a llevar sus libros ajustados a las normas del Código de Comercio (arts. 25 a 40) [81], así como los registros auxiliares que establezca la legislación del IS. Si se trata de actividades no mercantiles (por ejemplo, explotaciones agrarias), el reglamento impone la llevanza de tres libros-registro: de ventas e ingresos, de compras y gastos y de bienes de inversión.

— Los sujetos cuyo rendimiento neto se determine en **estimación objetiva por signos, índices o módulos,** no están obligados a llevar libros o registros específicamente fiscales —sin perjuicio de las obligaciones contables derivadas del Código de Comercio—, en relación con la actividad de que se trate; sino sólo a conservar debidamente ordenadas las facturas emitidas y recibidas, así como los justificantes de los módulos que les afecten.

Si se trata de profesionales, habrán de llevar en todo caso los libros-registro de ingresos, de gastos, de bienes de inversión y de provisiones de fondos y suplidos.

Los libros serán únicos para la actividad cuando ésta se realice por una entidad en régimen de atribución de rentas.

Los libros-registro específicamente fiscales habrán de ser diligenciados por la Administración tributaria.

---

[81] El Plan General de Contabilidad se aprobó por RD 1643/1990, de 20 de diciembre.

9.º LA TRIBUTACION CONJUNTA DE LA UNIDAD FAMILIAR

88. Concepto de unidad familiar

La ley, si bien concibe el IRPF como un impuesto individual, permite tributar conjunta y solidariamente a las personas físicas residentes en España que integren una unidad familiar (art. 11.2), mediante la correspondiente opción.

Existen dos modalidades de unidad familiar (art. 87 LIRPF):

— la formada por los cónyuges no separados legalmente y, si los hubiera, sus hijos menores (excepto los que, con el consentimiento de sus padres vivan independientes de éstos), o mayores incapacitados bajo patria potestad prorrogada. La separación de hecho de los cónyuges es irrelevante, a estos solos efectos de la permanencia de la unidad familiar. Como lo es también la emancipación del menor, en tanto se mantenga la convivencia familiar; y

— la constituida por el padre o la madre con los hijos menores, con las mismas salvedades anteriores.

De acuerdo con la ley, nadie puede pertenecer a la vez a dos unidades familiares. Hay que entender que, como establecía el antiguo reglamento del Impuesto, si un sujeto perteneciente a una unidad familiar formara otra distinta —por ejemplo, por contraer matrimonio o por procrear un hijo— quedaría excluido de la primera.

La determinación de los miembros de la unidad familiar se hará atendiendo a la situación existente en la fecha de devengo del Impuesto (art. 95 LIRPF).

89. La opción por la tributación conjunta

La tributación conjunta de las personas que integran una unidad familiar exige que opten por ella **todos** los miembros de la misma, de tal forma que la declaración individual de uno solo de ellos acarreará también la declaración individual a los demás (art. 88 LIRPF). La ley guarda silencio sobre la opción de los menores. Si se trata de menores emancipados, su consentimiento habría de concurrir con el de los restantes miembros, mayores de edad, de la unidad familiar.

La opción vincula a los sujetos sólo para el período impositivo para el que se ejercita, no para los sucesivos. Si en un año determinado dos cónyuges deciden tributar en régimen de acumulación, no podrán apartarse del mismo en los avatares que puedan afectar a su declaración conjunta: por ejemplo, uno solo de los cónyuges no podrá formular declaración complementaria individual, o no podrá pedir que sea individual la liquidación emanada de un acta de la inspección. Pero en el período impositivo siguiente se entenderá de nuevo que tributan individualmente salvo que opten por la declaración conjunta.

A los efectos de que tratamos, es indiferente el régimen económico del matrimonio. También lo es el número de miembros de la unidad familiar que obtengan renta: aunque se trate de una sola persona, será posible la tributación conjunta.

Dada la concepción del Impuesto como impuesto individual, es lógico que, en caso de no haberse presentado declaración, si mediare al efecto requerimiento de la Administración, los miembros de la unidad familiar requeridos hayan de presentar declaración individual, salvo que se manifestara lo contrario en el plazo de 10 días desde el requerimiento (art. 88 LIRPF *in fine*), con los mismos requisitos establecidos para el ejercicio de la opción.

90. Reglas especiales de cuantificación de la base imponible y de liquidación del Impuesto

La tributación conjunta se materializa documentalmente en la presentación de una única declaración-liquidación para la unidad familiar, que habrá de ser suscrita por los mayores de edad, los cuales actuarán en representación de los menores no emancipados (art. 96.5 LIRPF). Debe entenderse que los menores emancipados también habrían de suscribir la declaración única. El límite a partir del cual surge la obligación de declarar propiamente dicha, se sitúa, para la renta acumulada, en 1.250.000 pesetas brutas anuales, siempre que se den, además, los mismos requisitos cualitativos fijados para la declaración individual (art. 96.3 LIRPF) *(vid.* § 82).

En la tributación conjunta se gravan acumuladamente las rentas de los distintos miembros de la unidad familiar. De ahí que, en principio, la determinación de éstas y la liquidación del Impuesto se lleve a cabo en virtud de las mismas normas que cada sujeto aplicaría si tributara por separado; pero teniendo en cuenta que, como consecuencia de la acumulación, la base imponible es única. Por ello, salvo las excepciones expresamente previstas, «los importes y límites cuantitativos establecidos a efectos de la tributación individual [por ejemplo, los límites a las reducciones de la base imponible regular, o la deducción en la cuota por gastos de custodia de niños] se aplicarán en idéntica cuantía en la tributación conjunta, sin que proceda su elevación o multiplicación en función del número de miembros de la unidad familiar» (art. 89.2 LIRPF).

Tales excepciones se recogen en el artículo 92 de la ley [82]:

— en relación con los rendimientos del capital inmobiliario, el límite para la deducción de los intereses de capitales destinados a la adquisición o mejora de la vivienda habitual de la unidad familiar es de 1.000.000 pesetas por año;

---

[82] Véase STC 214/1994, de 14 de julio (FJ 3.º).

— la cantidad fija de un millón de pesetas fijada a efectos de reducción en la base imponible regular (§ 76) se computa por separado para cada partícipe integrado en la unidad familiar;

— se eleva a 5.000.000 de pesetas anuales la base imponible y a 3.000.000 de pesetas anuales los rendimientos por debajo de los cuales caben las deducciones por alquileres y por custodia de niños, respectivamente; y

— la deducción por la percepción de rendimientos del trabajo personal es de 27.000 pesetas por cada perceptor perteneciente a la unidad familiar. Recuérdese cuanto se expuso acerca de las prestaciones de trabajo entre miembros de la unidad familiar (§ 70).

La ley ha previsto también los efectos de los posibles cambios en la modalidad de tributación de los sujetos (art. 90). Así, en la tributación conjunta podrán compensarse los elementos negativos procedentes de períodos anteriores en que los sujetos hubiesen tributado individualmente; y, a la recíproca, cuando los elementos negativos se hubiesen originado en un período de tributación conjunta, la compensación de los mismos, al pasar posteriormente los sujetos a tributar por separado, se practicaría por los sujetos a quienes fuesen referibles singularmente según las reglas legales de individualización *(vid.* § 69).

Hay que decir, por último, que en la tributación conjunta vale, en general, el esquema expuesto en páginas anteriores (§§ 77 y 78) en lo relativo a la determinación de la cuota mediante dos escalas de gravamen, una estatal o general y otra autonómica (o complementaria), con la salvedad de que no se contemplan minoraciones de cuota. La progresividad es, en conjunto, algo más leve que en la tributación individual, para mitigar los efectos de la acumulación de rentas, como puede comprobarse a la vista de ambas escalas:

Escala general (art. 91 LIRPF)

Base liquidable hasta pesetas	Cuota íntegra — Pesetas	Resto base liquidable hasta pesetas	Tipo aplicable — Porcentaje
882.000	0	1.316.000	17,00
2.198.000	223.720	902.000	20,83
3.100.000	411.607	1.200.000	24,65
4.300.000	707.407	1.250.000	28,05
5.550.000	1.058.032	1.300.000	31,45
6.850.000	1.466.882	1.300.000	34,85
8.150.000	1.919.932	1.300.000	38,25
9.450.000	2.417.182	1.300.000	42,50
10.750.000	2.969.682	1.300.000	45,05
12.100.000	3.577.857	en adelante	47,60

Escala complementaria (art. 91 bis.2 LIRPF)

Base liquidable hasta pesetas	Cuota integra — Pesetas	Resto base liquidable hasta pesetas	Tipo aplicable — Porcentaje
882.000	0	1.316.000	3,00
2.198.000	39.480	902.000	3,67
3.100.000	72.583	1.200.000	4,35
4.300.000	124.783	1.250.000	4,95
5.550.000	186.658	1.300.000	5,55
6.850.000	258.808	1.300.000	6,15
8.150.000	338.758	1.300.000	6,75
9.450.000	426.508	1.300.000	7,50
10.750.000	524.008	1.300.000	7,95
12.100.000	631.333	en adelante	8,40

Liquidada la deuda tributaria, de ella serán deudores solidarios los integrantes de la unidad familiar que obtengan rentas, singularmente considerados, como ya dijimos (§ 70); pues sólo ellos se someten conjuntamente al Impuesto (art. 89.3 LIRPF). La solidaridad en la deuda tributaria no alcanza, pues, a los restantes miembros de la unidad familiar que no fuesen perceptores singulares de renta.

Los deudores solidarios no responden ante la Administración de toda la deuda tributaria: si, como consecuencia de la comisión de una infracción, aquélla incorporara una sanción, respondería de ésta solamente el autor de la infracción, en virtud del principio de personalidad de la pena [83].

Delimitado el ámbito de la solidaridad en la deuda tributaria, hay que referirse al **prorrateo** de ésta (art. 89.4 LIRPF). Independientemente de la posición solidaria de los deudores frente a la Administración, la ley reconoce el derecho de cualquiera de ellos, frente a los restantes, a no asumir más que la parte de deuda que le corresponda de acuerdo con su parte de renta sujeta. Este prorrateo de la deuda entre los distintos deudores solidarios sólo tiene efectos *inter partes,* no frente a la Administración. Fuera de lo que se ha precisado respecto de las sanciones, no hay ninguna indicación sobre si son prorrateables otros componentes de la deuda derivados del incumplimiento de deberes tributarios (v.gr., intereses de demora o recargos), o si, por el contrario, deben ser soportados por quien hubiera dado lugar a su devengo o imposición. Habría de estarse a las normas del derecho común.

Los herederos y legatarios, por último, estarán solidariamente obligados frente a la Hacienda Pública con los sujetos pasivos supérstites de la unidad familiar y ocuparán respecto a éstos el lugar del causante a efectos del prorrateo descrito (art. 94.4 LIRPF).

---

[83] Véase STC 146/1994, de 12 de mayo (FJ 4.º).

III. LA OBLIGACION REAL

91. La obligación real del IRPF: la residencia habitual; rentas exentas

Más arriba (§ 15) quedó trazada la diferencia entre obligación personal y obligación real del IRPF, que recaen, respectivamente, sobre los sujetos residentes y sobre los sujetos no residentes; en el mismo lugar nos hemos ocupado también del concepto de **residencia habitual** (art. 12 LIRPF), que sirve de base a la distinción entre esas dos figuras.

Son sujetos pasivos por obligación real las personas físicas no residentes que obtengan rendimientos o incrementos patrimoniales **producidos en territorio español**. Se entienden obtenidos o producidos en territorio español los rendimientos satisfechos por personas jurídicas o entidades residentes, empresarios o profesionales residentes o establecimientos permanentes situados en España (arts. 11 LIRPF y 70 RIRPF). Para definir el concepto de **establecimiento permanente,** el artículo 16.2 de la ley se remite a la normativa del Impuesto de Sociedades *(vid.* § 156).

Pero esta delimitación del concepto de rentas obtenidas en España se ve recortada, particularmente, en relación con los no residentes **que no operen en España mediante establecimiento permanente,** por diversos supuestos de exención, tales como intereses obtenidos por residentes en otro país comunitario, intereses e incrementos de patrimonio derivados de Deuda Pública —salvo que se obtengan a través de paraísos fiscales [84]—, y otros (art. 17 LIRPF).

Conviene anticipar que de la determinación de cuándo se entiende producida u obtenida en España una renta se deriva como consecuencia su sometimiento a la obligación real; pero ello no permite necesariamente circunscribir a esa renta obtenida en España el ámbito material de la sujeción, como se verá al analizar en particular lo relativo a los sujetos que actúan mediante establecimiento permanente.

Dentro de la obligación real se aprecian abundantes y significativas diferencias de régimen jurídico según que los sujetos pasivos operen o no operen en España mediante establecimiento permanente, por lo que analizaremos por separado una y otra hipótesis. Una de las escasas reglas comunes para los no residentes, con ciertas salvedades, es su obligación de designar a un **representante** ante la administración tributaria, con residencia en España (art. 22).

[84] La lista de los mismos se contiene en el RD 1080/1991, de 5 de julio.

92. La tributación de los no residentes con establecimiento permanente

La primera particularidad que muestra la obligación real de los no residentes que operen en España mediante establecimiento permanente es que el propio establecimiento se ve revestido, en cierta forma, de una cuasi personificación en virtud de la cual su régimen tributario difiere de la obligación personal en mucho menor grado que el de los no residentes que no operan mediante establecimiento permanente.

En este sentido, los sujetos pasivos que operen en España mediante establecimiento permanente «tributarán por la **totalidad de la renta imputable a dicho establecimiento,** háyase obtenido en territorio español o extranjero» (art. 16.2, regla 1.ª LIRPF).

Para la regulación de la base imponible, el artículo 18.6 de la ley se remite a las normas que, a efectos de la obligación personal, regulan los rendimientos empresariales y profesionales, las cuales a su vez, como se recordará, reenvían a la legislación del Impuesto de Sociedades, con algunas particularidades *(vid.* § 45). La remisión en última instancia a las normas del IS, así como la interpretación *a contrario* del artículo 18.5 de la ley, permite afirmar la posibilidad de compensar las pérdidas del establecimiento permanente.

En cuanto a los regímenes de determinación de la base imponible, se acepta doctrinalmente la posibilidad de acogerse a estimación objetiva, aunque ello no resulte del todo claro en la regulación positiva.

De lo expuesto se desprende que, en definitiva, la obligación real del establecimiento permanente se regula de modo prácticamente uniforme tanto en la LIRPF como en la LIS —más aún, los artículos 69 y siguientes del RIRPF se aplican indistintamente a la obligación real de los dos impuestos—, hasta el punto de configurarse, como un régimen tributario esencialmente unitario dentro de la imposición directa, sin perjuicio de las normas específicas en materia de gestión de ambos tributos.

La base imponible tributa a un **tipo único del 35 por 100** (igual al tipo general del IS). Pero la ley establece una **imposición complementaria del 25 por 100** sobre las rentas del establecimiento permanente que sean **transferidas al extranjero** (art. 19.2).

De la cuota así obtenida, los sujetos pasivos pueden practicar, en las mismas condiciones que los sujetos por obligación personal, las deducciones por inversión empresarial, por donativos, por dividendos y por obtención de la renta en Ceuta y Melilla, así como por retenciones u otros pagos a cuenta (art. 20.2 LIRPF) (§§ 78 y 81).

Se aplicarán también las normas de la obligación personal del IRPF en materia de **gestión** (art. 21 LIRPF) [85] (§ 82 y siguientes). Sin embargo, la declaración e ingreso de la imposición complementaria del establecimiento

[85] La declaración del IRPF por obligación real está regulada por la Orden de 31 de enero de 1992.

permanente, por transferencia de rentas al extranjero, se rige por las normas sobre la materia aplicables a los no residentes sin establecimiento permanente (art. 72 RIRPF).

93. La tributación de los no residentes sin establecimiento permanente; la retención en las transmisiones de inmuebles

a) Cuando las rentas se obtienen sin mediación de un establecimiento permanente, la obligación real se comporta como un impuesto no periódico, sino de devengo **instantáneo:** en estos supuestos los sujetos «tributarán de forma separada por **cada devengo** total o parcial de renta sometida a gravamen» (art. 16.2, regla 2.ª LIRPF). A estos efectos, la renta se entiende devengada cuando los rendimientos sean exigibles o en la fecha de cobro si fuera anterior —excepto el rendimiento derivado de inmuebles de uso propio, que se devenga el 31 de diciembre— o, si se trata de incrementos patrimoniales, en la fecha de la alteración patrimonial. En cuanto al ámbito material del gravamen, debe recordarse ahora la exención de determinadas rentas a que nos hemos referido anteriormente (§ 91).

b) La **base imponible** consiste, con carácter general, en la **cuantía íntegra** devengada (art. 18.1 LIRPF). Pero existen reglas especiales:

— en los casos de actividades empresariales o profesionales en general, son deducibles de los ingresos íntegros los gastos de personal y de aprovisionamiento de materiales, con ciertos requisitos (arts. 18.2 LIRPF y 71.2 RIRPF);

— los rendimientos de los bienes inmuebles se determinan con arreglo a las normas generales de la ley (art. 18.4 LIRPF) *(vid.* § 33);

— la determinación de los incrementos o disminuciones de patrimonio se lleva a cabo, para cada alteración patrimonial, según las reglas comunes, excepto las que se refieren a la no sujeción de incrementos patrimoniales cuando derivan de transmisiones cuyo importe no exceda de 500.000 pesetas en el año y a los supuestos en que no se estima que existe incremento ni disminución patrimonial (división de la cosa común, disolución de la sociedad de gananciales, etc.) (art. 18.3 LIRPF) *(vid.* §§ 48 a 60).

En los supuestos de obligación real que analizamos, los sujetos pasivos no tienen derecho a compensación de pérdidas de ningún tipo (art. 18.5 LIRPF).

c) La base imponible se grava, con carácter general, al 25 por 100. El tipo aplicable a los incrementos patrimoniales es del 35 por 100. Tipos más reducidos que el general se aplican a determinados rendimientos, básicamente pensiones de escasa cuantía (art. 19.1 LIRPF).

d) En cuanto a la determinación de la **deuda tributaria,** la ley (art. 20.1) permite deducir de la cuota exclusivamente la deducción por donativos y las retenciones efectivamente soportadas y otros pagos a cuenta efectuados.

Del ingreso de la deuda tributaria son **responsables solidarios** los depositarios o gestores de los bienes de los no residentes o los pagadores de los rendimientos, en los términos del art. 19.3 de la ley. Este mismo precepto establece la afección al pago de la deuda de los inmuebles que se transmitan, en caso de que no se ingrese la retención específicamente establecida para estos supuestos, de la que inmediatamente nos ocuparemos.

e) En cuanto a la **gestión,** vale también para estos supuestos la remisión a las normas generales de la obligación personal, salvo en relación con la **declaración**. Dado que la obligación real es de devengo instantáneo en los supuestos que contemplamos, de cada devengo de la renta gravada surgirá la obligación de presentar la correspondiente declaración-liquidación. Esta ha de presentarse por el propio sujeto pasivo o por el responsable solidario en el plazo de un mes a partir de la fecha de devengo de la renta gravada, salvo ciertas excepciones. Pueden también presentarse declaraciones **trimestrales** por parte de los representantes de los sujetos pasivos o de los deudores solidarios, con ciertas excepciones [86].

La ley regula un supuesto especial de **retención** [arts. 19.1.párrafo 2.º LIRPF y 73 RIRPF]. Cuando el sujeto por obligación real sin establecimiento permanente transmita **inmuebles radicados en España,** el **adquirente** está obligado a retener e ingresar el 5 por 100 de la contraprestación, o a realizar el correspondiente ingreso a cuenta —por ejemplo, en casos de permuta—, en concepto de pago a cuenta del impuesto que corresponda por la renta producida por la transmisión. No existirá tal obligación cuando, a 31 de diciembre de 1996, los inmuebles transmitidos llevaran más de 10 años en el patrimonio del sujeto sin haber sido objeto de mejoras durante ese tiempo; ni cuando el transmitente acredite su sujeción a la obligación personal mediante certificación *ad hoc* o mediante la exhibición de la declaración del IRPF correspondiente al último período impositivo. La ley amplió el radio de acción de la norma originaria (restringido antes a las retenciones con ocasión de las ventas), para alcanzar supuestos alternativos como las aportaciones de los inmuebles a sociedades; pero su actual redacción lo restringe considerablemente al excluir el ingreso a cuenta cuando los inmuebles se aporten a sociedades residentes, lo que facilita su «blanqueo».

El adquirente está obligado a ingresar la retención en el plazo de un mes desde la transmisión. Concluido ese plazo, se abre otro plazo de tres meses para la declaración-liquidación del sujeto pasivo, quien compensará en su cuota el importe retenido por el adquirente y tendrá derecho, en su caso, a la devolución del exceso ingresado a cuenta.

---

[86] Véase la antes citada Orden de 31 de enero de 1992.

IV. LA IMPOSICION SOBRE LA RENTA EN LOS TERRITORIOS FORALES

94. El IRPF de Navarra

En ejercicio de su potestad normativa *(vid.* § 5), Navarra promulgó la Ley Foral 6/1992, de 14 de mayo, reguladora del IRPF. Esta ley ha venido siendo posteriormente modificada al compás de la evolución de la ley del Estado, aunque no siempre se ha adaptado a la misma; puede destacarse, a este respecto, que la regulación de las variaciones patrimoniales mantiene el esquema de porcentajes de reducción establecido por la LIRPF estatal de 1991. La Ley Foral 6/1992 fue desarrollada por el Decreto Foral 209/1992, de 8 de junio, que aprobó el Reglamento del Impuesto; una y otro constituyen las normas básicas del tributo.

Están sujetos al IRPF navarro por **obligación personal** quienes tengan en Navarra su residencia habitual, entendida como la permanencia en ese territorio durante más de la mitad del período impositivo (más de 183 días cuando el período coincide con el año natural); en los casos de tributación conjunta, se somete a obligación personal la unidad familiar cuando resida en Navarra el cónyuge varón o, en su caso, el padre o la madre (art. 8 de la L. 28/1990, del Convenio navarro y arts. 4 y 12 LF 6/1992). Por **obligación real** tributan las personas físicas residentes en el extranjero que conserven la condición política de navarros —es decir, los españoles que hayan tenido en Navarra su última vecindad administrativa y sus descendientes inscritos como españoles— y obtengan rentas producidas en territorio español (art. 5 L.O. 13/1982, de amejoramiento del régimen foral navarro, art. 8 L. 28/1990 y arts. 4 y 12 LF 6/1992).

La normativa navarra del IRPF, aunque su esquema general y su contenido sean prácticamente idénticos a los de la ley estatal, difiere considerablemente de ella en numerosas materias. Nos referiremos, sin propósito exhaustivo, a las más notables.

A) Entre las **rentas exentas,** se añaden a los conceptos recogidos en la ley estatal otros, tales como los siguientes [letras *a), e) y h)* del art. 10 LF 6/1992]:

— las cantidades que, en virtud de convenio colectivo, complementen las prestaciones públicas por incapacidad permanente absoluta o gran invalidez;

— las indemnizaciones legal o judicialmente reconocidas por todo tipo de daños morales (no sólo físicos o psíquicos) causados a personas, así como las que, por los mismos daños, deriven de contratos de seguro que cubran la responsabilidad del tercero causante de los daños; en los demás supuestos, la exención tiene como límite 30 millones de pesetas;

— las becas públicas y las convocadas por asociaciones de utilidad pública y Fundaciones para cursar estudios hasta el grado de doctorado inclusive.

B) Tributan en **régimen de atribución de rentas** las sociedades civiles sin excepción, lo que supone que, a diferencia del derecho común, las Sociedades Agrarias de Transformación no tributan por el IS (art. 11 LF 6/1992).

C) En relación con los **rendimientos del trabajo,** la asignación por gastos de locomoción exceptuada de gravamen es mayor que en la ley del Estado, en los casos en que no se pueda justificar la cuantía del gasto (33 pesetas por kilómetro en lugar de 24) (artículo único del Decreto Foral 160/1996, de 25 de marzo).

D) Entre los **rendimientos de capital,** ha de mencionarse, en primer lugar, la regla de determinación del rendimiento íntegro derivado de la vivienda habitual: cuando no se practican ni la deducción de los intereses por capitales ajenos invertidos en la misma, ni la deducción de la cuota por adquisición de vivienda, el rendimiento se cifra en el 0,25 por 100 del valor del inmueble a efectos del IBI. Y, en segundo término, la deducción de los intereses por capitales ajenos sólo se admite para determinar el rendimiento neto derivado de los inmuebles cedidos a terceros o de la vivienda habitual (arts. 25 y 26 LF 6/1992).

E) La ley foral (art. 36.2) no sujeta al Impuesto los **incrementos o disminuciones patrimoniales** que se produzcan por la transmisión lucrativa *inter vivos* de la totalidad del patrimonio empresarial o profesional realizada en favor de descendientes en línea recta que continúen el ejercicio de la actividad durante al menos cinco años.

F) A diferencia de la ley estatal, el único supuesto de **devengo anticipado** recogido en la ley foral (art. 89) es el fallecimiento del sujeto pasivo; la omisión de toda referencia a la disolución del matrimonio o la separación judicial es una consecuencia lógica de que, como se dirá, en los casos de tributación conjunta no se produzca acumulación de rentas.

G) La **escala de gravamen,** la misma tanto para la tributación separada como para la conjunta, es más moderada que la estatal: su tipo marginal máximo es del 53 por 100, frente al 56 por 100 que, en conjunto, representan la escala general y la complementaria de la ley del Estado.

I) Las **deducciones de la cuota íntegra** son prácticamente las mismas que las del Estado, si bien en algunos casos sus cuantías son superiores, como ocurre, por ejemplo, con las deducciones por descendientes, por ascendientes o por trabajo personal (art. 74 LF 6/1992). Particular mención debe hacerse de las deducciones por inversiones en actividades empresariales o profesionales, que, como en la ley estatal, se remiten a la regulación del IS (§ 164).

J) Como hemos anticipado, la **tributación conjunta** no significa acumulación de rentas. Por el contrario, cada renta se determina por separado y se somete de igual modo a la escala progresiva; la suma de las cuotas resultantes es la cuota íntegra de la unidad familiar, a la que se aplican unitariamente las deducciones legalmente establecidas (arts. 85 a 87 LF 6/1992). En la tributación conjunta, existe una deducción específica para las unidades familiares con varios perceptores de renta (art. 87.6 LF 6/1992).

K) Tanto los porcentajes de las **tablas de retención sobre rendimientos del trabajo,** como el importe de los **pagos fraccionados** —que se determina, además, por un procedimiento distinto—, son sensiblemente más bajos que los establecidos por el Reglamento del IRPF del Estado (arts. 43.1 y 59 DF 209/1992).

95. El IRPF en el País Vasco

Como ya vimos (§ 5), las relaciones de orden tributario entre el País Vasco y el Estado se regulan mediante el sistema foral tradicional de Concierto Económico. El art. 7 de la ley del Concierto dispone que el IRPF, como tributo concertado de normativa autónoma, «corresponderá a la Diputación Foral competente por razón del territorio cuando el sujeto pasivo tenga su residencia habitual en el País Vasco». A los efectos del IRPF, la condición de residente habitual en el País Vasco se otorga por aplicación sucesiva de tres criterios: permanencia en su territorio durante mayor número de días del período impositivo (lo cual se presume cuando en el mismo está radicada la vivienda habitual); localización en su territorio del principal centro de intereses (o, lo que es lo mismo, obtención en el mismo de la mayor parte de la base imponible del Impuesto); y última residencia declarada a efectos del Impuesto (art. 36 de la Ley del Concierto).

Los no residentes en España tributarán por obligación real a la Diputación Foral en cuyo territorio obtengan rentas; pero en este caso es competencia del Estado la regulación del tributo (arts. 6, regla 2.ª, y 7.1 de la Ley del Concierto).

Según el texto original del Concierto de 1981, los Territorios Históricos podían, en relación con el IRPF, «mantener, establecer y regular» el régimen tributario aplicable a determinadas materias tasadas (regularización o actualización de valores de activos fijos, planes especiales y coeficientes de amortización, determinación y valoración de signos, índices y módulos en estimación objetiva, deducción por inversiones, y regulación de los modelos y plazos de declaración y liquidación); y, «en uso de sus competencias de gestión», «podrán concretar las deducciones por donativos..., así como los gastos personales» (art. 7.5 L. 12/1981). Fuera de este ámbito, las Diputaciones Forales habían de aplicar para la exacción del Impuesto las normas reguladoras del mismo en territorio común (art. 7.6 L. 12/1981). Sin embargo, en los tres Territorios Históricos se aprobaron normas forales que contienen una regulación completa del tributo, normas que han ido siendo modificadas en varias ocasiones, normalmente para acomodarse a los cambios de la legislación estatal. Aunque la estructura general del tributo en los tres Territorios, así como la gran mayor parte de las normas sean idénticas a las del Estado, las distintas legislaciones forales se apartan de ésta en cuestiones concretas, incluso en materias ajenas a la reserva normativa propia de las Diputaciones en su momento. En particular, desde este punto de vista deben mencionarse las normas especiales sobre deducciones por inversiones, y otros estímulos fiscales, en el ámbito empresarial y profesional, notablemente más amplios que en la legislación estatal, normas forales sobre las que puede verse una referencia más detallada en el § 165.

La modificación del Concierto plasmada en la Ley 38/1997, de 4 de agosto, ha eliminado todas las restricciones que, en orden a la regulación sustantiva de la obligación personal del Impuesto, limitaban hasta ahora las potestades normativas de las Diputaciones Forales. Estas, desde entonces, se hallan vinculadas exclusivamente —además de a la Constitución y al Estatuto, así como al Tratado de la UE— a las normas generales de armonización contenidas en la Ley del Concierto (art. 4), las cuales a su vez son ahora mucho más genéricas y menos restrictivas y detalladas, tras la reforma de 1997. A efectos prácticos, las Diputaciones tienen sólo dos límites al elaborar la normativa tributaria: han de mantener una presión fiscal efectiva global equivalente a la del resto de España, y han de respetar la libertad de establecimiento de las personas y la libertad de circulación de personas, bienes, capitales y servicios, sin efectos discriminatorios ni menoscabo de las posibilidades de competencia empresarial ni distorsión en la asignación de recursos.

96. (sigue) El IRPF de Alava

En Alava, el tributo se rige esencialmente por la Norma Foral 24/1991, de 11 de diciembre, y por el Decreto Foral 154/1992, de 10 de marzo. El Impuesto alavés, para cuya aplicación, tanto por obligación personal como por obligación real, juegan puntos de conexión (arts. 11 y 12 de la Norma Foral) similares a los del IRPF de Vizcaya (§ 98), difiere del IRPF vigente en territorio común en algunas materias, entre las que pueden destacarse las siguientes, en un breve repaso de la Norma Foral 24/1991:

A) Para la determinación de la **base liquidable regular** se tiene en cuenta, al igual que en Vizcaya, la reducción de «las aportaciones realizadas por los socios de las Entidades de Previsión Social Voluntaria» (art. 71.1).

B) Las mayores diferencias se hallan en materia de **deducciones sobre la cuota íntegra** (art. 78). Así, por ejemplo, existe una deducción por la percepción de prestaciones por incapacidad permanente y desempleo; dentro de los gastos de enfermedad que dan derecho a deducción —definidos como los que «tienden a situar el estado orgánico, tanto físico como psíquico, en condiciones de ejercer normalmente todas sus funciones»— se incluyen los derivados de la rehabilitación de drogodependientes; es notablemente más generosa la deducción por gastos de custodia de niños, que, desbordando su propia denominación, se extiende también a los gastos por enseñanza general básica; y se asimilan a las primas de seguro de vida, a los efectos de la deducción por inversiones, las aportaciones a Entidades de Previsión Social Voluntaria que no puedan deducirse de la base imponible regular.

La Norma Foral 24/1991, por otra parte, crea deducciones inexistentes en territorio común, como la deducción por pensionistas, o la deducción por gastos de estudio de los hijos en centros de enseñanza superior y por estudios de idiomas en el extranjero (art. 78.3).

97. (sigue) El IRPF de Guipúzcoa

La norma básica del IRPF guipuzcoano es la Norma Foral 13/1991, de 27 de diciembre, desarrollada por el Decreto Foral 21/1992, de 25 de febrero, que aprueba el Reglamento del Impuesto. Los puntos de conexión, en la obligación personal y en la obligación real, son, también aquí (art. 11 de la Norma Foral 13/1991), prácticamente idénticos a los de la norma vizcaína (§ 98).

Entre las peculiaridades que el IRPF guipuzcoano presenta respecto del IRPF común cabe reseñar las siguientes:

A) Entre las **rentas exentas,** se asimilan a las prestaciones públicas por incapacidad permanente absoluta o por gran invalidez, con ciertas limitaciones, aquellas que, «respondiendo a idéntica finalidad, sean reconocidas a los socios cooperativistas por entidades de previsión social voluntarias» [art. 9.*b)*].

B) De la **base imponible regular** pueden deducirse «las aportaciones realizadas por los socios de las Entidades de Previsión Social» Voluntaria» (art. 71.1).

C) Entre las **deducciones sobre la cuota íntegra** (art. 78), son ligeramente más amplias que las del Estado las que contemplan los gastos de custodia de niños. Y también aquí se regulan deducciones inexistentes en territorio común, como la deducción por pensionistas, la deducción por estudios universitarios, o la deducción por las cantidades abonadas a las Entidades de Previsión Social Voluntaria que no puedan ser deducidas en la base.

D) La **declaración** del Impuesto puede ser ordinaria y «mecanizada» (art. 97), que puede ser presentada por los sujetos cuyas rentas procedan de determinadas fuentes, enumeradas por la norma con gran amplitud. Los contribuyentes que opten por esta declaración mecanizada no autoliquidan el Impuesto: la liquidación es un acto de la Administración foral que se notifica expresamente al presentador de la declaración. Cuando la liquidación administrativa determina una cuota positiva, el plazo para el ingreso de ésta es el mismo previsto para la declaración-liquidación ordinaria; en caso de devolución, ésta se produce inmediatamente.

98. (sigue) El IRPF de Vizcaya

La legislación básica del IRPF vizcaíno es la Norma Foral 7/1991, de 27 de noviembre, desarrollada por el Decreto Foral 20/1992, de 10 de marzo, que aprueba el Reglamento del impuesto. El punto de conexión que determina la sujeción al mismo por obligación personal es la residencia habitual, entendida como la permanencia en Vizcaya por más de 183 días durante el año natural. Por obligación real tributan los no residentes en territorio español que, conservando la condición política de vascos, y habiendo tenido en Vizcaya su última vecindad administrativa, obtengan rentas producidas en el País Vasco (arts. 11 y 12 de la Norma Foral 7/1991).

Como puede apreciarse, ambos puntos de conexión se apartan, sobrevenidamente, de la actual regulación de la materia en el Concierto vigente (*vid.* § 95).

Las especificidades más importantes de las normas vizcaínas con respecto a las normas del Estado son las siguientes:

A) Dentro de los **rendimientos del trabajo,** el art. 25.*m)* de la Norma Foral incluye, al igual que la legislación común, las percepciones de quienes ocupan cargos públicos electivos, excluida la parte de las mismas que la institución pagadora asigne para gastos de viaje y desplazamiento. La norma reglamentaria foral exceptúa del tributo, por este concepto, un porcentaje de las dietas percibidas por la asistencia a las sesiones de la institución a que se pertenezca, del 80 por 100, 70 por 100 ó 60 por 100, según los casos.

B) En relación con la **base liquidable regular,** se añaden a las reducciones contenidas en la ley estatal (§ 76) «las aportaciones realizadas por los socios de las Entidades de Previsión Social Voluntaria» (art. 71.1).

C) En cuanto a las **deducciones sobre la cuota íntegra,** la Norma Foral (art. 78) es más amplia que la ley del Estado, toda vez que equipara a las primas de seguros de vida las aportaciones a las Entidades de Previsión Social Voluntarias que excedan de las reducciones admitidas en la base imponible: el 10 por 100 de tal exceso, en consecuencia, puede ser deducido de la cuota íntegra. Y, por otra parte, contiene otras deducciones tales como la deducción por pensionistas o la deducción del 20 por 100 sobre donaciones superiores a 500.000 ptas. en favor de los entes públicos de Vizcaya o determinadas entidades vizcaínas benéficas, de utilidad pública o de enseñanza superior; deducciones que, como la anterior, tampoco están comprendidas en la ley del IRPF.

BIBLIOGRAFIA

ABELLA POBLET, E., *Manual del Impuesto sobre la Renta de las Personas Físicas,* Madrid, Abella, 1980.

ALBIÑANA, C., y FONSECA, E., *El nuevo Impuesto sobre la Renta de las Personas Físicas,* Bilbao, Deusto, 1992.

ALSINA RIUBRUGENT, E., y ARIAS VELASCO, J., *Impuesto sobre la Renta de las Personas Físicas,* Barcelona, Bosch, 1980.

AMORÓS RICA, N. (Director), *Comentarios a las leyes tributarias y financieras,* t. III, Madrid, Edersa, 1983.

BAENA AGUILAR, A., *La obligación real de contribuir en el Impuesto sobre la Renta de las Personas Físicas,* Pamplona, Aranzadi, 1994.

BLASCO DELGADO, C., *Los incrementos y disminuciones de patrimonio en el Impuesto sobre la Renta de las Personas Físicas,* Valladolid, Lex Nova, 1997.

CAZORLA PRIETO, L. M., *Lecciones del Impuesto sobre la Renta de las Personas Físicas,* Madrid, Servicio de publicaciones de la Facultad de Derecho de la Universidad Complutense de Madrid, 1993.

FALCÓN Y TELLA, R. (Coordinador), MARTÍN FERNÁNDEZ, J., NATERA HIDALGO, R., ROZAS VALDÉS, J. A. y SERRANO ANTÓN, F., *Medidas fiscales para 1997,* Madrid, Civitas, 1997.

FERREIRO LAPATZA, J. J., LASARTE ALVAREZ, J., MARTÍN QUERALT, J., y PALAO TABOADA, C., *Comentarios a la Ley del Impuesto sobre la Renta de las Personas Físicas,* Madrid, Civitas, 1983.

GORDILLO, M., JIMÉNEZ, E., LÉRIDA, T. y NÚÑEZ, I., *Las nuevas Leyes del Impuesto sobre la Renta y el Patrimonio,* Arthur Andersen, Madrid, 1991.

Impuesto sobre la Renta de las Personas Físicas. Doctrina de la Dirección General de Tributos, sin indicación de autor, Madrid, Centro de Publicaciones del Ministerio de Economía y Hacienda, 2.ª ed., 1994.

INSTITUTO DE ESTUDIOS FISCALES, *Manual del Impuesto sobre la Renta de las Personas Físicas e Impuesto sobre el Patrimonio,* Madrid, I.E.F., 1995.

JIMÉNEZ COMPAIRED, I., *Los incrementos no justificados de patrimonio en el Impuesto sobre la Renta de las Personas Físicas,* Madrid, Marcial Pons, 1996.

LACASA SALAS, J. H. y PASO BENGOA, J. M., *La regularización fiscal y la nueva legislación de renta y patrimonio,* Madrid, Gaceta fiscal, 1991. *Comentarios al nuevo Reglamento del IRPF,* Madrid, Gaceta fiscal, 1992.

LÓPEZ BERENGUER, J., *Manual del Impuesto sobre la Renta de las Personas Físicas,* Pamplona, Aranzadi, 1980.

Manual práctico Renta 95, sin indicación de autor, Madrid, Agencia Tributaria, 1996.

Memento práctico fiscal 1996, obra colectiva, Madrid, Edersa-Francis Lefebvre, 1995.

PÉREZ ROYO, I., *Manual del Impuesto sobre la Renta de las Personas Físicas,* Madrid, Marcial Pons, 1992.

PONT MESTRES, M., *Análisis y aplicación del nuevo IRPF,* Madrid, Civitas, 1992.

RODRÍGUEZ MIRANDA, S., y SEMPERE RODRÍGUEZ, S., *Régimen fiscal de los incrementos y disminuciones patrimoniales,* Ed. del Foro, Madrid, 1980.

ROSEMBUJ, T., *El Impuesto sobre la Renta de las Personas Físicas,* Barcelona, PPU, 1992.

SÁNCHEZ PINILLA, F., *Notas al Impuesto sobre la Renta de las Personas Físicas,* Madrid, Instituto de Empresa, 1992.

VICENTE-ARCHE DOMINGO, F. (Director), *Comentarios a la Ley del IRPF y Reglamento del Impuesto,* obra colectiva, Madrid, Colex, 1993.

VIVANCO MUGARZA, J. L., *Los incentivos fiscales en el País Vasco (El caso de Bizkaia),* en *Actualidad tributaria,* núm. 1/1994, pp. D-1 ss.

CAPITULO 3
EL IMPUESTO SOBRE SOCIEDADES

I. GENERALIDADES

99. Introducción

Este impuesto tiene una larga tradición en nuestra imposición directa. La Tarifa III de la Contribución de Utilidades, que fue su forma originaria, se implantó (1922) con anterioridad a la vigencia de un impuesto sobre la renta personal. Tan amplia duración ha permitido utilizar a la imposición sobre sociedades como banco de pruebas de muchos conceptos y categorías de nuestro sistema tributario.

El gravamen de las sociedades es un asunto controvertido; no obstante, en la práctica, la totalidad de los sistemas tributarios occidentales tiene establecido un impuesto de esta clase, el cual, por otra parte, se concibe como un gravamen complementario del que recae sobre la renta de las personas físicas. En este sentido, el IS sirve para gravar rentas que, de otro modo, al no ser atribuidas en ningún momento a personas físicas, dejarían de tributar. Ocurre así con la renta de determinadas instituciones que carecen de socios (fundaciones, corporaciones públicas, cajas de ahorro, etcétera), y con los beneficios de aquellas sociedades que deciden no distribuirlos. Además, algunos autores justifican la existencia del IS en la necesidad de compensar determinados privilegios de que gozan algunas de ellas (limitación de la responsabilidad patrimonial, la imposibilidad de que quienes prestan trabajo articulen la obtención de su renta a través de sociedades, etc.). No hay que olvidar, por último, el argumento de quienes justifican el impuesto en la autónoma capacidad económica de las sociedades porque, siendo titulares jurídicos de una renta, es posible afirmar tanto la necesidad de su existencia para el cumplimiento del precepto constitucional, cuanto la concreta legitimidad de este tributo por recaer sobre un índice de riqueza.

La Ley del Impuesto sobre Sociedades (LIS) señala el carácter complementario del IS, subrayando su papel como «antecedente» y como «retención en la fuente» de rentas del capital obtenidas por personas físicas. Es evidente que estos matices explican la significación que el legislador da al tributo desde el punto de vista de la política fiscal, pero carecen de función jurídica alguna. No obstante, tanto en la LIRPF como en la LIS se detecta la preocupación por lograr una mejor integración entre ambos impuestos, y una de las razones para ello es que la vigencia del IS origina el problema que se denomina «**doble imposición económica de los dividendos**», el cual consiste en que los beneficios son gravados primero en la sociedad que los produce por el IS y, al ser distribuidos a los socios, dichos beneficios soportan nuevamente o el IRPF o el propio IS, según que el socio sea persona física o jurídica. Este efecto de doble imposición recibe distintas soluciones técnicas en nuestro sistema tributario para su total eliminación o su mera atenuación.

La denominación del impuesto en la legislación actual (Ley 43/1995, de 27 de diciembre) no es suficientemente descriptiva, porque no sólo quedan gravadas sociedades en sentido técnico sino, en realidad, todas las personas jurídicas e, incluso, entidades sin personalidad. La insuficiencia de la denominación no deriva sólo de este hecho, sino también de que, en rigor, no puede hablarse de un solo impuesto de sociedades; como veremos, el IS es en realidad un conjunto de subespecies, cada una de las cuales responde a exigencias de distinto tipo, bien sean las de articulación jurídica del tributo (exenciones, transparencia, etc.), bien sean las de la organización autonómica del Estado (regímenes tributarios forales), bien sean las de aplicación territorial del tributo (obligación real), bien sea la distinta naturaleza de las entidades sujetas (uniones temporales de empresas), bien sean, por último, las distintas situaciones específicas en que se pueden encontrar los sujetos pasivos (grupos de sociedades, fusiones). En este terreno, la LIS llega tan lejos que, como uno de esos regímenes especiales, engloba tributos que ni siquiera recaen sobre la renta, como es el caso del Impuesto especial sobre bienes inmuebles de entidades no residentes (*vid.* § 228).

100. Naturaleza y características

La LIS, para expresar la naturaleza del impuesto, menciona una serie de características (art. 1.1). Dice que es directo y personal, y que grava la renta de las sociedades y demás entidades.

Hay que advertir que el conjunto de estas características sólo es predicable de una de las dos formas del impuesto: la conocida como obligación personal de contribuir; en cambio, la obligación real constituye, como su propio nombre indica, un conjunto de gravámenes de naturaleza real, es decir, exigidos sobre la renta producida por determinados bienes o derechos; no obstante, de las dos formas de la obligación real, la que grava la renta de los denominados establecimientos permanentes constituye, como veremos (156), un régimen que presenta muchas analogías con la obligación personal de contribuir.

Efectivamente es un impuesto directo; desde cualquier criterio de clasificación que se elija (si grava o no un índice directo de riqueza, si es o no jurídicamente repercutible, si está entre los impuestos directos en la clasificación presupuestaria, etc.) se obtiene siempre la misma conclusión: es un impuesto directo.

Es también personal, porque la configuración del hecho imponible exige que nos refiramos a una persona —persona jurídica o asimilada, en este caso— que **obtenga la renta gravable**. En cambio, no puede decirse que el impuesto sea subjetivo. Sin perjuicio de que la legislación contenga deducciones e incentivos de diversa especie, no puede decirse que éstos respondan a la exigencia de adecuar la cuota a las circunstancias **personales y familiares del sujeto pasivo** que, obviamente, no pueden ser tenidas en cuenta en este caso.

El impuesto recae sobre la renta, la cual es, en principio, la que resulta disponible para la sociedad, aunque no sea líquida. Dicha renta es una cantidad global, unificada precisamente por el hecho de su atribución jurídica a una persona moral. Esta renta personal y global de la entidad consiste en el aumento de riqueza, en el incremento patrimonial neto que la sociedad experimente en un determinado período de tiempo. Tal incremento de riqueza es de suyo un concepto distinto y más amplio que el de beneficio. La necesidad de referir tal aumento de riqueza a un determinado período de tiempo —período impositivo— hace que el impuesto pueda caracterizarse también como periódico.

A pesar de que el IRPF y el IS tienen como objeto la renta y, consiguientemente, existe entre ellos cierto paralelismo, conviene precisar que la renta de las entidades jurídicas presenta algunas características diferenciales. Especialmente, la renta social es una renta unitaria, cualidad que se revela, tanto desde el punto de vista de su origen —toda la renta de la sociedad procede en definitiva del capital social— como desde la perspectiva de su destino —prácticamente ninguna parte de la renta social es objeto de consumo—. Esta naturaleza unitaria presupone la adopción por el legislador de determinadas soluciones técnicas, como luego veremos (§ 119).

Por último, debe indicarse que el impuesto es proporcional, aunque los tipos son distintos según la clase de entidad de que se trate.

101. Ambito espacial de aplicación

La ley dice (art. 2.1) que el IS «se aplicará en todo el territorio español». Esta afirmación es cierta si se considera que un IS se aplica en todo el territorio del Estado, pero ese impuesto no es el mismo en todos los expresados territorios. Las diferencias pueden deberse, bien a que la legislación estatal contempla especialidades para alguna Comunidad Autónoma, como **Canarias** (§ 163), bien a que ciertas comunidades, como las del **País Vasco** y **Navarra** (§§ 164 y 165), tienen competencia normativa respecto a este impuesto.

La vigencia territorial del impuesto puede verse también alterada como consecuencia de tratados internacionales. Entre éstos, tienen especial relevancia los denominados **Convenios de doble imposición**. La necesidad objetiva de estos Convenios deriva de que, por lo común, los sistemas tributarios nacionales gravan la totalidad de la renta obtenida por sus residentes y todas las rentas originadas en su territorio. Así, una determinada renta podrá tributar donde se produzca y, además, en el Estado donde resida la sociedad que la obtenga. Mediante los Convenios se fijan los criterios en cuya virtud los Estados se atribuyen la competencia para gravar los distintos tipos de renta. España tiene suscritos en la actualidad Convenios de esta clase con una treintena de países.

Otro tipo de tratados internacionales con consecuencias en el IS es el de los suscritos por una pluralidad de países que, de ordinario, dan lugar a una institución u organismo internacional; el régimen fiscal de estos organismos suele fijarse también en dichos tratados y normalmente consiste, a estos efectos, en la exención del impuesto (§ 158).

A condición de reciprocidad, también pueden quedar exentas del IS las compañías de navegación marítima o aérea residentes en otros países cuyos buques o aeronaves entren en España, aunque tengan aquí consignatarios o agentes (art. 46.2 LIS).

102. Armonización comunitaria del IS

El conjunto del impuesto no ha sido objeto de disposiciones comunitarias para la armonización de su normativa. No obstante, hay diferentes tipos de textos que contemplan aspectos parciales de las sociedades que tienen repercusiones directas en su régimen tributario.

En lo que se refiere a la regulación material de las sociedades, deben tenerse en cuenta las Directivas relativas a la presentación de las **cuentas anuales** [78/600/CEE, del Consejo, de 25 de julio (*JO* L 222, de 14 de agosto)] y de las **cuentas consolidadas** de los grupos de sociedades [83/349/CEE, del Consejo, de 13 de junio (*JO* L 193, de 18 de julio)]. Estas normas fueron oportunamente integradas en nuestro ordenamiento mediante la reforma del C. de c. y de sus leyes complementarias.

En el terreno tributario, hay dos directivas, también ya plenamente integradas en la LIS, que regulan el régimen fiscal aplicable, por un lado, a las **fusiones,** escisiones y otras operaciones societarias asimiladas y, por otro, a las **sociedades matrices y filiales** de Estados miembros diferentes [90/434/CEE y 90/435/ CEE, respectivamente, de 23 de julio (DOCE L 225, de 20 de agosto), y a cuyo contenido nos referiremos con posterioridad (§ 133).

España es también signataria de un Convenio [90/436/CEE (DOCE L 225, de 20 de agosto) Instrumento de ratificación de 10 de abril de 1992 (BOE de 21 de diciembre de 1994)], adoptado por los Estados integrantes de la CEE, en cuya virtud se acuerda suprimir la **doble imposición** resultante de ciertos procedimientos de corrección de los beneficios distribuidos entre entidades asociadas con otras residentes en otros países de la CEE; dicha corrección tiene lugar por aplicación de normas específicas para los casos en que se produzcan precios de transferencia (**transfert prix**) o, tal como los conoce la legislación española, operaciones entre sociedades vinculadas (§ 113).

Debe tomarse en consideración, por último, que en 1990 la Comisión de la CEE constituyó un comité de expertos para el estudio de la fiscalidad de las empresas en el seno de lo que era entonces la CEE. Dicho comité actuó entre los años 1991 y 1992 y emitió un informe —conocido como **informe Ruding**—, entre cuyas principales conclusiones destacan las relativas a la supresión de la doble imposición interna e internacional, a la aproximación entre la base gravable y el beneficio contable y a la fijación de un tipo del impuesto entre el 30 y el 40 por 100. La nueva LIS incorpora en su articulado gran parte de las recomendaciones derivadas del mencionado informe.

103. La obligación personal y la obligación real

Una vez fijado el ámbito territorial de aplicación del IS, hemos de ver el modo en que el mismo afecta a las sociedades que obtengan renta en dicho ámbito territorial.

La LIS distingue entre los sujetos pasivos por obligación personal de contribuir (art. 8) y los sujetos por obligación real (art. 40), indicando que aquélla afecta a las entidades residentes, mientras que ésta afecta a las no residentes. Además del hecho de la residencia (*vid.* § 104), lo que diferencia a uno y otro tipo de régimen es el ámbito objetivo del impuesto; así, en la obligación personal, los sujetos son «gravados por la totalidad de la renta que obtengan, con independencia del lugar donde se hubiere producido y cualquiera que sea la residencia del pagador» (art. 8.2), con lo que puede decirse que la obligación personal grava la renta mundial de la entidad. De esta manera, la obligación personal se constituye en el verdadero impuesto sobre sociedades, concebido éste como impuesto personal sobre la renta o, lo que es lo mismo, como impuesto sobre la renta global de una persona moral.

En cambio, la obligación real afecta sólo «a las rentas que (...) se consideren obtenidas o producidas en territorio español» (art. 44.1). Sin perjuicio de que nos ocupemos de ella más adelante (§ 155), debe indicarse ahora que la obligación real tiene, a su vez, dos formas básicas: por una parte, la LIS trata a los no residentes que operen en nuestro país mediante **establecimiento permanente** [art. 45.1.*a)*] con un régimen que, sin perder su carácter territorial, guarda bastante semejanza con la obligación personal de contribuir; por otra, se someten a tributación [art. 45.1.*b)* a *j)*] los rendimientos de determinados bienes, derechos o explotaciones que obtengan en nuestro país entidades no residentes en el mismo, así como las ganancias de capital o incrementos de patrimonio definidos en la ley. Ambas formas de la obligación real pueden considerarse comunes en el IRPF y en el IS y, sobre todo en el caso de que se perciban rentas sin establecimiento permanente, dan lugar a mecanismos de exacción de carácter instantáneo, con separación absoluta del gravamen en cada caso (art. 47.2), y en las que, además, están muy reforzadas las garantías en pro de la efectiva recaudación del tributo.

104. La residencia y el domicilio fiscal de la sociedad

La sujeción a la obligación personal, como hemos visto, depende de que el sujeto pasivo resida en España. La LIS considera residentes a las entidades que cumplan alguna de las condiciones que enumera (art. 8.3). De dichas condiciones, dos son de naturaleza puramente formal, de modo que pueden alterarse por la propia decisión de las entidades, y la tercera depende, en cambio, de circunstancias objetivas. Así, las entidades jurídicas son residentes si se han «constituido conforme a las leyes españolas» o si tienen «su domicilio social en territorio español». Para determinar el domicilio social, al ser una mención de obligatoria inclusión en los estatutos sociales, no parece haber problemas; más imprecisa es la referencia a que las entidades estén constituidas «conforme a las leyes españolas», por lo cual debe de entenderse, no la adaptación a las formas o tipos de sociedades reconocidos en la legislación española, sino el hecho de que se hayan cumplido las exigencias jurídicas para considerar a una entidad como regularmente constituida en España (de ordinario, la escritura pública y la inscripción en el correspondiente registro). La tercera posibilidad, el tener la sede de dirección efectiva en nuestro país, es de orden material y depende de una serie de circunstancias de hecho y, lógicamente, de la decisión de cada sujeto. La propia LIS (art. 8.3 *in fine*) dice lo que debe entenderse por tener la sede de dirección efectiva en nuestro país.

Para ser residente basta con el cumplimiento de una de estas tres condiciones por lo que, en resumen, y teniendo en cuenta lo que ahora se dirá respecto al domicilio, una sociedad es residente por estar constituida conforme a las leyes españolas o por tener el domicilio fiscal en España.

Independientemente de cuál sea la residencia de la entidad —que sirve al objeto de someterla a la obligación personal o real de contribuir—, es preciso fijar un punto del territorio nacional en el que se desenvuelvan, a efectos del IS, sus relaciones con la Hacienda. La LIS (art. 8.4), de consuno con la LGT (art. 45), llama a ese punto «domicilio fiscal». Este coincide para las personas jurídicas con el domicilio social pero, si la sociedad se gestiona y dirige realmente en un punto distinto de donde está fijado el domicilio social, el domicilio fiscal estará en el lugar desde donde se lleve a cabo dicha dirección efectiva. Con lo cual, en realidad, el domicilio fiscal tiende a coincidir siempre con el punto donde se lleve a cabo la dirección efectiva. Como, a pesar de estas precisiones, aún pudieran darse casos dudosos, LIS señala que, en última instancia, se estará al lugar donde radique el mayor valor del inmovilizado.

En lo relativo al domicilio de los no residentes, hay que distinguir con la LIS y sus disposiciones de desarrollo entre el caso de las que operan sin establecimiento permanente y el de las que sí tienen en España dicho tipo de establecimiento. En este caso, la LIS considera domicilio del establecimiento el lugar donde radique su gestión y dirección efectiva, aplicando subsidiariamente las reglas de las entidades residentes [art. 43.*a)*]. Además, la ley considera como representantes de los establecimientos a quienes figuren inscritos como tales en el Registro Mercantil (art. 261 RRM) o estén facultados para contratar en nombre del establecimiento (art. 42.2 LIS);

cuando los anteriores no tuvieran residencia en España, la LIS exige el nombramiento específico de un representante residente, que se comunicará a la AEAT con la aceptación expresa del representante (art. 42.1).

Esta misma designación la impone la LIS (art. 42.1) en ciertos casos de obligación real sin establecimiento permanente, en cuyo caso el domicilio del representante se considerará, en general, domicilio fiscal del no residente. La propia LIS [art. 43. *b)* y *c)*] contiene reglas supletorias para situaciones específicas de no residentes sin establecimiento permanente.

Por otro lado, como disponen la LGT (art. 45) y la LIS (art. 147), los sujetos pasivos deben de notificar a la Administración los cambios que se produzcan en relación con su domicilio fiscal, so pena de que surtan efectos las notificaciones efectuadas al domicilio conocido. Tales declaraciones deben de efectuarse del modo regulado por la normativa referente a la **declaración censal** (RD 1041/1990, de 27 de julio; BOE de 10 de agosto). La Administración, a través de la AEAT (art. 147.2) puede también instar de oficio el cambio del domicilio fiscal en determinados casos. Para estos casos, el RIS (art. 52) regula el procedimiento y la competencia de las Administraciones y Delegaciones de la AEAT; está también previsto un trámite de audiencia al interesado.

II. EL REGIMEN GENERAL

1.º EL HECHO IMPONIBLE

105. El hecho imponible

La LIS define el hecho imponible aludiendo (art. 4.1) a tres componentes: el elemento subjetivo —el sujeto pasivo—, el objetivo —la renta— y el nexo de unión entre ambos —la obtención—. No contiene el citado precepto ninguna referencia al elemento temporal, aunque es evidente que el impuesto grava la renta obtenida durante el período impositivo, como puede deducirse de la propia LIS (art. 10) al regular la base imponible. Cada uno de estos elementos del hecho imponible está desarrollado después, aunque en distinto grado, por diversos preceptos de la propia LIS.

El hecho sujeto a imposición es, pues, la obtención de renta. Jurídicamente la renta se considera obtenida cuando puede ser objeto de apropiación por una persona, en función del régimen de los distintos tipos de frutos —naturales, industriales o civiles— contemplados en el Cc (art. 354). Pero, a efectos del IS, no es sólo renta obtenida la comprendida en estos casos. En el IS se recogen reglas especiales de imputación subjetiva de la renta, en cuya virtud ésta se atribuye, a efectos de gravamen, a quien no es jurídicamente su titular; por eso señala la LIS que en la «transparencia fiscal se entenderá por obtención la imputación» de las bases imponibles (art. 4.2). En este caso se encuentran las entidades sometidas a transparencia fiscal interna (art. 75) o internacional (art. 121), o a alguna de las especies de dicha transparencia, como las Agrupaciones de interés económico (art. 66) y las Uniones temporales de empresas (art. 68), o, en fin, al régimen de los grupos de sociedades (art. 78). Por otro lado, al tratarse de un impuesto periódico, es importante concretar los criterios para atribuir las distintas operaciones a cada uno de los períodos impositivos en que actúe la entidad; a estos efectos, la LIS recoge normas de imputación temporal de la renta (art. 19).

El hecho imponible del IS, como tal presupuesto de hecho, cumple esencialmente la función de legitimar la adquisición de la prestación tributaria por el Estado. Quien obtiene la renta debe consiguientemente el impuesto en una determinada cuantía. Pero, por otro lado, la LIS contiene otros presupuestos que originan otros deberes, independientemente de que se haya obtenido o no renta. Así, las entidades están obligadas a informar, o a declarar, o a soportar determinados efectos, a pesar incluso de que obtengan pérdidas. Ello tiene su origen en que, si bien no han realizado el hecho imponible, han incidido en otros presupuestos distintos previstos por la normas del impuesto.

106. El sujeto pasivo

La legislación sobre los impuestos directos siempre ha tenido que enfrentarse al problema de la delimitación subjetiva entre el IRPF y el IS. La nueva LIS ha elegido para solventarlo (art. 7.1) el viejo sistema de enumerar los distintos tipos de entidades y sociedades que se consideran sujetos pasivos del impuesto. Este sistema tiene la ventaja de su inicial seguridad, pero, al tratarse de una enumeración exhaustiva, tiene también el inconveniente de que son posibles olvidos u omisiones o, sin incurrir en estos defectos, la posibilidad de que aparezcan en el ordenamiento nuevas formas asociativas que no encajen precisamente en ninguna de las previsiones del legislador. En este caso, la lista menciona a todas las personas jurídicas, excluidas las sociedades civiles por estar sometidas al régimen de atribución (art. 6.1), y a un conjunto de entidades sin personalidad entre las que principalmente se mencionan, además de las uniones temporales de empresas, un conjunto de fondos caracterizados por constituir patrimonios afectos a una concreta finalidad, como los FIM, los Fondos de pensiones, etcétera.

Por otra parte, como antes se ha dicho, no todas las entidades jurídicas están sometidas al impuesto de manera idéntica. La sujeción al IS se configura sobre la base no sólo de las normas que regulan específicamente el sujeto pasivo, sino también en virtud de otras reglas que atienden bien al aspecto territorial donde se realiza el hecho imponible, bien a la necesidad de regular determinadas exenciones subjetivas de mayor o menor alcance, bien a la necesidad de atender a los efectos de los distintos modos de la transparencia fiscal y análogos. Todas estas normas coadyuvan a la delimitación del sujeto pasivo del impuesto y, de ordinario, dan lugar a regímenes especiales por lo que remitimos su tratamiento al lugar oportuno (§ 157).

Sin perjuicio de esta remisión, parece conveniente tratar ahora el caso de las exenciones del impuesto que prácticamente excluyen a determinadas entidades de cualquier efecto o consecuencia derivados de la regulación del IS. Esta exención afecta a personas, entes y corporaciones de carácter público (art. 9) y está caracterizada por ser una exención completa, incluyendo hasta el deber de soportar retenciones que la LIS ordena no practicar en estos casos [art. 146.4.*a)*]; esto, entre otras cosas, las diferencias, como se ha dicho, de otros regímenes de exención subjetiva que regula la ley (art. 133 y ss.), en cuyo caso la exención tiene un alcance menor; en la LIS hay también casos de exención parcial que afectan a la base o, más frecuentemente, a la cuota y que trataremos en su momento (*vid.* § 147).

Cabe señalar, por último, que la LIS se refiere expresamente a las entidades sujetas al régimen de atribución de rentas para indicar que no tributarán por el IS (art. 6.3). En dicho régimen, como es sabido, quedan comprendidas las entidades del artículo 33 de la LGT y las sociedades civiles, y las rentas positivas o negativas que obtengan se atribuyen a los partícipes como corresponda según el Derecho privado. No obstante, si los criterios de reparto no constasen fehacientemente, la distribución a efectos tributarios se haría por partes iguales. Para mayor claridad, la ley establece que las Sociedades Agrarias de Transformación sí tributarán por el IS. Sin embargo, al contrario de lo que se hace en el IRPF (*vid.* § 71), la LIS no indica nada sobre la naturaleza que cabe imputar a las rentas así atribuidas, lo cual puede originar problemas de interpretación como, por ejemplo, en caso de reinversión de los beneficios extraordinarios (§ 136).

107. El concepto de renta

Como señala la LIS desde el principio (art. 1.1) el impuesto grava la renta, pero la ley ni la define ni, como hace la LIRPF, señala directamente cuáles son sus componentes. Sin embargo, determinadas normas y una interpretación sistemática del conjunto de la regulación del impuesto permiten inferir el concepto de la renta a la que pretende referirse el legislador.

Para empezar, la ley (art. 4.1) manifiesta su voluntad de gravar globalmente toda la renta «cualquiera que fuere su fuente u origen». Esta expresión revela la intención de gravar conjuntamente toda la renta como una magnitud delimitada sintéticamente, respondiendo al carácter unitario que anteriormente le hemos atribuido (§ 100). Además, el mismo hecho de tratarse de un impuesto personal exige referir la renta a una persona, que es la que da unidad y consistencia jurídicas a dicha renta, independientemente de su procedencia o composición.

La expresión de la ley sirve asimismo para precisar la voluntad omnicomprensiva del tributo, en el sentido de que nada está excluido de él. Lo cual se revela también en la regulación de la base imponible que, sin perjuicio de su remisión a las disposiciones contables, trata minuciosamente varios aspectos de los ingresos y gastos, por un lado, y de las diferencias de valor que se pongan de manifiesto, por otro. Del análisis de estos elementos resulta que el objeto del impuesto es la versión más completa y actual del concepto de renta, es decir, constituye la renta el incremento patrimonial neto o, lo que es lo mismo, el aumento de riqueza experimentado por la sociedad a lo largo de un determinado período de tiempo. La propia remisión al resultado contable pone de manifiesto que la regulación del impuesto parte de los dos grandes componentes que intervienen en la configuración de dichos resultados: los ordinarios, por un lado, procedentes de la explotación ordinaria de los negocios de la entidad, y los extraordinarios, por otro, producidos generalmente por la realización de operaciones con los elementos del inmovilizado.

Pero, al margen de otras consideraciones, esta falta de un concepto previo de la renta gravada parece una situación creada conscientemente por el legislador que, al remitirse al resultado contable, está amparando todos los casos en que se cumplan correctamente los deberes contables y formales, con la consiguiente potenciación de la seguridad jurídica del sujeto pasivo en este terreno.

Conviene insistir, no obstante, en que la renta, como elemento objetivo del hecho imponible, recibe en el impuesto un tratamiento unitario y homogéneo de acuerdo con su propia naturaleza, lo que supone que no se distinguen partes en la base imponible a efectos de su régimen tributario. Eso no impide que la LIS establezca tratamientos parciales diferenciados para algunos elementos, como es el caso de las rentas sometidas a retención (art. 146), ni tampoco impide que algunos de los componentes de la renta sean la consecuencia de presunciones que intentan proteger la efectiva exacción del tributo (art. 5), ni que, por último, algunos elementos se valoren con criterios específicos, como ocurre en el caso de los bienes en especie (art. 15.2).

Sin embargo, a pesar de que la renta es el núcleo fundamental de la base imponible, no se identifica con ella; esta falta de correspondencia no debe olvidarse, ya que no está claramente subrayada en la LIS (art. 10.1).

108. La determinación de la renta

En los términos «determinación de la renta» hay implícitas cuestiones muy variadas que no siempre están suficientemente delimitadas. La LIS utiliza el término **determinación** para referirse al modo sustantivo de obtener la cuantificación de la renta (art. 10); la LGT (art. 47), por otra parte, se refiere a la determinación de la base imponible en cuanto cauce formal a través del que aplica en concreto el tributo. Por eso, en primer lugar, debe distinguirse lo que es determinación de la renta como medición del núcleo principal de la base imponible —a lo que atiende la LIS por un lado—, y lo que es procedimiento de aplicación del tributo, por otro, al que, de acuerdo con la LGT, debemos llamar «régimen de estimación» y que la LIS actualmente no regula.

A tales regímenes de estimación remite directamente la LIS (art. 10.2), indicando que el de estimación indirecta es subsidiario del de estimación directa, como establece también la LGT (art. 50), y se aplica en los casos en que es imposible seguir el régimen de estimación directa por los obstáculos u omisiones en que incurre el sujeto pasivo. A su vez, la estimación directa implica la colaboración de la entidad que declara espontáneamente los datos en que se basa la autoliquidación del impuesto. La parte fundamental de tales datos procede de la propia contabilidad de la compañía llevada de acuerdo con las exigencias que establece la legislación mercantil.

Es en este punto donde se produce la confluencia entre lo que hemos considerado el cauce formal para la aplicación del impuesto —la estimación directa— y la cuantificación del elemento objetivo del hecho imponible —la renta gravada—, porque, como ahora se dirá, para la declaración del impuesto es imprescindible la contabilidad que, a su vez, se utiliza para determinar la base imponible. Esto es lo que señala la LIS (art. 10.3) cuando establece que la base imponible se calcula corrigiendo el resultado contable de acuerdo con determinadas reglas, que veremos en su momento. En realidad, la corrección del resultado contable de acuerdo con dichas reglas no da lugar directamente a la base imponible, porque sobre dicha magnitud hay que operar para añadirle, por ejemplo, las rentas imputadas por transparencia o para restarle las pérdidas de ejercicios anteriores que resulten compensables. Pero conviene subrayar, a pesar de estas matizaciones, que el eje fundamental de la base imponible está constituido por el **resultado contable**.

Dicho resultado contable, tal como lo define la normativa del PGC, es una diferencia; más concretamente, es el saldo de la cuenta de pérdidas y ganancias que se determina por la comparación de los ingresos con los gastos del ejercicio. Por eso, junto con el balance de la situación de la entidad al final del período impositivo, uno de los elementos más importantes de la declaración del impuesto es precisamente la cuenta de pérdidas y ganancias, ya que en gran medida las normas del impuesto se refieren a las partidas que integran el **debe** o el **haber** de dicha cuenta o al saldo o diferencia resultante de ella.

En todo caso, no debe olvidarse que lo que está gravado es la renta de la sociedad y no su patrimonio, siendo aquélla el producto o resultado de la actuación de la entidad sobre su patrimonio. Por eso, en general, las alteraciones que los órganos de la sociedad acuerden o efectúen sobre los **fondos propios** (capital y reservas), y especialmente sobre el capital social, en cuanto cifra que representa un mínimo patrimonial, ya sea para aumentarlo, ya sea para reducirlo, no implican consecuencias directas sobre la base imponible de la entidad; sólo cuando las modificaciones de aquella cifra lleven aparejadas transmisiones patrimoniales y de títulos podrán producirse, como veremos (§ 134), consecuencias en la base imponible de la entidad.

109. (sigue) En virtud del resultado contable

Como se acaba de decir, la contabilidad de la compañía es fundamental para la declaración del impuesto; más concretamente, podría indicarse que dicha declaración gira en torno a la cuenta de pérdidas y ganancias. Este hecho puede servir de índice para detectar cuáles son los grandes rasgos del sistema utilizado por la ley para determinar la renta.

Como la misma LIS dice, «la base imponible se calculará corrigiendo (...) el resultado contable». El resultado contable es la diferencia que se produce entre los componentes positivos y negativos de la cuenta de pérdidas y ganancias, lo cual constituye una magnitud neta de carácter global y unitario. En dicha cuenta las partidas se integran de forma absolutamente independiente de su origen, tomándose en consideración exclusivamente su sentido positivo o negativo a efectos de calcular el beneficio de la compañía. Los términos de la comparación son, pues, los conjuntos de partidas englobadas bajo las genéricas denominaciones de **debe** o **haber**. Simplificando mucho las cosas, podríamos decir que, por una parte, se computa todo lo que significa empobrecimiento de la entidad y, por otra, todo cuanto redunda en su enriquecimiento, constituyendo sumas de cuya comparación resulta la cifra que denominamos beneficio o pérdida.

Pero, a pesar de que en la LIS se manifiesta una cierta preocupación por ofrecer un tratamiento unitario de la renta social, lo cierto es que son detectables dos grandes grupos de normas cuyo contenido afecta, en un caso, prevalentemente a las partidas deducibles y, en otro, a las diferencias de valor con repercusión en el tributo. Esta agrupación de reglas guarda en el fondo un cierto paralelismo con la estructura de la cuenta de pérdidas y ganancias, en cuyo contenido distinguen el C. de c. (art. 35.2) y el PGC los beneficios ordinarios, por un lado, y los resultados extraordinarios, por otro. La propia ley utiliza ocasionalmente (art. 21) la expresión «beneficios extraordinarios», lo que da a entender que también los hay ordinarios. Sea ello como fuere, es lo cierto que dicha diferencia se puede equiparar a grandes rasgos a la que antes había en el IS entre rendimientos e incrementos de patrimonio, o a la que, desde el punto de vista económico, hay entre resultados de explotación y ganancias o pérdidas de capital. Pero es conveniente recordar que en la LIS prima la intención de dar al conjunto un tratamiento unitario, sin que, en lo referente a su régimen tributario sustantivo, sea posible apreciar diferencias; ello no obsta para que, con la finalidad de describir la base imponible, se pueda analizar el contenido de la renta tomando en consideración los mencionados componentes.

Además, la LIS es extremadamente lacónica en el concreto desarrollo de cada uno de aquellos dos grandes grupos de partidas. Empezando por los **resultados ordinarios,** cabe subrayar que la ley no indica nada en lo que se refiere al haber: las diferentes partidas de ingresos no tienen prácticamente ninguna regulación en el impuesto, debiendo partirse, pues, del principio mercantil de que el empresario debe reflejar en su contabilidad «todas sus operaciones» (art. 25.1 C. de c.). En lo que respecta a los gastos de explotación la ley es más minuciosa, pero no es exhaustiva; quiere decirse que la LIS regula algunas partidas de gasto de manera pormenorizada, pero no regula la totalidad de los gastos deducibles. El sentido general de dichas normas es subrayar la existencia de un criterio fiscal respecto a la influencia de una concreta partida en el resultado gravable, lo cual, como ahora veremos, puede originar diferencias entre la renta a efectos tributarios y el resultado contable.

Tampoco es exhaustiva la ley en lo que se refiere a los **resultados extraordinarios,** regulando preferentemente sólo la forma en que se valoran los elementos patrimoniales de la entidad (art. 15), dando a entender que, si se producen operaciones con dichos bienes, las diferencias de valor positivas o negativas que se manifiesten de acuerdo con aquellas reglas habrán de integrarse en la renta gravada.

En cierta medida, cabe concluir respecto a estas apreciaciones que la LIS contiene, valga la paradoja, una relativa «desregulación» de la renta gravada, con la intención, como antes se ha indicado, de que esa magnitud se extraiga de la contabilidad, cuya gestión de acuerdo con las leyes mercantiles y las reglas específicas, sitúa a la sociedad en una posición sólida desde el punto de vista de su seguridad jurídica.

Pero la LIS indica también que el resultado que juega a efectos de la base imponible no es directamente el resultado contable, sino que esta magnitud debe ser corregida por la aplicación de determinadas reglas. De tal modo, que es dicho resultado contable, sometido a los «ajustes» que impone la legislación tributaria, lo que puede considerarse la renta gravada en el IS. Hay, pues, diferencias entre el resultado contable y la renta gravada; el fundamento de dichas diferencias es muy variado, y podrían citarse como causas de ellas, bien la existencia de especiales instrumentos fiscales, como la transparencia fiscal, bien las exigencias de equidad del propio impuesto, como en el caso de la compensación de pérdidas, bien, en fin, otras necesidades legales de establecer límites cuantitativos y temporales o criterios de valoración de algunas operaciones. Así, es preciso tomar razón de que las imputaciones por transparencia o las pérdidas de ejercicios anteriores que sean compensables no figuran en la cuenta de resultados, por lo que habrá de corregirse ésta; junto a estas diferencias es necesario considerar otras. Estas circunstancias obedecen, como se ha dicho, a distintas causas, pero pueden agruparse siguiendo al PGC en diferencias por la distinta calificación contable y fiscal de las partidas; en diferencias por su distinta imputación temporal y, por último, en diferencias originadas por la distinta valoración de operaciones en uno y otro campo. Como ejemplo de lo primero podrían ponerse las propias cuotas del IS que, siendo contablemente un gasto, no lo son a efectos tributarios. En segundo lugar, están los casos en que la legislación tributaria impone criterios temporales que no juegan desde el punto de vista de la imputación contable; ocurre esto, por ejemplo, con ciertas amortizaciones, a cuyo respecto hay precisos límites que sólo impone la norma fiscal, pero no la regla contable. Y por último, pueden producirse diferencias de valoración de concretas partidas de ingreso o de gasto, de modo que contablemente se valoren en una cuantía y fiscalmente deban de valorarse en otra, como se produce, por ejemplo, en el caso de las operaciones vinculadas.

2.º CUESTIONES GENERALES RELATIVAS A LA CONTABILIZACION Y VALORACION DE OPERACIONES

110. Las exigencias contables

La opción del legislador por dar pleno reconocimiento al resultado que deduzca la compañía de su propia contabilidad gestionada regularmente, y la consiguiente solidez de su posición jurídica, a la que ya nos hemos referido, obliga a la ley también a regular el cumplimiento de determinadas exigencias.

Quizá la primera regla que debe contemplarse en este sentido es la que establece el deber de contabilizar todas las operaciones de la compañía que tengan trascendencia económica excluyéndose, por tanto, aquellas «a las que no correponda importe alguno» (art. 35.5 C. de c.). Al deber de llevanza de la contabilidad establecido por el C. de c. se remite la LIS expresamente (art. 139.1). Dicho deber de contabilización está reforzado *a sensu contrario* por la propia LIS (art. 140) que, con el alcance que veremos en su momento (§ 116), considera renta de la entidad el valor de los bienes o derechos que se descubran sin haber sido contabilizados por la sociedad. Pero la contabilización debe de producirse en su momento; anticipando conceptos a los que hemos de referirnos posteriormente (§ 110), debe de considerarse ahora que el momento oportuno de la contabilización se rige por el denominado **principio del devengo,** que supone que los ingresos y gastos se imputarán en la cuenta de resultados cuando se devenguen (art. 19.1). En determinados supuestos el principio sufre excepciones e, incluso, la propia LIS lo flexibiliza admitiendo la contabilización anticipada de los ingresos o la retrasada de los gastos según reglas que se estudiarán más adelante (*vid.* § 138).

Lógicamente lo que se contabiliza son operaciones efectivamente realizadas que pueden verificarse mediante los correspondientes instrumentos de prueba. La justificación de las operaciones se realiza normalmente mediante factura, documento que la legislación (DA 7.ª de la Ley 10/1985 y RD 2402/1985) ha pretendido convertir en el único medio de prueba a estos efectos; no obstante, la jurisprudencia ha dulcificado el rigor de las normas admitiendo como medios de prueba, ya otros justificantes que contengan los datos necesarios, ya las propias facturas aunque sean defectuosas [1].

En correspondencia con el criterio de efectividad al que acabamos de aludir, la valoración contable de las operaciones, está basada, como establece el C. de c. [art. 38.1.*f)*], en el principio del **precio de adquisición,** el cual actúa como criterio general en el doble sentido de que la entidad que vende contabiliza una entrada por el importe efectivamente obtenido, del mismo modo que la entidad compradora valora en sus cuentas el bien

---

[1] STSJ de Cataluña de 3-12-1990 y de Extremadura de 18-12-1995.

adquirido por el importe satisfecho. Este principio tan simple debe, no obstante, completarse con otras reglas.

En primer lugar, puede suceder que la entidad no compre a terceros los bienes de su activo, sino que los haya producido ella misma. En este caso el criterio de valoración es el del coste de producción obtenido, según dice el propio C. de c. En segundo lugar, es preciso tener en cuenta que como precio de adquisición hay que entender una magnitud compleja, en la que no sólo se engloba lo que es estrictamente precio, sino también un conjunto de partidas que suponen gastos accesorios de la adquisición, como los de transporte, seguros, descarga, etc.

La valoración de un elemento de la compañía por su precio de adquisición no es invariable a lo largo de todo el tiempo que permanezca en su poder. De hecho, se producen circunstancias, tanto de carácter ordinario como extraordinario, que obligan a alterar la valoración de los elementos del activo. Del mismo modo que las amortizaciones (§ 124) o las provisiones (§ 125) representan una reducción del valor en cuentas de determinados activos, las ampliaciones y mejoras suponen un aumento de dicho valor.

También debe considerarse el caso menos frecuente de que la legislación permita regularizar el valor contable de los bienes de la entidad (§ 130) con la finalidad de que, después de períodos de inflación más o menos largos, las empresas ofrezcan una contabilidad acorde con el valor real de sus activos (art. 15.1). La regularización puede afectar a la totalidad de los activos empresariales o, más raramente, a concretos sectores de bienes, pero esta posibilidad de actualización de valores la ha dejado la LIS (art. 15.1) exclusivamente en manos del legislador (§ 130). Poco frecuente es también el caso de que circunstancias extraordinarias den lugar a la pérdida total o parcial de elementos del activo y el problema que más frecuentemente se plantea en este supuesto es el de la prueba del deterioro que hayan sufrido los bienes.

La función más importante del **valor contable** es, en general, además dar cuenta del valor de un elemento en un momento concreto, la de servir de punto de referencia para comparar con el valor de enajenación a efectos de determinar el importe de los resultados extraordinarios, en cuyo caso, además, la ley establece determinados coeficientes para evitar el gravamen de las plusvalías meramente monetarias derivadas de la pérdida de valor del dinero (§ 131); por otro lado, para supuestos concretos, la legislación contempla valores específicos.

Todas estas reglas están basadas, en definitiva, en el respaldo que ofrece el ordenamiento al principio de autonomía de la voluntad y la consiguiente libertad de autocomposición de sus intereses de que gozan los particulares. Gran parte de ellas tiene su origen en la contabilidad, aunque, como se ha visto, están ya incorporadas al ordenamiento mercantil y, de rechazo, por remisión, al tributario. Pero, como de estas reglas depende la correcta determinación de la prestación tributaria, el ordenamiento también se toma ciertas garantías y cautelas para asegurarse de que no se usan estas facultades en detrimento de los derechos de la Hacienda. Es ésta la razón que impulsa a la LIS a incrementar el acervo de medidas tendentes a impedir que algunas manipulaciones o abusos consigan la finalidad de obtener indebidamente una disminución de la prestación tributaria. Con esta finalidad recoge la LIS una amplia gama de normas que contienen otras exigencias contables y formales, presunciones y ficciones, criterios legales de valoración, etc. Estas otras exigencias también pueden originar ajustes.

Si, además de los ajustes exigidos por las soluciones técnicas específicamente tributarias, como la compensación de pérdidas o la transparencia fiscal, y de los derivados de algunas diferencias concretas entre lo contable y lo tributario, como las diferencias de calificación, valoración o imputación de partidas, se originan otras diferencias y sus correspondientes ajustes por la profusión de cautelas que contiene la LIS, hay razones para dudar de que efectivamente el texto de la ley haya conseguido traducir los propósitos declarados de respaldar las decisiones contables de la compañía en favor de la confianza y seguridad jurídicas. Las instituciones que veremos a continuación (§§ 111 a 117) justifican sobradamente las mencionadas dudas.

111. La presunción de retribución

Bajo el rótulo de «estimación de rentas» regula la LIS (art. 5) la presunción *iuris tantum* de que las prestaciones de bienes y derechos se hacen mediante contraprestación. La norma pretende evitar que ninguna entidad alegue que efectúa ese tipo de prestaciones sin recibir nada a cambio, lo cual, si fuera posible sin más, facilitaría el hecho de que algunas sociedades quedasen sin ingresos a pesar de haber realizado operaciones. Por eso se presume que la sociedad que hace las prestaciones percibe retribución. Pero, siendo ésta su función originaria, la norma encierra una problemática más compleja de lo que aparenta.

La presunción tiene como presupuesto exclusivamente las prestaciones de bienes y derechos, en lo que se diferencia de su homóloga en el IRPF, donde también se presumen retribuidas las prestaciones de trabajo. Como las sociedades no pueden prestar trabajo, es completamente razonable esta exclusión en la LIS. No obstante, la presunción tiene aquí la misma eficacia que en el IRPF, en el sentido de que la consecuencia no consiste sólo en considerar retribuida la prestación de bienes o derechos, sino también en inferir que el valor de esa contraprestación es el valor de mercado. No obstante, en el IS, dicha regla se aplica con absoluta generalidad, incluyendo por tanto los préstamos, cuya valoración se hará por el interés del mercado y no por el legal del dinero, como en el IRPF (*vid.* § 23). Por otro lado, la exclusión de la prestación de servicios del presupuesto de hecho de la presunción no tiene mucho sentido, sobre todo si se compara esta ausencia con la regulación en el IRPF; no obstante, se puede señalar que el legislador quizá se ha dejado llevar de una finalidad práctica, ya que la tributación de los distintos supuestos de autoconsumo ha sido tradicionalmente más una fuente de dificultades que de ingresos.

La presunción es relativa, por lo que tanto cabe probar que la prestación de los bienes o derechos ha sido gratuita, cuanto que la retribución obtenida ha sido inferior a la de mercado. La doctrina administrativa y la jurisprudencia han aceptado con amplitud de criterio la utilizacion de distintos medios de prueba para desvirtuar la presunción; singular importancia presenta la corriente jurisprudencial que admite la no contabilización del pago de intereses por la prestataria como prueba contraria en estos casos [2]. Debe señalarse también que en la doctrina parece imponerse la opinión de que la presunción despliega efectos bilaterales, es decir, si la entidad que realiza la cesión de bienes debe de computar un ingreso, aquella que la obtiene puede computar un gasto.

Conviene indicar, por último, que esta presunción tiene distinta naturaleza y alcance que las reglas aplicables a las denominadas **operaciones vinculadas,** a las que luego aludiremos (§ 113); de manera que la presunción de retribución no puede aplicarse cuando se den las circunstancias de la valoración especial por estar vinculadas las partes de una operación. Esto debe tenerse muy en cuenta porque aquella presunción admite prueba en contrario, mientras que las reglas de las operaciones vinculadas constituyen una presunción absoluta o, mejor, una ficción. Esta diferencia también ha sido señalada por la jurisprudencia [3]. El RIS no indica nada sobre la necesidad de practicar retenciones o hacer ingresos a cuenta en estos casos, por lo que tal exigencia puede considerarse derogada como ha sucedido respecto al IRPF.

112. La presunción de retención

La LIS establece también (art. 17.3) la denominada presunción de retención que, como se sabe, consiste en considerar que el perceptor de contraprestaciones sometidas a retención a cuenta debe deducir de su cuota las cantidades que hubieran debido retenerse, independientemente de que la retención se haya practicado o no efectivamente o de que se haya practicado en cuantía menor de la establecida. Este criterio no se lleva hasta sus últimas consecuencias, como hacía anteriormente la legislación y por lo que se había generado una amplia disparidad de interpretaciones, sino que la LIS establece actualmente límites expresos para la eficacia de su mandato.

El primero de dichos límites consiste en que el perceptor de las retribuciones sometidas a retención computará aquéllas por su cuantía devengada, sin proceder, si la retención no se hubiera practicado o se hubiera practicado en cuantía inferior a la exigible, a la denominada «elevación al íntegro». Este mecanismo de elevación al íntegro partía del razonamiento de que, si el retenedor va a responder siempre de la retención, cuando ésta no se practica, el perceptor de las retribuciones no sólo obtiene el importe de su contraprestación, sino, además, el importe de la retención que debe ingresarse en Hacienda. Por ello, debía calcularse el total de la retribución sumándole esa parte que satisface en todo caso el retenedor a la Administración. Esta consecuencia suponía que el perceptor obtenía unas retribu-

[2] STS 7-10-1992 (Ar. 8987).

[3] STS 7-10-1992 (Ar. 8987), STSJ Navarra de 9-3-1995 y SAN de 1-10-1996.

ciones superiores a las pactadas, por lo que un importante sector de la doctrina consideraba que de esta forma se gravaban rentas ficticias. Quizá esta razón, entre otras, ha llevado al legislador a limitar la aplicación de la denominada elevación al íntegro exclusivamente a los supuestos en que no pueda probarse «la contraprestación íntegra devengada», lo que no será muy frecuente.

El perceptor de las retribuciones puede deducir, en general, las retenciones que hubieran debido practicarse, pero en el caso de las retribuciones legalmente establecidas, como pueden ser las de los funcionarios, el perceptor sólo deducirá las cantidades efectivamente retenidas, lo cual constituye otro límite a las consecuencias de esta presunción; realmente, como se verá en el momento de estudiar el régimen de las retenciones (§ 154), las sociedades difícilmente obtienen otros ingresos sometidos a retención que los rendimientos de capital mobiliario, por lo cual, esa restricción del ámbito de la presunción relativa a las retribuciones con cuantía legalmente establecida puede decirse que, en la práctica, no les será aplicable.

113. La aplicación del valor normal del mercado: las operaciones vinculadas

Como se ha visto, el núcleo básico de la valoración de las operaciones a efectos del IS es el **precio efectivo de adquisición**. La razón de ser de esta opción legal estriba en que dicho precio se determina en el ámbito del tráfico mercantil por sujetos que tienen intereses contrapuestos, dignos de idéntica protección jurídica, cuyas actuaciones negociales se contemplan por el ordenamiento sobre la base del principio de la autonomía de la voluntad que corresponde a individuos capaces y libres. La independencia con que actúan en la defensa de sus intereses es lo que posibilita que, bajo la consagración jurídica de su igualdad, el ordenamiento respete y proteja el contenido de los negocios que celebren.

Estos criterios son válidos para la generalidad de las relaciones en que intervienen las personas físicas y las jurídicas pero tienen, sobre todo en el caso de estas últimas, una posibilidad de quiebra cuando se hace evidente que la sociedad actúa sometida a la voluntad de terceros; para la LIS (art. 16), tal evidencia se produce cuando la entidad, estando vinculada a la otra sociedad con la que negocia, concierta con ésta un precio anormal. Pero para realizar el presupuesto de estas reglas no basta con esas dos circunstancias; es preciso también que la valoración realizada haya determinado, para el conjunto de las entidades implicadas, una diferencia, sea por el hecho de tributar menos de lo que hubiera debido pagarse de haberse aplicado una valoración normal de mercado, sea por el hecho de que se consigue pagar más tarde. La idea parece clara: si la sociedad **A** vende por 1.000 a la sociedad **B** un bien cuyo valor de mercado es 500, la operación puede no originar una tributación inferior para el conjunto de ellas, ya que el mayor gasto de **B** se compensa con el mayor ingreso por el que tributa **A**; en cambio, si por la razón que sea, por ejemplo, por ser no residente la sociedad **A**, ésta no tributa, el hecho de haber computado **B** un gasto deducible más cuantioso dará lugar a una menor tributación.

A pesar de esta aparente sencillez, la delimitación del presupuesto de aplicación de las reglas de valoración de las operaciones vinculadas suscita muchas dudas, sobre todo por lo que hace a la circunstancia de la menor tributación o de su diferimiento. Un diferimiento produciría, por ejemplo, si siendo ambas residentes, **A** vendiese por precio inferior al de mercado un elemento de inmovilizado a **B**. La plusvalía por la que tributaría **A** sería menor y, consiguientemente, su base imponible, y la Hacienda Pública no se resarciría de esa menor tributación más que en la medida en que **B**, al ir amortizando el bien adquirido, fuese deduciendo en concepto de amortizaciones gastos inferiores a los que hubiera podido deducir si hubiera adquirido el bien a su precio de mercado. En todo caso, la ley no aclara si la menor tributación se refiere sólo al IS o si quedan comprendidos también otros tributos, como el IVA o el IRPF. Tampoco está muy claro si dicha situación se refiere sólo a las entidades que participan en la operación o realmente afecta a todo el conjunto de sujetos que se toman en consideración para delimitar el presupuesto de la vinculación, aunque por la regulación que hace el RIS (art. 15), puede deducirse que se da a ambas cuestiones la solución más restrictiva, aludiéndose, por una parte, sólo al IS y al IRPF y, por otra, sólo a las partes que intervienen en la operación.

Sí queda fijado terminantemente que el encargo de aplicar estas normas corresponde a la Administración, se supone que en el procedimiento de comprobación, y no a la iniciativa de los sujetos afectados asumida espontáneamente en sus declaraciones. El RIS regula el procedimiento que debe seguirse para dar virtualidad a estas normas, y recoge tanto la necesidad de notificar a la otra parte vinculada, como la posibilidad de realizar alegaciones ambas entidades y la suspensión de la valoración administrativa en caso de que se recurran las liquidaciones. No obstante, la LIS (art. 16.6) prevé que los interesados puedan sustraerse de este mecanismo haciendo por anticipado una propuesta de valoración a la propia Administración; además de los efectos de la propuesta, y de la remisión al reglamento de la regulación de los trámites oportunos, la ley señala que se desestimará por silencio administrativo. Por su lado, el RIS (arts. 16 y ss.) regula profusamente estas propuestas, desarrollando los distintos aspectos a los que alude la ley.

Asimismo, la ley define (art. 16.2) muy minuciosamente los casos en que se considera que hay vinculación entre las partes que intervienen en la operación. Intentando agrupar toda esa casuística, se puede señalar que la operación es vinculada cuando se realiza entre una sociedad y sus socios, si tienen el 5 por 100 o más del capital (el 1 por 100, si la sociedad cotiza), o sus consejeros o administradores, o cónyuges, ascendientes o descendientes de los socios, administradores o consejeros; en segundo lugar, cuando la operación se realiza entre dos sociedades de un mismo grupo consolidable, según el artículo 42 del C. de c., o entre una de ellas y los socios, consejeros o administradores de otra, o los familiares de éstos; en tercer lugar, cuando una sociedad participe indirectamente en otra con la que celebra la operación en, al menos, un 25 por 100 del capital, o sean ambas participadas directa o indirectamente en un 25 por 100 de sus capitales por los mismos socios o familiares de ellos; en cuarto lugar, cuando se opere entre una sociedad residente o no residente y su establecimiento permanente en el extranjero o en España, respectivamente; y, por último, cuando la operación se realice entre dos cooperativas pertenecientes a un mismo grupo sometido al régimen de tributación consolidada, según el RD 1345/1992, o entre una sociedad y otra sobre la que aquélla ejerce el poder de decisión.

Como la valoración sobre el criterio del mercado ha sido fuente constante de conflictos en Derecho tributario, la LIS intenta salirles al paso (art. 16.3) estableciendo las referencias útiles para proceder a dicha valoración que, como es lógico, están basadas prevalentemente en el **precio de mercado,** aunque la ley también establece otros criterios aplicables supletoriamente. No obstante, hay que tomar en consideración que, a estos efectos, la propia normativa (art. 16.1 *in fine*) establece limitaciones: la valoración no puede originar una renta superior a la efectivamente derivada de la operación para el conjunto de las entidades que la hubieran realizado. La norma es técnicamente imprecisa ya que se refiere sólo a entidades, cuando vinculadas pueden ser también las operaciones entre personas físicas y entidades, como hemos visto (la propia regla alude al IRPF), y, además, sólo se refiere a las entidades que intervengan en la operación, cuando hemos visto también que, siendo normalmente las operaciones bilaterales, la vinculación puede derivar de relaciones en las que intervengan tres o más sujetos. Sin perjuicio de estas matizaciones, lo cierto es que la ley sólo pretende establecer un instrumento para impedir que prosperen valoraciones ficticias, ya que si la valoración administrativa no puede originar una renta superior a la derivada de la operación, es porque esa valoración tiene efectos en las dos partes que intervengan en la operación o, utilizando la terminología antigua, porque la valoración administrativa tiene un efecto bilateral. Esto quiere decir que, en el ejemplo que antes hemos puesto, si **B** compró por 1.000 lo que valía 500 en el mercado, la Administración no puede reducir sus gastos a 500, con el consiguiente aumento de su base, y no modificar los 1.000 de ingresos de **A**; al señalar que no se podrá originar una renta superior, la LIS está obligando a que la corrección del valor se haga para las dos partes que intervienen en la operación.

Asimismo, es importante considerar el momento en que la Administración puede proceder a realizar estos ajustes, ya que la ley exige que se lleven a cabo teniendo en cuenta la prescripción. Por tanto, la valoración administrativa es posible siempre que no hayan transcurrido cinco años desde que se declaró el ejercicio en que se efectuaron las operaciones. Lo dicho es aplicable incluso en el caso de que sólo haya transcurrido tal plazo para una de las sociedades ya que, como hemos visto, al no poderse originar rentas superiores a la realmente derivada para el conjunto de las partes, si a una de ellas no se le puede reducir su base imponible por ser ésta firme, no se puede aplicar un mayor importe a la otra sociedad. La firmeza puede derivar a este respecto no sólo de la prescripción, sino también del hecho de que a una de las partes se le haya sometido ya a comprobación administrativa [art. 120.2.*a)* de la LGT].

La LIS es también especialmente cautelosa en el caso de ciertos gastos cuya precisa cuantificación no es siempre posible, sobre todo cuando hay vinculación; para estos casos la ley establece adicionales exigencias de carácter sustantivo y formal. Este es el supuesto de las partidas en concepto de contribuciones a los gastos de investigación y desarrollo (art. 16.4) y el de los gastos por servicios de apoyo a la gestión de otras entidades —normalmente filiales— con las que haya vinculación (art. 16.5).

Debe señalarse, por último, que la ley recoge normas sobre el reflejo que esta valoración tiene también para la entidad adquirente (art. 18), lo cual redunda básicamente en la reversión de las correspondientes diferencias, para que al prevalecer una valoración distinta de la contabilizada, se puedan reflejar esas diferencias en las posteriores declaraciones; oportunamente trataremos las consecuencias de estas reglas (§ 138). En esta materia, debe tenerse en cuenta también que la LIS, con el fin de que la situación se mantenga equilibrada y no resulte perjudicada la Hacienda, impone (art. 19.6, pfo. 1.°, *in fine*) a la sociedad vinculada que adquiera un elemento a cuyo respecto se haya dotado por la otra entidad una provisión por depreciación, imputar el ingreso que corresponda por la recuperación del valor de dicho elemento.

114. (sigue) Cambios de residencia y cese de entidades y establecimientos permanentes

La LIS regula (art. 17) el cómputo en la base imponible de la diferencia entre el valor contable y el de mercado en una serie de supuestos conexos con el cambio de residencia o el cese de las actividades de determinados sujetos. Esta regulación obedece a un propósito antielusivo, pero sus presupuestos están definidos con excesiva generalidad ya que el hecho del traslado de residencia, o el cese de un establecimiento o el mero transporte de bienes, no tienen de suyo que ser indicio evidente de la intención de eludir el tributo.

El primero de los casos de integración en la base imponible de aquellas diferencias de valor se produce cuando una sociedad residente se traslade fuera de España. La norma sólo admite la excepción de que la entidad continúe su actividad en nuestro país por medio de un establecimiento permanente al que se afecten los bienes que fueran propiedad de aquélla siguiendo el régimen establecido por la propia LIS para los casos de fusión, aportación de activos, etc. (art. 99). El precepto es de gran tosquedad, ya que los elementos patrimoniales pertenecientes a una entidad residente pueden estar tanto en España como fuera de ella, debiendo suponerse que los bienes que estén en el exterior no se pretende que queden afectos al establecimiento en nuestro país, pero la ley no aclara si en tal caso se aplica la regla de la diferencia de valoración a todos los bienes o sólo a los que estén ubicados en nuestro territorio.

En parecida situación estamos cuando se trata del cese de un establecimiento permanente o del traslado al extranjero de bienes que le hayan estado afectos. También para ambos casos prevé la LIS la valoración según el valor de mercado de los elementos afectos, y el consiguiente cómputo en la base imponible de la diferencia sobre el valor contable. Es comprensible una relativa desconfianza del legislador ante estas situaciones, pero se hace difícil entender, dada la generalidad con que están delimitados los presupuestos, si la norma es realmente expresión de dicha desconfianza, entre otras razones, porque la diferencia entre el valor de mercado y el contable también puede ser negativa, con lo que no se conseguiría siempre un aumento de la tributación.

Por otro lado, como antes se ha advertido en lo referente a las operaciones vinculadas, estas diferencias de valor originan consecuencias también en la sociedad adquirente (art. 18) que, a su vez, redundan en la imputación temporal de las diferencias entre el valor de adquisición y el valor de mercado por lo que remitimos su tratamiento a su lugar correspondiente (*vid.* § 138).

115. (sigue) Operaciones con paraísos fiscales

El criterio de valoración a precios de mercado se usa por la LIS también cuando se trata de operaciones realizadas por sujetos del impuesto con residentes en paraísos fiscales o por éstos en nuestro país. La ley peca aquí también de una excesiva generalización del tratamiento, porque parece aceptable que una o varias operaciones de una entidad residente en España con un residente en un paraíso fiscal deba ser sometido al oportuno control de valoración e, incluso, que lo mismo se haga cuando la operación se lleva a cabo por un sujeto sometido en España sólo a la obligación real *stricto sensu,* pero parece excesivo que, si el residente en un paraíso fiscal tiene en nuestro país un establecimiento permanente, todas las operaciones de éste deban de ser sometidas a valoraciones de referencia, sin embargo ésta es la expresión legal.

Pero el tratamiento de las operaciones con sujetos residentes en paraísos fiscales no termina con la regla anterior; la LIS despliega respecto a dichas operaciones una amplia gama de precauciones que van desde la consideración como no deducibles de los gastos por prestaciones de servicios realizados por o con personas con tal residencia, salvo que el interesado pruebe la efectividad de la operación, hasta la exclusión de algunos regímenes especiales, como el de las entidades de inversión colectiva (art. 74) o el de las fusiones (arts. 101.5 y 102.4), y otros, a los que nos referiremos más adelante (§ 157). También se establecen otras restricciones en este sentido, como la no deducibilidad de ciertos gastos [art. 14.1.*g)*], o de algunas dotaciones a la provisión por la depreciación de valores (art. 12.3 y 4 *in finibus*), o la pérdida del derecho a deducciones de la cuota por inversión (art. 34.2).

116. La presunción de obtención de rentas

La LIS protege, como antes se ha dicho, la oportuna contabilización y declaración de las operaciones mediante esta presunción (art. 140). La situación que contempla la ley es la de que beneficios que no hayan tributado anteriormente por el IS hayan servido para financiar la adquisición de elementos patrimoniales que, en buena lógica, no se hallan contabilizados total o parcialmente (art. 140.1, pfo. 2.º) precisamente para no revelar la existencia de aquéllos. La regulación de la LIS alude repetidamente al no registro de dichos bienes en los libros de contabilidad, lo que debe interpretarse como una ausencia total de dicho registro contable, no siendo suficiente, por tanto, la falta de contabilización en uno o varios de ellos, siempre que la operación conste en alguno. Pero esta presunción principal se encuentra engranada en una cadena de inferencias legales más compleja.

La ley se refiere ampliamente a elementos patrimoniales, cuya titularidad por el sujeto pasivo se presume con la simple posesión; no es preciso indicar que la justificación de la posesión en otro título enerva aquella atribución.

El importe de la renta presumida se determina en el valor de adquisición de los bienes contabilizados, permitiendo la ley descontar el importe de las deudas contraídas para financiar dicha adquisición que sean demostrables. Aquí contiene la ley una cautela razonable (art. 140.3), pero de efectos discutibles: según la norma, el descuento de estas deudas nunca podrá arrojar un importe neto negativo; por decirlo de otro modo: no una renta, sino una deducción. Lo que ocurre es que las deudas por sí mismas nunca dan lugar a una deducción, ya que se supone que su importe como elemento de pasivo queda compensado por la entrada de bienes o derechos computables en el activo, de manera que esta prevención legal parece carente de sentido, a no ser que la LIS pretenda decir que, si la entidad demuestra la existencia de deudas, éstas no se tendrán nunca en consideración. Aquel valor de adquisición se podrá probar por la documentación que pueda aportarse, ya sea por la misma entidad, ya por la Administración; en otro caso se estará a los medios de comprobación de valores que regula la LGT (art. 52).

La presunción juega no sólo cuando son descubiertos elementos ocultos, sino también cuando se descubran deudas inexistentes contabilizadas en el pasivo (art 140.4), ya que ambas operaciones tienen el mismo significado económico, pues incrementar ficticiamente el pasivo crea la imagen de un menor valor patrimonial de la sociedad, lo que de suyo equivale a la ocultación de bienes o derechos.

El análisis de otras reglas de este precepto, y entre ellas las de la imputación temporal de las rentas descubiertas, se remite al lugar oportuno (§ 138).

117. Régimen de los supuestos de subcapitalización

La LIS establece que, cuando el endeudamiento de una sociedad española con otra extranjera con la que esté vinculada, según las reglas que hemos visto (*vid.* § 113), supere el triple del capital fiscal de la filial, los intereses que ésta pague a la matriz serán considerados dividendos en la parte que correspondan a dicho exceso. La regla tiene como finalidad limitar la deducción de gastos financieros en concepto de intereses efectuada por las filiales españolas endeudadas con sus matrices en el extranjero, con la intención de impedir las situaciones de infracapitalización, ya que, como veremos [art. 46.1.*f)*], los intereses pagados a las matrices residentes en la UE están exentos de tributación (art. 46.1). Para ello, se circunscribe el endeudamiento «razonable» y admisible al triple del capital fiscal de la filial; por encima de dicha cifra se considera que la filial está, en realidad, repartiendo beneficios a su matriz encubiertos bajo la forma de intereses, de ahí que los pagos se consideren dividendos y no intereses.

La consecuencia más inmediata de esta consideración es que las correspondientes partidas no son gasto deducible, como lo serían si se tratase de intereses. La regla supone otras consecuencias, como la de que la matriz soportará, como no residente, el impuesto sobre los dividendos los cuales no están exentos como los intereses (*vid.* § 155).

A efectos de su aplicación, la norma define el capital fiscal como el importe de los fondos propios de la entidad, es decir, como el equivalente a la suma de su capital desembolsado y sus reservas efectivas; tanto el capital fiscal como el endeudamiento con la entidad extranjera deben ser reducidos a su estado medio, lo que significa que, en caso de variación de su cuantía a lo largo del ejercicio, deben ponderarse en función del número de días del año que cada cuantía haya tenido vigencia.

No obstante, la LIS flexibiliza la aplicación de esta regla permitiendo propuestas para que el endeudamiento con la no residente pueda ser superior al triplo del capital fiscal que prevé la norma; para ello, la ley no sólo exige que medie convenio de doble imposición con el país de residencia de la otra parte, sino también que tal endeudamiento fuera posible en condiciones normales de mercado, es decir, que la residente en España tenga suficiente crédito frente a sujetos distintos.

118. Origen y significación de las diferencias entre el resultado contable y el beneficio gravado

Uno de los propósitos de la LIS, como ya se ha adelantado, es asimilar en lo posible el resultado contable y el beneficio gravado. Esta es la razón de ser de la relativa desregulación que señalábamos en la ley en materia de base imponible, de forma que la ley actúa aquí por remisión al C. de c. y a sus disposiciones de desarrollo, especialmente a la normativa del Plan General de Contabilidad. Pero ya se ha puesto de manifiesto que la concomitancia no puede ser completa, pues la normativa mercantil se propone exclusivamente la garantía básica de la seguridad y veracidad del tráfico comercial, mientras que las normas tributarias se proponen, además, el fin de recaudar de acuerdo con los principios constitucionales, lo que en el contexto actual parece requerir un aparato de cautelas tan amplio como el que hemos expuesto.

Pero, al margen de las razones que las originen, lo cierto es que entre el resultado contable y el fiscal hay, o puede haber, **diferencias**. Tales diferencias no tienen siempre el mismo alcance, sobre todo por lo que respecta a su aspecto temporal, de manera que algunas de ellas se perpetúan en el tiempo y nunca se modifican sus efectos, mientras que otras se producen sólo para el horizonte de uno o varios ejercicios, llegados los cuales sus efectos se compensan o diluyen. La normativa del PGC dice que las primeras son **diferencias permanentes**, porque «no revierten en períodos subsiguientes», mientras que las otras son **temporales** precisamente porque «revierten». Así, por ejemplo, la regulación en la LIS de desgravaciones por reinversión de las plusvalías de elementos del inmovilizado material en el caso de las empresas de reducida dimensión da lugar a que el impuesto que efectivamente se devenga sea menor que el calculado sobre el resultado contable; dicha diferencia es permanente, porque, si las normas están bien aplicadas, nunca se pagará ese resto.

El juego de las diferencias temporales es distinto, de modo que, si un gasto contabilizado no es deducible a efectos fiscales en un ejercicio, no quiere decir que no lo vaya a ser nunca pues, si con posterioridad resulta imputable según los requisitos de la normativa tributaria, podrá obviamente ser deducido. Este tipo de diferencias se consideran, pues, de carácter temporal. Por eso, desde el momento en que el IS ha pasado a ser contablemente un gasto [art. 189.*a)*.10 LSA], si hay diferencias entre el gasto por el impuesto que correspondería al resultado contable y el que efectivamente se devenga, puede originarse bien un anticipo del tributo, si pagamos hoy de más lo que en un ejercicio futuro vamos a pagar de menos o, en cambio, un diferimiento del mismo en el supuesto inverso, de lo que se tomará razón mediante la cuenta de «impuesto sobre el beneficio anticipado» o la de «impuesto sobre el beneficio diferido», respectivamente. La cuenta de impuesto diferido constará en el pasivo del balance, porque representa una partida que en algún momento habrá que pagar a la Hacienda Pública; en cambio, la cuenta de impuesto anticipado figurará en el activo, porque supone una cantidad que la sociedad puede recuperar en el futuro. Este mismo tratamiento tiene la cuenta que representa el crédito de impuesto que ostenta la sociedad que haya experimentado pérdidas compensables: en este caso se aplica el tipo de gravamen a las pérdidas y el resultado se contabiliza en el activo como una cantidad que permitirá reducir el impuesto que se devengue en ejercicios futuros (*vid.* § 141).

3.º LA DETERMINACION DEL BENEFICIO A EFECTOS FISCALES

119. Contenido y significación del beneficio

Como hemos visto, el beneficio gravable está constituido por los resultados ordinarios y los extraordinarios; la diferencia entre ellos es ya quizá más mercantil y contable que tributaria, puesto que la LIS no habla expresamente de ninguno de estos conceptos, ni de su distinción, aunque contenga algunas referencias a ellos en los regímenes especiales (arts. 45 y 134.3). Sin embargo, como también hemos dicho, la propia estructura de la ley, y muchas de sus alusiones a los gastos deducibles y no deducibles (arts. 11.1, 12.1, 14, etc.), así como su misma remisión al resultado contable (art. 35.2 C. de c.), permiten distinguir dos grandes grupos de partidas en la configuración del beneficio gravable. La razón de ser de esta diferencia es clara: una cosa son los beneficios procedentes de la actividad ordinaria de la compañía de acuerdo con el objeto para el que se constituyó y, otra, los beneficios atípicos obtenidos por actuaciones de carácter circunstancial (*non operating profits*). Por lo común, el origen de éstos está relacionado con operaciones sobre el inmovilizado.

Se ha indicado también repetidamente que la LIS no regula propiamente el resultado gravable; se limita exclusivamente a señalar los criterios que deben prevalecer en la calificación, valoración o imputación de determinadas partidas a efectos tributarios. Tales criterios originarán en muchos casos aquellas diferencias entre el resultado contable y el fiscal a las que igualmente nos hemos referido. Pero la constatación de aquella remisión y de estas diferencias no es suficientemente expresiva de la complejidad de esta materia. Y ni siquiera el C. de c. aclara completamente las cosas cuando dice (art. 35.2) que la cuenta de pérdidas y ganancias comprenderá los ingresos y gastos del ejercicio y el saldo entre ellos, distinguiendo los resultados propios de la explotación de los extraordinarios. En cambio, la LSA (art. 189) regula el contenido de la cuenta de Pérdidas y Ganancias de forma mucho más esclarecedora. Dicho precepto contiene una relación de los Ingresos (HABER) y de los Gastos (DEBE) del ejercicio y, como gran parte de la problemática jurídica del IS gira precisamente en torno a cada una de las partidas que se integran en ambos grandes grupos, seguiremos este criterio, complementado con su desarrollo en el PGC, para exponer el régimen jurídico-tributario que les afecta.

Conviene recordar, no obstante, que la cuenta de pérdidas y ganancias refleja, por un lado, todo cuanto signifique un empobrecimiento de la sociedad y, por otro, todo cuanto suponga su enriquecimiento, siempre que tengan su origen en la actividad ordinaria o extraordinaria de la compañía. Por esa razón, las meras manipulaciones del patrimonio de la entidad no tienen, en principio, ninguna significación respecto al saldo de aquella cuenta; de esta forma, si los socios deciden aumentar el capital social con nuevas aportaciones, el patrimonio de la entidad aumenta, pero no como consecuencia de su actividad. Tampoco se reflejan en el saldo de la cuenta de resultados las meras manipulaciones en la composición de dicho patrimonio que no supongan modificación alguna de su valor; así, si se invierte parte de la cuenta de Tesorería en Inmuebles, el patrimonio de la entidad sigue siendo el mismo ya que, como se sabe, dichos bienes se computarán en el activo en función de su precio de adquisición, que es la cantidad que ha salido de Tesorería; no hay, pues, ni ingreso ni gasto.

Estos hechos guardan relación, entre otros, con un principio contable que la LIS (art. 19.1) se encarga de subrayar: la imputación de ingresos y gastos se hará «atendiendo a la corriente real de bienes y servicios que los mismos representen». De esta forma, deben de computarse, por ejemplo, los gastos por adquisición de materias primas que se hayan utilizado en el ejercicio, pero no los que correspondan a dichas especies cuando permanezcan aún en almacén; de igual manera, puede suceder que la totalidad o parte del personal de la entidad junto con algunas materias primas se hayan dedicado a la creación o producción de nuevos elementos patrimoniales, que aún estén en poder de la sociedad, en cuyo caso es evidente que, si deben deducirse todos los gastos devengados en el ejercicio por dicho personal, tendremos que computar el valor de estos bienes entre los ingresos pues, de no hacerlo así, se quebraría la correlación entre los gastos y los ingresos.

No parece oportuno insistir en que el beneficio gravable es el núcleo fundamental de la base imponible, pero no se identifica con ella, ya que en ésta se integran otras partidas; del mismo modo, el beneficio contable es el eje del beneficio que se somete al IS, pero no se identifica con él, ya que, como sabemos, el beneficio contable ha de ser sometido a ajustes.

A) Los resultados ordinarios

120. Los ingresos

En relación con este concepto la LSA se refiere, en primer lugar, al importe neto de **la cifra de negocios**; generalmente se trata de la principal partida de ingresos de las sociedades por las ventas y prestaciones de servicios que efectúen. El que la LSA señale que dicho importe debe ser neto alude a que en la masa global de ingresos pueden encontrarse otras partidas, como determinados tributos repercutibles, cuya cuantía no constituye ingreso de la entidad. A este respecto hay que diferenciar el IVA, que no constituye en ningún caso un ingreso de la sociedad, excepción hecha de algunos regímenes especiales (agencias de viaje, bienes usados y agricultura, del cual, además, estarán normalmente excluidas los sujetos del IS —art. 124.2. LIVA—), de los Impuestos Especiales, los cuales sí se computarán entre los ingresos, deduciendo como gasto los que se satisfagan a la Hacienda. También deben depurarse de los ingresos los correspondientes a los gastos suplidos por cuenta de clientes, siempre que efectivamente se hayan obtenido por este concepto.

Entre estos ingresos correspondientes a los negocios de la entidad se cuentan ocasionalmente los que deriven de descuentos sobre las compras que haya efectuado la compañía; normalmente estos descuentos habrán disminuido el precio de adquisición de aquéllas pero, si no es así, y dan lugar a un ingreso específico, habrá que considerarlo como tal.

A continuación la LSA se refiere a dos partidas que son un fiel reflejo de cuanto se ha dicho antes sobre la necesaria correlación entre los ingresos y los gastos del ejercicio; se trata del **aumento de las existencias** y de los trabajos efectuados por la empresa para sí misma que den lugar a elementos del activo. La razón de que ambas cuentas figuren eventualmente en el HABER de la de resultados consiste en que se trataría de aumentos del patrimonio de la sociedad, que se han producido porque la entidad ha aplicado recursos humanos (servicios laborales o análogos) y/o materiales (materias primas) para producirlos, lo cual, a su vez, ha significado la realización de gastos. Ambas cuentas están, pues, muy relacionadas con otras del DEBE (*vid.* § 122) (sea por la reducción de las existencias que hubiera con anterioridad, sea la de aprovisionamientos, u otra) ya que, al emplear dichos servicios laborales y tales materias primas en la producción de nuevas existencias, originando tanto los unos como las otras gastos deducibles, hay que contabilizar dichas existencias entre los ingresos, bien como ventas del ejercicio, con lo que las integramos en la cifra de negocios a la que acabamos de aludir, bien como aumento del valor del activo, computando su importe en el Haber. Esto último no es el caso típico de funcionamiento de las sociedades, ya que producen bienes para su venta, pero, si no es así, y los bienes permanecen en el activo, es lógico computarlos entre los ingresos.

Después la LSA se refiere a **otros ingresos de explotación.** El PGC desglosa estos ingresos distinguiendo entre «diversos ingresos de gestión» (por cesión de propiedad industrial, arrendamientos, por comisiones, etc.), «excesos de provisiones» anteriormente dotadas por haberse recuperado los valores del inmovilizado (*vid.* § 125) y «subvenciones a la explotación». Ninguna de estas partidas es especialmente problemática, salvo por lo que hace a la necesidad de distinguir entre las subvenciones corrientes, destinadas a asegurar una cierta rentabilidad o a enjugar *déficit,* de las subvenciones de capital, sobre cuyo régimen trataremos más adelante (§ 132).

Seguidamente se refiere el art. 189 de la LSA a los que pudiéramos denominar **ingresos financieros.** En este apartado se recogen ingresos de distinta especie («ingresos de participaciones, ingresos de otros valores, otros intereses e ingresos asimilados») pero que, en general, derivan del hecho de haber invertido la sociedad parte de su patrimonio en derechos, o títulos representativos de ellos, que producen rendimientos; en este concepto se computan los dividendos y otras participaciones en beneficios, los intereses de todo tipo, etc. Alguno de estos ingresos es revelador del problema al que nos hemos referido antes al hablar de la relativa «desregulación» con que afronta la LIS la materia de la base imponible; este es el caso, por ejemplo, del aumento del valor liquidativo de las participaciones de la sociedad en los denominados Fondos de Inversión en Activos del Mercado Monetario (FIAMM), que son fondos cuyo patrimonio, como indica su nombre, está invertido en títulos de gran liquidez. Anteriormente, la diferencia entre el valor liquidativo y el valor de adquisición no se computaba fiscalmente hasta el momento en que se produjera la transmisión, en cualquiera de sus formas, de la participación, considerándose, por tanto, dicha diferencia como un resultado extraordinario. Ahora, al aplicarse las reglas contables [4], tal diferencia del valor debe reflejarse al final de cada ejercicio contabilizándose como ingreso financiero. Y la LIS (art. 73) señala que se incluirán en la base imponible los importes así contabilizados, con lo cual se piensa que una disposición de carácter contable decide los ingredientes de la base imponible en detrimento de los principios tributarios. Debe indicarse, no obstante, que la diferencia entre ambos tratamientos se reduce a que, o bien se computan todos los resultados de la participación en un solo ejercicio,

[4] Resolución del ICAC de 27 de julio de 1992.

el de la transmisión, o bien se computan ejercicio por ejercicio según se vayan produciendo.

Entre estos resultados financieros se cuentan asimismo los dividendos en especie que eventualmente reparta la sociedad; esta posibilidad no está contemplada en la legislación mercantil, pero la LIS la regula entre las transmisiones (art. 15.5) que originan resultados extraordinarios. Es discutible que los dividendos, aunque se obtengan en especie, puedan ser considerados resultados extraordinarios, por lo cual el encaje de este tipo de actuaciones hubiera estado mejor entre las operaciones vinculadas. En todo caso, lo importante es que el ingreso no se computaría por el importe nominal del dividendo distribuido al socio, sino por el valor normal de mercado de los bienes o derechos recibidos.

También habría que mencionar en este grupo los rendimientos que produzcan los **activos financieros**; a los que tienen carácter explícito nos hemos referido antes. En cambio, el tratamiento en la LIS de los activos con rendimiento implícito y con rendimiento mixto se reduce al régimen de retenciones que les resulta aplicable (DA 4.ª), lo cual es una forma implícita de reconocer su existencia también a efectos de este impuesto (*vid.* § 154).

Aunque la LSA no mencione expresamente más partidas, hay otras que deben tomarse en consideración. Este es el caso, por ejemplo, de las diferencias positivas de cambio que se originen al contabilizar en pesetas una operación convenida en moneda extranjera, y cuyos pagos o ingresos se realizan efectivamente con posterioridad, pero con un valor de la divisa distinto; en determinados supuestos, sobre todo si se trata de la cuenta de tesorería o de otras cuentas representativas de créditos o deudas, incluso representados ambos por títulos, si la diferencia de valor de la divisa significa un saldo positivo para la entidad, éste debe de computarse entre los ingresos.

Una importante excepción respecto a la necesidad de cómputo de todos los ingresos financieros se introduce por la ley respecto a las **entidades de tenencia de valores extranjeros** (arts. 129 y 130), a cuyo respecto, con el fin de promocionar este tipo de actividades en nuestro país, la LIS establece que los dividendos y participaciones en beneficios que perciban de entidades no residentes no se incluirán en la base imponible siempre que se cumplan los requisitos, de porcentaje de participación, actividad de la no residente, sujeción al impuesto análogo en el extranjero, clase de renta, etc., que allí se establecen.

Debe tenerse en consideración, además, que hay ingresos que se computan a efectos tributarios aunque no sean objeto de contabilización; éste es el caso de las rentas positivas imputadas por transparencia fiscal, las cuales originarán también una diferencia permanente entre el impuesto devengado contablemente y el que efectivamente se paga. En cambio, otros ingresos efectivos no se computan en la base del impuesto; éste es el caso de determinadas subvenciones recibidas de la UE como consecuencia, principalmente, de las políticas agraria y pesquera de la Unión (LIS DA 10.ª).

121. Las partidas deducibles

Para determinar el saldo o diferencia en que consiste el resultado hay que deducir del anterior conjunto de ingresos una serie de partidas cuya significación general es, como antes se dijo, la de suponer un empobrecimiento de la entidad. Debe indicarse que las disposiciones de la LIS a este respecto presentan una relativa complejidad, lo que hace necesario anticipar algunas breves precisiones.

En primer lugar, hay que indicar que la ley no se refiere a todas las partidas contablemente deducibles, sino tan sólo a algunas de ellas, a las que, a veces (arts. 11 y 12), no llama ni siquiera «gastos», como hacen el C. de c. (art. 35) y la LSA (art. 189), lo cual no supone ninguna diferencia material, pero complica quizá en exceso la cuestión. El que la LIS no regule todas las partidas que son contablemente deducibles, no significa que las no mencionadas específicamente no sean también deducibles fiscalmente, sino que se ha considerado oportuno regular sólo aquéllas que presentan aspectos inciertos o dudosos.

Debe considerarse, en segundo lugar, que la LIS regula algunas partidas (art. 14.2) que no son propiamente un gasto requerido por la actividad de la sociedad, y que ni siquiera se mencionan entre las partidas de gasto de la LSA y el PGC, pero que, a pesar de ello, considera deducibles con la finalidad de promover o tutelar algunas actuaciones ajenas a las propias exigencias técnicas del impuesto.

Por último, hay que tener en cuenta que ya no se recoge en la LIS de manera expresa un concepto general de gasto deducible, lo cual elimina de raíz la necesidad de interpretar esta noción que se consideraba, incluso por la jurisprudencia [5], un concepto jurídico indeterminado. A pesar de ello, la LIS sí regula los que denomina «gastos no deducibles». Esta delimitación negativa sugiere inmediatamente la posibilidad de «revelar» su positivo estableciendo una definición general de gasto deducible que, a su vez, permitiera ulteriores decisiones específicas sobre lo que es o no deducible. A nuestro modo de ver, ésta no es la intención de ley, en la que hay una voluntad manifiesta de separarse del sistema anterior y de fortalecer, como antes se dijo, en términos de seguridad jurídica la posición de la sociedad. De este modo, el principio general es actualmente el de que todo gasto efectivo, justificado y correctamente contabilizado es deducible, sin que pueda exigirse ningún otro requisito de fondo o de forma para atribuir a un gasto dicha consideración de deducible. Como es lógico, en los casos concretos a los que se refiere la LIS como supuestos de gastos no deducibles (arts. 13.1 y 14), no hay duda de que tales partidas no pueden deducirse, pero teniendo en cuenta que esta regulación, cuya interpretación puede ser tan amplia o estricta como sea procedente, afecta sólo a los casos concretos a los que se refiere, sin que las expresiones de la LIS en relación con estos casos permitan la reconstrucción de un concepto de «gasto necesario» que resulta ya completamente ajeno al impuesto.

---

[5] SAT Palma de Mallorca de 9-11-88.

Por tanto, debe concluirse que todo gasto contabilizado es deducible. El único límite a este respecto es la correcta interpretación de las expresiones del C. de c. cuando manda al empresario formular «las cuentas anuales de su empresa», donde el balance comprenderá sólo el activo y el pasivo de la empresa, de las cuales puede inferirse que, como es lógico, no se pueden contabilizar gastos que no estén relacionados con la actividad empresarial. Pero la virtualidad de esta limitación es más clara en el caso de las empresas individuales y más difusa en el caso de las sociedades aunque, como decíamos, ésta es la única limitación que puede jugar a estos efectos.

122. Las partidas deducibles en particular: reducción de existencias y gastos de aprovisionamiento

Del mismo modo que vimos anteriormente que el aumento de las existencias debía de tratarse como ingreso, la disminución de las mismas respecto a las que hubiera en el ejercicio anterior debe tratarse como gasto. La entidad, en tal caso, ha aplicado todo o parte de las existencias con las que contaba en su activo al desarrollo de su actividad, lo cual determina un empobrecimiento que hay que computar.

Un funcionamiento muy semejante tienen las partidas que suponen el aprovisionamiento de la sociedad de mercaderías y materias primas. Como ya se ha advertido, el importe del gasto por este concepto no es equivalente al de todas las adquisiciones que se hayan efectuado durante el ejercicio, ya que es preciso también que la entidad haya consumido en el desarrollo de su actividad dichas mercaderías, bien porque se hayan incorporado a otros productos mediante el correspondiente proceso, bien porque se hayan enajenado; en definitiva, el importe que resulta deducible es el de las adquisiciones de mercaderías que no figuren todavía como tales en el activo de la entidad.

Las que continúan en poder de la sociedad y, por lo tanto, siguen computándose como un activo patrimonial, plantean el problema de su valoración, ya que en el almacén se incluyen mercaderías que, normalmente, habrán sido adquiridas en momentos distintos y a precios también distintos. Sin perjuicio del problema de su depreciación, del que nos ocuparemos oportunamente (*vid.* § 125), para la determinación de cuál es la mercancía que se aplica o consume en el proceso productivo de la entidad y de su valoración, se siguen distintos sistemas contables; ante el silencio de la LIS, hay que concluir que resulta admisible cualquiera de ellos, tanto si está prevalentemente basado en el coste de adquisición de cada una de las partidas que sucesivamente se han ido comprando, como si se funda en el coste de reposición de los productos inventariados. En el primer caso, estaríamos ante un sistema de gestión del almacén que lo valoraría por su coste medio unitario o ponderado, mientras que en el segundo caso se aplicaría un método como el denominado LIFO (*last in, first out*) que supone que el gasto se computa en función del valor de las últimas mercaderías que se compraron.

123. (sigue) Gastos de personal

La LSA se refiere también a los gastos de personal de la entidad. La generalidad de estos gastos estará constituida por cantidades debidas por la sociedad en virtud de ley, convenio o contrato de trabajo y, por ello, se deben de computar tanto los sueldos y salarios, como las indemnizaciones y dietas, las cuotas de la Seguridad social a cargo de la empresa, etc. Puede decirse que, salvo lo que ahora se recogerá, en esta materia no hay prácticamente restricciones a la deducción de las partidas satisfechas al personal y empleados de la compañía por todos los conceptos.

La LIS se refiere expresamente (art. 13.3) a la deducción de las contribuciones de los promotores de Fondos de Pensiones, cuya normativa específica exige la imputación a cada partícipe de la parte que corresponda de dicha aportación; dicha normativa (art. 5.3 de la Ley 8/1987, modificada por la Ley 30/1995) establece el límite máximo de tales aportaciones imputables a los partícipes en un millón de pesetas, cuantía que coincide con el máximo deducible de la base imponible del impuesto personal del partícipe (*vid.* § 76). Debe tenerse en cuenta que en esta materia rige un principio general de prohibición del autoseguro, el cual está recogido en la misma LIS (art. 13.1) y que se expresa rotundamente en la legislación de Planes y Fondos de Pensiones (DA 1.ª de la Ley 8/1987, modificada por la Ley 30/1995); según estas disposiciones, en la actualidad sólo se admite para cubrir los compromisos por pensiones de las empresas, bien la formalización de contratos de seguro, bien la de planes de pensiones o ambos simultáneamente. Esta nueva regulación permite la adaptación de las instituciones análogas a los fondos de pensiones a las actuales exigencias en el plazo de tres años. La LIS refuerza este régimen incluyendo expresamente entre los gastos no deducibles las dotaciones a fondos internos [art. 14.1.*f)*].

Contablemente se contempla también la deducción de otros gastos generados por el personal por el sostenimiento de economatos, comedores y análogos, así como por el de instituciones de formación, escuelas, etc.

Una problemática específica generan las retribuciones abonadas a los miembros del Consejo de Administración cuando consistan estatutariamente en una participación de los beneficios, ya que la LSA (art. 130) ordena en estos casos que la correspondiente partida deberá deducirse de los beneficios líquidos, es decir, una vez hallado el saldo o diferencia entre los ingresos y los gastos; aunque esta particularidad pudiera dar a entender que tales participaciones constituyen una aplicación de resultados y no un gasto deducible, parece más apropiado tratarlas como gasto deducible, por muy complejo que pueda llegar a ser el correspondiente cálculo, ya que, de otro modo, el hecho de que la retribución de los administradores se regule en los estatutos como una participación en beneficios los haría partida no deducible mientras que, si se contempla como un tanto alzado o bajo otra forma cualquiera, sería deducible, lo que generaría una diferencia de trato difícilmente aceptable.

124. (sigue) Amortizaciones

La LIS (art. 11) permite, además, bajo el título de correcciones de valor, deducir «las cantidades destinadas a la amortización de los valores del inmovilizado, material o inmaterial». Las cuotas de amortización se dotan en cada ejercicio con la finalidad de impedir la descapitalización de la empresa por el proceso de depreciación que sufren los elementos del inmovilizado por su utilización física, por la acción del progreso técnico **[obsolescencia]** o por el simple paso del tiempo. La LIS señala perfectamente que las amortizaciones sirven para compensar la depreciación intrínseca del inmovilizado, la cual se produce, tanto por su posesión y uso continuado por la entidad, con el consiguiente desgaste, como por el hecho de que la innovación técnica va depreciando los instrumentos, maquinarias, aparatos, etc., más antiguos; el funcionamiento, el uso o la obsolescencia de los elementos del inmovilizado producen su depreciación y, aunque la LIS alude también al «disfrute», hay que entender que se refiere más a la explotación de tales elementos que a su verdadero disfrute. En todo caso, hay que tener muy en cuenta que la depreciación debe ser efectiva, lo cual es un aspecto de difícil concreción.

Debe señalarse que la amortización es conceptualmente distinta de la pérdida o el deterioro físico anormal que puedan experimentar determinados elementos del activo y de la depreciación extrínseca que puedan sufrir otros por su envilecimiento o depreciación externa. Las pérdidas o el deterioro físico sufrido en valores de explotación no originados por su normal utilización constituyen una partida negativa a computar como un gasto para determinar los resultados del ejercicio; lo mismo ocurre con las dotaciones para «provisionar» la depreciación en el mercado de los valores y efectos, créditos y existencias (*vid.* § 125). En cambio, las pérdidas físicas sufridas en elementos del inmovilizado afectan a la entidad como resultados extraordinarios del ejercicio.

Son amortizables los elementos del inmovilizado material o inmaterial susceptibles de depreciación. Por esta razón, si se trata de edificaciones, debe excluirse el valor del suelo para amortizar únicamente el de la construcción, ya que el terreno no se deprecia. Para ser amortizables los bienes es imprescindible que éstos figuren en el balance de la entidad, practicándose las amortizaciones individualmente por cada elemento, salvo casos especiales. Los elementos del inmovilizado material que son susceptibles de amortización podrían caracterizarse como bienes tangibles, muebles, inmuebles o semovientes que estén incorporados efectivamente al patrimonio del sujeto pasivo y que se utilicen para la obtención de rendimientos, excluidas las existencias. Por su parte, algunos elementos del inmovilizado inmaterial amortizables se regulan expresamente por la LIS (art. 11.4 y 5), por lo que pueden deducirse como características generales de estas partidas que se trate de bienes o derechos económicamente evaluables, y que se hayan adquirido mediante contraprestación, siempre que, además, sufran una «depreciación irreversible».

Las cuotas de amortización deben de cubrir la totalidad del valor del bien que se trate de amortizar en el período de su **vida útil,** que es el tiempo en que aquél puede prestar servicios a la producción de la empresa.

Las amortizaciones compensan, como dice la LIS, la **depreciación efectiva.** Es en torno a las distintas posibilidades de comprobar la efectividad de la depreciación como se configuran los distintos métodos de amortización que recoge la ley, la mayor parte de los cuales se basa en una ficción o estimación legal del importe de la depreciación, lo que hace deducible una determinada cuota de amortización en la medida en que se cumplan las exigencias materiales y, sobre todo, formales que las normas establecen.

Así, la primera posibilidad, que es poco usual y que, además, se contempla por la LIS en último lugar [art. 11.1.*e)*], consiste en que el «sujeto pasivo justifique (por) su importe» la depreciación efectiva del elemento amortizable individual y específicamente, por cualquier medio de prueba admisible jurídicamente que, por lo común, tendrá un imprescindible fundamento técnico. En el polo opuesto de este sistema de prueba individualizada de la efectividad se encuentra el sistema conocido como **libertad de amortización,** que es realmente un beneficio fiscal y consiste en que, por un concreto plazo de tiempo, la sociedad puede amortizar determinados elementos de su activo sin vincularse a la depreciación efectiva, sino en razón de cuotas libremente computadas. Al igual que el método anterior, este sistema está poco extendido y se aplica en los casos específicos previstos en la LIS (art. 11.2). La propia ley (art. 123) contempla un supuesto adicional de la libertad de amortización en el caso de las empresas de reducida dimensión que realicen inversiones en nuevos elementos del activo y, además, incrementen su plantilla respecto a la de ejercicios anteriores.

La LIS establece también la posibilidad de que las amortizaciones se ajusten a un plan específico presentado por la empresa a la aceptación de la Administración [art. 11.1.*d)*]. La forma de aceptación de dicho plan se remite por la LIS al reglamento del impuesto. El antiguo RIS recogía la posibilidad de su aprobación mediante silencio positivo de la Administración durante tres meses desde la presentación, y también la de solicitar la rectificación de los Planes ya aprobados a través de ciertos procedimientos.

Pero los métodos de acreditar la depreciación efectiva que son utilizados con mayor frecuencia son los basados en las denominadas **tablas de amortización.** Estas tablas consisten en unos estadillos donde se relacionan las distintas especies de elementos que pueden formar parte del inmovilizado de las empresas, a cada uno de los cuales se atribuyen, por una parte, un coeficiente máximo de amortización anual —lo que significa un mínimo de vida útil— y, por otra, un período máximo de vida útil —lo que significa un porcentaje mínimo de amortización anual—. Entre dichos máximo y mínimo la sociedad puede elegir cada año el coeficiente anual que le convenga para calcular, aplicándolo sobre el valor amortizable, la cuota de amortización del ejercicio, presumiéndose que la depreciación efectiva, sin necesidad de probarla, se corresponde con dicha cuota. Hay que señalar, por último, que, con el fin de promover la inversión empresarial, se pueden incrementar las amortizaciones según tablas, multiplicándolas por **1,5**, cuando se trate de los nuevos elementos del activo fijo material adquiridos por las empresas que se encuentren en los casos previstos en la propia LIS (art. 125); a este respecto hay que indicar que la ley contempla una excepción al principio de inscripción contable de los gastos, permitiendo la deducción del exceso de amortización sobre la depreciación efectiva aun sin estar contabilizada, lo cual dará lugar a un ajuste negativo que originará, a su vez, una diferencia permanente entre el resultado contable y el fiscal.

Sobre la base del método de amortización lineal, la LIS regula [art. 11.1.*b)* y *d)*] la amortización que resulte «de aplicar un porcentaje constante sobre el valor pendiente de amortización» y de «aplicar el método de los números dígitos». Estas denominaciones esconden la referencia a los métodos que se venían conociendo como **amortización degresiva** la cual, como indica su nombre, supone cuotas anuales de amortización progresivamente decrecientes a medida que transcurre la vida útil del bien de que se trate, en vez de computar las cuotas proporcionales de las tablas; el hecho de computar las mayores cuotas de amortización en los primeros años de la vida útil del bien beneficia a la sociedad, puesto que recupera en esos años la mayor parte del coste de adquisición del mismo. La ley regula por exclusión las clases de activos a los que resulta aplicable este tipo de amortización, quedando fuera los edificios y el mobiliario y enseres.

Las dos distintas posibilidades de amortización degresiva consisten, la primera, en multiplicar el porcentaje de amortización que se elija de los comprendidos entre el máximo y mínimo de las tablas por un coeficiente del 1.5, si el período de amortización es inferior a cinco años, de 2, si dicho período está entre cinco y ocho años, y del 2.5, si el elemento tiene un período de amortización de ocho o más años (art. 3 del RIS). Así, por ejemplo, los magnetoscopios (vulgarmente, vídeos) tienen en las tablas un porcentaje máximo del 20 por 100 (5 años), y un período máximo de 10 años, así que una compañía puede decidir amortizar en cinco años el vídeo que compró por 600.000 pesetas, optando por el método del porcentaje constante. Como el coeficiente aplicable es de 2 (vida útil entre cinco y ocho años), la entidad aplicará anualmente como amortización el 40 por 100 del valor residual aún no amortizado: 240.000, en el primer año (40 por 100 de 600.000); 144.000, en el segundo (40 por 100 de 360.000), y así sucesivamente. Hay que tener en cuenta que el porcentaje constante a aplicar nunca puede resultar inferior al 11 por 100.

La segunda modalidad (art. 4 del RIS) consiste en dividir el valor amortizable por la suma de las cifras representativas de los años en que va a amortizarse el bien. En el caso anterior, siendo de cinco años dicho plazo, la suma de dígitos es de 15 (1 + 2 + 3 + 4 + 5 = 15), con lo que se obtiene la cuota por dígito (600.000/15 = 40.000), la cual se multiplica por la cifra que corresponda a cada año en el período de amortización (primer año: 5 × 40.000 = 200.000; segundo año: 4 × 40.000 = 160.000; tercer año: 3 × 40.000 = 120.000, etc.), con lo que se obtiene cada una de las cuotas anuales de amortización.

En relación con las amortizaciones la LIS presenta dos novedades importantes en lo que se refiere, primero, a los contratos de arrendamiento financiero (**leasing**) y, luego, en lo que afecta al denominado **fondo de comercio.** Como es sabido, el fondo de comercio es una partida que supone la valoración de un conjunto de circunstancias y elementos variables para cada empresa; el que resulta fiscalmente amortizable es el adquirido mediante contraprestación, lo cual da mayor objetividad a su valoración y lo acerca en cierta medida a otros activos inmateriales, como los derechos de traspaso, que también resultan amortizables. La posibilidad de amortización de aquél es completamente nueva en nuestro ordenamiento tributario y está regulada por la LIS (art. 11.4) que recoge los requisitos, límites y exclusiones correspondientes.

En lo que respecta a los contratos de **leasing,** la LIS se refiere a ellos en distintos preceptos. Como es sabido, las cuotas devengadas por este contrato representan dos conceptos básicamente: intereses, por un lado, y, por otro, la parte del coste del bien que satisface también el cesionario; esta parte puede diferenciarse según que el bien incluya sólo elementos amortizables o que, en cambio, incluya éstos junto con otros no amortizables (solares, por ejemplo). En lo relativo a la deducción de gastos, la ley establece dos regímenes: el que pudiera considerarse régimen general de estos convenios (art. 11.3) supone, respecto a las amortizaciones, que la entidad cesionaria podrá amortizar los bienes así adquiridos de conformidad con las reglas generales de amortización que antes hemos visto (art. 11.1), sin perjuicio de deducir, como veremos, los gastos financieros y otros que corresponden a la operación. El régimen especial (art. 128) supone que, una vez cumplidos los numerosos requisitos establecidos por la LIS, la entidad cesionaria podrá deducir, además de los gastos financieros, la parte de cuota del **leasing** que corresponda al coste de recuperación del bien en lo que represente elementos amortizables, con un límite del duplo del coeficiente de amortización lineal aplicable por la naturaleza del bien (art. 128.6). Este límite del duplo de la cuota de amortización lineal es compatible, para las empresas de reducida dimensión, con el coeficiente del **1,5** al que ya hemos aludido, lo que supone, en definitiva, triplicar la cuota de amortización lineal.

Ya se ha advertido que se amortizan igualmente los elementos del inmovilizado inmaterial, a cuyo respecto contiene la LIS prescripciones concretas (art. 11.5). Téngase, además, en cuenta que la noción de amortización se ha extendido a otras partidas que figuran en el activo y que, de suyo, no son elementos patrimoniales depreciables. A estas partidas, que ordinariamente representan gastos atribuibles a un número plural de ejercicios, no se refiere la LIS más que incidentalmente [art. 11.2.*d)*], pero ello no quiere decir que no se deduzcan según su imputación contable. Por último, es preciso señalar que las amortizaciones de los elementos adquiridos sin contraprestación plantea, desde el punto de vista tributario, algunos problemas, pero, como el asunto tiene que ver con el cómputo de los resultados extraordinarios, remitimos su tratamiento a dicho lugar (§ 132).

125. (sigue) Provisiones

Bajo el mismo título de «correcciones de valor», la LIS regula (art. 12) la pérdida de valor de otros elementos patrimoniales. Las depreciaciones a que ahora se refiere la ley no les ocurren por sí mismos a los bienes o derechos interiormente, sino generalmente por referencia a su cotización en el mercado; se trata, pues, de una depreciación que ocurre por circunstancias externas al propio elemento que la sufre. Compensar contablemente los efectos de dicho proceso es imprescindible para que las cuentas de la entidad reflejen de manera adecuada su patrimonio real y no se originen los denominados «agujeros contables». También las normas tributarias aceptan la compensación con cargo a la cuenta de resultados de tales partidas, a las que se suele calificar de **provisiones.** En general, la cuantía de la deducción vendrá establecida en estos casos por la diferencia entre el valor contable y el de mercado de los correspondientes bienes o derechos, sin perjuicio de la existencia de reglas específicas.

La antigua normativa del impuesto regulaba cuatro tipos de provisiones: la correspondiente a la depreciación de los valores mobiliarios, la de las existencias, la de insolvencias y la originada por las responsabilidades en que incurra la sociedad; la nueva regulación es más minuciosa aunque no regula algunas de las mencionadas, como la provisión por la depreciación de existencias, lo cual no quiere decir que las no reguladas no sean deducibles, ya que, como se ha dicho antes, todos los gastos contabilizados son deducibles. No obstante, la LIS contiene una cláusula general (art. 13.1) que excluye la deducción de aquellas cantidades que constituyan una mera previsión de riesgos o pérdidas que no hayan ocurrido y no hayan originado, por tanto, una pérdida de valor efectiva. Hay que señalar, además, que las cuentas de provisión tienen en cierta forma carácter suspensivo ya que, si los bienes o derechos recuperan su valor, la provisión dotada deja total o parcialmente de tener sentido, y habrá que computar el correspondiente ingreso, imputándolo al ejercicio en que se haya producido la mencionada recuperación (art. 19.6).

[A] En relación con la provisión por depreciación de valores mobiliarios, la LIS sólo se refiere a los representativos de la partipación en fondos propios de entidades (acciones y títulos análogos) que no coticen en Bolsa, a los valores de renta fija (obligaciones o pagarés) que coticen en dichos mercados y a estos mismos títulos cuando no cotizan; en este último caso la LIS excluye expresamente (art. 12.4 *in fine*) cualquier deducción por este concepto. Por lo que se refiere a las acciones y análogos sin cotización, la ley limita la cuantía de la provisión a la diferencia entre los valores teóricos de los títulos a principio y fin del ejercicio; dicho valor teórico resulta de la división del patrimonio neto de la entidad emisora entre la totalidad de los títulos representativos de su capital. En lo que hace a los títulos de renta fija cotizados, la LIS también fija una limitación, ya que la provisión no puede dotarse más que cuando la depreciación signifique una pérdida global para el conjunto de los valores de este tipo que posea la entidad. Además de la limitación concerniente a los títulos de entidades residentes en paraísos fiscales, que se mencionaron anteriormente, es importante resaltar que la LIS impide que la compañía dote la provisión por la depreciación de sus propios títulos (art. 12.3, últ. pfo.).

Conviene recordar, por último, que la ley establece ciertos límites a la dotación de esta provisión por la depreciación de los títulos representativos de filiales extranjeras, cuando dicha depreciación corresponda a la distribución de los beneficios de la filial y no haya constancia de que los mismos tributaron en España (art. 30.5).

[B] El mecanismo de la diferencia entre el valor de mercado y el contable rige también la dotación de la provisión por la depreciación de las existencias. A estos efectos, la LIS prevé un régimen especial de esta provisión para los fondos editoriales, fonográficos y audiovisuales (art. 12.1) de las entidades que se dediquen a dicha actividad; tal régimen pretende atender a la rápida depreciación que esos fondos suelen experimentar.

[C] La provisión por insolvencias responde a la necesidad de compensar la pérdida patrimonial que supone para la sociedad el hecho de que sus créditos contra terceros lleguen a ser de cobro dudoso por circunstancias que afectan normalmente al deudor o, incluso, a la misma gestión de cobro llevada a cabo por la sociedad acreedora. La LIS recoge (art. 12.2) cuáles son las circunstancias que permiten dotar esta provisión, bastando que concurra una de ellas para que la deducción sea procedente. Respecto a las entidades financieras, la LIS remite la concreción de esta provisión al RIS (arts. 6 y 7), el cual establece el ámbito de la misma, recogiendo supuestos de exclusión sobre todo cuando los créditos correspondientes están garantizados de algún modo.

No obstante, hay que tener en cuenta que existen créditos que nunca pueden considerarse de cobro dudoso, ya sea por estar suficientemente garantizados, ya sea por ser el deudor o el avalista un ente público, ya sea, en fin, por haber entre acreedor y deudor relaciones de vinculación del tipo anteriormente analizado; a todas estas situaciones se refiere expresamente la ley.

Un régimen especial de dotaciones a esta provisión se reconoce por la ley (art. 126) a las empresas de reducida dimensión, en cuyo caso la provisión puede dotarse a tanto alzado (1 por 100 de la cuenta de Deudores), con determinados límites y requisitos.

[D] La LIS contempla [art. 13.2. *a)* a *g)*], por último, casos especiales de provisión, distintos de los vistos hasta aquí porque, de suyo, no compensan ninguna depreciación cierta y específica de los bienes o derechos de la sociedad, sino que proveen de fondos para atender a gastos y responsabilidades concretas por diversas causas. Algunas de ellas corresponden a entidades en las que dichas dotaciones son imprescindibles por la naturaleza del objeto al que se dedican, como es el caso de las entidades concesionarias, las de pesca y navegación, las compañías aseguradoras o las sociedades de garantía recíproca; en los demás apartados, la ley se refiere a provisiones que pueden afectar a la generalidad de los sujetos pasivos, como las que corresponden a responsabilidades por pleitos, a la cobertura de reparaciones extraordinarias y a la atención de las garantías ofrecidas por la entidad respecto a sus ventas. Por su parte, el RIS (arts. 10 a 14), desarrollando lo dispuesto en la LIS [art. 13.2.*d)*], regula la presentación de Planes para cubrir los gastos de reparaciones extraordinarias y por el abandono de explotaciones económicas de carácter temporal.

126. Otros gastos de explotación

La normativa contable recoge aquí una amplia y heterogénea partida de gastos que van desde el pago por arrendamientos, servicios y suministros externos, hasta el pago de tributos.

En torno al primero de los mencionados grupos no es posible hacer una enumeración completa de las partidas de gasto que pueden quedar comprendidas en él; una referencia a lo que el PGC de contabilidad menciona a este respecto puede resultar ilustrativa de los gastos a los que se está aludiendo. Así, en dicha disposición se engloban los pagos por arrendamientos de bienes, los cánones por utilización de la propiedad industrial, los gastos de reparación y conservación, los servicios de profesionales o empresas, como las de seguro, transportes, bancarias, publicitarias, etc. En general, estas partidas podrían considerarse como procedentes de la prestación de distintos servicios a la compañía con el sentido, además, de que dichos servicios son en sí mismos consumibles y, por lo tanto, no suponen directamente el cómputo de un aumento del valor de sus bienes o derechos; sobre este aspecto suministra un criterio de interpretación el PGC al señalar que el gasto no debe representar incremento de la capacidad o vida útil del correspondiente elemento.

En cuanto a los tributos deducibles, la LIS no hace ninguna especificación, salvo que, como veremos, la contabilización del propio IS no puede originar gastos fiscalmente deducibles. Ello puede dar lugar a pensar que todos los demás tributos sí son deducibles.

A pesar de la claridad de este régimen, es preciso hacer algunas puntualizaciones de cierta importancia. La primera es que la omisión de las referencias legales permite concluir que los tributos, incluidos los impuestos directos, soportados por la entidad, salvo el IS, son deducibles en su generalidad. Ello afecta principalmente a todos los tributos no estatales, y a las tasas y contribuciones especiales del Estado, excluyendo los impuestos directos porque no gravan, como se sabe, a las personas jurídicas.

En cambio, los impuestos indirectos, salvo el IVA que resulte legalmente deducible, se incorporan al precio de los bienes sobre los que recaen; como antes hemos visto, el precio de adquisición que determina el valor contable está integrado, entre otros componentes, por los impuestos que recaigan sobre los bienes o servicios que adquiera la entidad, siendo el precio de adquisición el valor por el que deben de contabilizarse dichas operaciones. Dicho valor contable sirve a efectos de calcular el importe de los gastos por las compras de mercaderías aplicadas en el ejercicio, al igual que sirve para calcular las cuotas de amortización para compensar la depreciación de los elementos del inmovilizado. Por tanto, en la medida en que se deduzca como gasto el importe de las adquisiciones de bienes y servicios que está constituido por su precio de adquisición, se está implícitamente deduciendo la parte de este precio que representa impuestos indirectos; lo mismo ocurre con las amortizaciones pues, en tanto la cuota de amortización se calcula sobre la base del precio de adquisición, al deducir dichas cuotas como gasto, se está indirectamente deduciendo la parte de aquel precio representada por impuestos indirectos. Este régimen es el aplicable a las adquisiciones gravadas por los Aranceles de Aduanas o por repercusión de los Impuestos Especiales; en cambio, cuando estos últimos impuestos se soportan a título de sujeto pasivo, las correspondientes cuotas son deducibles como gasto en su integridad.

En el caso del IVA la cuestión resulta algo más compleja. La entidad que soporta la repercusión de este impuesto en sus adquisiciones debe contabilizar separadamente las correspondientes cuotas soportadas, las cuales, de ordinario, se compensan globalmente con el importe de las cuotas que él mismo debe repercutir sobre sus clientes, con lo cual el IVA no supone ninguna carga patrimonial para el sujeto pasivo, no pudiendo considerarse, pues, gasto deducible a efectos del IS. Pero este mecanismo no funciona siempre así: hay casos en que el IVA soportado por la entidad no puede ser compensado total o parcialmente con el IVA repercutido por ella sobre sus clientes, porque lo impide la normativa de dicho impuesto. En tales casos, el importe del IVA que recae sobre la operación, y que la sociedad no ha podido compensar, se convierte para ella en un coste, con lo cual se integra en el precio de adquisición del correspondiente elemento y, según la naturaleza de éste, se deduce como gasto, bien al deducir las compras a terceros que se hayan aplicado al proceso productivo, bien a través de las amortizaciones del inmovilizado, del mismo modo que hemos visto antes que ocurría con los aranceles o los Impuestos Especiales soportados por repercusión.

Debe matizarse también el régimen del Impuesto sobre Transmisiones Patrimoniales y Actos Jurídicos Documentados, el cual engloba tres impuestos distintos: el que recae sobre las transmisiones onerosas es un impuesto indirecto que puede llegar a ser deducible en las mismas condiciones y circunstancias que hemos visto anteriormente para los aranceles y los impuestos especiales; el que recae sobre las operaciones societarias constituirá normalmente para la sociedad uno de los gastos amortizables, de los que nos ocupamos anteriormente, y, por último, el que grava los actos jurídicos documentados o bien será deducible en las mismas condiciones que el de transmisiones onerosas cuando el documento se refiera a una adquisición de la sociedad, o bien será amortizable en los términos ya vistos cuando el documento contenga una de las operaciones societarias a que acabamos de aludir o una operación cuyos gastos afecten a varios ejercicios.

Por último, hay que mencionar el caso de los precios públicos a cuyo respecto no es preciso subrayar que, al tratarse de precios, habrá el deber de satisfacerlos como consecuencia de la obtención por la sociedad de un servicio o el disfrute de una facultad, lo que supone su deducibilidad.

127. (sigue) Gastos financieros

La LSA recoge a continuación «los intereses y gastos asimilados». La normativa contable se refiere a una amplísima gama de gastos satisfechos por la utilización por la compañía de capitales ajenos en todas sus modalidades, incluyendo los descuentos por pronto pago, estén o no incluidos en la correspondiente factura. Deberán computarse también en este apartado la parte de cuota de los arrendamientos financieros que represente intereses, en función de lo que se dijo sobre la distinción en dichas cuotas entre tales intereses y la parte correspondiente a la recuperación del coste del bien.

Especialmente problemática se plantea la deducción de ciertos recargos en la medida en que sobre ellos planea también la prohibición de deducción que se establece en la LIS [art. 14.1.*c)*]; nos referimos a los intereses y recargos que se satisfagan por el pago extemporáneo de los tributos (arts. 58 y 61 de la LGT). La expresión de la LIS deja fuera de la prohibición de deducción los intereses de demora que, en la medida en que suponen la contraprestación por el pago tardío de una obligación, pueden considerarse deducibles como los demás intereses. Sin embargo, en determinados supuestos, a pesar de satisfacerse el tributo con retraso, no se pagan intereses de demora porque proceden otros recargos de distintas cuantías según el tiempo del retraso; podría pensarse en que la ley excluye la deducibilidad del recargo sólo en la parte que exceda del interés de demora, aunque esta conclusión es discutible.

128. (sigue) Otras deducciones

Se debe mencionar el caso de otras deducciones que, sin encajar en el concepto de gasto necesario para la obtención de los ingresos, son deducibles por expresa prescripción legal; la LIS recoge el supuesto de los fondos destinados a obras benéfico-sociales por las Cajas de Ahorro (art. 22), el de los donativos a las sociedades de desarrollo industrial regional [art. 14.2.*a)*], y el de las donaciones a las federaciones y clubes deportivos españoles por las sociedades anónimas deportivas en las condiciones que fija la ley [art.14.2.*b)*].

El régimen de las deducciones por donativos efectuados con fines de **mecenazgo y patrocinio** de actividades artísticas y culturales ha sido minuciosamente desarrollado por la legislación específica [6]. Dicha legislación, además de regular la clase de donativos y actividades que dan lugar a la deducción, ha establecido la cuantía de la deducción en el 30 por 100 de la base cuando se donen bienes integrantes del Patrimonio Histórico Español, y también ha establecido un régimen opcional respecto a los límites cuantitativos, de manera que la entidad patrocinadora puede optar entre el límite general del 10 por 100 de la base (o el 30 por 100, en el caso que acabamos de señalar) o el límite del 1 por 1.000 de su volumen de ventas (o el 3 por 1.000 si son bienes del PHE). Asimismo, según dicha normativa, pueden deducirse, hasta el límite del 5 por 100 de la base imponible (o el 0,5 por 1.000 del volumen de ventas), las cantidades destinadas al patrocinio o a la realización de actividades de interés general. El cálculo de la base a la que se haya aplicado la reducción en su máximo legal, si éste es, por ejemplo, del 10 por 100, puede hacerse mediante la siguiente expresión:

B.I. reducida = B.I. previa/1,10

[6] Arts. 63 a 70 de la Ley 30/1994, de 24 de noviembre (BOE de 25 de noviembre).

129. Partidas no deducibles

Además, la LIS regula (art. 14) una serie de partidas que no tendrán en ningún caso la consideración de deducibles.

En primer lugar, se recogen aquellas cantidades que no pueden deducirse por la razón de tratarse de retribuciones del capital cualquiera que sea la forma o la denominación que asuman. No es preciso insistir en el hecho de que el destino de los beneficios de la sociedad no puede tener ninguna influencia en su consideración como parte de la base imponible, por tanto, como dice la LIS, ninguna cantidad que suponga «**retribución de los fondos propios**» de la sociedad es gasto deducible. Por este motivo la doctrina administrativa rechaza con reiteración la deducibilidad de los pagos hechos a los socios en proporción a su participación en el capital de la sociedad, aun cuando se pretenda retribuir su trabajo para la misma [7].

En segundo lugar, tampoco se consideran deducibles las cuotas tributarias correspondientes al propio IS, a pesar de que lo sean contablemente, como antes se indicó. No aclara la LIS nada sobre la deducibilidad de otros impuestos directos que eventualmente hubiera soportado la sociedad en el extranjero, pero la consideración como gasto de los impuestos extranjeros chocaría con el tratamiento que hace la LIS de la doble imposición internacional.

Tampoco son deducibles las multas y sanciones penales y administrativas, ni los recargos de apremio, ni los correspondientes a la presentación extemporánea de las declaraciones-liquidaciones y autoliquidaciones. La falta de regulación del interés de demora supone, como antes se ha dicho, su deducibilidad. Las expresiones de la LIS en este campo podrían haber sido más claras teniendo en cuenta la complejidad que en la actual regulación de la LGT (arts. 61.3 y 127.1) ofrece el tema de los recargos, pero debe de concluirse que la ley está pensando en que sólo el interés de demora sea deducible, aunque, como se ha visto, podría plantearse el problema de hasta dónde alcanza dicho interés de demora.

Dejando al margen las pérdidas de juego, cuyo concepto no parece encajar muy bien en el ámbito de las personas jurídicas, tampoco son deducibles ni las liberalidades ni los donativos. La LIS pone en relación con este concepto, para excluirlos de él, los gastos de relaciones públicas, los realizados en favor del personal, los de promoción y los correlacionados con los ingresos. De suyo, el traer a colación estas partidas cuando se regulan los donativos y liberalidades es absolutamente incongruente, ya que en éstas hay un *animus donandi* que está completamente ausente en los casos de exclusión que ejemplifica la ley. Ya se ha indicado que, en realidad, todo gasto contabilizado cuya deducción no esté expresamente vetada por la LIS es deducible. Por ello, los donativos y liberalidades no son deducibles, pero no es lógico poner la frontera de estos conceptos en otros que son perfectamente deducibles, ya que lo que resulta interpretable es el ámbito de lo no deducible por ser donación o liberalidad, mientras que lo deducible tiene

[7] TEAC 3-12-1991.

esta condición por reunir las exigencias de estar contabilizado y no estar prohibida su deducción. Así, no se trata de interpretar si un gasto de promoción es una liberalidad, que en ningún caso lo es, sino de encajar en el concepto de donación o liberalidad sólo los casos que se puedan integrar jurídicamente en dichos conceptos.

En la legislación hay dispersas otras limitaciones sobre la deducibilidad de ciertos gastos. Recuérdese a estos efectos lo que se dijo anteriormente sobre las operaciones vinculadas, y también los supuestos en que es impracticable la deducción de los gastos de servicios correspondientes a operaciones realizadas con personas residentes en **paraísos fiscales.**

B) Los resultados extraordinarios

130. Los resultados extraordinarios positivos y negativos

En consonancia con lo que ya se ha dicho, la LIS tampoco contiene la regulación general de las diferencias de valor que influyen en la cuantificación de la base imponible; ni siquiera les da, como se hacía en la regulación anterior, una denominación propia, salvo cuando se refiere a ellas en alguno de los regímenes especiales (arts. 45 y 134.3). Esto no quiere decir, lógicamente, que las plusvalías y minusvalías queden al margen del impuesto. El régimen tributario de este tipo de resultados debe, pues, inferirse de las reglas contables y del conjunto de preceptos específicos que la LIS recoge para el tratamiento de operaciones concretas.

En este sentido, es fundamental la referencia a un principio que formula la LIS y del que ya se ha tratado anteriormente. Nos referimos al principio de valoración al precio de adquisición o al coste de producción que recoge la ley (art. 15.1). Tal valor es el componente fundamental del valor contable, como ya se ha dicho, por lo que, salvo en el caso de que proceda aplicar las correcciones de valor —amortizaciones y provisiones— que hemos estudiado, dicho valor de adquisición, o el valor contable derivado de él, es lo que debe compararse con el importe que se haya obtenido por la transmisión del correspondiente elemento. Ello quiere decir que sólo cuando se ponga de manifiesto una diferencia respecto a dicho valor, es cuando procede computar algún resultado como tal resultado extraordinario.

Hemos indicado que es preciso que se ponga de manifiesto una diferencia de valor, y también que ello está conectado con la existencia de una transmisión. En la práctica, la generalidad de las operaciones que dan lugar a una diferencia de valor con repercusión en el impuesto puede calificarse de transmisión, sin perjuicio de que en algún caso el título jurídico no encaje exactamente en dicha calificación; esto es lo que se deduce del conjunto de operaciones específicas que regula el artículo 15, y es también la expresión que utiliza la LIS (art. 15.11) cuando regula la deflactación de las plusvalías «obtenidas en la transmisión de elementos patrimoniales del inmovilizado». Así pues, para hablar de resultados extraordinarios es preciso que concurran las circunstancias de que se altere el valor de un elemento respecto a su valor contable y, en segundo lugar, que dicha modificación del valor se ponga de manifiesto mediante una transmisión.

A esta misma conclusión se llega también indirectamente, mediante la interpretación de las reglas (art. 15.1, pfo. 2.º) que prohíben integrar en la base imponible plusvalías contables. La LIS impide que el mero lucimiento en cuentas de un mayor valor tenga repercusión en el impuesto, lo que quiere decir que se someten a gravamen exclusivamente los incrementos de valor ya generados que se pongan de manifiesto por actos de disposición de la sociedad. Lo mismo ocurre en el caso de las minusvalías: la pérdida de valor de los elementos del activo, o se toma en consideración a través de las correcciones de valor que hemos visto como consecuencia de su depreciación efectiva (amortizaciones y provisiones), o se pone de manifiesto mediante una transmisión, o, por último, se originan por riesgos o acontecimientos extraordinarios que producen su pérdida o deterioro.

En cambio, determinadas operaciones que se especifican en la LIS (art. 15.2) pueden dar lugar a una diferencia de valor incluso en el supuesto de que realmente dicha diferencia no haya tenido lugar. Esto ocurre porque la ley remite la valoración de dichas operaciones al criterio del valor normal de mercado, con lo cual, aunque una transmisión no haya originado efectivamente ninguna diferencia de valor, puede surgir ésta al valorarse la operación al precio de mercado.

Es distinto el caso de la especificación de derechos por disolución de comunidades de bienes o por separación de comuneros, en cuyo supuesto no puede hablarse de transmisión y, por consiguiente, tampoco de resultado extraordinario; puede plantear problemas, en este sentido, el hecho de que al especificarse el derecho se modifique la valoración contable del correspondiente elemento, ya que debería considerase que, al no haber habido transmisión, sigue estando prohibida la alteración del valor contable. Sin embargo esta hipótesis, al contrario que sucedía en la regulación anterior, no está regulado por la LIS.

Sí se regula la posibilidad de que las transmisiones lucrativas originen resultados para la entidad adquirente, ya que las sociedades no están sujetas al IS y D, y para la transmitente, por la diferencia existente entre el valor del bien o derecho en el momento de la transmisión respecto al que tuviera en el momento en que se adquirió. También es necesario tomar en consideración que algunas de estas donaciones efectuadas en favor de entidades concretas no originan este tipo de resultados por expresa disposición legal (art. 14.2 *in fine*). Esto mismo se produce, aunque la transmisión no es aquí lucrativa, cuando la diferencia de valor se manifiesta en el pago en especie del propio IS mediante la entrega de bienes integrantes del Patrimonio Histórico [8]. En todo caso, veremos más adelante (§ 132) que la forma de considerar contablemente las donaciones ha originado algunas dificultades de interpretación que han exigido incluso una modificación legislativa en este terreno.

[8] DA 10.ª de la Ley 30/1994, de 24 de noviembre (BOE de 25 de noviembre).

La LIS, sin embargo, es en toda esta regulación no sólo demasiado lacónica, sino que también incurre en defectos de sistemática, ya que, junto a una mayoría de supuestos que se refieren a operaciones que dan lugar a resultados extraordinarios, regula casos, como el ya visto (§ 120) de la distribución de dividendos en especie, cuya legalidad es dudosa, que en todo caso originarán resultados ordinarios y que, por añadidura, tendrían un mejor encaje entre las operaciones vinculadas, a las que también se aplican valores de mercado.

A pesar de que la LIS rechaza con carácter general (art. 15.1) y con reiteración (art. 141) la posibilidad de las revalorizaciones contables, no deja de admitir la posibilidad de que se lleven a cabo en virtud de normas específicas. Esto es lo que se estableció en 1996 (RD-L 7/1996 y RD 2607/1996) para actualizar el valor de todos los elementos del inmovilizado material de sociedades residentes y de establecimientos permanentes en nuestro país. Tales revalorizaciones deben practicarse en el primer balance que se cierre con posterioridad a la entrada en vigor de la disposición y su importe ha de llevarse a una reserva especial cuya cuantía total se gravará a un tipo del 3 por 100 por un impuesto específico regulado a esos efectos (art. 5.5 del RD-L 7/1996 y DA 10.ª de la Ley 10/996).

Debe advertirse, por último, que la nueva ley no especifica con claridad los efectos del supuesto al que se refiere la LITP y AJD (art. 14.7), cuando la diferencia entre el valor comprobado por la Administración y el declarado por las partes exceda del 20 por 100 de éste y sea superior a dos millones de pesetas. Este precepto ordena que tal diferencia se trate como «incremento de patrimonio» a título lucrativo, tanto para el transmitente como para el adquirente. La LIS sólo señala (DD 2.18) que tal norma sigue vigente, pero no repara en que el propio concepto de «incremento de patrimonio» resulta ya relativamente ajeno al IS.

131. Reglas generales de determinación de los resultados extraordinarios

La determinación del importe de las plusvalías o minusvalías que originen las operaciones extraordinarias de la sociedad es por sí misma muy sencilla: bastaría comparar el valor contable del respectivo elemento patrimonial enajenado con el importe obtenido por su transmisión, siendo la diferencia la cuantía imputable a resultados. Pero la LIS regula este asunto con mayor complejidad.

Son varias las razones por las que la ley contempla la determinación de este tipo de resultados de un modo más complejo. La primera y fundamental es que la LIS se propone gravar exclusivamente la plusvalía real, descontando de la diferencia nominal obtenida la parte que corresponde a la pérdida de poder adquisitivo del dinero, es decir, la parte achacable a la inflación. Como se sabe, los bienes y derechos aumentan de valor, entre otras causas, como consecuencia de que la unidad monetaria con que se mide dicho valor pierde poder adquisitivo, por lo que, con el paso del tiempo, se precisa un número mayor de unidades monetarias para expresarlo. La ley pretende, pues, gravar exclusivamente la plusvalía real, descontando de la nominal el efecto de la inflación. Pero, además, pretende tomar en consideración este hecho distinguiendo si la sociedad es la que ha soportado efectivamente la inflación, porque financió la adquisición de los bienes con recursos propios, del caso en que la entidad no la soportó realmente porque, al adquirir los bienes con financiación ajena, es el prestamista el que soportó sus efectos y no el prestatario, quien se vio favorecido por ella a estos efectos.

Hay que tener en cuenta, sin embargo, que estas reglas no se aplican a todas las transmisiones que pongan de manifiesto una diferencia de valor, sino sólo a aquellas que originen, como dice la LIS, «rentas positivas». Ello supone que la pérdida de poder adquisitivo del dinero no se toma para nada en consideración en el caso de las minusvalías, lo cual no tiene mucha justificación y podría haberse hecho si el método de descontar la inflación se hubiese basado, en vez de en actualizar el valor de adquisición, en deflactar el de enajenación; hay que decir, no obstante, que tampoco este sistema hubiera estado exento de dificultades.

En todo caso, la LIS no deja completamente claro cuáles son las transmisiones a las que se aplica este descuento de la depreciación monetaria. Parecería lógico pensar que sólo se aplica a aquellas transmisiones cuyo contravalor está expresado directamente en dinero porque se trate de un precio; es decir, la depreciación monetaria se aplica sólo a las transmisiones consistentes en compraventas en sentido técnico. Esto dejaría fuera, por ejemplo, el caso de las permutas, y también los demás supuestos previstos en el artículo 15 en los que hay transmisión, pero no hay una contraprestación que pueda calificarse de precio, sino que dicha contraprestación debe ser sujeta a valoración.

La ley sigue diciendo (art. 15.11) que la depreciación monetaria se tomará en consideración «hasta el límite de... (las) rentas positivas», con lo cual se está fijando un nuevo límite que consiste en que la deflactación de la plusvalía se produce hasta donde llegue su importe, sin que el tomarla en cuenta pueda dar lugar a una minusvalía. No es preciso insistir en las discriminaciones que estas limitaciones pueden originar, tanto respecto a la determinación de los resultados extraordinarios de una misma entidad, como en relación a los de dos sociedades distintas.

El origen de estas posibles discriminaciones está en el modo en que la LIS ha decidido considerar los efectos de la inflación. Para ello, lo que se hace es multiplicar los factores determinantes del valor neto contable del elemento de que se trate (precio de adquisición y amortizaciones) por los coeficientes que se establezcan en las leyes de presupuestos; estos índices se basan en los coeficientes oficiales de depreciación monetaria que se han venido utilizando desde el año 1982, y que van desde el 1,810, para los bienes adquiridos antes de 1984, hasta el 1,000 para los adquiridos en 1996 (LIS DA 9.ª.2). Lógicamente, al multiplicar por más de la unidad el precio de adquisición de un bien o la cuantía de las cuotas de amortización, se incrementa su importe hasta una medida en que se supone equivalente a la expresión de su valor en la moneda actual. De la misma forma se actualizan los restantes factores que configuran el valor contable de un elemento, sean las mejoras, según el coeficiente que corresponda al año en que se efectuaron, sean las amortizaciones, de acuerdo con el coeficiente del año en que se dotó cada cuota.

La diferencia resultante de restar a dicho valor actualizado el valor contable del bien es lo que llama la LIS **depreciación monetaria**. Así, por ejemplo, si una entidad adquirió un bien en 1990 por 2.000.000 de pesetas, lo vende en un millón a fines de 1997, y lo ha venido amortizando al 10 por 100 anual hasta el 31 de diciembre de 1997, siendo los coeficientes de actualización aplicables (art. 57 de la Ley 12/1996):

Año	Amortización	Coeficiente	Actualizac.
1990	200.000	1,222	244.400
1991	200.000	1,181	236.200
1992	200.000	1,154	230.800
1993	200.000	1,140	228.000
1994	200.000	1,119	223.800
1995	200.000	1,074	214.800
1996	200.000	1,023	204.600
1997	200.000	1,000	200.000
	1.600.000		1.782.600

su valor contable será de 400.000 pesetas; pero restando al valor de adquisición actualizado (2.000.000 × 1,222 = **2.444.000**), la suma de las cuotas de amortización actualizadas (**1.782.600**), se obtiene el valor actualizado del bien (2.444.000 – 1.782.600 = **661.400**), del que deduciendo el valor neto contable (661.400 – 400.000 = **261.400**), resulta la que se considera por la ley **depreciación monetaria.**

Todavía no es ésa la cantidad que se deduce de la plusvalía obtenida, porque tal depreciación monetaria debe ser ponderada, a su vez, por el coeficiente que resulte de poner en relación los fondos propios de la entidad con su pasivo, minorado éste en aquellos componentes del activo que sufren también los efectos de la inflación. De esta forma, si la sociedad a la que nos referíamos, tiene en capital y reservas 16.000.000 de pesetas, y un pasivo total, incluyendo esos fondos propios, de 65.000.000, con la circunstancia de que tiene créditos a corto plazo contra terceros (Deudores = = 10.000.000 pesetas) y tiene tesorería (Caja y Bancos = 5.000.000), resultará que su coeficiente es igual a **0,32**:

$$\frac{16.000.000}{65.000.000 - [10.000.000 + 5.000.000]}$$

Como la plusvalía obtenida ha sido de 600.000 (Valor de enajenación menos valor neto contable, es decir, 1.000.000 – 400.000 = 600.000), podrá deducir la depreciación monetaria ponderada por el coeficiente que antes se determinó (261.400 × 0,32 = **83.648**) de la plusvalía obtenida

(600.000 – 83.648 = 516.352), obteniendo la cantidad que se somete a gravamen.

En cambio, si el coeficiente resultante de relacionar los fondos propios con el pasivo es superior a 0,40, la plusvalía se hubiera reducido en la totalidad de la depreciación monetaria, porque en tal caso la LIS entiende que dicha depreciación ha sido soportada en su parte más significativa por la propia sociedad. Así ocurriría si, por ejemplo, el capital y las reservas de aquella entidad hubieran importado 30.000.000, con lo que su coeficiente de ponderación de la depreciación monetaria hubiera sido de 0,60:

$$\frac{30.000.000}{65.000.000 - [10.000.000 + 15.000.000]}$$

Hay que indicar que el establecimiento de este límite, en cuya virtud se ponderan las depreciaciones monetarias cuando la relación entre los fondos propios y el pasivo total es superior a 0,40, significa que el coeficiente de ponderación de la plusvalía sólo se aplica en los casos más llamativos de utilización de fondos ajenos para financiar la adquisición de elementos del activo, y que, cuando la relación entre los fondos propios y las deudas de la entidad está dentro de lo normal, no se precisa la aplicación de dicho coeficiente reductor. No debe ocultarse, sin embargo, que este límite puede dar lugar a nuevas discriminaciones difícilmente justificables.

Para tener en cuenta las magnitudes de las que se deduce el coeficiente (fondos propios, pasivo, etc.) la LIS se remite a las que existieran durante el tiempo de tenencia del elemento patrimonial o en los cinco ejercicios anteriores, a opción del sujeto, si este último plazo fuera menor. Pero la ley no aclara cuál es la forma de hallar tales magnitudes, debiendo suponerse que se refiere a estado medio durante el período considerado. Igualmente, pueden plantearse problemas respecto a las cuentas que deben de considerarse en cada caso, por ejemplo, para determinar los fondos propios, o el pasivo total, etc.

Todavía debe tenerse en cuenta que en el caso de que se obtenga una plusvalía, ésta puede no incluirse en el correspondiente ejercicio entre los resultados gravables porque se haya producido su reinversión (art. 21), con los efectos que posteriormente veremos (§ 136). En este sentido, también es conveniente apuntar la situación de las **entidades de tenencia de valores en el extranjero,** a cuyo respecto la LIS establece (art. 130.2) que, cuando se cumplan las condiciones que fija el precepto, a las que aludimos anteriormente (§ 120), no se integrarán en su base imponible los resultados extraordinarios derivados de la transmisión de su participación en entidades no residentes.

Del mismo modo, puede ocurrir que se compensen los efectos de una pérdida derivada de la enajenación de un elemento del inmovilizado cuando se den las circunstancias que la ley recoge (art. 19.6, pfo. 2.º). En tal caso, si la entidad vuelve a adquirir los mismos elementos que dieron lugar a la pérdida dentro de los seis meses siguientes al momento de la transmisión, la LIS impone computar como ingreso el mismo importe. La razón de ser de la norma parece bastante evidente, tratándose de impedir que las enajenaciones se utilicen a efectos exclusivamente fiscales, para originar pérdidas que no responden al desarrollo efectivo de las operaciones de la compañía.

Después de fijar las reglas generales para determinar el importe de los resultados de carácter extraordinario que obtenga la compañía, la LIS regula un conjunto de casos especiales. La mayor parte de los casos regulados por la ley en este precepto (art. 15) tienen como nota común el que la operación se valora por el valor normal en el mercado de los correspondientes elementos patrimoniales, sin perjuicio de que no faltan casos en los que se establece otro criterio distinto. De todas formas, aunque es superfluo indicarlo, no debe olvidarse que las operaciones a que vamos a referirnos pueden tener también su contraprestación en dinero, lo cual no las excluye siempre de gravamen, sino que la LIS sólo se refiere a los casos en que se entregan bienes en especie, porque es en estos supuestos en los que hay que establecer un criterio concreto de valoración como el de mercado. Debe señalarse, además, que el valor normal de mercado se determina por la ley (art. 15.2 *in fine*), siguiendo los mismos criterios ya vistos (§ 113) que se establecen para las operaciones vinculadas (art. 16.3).

Como la valoración a precios de mercado de estas operaciones produce diferencias entre el valor que es objeto de contabilización y el que se tiene en cuenta a efectos de tributación, la LIS recoge también fórmulas para que las diferencias de valoración se tengan en cuenta y reviertan en el tiempo y forma que, como luego veremos (§ 138), impida tributar dos veces por un mismo resultado.

También debe tenerse presente que las operaciones a las que nos referimos suelen tener reflejo, tanto sobre la entidad que adquiere los respectivos elementos como sobre la que los transmite, lo cual no es una novedad, pero quizá hubiera merecido un mejor tratamiento sistemático en los correspondientes apartados de la norma.

132. Criterios especiales de valoración: en las transmisiones y adquisiciones lucrativas

La LIS regula en primer lugar como transmisiones que se valoran por su precio normal de mercado las de elementos «transmitidos o adquiridos a título lucrativo» [art. 15.2.*a)*]. Respecto a las **adquisiciones lucrativas** de elementos patrimoniales es lógico que la ley las someta a gravamen ya que, como se sabe, las personas jurídicas no están sometidas al IS y D, por lo que el propio IS asume la función de gravar directamente estos incrementos de patrimonio como parte de la renta de las entidades, al contrario de lo que sucede en el ámbito de las personas físicas, donde dicha función la cumple un impuesto específico. Es lógico también que se consideren, como se hace contablemente, un resultado extraordinario, ya que se trata de adquisiciones infrecuentes que caen fuera de la actividad típica de la empresa. La regla de valoración contable —por el valor venal— y la fiscal —por el valor de mercado— coinciden prácticamente en este caso, por lo que el importe a computar no ofrece muchas dudas.

Sin embargo, la redacción originaria de la ley, en la que se había incurrido en varias deficiencias técnicas, originó distintos problemas interpretativos que llevaron a algunos autores a pensar que las adquisiciones lucrativas no tributaban por el IS. Para aclarar la situación, el legislador se ha sentido obligado a reformar el contenido de este precepto (art. 15.3), añadiéndole los tres párrafos finales que se refieren, respectivamente, a la adquisición a título lucrativo, al momento de integrar en la base imponible los resultados extraordinarios cuya valoración se regula en este artículo, y a las subvenciones de capital.

Después de esta reforma, no cabe duda de que las adquisiciones gratuitas tributan en el IS. Y tampoco cabe duda de que su importe —por el valor de mercado— se integra en la base imponible en el momento en que tenga lugar la adquisición, como señala la LIS que ocurre, en general, para estas operaciones que originan resultados extraordinarios. Lo que sucede es que, entre la forma en que se toman fiscalmente en consideración estas operaciones y su tratamiento contable, hay diferencias. La fundamental es que, como acabamos de decir, fiscalmente la adquisición gratuita se integra en la base imponible en el momento en que se realice la operación, lo cual requiere hacer un ajuste extracontable positivo, ya que contablemente la adquisición se imputa, bien a medida que se vaya amortizando el bien adquirido, bien en el momento en que dicho bien se enajene. Con lo cual, al final de la permanencia de un bien adquirido gratuitamente por la sociedad, si se tratase, por ejemplo, de un bien no amortizable, tendríamos dos circunstancias claras: por un lado, la entidad hizo un ajuste extracontable positivo en el año de la adquisición, por cuyo importe tributó; por otro lado, al enajenar ahora dicho bien, imputará contablemente un resultado extraordinario por lo que reciba en la transmisión. De ello se deduce una posibilidad de doble tributación que no se puede sostener; por eso, la LIS (art. 18) establece un mecanismo de reversión de las plusvalías derivadas de la valoración a precios de mercado de estas y otras operaciones que veremos en su momento (§ 138).

La LIS, además, señala que estas reglas no juegan a efectos de subvenciones, las cuales seguirán los criterios contables, es decir, cuando se trate de subvenciones de capital, la subvención se irá imputando como ingreso a medida que se amorticen los elementos del inmovilizado adquiridos con cargo a ella, con lo cual, en realidad no se tributa, ya que el cómputo como ingreso coincide con el cómputo de un gasto —la amortización— por el mismo importe. Esta solución es lógica, ya que, de otro modo, se obligaría tributar por cantidades que la misma u otra Administración han otorgado a la empresa por la circunstancia que sea.

Pero las transmisiones lucrativas no sólo originan resultados para la entidad adquirente. La que efectúa la transmisión puede igualmente experimentar por ese hecho una diferencia de valor, y en tal caso habrá que computar esa renta en la base imponible. Este será el caso más frecuente, ya que la ley establece para estos supuestos también la regla de valoración según el mercado, con el cual diferirá el valor contable que anteriormente tuviera el elemento transmitido. Esto es lo que establece la regla para calcular el importe de la plusvalía en estos casos (art. 15.3), según la cual se integrará en la base imponible «la diferencia entre el valor normal de mercado de los elementos transmitidos y su valor contable».

133. (sigue) En las operaciones societarias: a efectos de la sociedad transmitente

Aunque la LIS regula un amplio conjunto de operaciones societarias, y aunque no adopta esta sistemática para diferenciar el resultado que corresponde a la sociedad que entrega los elementos patrimoniales que se computan por el valor de mercado y el resultado que corresponde a la que los recibe, parece más claro intentar esta clasificación, ya que una misma operación, como hemos visto en el caso de las transmisiones lucrativas, puede repercutir, tanto en la sociedad que recibe los bienes como en la que los enajena, siendo suficiente para ello que la transmisión ponga de manifiesto una diferencia de valor respecto al valor contable que tuvieran anteriormente tales elementos o los que se entregaron a cambio de los recibidos; éste será, además, el caso normal desde el momento en que el criterio de valoración es, como ya se ha repetido, el de mercado.

Las primeras operaciones de este tipo que regula la LIS son las **aportaciones en especie**. Según la ley [art. 15.2.*b)* y 3], en estos casos se computarán por su valor de mercado, en primer lugar, los elementos patrimoniales aportados, integrando en la base la diferencia entre el valor contable de lo aportado y su valor de mercado, y, en segundo lugar, los títulos recibidos, computando también en la base la diferencia entre su valor contable y su valor de mercado; esta última diferencia se produce porque, según las disposiciones contables [9], los títulos recibidos deben valorarse por el mismo valor contable que tuvieran los bienes aportados, con lo cual, al valorar a efectos fiscales esos títulos por su valor de mercado, existirá una diferencia entre este valor y el contable, y tal diferencia es la que, según la LIS, debe integrarse en la base. Debe tenerse en cuenta, por último, que la propia LIS contiene un régimen excepcional para este tipo de aportaciones (art. 108), en cuya virtud, siempre que se cumplan las exigencias de dicho precepto, puede que ni los bienes aportados, ni las participaciones recibidas, den lugar a ningún resultado gravable, o que se graven sólo parcialmente en función de que se cumplan algunas de las condiciones que la ley contempla (arts. 98 y 100).

Después se refiere la ley [art. 15.2.*c)*] a los casos de **disolución, separación de socios, reducción del capital, reparto de la prima de emisión** y **distribución de dividendos**. No es preciso señalar que, desde el punto de vista mercantil, estas operaciones son de muy distinta naturaleza e, incluso, alguna es de dudosa legalidad, como la distribución de dividendos en especie; algunas de ellas, además, como la distribución de dividendos o el reparto de la prima de emisión, si se realizan en numerario, son operaciones fiscalmente inocuas para la sociedad que las efectúa. En todo caso,

---

[9] Resolución del ICAC de 27 de julio de 1992 (BOE de 4 de noviembre).

si constituyen transmisiones de elementos del patrimonio de la sociedad en la que estaban, pueden ponerse de manifiesto diferencias entre el valor por el que estuvieran contabilizados los bienes y el que les corresponda en el mercado. Tal diferencia es la que debe integrarse en la base imponible. Hay, finalmente, que indicar que, si alguna de estas operaciones no produce ninguna transmisión, porque no se entrega nada a los socios, no hay valores que comparar y, por consiguiente, no se produce ningún resultado.

Luego regula la LIS [art. 15.2.*d)*] los supuestos en que la transmisión tenga su origen en operaciones de **fusión, absorción** y **escisión** total o parcial. La misma regla ya conocida es la que se aplica en estos casos, por tanto, las entidades que transmiten bienes a otra u otras (las que se fusionan transmiten a la nueva sociedad, la absorbida a la absorbente, la escindida a las que reciben su patrimonio) deberán integrar en su base la diferencia entre el valor contable de los bienes y el que tuvieran en el mercado; para este régimen no es obstáculo el hecho de que la sociedad que realice la operación se extinga como consecuencia de la misma ya que, como veremos (§ 137), la propia extinción es uno de los supuestos de conclusión del período impositivo [art. 24.2.*a)*] con el correspondiente devengo (art. 25).

No obstante lo anterior, para estas operaciones está también previsto en la ley (arts. 97 y ss.) un régimen específico como consecuencia de la armonización de la normativa de los países de la UE en esta materia (*vid.* § 102). Este régimen afecta a las operaciones de **fusión, escisión, aportaciones de ramas de actividad** y **canje de valores**. Las transmisiones que se originen por las anteriores operaciones no tendrán repercusión en la base imponible cuando afecten a bienes y derechos de entidades residentes en España que, o bien están situados en nuestro país, o bien estaban afectos a establecimientos permanentes situados fuera de la UE y se afectan a entidades residentes en nuestro territorio, o bien se transfieren de un establecimiento permanente en la UE a una residente en el mismo territorio, o bien, por último, se afectan a un establecimiento permanente en nuestro país por una entidad no residente. También como consecuencia de este régimen, pueden quedar excluidas de gravamen las demás diferencias de valor que se pongan de manifiesto en estas operaciones siempre que se respete, como principio general, la regla de que los mencionados bienes ingresan en los activos de las entidades o sociedades que los reciban con el mismo valor contable que tuvieran en la entidad de origen. Esto determina, además, la posibilidad de que la entidad a la que se destinan dichos elementos patrimoniales se subrogue en los derechos y obligaciones derivados de los mismos para la entidad transmitente (art. 104) a efectos, por ejemplo, de los incentivos fiscales o de la compensación de pérdidas.

134. (sigue) En las operaciones societarias: a efectos de la sociedad adquirente

Los primeros supuestos que contempla la LIS a estos efectos son los de la **permuta** y el **canje o conversión** de títulos [art. 15.2. *e)* y *f)*]. Respecto a la permuta, debe decirse que la diferencia de valor tiene en este caso su origen igualmente en la normativa contable [10], ya que el bien recibido se valorará por el mismo valor contable que tuviera el entregado, mientras que fiscalmente el bien recibido se computará por su valor de mercado; no hay que decir, porque ya se ha visto, que esta circunstancia afecta a las dos entidades que participan en la operación. El canje se hace respecto a títulos de la misma naturaleza (acciones por acciones), mientras que la conversión implica variar la naturaleza del título (obligaciones por acciones). En ambos casos la ley señala (art. 15.3) que se comparará el valor de mercado de los elementos recibidos con el contable de los entregados. Debe, finalmente, recordarse respecto a las operaciones de canje, que pueden estar afectadas por las disposiciones armonizadas a las que antes nos hemos referido con ocasión del régimen de las fusiones y escisiones.

A continuación, la ley regula una serie de casos cuya otra vertiente ya se ha visto en el epígrafe anterior. Así, en primer lugar se menciona el caso de la **devolución de aportaciones** que se efectúe al socio como consecuencia de las operaciones de reducción del capital (art. 15.4). En este caso, la entidad socia recibe bienes cuyo valor de mercado debe compararse con el valor contable de la participación que se anula total o parcialmente, considerándose la diferencia un resultado que debe integrarse en la base imponible. De la misma manera se regula el caso de que la entidad distribuya la **prima de emisión**. Como es sabido, esta prima origina una reserva que se constituye en los supuestos de ampliación de capital, con el fin de que los nuevos socios aporten no sólo el importe nominal del capital, sino también la cuantía correspondiente a las reservas ya constituidas de la sociedad en el momento de la ampliación. La distribución de aquella reserva originará normalmente la reducción del valor contable de la participación pero, si se devuelve con exceso sobre este valor, la diferencia debe llevarse a resultados.

Las mismas reglas se aplican en los casos de **disolución de sociedades** y de **separación de socios**. La diferencia entre el valor contable de la participación que se amortiza y el valor de mercado de los bienes recibidos a cambio debe integrarse en la base imponible. Debe indicarse que, sobre alguno de estos casos, como el de la separación de socios, la LIS ha tomado partido por una solución lógica: gravar tanto la posible plusvalía de la sociedad emisora de los títulos cuando entrega bienes cuyo valor es mayor que el valor contable, como la del socio, por recibir bienes que tienen más valor que su participación. Esta duplicidad ha sido objeto de un largo debate doctrinal y ha originado incluso resoluciones administrativas contradictorias [11]. Sin embargo, la solución adoptada parece la más razonable, porque su contraria adolece de cierta debilidad de argumentación. En efecto, es insostenible que la sociedad de la que se separa un socio no puede experimentar por ello una alteración patrimonial porque ya antes era titular del mayor valor que se especifica ahora en la cuota de separación, ya que esto mismo ocurre en todas las operaciones que originan el gravamen de las plusvalías: el transmitente siempre es titular también del mayor valor que hayan podido alcanzar los bienes o derechos transmitidos. Tampoco

---

[10] Resolución del ICAC de 30 de julio de 1991.

[11] TEAC 21-4-1971 y 22-9-1979.

parece sostenible la idea de que a la sociedad emisora de los títulos no se le puede gravar porque efectúa una operación por la que no percibe ninguna contraprestación, ya que esta argumentación olvida que la existencia de contraprestación no está exigida en ninguno de los preceptos que regulan los resultados extraordinarios, los cuales se gravan por existir una alteración en la composición del patrimonio, aunque sea mediante un negocio gratuito, que pone de manifiesto una diferencia en el valor de los correspondientes bienes.

También se rigen por el mismo sistema los supuestos de **fusión, absorción** y **escisión,** sin olvidar lo que ya se dijo sobre el régimen armonizado de estas operaciones cuando cumplan los requisitos legales (arts. 97 y ss.).

135. (sigue) Otras operaciones con títulos de participación

Entre las demás operaciones, la LIS se refiere a algunas que no dan lugar a ninguna diferencia de valor, por lo cual su regulación debe considerarse meramente aclaratoria, sobre todo respecto al régimen que se aplicaba en el antiguo impuesto. Este es el caso de la adquisición y la amortización de **acciones de la propia sociedad**. La LSA (arts. 75 y 76) regula muy restrictivamente la adquisición por la sociedad de sus propias acciones. La LIS (art. 15.10) indica que este caso no producirá para la sociedad adquirente rentas positivas ni negativas, ya que se valorarán por su precio de adquisición sin arrojar ninguna diferencia; la adquisición obliga, bien a su pronta enajenación (LSA art. 78), en cuyo caso sí pueden existir diferencias de valor que habrá que computar, bien a su amortización (LSA art. 76.1), lo que supone la reducción del capital, la cual, al no haber devolución de aportaciones, es indiferente a efectos fiscales.

Igualmente indiferente a estos efectos es la reducción del capital con otro fin distinto a la devolución de aportaciones; para enjugar pérdidas, por ejemplo.

Otro supuesto es el de los **títulos de sociedades transparentes**. En este caso, como los socios ya han venido tributando por los beneficios que hayan sido objeto de imputación en su base imponible, han tributado efectivamente por la parte de esos beneficios que no se haya distribuido. Esas reservas de la entidad transparente harán subir el precio de enajenación de sus acciones, por lo cual, si no se suman al precio de adquisición, se gravarían doblemente: una vez en la imputación de la renta al socio y, otra, al considerarlas parte del incremento de valor de los títulos que aquél transmite; por eso la ley ordena que, en este caso, el valor de adquisición se incrementará en el importe de dichos beneficios ya imputados. La LIS establece también un mínimo para la fijación del valor de enajenación en el caso de las acciones de sociedades de mera tenencia de bienes; dicho importe equivale al resultado de distribuir el neto patrimonial de la sociedad, según balance, entre el número de sus acciones, con la especialidad de que, a la hora de computar los inmuebles, éstos se valorarán por las reglas del Impuesto sobre el Patrimonio o por su valor de mercado, si fuese inferior.

Por último, también puede originar resultados de este tipo la enajenación de **derechos de suscripción** preferente. A estos efectos, hay que tener en cuenta que contablemente el importe de tales derechos enajenados o ejercidos debe ser deducido del valor contable de los títulos a los que correspondan. La razón estriba en que, al constituir cada acción un conjunto de derechos, entre los que se cuenta el de suscripción, del valor del conjunto hay que deducir el valor del derecho que, por aquellas circunstancias, se extingue. El cálculo del valor del derecho, como parte del valor de la acción, se efectúa de ordinario mediante la comparación del valor del título antes y después de la ampliación. Dicho cálculo puede ilustrarse con el siguiente ejemplo:

> Una sociedad **[A]** tiene 10.000 acciones cuyo valor neto contable es de 13.000.000 de pesetas.
>
> La entidad emisora de las acciones **[B]** amplía capital, ofreciendo a los accionistas una acción nueva por cada cinco antiguas, al precio de 1.000 ptas.
>
> El coste por título antes de la ampliación es: **1.300** = (13.000.000 / 10.000 = 1.300); mientras que el coste por título después de la ampliación sería para **[A]**:
>
> $$\mathbf{1.250} = \left[\frac{(1.300 \times 5) + 1.000}{6} \right]$$
>
> La diferencia: 1.300 – 1.250 = 50 es el importe que, en el valor neto contable de cada título, representaba el coste de adquisición del derecho de suscripción, el cual debe deducirse del valor contable de cada acción.

Si en algún momento, se obtiene por la enajenación de los derechos un importe superior al valor contable de los títulos, la diferencia debe considerarse entre los resultados extraordinarios.

136. Tratamiento de los beneficios extraordinarios en caso de reinversión

La LIS contempla (art. 21) la exclusión de la base imponible de ciertos resultados extraordinarios; este régimen constituye más que una desgravación, un mero aplazamiento del impuesto, pues todo cuanto no se integra en la base en un determinado período impositivo, se computa en los ejercicios posteriores.

La ley señala asimismo que se trata de rentas «obtenidas en la transmisión onerosa de elementos patrimoniales». Esta expresión plantea nuevamente el problema de si la LIS se está refiriendo exclusivamente a la compraventa o, en cambio, alude a todas las transmisiones con contraprestación. La cuestión podría quedar aclarada con la referencia que hace la ley a la corrección de la plusvalía por la «depreciación monetaria», y la posterior alusión a la reinversión del «importe de las citadas transmisiones», lo que puede interpretarse como el precio de las mismas. Pero hay que reconocer, a la vista de que el propio ámbito de la corrección de la inflación no estaba claro (*vid.* § 131), y a la luz de lo que ocurría en la interpretación administrativa [12] de la normativa anterior, y a la del criterio hermenéutico de *ubi lex non distinguit, nec nos distinguere debemus,* que es posible defender la inclusión en el presupuesto normativo de otras transmisiones distintas de la compraventa.

Tampoco queda claro si, para tener derecho a este aplazamiento del impuesto, es preciso reinvertir la totalidad del importe o es posible la reinversión de parte del mismo, con la consiguiente aplicación del beneficio sólo a la proporción en que se haya dado la reinversión. El RIS (art. 33) aclara esta situación admitiendo la reinversión parcial.

Los elementos transmitidos deben ser o del inmovilizado, material o inmaterial, o inmovilizaciones financieras consistentes en participaciones en el capital de otras entidades que representen, al menos, un 5 por 100 de su capital y que se hayan detentado, como mínimo, con un año de antelación a la fecha de la transmisión. La propia normativa contable nos suministra un criterio bastante claro respecto a lo que deba entenderse por elementos del inmovilizado material (terrenos, construcciones, maquinaria, mobiliario, etcétera) o inmaterial (propiedad industrial, fondo de comercio, proyectos de I + D, etc.). Por otro lado, la amplitud con la que la LIS contempla la naturaleza de dichas participaciones permite pensar que se refiere no sólo a acciones o títulos semejantes representativos del capital de sociedades mercantiles, sino también a todos aquellos supuestos en que, de una u otra forma, se participa en entidades, tengan personalidad jurídica (sociedades civiles, por ejemplo) o no (comunidades de bienes).

La naturaleza de los elementos en que se materialice la reinversión puede ser la de cualquiera de los elementos a los que antes nos hemos referido, sean del inmovilizado o participaciones financieras.

Pero la regulación más detallada de la LIS a este respecto se refiere a las relaciones temporales entre la transmisión, la reinversión y el cómputo en la base imponible de los resultados de este régimen. La reinversión tiene un juego de cuatro años, uno antes de la enajenación, entendiendo por tal el momento en que se entregan o pongan a disposición los bienes transmitidos, en el caso de reinversión anticipada, y tres después de la transmisión. Como momento de la reinversión se establece aquel en que tenga lugar igualmente la entrega o la puesta a disposición de los bienes adquiridos. Es posible también formular Planes de reinversión que requieren la aprobación de la Administración (art. 37 del RIS).

El importe de la renta no computada se integrará por partes iguales en la base imponible de los períodos impositivos que concluyan en los siete

[12] DGT 17-1-1981.

años siguientes a la fecha en que terminó el plazo de tres años que la ley contempla para efectuar la reinversión, salvo en el caso de que se hayan adquirido bienes amortizables; en este supuesto, el sujeto pasivo puede optar por computar dicha renta en los períodos impositivos en los que se amorticen los bienes adquiridos. Estos bienes deben permanecer en el activo de la compañía hasta que finalice el plazo de los siete años o, en el caso de los bienes amortizables con vida útil inferior a siete años y en el que, además, se hubiera optado por el régimen alternativo, hasta que concluya dicho plazo de vida útil. La desinversión antes de tiempo origina la integración en la base imponible de todo el resto pendiente de computar, salvo que se produzca una nueva reinversión.

En todo caso, si la reinversión no se llega a producir en su término, la entidad debe ingresar la parte de cuota íntegra correspondiente a la renta excluida en su día de la base y los correspondientes intereses de demora; dicho ingreso se producirá conjuntamente con la cuota del primer período impositivo que termine después de los tres años siguientes a la transmisión de los bienes.

En el caso de las empresas de reducida dimensión, la LIS (art. 127) regula no el aplazamiento de la tributación de los beneficios extraordinarios, sino su misma exención, siempre que el importe de las citadas rentas no supere cincuenta millones de pesetas —al exceso puede aplicarse el régimen antes expuesto—, procedan de la transmisión de elementos del inmovilizado material y se efectúe la reinversión del importe total obtenido en bienes del inmovilizado material afectos a la explotación económica. El plazo para reinvertir es el mismo que se vio anteriormente.

4.° EL PERIODO IMPOSITIVO

137. El período impositivo

La LIS establece (art. 24.1) que «el período impositivo coincidirá con el ejercicio económico de la Entidad», señalando a continuación que «el período impositivo no excederá de doce meses» (art. 24.3). Estas reglas están, pues, en consonancia con lo dispuesto por la legislación mercantil (art. 34.1 C. de c.) en relación con el deber de los empresarios de formular, al cierre del ejercicio, las cuentas anuales de la empresa. No hay necesidad de que el ejercicio coincida con el año natural (aunque, en defecto de disposición estatutaria, la LSA establece su terminación el día 31 de diciembre de cada año), siendo relativamente frecuente la práctica de los denominados ejercicios «a caballo» entre dos años naturales siempre que, como se ha dicho, no tengan una duración superior a doce meses. Una vez definido con carácter general el período impositivo, la ley establece que «el Impuesto se devengará el último día del período impositivo» (art. 25); así pues, el devengo clausura el período impositivo dando lugar, a continuación, a otro distinto.

Pero, junto al período impositivo de duración normal, la LIS se refiere (art. 24.2) a la conclusión anticipada, sin que transcurran doce meses, del período impositivo, originando, por tanto, un devengo también anticipado del impuesto. A este respecto contempla dos casos de estos devengos anticipados, sin perjuicio de que la ley se refiera después también a los devengos anticipados en la obligación real de contribuir, sobre todo en lo que afecta a los establecimientos permanentes, a cuyo régimen nos referiremos en su momento (§ 156).

De los dos supuestos de devengo anticipado del IS, uno —la extinción de la sociedad— es de origen claramente mercantil, mientras que el otro —el cambio de una sociedad residente en España al extranjero— es de exclusiva procedencia tributaria, que es la ley que determina la distinción entre las sociedades residentes y las que no lo son.

El supuesto del cambio de residencia es, en cierta medida, reiterativo respecto al de extinción, pues el que una sociedad deje de residir en España tendrá como causa, bien su extinción de derecho, con el cumplimiento de todas la exigencias legales que sean del caso, o bien su mera inactividad de hecho, en cuyo caso la comprobación de que la misma entidad inicia su actividad en el extranjero presentará muchas dificultades. Esta hipótesis sólo tiene justificación si se considera la posibilidad de que la entidad siga desarrollando alguna actividad con trascendencia tributaria en nuestro país, pasando de estar sujeta como residente por la obligación personal, a estarlo como no residente por la obligación real (*vid.* §§ 103 y 104).

La extinción de la sociedad equivale a su disolución, la cual está regulada por la LSA (art. 260), que recoge la serie de actos que dan lugar a la disolución. Entre ellos, hay varios casos en los cuales la extinción depende de la propia voluntad de la entidad, ya directamente (acuerdo expreso, cumplimiento del término estatutario o del objeto social, etc.), ya indirectamente (fusión y escisión); otros son casos en los que la extinción es la consecuencia de diversas circunstancias que acarrean la disolución por prescripción legal (pérdidas con grave merma patrimonial, reducción del capital por debajo de los mínimos, quiebra con declaración judicial de disolución). Hay que tener en cuenta que la LSA (arts. 264 y 273.2) prevé además que, si el proceso se prolongase más del término previsto para la redacción de las cuentas anuales, los liquidadores están obligados a formalizarlas y publicarlas, lo cual reafirma el contenido del precepto tributario en cuya virtud el período impositivo en ningún caso excederá de doce meses; así pues, esta regla puede considerarse aplicable a todos los casos a los que se ha aludido, de manera que, si las operaciones a las que se refieren tuvieran una duración superior al año, se producirán tantos devengos como períodos de doce meses transcurran.

138. La imputación temporal de la renta: principios generales

Como señalamos anteriormente (§§ 107 y 108), el impuesto grava la renta de cada ejercicio separadamente. Puesto que la actividad de la entidad es temporalmente continua, debe precisarse cuáles son las partidas que pueden servir para determinar el resultado que se considera **obtenido** o producido en un período impositivo concreto. En este sentido, conviene aclarar que las normas en el IS, a efectos de calcular el importe del tributo debido, se ocupan exclusivamente de la obtención de la renta porque, al ser el impuesto proporcional, el plazo de **generación** de la misma, al contrario que en el IRPF, carece de influencia.

Según la LIS (art. 19.1), los ingresos y gastos se imputarán «al período en que se devenguen», lo cual es atribuirlos en función del criterio jurídico de la exigibilidad y con independencia del momento en que tengan lugar las operaciones «de caja», es decir, los cobros y pagos efectivos. Esta circunstancia la subraya la ley indicando que la imputación es independiente de la corriente monetaria o financiera y que debe atenderse a la «corriente real de bienes y servicios que los mismos (ingresos y gastos) representan». El criterio legal está, pues, en consonancia con los principios contables derivados del PGC. Por otro lado, a pesar de que la norma se refiere sólo a los ingresos y gastos, debe entenderse referida también a las operaciones que originan los resultados extraordinarios, atendiendo, en general, al momento en que se realiza la transmisión.

Como es sabido, la ley protege fuertemente la efectividad del principio de inscripción contable (*vid.* § 116). Pero no lleva hasta el final la aplicación de sus consecuencias, sino que, en cierta medida, dulcifica los efectos de la contabilización en un período distinto de aquel en que deban imputarse los ingresos o gastos. De todos modos, la falta de imputación contable de un gasto determina su no deducibilidad (art. 19.3). E, igualmente, si un ingreso o gasto ha sido contabilizado en un período distinto al que, según el criterio del devengo, corresponda, habrá que llevarlo al ejercicio pertinente, lo cual supone regularizar todos los ejercicios a los que afecten las imputaciones indebidas. Para evitar esta revisión en los casos en que de ello no deriven diferencias de tributación, la ley dispone (art. 19.3, pfo. 2.º) que, si un gasto ha sido contabilizado con posterioridad a su devengo o si un ingreso se ha computado con anterioridad, se respetará la imputación contable «siempre que de ello no derive una tributación inferior a la que hubiera correspondido» por haberse imputado correctamente.

Tampoco es inflexible la ley en el mantenimiento del principio del devengo con exclusividad, de tal manera que es posible la utilización de criterios alternativos, total o parcialmente, siempre que dichos criterios se sometan a la aprobación de la Administración (art. 19.2). En el polo opuesto del principio del devengo, cabe pensar en el principio de caja, de manera que la propuesta a la Administración se basará normalmente en la imputación según los movimientos de ingreso o gasto realmente verificados, sea para la totalidad de las operaciones, sea sólo para parte de ellas. Debe entenderse que la propuesta de adoptar un criterio alternativo al del devengo está relacionada con las circunstancias excepcionales a las que se refiere el C. de c. (art. 38.2) para excluir la aplicación de los principios que allí mismo se establecen.

Hay que añadir que, además de los problemas de imputación temporal de la renta, el propio impuesto genera una problemática específica cuando ordena que un cierto número de operaciones se compute por su valor de mercado y no por su valor contable. En estos casos, como ya se ha visto con las adquisiciones gratuitas, el juego del criterio fiscal distinto del contable puede originar consecuencias no queridas que, por añadidura, son absurdas. Para impedir estos efectos se redactó el artículo 18 de la LIS, que posteriormente ha sufrido alguna modificación poco trascendente, donde se regula la **reversión de los efectos** de la corrección al valor de mercado de determinadas operaciones.

Así, como vimos, la sociedad que, por ejemplo, herede un inmueble rústico, realizará en el ejercicio de su adquisición un ajuste extracontable positivo de 50.000.000 de pesetas, por los que tributará en el IS. Si cinco años después lo enajena, deberá imputar contablemente a resultados el precio que obtenga, supóngase que 60.000.000, los cuales tributarían en su totalidad si la LIS [art. 18.*b)*] no dijera que, en ese ejercicio, se integrará en la base imponible la diferencia entre el valor de adquisición, que no hubo por ser adquisición gratuita, y el valor normal en el mercado que se le dio en el ejercicio de la adquisición (0 – 50.000.000 = – 50.000.000), por lo que realmente la tributación se restringirá ahora sólo a la plusvalía que se hubiese generado en los años de permanencia del bien en la sociedad (60.000.000 – 50.000.000 = 10.000.000).

La regla se aplica no sólo en el caso de las adquisiciones gratuitas, sino a todos los supuestos en que la valoración se realiza fiscalmente a precios de mercado con diferencia de la manera en que se imputa contablemente la operación en el tiempo. Así, si se tratase de una operación vinculada en la que una sociedad adquiere, mediante la entrega de un solar cuyo valor en cuentas es de 10.000.000, un bien amortizable cuyo valor de mercado es de 15.000.000, la entidad deberá realizar en el período de la adquisición un ajuste positivo de 5.000.000 y contabilizar el bien adquirido por el valor que tuviera el solar entregado [13]. Si se aplicasen sólo las amortizaciones que corresponden contablemente, supongamos que un 10 por 100 anual, las cuotas de amortización serían sólo de 1.000.000, cuya suma en 10 años únicamente compensaría el valor contable del bien, pero no el valor por que efectivamente se ha tributado; por eso, la LIS [art. 18.*c)*] indica que a la diferencia entre ambos valores también se le aplica el criterio de amortización que se siga para ese elemento, con lo cual habrá una amortización contable anual de 1.000.000, pero otra a efectos tributarios de 1.500.000.

139. (sigue) Reglas especiales

La LIS recoge aquí las reglas especiales de imputación relativas a las operaciones a plazo (art. 19.4) y a las dotaciones para fondos internos con el fin de cubrir riesgos análogos a los de los Fondos de Pensiones (art. 19.5). Pero, junto a ellas, hay otras repartidas por el resto del articulado, y otras más que deben deducirse de la normativa mercantil y contable. También reitera la ley alguno de los principios que ya hemos analizado anteriormente,

---

13 Res. ICAC de 30-7-1991.

quizá con el fin de enfatizar algunas correcciones que se han hecho en su redacción originaria, a pesar de que no había necesidad de ello. Este es el caso de la regla de imputación de las adquisiciones gratuitas al período en que se produzcan, lo cual ya se vio con anterioridad (art. 15.3, § 132).

En el caso de las **operaciones a plazos,** la sociedad puede optar, bien por imputar los ingresos a medida que se efectúen los cobros (caja), o bien en el momento del nacimiento del derecho (devengo). Según la ley, son operaciones a plazo o con precio aplazado las ventas o ejecuciones de obra en que transcurre más de un año entre la entrega y el vencimiento del último plazo. Si el aplazamiento se ha instrumentado mediante efectos de comercio, y éstos se endosan o descuentan, «se entenderá obtenida, en dicho momento, la renta pendiente de imputación». En el caso de las operaciones a plazos, la LIS restringe las posibilidades del sujeto pasivo estableciendo (art. 19.4, pfo. 4.º) que las posibilidades de computar este tipo de partidas son sólo las de seguir el criterio de caja o el del devengo, sin que quepan otras posibilidades también recogidas en el mismo artículo.

Por lo que se refiere a las **dotaciones a fondos internos** de cobertura de determinados riesgos, ya se dijo que estas partidas no se consideraban deducibles por ser meras previsiones (§ 125), sin perjuicio de que, cuando efectivamente ocurran las circunstancias que determinan la satisfacción de las prestaciones, pueda imputarse su importe a resultados (art. 19.5).

Como se ha venido diciendo, hay otras operaciones cuya imputación temporal presenta características propias por expresa disposición legal. A este respecto la ley se refiere (art. 18) a todas aquellas operaciones en que se establece un sistema especial de valoración de las adquisiciones, en las que éstas no se valoran sobre la base del precio efectivo sino sobre el valor de mercado. Recapitulando estos casos, podrían encajarse en este régimen las adquisiciones por transmisión que originan resultados extraordinarios (art. 15), las operaciones vinculadas (art. 16) y los supuestos de cambio de residencia de los establecimientos permanentes y similares (art. 17). En todos estos supuestos, la LIS establece que la entidad adquirente computará en su base imponible la diferencia entre el valor de mercado y el precio efectivo de adquisición distinguiendo si se trata de elementos del activo circulante (materias primas, por ejemplo), si son elementos del inmovilizado no amortizable (acciones), o amortizables (maquinaria) o, en fin, servicios. En el caso de éstos la diferencia se imputa en el mismo ejercicio en que se reciban; en el caso de los elementos del circulante, se imputa en el ejercicio en que tales bienes motiven un ingreso, es decir, cuando se transformen en mercaderías vendidas; en el caso del inmovilizado no amortizable, la diferencia se computa en el ejercicio en que se enajenen, y, por último, en el caso de los elementos amortizables, la diferencia se computa en el plazo de vida útil del bien de que se trate, imputándola a medida que se amortiza, con lo cual la operación se salda con un resultado nulo, ya que el gasto (amortización) compensa el ingreso imputado por la referida diferencia.

Este sistema está en consonancia con las disposiciones contables y no plantea, en general, ninguna dificultad. Pero hay casos en que esta solución parece rechazable. Así, como ya se ha dicho antes (§ 132), en el caso de las adquisiciones gratuitas, si consistiesen por ejemplo en la donación de elementos amortizables, resultaría que la entidad donataria no tributaria efectivamente por el bien recibido, ya que al seguirse el sistema que hemos expuesto en último lugar, el valor de mercado de dicho bien se iría imputando en el plazo de su vida útil, en la misma medida en que se fuese amortizando, con lo que no resultaría ninguna tributación real. En cambio, si la donación fuese en dinero, como no hay que aplicar el criterio de valoración a precios de mercado, su importe se imputará a resultados en el ejercicio en que se recibiera, o si, por señalar otra posibilidad, se tratase de una donación de acciones, su importe no tributaría hasta tanto no se enajenasen los títulos [art. 18.*b)*]. Esta situación ha dado ya lugar a un interesante debate doctrinal con soluciones distintas, pues queda claro que, en todo caso, las diferencias de tratamiento entre los distintos supuestos no parecen justificables en el orden tributario.

Como fórmula de superar aquellas discriminaciones, cabría interpretar la ley considerando que estos criterios de imputación temporal no se refieren propiamente a la integridad de las adquisiciones gratuitas. En efecto, como ya se dijo, cuando la ley regula lo que debe integrarse en la base en el caso de las transmisiones gratuitas (art. 15.3, pfo. 1.º), se olvida de las adquisiciones, porque sólo indica que «la transmitente (la entidad donante) integrará en su base imponible la diferencia entre el valor normal de mercado de los elementos transmitidos y su valor contable»; evidentemente, éste no es el caso de la donataria, ya que ésta no registrará esa diferencia si aplica al bien donado el principio contable del valor venal y, además, si tal diferencia se diera, sería a ella a la que habría que aplicar el criterio de imputación al que se viene aludiendo. Pero, además, el art. 18 insiste en que lo que sufre una imputación especial es la diferencia entre el valor de mercado y el valor de adquisición. Podría concluirse, por tanto, que la parte fundamental de valor del bien adquirido a título gratuito se imputa en todo caso en función del principio general, es decir, en el momento del devengo.

A esto no obsta el que contablemente se imputen de manera distinta, ni que, incluso, a dichos efectos, los bienes se amorticen, pero no parece que este régimen pueda ser el que prevalezca a efectos de tributación, ya que el propio principio de neutralidad en que dice inspirarse el tributo (Exp. de motivos, 2) impediría este tipo de discriminaciones, así como un principio implícito para la admisibilidad tributaria de las amortizaciones, consistente en que los bienes amortizables deben haberse adquirido a título oneroso [art. 11.4. *a)*], ya que, si contablemente son amortizables para preservar el princpio de la imagen fiel, tributariamente no serían deducibles esas cuotas para no excluir sin justificación ningún componente de la renta.

Todavía podrían añadirse otros criterios específicos de imputación temporal, unos derivados de las disposiciones contables, como sucede con las **diferencias de cambio** en moneda extranjera, otros ocasionalmente recogidos en la propia LIS, como los que afectan a las **imputaciones por transparencia** (art. 76.2), o al cómputo de **rentas presuntas** por falta de contabilización de bienes o derechos (art. 140.5), etc.

5.º LA BASE IMPONIBLE

140. Concepto y determinación

Como dice la LIS (art. 10.1), no siempre constituye la base imponible el importe de la renta en el período de la imposición. Ordinariamente sucede así, y la base imponible coincide con la renta del ejercicio pero, en los casos en que existen pérdidas compensables, la base imponible equivale a dicha renta una vez que se le han deducido las pérdidas que puedan compensarse en el ejercicio; algo parecido habría que decir en relación a los resultados extraordinarios cuya reinversión origina un aplazamiento de su tributación, por lo que, siendo de suyo renta, no integran la base imponible. Por otra parte, conviene precisar que, una vez depurada de estas partidas, frente a lo que ocurre en el IRPF (*vid.* §§ 72 y 73) la base imponible en el IS es unitaria.

Como vimos anteriormente (§ 108), por determinación de la base imponible se pueden entender, por lo menos, dos cosas distintas; ya estudiamos (§ 109) la determinación de la base imponible en cuanto cuantificación de la renta. Ahora se trata de ver el cauce formal de aplicación del tributo.

A este respecto, la LIS dice que «la base imponible se determinará en régimen de estimación directa y, subsidiariamente, por el de estimación indirecta» (art. 10.2). Queda, pues, excluida de este tributo la estimación objetiva, regulada también en la LGT (art. 47.1) a la que se remite aquel precepto.

Sustancialmente, la base se determina, como se ha visto, sobre el resultado contable, que está fundado, a su vez, en los importes efectivos de las distintas operaciones. Sin embargo, no debe olvidarse que determinadas partidas de la base imponible no pueden ser objeto de determinación por referencia a un importe real y efectivo, sino que han de ser estimadas o valoradas; la necesidad de proceder a estas estimaciones no supone el que dichas partidas se sustraigan al procedimiento ordinario de aplicación del impuesto mediante estimación directa, al igual que ocurre con otras partidas que se incluyen en la base imponible como, por ejemplo, las amortizaciones, cuya depreciación efectiva se estima por norma reglamentaria. Otra cosa es que la concreta estimación que se efectúe de aquellas partidas, como viene siendo exigido por los tribunales administrativos [14], deba de justificarse suficientemente en virtud de razonamientos presuntivos, o por razón de semejanza, o de otros índices o instrumentos probatorios.

Por otro lado, la estimación indirecta es un procedimiento de aplicación del tributo alternativo a la estimación directa, en el que la iniciativa, como indica la LGT (art. 51), corresponde a la Administración —ordinariamente a la Inspección de los tributos (art. 64 RGIT)—, la cual debe justificar tanto la procedencia de esta modalidad cuanto los instrumentos elegidos para

---

[14] TEAC 3-4-1991.

llegar a la base imponible; de la necesaria acreditación estas exigencias son garantía rigurosa los tribunales [15].

A pesar de la claridad de este planteamiento que, además, coincide con las previsiones de la LGT, como se ha dicho, la LIS introduce un factor de confusión que puede distorsionar el juego de estas instituciones. La ley pretende (art. 148) proteger las facultades de la Administración para la comprobación del IS y, a estos efectos, le atribuye la facultad de «determinar el resultado contable». Ocurre, sin embargo, que, según el C. de c. (art. 34.1), quien debe «formular las cuentas anuales de su empresa» es el empresario, a cuyas conclusiones se remitía la LIS en el art. 10.3, como hemos repetido tantas veces. Atribuir esa competencia a la Administración es, pues, contradictorio con lo que se pretendía ser la mayor novedad del IS, además de ser una atribución de competencias tan genérica que difícilmente se puede considerar eficaz.

141. La compensación de pérdidas

El denominado principio de independencia de los ejercicios, en cuya virtud el impuesto grava los resultados de cada uno de ellos con total separación del tratamiento tributario de los demás, tiene algunas quiebras en la legislación. La más importante de ellas es, quizá, la dc la compensación de las pérdidas que se produzcan en un ejercicio con los beneficios que se obtengan en los sucesivos. En definitiva, se trata de adecuar la carga tributaria global correspondiente a una serie de años a la renta efectivamente obtenida en dicho período pues, de otro modo, si no se tuviesen en cuenta las pérdidas obtenidas en alguno de los ejercicios, se producirían efectos tributarios injustos. Por otro lado, el reconocimiento de esta posibilidad de compensación de las pérdidas con los beneficios sucesivos está en consonancia con las exigencias de la LSA (art. 213.2) que impone dicha compensación para restablecer un valor del patrimonio neto de la sociedad equivalente, como mínimo, a la cifra del capital.

Son compensables las bases imponibles negativas (art. 23) y, para efectuar la compensación, no se requiere ningún requisito formal previo, siendo suficiente la constancia en la declaración del impuesto; como es lógico, ello da lugar a una eficacia jurídica provisional hasta tanto no se produzca la comprobación o se gane la prescripción. La compensación se efectúa, según la LIS, con rentas positivas, las cuales deben constituir, a su vez, el límite máximo de la compensación pues, de otro modo, la compensación originaría por sí misma nuevas pérdidas en el ejercicio en que se practique.

El plazo máximo de compensación está constituido por los períodos impositivos que se cierren en los siete años siguientes a aquel en que se produjeron las pérdidas, distribuyendo la cuantía en la proporción que el sujeto estime conveniente. Un modo de prorrogar dicho plazo consistía en

---

[15] TEAC 8-2-1989, 27-6-1989 y 12-12-1989.

declarar, en el último ejercicio de aquellos en que es posible la compensación, una plusvalía contable con la cual se compensaba la pérdida y, en el siguiente ejercicio, se enajenaba el activo revalorizado obteniendo una minusvalía; la Administración [16] siempre consideró «fraudulenta» esta fórmula y, sin embargo, el TEAC [17] no encontró obstáculos legales para realizarla. En la nueva ley, al estar vetadas las revalorizaciones contables (art. 151), como hemos visto, resulta imposible esta práctica.

Este régimen de compensación es actualmente aplicable a todas las sociedades sujetas al IS, incluidas las entidades sujetas al régimen de transparencia fiscal (art. 75.3); las especialidades derivadas de los regímenes especiales se señalarán oportunamente (*vid.* §§ 159, 161 y 162). No obstante, el límite temporal de los siete años puede ser sobrepasado en el caso de las bases imponibles negativas que deriven de la realización de nuevas actividades empresariales (art. 23.3), en cuyo caso, dicho término comienza a computarse a partir del primer ejercicio en que se registren beneficios. La misma regla se aplica a las sociedades concesionarias de nuevas vías de peaje (art. 23.4).

La ley, con el fin de evitar que se trafique con sociedades con pérdidas que sean compensables, establece reducciones de éstas. La razón de ser de estas reducciones consiste en impedir que se duplique la compensación, ya que la venta de las acciones de una sociedad con pérdidas da lugar a una compensación tributaria para la entidad vendedora a través del cómputo de las correspondientes minusvalías, y se trata de que no vuelva a compensarse una cuantía análoga por la sociedad que obtuvo los resultados negativos. Así, si la Sociedad **A** suscribió en 1995 acciones de la Sociedad **B** por importe de 10.000.000 de pesetas (el 100 por 100 del capital de B), y ésta obtiene pérdidas en 1996 de 2.000.000, lo normal será que, si A vende sus acciones, le den por ellas sólo 8.000.000, con descuento de las pérdidas de B que corresponden a su participación, lo cual le permitirá a A computar en su impuesto una minusvalía de 2.000.000. Pero B seguiría teniendo pérdidas compensables. La cuantía objeto de la compensación tendrá que reducirse en virtud de este mandato de la LIS en la diferencia que haya entre el total de la aportación que hizo A (10.000.000) y el valor de adquisición de las acciones para el nuevo socio (8.000.000), por lo que B no podrá compensar por tales pérdidas nada.

Habría que añadir, por último, que en el IS no hay base liquidable o que ésta coincide con la imponible; por lo cual, la deducción de las pérdidas es únicamente, como hemos dicho, un paso para determinar la base imponible que, en ausencia de aquéllas, coincidirá con la renta del ejercicio, a salvo, naturalmente, de las posibles imputaciones por transparencia fiscal y el aplazamiento/desgravación de los beneficios extraordinarios por reinversión.

---

[16] DGT 14-8-1989.

[17] Res. 2-7-1991.

6.º LA LIQUIDACION DEL IMPUESTO

142. Planteamiento general. El tipo y la cuota del impuesto

La determinación de la deuda tributaria se lleva a cabo en el IS a través de una serie sucesiva de operaciones que pueden alcanzar una cierta complejidad; por otra parte, la deuda así determinada no es el importe «a pagar» cuando se presente la declaración-liquidación del impuesto, porque la exacción de éste se realiza mediante una amplia variedad de procedimientos que dan lugar a la realización de ingresos anticipados a cuenta de la deuda tributaria futura; ésta puede, incluso, quedar totalmente compensada con los ingresos anticipados que, si la exceden, darán lugar, en vez de a un ingreso, a una devolución de oficio de la diferencia.

De aquella serie de operaciones, la primera es la aplicación del tipo a la base imponible de lo que resulta, según LIS (art. 27), la **cuota íntegra**. El tipo de gravamen en el IS es proporcional y se aplica a toda la base sin distinción de partes; en la obligación personal, el tipo, definido en la ley, es diferente según la clase de entidad (art. 26), aunque el general es actualmente del 35 por 100. En relación al tipo de gravamen debe recordarse, por último, que la ley (art. 77 *in fine*) establece que las sociedades que no cumplan los requisitos exigidos respecto a la identificación de sus socios quedarán gravadas en el IS al tipo más alto de la escala del IRPF.

Una vez determinada la cuota íntegra, se practican las deducciones por doble imposición, en sus distintas clases, y se minora el importe de las bonificaciones procedentes y de las demás deducciones por incentivos a la inversión, de donde resulta la que podría denominarse cuota líquida; realmente, no hay ninguna diferencia en lo relativo al mecanismo de su aplicación entre las deducciones por doble imposición y las bonificaciones: ambas reducen la cuota íntegra. Sin embargo aquéllas están basadas en exigencias de técnica tributaria para hacer más neutral y equitativo el impuesto, mientras que las bonificaciones pretenden, en general, mejorar frente al impuesto la posición de determinados sujetos o actividades o rendimientos y servir como incentivos de dichas actividades. La que se ha llamado cuota líquida es realmente el importe de la prestación tributaria que corresponde hacer por el IS, y es la que deberá compararse (art. 39) con el importe global de los distintos anticipos a cuenta para determinar si procede ingresar la diferencia u obtener la devolución del exceso.

Debe mencionarse, por último, que, a pesar de que la LIS no la incluye entre las deducciones por pagos anticipados (art. 39), la sociedad que participe en otra transparente tiene que deducir también de su cuota la parte de la cuota satisfecha por la sociedad transparente (ST_1) que le sea imputable en función de su grado de participación [art. 75.4.*c)*], así como las cuotas satisfechas por otras sociedades transparentes (ST_2, ST_3, ...) en las que participe la sociedad transparente directamente participada (ST_1).

143. Deducciones de la cuota íntegra: por doble imposición económica de dividendos

Como ya dijimos, uno de los efectos de la existencia del IS consistía en la denominada doble imposición económica de dividendos, la cual se origina por soportar los beneficios el IS en la sociedad que los produce y, luego, al ser distribuidos, sufrir de nuevo el gravamen que corresponda a cada clase de socio: el IRPF, si se trata de una persona física, o el IS, si se trata de una persona moral. Para atenuar este efecto, la LIS (art. 28) regula la deducción del 50 por 100 de la parte de cuota correspondiente a los dividendos. Esa parte de cuota es el resultado de aplicar el tipo a la base imponible que represente dividendos computados en su cuantía íntegra, por lo cual la deducción se calcula:

Deducción = 0,50 × [0,35 Dividendos]

Hasta ahora venía considerándose aplicable la deducción no sólo a los dividendos, aun con cargo a reservas, o participaciones en beneficios *stricto sensu,* sino también a las primas de asistencia a las juntas.

Además, la deducción puede llegar a ser del 100 por 100, en vez del 50 por 100, de la parte de cuota a la que nos hemos referido antes, cuando los dividendos procedan de una sociedad en cuyo capital participe la perceptora del dividendo, directa o indirectamente en, al menos, un 5 por 100, siempre que se haya poseído tal participación ininterrumpidamente durante el año anterior a la fecha en que sea exigible el dividendo (art. 215.2 LSA).

La LIS, salvo en casos muy especiales, y además del requisito de ser residente la que distribuye los beneficios, no establece ninguna exigencia tendente a garantizar que la doble imposición efectivamente se haya producido, ya que si, por ejemplo, la sociedad que distribuye los beneficios no soporta realmente el IS porque tiene deducciones por un importe igual a la cuota íntegra, la doble imposición de los socios que obtienen los dividendos no existe en ese ejercicio. Por tanto, puede decirse que la ley se ha planteado con mucha liberalidad este asunto.

Otro tanto puede decirse de la regulación los supuestos adicionales que, sin constituir técnicamente distribución de dividendos, dan también derecho a esta deducción (art. 28.3). Estos casos son muy heterogéneos entre sí e implican que el beneficio se obtiene por el socio como consecuencia de la realización por la sociedad de determinadas operaciones. La común razón de ser del reconocimiento del derecho a la deducción en estas situaciones es que se atribuyen a los socios reservas, cuya tributación anterior se supone, sin perjuicio de que, a veces, la segunda imposición, por aplicación de reglas especiales de imputación temporal (§ 139), se puede producir en un momento posterior a aquel ejercicio en que se haya disfrutado de la deducción.

Los supuestos a los que se refería la ley originariamente han sido objeto de una modificación posterior (Ley 10/1996) y están constituidos en la actualidad por la liquidación de la sociedad, la separación de los socios, la adquisición de las propias acciones para su amortización y la disolución sin liquidación en las operaciones de fusión y análogas.

Así, por ejemplo, en el caso de la adquisición de las propias acciones para su amortización, si la sociedad **A** presenta la siguiente situación:

Activo		Pasivo	
Total	10.000.000	Capital	1.000.000
		Reservas	9.000.000
		Total	10.000.000

y adquiere a la sociedad **B**, para amortizarlas, el 40 por 100 del capital, que ésta había comprado por su nominal (400.000), la entidad **B** tendría una renta gravable de **3.600.000** (4.000.000 – 400.000 = 3.600.000), y podrá minorar su cuota íntegra en **1.260.000** (100 % × 35 % × 3.600.000).

En todos estos casos, o desaparece la sociedad (liquidación o fusión), o bien reduce su capital (separación de socios o amortización de acciones). Pero la ley establece restricciones, cuya intención genérica es la de impedir el disfrute de la deducción cuando no se haya soportado la primera imposición o la deducción se haya aplicado ya, aunque sea por un tercero. En el primer caso estamos cuando se acuerde la reducción del capital o la distribución de la prima de emisión y ello origine la distribución de reservas que, sin haber tributado, representen una renta para el socio.

Así, si una sociedad **X** posee la totalidad del capital de la entidad **A**, y lo había adquirido por su nominal (500.000), y esta última se encontraba en la siguiente situación:

Activo		Pasivo	
Total	1.000.000	Capital	500.000
		Reservas	500.000
		Total	1.000.000

y decide ampliar capital en un 100 por 100, con una prima de emisión por el importe de las reservas constituidas, al suscribir la ampliación completamente la sociedad **B**, la situación de **A** será:

Activo		Pasivo	
Total	2.000.000	Capital	1.000.000
		Reservas	500.000
		Res. P.E.A.	500.000
		Total	2.000.000

Si **A** decide posteriormente reducir su capital en un 50 por 100, la socia **X** obtendrá 500.000, de las que 250.000 corresponden al 50 por 100 de su aportación inicial, 125.000 al mismo porcentaje de beneficios no distribuidos que tributaron y, por tanto, dan derecho a la deducción por doble imposición y, finalmente, otras 125.000 que corresponden a la parte de Reserva por prima de emisión de acciones que se aportó por la nueva socia **B**, cantidad que, al no haber tributado por el IS, no puede dar derecho a la deducción por doble imposición.

La misma intención de impedir disfrutar de la deducción a los dividendos que no han soportado la primera imposición late en otros supuestos que recoge la ley, como el previsto en el artículo 28.4.*b)*.

Así, si una sociedad **A** tiene un capital de 10.000.000 que está en poder de un solo socio **B**, y aquélla sufre pérdidas por importe de 5.000.000 que compensa con la reducción del capital a su mitad, su situación será:

Activo		Pasivo	
Total	5.000.000	Capital	5.000.000

pero si, en el siguiente ejercicio, la sociedad tiene beneficios por 5.000.000 que, al compensarlos con las pérdidas, no tributan por el IS, su situación quedaría:

Activo		Pasivo	
Total	10.000.000	Capital	5.000.000
		Reservas	5.000.000

cuando se distribuyan posteriormente tales reservas a **B**, ésta no podrá aplicar la deducción por doble imposición, ya que las reservas no tributaron.

En otros supuestos [art. 28.4.*d)*], la LIS pretende impedir que se disfrute dos veces de la deducción por doble imposición, porque ésta se aplica no sólo cuando el socio obtiene los dividendos o las reservas directamente de la sociedad, sino también cuando el socio, al enajenar sus títulos, percibe del comprador un precio en el que está considerada la parte correspondiente de los beneficios no distribuidos. El socio que vende obtiene de este modo una plusvalía, la cual responde total o parcialmente a las reservas que tenga constituidas la sociedad emisora de las acciones. La LIS entiende que, al integrar dicho socio esa plusvalía en su base imponible, también se produce la doble tributación de unos mismos beneficios, por lo que, mediante una reciente modificación (Ley 10/1996), se ha otorgado en estos supuestos el derecho a la deducción, con los correspondientes límites e incompatibilidades (art. 28.5).

Este régimen origina otra de las limitaciones a la aplicación de la deducción a las que nos referíamos al principio del párrafo anterior, ya que el comprador de los títulos, en el caso de que le fueran distribuidas aquellas reservas, no soportaría ninguna doble imposición puesto que tal distribución supondría para él tanto un ingreso como una deducción por la provisión que debe dotar por la pérdida de valor que sufrirían los títulos al reducirse o desaparecer las reservas de la sociedad que los emitió.

Las cantidades no deducidas por falta de cuota íntegra podrán aplicarse en las cuotas correspondientes a los ejercicios que se cierren en los siete años siguientes (art. 28.6).

No debe olvidarse, por último, que la LIS establece ampliaciones o restricciones del derecho a practicar esta deducción en algunos regímenes especiales; así, en el caso de las fusiones, escisiones y demás operaciones sometidas al régimen especial, la ley permite practicar la deducción por los beneficios distribuidos con cargo a las rentas imputables a los bienes aportados [art. 109.1.*a)*], mientras que no permite practicarla, ni en el caso de las entidades de inversión colectiva (art. 71.1), ni en el de sus socios [art. 72.2.*b)*], ni tampoco en el caso de las entidades de tenencia de valores extranjeros [art. 131. *a)*].

144. (sigue) Por doble imposición internacional

La LIS regula (art. 29) la deducción que corresponde por doble imposición internacional, cuando la sociedad obtiene rendimientos en el extranjero, que son gravados en el país de origen, y quedan sometidos al IS por estar la entidad sujeta a la obligación personal de contribuir, cuyo ámbito objetivo, como vimos (§ 103), comprende la totalidad de la renta de las sociedades residentes.

En estos casos la LIS ordena que se deduzca la menor de las dos cantidades siguientes: o el importe efectivo pagado en el extranjero por un impuesto análogo al IS, o el importe de la cuota que en España correspondería pagar por dichas rentas si se hubiesen obtenido aquí. En el primer caso, la ley señala que no pueden deducirse los impuestos no pagados en virtud de exención o bonificación, como es lógico, y que, en caso de ser aplicable un convenio de doble imposición, la deducción no puede exceder de lo que correspondería pagar según dicho convenio. En todo caso, la ley ordena computar el ingreso por su importe íntegro (art. 29.3), es decir, integrando en la base imponible la renta y el correspondiente impuesto satisfecho en el extranjero.

Cuando sean varias las rentas obtenidas en el extranjero, la deducción se aplicará agrupando los que correspondan a un mismo país, salvo los de los establecimientos permanentes, que en todo caso se computarán de manera individualizada (art. 29.3).

Las cantidades no deducidas por falta de cuota íntegra podrán aplicarse en las cuotas correspondientes a los ejercicios que se cierren en los siete años siguientes (art. 29.4).

145. (sigue) Por doble imposición internacional de dividendos

La deducción a la que acabamos de referirnos tiene una modalidad especial (art. 30) por la cual se intenta compensar la **doble imposición económica internacional** que se produce al obtener la matriz española dividendos de su filial en el extranjero. Dichos dividendos habrán soportado, primero, el impuesto extranjero sobre los beneficios que grave los obtenidos por la filial y, en segundo lugar, el IS español que recae sobre el beneficio de la matriz, en el cual están incluidos esos dividendos.

La deducción equivale a la parte proporcional de impuesto extranjero efectivamente satisfecho por los beneficios que corresponda a los dividendos (impuesto subyacente). La deducción requiere que la participación en la entidad no residente sea de, al menos, el 5 por 100, que se haya mantenido durante el año anterior a la exigibilidad de los dividendos, y que la matriz española incluya en su base imponible a efectos del IS no sólo el dividendo bruto, sino también aquella parte del impuesto extranjero sobre los beneficios que corresponda a los dividendos. Si la filial no residente participa en otras no residentes que le reparten dividendos, también es deducible en España, con los anteriores requisitos, el impuesto subyacente en dichos dividendos. El impuesto subyacente se deduce a partir del dividendo íntegro percibido por la filial y del tipo de gravamen que ésta soporta; así, el importe total del beneficio obtenido por la entidad matriz española de su filial será:

Benef. Integro = Div. ínt. + [tipo gr. × B.I.], y el
Imp. sub. = B I – Div. ínt.

Esta deducción es compatible con la que procede por doble imposición internacional, pero el cómputo de ambas no podrá exceder de la cuota del impuesto que se pagaría en España por dichos rendimientos. También es posible, en caso de insuficiencia de cuota, llevar la deducción a los ejercicios cerrados en el septenio siguiente.

La LIS permite practicar esta deducción, en los casos de fusión, escisión y demás operaciones sometidas a ese régimen especial, incluso aunque no se cumplan las exigencias de participación que antes se han mencionado, por los beneficios distribuidos con cargo a las rentas imputables a los bienes aportados [art. 109.1.*b)*].

Una reciente modificación de la LIS (Ley 10/1996) ha venido a ampliar en dos sentidos las posibilidades de esta deducción (art. 30 bis). Por un lado, cumpliendo los requisitos que se establecen (art. 30 bis.3), la deducción puede ser del 100 por 100 de la cuota íntegra que corresponda pagar en España por dichos dividendos o participaciones computados por su importe íntegro; esto supone adoptar en nuestra legislación el denominado **método de exención** para eliminar los efectos de la doble imposición internacional. Dicho método se contrapone al de **imputación,** que es el que hemos visto con anterioridad (§ 144), y del que se diferencia sobre todo porque la deducción la practica la sociedad residente con independencia de la cuantía del impuesto satisfecho en el extranjero. La segunda ampliación de posibilidades de la deducción se refiere a que ésta procede no sólo cuando la entidad residente reciba dividendos del extranjero, sino también cuando, al enajenar su participación, obtenga plusvalías gravables que correspondan a beneficios no distribuidos por la sociedad participada no residente. Para ambos casos establece la LIS otros límites e incompatibilidades (art. 30 bis, 4 a 7).

Aquella misma modificación (Ley 10/1996) introdujo también en la LIS (art. 29.bis) la posibilidad de aplicar el régimen de exención que acabamos de ver a las rentas obtenidas que procedan de establecimientos permanentes situados en el extranjero.

146. Bonificaciones

La LIS contempla (arts. 31 y 32) una serie de bonificaciones que, en realidad, como se ha dicho antes, tienen las mismas consecuencias que las deducciones a las que acabamos de aludir, sin perjuicio de su distinto fundamento técnico. Están articuladas para beneficiar a una gama muy amplia y heterogénea de rendimientos y actividades e, incluso, sujetos, y se conceden en cuantías distintas según los casos, de modo que unas se aplican *ope legis*, mientras que otras requieren la previa solicitud de la beneficiaria.

La bonificación alcanza al 99 por 100 de la parte de cuota que corresponda a las rentas obtenidas por la prestación de los servicios públicos obligatorios, municipales o provinciales, que se gestionen directamente, o procedentes de la exportación de producciones cinematográficas, libros, etcétera; y es del 50 por 100 para las rentas obtenidas por entidades que operen efectivamente en Ceuta o Melilla.

147. Las deducciones para incentivar determinadas actividades: clases

La ley regula un amplio conjunto de exenciones parciales configuradas como deducciones de la cuota y que tienen la finalidad de promover el inicio o desarrollo de determinadas actividades por las entidades sujetas.

Las primeras deducciones son las que se conceden por realización de actividades de **investigación y desarrollo** (art. 33), en cuyo caso se concede una deducción del 20 por 100 de los correspondientes gastos, incluso si las actividades se desenvuelven parcialmente fuera de España; la cuantía de la deducción puede ampliarse si la sociedad dedica a estas actividades recursos crecientes, de modo que puede deducirse el 40 por 100 de la cuantía de gastos de este tipo que superen en el ejercicio la media de dichos gastos de los dos ejercicios anteriores. La ley regula también las actividades que pueden considerarse incluidas y excluidas de este régimen.

También puede deducirse el 25 por 100 de las inversiones y gastos que se lleven a cabo para **actividades de exportación** (art. 34). Las actividades incentivadas consisten básicamente en la creación de sucursales y análogos en el extranjero y la realización de campañas de promoción y publicidad fuera de España. Las cantidades no deducidas podrán aplicarse en los cinco años siguientes.

Una deducción del 10 por 100 de las inversiones está prevista para las que tengan por objetos **bienes de interés cultural** o producciones cinematográficas o audiovisuales (art. 35). Las inversiones en edición de libros sólo darán derecho a una deducción del 5 por 100.

La legislación posterior (Ley 10/1996) ha ampliado el alcance de estas deducciones hasta las que estén destinadas a la **protección del medio ambiente,** para evitar la contaminación atmosférica o de las aguas, o por residuos industriales.

Asimismo, la realización de **gastos de formación del personal** dará derecho a una deducción del 5 por 100, que puede llegar a ser del 10 por 100 del importe que en el ejercicio exceda de la inversión media con idéntica finalidad de los dos años anteriores (art. 36). Lo que puede considerarse gasto de formación a estos efectos está también regulado en la ley. La **creación de empleo** para trabajadores minusválidos da derecho también a una deducción de 800.000 pesetas por cada trabajador contratado durante un año.

148. (sigue) Régimen general

Estas deducciones tienen una serie de exigencias generales que la ley establece (art. 37). Entre ellas, la más importante es la que impone un límite a su conjunto del 35 por 100 de la cuota íntegra, deducidas las que corresponden por doble imposición y las bonificaciones. Cuando la cuota no sea suficiente para aplicar todo el importe de las deducciones devengadas, el resto se podrá llevar a los ejercicios que terminen en los cinco años siguientes; este último plazo puede ampliarse en determinados casos.

La LIS establece también que una misma inversión no puede dar lugar a deducción en más de una entidad, así como la necesidad de permanecer en funcionamiento los bienes afectos durante su vida útil o cinco años, si este plazo fuera mayor.

En el conjunto de ellas la ley señala que las inversiones de este tipo financiadas con subvenciones o no darán derecho a la deducción (art. 35.4), o habrá que descontar de la base de la deducción el 65 por 100 del importe de la subvención invertida (arts. 33.1, 34.3 y 36.1).

149. (sigue) Deducciones imputadas por transparencia fiscal

La LIS contempla [art. 74.4.*a)*] la posibilidad de que la sociedad transparente hubiera cumplido los presupuestos para gozar de las deducciones y bonificaciones que hemos venido tratando. En este régimen no hay restricciones por lo que, tanto son imputables las deducciones por doble imposición, como las bonificaciones y las deducciones por inversión a las cuales tuviera derecho la entidad transparente, pues, de otro modo, serían ineficaces si no se permitiera practicarlas al socio. Consiguientemente, la imputación de la renta de la sociedad implica también la imputación de la parte correspondiente de bonificaciones y deducciones. La ley regula el modo de imputar las bonificaciones y las deducciones por inversión disponiendo que la imputación de aquéllas se hará conjuntamente con la base imponible positiva, es decir, en el mismo ejercicio en que se impute aquélla [art. 75.4.*c)*].

150. Cuota a ingresar y devolución

De las reglas de liquidación que hemos visto anteriormente se deduce, como dijimos, la cuota tributaria en el sentido que tiene la expresión en la LGT. Pero, a cuenta de esa cantidad, se pueden haber efectuado pagos anticipados, ya sea por otros sujetos distintos de la entidad, como en el caso de las **retenciones e ingresos a cuenta,** ya sea por la propia sociedad, en el caso del denominado **pago a cuenta**. Por consiguiente, aquella cuota habrá de compararse con estos anticipos y, en el caso de que fuera mayor, ingresar la diferencia (lo que podríamos llamar **cuota diferencial**) y, en el supuesto inverso, solicitar la devolución del exceso.

La **devolución** se regula en la LIS (arts. 39 y 145) señalando que, cuando «la suma de las cantidades a que se refiere el artículo 39 (...) supere el importe de la cuota resultante de la autoliquidación, la Administración vendrá obligada a practicar liquidación provisional dentro del plazo de los seis meses». Si se gira dicha liquidación, o si se se hace en el plazo de los seis meses establecidos, la Administración tendrá que devolver de oficio en el plazo de un mes; dicha devolución se producirá por el exceso de los ingresos anticipados sobre la cuota declarada. Todo ello, como es lógico, sin perjuicio de la posible ulterior comprobación. La devolución tiene, pues, como antecedente necesario la presentación de la declaración en cuya regulación se establece la obligación, en tales casos, de adjuntar «los modelos presentados de Pago a Cuenta» del IS y de los «originales de los justificantes de las retenciones soportadas por la Entidad declarante y de los ingresos a cuenta practicados».

Conviene, por otra parte, añadir que el sistema de compensación del importe excesivo de los ingresos anticipados con las cuotas positivas futuras del IS, que estaba regulado originariamente en el IS, está derogado, lo que supone un perjuicio para la posición del sujeto pasivo; aunque la nueva regulación la ha reforzado considerablemente mediante la posibilidad de percibir intereses si la Administración no cumple en los plazos establecidos (6 meses + 1) su deber de devolución.

7.º LA GESTION DEL IMPUESTO

151. El Indice de Entidades y el CIF

La LIS regula (arts. 136 y ss.) un denominado Indice de Entidades que constituye, en realidad, un censo de obligados tributarios, en el sentido de que no sólo se incluyen en él sujetos pasivos del IS, sino también otros sujetos, con o sin personalidad jurídica, sobre los que recaen distintos tipos de deberes tributarios, especialmente el deber de practicar las retenciones a cuenta. Dicho registro se llevará y mantendrá en el ámbito de cada una de las delegaciones de la Agencia Estatal de la Administración Tributaria.

El alta en el Indice de Entidades se solicita mediante la denominada **declaración censal** (RD 1041/1990 y O de 10.11.1995). Dicha declaración sirve, entre otros, también a efectos de solicitar el denominado Código de Identificación Fiscal (CIF) que es (D 2423/1975), para las personas jurídicas y demás entidades, el equivalente al NIF de las personas naturales.

El alta en el Indice de Entidades es *condicio sine qua non* para acceder a cualquier inscripción en el Registro Mercantil, de modo que, en los supuestos de baja provisional que contempla la LIS (art. 137), dicho Registro queda cerrado para inscribir los actos de la sociedad.

152. La declaración y pago del impuesto

La aplicación del IS está basada principalmente en la declaración. Realmente ésta es algo más que una mera «declaración tributaria» en el sentido de la LGT (art. 102.1), sino que se trata de un documento de una relativa complejidad en el cual se recogen las cuentas anuales de la compañía, los ajustes precisos por imperativo de las normas fiscales, datos sobre el porcentaje de participación de los socios y sobre el de la sociedad en otras entidades, las operaciones de liquidación del tributo, etc. De todas maneras, estas formalidades tienen como objeto principal el dar contenido a los deberes de declaración y de autoliquidación en los que se basa actualmente la gestión de la generalidad de los tributos y cuyo cumplimiento se efectúa mediante la denominada **«declaración-liquidación»**.

La LIS regula separadamente el deber de declarar (art. 142) y el de autoliquidación (art. 143). Por lo que se refiere al primero de estos deberes, la ley sólo indica que se trata de uno de los deberes del sujeto pasivo cuyos «lugar y forma» se determinarán por el Ministro de Economía y Hacienda. En realidad, lo que viene haciéndose en este sentido es promulgar anualmente la Orden que da contenido a este deber, y es con ocasión de esa Orden, cuando se concreta efectivamente la **forma** de la declaración; en los últimos años se han aprobado ejemplares distintos según el volumen de operaciones de las sociedades. El correspondiente **plazo** queda establecido en los veinticinco días siguientes a los seis meses posteriores al devengo.

Como se ha dicho, la LIS recoge el deber de declarar como uno de los deberes de los **sujetos pasivos,** con lo que podría llegar a pensarse que, en los casos en que no hubiera beneficios o se sufrieran pérdidas, al no haberse realizado el hecho imponible, no sería preceptiva la presentación de la declaración. Este es un aspecto donde la legislación no ofrece perfiles muy precisos, pero hay que inclinarse por la solución contraria porque si, por ejemplo, la Inspección puede llegar a comprobar las pérdidas, es porque han debido declararse; otro tanto cabe decir en el caso de que se pretenda la devolución de las retenciones y otros ingresos anticipados, cuyo cauce específico de solicitud debe considerarse la declaración. Por tanto, el deber de declarar está conectado a otro presupuesto distinto del hecho imponible, lo que ocurre es que ese otro presupuesto no está expresa y terminantemente delimitado; podría concluirse, a la luz de otras normas del IS como, por ejemplo, las que regulan el Indice de Entidades, que el deber de declarar existe siempre que haya una sociedad o entidad que ejerza actividades y haya debido cerrar su ejercicio. Dicho deber, por otro lado, prácticamente no tiene excepciones, salvo las que contempla la LIS relativas a las entidades totalmente exentas (art. 142.2), y las que disfrutan de exención parcial cuando sólo obtienen ingresos sujetos a retención.

Según la LIS (art. 143.1), las sociedades, «al tiempo de presentar su declaración, deberán determinar la deuda correspondiente e ingresarla»; el deber de **autoliquidación** de la propia cuota del impuesto es, pues, otro de los pilares del sistema de gestión del IS. El impuesto también se puede pagar en especie, mediante bienes del Patrimonio Histórico Español (art. 143.2).

153. Pagos a cuenta

Según lo dispuesto en la LIS (art. 38), las entidades sometidas a obligación personal y los no residentes con establecimiento permanente deben efectuar, en los veinte primeros días de los meses de abril, octubre y diciembre de cada año, un pago a cuenta de la liquidación correspondiente al ejercicio que esté en curso el primer día de cada uno de los citados meses. El importe de dicho pago es o bien un porcentaje, cuya fijación se remite a la anual Ley de Presupuestos (el 18 por 100 en 1997), de la cuota a ingresar correspondiente al último ejercicio cerrado cuyo plazo reglamentario de declaración estuviese vencido en las indicadas fechas, o bien, a opción del sujeto pasivo expresada en su previa declaración censal, de una fracción del tipo de gravamen de la sociedad (5/7 en 1997, lo que dará, si el tipo correspondiente es del 35 por 100, un porcentaje del 25 por 100) aplicada sobre la base imponible parcial correspondiente a los tres, nueve u once meses que hayan transcurrido del ejercicio en cada caso. Esta última modalidad es obligatoria en 1997 para las sociedades cuyo volumen de operaciones en el año anterior haya sido superior a 1.000 millones de pesetas.

Los importes ingresados por este concepto se deducirán, junto con las retenciones y los ingresos a cuenta, de la cuota tributaria, a efectos de calcular la diferencia a ingresar o a devolver (*vid.* § 150).

154. Retenciones e ingresos a cuenta

Nos hemos referido con anterioridad a los ingresos anticipados que efectúan otros obligados tributarios o la misma entidad a cuenta de su propia cuota del IS. La entidad puede incidir también en el deber de retener o efectuar ingresos a cuenta de la cuota de otros impuestos relativos a otros sujetos, como el IRPF (LIS DA 4.ª, en lo referente a los activos financieros). Sin embargo, el asunto que ahora nos interesa es el del régimen de los deberes de retener y de efectuar ingresos a cuenta del IS desde la perspectiva del sujeto que debe darles cumplimiento; bien entendido —insistimos— que se trata de anticipos a cuenta sólo del IS correspondiente a otras sociedades o entidades.

La LIS se refiere a este asunto de una manera simultáneamente demasiado concisa y demasiado expresiva. Esto último porque regula el deber de retener o de efectuar ingresos a cuenta de este impuesto, no sólo de las entidades que son sujetos pasivos, sino también de las comunidades de bienes y las de propietarios, a las que se añaden los empresarios y profesionales individuales y los establecimientos permanentes.

El sujeto obligado a retener tiene que presentar las correspondientes declaraciones, constituyendo una novedad en el IS, en correspondencia con lo que ocurre en el IRPF (RIRPF art. 59.1), la declaración negativa de no haber procedido la práctica de retenciones. Igualmente debe presentarse un resumen anual de las retenciones e ingresos a cuenta efectuados.

La exclusión del deber está establecida por la LIS (art. 146.4) en los casos de las rentas percibidas por las entidades totalmente exentas, de los dividendos satisfechos por las sometidas a transparencia fiscal que correspondan a resultados de ese período, de los dividendos e intereses satisfechos entre sociedades de un grupo consolidable y los pagados a entidades que participen en el capital social de otra en las condiciones que se establecen en el artículo 28 LIS.

Hay que señalar también que la LIS (DD.3) dejó provisionalmente en vigor la normativa de retenciones que había antes de su promulgación y que ha sido sustituida por el RIS. El deber de retener a cuenta del IS afecta principalmente a las rentas derivadas de la participación en el capital o fondos propios de cualquier tipo de entidad, a los intereses y a los demás rendimientos definidos como procedentes del **capital mobiliario** en la LIRPF (art. 37), a las rentas derivadas de la cesión de créditos por entidades financieras, a los premios y a las contraprestaciones por tener atribuidos la entidad cargos en la administración de otras. Los demás rendimientos deben entenderse excluidos de retención, aunque el RIS incluye una prolija relación de rentas de toda clase que no están sujetas a este deber, entre las cuales, por citar los casos más generales, se encuentran: los rendimientos de las **Letras del Tesoro,** los **intereses y comisiones** de préstamos percibidos por entidades financieras, la **contraprestación por aplazamiento** en las compraventas cuando se percibe como accesoria del negocio, los rendimientos del capital en el caso de la **reducción del capital** con devolución de aportaciones, etc.

También hay que aclarar que la legislación impone el deber de retener incluso cuando los rendimientos están exentos por percibirlos, por ejemplo, un no residente. Cuando se trata de intereses de la **Deuda Pública,** el deber de retener se mantiene pero, para hacer efectiva la exención del no residente, las normas regulan un particular sistema de devolución (RD 1285/1991), que la LIS y el RIS han dejado expresamente en vigor (DT 21.ª). Además, para evitar las operaciones denominadas de **lavado del cupón,** consistentes en que el residente no exento vende el título al no residente exento poco antes de que se paguen los intereses, la ley estableció (DA 15.ª LIRPF) la retención sobre el cupón ya corrido, régimen que la LIS también ha dejado en vigor (DD 2.8).

Formas específicas de retención están establecidas para los denominados **activos financieros,** en cuyo caso la LIS (DA 4.ª) regula el deber de retener cuando el rendimiento se obtiene de forma implicíta en el momento de la transmisión o reembolso del título. En estos supuestos el deber de efectuar la retención se atribuye a la entidad emisora, a la entidad financiera que actúe por cuenta del transmitente o al fedatario público cuya intervención es preceptiva en algunos supuestos. También se prevé el deber de ingresar a cuenta en el pago de las rentas **en especie,** en cuyo caso se calcula el correspondiente importe incrementando el valor de mercado del bien en un 25 por 100 (art. 60.6 del RIS), y se aplica el porcentaje de retención al total. Asimismo, se regula el deber de ingresar cuando el pago de los intereses se haga en plazos superiores a doce meses, calculándose entonces la base de la retención por referencia al año natural (art. 56.7 del RIS).

La LIS también regula la expedición de las certificaciones correspondientes (art. 146.3).

Recuérdese, además, cuanto se dijo (§ 112) en torno a la presunción de retención y a la consiguiente elevación al íntegro del rendimiento percibido en el caso de que aquélla no hubiese sido practicada.

III. LA OBLIGACION REAL

155. Introducción

Como ya se ha visto (§ 103), esta forma del impuesto afecta a las entidades no residentes. De suyo, según se indicó, el régimen de la obligación real de contribuir, a pesar de que su regulación en el IRPF y en el IS se ha pretendido unificar, no es idéntico para toda la imposición directa, lo cual es lógico, porque en el IRPF hay manifestaciones de renta que no existen en el IS (la renta imputada por viviendas propias, por ejemplo). No obstante, como se ha dicho, la LIS responde a una clara voluntad de uniformación de las reglas de esta clase de gravámenes (DF 5.ª).

Por otra parte, hay que tener en cuenta no sólo esa duplicidad de fuentes reguladoras de este tipo de obligación (IRPF e IS), sino también la que deriva de la existencia de los Convenios de Doble Imposición, que supondrá para los residentes en los países con los que nuestro país tenga convenio, la inhibición de las disposiciones contenidas en la LIS.

La obligación real, como ya se sabe, no es una expresión fiscal unitaria, sino que tiene una amplia pluralidad de formas y manifestaciones, cuyas consecuencias tributarias son también distintas, por lo que muchas veces se requiere una delicada labor de interpretación que encaje los supuestos con toda precisión en su correspondiente previsión legal. Además, sin perjuicio de que la LIS recoja conjuntamente (art. 45) todos los tipos de rentas sometidas a este tipo de obligación, es preciso diferenciar inmediatamente entre las dos grandes formas de ésta: las rentas obtenidas mediante establecimiento permanente en España y las obtenidas sin mediar dicho tipo de establecimiento. En este último caso (LIS, arts. 56 a 63), sin perjuicio de las pequeñas matizaciones a las que se ha aludido, puede remitirse su estudio al correspondiente epígrafe del IRPF (§§ 91 y ss.). En cambio, el análisis de la tributación de los establecimientos permanentes tiene mejor encuadre en este impuesto, entre otras razones porque es aquí a donde remite la propia ley del IRPF (LIRPF, art. 18.6).

Por otra parte, hay que señalar que la obligación real tiene su propia especificación de **exenciones,** las cuales tienen su origen en la necesidad de favorecer la inversión extranjera en España como consecuencia de la expansión de la libre circulación de capitales. De este modo, la ley (art. 46) establece un amplio abanico de exenciones que afectan sobre todo a los intereses y plusvalías de dichas inversiones, sean en bienes muebles, en títulos de la Deuda Pública, en cuentas de no residentes, etc. Aquí se incluyen también los dividendos pagados por las filiales españolas a sus matrices residentes en la UE.

Hay que destacar, por último, que la obligación real genera también su propio régimen de «garantías» de la percepción del impuesto, lo cual lleva a establecer un régimen propio de **responsabilidad** (art. 41); también se utilizan las **retenciones** (art. 62) con este objetivo, estableciéndose fórmulas específicas, como la que corresponde aplicar sobre la contraprestación de la enajenación por no residentes de inmuebles en nuestro país (art. 57.2).

156. Rentas obtenidas mediante establecimiento permanente

El concepto de **establecimiento permanente** se contiene tradicionalmente en nuestra legislación en el ámbito del IS, cuya ley (art. 45.1) acoge la descripción que a estos efectos propone la OCDE como modelo para la elaboración de los Convenios bilaterales de doble imposición; por otro lado, debe recordarse aquí lo que se dijo en su momento (§ 104) sobre la representación y el domicilio de los sujetos no residentes.

En efecto, la LIS distingue, desde el punto de vista de la actividad que desarrollan, tres clases de establecimientos permanentes: los que desarrollan actividades de carácter general (art. 50.1), los que realizan una actividad que no cierra un ciclo mercantil completo (art. 50.4) y los que se establecen para concretas obras de construcción, instalación o montaje cuya duración exceda de doce meses.

El primero de ellos es el prototipo de esta clase de establecimientos; su régimen se configura, como ahora se verá, fundamentalmente sobre un conjunto de invocaciones y remisiones al régimen general, de las cuales quizá la más importante es la que señala cuáles son las rentas sometidas a gravamen por esta forma del impuesto. A estos efectos, la LIS señala (art. 47.1) que los establecimientos permanentes «tributarán por la totalidad» de su renta, «cualquiera que sea el lugar donde se hubiese obtenido o producido», con lo cual la característica territorialidad de la obligación real en estos casos queda bastante en entredicho. En realidad, puede decirse que la obligación real y la obligación personal no presentan diferencia en su ámbito objetivo respecto a los establecimientos permanentes.

No obstante, la LIS especifica (art. 48.1) qué rentas pueden ser imputadas al establecimiento permanente, indicando que se trata de las derivadas de explotaciones económicas, las de la cesión de elementos patrimoniales a ellos afectos y los incrementos y disminuciones de patrimonio (resultados extraordinarios) derivados de esos elementos patrimoniales. La LIS contiene reglas concretas para clarificar lo que se entiende por elementos afectos (art. 48.1 *in fine*), y los supuestos en que la reexportación de bienes previamente importados por el establecimiento puede influir en los resultados (art. 48.2).

Como consecuencia de este riguroso régimen de imputación de rentas al establecimiento permanente, la ley regula también la posibilidad de que sean varios los establecimientos de una misma entidad no residente (art. 49), y cuáles son las exigencias para el reconocimiento de esa pluralidad; a la vez, la LIS señala que cada uno de ellos será gravado con total independencia de los demás y que no será posible la compensación de sus rentas entre sí (art. 49.2).

La determinación del base se rige por una remisión prácticamente en bloque al régimen general; no obstante, se establecen concretos límites en materia de gastos generados por pagos a la casa central a título de cánones, interés o comisiones [art. 50.1.*a)*], mientras que, en cambio, se permite deducir como gasto del establecimiento la parte de los gastos generales de la casa central que sea razonablemente imputable al establecimiento. Los requisitos formales y los criterios de cuantificación de esa «razonabilidad» también los establece la ley [art. 50.1.*b)*].

A las operaciones entre el establecimiento y su central, así como a las de aquél con otros establecimientos permanentes de ésta, les son aplicables las reglas de valoración de las operaciones vinculadas (art. 50.2).

En todo lo demás puede remitirse el tratamiento tributario de los establecimientos permanentes al régimen general como, por otra parte, hace la ley (arts. 50.3, 51.1, 51.4, 52, etc.). Sólo hay que hacer la salvedad del régimen de transferencia de beneficios del establecimiento permanente a la central, a cuyo respecto la ley, para equiparar el tratamiento de estas transferencias al de los dividendos repartidos por las filiales españolas a sus matrices en el extranjero, establece un gravamen del 25 por 100 del importe transferido y del importe de los gastos por cánones, intereses y comisiones que no se consideran deducibles (art. 51.2).

El segundo tipo de establecimiento es el de los que **no cierran un ciclo mercantil** completo. Esta clase está definida por el hecho de que no obtiene en nuestro país «contraprestación alguna», sino que realiza exclusivamente gastos en bienes y servicios para sus instalaciones, obras o trabajos, sin destinar a terceros sus productos o servicios, sino sólo a su central. El que de este hecho pueda deducirse la existencia de una renta obtenida en España parece, por lo menos, dudoso y venía siendo muy criticado por la doctrina; este aspecto parece seguir teniendo cierta virtualidad pues, a pesar de que la nueva ley regula primeramente la estimación directa de estas rentas [art. 50.4.*a)*], después establece un régimen supletorio donde la determinación de la base gravable se hace *a forfait*, mediante la aplicación de un porcentaje que fija el Ministerio.

Los establecimientos permanentes cuya actividad consiste en obras o explotaciones temporales por más de doce meses se caracterizan porque pueden optar por tributar, ya bajo las mismas reglas que un establecimiento permanente de los ya vistos, ya como si se tratara de rentas obtenidas sin mediación de establecimiento permanente. Dicha opción, su régimen y efectos se regulan también en la ley (art. 50.5).

IV. LOS REGIMENES ESPECIALES

157. Introducción

Estos regímenes suponen la aplicación del IS de forma diversa a la que se ha visto hasta el presente; en realidad, pudiera decirse que se trata de aplicar otro impuesto distinto del IS o, más precisamente, de otros impuestos distintos tanto de las obligaciones personal y real, cuanto diferentes entre sí. Algunos están requeridos por las propias exigencias de configuración jurídica del tributo, como las exenciones; otros están condicionados por la estructura jurídica sustantiva de ciertos sujetos o entidades, como las Cooperativas, los Grupos de sociedades, las Entidades de inversión colectiva (SIM, FIM, etc.), las Agrupaciones de interés económico, etc.; y otros, en fin, se originan por la específica situación por la que atraviesan ciertos sujetos pasivos, como es el caso de las fusiones, escisiones y operaciones análogas.

Sea cual fuere la razón de su establecimiento, es cierto también que estos regímenes no sólo difieren por cuanto influyen en la articulación y el propio tamaño de la LIS, sino, sobre todo, en la trascendencia cualitativa que tienen respecto al estudio del conjunto del ordenamiento tributario. Desde la primera perspectiva, no cabe duda de que la ley ha pretendido ser exhaustiva y casi jugar el papel de un código. Salvo lo que se refiere a las fundaciones y a las cooperativas, la LIS regula todas las facetas que presenta el impuesto. Pero esta intención integradora no debe empañar la segunda perspectiva de la que se hablaba: así, las especialidades de las **Sociedades y fondos de capital-riesgo** (exención de plusvalías en la transmisión de sus participaciones y máxima deducción por doble imposición de los dividendos repartidos y percibidos, art. 69), o de las **Sociedades de desarrollo industrial** regional (con casi los mismos beneficios, art. 70), o de las **Entidades mineras** o dedicadas a la investigación y explotación de hidrocarburos (libertad de amortización de ciertos inmovilizados y deducción del factor de agotamiento, arts. 111 a 120), son, por decirlo de manera gráfica, especialísimas, lo cual justifica una mera remisión al texto de la ley.

Por otra parte, otros varios regímenes especiales se han ido estudiando a lo largo de los anteriores epígrafes, señalando las diferencias que su regulación supone respecto a lo tratado como régimen general; en este caso están las Instituciones de inversión colectiva (SIM, FIM, etc., arts. 71 a 74), las fusiones, escisiones y análogos (arts. 97 a 110), los incentivos a empresas de reducida dimensión (arts. 122 a 127), los contratos de arrendamiento financiero (art. 128) y las entidades de tenencia de valores extranjeros (arts. 129 a 132).

Los casos que se van a tratar son, pues, los restantes regímenes que regula la LIS, que tienen un importante peso cualitativo en la configuración del impuesto y de su engaste en el sistema tributario y que, además, no se han tratado suficientemente con anterioridad.

158. Las entidades parcialmente exentas

Al tratar del sujeto pasivo (§ 106) ya se estudió el régimen de la exención subjetiva y plena de ciertas entidades de carácter público (art. 9). A estas entidades habría que añadir aquellas cuya exención ha sido declarada por la legislación especial, como ocurre con los **Fondos de garantía de depósitos** (RD-L 4/1980 y 18/1982) con la **Comisión Nacional del Mercado de Valores** (Ley 24/1988), con la **Agencia Estatal de Administración Tributaria** (Ley 31/1990), con el **Instituto de Crédito Oficial** (RD-L 3/1993) y con la **Agencia industrial del Estado** (RD-L 5/1995); la LIS (DT 13.ª) establece la provisionalidad de estas exenciones. No debe olvidarse que los **Fondos de pensiones** están sometidos a un tipo de gravamen del 0 por 100 (art. 26.8), lo cual equivale a su completa exención, pues este tipo siempre dará lugar a una cuota inexistente, que supondrá la devolución de todas las retenciones. Algo parecido, aunque la función del régimen no es idéntica a aquél, ocurre con el tipo del 1 por 100 aplicable a las Entidades de inversión colectiva (art. 26.6). También para las sociedades transparentes prevé la LIS (DT 22.ª) la aplicación de tipos de gravamen crecientes a partir del 0 por 100 en un período transitorio.

El otro grupo de entidades exentas está integrado por entidades más heterogéneas, como los partidos políticos o las mutuas de accidentes de trabajo. La exención tiene en este caso eficacia muy **limitada,** afectando a las rentas que procedan de sus actividades propias, a los incrementos patrimoniales a título lucrativo, y a los onerosos que se pongan de manifiesto en la transmisión de bienes afectos a su actividad propia que, además, se reinviertan (art. 134.1). En cambio, según dispone la ley (art. 134.2), la exención no afecta ni a los rendimientos de explotaciones económicas (empresariales), ni a los derivados de su patrimonio, ni a los restantes incrementos de patrimonio. A la vista de estos límites puede dudarse con fundamento de que la exención realmente exista, ya que no se extiende a las clases más importantes de renta. Además, el principal problema que suscita este régimen es determinar si existe o no una explotación económica en todos los casos en que el objeto propio de la entidad es una actividad que implica la prestación de bienes o servicios mediante contraprestación de los asociados o de terceros. En tales supuestos se abre un amplio abanico entre lo que pueden considerarse actividades de ese tipo exentas y las gravadas.

Según la ley, la base imponible se obtiene por la suma algebraica de todos los componentes gravados (art. 135.1), teniendo en cuenta las limitaciones a la deducción de todo gasto relacionado con las actividades incluidas en la exención (art. 135.2). La base se grava al tipo del **25 por 100**.

En este segundo grupo de exenciones pueden considerarse, además, otras entidades de diversa naturaleza, como el Instituto de Relaciones Europeo-Latinoamericanas, las Uniones y Federaciones de Cooperativas, las Entidades religiosas Evangélicas, Israelitas e Islámicas, etc.

159. La transparencia fiscal

A pesar de que también aquí hay formalmente dos regulaciones: una, en la LIRPF y, otra, en la LIS, su contenido es casi idéntico, por lo que puede decirse que el régimen de la transparencia fiscal está unificado en ambos impuestos, sin perjuicio de que haya alguna aparente diferencia, como la regulación en el IRPF (art. 55) de los criterios de individualización de las rentas, que no son aplicables en el IS. Esto justifica que remitamos su estudio a lo expuesto respecto al IRPF (*vid.* §§ 63 y 64), insistiendo en que la LIS parte de un propósito uniformador de todo este régimen (DF 4.ª).

No obstante, deben recordarse las especialidades que se han expuesto sobre la determinación de los incrementos de patrimonio por enajenación de títulos de sociedades transparentes (§ 135), las reglas de imputación temporal de las rentas en estos supuestos (§ 139), y el régimen de imputación de las deducciones por doble imposición y de las bonificaciones y demás deducciones (§ 149).

Por otro lado, las sociedades transparentes están sometidas a los deberes formales derivados del IS sin excepciones: están sometidas al deber de declarar, con inclusión de ciertos datos específicos y tienen los mismos deberes que las demás entidades en lo relativo a las **retenciones** e ingresos a cuenta, excepto por lo que se refiere a la retención sobre los dividendos o participaciones en beneficios obtenidos en períodos en que la entidad estuviese sometida a transparencia [art 146.4.*b)*], aunque los distribuyan cuando no están en transparencia; por el contrario, como es lógico, están sujetas al deber de retener sobre dichos conceptos obtenidos en ejercicios en que la sociedad no estuviese en el régimen de transparencia fiscal, cualquiera que sea el régimen aplicable en el momento de distribuirlos.

Recuérdense, además, las consecuencias sobre el tipo de gravamen que están previstas cuando una sociedad incumple los deberes respecto de la identificación de los socios (art. 77).

Por otro lado, la LIS regula efectos muy parecidos a la transparencia fiscal pero establecida, no en general, sino sólo para concretos tipos de entidades. En este marco se inscribe el régimen fiscal aplicable a las **Uniones Temporales de Empresas** (art. 68), que, entre otras, tiene como principal especialidad la posibilidad de imputar a sus miembros los resultados tanto positivos como negativos, siempre que se acojan a la disciplina prevista en la ley; el mismo sistema se establece para las **Agrupaciones de interés económico** y para las **Agrupaciones europeas de interés económico** (arts. 66 y 67).

Finalmente, es conveniente tener presente que este régimen es incompatible con el de las entidades de tenencia de valores extranjeros (art. 129.2).

160. (sigue) La transparencia fiscal internacional

La LIS recoge también (art. 121) una institución de reciente incorporación a nuestro ordenamiento y establecida con la finalidad de impedir la elusión de las reglas que definen el contenido de la obligación personal. El régimen es parecido a la transparencia fiscal y está referido a determinadas filiales constituidas en el extranjero por matrices residentes en España. De este modo, como la obligación personal de contribuir somete al impuesto español todas las rentas obtenidas por las sociedades residentes (*vid.* § 103), incluidas las que éstas obtengan de sus inmuebles en el extranjero o de sus participaciones en el capital de sociedades extranjeras, es posible que la matriz española decida, en vez de detentar por sí misma tales inmuebles o participaciones, aportarlos a una filial extranjera, constituida con la mera finalidad de tenencia de dichos elementos patrimoniales, y con la consecuencia de que, al ser ya otra persona jurídica la que ostenta su titularidad, la renta que produzcan es ya imputable a la filial y no se ve afectada por la obligación personal de la residente en España. Lo que la ley ordena es imputar la renta que obtengan tales filiales en el extranjero a la matriz española. Lógicamente, para ordenar este efecto, la ley debe asegurarse de que la filial se ha constituido sólo con ese fin y de que no responde a otros fines y objetivos de lícito comercio, lo cual da lugar a unas reglas enormemente casuísticas de casi imposible sistematización.

161. Los grupos de sociedades

Este régimen tributario especial tiene su contenido sustancial perfectamente descrito por la propia LIS cuando dice que la base imponible del grupo se determinará sumando, entre otras cosas, las bases imponibles de todas y cada una de las sociedades que lo integren [art. 85.1.*a)*]. Efectivamente, el también llamado régimen de tributación sobre el balance consolidado del grupo no consiste en otra cosa que en la suma de los balances correspondientes a las entidades miembro del grupo, sin perjuicio de que esta operación tan fácilmente descrita encierra en realidad un alto grado de complejidad técnica.

El conjunto de las sociedades que formen parte del grupo tiene que reunir las características que expresa la LIS: ser anónimas o limitadas o comanditarias por acciones, residentes en territorio español y participar en el grupo, una como sociedad dominante y, las demás, como sociedades dependientes de aquélla. Los requisitos de la **sociedad dominante** los define también la LIS (art. 81.2), entre los que destacan, la titularidad, directa o indirectamente, de al menos el 90 por 100 del capital de la/s dominada/s, que dicha situación exista con un año de antelación al primer día del período impositivo en que se haya de aplicar el régimen y que no sea dependiente de ninguna otra sociedad residente. Estos mismos requisitos determinan las exigencias de las **sociedades dependientes** (art. 81.3). En el mismo precepto se establecen las exclusiones del grupo, en el que no podrán integrarse ni las sociedades exentas, ni las que tributen a un tipo inferior al de la dominante, las que se encuentren en alguna situación concursal o en proceso de disolución, ni, en fin, las sociedades indirectamente dependientes de la sociedad dominante pero que dependan directamente de otra que no reúna los requisitos para formar parte del grupo. También define la ley (art. 83) el llamado **dominio indirecto** que, como se acaba de indicar, consiste en ser dominante de una sociedad que, a su vez, domina a otra u otras; el dominio de la primera de ellas sobre la tercera se califica de dominio indirecto, y el cálculo del porcentaje de participación se efectúa multiplicando entre sí los porcentajes correspondientes a cada una de ellas (y, aunque la LIS no lo dice, dividiendo el producto por 100); así, si la sociedad **A** tiene el 96 por 100 de **B** y ésta participa en el 99 por 100 de **C,** puede decirse que **A** tiene el 95,04 por 100 de **C** (96 × 99 = 9.504 / 100). Si respecto a una misma sociedad dominada coincidieran una participación directa y otra indirecta, el porcentaje de participación total será, lógicamente, la suma de ambas formas de participación (art. 83.2). No es preciso indicar que, a pesar de que el instrumento técnico en ambos casos sea el mismo, la consolidación de balances, los requisitos y el cometido de este régimen a efectos fiscales son completamente distintos de los establecidos por la legislación mercantil (arts. 42 y ss. del C. de c.).

Es también característico de este régimen el hecho de ser opcional (arts. 78 y 84), de manera que se requiere el correspondiente acuerdo de todas las sociedades que integren el grupo. No obstante, en la legislación hay establecidos supuestos obligatorios de tributación como grupo de sociedades; éste es el caso, por ejemplo, de la Sociedad Estatal de Participaciones Industriales (LIS DA 3.ª). Tampoco debe confundirse esta obligación, que tiene repercusiones tributarias, con la de presentar las cuentas consolidadas, que no las tiene (Ley 10/1985, DA 2.ª).

Como se ha indicado, la determinación de la base imponible del grupo se realiza por la adición de las que corresponden a sus distintos miembros. Esta actividad de adición requiere una previa labor de **eliminación** de aquellas operaciones que supongan resultados y estén efectuadas en el interior del propio grupo por sus miembros entre sí; la consolidación no es, desde este punto de vista, otra cosa que un mecanismo de confusión de derechos y obligaciones en un único sujeto que integra a las partes que establecieron dichas relaciones jurídicas, y es a este proceso de eliminación al que se refiere la ley (art. 86); de este modo, se determinan los resultados externos del grupo, sin tener en cuenta para nada los beneficios o pérdidas que eventualmente se hubieran originado por las operaciones de los miembros del grupo entre sí. En sentido inverso, si alguna de las operaciones eliminadas se realiza frente a terceros, es preciso realizar la correspondiente **incorporación**. Es preciso subrayar dos situaciones a las que se refiere la LIS: la primera tiene que ver con una cuestión que ya se ha insinuado, y consiste en que las operaciones que se eliminan son las internas del grupo que den lugar a resultados, por lo que no deben eliminarse aquellas que no se reflejen en ellos. Así, si una sociedad **A** del grupo vende un activo a otra **B** miembro del mismo grupo, y el precio que paga **B** es equivalente al valor neto del bien en las cuentas de **A,** al no producirse ningún resultado, la eliminación no se realiza. La segunda cuestión se suscita porque la propia consolidación de balances puede poner de manifiesto diferencias que la misma LIS (art. 85.2) manda no tomar en consideración. Estas diferencias surgen porque el valor de las acciones emitidas por una sociedad en las cuentas de otra que las adquirió es distinto del valor patrimonial de esas mismas acciones según el balance de la sociedad emisora de los títulos. Así, si **A** sucribió acciones de la sociedad **B** con un nominal de 1.000, éste será en principio el valor por el que figure cada acción en las cuentas de **A**; sin embargo, si **B** tiene, por ejemplo, esta situación:

Activo		Pasivo	
Inmuebles	4.000.000	Capital	5.000.000
Valores	5.000.000	Reservas	5.000.000
Tesorería	1.000.000		
	10.000.000		10.000.000

el valor que se deduce de las cuentas de cada acción es de 2.000. Ese mayor valor, que se manifiesta en el momento de la consolidación, no se toma en consideración a efectos del impuesto.

La ley regula también la compensación de pérdidas del grupo (art. 88) y el límite que, a efectos de las nuevas sociedades que se incorporen con pérdidas compensables, suponen las bases imponibles de éstas. Es posible también la reinversión de los beneficios extraordinarios (art. 89) con los efectos que ya se dijeron. El período impositivo coincide con el de la sociedad dominante (art. 90) y la cuota íntegra es el resultado de aplicar el tipo a la base del grupo (art. 91); la ley regula también la práctica de las deducciones de la cuota ya estudiadas y otros deberes de información (art. 93) además de los consiguientes a la declaración y autoliquidación (art. 96). El incurrir en estimación indirecta o el incumplimiento de aquellos deberes de información son causa de la pérdida de este régimen (art. 94), cuyos efectos recoge la ley (art. 95).

El conjunto del grupo es sujeto pasivo del impuesto, por el que no tributarán las sociedades miembro del mismo (arts. 78.2 y 79.1). La sociedad dominante ostenta la representación del grupo (art. 79.2) y es la que asume la generalidad de sus deberes tributarios, incluyendo el deber de ingresar las cuotas que correspondan (art. 96.1), aunque los miembros conservan todos los restantes deberes derivados de la aplicación del IS. Todas las sociedades del grupo responden solidariamente del pago del impuesto (art. 80).

162. Otros regímenes especiales

Entre los que no están contenidos en la LIS, cabe mencionar, en primer lugar, el régimen fiscal de las **Cooperativas** (Ley 20/1990) en el que se establecen distintas especialidades, sobre todo en la base imponible, e incentivos, que son aplicables sólo a aquellas que cumplan los requisitos relativos al tipo de actividad, tipo de socios y topes de contratación de servicios externos, que para cada clase de cooperativa se recogen en estas normas; es fundamental a este respecto la distinción en su base imponible de resultados cooperativos y extracooperativos. Tratamiento especial reciben también las amortizaciones, la valoración de operaciones con los socios, la determinación de incrementos y disminuciones de patrimonio, etc. La compensación de las pérdidas se lleva a cabo, no a través de las bases, sino mediante la compensación de las cuotas negativas con las positivas. Las acogidas a esta legislación tributan por sus resultados cooperativos al tipo del 20 por 100, salvo si son de Crédito, que lo hacen al 26 por 100, y al tipo general por los resultados extracooperativos. Las que se consideran **especialmente protegidas,** cuyas exigencias sustantivas son más rigurosas, gozan de una bonificación de la cuota del 50 por 100. Este régimen resulta también aplicable en líneas generales a las Cooperativas de segundo grado.

El otro amplio régimen especial externo a la LIS es el aplicable a las **Fundaciones** y las **Asociaciones de utilidad pública** (Ley 30/1994). Dicho régimen es más beneficioso que el de exención limitada que acabamos de describir (§ 158) porque, además de estar exentos los ingresos por las actividades que constituyan el objeto de la entidad, pueden estarlo, con ciertas condiciones, los procedentes de explotaciones económicas, y los intereses y los derivados del arrendamiento de inmuebles en, al menos, el 30 por 100 de su cuantía. También resulta beneficioso para estas entidades la integración, mediante su suma algebraica, de todas las rentas gravadas en una única base imponible, sobre la cual se aplica un tipo del **10 por 100**. Aquella legislación contempla también una variada serie de incentivos a todas las actividades de patrocinio cultural, en sentido muy amplio, y mecenazgo.

V. LOS REGIMENES ESPECIALES POR RAZON DEL TERRITORIO

163. El Impuesto sobre Sociedades en Canarias

Realmente no puede hablarse de que en Canarias haya un IS especial sino, más bien, de que dicho impuesto tiene allí ciertas pecualiaridades. Estas derivan del Régimen Económico Fiscal de Canarias (Ley 30/1972) y consisten en un tratamiento especial de los incentivos a la inversión los cuales, originariamente, estaban configurados sobre la vieja estructura del IS y permitían desgravar los beneficios no distribuidos que se destinasen al denominado Fondo de Previsión para Inversiones.

A partir de 1992 (Leyes 20/1991 y 16/1994), el anterior sistema se sustituye por el mismo régimen de deducciones de la cuota por inversiones que se aplica con carácter general, si bien en Canarias los porcentajes de deducción y los límites sobre la cuota líquida son mayores que los que contiene la LIS. Las inversiones que originan estas deducciones pueden ser efectuadas tanto por entidades con domicilio fiscal en Canarias, cuanto por las demás entidades que tengan allí un establecimiento permanente. Según las normas que regulan la deducción, las inversiones pueden hacerse, además de en los activos y elementos a los que se refiere la LIS, en activos usados que no hubiesen gozado anteriormente de deducciones por inversión en el resto del territorio nacional.

Recientemente se han establecido nuevos incentivos en el IS respecto de las entidades establecidas en Canarias, entre los cuales destaca la **reserva para inversiones** que permite deducir directamente de la base imponible la parte de los beneficios que se destine a dicha reserva, en las condiciones que la legislación señala (Ley 19/1994); también debe señalarse la delimitación de la Zona Especial de Canarias (**ZEC**), a cuyo respecto se establece la exención de la obligación real de las empresas que obtengan allí rentas, siempre que no sean residentes en la Unión Europea, además de otras ventajas y bonificaciones.

164. El Impuesto sobre Sociedades de Navarra

En esta Comunidad, el IS, en virtud del Régimen de Convenio (Ley 28/1990), es uno de los tributos concertados cuya regulación puede ser establecida por la Comunidad Foral. Se plantean así dos problemas básicos: primero, cuál es la normativa aplicable a cada entidad y, luego, a qué Administración tributarán las distintas sociedades.

Por lo que se refiere al primer asunto, la normativa autónoma es aplicable a las entidades que tributen exclusivamente a la Comunidad Foral y a aquellas otras que, teniendo su domicilio fiscal en Navarra, realicen en territorio de régimen común menos del 75 por 100 de su volumen total de operaciones. La normativa común es aplicable a los demás casos.

En lo que atañe a la Administración competente para la exacción del impuesto, debe distinguirse entre las entidades que tributan exclusivamente a la Comunidad Foral y las que lo hacen conjuntamente a aquéllas y a la Administración del Estado. **Exclusivamente** a la Comunidad Foral tributan las entidades que operen sólo en territorio navarro, independientemente de dónde tengan su domicilio fiscal, y las que, estando domiciliadas fiscalmente en dicho territorio, hubieran tenido en el ejercicio anterior un volumen de operaciones inferior a trescientos millones de pesetas. Las demás que, como es lógico, operen en ambos territorios y hubieran tenido en el ejercicio anterior un volumen superior a trescientos millones, tributan a cada una de las administraciones «en proporción al volumen de operaciones realizado en cada territorio durante el ejercicio».

Hay que tener en cuenta que la Banca oficial estatal, las sociedades concesionarias de monopolios y las entidades extranjeras tributan exclusivamente al Estado, sin perjuicio de la posterior compensación con la Aportación Económica de Navarra al Estado por el importe de la cuotas que sea imputable a Navarra.

Navarra ha hecho uso de su capacidad normativa en lo que respecta al IS (Ley foral 23/1996, de 30 de diciembre —BOE de 30 de enero de 1997—), aunque también aquí el impuesto presenta una estructura análoga a la del régimen común; no obstante, se aprecian algunas especialidades notables, sobre todo en materia de incentivos a la inversión, donde se cuenta con reducciones de la base gravada del 45 por 100 de los beneficios destinados a la reserva para inversiones, y bonificaciones durante cuatro años del 50 por 100 de la cuota de las entidades de nueva creación y del 99 por 100 de la cuota que corresponda a rentas procedentes de actividades de exportación; también está incentivada la creación de empleo.

165. El Impuesto sobre Sociedades de Vizcaya, Alava y Guipúzcoa

En esta Comunidad el IS es uno de los tributos sometidos al Régimen de Concierto por lo que, al igual que se ha visto en el caso de Navarra, su regulación puede ser efectuada por las Diputaciones Forales (Leyes 12/1981 y 38/1997). Se plantean en este sentido los mismos problemas que hemos señalado anteriormente: qué normativa resulta aplicable a cada entidad y cuál es la Administración a la que tributan en cada caso. El primer problema tiene una solución idéntica a la de Navarra. Respecto a la Administración a la que tributan, hay que diferenciar las que lo hacen exclusivamente a las Diputaciones Forales y las que tributan conjuntamente a «ambas Administraciones». **Exclusivamente** a las Diputaciones Forales tributan las entidades que hubieran operado solamente en el País Vasco, independientemente de dónde tengan su domicilio, y las que, domiciliadas fiscalmente en dicho territorio, hubieran tenido en el ejercicio anterior un volumen de operaciones inferior a quinientos millones de pesetas. Las demás tributan conjuntamente a ambas Administraciones en proporción al volumen de operaciones realizado en cada territorio. El Concierto establece otras normas específicas respecto a la tributación de los grupos de sociedades y agrupaciones y uniones de empresas.

Todas las Diputaciones forales han hecho uso de su capacidad normativa para promulgar una regulación completa de esta materia [18]. La estructura de estas normas también es muy parecida a la que impera en el régimen común. No obstante, estos regímenes forales ya introdujeron desde 1988 incentivos y desgravaciones más favorables que los vigentes en el resto del Estado, cuyo conjunto dio en llamarse «vacaciones fiscales» y que la Comisión de la entonces CEE declaró incompatibles con el proceso de integración [19]. Sin embargo, en el ámbito territorial del País Vasco, el IS está vigente a un tipo del 32,50 por 100 (el 30 por 100 para las pequeñas empresas), que es inferior al del régimen común.

Además, desde 1993 se ampliaron los beneficios por inversión con distintas reducciones de las bases de imposición, llegándose a conceder una exención durante 10 años en el IS a las empresas que se constituyeran hasta 1994. No faltan quienes opinan que tanto la reducción de los tipos de gravamen como estos incentivos contradicen las normas generales establecidas en el Concierto (§ 5.B).

BIBLIOGRAFIA

GOTA LOSADA, A., *Tratado del Impuesto sobre Sociedades,* tomo I («Nociones fundamentales e historia del tributo en España»), tomo II («El hecho imponible»), tomo III («Entidades sujetas y exentas»), ed. Banco Exterior de España, Madrid, 1988-89.

LAUFENBURGER, H., *El impuesto sobre la renta y las sociedades comerciales,* trad. de GAY DE MONTELLA, ed. El Consultor Bibliográfico, Barcelona, 1931.

MALVAREZ PASCUAL, L. A., *La nueva regulación del Impuesto sobre sociedades,* vol. 1 (Régimen general), CEF, Madrid, 1996.

MALVAREZ PASCUAL, L. A. y otros, *La nueva regulación del Impuesto sobre sociedades,* vol. 2 (Regímenes especiales), CEF, Madrid, 1996.

ROCA SASTRE, R. M. y MUNCUNILL PALET, J., *Tratado de la Contribución de Utilidades,* ed. Ruiz Romero, Barcelona, 1945.

ROZAS ZORNOZA, M., *La liquidación de impuestos en la empresa,* ed. ICE, Madrid, 1963.

SANZ GADEA, E., *Impuesto sobre Sociedades* (Comentarios y casos prácticos), 3.ª ed., ed. Centro de Estudios Financieros (3 vols.), Madrid, 1991.

VV.AA., *Impuesto sobre Sociedades,* **XXVIII Semana de Estudios de Derecho financiero,** ed. Instituto de Estudios Fiscales, Madrid, 1982.

— *Guía del Impuesto sobre Sociedades,* CISS, Madrid, 1996.

---

[18] Norma foral 24/1996, de 5 de julio **(Alava)**; Norma foral 7/1996, de 4 de julio **(Guipúzcoa)**; y Normal foral 3/1996, de 26 de junio **(Vizcaya)**.

[19] Decisión de la Comisión de la CEE de 10 de mayo de 1993 (DOCE-L 134, de 3 de junio).

CAPITULO 4
EL IMPUESTO SOBRE ACTIVIDADES ECONOMICAS

166. Naturaleza y caracteres

El IAE es, después del IBI, la segunda gran figura de la imposición local y ha venido a sustituir, desde 1992, a las desaparecidas Licencias Fiscales de actividades comerciales e industriales y de profesionales y artistas y al Impuesto sobre la Radicación, de los que viene a suponer una especie de refundición. La introducción del IAE ha supuesto igualmente la desaparición del Impuesto de Publicidad y del Impuesto municipal sobre Gastos Suntuarios, salvo en su modalidad de gravamen de los cotos de caza y pesca, dejada en vigor por la Ley 6/1991 [1].

La naturaleza del IAE la podemos resumir en los siguientes caracteres:

— Es un impuesto directo, según declara expresamente la LRHL.

— Es un impuesto real y objetivo, que prescinde por completo de las circunstancias personales del contribuyente a la hora de cuantificar el importe de las cuotas.

— Es un impuesto periódico.

— Es un impuesto municipal. Esta titularidad municipal del IAE es compatible con la facultad de las Diputaciones Provinciales de establecer un recargo sobre el mismo.

— Es un impuesto de exacción obligatoria por todos los Ayuntamientos.

— Es un impuesto de gestión compartida entre la Administración tributaria estatal y la local.

Como veremos en seguida, el IAE grava el mero ejercicio en territorio nacional de cualquier actividad económica y su hecho imponible, de gran amplitud, puede suscitar algún reproche desde el punto de vista del principio de capacidad contributiva. Esta circunstancia se ha querido justificar en una pretendida función censal, más que recaudatoria, del IAE. Sin embargo, es difícil admitir dicha justificación por dos razones fundamentales. La primera, que nuestro ordenamiento tributario dispone ya de instrumentos censales más completos y eficaces que el IAE; la segunda, que la existencia de unas cuotas tan elevadas como las que origina este impuesto no parece

[1] BOE de 12 de marzo de 1991.

corresponderse con una finalidad censal del gravamen, sino más bien estrictamente recaudatoria.

167. Armonización comunitaria del IAE

El deseo de eliminar las distorsiones de la competencia entre las empresas de transporte de los diversos Estados miembros motivó la Directiva del Consejo 93/89/CEE, de 25 de octubre de 1993 [2], relativa a la aplicación por los Estados miembros de los impuestos sobre determinados tipos de vehículos utilizados para el transporte de mercancías por carretera, así como de los peajes y derechos de uso percibidos por la utilización de determinadas infraestructuras. En lo que aquí nos interesa diremos que la Directiva se limita a fijar una cuantía mínima al importe de los impuestos que recaigan sobre los vehículos destinados al transporte de mercancías por carretera y que tengan un peso total en carga autorizado igual o superior a 12 toneladas. España, al igual que otros países de la Comunidad (Grecia, Italia, Francia y Portugal), podrá exigir hasta 1997 inclusive importes reducidos sin que en ningún caso sean inferiores al 50 por 100 de las cuantías mínimas fijadas en la Directiva. Pues bien, entre los impuestos afectados en los distintos Estados miembros incluye la Directiva en España al impuesto sobre actividades económicas, únicamente en lo que se refiere al importe de las exacciones percibidas sobre los vehículos automóviles. En definitiva, sólo podrán verse afectadas por la norma armonizadora las cuotas del grupo 722 de la Sección primera de las Tarifas del IAE relativo a la actividad de transporte de mercancías por carretera.

168. Hecho imponible. Supuestos de no sujeción

La LRHL define el hecho imponible del IAE como «el mero ejercicio en territorio nacional de actividades empresariales, profesionales o artísticas, se ejerzan o no en local determinado y se hallen o no especificadas en las Tarifas del impuesto», excluyendo de la condición de empresariales, y, por tanto, de la sujeción al impuesto, a las actividades agrícolas, ganaderas dependientes, forestales y pesqueras (art. 79 LRHL). Como vemos, una delimitación muy generosa del ámbito del impuesto, de manera que parece quedar sujeta al mismo cualquier actividad económica, salvo las recién indicadas, con independencia de que se ejerza habitual o esporádicamente, persiga o no ánimo de lucro, obtenga beneficios o pérdidas en su ejercicio concreto, se realice o no en un local determinado y esté o no contenida en las Tarifas del impuesto. De lo que acabamos de indicar quizá lo que más llame la atención sea que el IAE, que en definitiva es un impuesto sobre la renta, pueda exigirse a actividades económicas que obtienen pérdidas en su ejercicio. Se dará el caso, por ejemplo, de entidades que, teniendo una base imponible negativa en su Impuesto sobre Sociedades, deban sin embargo satisfacer cuotas, frecuentemente elevadas, por el IAE. Esta circunstancia

---

[2] DOCE núm. 1279, de 12-11-1993.

no parece muy congruente con el principio de capacidad económica [3]. Por otra parte, aunque la DGCHT, amparándose en el pretendido carácter censal del impuesto, ha fijado la doctrina de que el IAE grava el ejercicio de cualquier actividad económica con independencia de su carácter habitual u ocasional y de que persiga o no ánimo de lucro, el tema es cuando menos discutible. Tiene más sentido, a nuestro entender, considerar la habitualidad y el ánimo de lucro como dos notas configuradoras del concepto de actividad empresarial o profesional. En cuanto a lo primero, cabe señalar que el mismo término «actividad» parece referirse a un ejercicio habitual o frecuente; de lo contrario, estaríamos ante un acto económico aislado, no ante una actividad económica. Y en cuanto a lo segundo, también resulta más razonable interpretar, siguiendo los mismos criterios de la Ley del IVA (*vid.* § 295), que no tienen la condición de empresarios o profesionales quienes realicen exclusivamente operaciones gratuitas.

La LRHL en su artículo 82 completa la definición del hecho imponible mencionando una serie de supuestos de no sujeción que son los siguientes: la enajenación de bienes del inmovilizado empresarial, la venta de bienes de uso privado y particular del vendedor, la venta de productos recibidos como retribución en especie del trabajo personal o profesional, la exposición de artículos con el fin exclusivo de decoración del establecimiento y el acto aislado de venta al por menor. A los mencionados hay que añadir otro supuesto de no sujeción de gran importancia que es «la utilización de medios de transporte propios» y «la reparación en talleres propios, siempre que a través de unos y otros no se presten servicios a terceros» [4]. Aparte de estos supuestos de no sujeción especificados en la LRHL o en las Tarifas del IAE, caen fuera del ámbito de este último todas las actividades que no merezcan la calificación de empresarial, profesional o artística. Así, por ejemplo, una Sociedad o un Fondo de inversión mobiliaria, en la medida en que no desarrolla una actividad empresarial, ya que no interviene en la producción o distribución de bienes o servicios, no quedarán sujetos al IAE.

169. Beneficios fiscales. Exenciones

Una cuestión que caracterizaba a la imposición municipal anterior a la reforma de 1989 era la profusión de beneficios fiscales concedidos en una legislación dispersa y diferente de la que contenía la regulación sustancial de los impuestos municipales. Frente a esta situación, que producía inseguridad jurídica además de mermar considerablemente la recaudación, ha querido reaccionar la LRHL, de una parte, eliminando un buen número de exenciones en los nuevos impuestos municipales y, de otra, derogando expresamente «cuantos beneficios fiscales estuviesen establecidos en los

[3] No obstante, cfr. STSJ de la Comunidad Valenciana de 23-6-1994 (AT núm. 15/95), STSJ de Canarias de 23-9-1994 (AT núm. 14/95), STSJ de Castilla-La Mancha de 4-4-1995 (JT 1995/494) y STSJ de Galicia de 24-11-1994 (JT 1994/1362).

[4] Regla 3.ª5 de la Instrucción para el manejo de las Tarifas del IAE, aprobadas por Real Decreto legislativo 1175/1990 (BOE de 29 de septiembre y 1 y 2 de octubre).

tributos locales, tanto de forma genérica como específica, en toda clase de disposiciones distintas de las de Régimen Local, sin que su actual vigencia pueda ser invocada respecto de ninguno de los tributos regulados en la presente ley» (disposición adicional 9.ª), todo ello sin perjuicio de determinadas disposiciones de derecho transitorio. De esta forma, en el IAE no habrá más exenciones o bonificaciones que las establecidas en la LRHL o en las Tarifas del impuesto y las que hayan podido concederse en leyes posteriores a la LRHL como, por ejemplo, la Ley 20/1990 [5], sobre el Régimen Fiscal de las Cooperativas, que establece una reducción del 95 por 100 en la cuota y recargo del IAE aplicable a las cooperativas fiscalmente protegidas, las especialmente protegidas, las de segundo grado, las de crédito y las sociedades agrarias de transformación (arts. 33.4, 34, 35 y disposición adicional 1.ª3).

La LRHL enumera una serie de exenciones que podemos agrupar en dos apartados:

— Exenciones subjetivas. Este carácter tienen las concedidas en favor de los Entes públicos territoriales y sus Organismos Autónomos de carácter administrativo; las Entidades gestoras de la Seguridad Social y Montepíos y Mutualidades; y la Cruz Roja española.

— Exenciones mixtas. Una se refiere a «los organismos públicos de investigación y los establecimientos de enseñanza en todos sus grados costeados íntegramente con fondos del Estado, de las Comunidades Autónomas o de las Entidades locales, o por Fundaciones declaradas benéficas o de utilidad pública». La otra beneficia a «las Asociaciones y Fundaciones de disminuidos físicos, psíquicos y sensoriales, sin ánimo de lucro, por las actividades de carácter pedagógico, científico, asistencial y de empleo que para la enseñanza, educación, rehabilitación y tutela de minusválidos realicen».

Las exenciones subjetivas son automáticas, mientras que las que hemos calificado como mixtas son rogadas, debiendo solicitarse su aplicación por parte del sujeto pasivo. La concesión o denegación de estas exenciones es competencia de cada Ayuntamiento, siendo preceptivo un informe técnico previo y no vinculante de la Administración tributaria estatal [6].

En el IAE, como en las restantes figuras de la imposición municipal, la LRHL ha supuesto una considerable reducción de los beneficios fiscales existentes en los impuestos sustituidos. Quizá por ello el legislador ha creído oportuno introducir una norma de derecho transitorio, en virtud de la cual quienes a la entrada en vigor del IAE vinieran disfrutando de algún beneficio fiscal en las anteriores Licencias Fiscales, lo conservarán hasta la fecha de su extinción si el beneficio era temporal, o hasta el 31 de diciembre de 1994 si era permanente (disp. tr. tercera).

---

[5] BOE de 20 de diciembre.

[6] Cfr. artículo 92.2 de la LRHL y artículo 9 del RD 243/1995 por el que se dictan normas para la gestión del IAE y se regula la delegación de competencias en materia de gestión censal de dicho impuesto (BOE de 8 de marzo).

La Ley 22/1993 [7] introdujo para actividades empresariales de nueva creación una bonificación en la cuota del IAE de los tres primeros años de ejercicio de la actividad del 75, el 50 y el 25 por 100, respectivamente. Los requisitos para disfrutar de esta bonificación son fundamentalmente dos: que se trate de actividades nuevas, cuyo ejercicio se inicie a partir del 1 de enero de 1994, y que el número de empleados en la actividad no exceda de 20. Es una bonificación de naturaleza reglada, y no discrecional, y tiene carácter rogado.

170. Sujetos pasivos

Son sujetos pasivos del IAE las personas físicas o jurídicas y los entes de hecho que realicen cualquier actividad sujeta al impuesto. Nada destacable, pues, en lo referente al sujeto pasivo, salvo recordar la situación de responsabilidad en que pueden quedar los sucesores en la titularidad de una explotación o actividad económica por las deudas tributarias pendientes derivadas del ejercicio de dicha actividad, conforme a lo previsto en la LGT (cfr. art. 72 LGT y art. 13 RGR). También cabe añadir que en el IAE sólo podrán tributar como profesionales las personas físicas. Cuando una persona jurídica o un ente de hecho realicen alguna actividad calificable en principio como profesional, deberán matricularse en el epígrafe equivalente de la Sección primera de las Tarifas del impuesto que recoge las actividades empresariales (Regla 3.ª3 de la Instrucción para el manejo de las Tarifas del IAE, aprobadas por el Real Decreto legislativo 1175/1990).

171. La cuota tributaria. Las Tarifas del IAE. La cuota de tarifa

Según la LRHL, en el IAE «la cuota tributaria será la resultante de aplicar las tarifas del impuesto... y, en su caso, el coeficiente y el índice acordado por cada Ayuntamiento y regulados por las Ordenanzas fiscales respectivas» (art. 85). Se trata de un procedimiento de liquidación complejo cuyo punto de arranque lo constituye la asignación a cada actividad de la llamada «cuota de tarifa» o mínima que viene establecida en una normativa estatal. Sobre dicha cuota mínima cada Ayuntamiento puede ejercer su autonomía financiera mediante la aplicación del llamado «coeficiente de modificación» y del «índice de situación».

Las Tarifas del IAE consisten en una descripción, ordenada conforme a la Clasificación Nacional de Actividades Económicas, de las distintas actividades económicas y de su contenido, así como en la fijación de las cuotas mínimas correspondientes a cada actividad. Estas Tarifas, y la Instrucción para su manejo, se contienen en el Real Decreto legislativo 1175/1990 para todas las actividades, salvo para la ganadería independiente cuyas Tarifas se aprobaron por el Real Decreto legislativo 1259/1991. Se trata de normas dictadas por el Gobierno en uso de la delegación

[7] BOE de 31 de diciembre.

legislativa contenida en la LRHL y siguiendo las bases establecidas por ésta. Entre dichas bases conviene que destaquemos algunas. En primer lugar, la que señala que las cuotas resultantes de las Tarifas no excederán del 15 por 100 del beneficio medio presunto de la actividad gravada. Este límite máximo a las cuotas de tarifa, traído de las antiguas Licencias Fiscales, carece de contenido o eficacia real al ir referido al beneficio medio presunto de cada actividad, magnitud de imposible o muy difícil concreción [8]. En segundo lugar, la LRHL ordena que a la hora de fijar las cuotas mínimas se tenga en cuenta «la superficie de los locales en que se realicen las actividades gravadas». Esta introducción del elemento tributario superficie, recogida del anterior Impuesto sobre la Radicación, ha dificultado considerablemente la confección de las Tarifas y la liquidación del impuesto. Por último, la LRHL prevé que para algunas actividades las Tarifas puedan fijar cuotas provinciales o nacionales. Era una previsión absolutamente razonable. Una de las dificultades encontradas en la elaboración de las Tarifas del IAE ha sido la de circunscribir las actividades económicas a un ámbito o término municipal, lo que venía exigido por la titularidad municipal del impuesto. Ahora bien, para ciertas actividades dicha dificultad era prácticamente insalvable. Pensemos, por ejemplo, en el transporte aéreo o marítimo, en los servicios de telecomunicaciones, en la venta por correo, etc. Son todas ellas actividades imposibles de localizar en un municipio determinado. Estos son los casos en que las Tarifas del impuesto han previsto unas cuotas provinciales o nacionales cuyo pago habilita para el ejercicio de la actividad en el ámbito provincial de que se trate, o bien en todo el territorio nacional. Estas cuotas serán gestionadas en su integridad por la Administración tributaria estatal, repartiéndose la recaudación de las mismas entre los distintos municipios con arreglo a criterios fijados en el RD 1108/1993 [9].

La llamada «cuota de tarifa» o «cuota mínima municipal» es la asignada a cada actividad en su epígrafe correspondiente más el valor del elemento tributario superficie de los locales en que se ejerza la actividad, valor que podrá obtenerse de las reglas contenidas en la Instrucción para el uso de las Tarifas [cfr. la regla 14.ª1.F)]. Por lo demás, conviene advertir que los epígrafes de las Tarifas unas veces asignan directamente la cuota (por ejemplo, epígrafe 614.1. Comercio al por mayor de productos farmacéuticos y medicamentos. Cuota de: 182.160 pesetas), y otras lo hacen indirectamente a través de determinados elementos tributarios entre los que destaca el número de obreros y la potencia eléctrica instalada (por ejemplo, epígrafe 122.1. Extracción de crudos de petróleo. Cuota de: por cada obrero: 14.593 pesetas; por cada kilovatio —de potencia instalada—: 10.660 pesetas).

---

[8] Cfr. STS de 2 de julio de 1992 (AT núm. 108) y STSJ de Galicia de 30-5-1995 (JT 1995/671).

[9] BOE de 14 de julio.

172. El coeficiente de modificación y el índice de situación

Según la LRHL, «los Ayuntamientos podrán modificar las cuotas mínimas fijadas en las Tarifas del impuesto, mediante la aplicación sobre las mismas de un coeficiente único para todas las actividades ejercidas en sus respectivos términos municipales». Este coeficiente tiene un límite mínimo del 0,8 y uno máximo fijado por la LRHL en función de la población de derecho de los municipios: hasta 1,4 (menos de 5.000 habitantes); hasta 1,6 (de 5.001 a 20.000 habitantes); hasta 1,7 (de 20.001 a 50.000 habitantes); hasta 1,8 (de 50.001 a 100.000 habitantes); hasta 1,9 (más de 100.000 habitantes) (art. 88 LRHL).

Del coeficiente de modificación conviene destacar que debe ser único en cada municipio y de aplicación universal. Ningún Ayuntamiento podrá, por tanto, establecer coeficientes de modificación diferenciados según la naturaleza de la actividad de que se trate. Y, una vez establecido el coeficiente de modificación, deberá aplicarse a todas las actividades sujetas que tributen por cuota municipal sin excepción. En esto se diferencia el «coeficiente de modificación» del «índice de situación», ya que este último, como veremos, sólo se aplica a las actividades que se ejercen en local determinado.

La LRHL concede a los Ayuntamientos una segunda oportunidad de corregir las cuotas mínimas a través del llamado «índice de situación». De esta forma, sobre las cuotas de tarifa, o las resultantes de la aplicación del coeficiente de modificación, podrá aplicarse «una escala de índices que pondere la situación física del local en cada término municipal, atendiendo a la categoría de la calle en que radique. El índice mínimo de la referida escala no podrá ser inferior al 0,5 y el máximo no podrá exceder de 2» (art. 89 LRHL).

En relación con este índice de situación debemos hacer las siguientes observaciones:

— No podrá ser único en cada municipio, sino múltiple, ya que su finalidad es precisamente discriminar las distintas actividades en función de la categoría o valor de la calle en que radiquen los locales en que se ejercen. Los Ayuntamientos deberán clasificar las calles de su término municipal en varias categorías, asignando a cada una de ellas un distinto índice de situación. Los callejeros incorporados a las Ordenanzas fiscales reguladoras del IAE deberán ser lo suficientemente matizados como para reflejar las distintas categorías de emplazamiento o localización existente en el término municipal, no pudiendo cubrirse el expediente con una simplificación excesiva del número de categorías viales. Para que así sea la LRHL dispone el número mínimo y máximo de categorías de calles a establecer por cada municipio según su población. Por ejemplificar con los extremos, digamos que un municipio de menos de 10.000 habitantes deberá fijar un mínimo de dos y un máximo de cinco categorías de calles, y que un municipio de más de 500.000 habitantes tendrá que establecer un mínimo de seis y un máximo de nueve.

— La diferencia del valor del índice atribuido a una calle con respecto al atribuido a la categoría superior o inferior no podrá ser menor de 0,10.

— El índice de situación no se aplica a todas las actividades, sino sólo a aquellas que, tributando por cuota municipal, se ejerzan en local determinado, no afectando en absoluto a las que carezcan del mismo. La Instrucción para el uso de las Tarifas del impuesto se encarga de especificar cuándo una actividad se entiende ejercida desde local determinado, así como el propio concepto de local a efectos del IAE.

173. Período impositivo y devengo

En el IAE el período impositivo será el año natural o, en su caso, el tiempo transcurrido desde la fecha de comienzo de la actividad hasta el final del año. Y el devengo tiene lugar el primer día del período impositivo, siendo las cuotas reducibles pese al tenor literal de la LRHL tanto en los casos de inicio de la actividad en fecha distinta del 1 de enero como en los de cese de la misma en fecha distinta al 31 de diciembre. Para el primer supuesto dice la LRHL que «las cuotas se calcularán proporcionalmente al número de trimestres naturales que restan para finalizar el año, incluido el del comienzo de la actividad» (art. 90 LRHL). Así, por ejemplo, un alta presentada el 5 de mayo supondrá el abono de las 3/4 partes de la cuota anual. En cuanto a los supuestos de cese de la actividad, y sólo a partir de 1994, también «las cuotas serán prorrateables por trimestres naturales», debiendo el sujeto pasivo «solicitar la devolución de la parte de la cuota correspondiente a los trimestres naturales en los que no se hubiere ejercido la actividad».

Otra consecuencia de que el devengo tenga lugar el primer día del período impositivo es que será a esa fecha cuando haya que valorar los elementos tributarios (superficie, número de obreros, potencia instalada, etcétera) existentes en la actividad y que estén implicados en la cuantificación de la cuota. Consiguientemente, las variaciones experimentadas por la actividad a lo largo del ejercicio surtirán efecto en el período impositivo siguiente.

174. La gestión del IAE

El IAE es un tributo gestionado a través de recibos o listas cobratorias, de manera que su liquidación se efectuará con arreglo a los datos existentes en la matrícula del impuesto y que se habrán obtenido de la declaración presentada por el sujeto pasivo o bien de la actuación inspectora de la Administración. Una vez efectuada por el contribuyente su declaración de alta en el impuesto, con arreglo a la misma se le practicará anualmente la liquidación hasta que, por el cese en el ejercicio de la actividad, presente la oportuna declaración de baja en la matrícula. Sólo deberá notificarse individualmente la primera liquidación del IAE derivada del alta en el mismo, siendo las liquidaciones sucesivas objeto de notificación colectiva mientras no cambien las circunstancias o elementos tributarios de la actividad tenidos en cuenta para la liquidación. El pago del impuesto se efectuará en los plazos previstos en el RGR para las deudas de notificación colectiva, salvo que los Ayuntamientos en uso de su competencia hubiesen establecido plazos distintos con la finalidad de fraccionar el pago.

El documento central en la gestión del IAE hemos dicho que es la matrícula del impuesto, formada anualmente para cada término municipal, «constituida por censos comprensivos de todos los sujetos pasivos que ejerzan actividades económicas, agrupadas en función del tipo de cuota, nacional, provincial o municipal, por la que tributen y clasificadas por secciones, divisiones, agrupaciones, grupos y epígrafes» (art. 2 RD 243/1995 por el que se dictan normas para la gestión del IAE). En la matrícula figurarán los datos identificativos del sujeto pasivo, el domicilio de la actividad y el domicilio fiscal del sujeto pasivo, la denominación de la actividad y la clasificación que se asigne a la misma dentro de las Tarifas del impuesto, la cuota de tarifa o mínima que le corresponda y cualquier beneficio fiscal que le fuera de aplicación.

La inclusión de un sujeto pasivo en la matrícula del impuesto, o su exclusión de la misma, así como la alteración de cualquiera de los datos contenidos en aquélla, «constituyen actos administrativos contra los que cabe interponer recurso de reposición ante el órgano de la Administración Tributaria del Estado competente por razón del territorio, o reclamación económico-administrativa» (art. 4 RD 243/1995). A tal efecto, la matrícula del IAE deberá ser expuesta en los Ayuntamientos durante la primera quincena de abril de cada año.

Hemos destacado entre las obligaciones de los contribuyentes en el procedimiento de gestión del IAE, la de presentar las correspondientes declaraciones de alta, baja o variación. La declaración de alta deberá realizarse dentro de los diez días hábiles inmediatamente anteriores al inicio de la actividad, estando dispensados de este deber las actividades que disfruten de alguna exención subjetiva o tengan asignada en las Tarifas una cuota cero. También existe la obligación de declarar las variaciones de orden físico, económico o jurídico habidas en el ejercicio de la actividad gravada y que tengan trascendencia en el IAE (por ejemplo, aumento de la superficie de los locales, incremento de la potencia eléctrica instalada o del número de obreros empleados en la actividad, etc.). El plazo para presentar esta declaración será de un mes desde que la variación hubiese tenido lugar. Finalmente, los sujetos pasivos deberán presentar una declaración de baja en la matrícula del IAE en el plazo de un mes desde que se produzca el cese en el ejercicio de la actividad. Todas estas declaraciones se harán ante el órgano competente de la Administración tributaria estatal o de la Entidad local que tenga delegada la gestión censal de las cuotas municipales (art. 8 RD 243/1995), y su omisión será calificada como infracción simple en todo caso (art. 19 RD 243/1995). No obstante el tenor literal de este art. 19 del RD 243/1995, que no ha sido expresamente derogado, hay que entender que la nueva redacción dada por la Ley 25/1995 al art. 79.*b)* de la LGT conlleva la derogación tácita de aquel precepto y la calificación como infracción grave de la omisión de declaración de alta o variación en el IAE.

Como advertimos inicialmente, la gestión del IAE no es de la exclusiva competencia de los Ayuntamientos, sino que se comparte por éstos con la Administración tributaria estatal. Para diferenciar la competencia de ambas Administraciones podemos distinguir entre la «gestión censal» y la «gestión tributaria» del IAE, correspondiendo la primera al Estado y la segunda a los Ayuntamientos. No obstante, conviene precisar que la «gestión censal» de las cuotas municipales podrá ser delegada en los Ayuntamientos, Diputaciones Provinciales, Cabildos o Consejos Insulares y Comunidades Autónomas que lo soliciten en los términos establecidos en el RD 243/1995. Por «gestión censal» entendemos todas las actuaciones conducentes a la formación de la matrícula del IAE, esto es, recepción de las declaraciones, calificación de las actividades y señalamiento de la cuota de tarifa o cuota mínima correspondiente. Todas estas actuaciones, al ser competencia de la Administración Tributaria estatal, serán susceptibles de reclamación en la vía económico-administrativa. Y dentro de la «gestión tributaria» debemos incluir las funciones de concesión o denegación de exenciones, realización de las liquidaciones, emisión de los recibos y recaudación del impuesto, así como la resolución de los expedientes sobre devolución de ingresos indebidos. Estas actuaciones, al ser competencia de la Administración local, no serán susceptibles de reclamación en la vía económico-administrativa, sino directamente en vía jurisdiccional (contencioso-administrativo) previo, lógicamente, el obligatorio recurso de reposición ante el órgano que dictara el acto. En cuanto a la inspección del IAE, en principio es competencia de la Administración Tributaria estatal, aunque puede delegarse —y en la mayoría de los casos así se ha hecho— en aquellas Entidades locales que lo soliciten. Finalizaremos diciendo que este reparto de competencia que hemos descrito sólo es válido respecto de las actividades que tributen por cuota municipal —que son la gran mayoría—, ya que las que lo hagan por cuota provincial o nacional serán gestionadas íntegramente por la Administración Tributaria estatal.

175. El recargo provincial en el IAE

Entre los recursos económicos de las Provincias la LRHL menciona los recargos que puedan exigir sobre impuestos de las Comunidades Autónomas o de otras Entidades Locales, en los casos previstos por la propia LRHL o por leyes de la Comunidad Autónoma [cfr. art. 21 en relación con los arts. 2.1.*b)* y 38.2 de la LRHL]. Y hasta el momento sólo se ha concretado en la ley la posibilidad de que las Diputaciones Provinciales establezcan un recargo sobre el IAE. Conforme a lo dispuesto en la LRHL (art. 124), cabe destacar los siguientes aspectos en la regulación del citado recargo:

— Así como el IAE hemos señalado que es un impuesto de carácter obligatorio para todos los municipios, el recargo en favor de las Diputaciones Provinciales es de exacción voluntaria, no exigiéndose más que en aquellas provincias que hayan acordado expresamente su establecimiento.

— Los sujetos pasivos del recargo serán los mismos del IAE, y la base para el cálculo de aquél serán las cuotas mínimas municipales. Por tanto, el recargo provincial se aplicará sobre la llamada cuota de tarifa o cuota mínima municipal de cada actividad o establecimiento, esto es, antes de que se aplique el coeficiente de incremento y el índice de situación.

— No podrá exigirse el recargo provincial sobre aquellas actividades que tributen por cuota provincial o nacional (art. 86.3 de la LRHL).

— La cuantía máxima del recargo provincial se fija en el 40 por 100 de las cuotas mínimas municipales, sin que la LRHL disponga ningún límite mínimo para el mismo.

— El recargo provincial se gestiona y recauda conjuntamente con el impuesto.

176. El Impuesto sobre Actividades Económicas en Navarra

La reciente Ley Foral 2/1995 [10], de 10 de marzo, de Haciendas Locales de Navarra, ha introducido en dicho territorio el IAE, vigente en el resto de España desde 1992. La configuración del IAE navarro —también llamado por la Ley Foral Licencia Fiscal— es sustancialmente coincidente con la prevista para dicho impuesto en la LRHL, gravando «el mero ejercicio en territorio de la Comunidad Foral de Navarra de actividades empresariales, profesionales o artísticas, se ejerzan o no en local determinado y se hallen o no especificadas en las Tarifas el impuesto» (art. 146 de la Ley Foral 2/1995). Como peculiaridades del IAE navarro podemos destacar la inexistencia del llamado coeficiente de modificación (*vid.* § 172) y la previsión de un arco más cerrado para el índice de situación, que podrá oscilar entre un mínimo del 1 y un máximo del 1,4.

Cabe añadir que la Ley Foral de Haciendas Locales de Navarra mantiene como impuesto de exacción voluntaria en los Municipios de su territorio el Impuesto sobre Gastos Suntuarios (cfr. arts. 179 a 183 de la Ley Foral 2/1995). Si en el resto de España el Impuesto Municipal sobre Gastos Suntuarios subsiste con un carácter más bien anecdótico sólo en aquel de sus hechos imponibles que se refiere al gravamen de los cotos de caza y pesca, en Navarra grava además «el importe de las ganancias privadas obtenidas como consecuencia de apuestas cruzadas en espectáculos públicos» a un tipo impositivo de hasta el 15 por 100 como máximo, y «el importe de los premios obtenidos en el juego del bingo» a un tipo de hasta el 10 por 100 como máximo.

Para terminar hemos de añadir que el IAE comenzará a exigirse en Navarra en 1997, continuando vigentes hasta entonces las «Normas para la

---

[10] BON de 20-3-1995.

exacción de la Licencia Fiscal y el Reglamento y Tarifas de la Contribución sobre Actividades Diversas, y Licencia Fiscal de Actividades Industriales, Comerciales de Servicios, Profesionales, Artísticas y Deportivas, así como los recargos sobre las mismas» (cfr. disp. tr. tercera de la Ley Foral 2/1995).

177. El Impuesto sobre Actividades Económicas en Alava

La regulación del IAE en Alava no presenta diferencias apreciables respecto de la que hemos estudiado en los epígrafes anteriores y que rige en el territorio común. Como peculiaridades del IAE en Alava apenas si pueden citarse una mayor generosidad en materia de beneficios fiscales [11], y el hecho de que los Ayuntamientos del Territorio Histórico tienen la posibilidad de incrementar las cuotas de tarifa en mayor medida que los del territorio común ya que pueden aplicar un coeficiente de modificación de hasta el 2,2, en lugar de hasta el 2 previsto como máximo por la LRHL (*vid.* § 171), coeficiente cuya cuantía máxima es la misma para todos los Municipios, no dependiendo de su población de derecho. La regulación del IAE en Alava se contiene en la Norma Foral 43/1989, de 19 de julio [12]; el Decreto Foral Normativo 573/1991, de 23 de julio, por el que se aprueban las Tarifas del IAE, así como la Instrucción para la aplicación de las mismas [13]; y el Decreto Foral Normativo 706/1991, de 8 de diciembre, por el que se aprueban las Tarifas del IAE correspondiente a la actividad ganadera independiente y la Instrucción para su aplicación [14].

178. El Impuesto sobre Actividades Económicas en Guipúzcoa

En relación con el IAE de Guipúzcoa podemos dar por reproducido lo dicho en el epígrafe anterior respecto del IAE de Alava, ya que se trata de normativas absolutamente coincidentes. La regulación del IAE en Guipúzcoa se contiene en la Norma Foral 1/1993, de 20 de abril, del IAE [15]; el Decreto Foral Normativo 1/1991, de 27 de abril, por el que se aprueban las Tarifas del IAE, así como la Instrucción para la aplicación de las mismas [16]; y el Decreto Foral Normativo 2/1992, de 12 de noviembre, por el que se aprueban las Tarifas del IAE correspondiente a la actividad ganadera independiente y la Instrucción para su aplicación [17].

179. El Impuesto sobre Actividades Económicas en Vizcaya

En relación con el IAE de Vizcaya damos por reproducido lo dicho en los epígrafes anteriores respecto del IAE de Alava y Guipúzcoa, ya que se trata de normativas absolutamente coincidentes. La regulación del IAE en

---

[11] Cfr. artículo 5.2 de la Norma Fiscal 43/1989 del IAE.
[12] BOTHA núm. 98, de 25-8-1989.
[13] BOTHA núm. 88, de 29-7-1991.
[14] BOTHA núm. 128, de 4-11-1991.
[15] BOGuip. núm. 166, de 31-8-1993.
[16] BOGuip. núm. 122, de 28-6-1991.
[17] BOGuip. núm. 220, de 19-11-1991.

Vizcaya se contiene en el Decreto Foral Normativo 2/1992, de 17 de marzo, por el que se aprueba el Texto Refundido de la Norma Foral 6/1989, de 30 de junio, del IAE [18]; el Decreto Foral Normativo 1/1991, de 30 de abril, por el que se aprueban las Tarifas del IAE, así como la Instrucción para la aplicación de las mismas [19]; y el Decreto Foral Normativo 1/1992, de 10 de marzo, por el que se aprueban las Tarifas del IAE correspondiente a la actividad ganadera independiente y la Instrucción para su aplicación [20].

BIBLIOGRAFIA

AA.VV., *La gestión, inspección y doctrina administrativa del Impuesto sobre Actividades Económicas,* Madrid, Civitas, 1995.

MORENO CASTEJÓN, T., *Impuesto sobre Actividades Económicas,* Madrid, Trivium, 1991.

PAGÉS I GALTES, J., «El Impuesto sobre Actividades Económicas», en *Tratado de Derecho Finaciero y Tributario Local,* Madrid, Marcial Pons, 1993.

POVEDA BLANCO, F., *El Impuesto sobre Actividades Económicas,* Bilbao, Deusto, 1991.

RUBIO DE URQUÍA, J. I., «El Impuesto sobre Actividades Económicas», Madrid, *El Consultor de los Ayuntamientos y los Juzgados,* Publicaciones Abella, 1991.

[18] BOV núm. 77, de 2-4-1992.

[19] BOV núm. 123, de 30-5-1991.

[20] BOV núm. 74, de 30-3-1992.

CAPITULO 5

EL IMPUESTO SOBRE EL INCREMENTO DEL VALOR DE LOS TERRENOS DE NATURALEZA URBANA

180. Naturaleza y caracteres

El último de los impuestos locales es el IIVTNU, más conocido como plusvalía municipal. Se trata de una figura clásica en la imposición municipal cuya subsistencia, sin embargo, hay que atribuir a la presión de los Ayuntamientos en la negociación del proyecto de LRHL. La Administración central era partidaria de su supresión, alegando como razón fundamental que la plusvalía gravada por el mismo ya era sometida a tributación en la imposición estatal sobre la renta. Precisamente por este motivo se recoge la posibilidad de deducir en la cuota del IRPF el 75 por 100 de la cuota del IIVTNU (*vid.* § 78).

Aunque la continuidad del nombre pudiera hacer pensar lo contrario, el IIVTNU es muy distinto en su regulación del impuesto al que vino a sustituir. La materia imponible sigue siendo la misma, pero ahí terminan las coincidencias.

La naturaleza jurídica del IIVTNU se resume en los siguientes caracteres:

— Es un impuesto directo, perteneciendo al grupo de los que gravan la renta del sujeto pasivo.

— Es un impuesto real y objetivo.

— Es un impuesto municipal y de exacción voluntaria, no pudiendo exigirse en aquellos municipios que no hayan acordado expresamente su establecimiento.

— Es un impuesto gestionado en su integridad por la Administración tributaria local.

181. Hecho imponible

El IIVTNU «grava el incremento de valor que experimenten dichos terrenos y se ponga de manifiesto a consecuencia de la transmisión de la propiedad de los mismos por cualquier título o de la constitución o transmisión de cualquier derecho real de goce, limitativo del dominio, sobre los referidos terrenos» (art. 105.1 de la LRHL). De acuerdo con esto, la realización del hecho imponible del IIVTNU requiere:

— La existencia de una plusvalía o incremento de valor. De no darse este último no podrá exigirse el impuesto. Ahora bien, tendremos ocasión de examinar que la LRHL, al ocuparse de la base imponible, consagra una especie de estimación objetiva del incremento que conduce inexorablemente a su existencia para períodos impositivos de al menos un año de duración. Es, sin duda, el aspecto de la regulación del tributo que ofrece mayores dudas sobre su constitucionalidad.

— Dicho incremento de valor debe ir referido a terrenos urbanos, quedando no sujetas las plusvalías originadas por los terrenos de naturaleza rústica (art. 105.2 de la LRHL). Se gana así en seguridad jurídica respecto de la regulación anterior que refería la no sujeción a los terrenos destinados a una explotación agrícola, concepto este último cuya concreción fue muy dificultosa para la jurisprudencia. El Tribunal Supremo ha subrayado reiteradamente que dicha condición urbana del terreno debe darse en el momento del devengo, en cuyo caso se tomará como fecha inicial para el cómputo de la plusvalía desde la anterior adquisición con independencia de la naturaleza del terreno en aquel momento [1].

— El incremento deberá ponerse de manifiesto con la transmisión de la propiedad de los terrenos, o con la constitución o transmisión de un derecho real de disfrute sobre los mismos, siendo irrelevante que estos negocios se realicen a título oneroso o lucrativo [2].

182. Beneficios fiscales. Exenciones

En el IIVTNU no habrá más beneficios fiscales que los dispuestos en la LRHL, o los que hayan podido establecerse en leyes posteriores. Por lo que se refiere a las exenciones, el artículo 106 de la LRHL establece algunas de carácter subjetivo (en favor de los Entes públicos territoriales, Cruz Roja, Entidades gestoras de la Seguridad Social, etc.), y otras de carácter objetivo, entre las que podemos destacar la relativa a los incrementos que provengan de «las aportaciones de bienes y derechos realizadas por los cónyuges a la sociedad conyugal, las adjudicaciones que a su favor y en pago de ellas se verifiquen y las transmisiones que se hagan a los cónyuges en pago de sus haberes comunes». Centrándonos en el caso más frecuente, la adjudicación de inmuebles en la disolución de los gananciales, la misma es considerada por la ley como una auténtica transmisión, al declararla exenta del IIVTNU. Obsérvese la diferencia de planteamiento con el IRPF en el que la misma situación no supone incremento ni disminución patrimonial porque el legislador entiende que no hay una verdadera transmisión o alteración

[1] STS de 15-2-1995 (RJ 1995/1018).

[2] Cfr. STS de 29-4-1994 (RJ 1994/3057).

patrimonial, sino una simple especificación de derechos (*vid.* § 49). Por tanto, la adjudicación de bienes en la liquidación de los gananciales es considerada como un supuesto de exención en el IIVTNU, y como un supuesto de no sujeción a las normas sobre incrementos y disminuciones patrimoniales en el IRPF [3].

Hay que dejar constancia también de que las plusvalías originadas en las operaciones de fusión o escisión de empresas pueden quedar exentas en los términos previstos en la Ley 29/1991.

183. Sujetos pasivos

Una de las principales novedades en la regulación del impuesto es la desaparición de la figura del sustituto, condición que en el Impuesto de plusvalía municipal vigente hasta 1990 recaía en el comprador del inmueble. En el nuevo impuesto no existe más sujeto pasivo que el contribuyente, configurándose como tal al adquirente o al transmitente, en función del título oneroso o lucrativo del negocio jurídico que suponga el devengo del impuesto (art. 107 de la LRHL). Si la transmisión de los terrenos o la constitución o transmisión de derechos reales de disfrute sobre los mismos se realiza a título lucrativo, será contribuyente el que adquiera estos derechos gratuitamente [4]. En cambio, si esos negocios fuesen onerosos, será el transmitente quien quede sujeto como contribuyente al pago del impuesto. Sólo cabe recordar que, aunque sigue siendo una práctica habitual en las escrituras de compraventa pactar el pago de la plusvalía municipal por el comprador, tal cláusula tiene únicamente efectos jurídico-privados entre las partes.

184. Base imponible

La LRHL define la base imponible del IIVTNU, guardando la coherencia con el hecho imponible del impuesto, como «el incremento real del valor de los terrenos de naturaleza urbana puesto de manifiesto en el momento del devengo y experimentado a lo largo de un período máximo de veinte años» (art. 108.1). Pero, una vez ofrecida la definición, la ley establece un método objetivo para el cálculo de dicho «incremento real» consistente en aplicar sobre el valor del terreno en el momento del devengo el porcentaje que resulte de «multiplicar el porcentaje anual aplicable a cada caso concreto por el número de años a lo largo de los cuales se haya puesto de manifiesto el incremento del valor» [5].

El aludido porcentaje anual será el fijado en la Ordenanza municipal dentro de los límites previstos en la LRHL en función de la población de derecho del municipio y del plazo de generación de la plusvalía. En concreto, cada Ayuntamiento, de acuerdo con el número de sus habitantes,

---

3 Cfr. SSTSJ de Madrid de 13-12-1994 (JT 1994/1545) y de 8-2-1995 (JT 1995/178).

4 Cfr. STS de 20-6-1994 (AT núm. 5/95).

5 Cfr. STSJ de Madrid (AT núm. 7/95).

elegirá en su Ordenanza del IIVTNU un porcentaje anual de incremento diferenciado para plusvalías de hasta cinco, diez, quince o veinte años.

En cuanto al número de años de generación del incremento, serán los transcurridos desde el anterior devengo del impuesto, debiendo tenerse en cuenta que sólo se toman en consideración los años completos, despreciando las fracciones, y que el período de generación nunca podrá ser superior a veinte años [6].

Finalmente, por valor del terreno tomaremos el valor del mismo en el momento del devengo a efectos del IBI, es decir, el valor catastral [7]. Cuando el valor catastral sea objeto de fijación, revisión o modificación conforme a las previsiones de la LRHL, deberá reducirse en el porcentaje fijado por cada Ordenanza Municipal entre un mínimo del 40 por 100 y un máximo del 60 por 100. En los supuestos de constitución o transmisión de derechos reales de disfrute se tomará la parte del valor catastral del terreno que represente, respecto del mismo, el valor de los mencionados derechos según las normas del ITPAJD. En los casos de expropiación forzosa se tomará la parte del justiprecio correspondiente al valor del terreno, salvo que el valor catastral asignado a dicho terreno fuese inferior, en cuyo caso prevalecerá este último sobre el justiprecio.

Ejemplo: El señor A vende el 23 de mayo de 1993 un terreno urbano, adquirido el 30 de mayo de 1986, cuyo valor catastral en el momento de la venta asciende a 10 millones de pesetas. El municipio de la imposición tiene fijado para las plusvalías de hasta diez años un porcentaje anual de incremento del 2,8 por 100. La estimación objetiva del incremento o base imponible sería la siguiente:

B.I. = 2,8 por 100 × 6 (años) s./ 10.000.000 = 1.680.000 ptas.

Es evidente que la fórmula examinada no conduce desde luego al incremento o plusvalía realmente obtenida en la transmisión de los terrenos urbanos, lo que plantea el problema de qué sucederá en aquellos casos en que no exista en realidad ninguna plusvalía o exista en menor cuantía de la resultante por aplicación de la fórmula prevista en la LRHL. Parece razonable sostener que en estos casos, siempre que el sujeto pasivo lo pruebe convenientemente, deberá prevalecer el incremento real —o la ausencia del mismo— sobre el estimado objetivamente por la ley. De lo contrario, la fórmula legal sería claramente inconstitucional por vulneración del principio de capacidad contributiva —al gravar una capacidad económica inexistente— y también del derecho a la tutela judicial efectiva. Este planteamiento, sin embargo, tropieza con una dificultad. Nos referimos a que, como la LRHL prohíbe a los Ayuntamientos atribuir valores o bases diferentes a los que resultan de las normas objetivas antes expuestas (art. 111.4), llegamos al absurdo de que el sujeto pasivo que desee hacer prevalecer el incremento real sobre el estimado objetivamente deberá acudir a los órganos jurisdiccionales.

---

[6] Cfr. SSTS de 3-6-1994 y de 29-6-1994 (AT núm. 13/95).

[7] Cfr. STSJ de Andalucía de 10-4-1995 (JT 1995/443).

185. Cuota

La cuota del IIVTNU resulta de aplicar sobre la base imponible el tipo impositivo establecido en la correspondiente Ordenanza fiscal, tipo que deberá situarse dentro de los márgenes señalados por la LRHL en base a la población de derecho del municipio. Así, por ejemplo, los municipios de más de 100.000 habitantes podrán situar el tipo de gravamen del IIVTNU entre un mínimo del 20 y un máximo del 30 por 100. Dentro de estos límites cada Ayuntamiento podrá optar entre fijar un solo tipo de gravamen, o bien tipos diferenciados para cada uno de los cuatro grupos que distingue la ley según la duración del plazo de generación del incremento: hasta cinco, diez, quince o veinte años (cfr. art. 109 de la LRHL).

186. Devengo

El IIVTNU es un impuesto instantáneo cuyo devengo tiene lugar la fecha en que se transmita la propiedad de los terrenos urbanos, o bien se constituya o transmita cualquier derecho real de disfrute sobre los mismos. Junto a esta declaración inicial, el legislador (art. 110 de la LRHL) fija criterios que parecen directamente importados del ITPAJD:

— En los actos o contratos en que medie alguna condición, ésta será calificada conforme a las reglas del Código civil, no liquidándose el impuesto hasta que la condición se cumpla si fuese suspensiva, y practicándose inmediatamente la liquidación si fuera resolutoria, sin perjuicio de hacer en su día, si aquélla llegara a cumplirse, las devoluciones oportunas.

— Cuando se declare judicial o administrativamente la nulidad, rescisión o resolución del acto o contrato determinante del devengo del impuesto, el sujeto pasivo tendrá derecho a la devolución de la cuota satisfecha, siempre que dicho acto o contrato no le hubiere producido efectos lucrativos y que reclame la devolución en el plazo de cinco años desde que la resolución quedó firme.

187. Gestión

En la gestión del IIVTNU se han introducido modificaciones de importancia y que en general han venido a dificultar la exacción del impuesto por parte de los Ayuntamientos. Hasta 1990 el Impuesto de plusvalía municipal contaba con fuertes garantías que hacían muy rara su elusión: la condición de sustituto del comprador del inmueble, la afección de éste al pago del impuesto y la imposibilidad de acceder al Registro de la Propiedad sin acreditar previamente la presentación del documento para su liquidación por la Hacienda municipal. Todas estas garantías han desaparecido con la LRHL que, en compensación, regula con más detalle los deberes de información que incumben fundamentalmente a los notarios.

Los sujetos pasivos del IIVTNU están obligados a presentar la declaración del impuesto, poniendo en conocimiento de la Administración municipal la realización del hecho imponible y los restantes datos imprescindibles para practicar la liquidación. Los plazos para presentar la declaración están coordinados, según los casos, con los previstos en el ITPAJD o en el ISD. En concreto, cuando el impuesto se devengue como consecuencia de operaciones *inter vivos*, el plazo será de treinta días hábiles; cuando se trate de actos *mortis causa*, el plazo será de seis meses prorrogables hasta un año a solicitud del sujeto pasivo. En uno y otro caso los plazos se cuentan desde la fecha del devengo.

La LRHL prevé que el IIVTNU pueda exigirse en régimen de autoliquidación, en cuyo caso los sujetos pasivos deberán en los plazos recién indicados no sólo declarar, sino liquidar e ingresar las cuotas resultantes. Una consecuencia del mayor interés jurídico si se opta por el sistema de autoliquidación es que la ausencia de ésta, o su falta de veracidad, pueden dar lugar a una infracción grave de omisión de ingreso. En cambio, de no establecerse el régimen de autoliquidación, la ausencia o falsedad de la declaración sólo podrá sancionarse como infracción simple.

Por lo que hace a los deberes de información, el legislador ha dispuesto, en primer lugar, la obligación de comunicar al Ayuntamiento correspondiente la realización del hecho imponible por parte de quienes, sin tener la condición de contribuyentes, intervienen en las relaciones jurídicas que producen el devengo del impuesto. Así pues, los transmitentes en las operaciones a título lucrativo, y los adquirentes en los contratos a título oneroso, deberán poner en conocimiento de la Hacienda municipal la realización del hecho imponible. El incumplimiento de este deber será sancionable como infracción simple. Por otra parte, «los notarios estarán obligados a remitir al Ayuntamiento respectivo, dentro de la primera quincena de cada trimestre, relación o índice comprensivo de todos los documentos por ellos autorizados en el trimestre anterior, en los que se contengan hechos, actos o negocios jurídicos que pongan de manifiesto la realización del hecho imponible de este impuesto, con excepción de los actos de última voluntad» (art. 111.7 de la LRHL).

188. El Impuesto sobre el Incremento del Valor de los Terrenos de Naturaleza Urbana en Navarra

En Navarra el impuesto conservará hasta finales de 1996 la regulación que estuvo vigente en el territorio común hasta la reforma efectuada por la Ley 39/1988 y que difiere sensiblemente de la que hemos estudiado en esta lección. Como diferencias fundamentales entre ambas regulaciones podemos destacar las siguientes:

— Aunque el hecho imponible del IIVT en Navarra es el incremento de valor que se ponga de manifiesto con ocasión de la transmisión de terrenos o de la constitución o transmisión de cualquier derecho real de disfrute sobre los mismos, también existe una liquidación decenal sobre los incrementos experimentados por los terrenos pertenecientes a las personas jurídicas, liquidación que tiene el carácter de a cuenta de la que deba practicarse cuando dichos terrenos se transmitan.

— Se define como contribuyente al adquirente en las transmisiones a título lucrativo y al transmitente en las que sean a título oneroso. Ahora bien, en estas últimas el adquirente tiene la condición de sustituto debiendo hacer frente al pago del impuesto, pago al que queda afecta la finca transmitida.

— La base imponible es la diferencia entre el valor corriente en venta del terreno al comenzar y al terminar el período impositivo. Dichos valores inicial y final se fijan, no en función del valor catastral del terreno como en el IIVTNU (*vid.* § 184), sino aplicando los tipos unitarios aprobados periódicamente por cada Ayuntamiento o Concejo.

— No pueden inscribirse en el Registro de la Propiedad los documentos que contengan actos o contratos no declarados a efectos del IIVT.

La reciente Ley Foral 2/1995 [8] de Haciendas Locales de Navarra ha regulado el IIVTNU en aquel territorio en unos términos sustancialmente coincidentes con los previstos en la LRHL y que hemos estudiado en esta lección. Se adopta la misma definición del hecho imponible, el mismo sistema de estimación objetiva del incremento, igual fecha para el devengo e idéntico sistema de información a cargo de los contribuyentes y de los Notarios. Ahora bien, conviene destacar dos novedades de interés: 1.ª) en Navarra el impuesto no es de exacción voluntaria, sino obligatoria (art. 132 de la Ley Foral 2/1995), y 2.ª) cuando el hecho imponible derive de operaciones a título oneroso, el adquirente tendrá la condición de sustituto del contribuyente —el transmitente—, pudiendo repercutir a este último el importe del gravamen (art. 174 de la Ley Foral 2/1995).

El IIVTNU no empezará a exigirse en Navarra hasta 1997, continuando vigente hasta entonces el actual IIVT. La Ley Foral 2/1995 prevé en todo caso un devengo extraordinario de la modalidad de liquidación decenal a las personas jurídicas del IIVT —conocida como tasa de equivalencia— el 31 de diciembre de 1996 (cfr. disp. tr. quinta de la Ley Foral 2/1995).

189. El Impuesto sobre el Incremento del Valor de los Terrenos de Naturaleza Urbana en Alava

La regulación de este impuesto en Alava no difiere de la vigente en el territorio común y que hemos examinado en los epígrafes anteriores. La única peculiaridad apreciable es que los Municipios del Territorio Histórico de Alava podrán elegir los tipos impositivos que deseen entre un mínimo del 5 por 100 y un máximo del 30 por 100, siendo estos límites iguales para todos los Municipios del Territorio Histórico, mientras que en el régimen común, según hemos examinado (*vid.* § 185), la cuantía mínima y máxima

[8] BON de 20-3-1995.

de los tipos de gravamen varía en función de cuál sea la población de derecho del Municipio. La regulación se contiene en la Norma Foral 46/1989, de 19 de julio [9].

190. El Impuesto sobre el Incremento del Valor de los Terrenos de Naturaleza Urbana en Guipúzcoa

Damos por reproducido lo dicho en el epígrafe anterior para el Territorio Histórico de Alava, ya que se trata de normativas absolutamente coincidentes. La regulación se contiene en la Norma Foral 16/1989, de 5 de julio [10].

191. El Impuesto sobre el Incremento del Valor de los Terrenos de Naturaleza Urbana en Vizcaya

Damos por reproducido lo dicho en los epígrafes anteriores para los Territorios Históricos de Alava y Guipúzcoa, ya que se trata de normativas absolutamente coincidentes. La regulación se contiene en la Norma Foral 8/1989, de 30 de junio [11].

BIBLIOGRAFIA

AGÚNDEZ FERNÁNDEZ, A., *El Impuesto Municipal sobre el Incremento del Valor de los Terrenos de Naturaleza Urbana,* Granada, Comares, 1990.

COBO OLVERA, T., «El Impuesto sobre el Incremento del Valor de los Terrenos de Naturaleza Urbana», en *Alcabala,* núm. 2, Sevilla, 1992.

SÁNCHEZ GALIANA, J. A., y CALATRAVA ESCOBAR, M.ª J., «El Impuesto sobre el Incremento del Valor de los Terrenos de Naturaleza Urbana», en *Tratado de Derecho Financiero y Tributario Local,* Madrid, Marcial Pons, 1993.

[9] BOTHA núm. 99, de 28-8-1989.
[10] BOGuip. núm. 130, de 10-7-1989.
[11] BOV núm. 166, de 19-7-1989.

CAPITULO 6

EL IMPUESTO SOBRE EL PATRIMONIO

I. GENERALIDADES

192. Introducción y fuentes normativas

Constituye el objeto de este Impuesto uno de los clásicos índices de capacidad económica: el patrimonio. De reciente implantación en nuestro sistema tributario —se introduce mediante la LMURF en 1977—, constituyó su objetivo primordial facilitar la lucha contra el fraude mediante la aportación de información de las fuentes de riqueza, al tiempo que aspiraba a convertirse en una especie de censo de la riqueza de los ciudadanos con evidentes funciones de control tributario sobre ésta y sus posibles transmisiones. De escasa potencia recaudatoria en atención a tipos impositivos reducidos y a un elevado mínimo exento.

Tuvo también en su origen un objetivo de unificación de los valores de bienes y derechos con relevancia a efectos tributarios, bien pronto suplantado por otras figuras del sistema. Progresivamente el Impuesto ha ido perdiendo su papel de fijar valores con fuerza expansiva en el seno del Sistema. En no escasas ocasiones la Ley se remite a otras figuras del Sistema para determinar ese valor, señaladamente al Impuesto sobre Transmisiones Patrimoniales, bien por la vía de implantar en el seno del Impuesto sobre el Patrimonio la regla diseñada en la figura que se reclama, bien por la vía de declarar como valor preferente el comprobado a los efectos de otros impuestos, siempre que éste sea el mayor valor entre los varios posibles diseñados por la norma. En todo caso interesa subrayar en este momento la función de fuente de aplicación, incluso directa, que, mediante la técnica señalada, han adquirido las normas del Impuesto sobre Transmisiones, por ejemplo.

Su fuente normativa es la Ley 19/1991, de 6 de junio (BOE de 7 de junio). Denominada Ley del Impuesto sobre el Patrimonio, a esta regulación deben entenderse hechas cuantas referencias se encuentran a lo largo del ordenamiento jurídico tanto al Impuesto Extraordinario sobre el Patrimonio de las Personas Físicas (IEPPF), cuanto al Impuesto sobre el Patrimonio Neto (IPN). La primera de estas denominaciones era la del Impuesto introducido por la LMURF que la Ley 19/1991 deroga; la segunda, hace referencia al título que se le daba en un Proyecto de Ley presentado en las Cortes en enero de 1978 con la intención de modificar el Impuesto introducido por la LMURF que nunca fue aprobado, aunque los impuestos que se fueron aprobando siempre hacían referencia a éste en previsión de su aprobación.

La Ley 19/1991 entró en vigor el 1 de enero de 1992, salvo en lo que se refiere al deber contemplado en su art. 6 cuya entrada en vigor se fijó para el 8 de junio de 1991.

Como ya vimos (§ 6), el Impuesto sobre el Patrimonio se incluye entre los que se ceden a las Comunidades Autónomas. La mayor novedad de la nueva regulación de la cesión radica en la posibilidad de que las Comunidades Autónomas ejerzan competencias normativas. En relación con nuestro Impuesto, podrán regular el mínimo exento y la tarifa. Hasta la fecha ninguna Comunidad ha ejercido la citada competencia normativa.

La DF Segunda de la Ley del Impuesto prevé, en aplicación de lo dispuesto en el art. 134.7 CE, la posibilidad de que ciertos extremos del Impuesto puedan ser modificados mediante Ley de Presupuestos.

Finalmente, cabe deplorar la falta de norma reglamentaria propia del tributo, por el evidente incumplimiento de lo previsto en el art. 9.1.*c)* LGT, así como porque quedan sin el necesario desarrollo un gran número de preceptos cuya indeterminación es un obstáculo en el cumplimiento del principio de seguridad jurídica, como veremos a lo largo de las páginas que siguen.

193. Naturaleza y caracteres

Si nos atenemos tanto a las características que el propio texto reclama para sí en su art. 1, es decir, la de ser un tributo de carácter directo y naturaleza personal, como a las que es posible aislar de un análisis sistemático del texto de la nueva Ley nos encontramos con un Impuesto del que es posible predicar las siguientes notas: directo, de naturaleza personal, objetivo, aplicable en todo el territorio nacional, periódico, progresivo y complementario del Impuesto sobre la Renta, aunque de cuota mínima.

En relación con la nota de ser un Impuesto **directo,** sólo cabe decir que lo es cualquiera que sea el criterio que se adopte: grava un manifestación inmediata de capacidad económica, su gestión se realiza de forma inmediata entre la Administración y el sujeto realizador del hecho imponible que es el obligado a presentar la declaración y el llamado al pago de la deuda tributaria y así aparece clasificado en los Presupuestos Generales del Estado.

Mayor relevancia definidora adquiere el Impuesto cuando de él se predica su **naturaleza personal.** Como es sabido se quiere poner de relieve con ello la extraordinaria incidencia del elemento personal, del sujeto de la acción descrita en el hecho imponible para la completa configuración de éste. Nótese, además, que esta incidencia es doble en cuanto el propio objeto del hecho imponible, es decir, el patrimonio neto, ahora definido en el segundo párrafo del art. 1, sólo es concebible como concepto jurídico en cuanto sea predicable de un sujeto, es decir, jurídicamente no es concebible de forma definitiva un patrimonio si no es como atributo de un sujeto concreto y específico y ese conjunto de bienes y derechos adquiere su delimitación jurídica en la medida en que se predica de un sujeto respecto del que se constituye en la medida de su solvencia. Esta dimensión personal o subjetiva del objeto del tributo es extraordinariamente importante y aparecerá como la razón última de no pocas opciones interpretativas a lo largo de la norma. Tal vez la más relevante se ponga de manifiesto si nos atenemos al propio ámbito subjetivo de aplicación del Impuesto: se grava el patrimonio neto de las personas físicas. Es decir, subjetivamente se acota el tributo en cuanto no se sujeta el patrimonio en la medida en que éste sea de la titularidad de personas jurídicas. El dato jurídico de la titularidad del objeto que se somete a gravamen se constituye así en delimitador del ámbito de sujeción. La nueva normativa ha acentuado el carácter personal del Impuesto al configurarlo como un tributo estrictamente individual en el que el grupo familiar carece de relevancia.

El Impuesto es **objetivo** porque las circunstancias personales o familiares del contribuyente no se tienen en cuenta para la determinación cuantitativa de la prestación. Tal vez el carácter estrictamente individual del Impuesto ha determinado esta absoluta falta de subjetivación lo que es novedad subrayable de la nueva disciplina del Impuesto. Esta afirmación podría ser matizada en atención a la característica personal del Impuesto. Dentro del Impuesto, como también sucede en el que grava la Renta, conviven dos modalidades bien diferenciadas en atención a la residencia del sujeto. Si éste reside en España, estará sujeto por la obligación personal de contribuir, en caso contrario, por la obligación real de contribuir. En el primero de los supuestos la base imponible se reducirá en 17.000.000 de pesetas, lo que en cierta forma pudiera entenderse como una subjetivación del Impuesto, ya que este mínimo exento no se produce para los sujetos por la obligación real.

Acerca de su aplicación en todo el territorio español trataremos en el epígrafe siguiente.

Por lo que se refiere al **carácter periódico** que le hemos atribuido, hay que subrayar la atipicidad de su comportamiento en este Impuesto. En efecto, de una parte el Impuesto es periódico en cuanto cíclicamente se reiterará su hecho imponible, es decir, el Impuesto se devengará el 31 de diciembre de cada año, pero, al mismo tiempo, el lapso de tiempo transcurrido desde el último devengo, lo que se suele denominar período impositivo, carece de efectos en lo que atiene a la realización del hecho imponible, ya que éste sólo afectará o tendrá en cuenta el patrimonio del que sea titular el sujeto pasivo **en** dicha fecha. Se presenta así con un cierto carácter híbrido si atendemos a la instantaneidad que supone la realización del devengo en una fecha dada, el 31 de diciembre. El patrimonio objeto del tributo será aquél del que una persona física sea titular en el día del devengo. No interesa lo que haya sucedido durante un lapso de tiempo, es decir, durante un supuesto período impositivo, que carece de relevancia a estos efectos, sino lo que sucede en un momento determinado, el día del devengo. El elemento temporal del hecho imponible aparece aquí como circunstancia determinante de la realización de ese hecho, es decir, se realizará el hecho imponible en función de que una persona física sea titular de un patrimonio **en ese**

momento, sin que, a los efectos cualitativos o de realización del hecho imponible, sean relevantes circunstancias que hayan acaecido en un momento diferente de ese 31 de diciembre de cada año.

El Impuesto es **progresivo,** al igual que lo era el que viene a sustituir, con la novedad de una presentación de la tarifa más uniforme en la línea de las que aparecen en los Impuestos de Renta y Sucesiones y Donaciones.

La función de ser **complementario** con otros Impuestos, señaladamente con el que grava la Renta, se cumple en este Impuesto en una doble vertiente. En la primera, en cuanto sirve de apoyo para gestionarlos mejor en atención a la información que proporciona. En la segunda, en cuanto se reduce la cuota a pagar, cuando la suma de las cuotas por este Impuesto y por el que grava la Renta supere determinados límites cuantitativos. La nueva norma ha minorado el importe de esta reducción en cuanto **en todo caso** ésta no puede superar el 80 por 100 de la cuota resultante por el Impuesto sobre el Patrimonio, de ahí que lo hayamos calificado **de cuota mínima** en su función de complementación.

194. Ambito territorial de aplicación

Para estudiar el ámbito de aplicación territorial del Impuesto es necesario tener presente lo dispuesto en los arts. 2, 33, 35 y DA Primera LIP. De su análisis se deriva que nos encontramos, con ciertos matices, ante un Impuesto cedido a las Comunidades Autónomas, pero, al mismo tiempo, que esa cesión no alcanza al tributo de los aforados (País Vasco y Navarra), que tampoco se produce en relación con territorios como Ceuta y Melilla [1] y, finalmente, que el rendimiento del tributo correspondiente a los sometidos a la obligación real de contribuir se atribuye a la Administración Central y a sus órganos corresponde la competencia en materia de gestión. Esta peculiar forma de aplicación del Impuesto se producirá «... sin perjuicio... de lo dispuesto en los Tratados y Convenios Internacionales que hayan pasado a formar parte del ordenamiento interno».

El carácter cedido del Impuesto adquiría matices peculiares al ceñirse prácticamente a la transferencia del rendimiento tributario producido en el territorio de la Comunidad Autónoma, ya que el alcance de la delegación de competencias se veía extraordinariamente reducido, siendo los órganos de la Administración Central, con limitadísimas excepciones, quienes gestionaban el Impuesto. La nueva Ley de Cesión ha modificado esta situación, si bien no de forma absoluta, de tal suerte que la delegación de competencias es ahora más amplia en relación con la gestión del Impuesto.

Se transferirá el rendimiento del tributo producido en el territorio de la Comunidad Autónoma, cuando en el mismo tenga su residencia habitual el sujeto pasivo, en atención a lo dispuesto en el art. 4.1 de la Ley de Cesión anterior, aún vigente, como es sabido. La doctrina había criticado justifica-

[1] Sus recientes Estatutos de Autonomía prevén una genérica cesión de Impuestos estatales cuyo alcance y términos han de ser previstos por Ley.

damente este precepto al entender que la referencia debería haberse hecho al domicilio fiscal del sujeto, como contemplaba el art. 10.4.*a)* de la LOFCA. La nueva norma de Cesión parece haberse hecho eco de esta posición al entender que la residencia habitual en el territorio de la Comunidad —que será la misma que corresponda para el Impuesto sobre la Renta— vendrá determinada, para los obligados por obligación personal, por la permanencia en el territorio de la Comunidad durante un mayor número de días del período impositivo. Salvo prueba en contrario, se considerará que una persona física permanece en el territorio de una Comunidad cuando en éste radique su vivienda habitual.

La lógica consecuencia de este punto de conexión consiste en entender no cedido el Impuesto en relación con los sujetos a la obligación real de contribuir, en cuyo caso la competencia será de la Administración Central, aunque en la práctica algunas Comunidades Autónomas hacen caso omiso de esta delimitación de competencias.

El Impuesto sobre el Patrimonio no tendrá el carácter de Impuesto cedido en el ámbito territorial del País Vasco y de Navarra donde tendrá el carácter de Impuesto concertado de normativa autónoma y se exigirá a las personas que tengan su residencia habitual en el País Vasco o en Navarra (§§ 226 y 227).

Finalmente cabe mencionar la competencia en la gestión del Impuesto en relación con los residentes en Ceuta y Melilla. En este caso la Administración competente para la gestión del Impuesto es, sin lugar a dudas, la Administración Central, lo que supone un tercer supuesto de aplicación del ámbito territorial en cuanto a la determinación de la Administración competente para la gestión del Impuesto, con independencia de la aplicación de bonificaciones en la cuota del Impuesto (§ 219).

II. LA OBLIGACION PERSONAL

195. El hecho imponible: el concepto de patrimonio

Constituye el hecho imponible del Impuesto la **titularidad de un patrimonio,** es decir, la relación jurídica de un sujeto con un conjunto de bienes patrimoniales individualizados en atención a ese nexo jurídico. El elemento subjetivo, en nuestro caso, la persona física titular del patrimonio, se configura como el centro de referencia del conjunto de bienes y derechos que conforman el patrimonio.

El hecho imponible viene temporalmente delimitado en cuanto se atenderá a la titularidad del patrimonio en el momento del devengo. Se configura aquí el devengo como el elemento temporal de referencia para la delimitación de la realización del hecho imponible. No significa en el contexto del Impuesto el cierre de un inane período impositivo, lo que sería propio de un impuesto periódico, sino el momento, la fecha en la que adquiere relevancia tributaria la titularidad del patrimonio.

Teniendo en cuenta las referencias existentes en el Cc al concepto de patrimonio —arts. 181, 183 y 560— cabe subrayar que el patrimonio es algo más que una suma de bienes y derechos. Se trata de un conjunto que, en sí mismo considerado, tiene un determinado valor económico afectado y caracterizado por la forma y el modo de ser atribuido a su titular. Se entenderán excluidos del concepto cualquier bien o derecho no susceptible de valoración económica, como los bienes de la personalidad o los concernientes al estado civil de las personas. En relación con esta nota de contenido económico como requisito para formar parte del patrimonio objeto del gravamen, conviene precisar la exigencia de un inmediato contenido económico, para diferenciarlo de aquellos bienes y derechos cuyo contenido económico es simplemente reflejo, en atención a que son susceptibles de indemnización su pérdida, daño o deterioro, sin que su adquisición sea objeto del comercio: la vida, el honor o la fama, ilustran en buena medida esta idea. De igual forma tampoco es posible asimilar bienes de contenido económico con bienes susceptibles de producir renta. La utilización del nombre como marca, los supuestos de rentabilización del derecho a la propia imagen o de eventos señalados de la vida de ciertas personas, ya habituales en determinados ámbitos, no permite afirmar que esos derechos integran el concepto de patrimonio.

También se cuestionó, al amparo de la anterior normativa, la susceptibilidad de integrar el concepto de patrimonio de aquellos bienes o derechos que son el resultado del trabajo personal: los derechos de la propiedad intelectual o industrial o la obra material de artistas plásticos. La solución de la nueva norma no ofrece lugar a la duda: se declaran exentos, como veremos, mientras permanezcan en el ámbito patrimonial del autor.

Bienes y derechos de contenido económico son los elementos estructurales del patrimonio. Sin olvidar que ambos son aspectos de una misma realidad económica, el bien importa al derecho en cuanto bien jurídico patrimonial, es decir, bienes en cuanto objetos de derechos subjetivos.

Sobre las deudas como componentes del concepto de patrimonio, pocas dudas pueden generarse. Son el pasivo del patrimonio y, junto a los bienes y derechos, configuran el conjunto que constituye el patrimonio como expresión de la solvencia de su titular, es decir, el patrimonio neto.

Así se llega al auténtico concepto de patrimonio entendido, en valores económicos, como la suma algebraica de bienes y derechos de contenido económico más las deudas. El patrimonio al neto de su valor. El párrafo segundo del art. 4.1 LIP hace referencia asimismo a las cargas y gravámenes que disminuyan su valor, cuyo alcance analizaremos cuando estudiemos la base imponible del Impuesto.

La delimitación temporal del concepto determina que quede sujeto el **patrimonial actual,** es decir, aquél del que sea titular el sujeto en el momento del devengo, quedando fuera del concepto de patrimonio, en cuanto elemento objetivo del hecho imponible, los bienes futuros y las expectativas de derechos.

La definición del hecho imponible se completa con una disposición a modo de cierre. Se trata del establecimiento, en el párrafo segundo del art. 3 LIP, de una presunción de permanencia en el patrimonio de un sujeto de los bienes y derechos que le pertenecían en el momento del anterior devengo. La presunción es lógicamente *iuris tantum* y se prevé la posibilidad de que se destruya con la prueba de la transmisión o pérdida del elemento patrimonial sobre la que opera.

196. (sigue) Elementos patrimoniales exentos

El art. 4 LIP ha previsto una serie de exenciones de carácter subjetivo y otras de carácter objetivo con diversa fundamentación. Para sistematizar su estudio nos atenderemos a esta distinción. Entre las primeras podemos señalar:

a) La obra propia de artistas mientras permanezca en su patrimonio. Se trata, como ya pusimos de relieve, de una novedad de la Ley del Impuesto. La doctrina había abogado por la solución de considerarla no integrante del concepto de patrimonio en cuanto resultado del trabajo personal del artista. Ahora se excluye del concepto de patrimonio mediante la técnica de la exención. Interesa resaltar que es subjetiva en cuanto esa obra, en la medida en que pase a ser de la titularidad de un tercero, por ejemplo la viuda o los hijos del artista, quedará sujeta al Impuesto, aspecto que es señalado por la norma al advertirnos que ese elemento está exento *mientras* permanezca en el patrimonio del autor. No debe presentar problemas la obra de artistas casados en régimen de sociedad legal de gananciales porque la doctrina civilista considera fuera de la ganancialidad esos bienes o derechos. Nótese que, en caso contrario, constante matrimonio en régimen de gananciales, por aplicación de lo dispuesto en el párrafo tercero del art. 7 LIP, la mitad de la obra de los artistas siempre estaría sujeta en cuanto se entendiera que pertenecía a su cónyuge.

b) Los derechos de la propiedad intelectual y de la propiedad industrial, por idénticas razones que en el caso anterior. La exención también es subjetiva y se expresa en idéntica manera: es decir, operará la exención *mientras* esos derechos estén en el ámbito patrimonial de su autor. El art. 4.6 LIP excluye del ámbito de la exención los derechos de la propiedad industrial si ésta está afecta al ejercicio de actividades empresariales, lo que es criticable por la discriminación que puede suponer en relación con los derechos de la propiedad intelectual cuando se afectan por el propio autor al ejercicio de una actividad editorial.

c) Los bienes integrantes del patrimonio empresarial cuando su titular ejerza la actividad empresarial de forma habitual, personal y directa y constituya su principal fuente de renta [2].

---

[2] El desarrollo reglamentario de esta exención, así como de la que se estudia en el apartado siguiente, se encuentra en el RD 2481/1944, de 23 de diciembre (BOE de 28 de diciembre).

d) Determinadas participaciones en entidades mercantiles cuando concurran las siguientes circunstancias: que la gestión de un patrimonio mobiliario o inmobiliario no sea su actividad principal, que no sean entidades sometidas al régimen de transparencia establecido en el IRPF (véanse los §§ 60 y 61), que sea superior al 15 por 100 —o al 20 por 100 conjuntamente con su cónyuge, ascendientes, descendientes o colaterales de segundo grado— la participación en el capital social del sujeto pasivo y éste ejerza funciones de dirección en la entidad por las que perciba una retribución que alcance un determinado peso específico en el conjunto de sus rentas. La exención se limita sólo a una parte del valor de las participaciones.

Por lo que se refiere a las exenciones objetivas cabe mencionar:

a) Los bienes integrantes del Patrimonio Histórico del Estado o de las Comunidades Autónomas que cumplan con los requisitos legalmente señalados. Asimismo se declaran exentos, con limitaciones, los bienes ubicados en zonas arqueológicas, sitios y conjuntos históricos.

b) Derechos consolidados de los partícipes en un plan de pensiones.

c) El ajuar doméstico. Con la finalidad de hacer menos prolija la declaración del sujeto el legislador agrupa bajo el concepto de ajuar doméstico una serie de elementos patrimoniales de uso habitual y que constituyen, en la generalidad de los supuestos, los objetos y enseres de la vida doméstica. La norma ahora derogada presumía su existencia y objetivaba su valoración. Ahora se declara exento con excepciones.

Se consideran bienes integrantes del ajuar doméstico los efectos personales y del hogar, los utensilios domésticos y demás bienes muebles de uso particular del sujeto pasivo. La titularidad sobre esos bienes se declara exenta. Del ámbito de la exención se exceptúan una serie de bienes, no obstante considerarlos la Ley integrantes del ajuar doméstico. De una parte, el art. 18 LIP contiene una relación: joyas, pieles de carácter suntuario, automóviles, vehículos de dos o tres ruedas cuya cilindrada sea igual o superior a 125 centímetros cúbicos, embarcaciones de recreo o de deportes náuticos, aviones, avionetas, veleros y demás aeronaves. De otra, aquellos genéricamente configurados como objetos de arte o antigüedades en el art. 19 LIP. En relación con éstos hay que tener presente, a su vez, la exención que se contempla en los tres primeros párrafos del art. 4 LIP. A los dos primeros párrafos ya nos hemos referido. Por tanto aquellos elementos integrables en el concepto de ajuar doméstico pero que puedan ser considerados objetos de arte o antigüedades, estarán exentos siempre que estén integrados en el Patrimonio Histórico del Estado o de las Comunidades Autónomas. También cuando su valor sea inferior a determinadas cantidades fijadas reglamentariamente.

Este tipo de bienes estarán asimismo exentos cuando hayan sido cedidos por sus propietarios en depósito permanente por un período no inferior a tres años, mientras estén depositados.

Finalmente conviene precisar que por objeto de arte han de entenderse pinturas, esculturas, dibujos, grabados, litografías u otros análogos siempre que se trate de obras originales. Parece evidente que el problema radicará en la extensión de esa analogía, así como en la determinación de lo que deba entenderse por obra original. En mi opinión, en atención a que se mencionan grabados y litografías, por ejemplo, no debe pensarse que original sea sinónimo de pieza única, sino antónimo de copia o reproducción realizada por un tercero. En muchos casos el contar con la firma original del autor podría ser un buen elemento de diferenciación, aunque no sea regla generalizable, por ejemplo, en supuestos de grabados, en los que el valor reside en la plancha de la que proceden.

Por lo que se refiere a las antigüedades, se definen como aquellos bienes muebles, útiles u ornamentales —excluidos los objetos de arte—, con más de cien años de antigüedad siempre que sus características originales fundamentales no hubieran sido alteradas por modificaciones o reparaciones efectuadas durante los cien últimos años.

197. (sigue) El elemento temporal del hecho imponible: el devengo

En este Impuesto el devengo cumple un papel notablemente diferente del que tiene asignado en los impuestos periódicos típicos. En éstos, el devengo supone el último día del período impositivo, es decir, la fecha de cierre del lapso de tiempo a lo largo del cual se produce el hecho imponible. En nuestro impuesto el devengo cumple la función de fijación de la fecha en la que se produce la realización del hecho imponible.

El Impuesto sobre el Patrimonio quiere una fotografía, es decir, una imagen fija, determinable en el tiempo, «... en esa fecha». Foto fija como antinomia de la película que requiere el impuesto periódico al referirse a la realización de un hecho «... durante el período impositivo». Por tanto, una fecha frente a un lapso de tiempo. El devengo en nuestro Impuesto se constituye en el **momento** al que hay que referir el presupuesto de hecho del Impuesto.

La consecuencia más clara e importante de esta forma de presentarse el elemento temporal del hecho imponible consiste en la irrelevancia de lo que haya sucedido en fecha diversa de ese 31 de diciembre de cada año. La única titularidad relevante para determinar la realización del hecho imponible es aquella que se pueda fijar en la fecha del devengo.

Se está sujeto al Impuesto cuando el titular de un patrimonio (o de un elemento patrimonial que se integrará en aquél) lo sea en ese momento. Serán irrelevantes las circunstancias que hayan podido afectar a esa titularidad en fechas diversas, bien por pérdida o por adquisición de la misma. Una consecuencia importante de esta forma de presentarse el devengo puede apreciarse en los supuestos de fallecimiento de un sujeto cuando se produzca en fecha diversa del 31 de diciembre. Si un contribuyente fallece no se devenga el Impuesto: su patrimonio será adquirido por sus herederos y legatarios quienes podrán ser sujetos del Impuesto en cuanto realicen el hecho imponible en la fecha del próximo devengo, es decir, el 31 de diciembre.

En resumen, se tendrá en cuenta el patrimonio neto de que sea titular una persona física **en un momento determinado** (el día del devengo), no durante un período de tiempo (el período impositivo). A esta idea responde plenamente el art. 29 LIP cuando fija el devengo, sin excepciones de tipo alguno, el 31 de diciembre de cada año y, añade, «... afectará al patrimonio del cual sea titular el sujeto pasivo en dicha fecha».

La fecha del 31 de diciembre o día del devengo tiene además atribuida otra función dentro del Impuesto. Se constituirá en referencia temporal de la mayoría de los criterios de valoración. Esta función de constituirse en referencia temporal para la valoración de la base imponible sí tiene notables excepciones. En no pocas ocasiones se atribuye a los bienes y derechos un valor diverso de aquel que tienen en el momento del devengo.

Las excepciones, justificables por motivos antidefraudatorios, consisten esencialmente en tener en cuenta en la valoración de ciertos elementos patrimoniales circunstancias acaecidas en un momento diferente de la fecha del devengo. La nueva norma las refiere en todo caso al último trimestre del año.

198. (sigue) El elemento subjetivo del hecho imponible

La Ley ha seguido la línea abierta por la Ley 20/1989 y ha acentuado aún más el carácter estrictamente individual del Impuesto, constituyendo ésta una de sus más notables novedades.

Será el patrimonio neto el objeto del hecho imponible, subjetivamente delimitado en cuanto ese objeto se predica sólo de las personas físicas. Se insiste aquí en la solución ya diseñada por la anterior normativa de no sujetar al Impuesto los patrimonios de los que sean titulares las personas jurídicas. Desaparece ahora cualquier referencia en la Ley a la pretendida sujeción al Impuesto de las sociedades civiles que ilegalmente se encontraba en el art. 9.1 del Reglamento del Impuesto anterior.

Sólo es patrimonio neto, a los efectos de constituir el objeto del hecho imponible, el patrimonio neto de las personas físicas. También es posible enunciar la cuestión de esta otra forma: el patrimonio neto de las personas jurídicas no es patrimonio neto a los efectos del Impuesto, es decir, no está sujeto. Constituye, pues, un supuesto claro de no sujeción.

Ya aquí comienza a perfilarse la estrecha relación exigida entre el patrimonio que se somete a gravamen y su titular; nótese que en realidad el Impuesto pretende gravar la relación jurídica en que consiste la titularidad de un patrimonio (neto), aunque ésta se concrete, en el momento de la cuantificación de ese objeto, es decir, en la determinación de la base imponible, mediante la valoración objetiva de cada uno de sus elementos, si bien teniendo en cuenta, en ciertos casos, las peculiares relaciones jurídicas que pueden determinar modulaciones de la base imponible.

199. Los sujetos pasivos

Como ya vimos en el epígrafe anterior, sólo serán sujetos pasivos de este Impuesto las personas físicas. La Ley distingue las dos modalidades del tributo a que hicimos referencia en el § 193 en atención a una circunstancia predicable de estos sujetos. Estarán sometidos a la obligación personal de contribuir o a la obligación real, en atención a que tengan o no su residencia habitual en territorio español. Para la determinación de la residencia habitual se remite la Ley del Impuesto a lo establecido la LIRPF (§ 15).

Ateniéndonos a los supuestos de obligación personal, ésta se producirá cuando el sujeto sea residente en territorio español o, también, en aquellos supuestos de representantes y funcionarios del Estado español en el extranjero en que se atenderá a las mismas circunstancias y condiciones establecidas para tales sujetos en el IRPF.

La consecuencia de estar sujetos por la obligación personal de contribuir, es decir, de ser titular de bienes y derechos cuando se tiene la residencia en territorio español, es que la totalidad de éstos está sujeta al Impuesto, con independencia de dónde estén ubicados los bienes y puedan ejercitarse los derechos.

200. Atribución e imputación de patrimonios

Las normas reguladoras del sujeto pasivo en este Impuesto están presididas por la idea nodal de la nueva normativa: el carácter estrictamente individual del Impuesto. No hay más sujeto pasivo que la persona física, con absoluta irrelevancia de las relaciones familiares, tanto conyugales como paternofiliales. Se pretende gravar exclusivamente el patrimonio de una persona física, abstracción hecha de esas relaciones familiares y de las patrimoniales que pueda conllevar. Paradójicamente, adquiere así plena validez un principio de la anterior normativa no recogido en la actual: cada persona será gravada con independencia de toda otra persona o entidad, principio de plena independencia personal del gravamen, que ahora carece de excepciones. La vigencia y aplicabilidad de este principio requieren el establecimiento de unas normas de atribución e imputación de patrimonios en todos aquellos supuestos en los que el elemento patrimonial no pertenece a una sola persona o es de la titularidad de entes sin personalidad.

El criterio aparentemente establecido en el art. 7 LIP es el de la absoluta validez de los criterios jurídico privados, tanto para los elementos del activo —bienes y derechos— como para los del pasivo —cargas, gravámenes, deudas y obligaciones.

La simplicidad de esta regla esconde no escasos problemas sustanciados, a veces, en el apartamiento de la regla civil que se pretende respetar, como es notoriamente en el caso de la sociedad legal de gananciales. Cuando en aplicación de las normas jurídico privadas o de los pactos reguladores del correspondiente régimen patrimonial, la titularidad de los bienes sea común a ambos cónyuges «... se atribuirá por mitad a cada uno de ellos, salvo que se justifique otra cuota de participación». Nótese que esa estricta individualidad que caracteriza la titularidad patrimonial que se grava alcanza aquí su punto más acentuado en cuanto ahora se excepciona la regla del Código y se trata (tributariamente) como si fuera de cada uno de los cónyuges lo que en realidad es de la sociedad de gananciales. Para el resto de los regímenes patrimoniales del matrimonio serán de aplicación las normas sobre titularidad jurídica contenidas en sus disposiciones reguladoras. Asimismo se aplicarán las disposiciones civiles aplicables a las relaciones patrimoniales entre los miembros de la familia.

En supuestos de indebida acreditación de la titularidad de bienes y derechos se hace eco el penúltimo párrafo del art. 7 LIP de la presunción general establecida en la LGT, atribuyéndose el bien o derecho a quien aparezca como su titular registral. Dicha presunción admitirá prueba en contrario.

La regla contenida en el art. 8 LIP en relación con los supuestos de adquisición con precio aplazado y de venta de bienes con reserva de dominio, aunque regulada de forma autónoma, no es sino mero desarrollo del criterio ya enunciado. No se trata propiamente de una regla tributaria que ignore el sustrato jurídico privado de la titularidad. Será titular (tributario) del bien quien lo sea civilmente en el momento del devengo, lo que dependerá de si se ha transmitido o no el dominio. La parte aplazada del precio será crédito del vendedor y deuda del comprador, lógicamente.

201. La base imponible

Si el patrimonio era el objeto de un hecho imponible que se constituía por la titularidad del conjunto de bienes y derechos de contenido económico, la base imponible viene constituida por el valor de ese conjunto. Valor de ese conjunto que se desagrega para su obtención mediante la determinación del valor de cada uno de sus elementos, cuya suma algebraica determinará la cuantía (tributaria) de ese patrimonio, es decir, la base imponible.

Para la determinación de esa suma algebraica establece la norma unas reglas de valoración de los diversos elementos que constituyen el activo. Las cargas y gravámenes y las deudas personales constituirán el pasivo.

En relación con este lado pasivo del patrimonio conviene advertir, en primer lugar, que sólo se tendrán en cuenta las cargas y gravámenes en la medida en que efectivamente disminuyan el valor de los bienes y derechos. Es decir, los derechos reales de uso y disfrute, pero no los de garantía, por ejemplo. El art. 9.3 LIP contiene una norma carente de sentido que limita la posibilidad de deducir las cargas y gravámenes que correspondan a los bienes exentos. Nótese que si es un derecho de uso y disfrute el que se establece sobre el bien exento éste carecerá de valor a los efectos del Impuesto en la medida en que asimismo no se tiene en cuenta el valor de la nuda propiedad. Cuestión diversa es la que se presenta si sobre ese bien pesa un derecho real de hipoteca, por ejemplo, en cuyo caso ciertamente ésta no se deducirá, como no se deducirá tampoco cuando afecta a bienes o derechos sujetos. Como sabemos, se tendrá en cuenta la deuda que garantiza el derecho real de hipoteca aunque su origen esté en inversiones realizadas en bienes exentos.

Por lo que se refiere a las deudas conviene advertir que se tendrán en cuenta, sin excepciones, en la medida en que se encuentren justificadas y hayan nacido en la fecha del devengo, aunque aún no sean exigibles. El art. 25.2 LIP contempla situaciones subjetivas similares a las de los deudores, concretamente los supuestos de avalistas en los que esa regla se excepciona por lo que sólo podrán deducir el importe de la deuda por la que son avalistas cuando efectivamente sean deudores de la misma, es decir, cuando resulte fallido el deudor principal; en el caso de obligación solidaria las cantidades avaladas no podrán deducirse hasta que se ejercite el derecho contra el avalista.

En síntesis podríamos decir que se tendrán en cuenta las deudas «existentes» a 31 de diciembre. Esta regla del art. 25.1 LIP tiene una interesante excepción consistente en la posibilidad de integrar en el patrimonio objeto del tributo las deudas canceladas o reducidas **durante** el último trimestre del año cuando esa reducción o cancelación se haya cargado en la cuenta corriente, cuyo saldo disminuirá relativamente en el importe de la misma, en aplicación del párrafo segundo del art. 12 LIP. Nótese que será éste el único caso en que la regla del devengo quiebra en beneficio de tener en cuenta en su determinación cualitativa circunstancias acaecidas en fecha diversa del 31 de diciembre.

202. Los criterios de valoración: la regla general

En relación con las reglas de valoración de los diversos elementos del hecho imponible, en primer lugar, hay que poner de relieve la aparente inexistencia de una regla general de valoración. Pero sí existe una regla general de valoración respecto de la cual el resto de los criterios se configuran como reglas excepcionales. En aplicación del art. 24 LIP, los elementos del patrimonio se valorarán por su precio **(sic,** valor) de mercado en la fecha del devengo del Impuesto y las deudas por su nominal en la fecha del devengo del Impuesto. Este criterio aparentemente residual se constituirá en regla de general aplicación para casos de dudosa o imposible aplicación del criterio excepcional o en todos aquellos supuestos en los que no se ha previsto regla alguna. Pues nótese que la inexistencia de regla específica no significa la no sujeción al Impuesto del bien o derecho de que se trata —estarán sujetos todos los de contenido económico no exentos—, sino la directa aplicación de esta regla de valoración.

Es apreciable la falta de sistema o idea racional de base en el establecimiento de los criterios de valoración, que están establecidos de forma acentuadamente errática. No obstante, de su lectura es posible extraer algunas ideas generales. En primer lugar, en no pocas ocasiones el criterio de valoración consiste en la determinación del mayor posible entre varios. Ha primado aquí la idea del incremento de recaudación sobre otros posibles objetivos y se diseña una norma de difícil encaje constitucional amén que de engorrosa gestión, por lo que puede generar situaciones de manifiesta discriminación. En segundo lugar, el Impuesto ha renunciado a continuar siendo el punto de referencia para la valoración de bienes y derechos y ha pasado a convertirse en un Impuesto que toma valores del resultado de la aplicación de otros, señaladamente el de Transmisiones Patrimoniales al que con frecuencia se remite para la determinación del valor. Mediante esta vía se cuela de rondón entre los criterios de valoración el valor real como sinónimo de valor de mercado que es el punto de referencia para la comprobación de valores en el Impuesto sobre Transmisiones. Salvo en los supuestos de existencia de un mercado efectivo del que pueda deducirse un valor definido, el mercado de valores, por ejemplo, en la mayoría de los supuestos en que el criterio o regla de valoración sea el valor de mercado, se producirán controversias que sólo se podrán solventar mediante la tasación pericial.

A veces, aunque no siempre, las reglas de valoración establecen el momento al que hay que referir el valor, es decir, los bienes y derechos integrarán la base por su valor «... en el momento del devengo». Esta debe ser regla cuya aplicación alcance también a aquellos supuestos en los que se silencie la referencia temporal. En otras ocasiones, al ser el valor el resultado de un criterio objetivo o regla administrativa no procede referencia temporal alguna, así como tampoco en aquellos casos en los que el valor viene determinado por la aplicación de reglas establecidas en otros Impuestos, o cuando prevalezca el comprobado por la Administración a efectos de otros tributos, o sea, el precio, contraprestación o valor de adquisición. En estos supuestos los valores se habrán determinado con anterioridad al momento del devengo, es decir, la determinación se habrá producido **durante** el espacio de tiempo transcurrido desde el anterior devengo, por lo que el nuevo valor derivado de la comprobación surtirá efecto en relación con las liquidaciones a cargo del adquirente por la anualidad corriente, es decir, por el próximo devengo y siguientes. El art. 40.6 RISD ha añadido «... hasta que vuelva a ser superior el valor que resulte de la regla del Impuesto sobre el Patrimonio».

En otras ocasiones acude la norma a reglas que significan tener presente circunstancias acaecidas durante el «período» para la determinación del valor. Ahora se ha generalizado, como espacio de tiempo de referencia, el último trimestre del año, sin que se atribuya relevancia alguna a las circunstancias acaecidas durante los tres primeros trimestres del año. Por último, a veces la regla de valoración está bien lejos de representar el valor en el momento del devengo o, en caso de hacerlo, ello será sólo debido al azar, en cuanto se remite a un momento bien alejado en el tiempo: un claro ejemplo sería el «... valor teórico resultante del último balance aprobado».

203. (sigue) Bienes inmuebles

Los bienes inmuebles tanto rústicos como urbanos se valorarán por el mayor valor entre los tres siguientes: el valor catastral, el comprobado por la Administración a efectos de otros tributos o el precio, contraprestación o valor de adquisición. La novedad de la regla radica en que se unifica la valoración de los bienes rústicos y urbanos. Para la determinación de su naturaleza habrá que estar a los criterios del IBI (§§ 391 a 393).

El valor comprobado a efectos de otros tributos será básicamente el que se deriva de los Impuestos sobre Transmisiones o sobre Sucesiones, es decir, el valor real. De otra parte conviene advertir que en el Impuesto sobre la Renta por valor de adquisición se tomará el efectivamente satisfecho, es decir, el precio, siempre que no difiera del normal de mercado, por lo que la alternativa real se producirá entre el comprobado y el valor catastral.

El art. 10 LIP prevé tres criterios adicionales: en los supuestos de falta de atribución de valor catastral al inmueble por estar en construcción, el valor se determinará incrementando el valor patrimonial del solar, determinado según la regla que acabamos de analizar, en el importe de las cantidades efectivamente invertidas en dicha construcción hasta la fecha del devengo. En los supuestos de propiedad horizontal, advierte la norma de la necesidad de tener en cuenta la parte proporcional del valor del solar que corresponda según escritura, aunque en la práctica dicho valor va incorporado en el valor catastral del inmueble.

Finalmente, en los supuestos de contratos de multipropiedad o propiedad a tiempo parcial, cuando supongan la titularidad parcial del inmueble, por la parte proporcional correspondiente sobre el valor determinado a tenor de la regla general. En otro caso por el valor de adquisición del certificado o título equivalente de ese derecho.

En aplicación de lo dispuesto en la DT Segunda C).10.1 LAU, si los bienes urbanos están arrendados mediante contratos celebrados con anterioridad al 9 de mayo de 1985 su valor se determinará mediante capitalización al 4 por 100 de la renta devengada, cuando este resultado sea inferior al que resultara de la aplicación de las reglas que acabamos de analizar.

204. (sigue) Bienes afectos al ejercicio de actividades empresariales y profesionales

En atención a su destino los bienes afectos al ejercicio de estas actividades se valorarán de forma conjunta, es decir, atendiendo no a su naturaleza, perdiendo en definitiva su carácter individual, sin perjuicio de la aplicación, cuando proceda, de la exención que ya estudiamos (§ 196). Se atenderá al valor que se derive de su contabilidad, por diferencia entre el activo real y el pasivo exigible, reza el art. 11 LIP. Este criterio excepcional decae en defecto de contabilidad, en cuyo caso habrá que acudir al resto de las normas del Impuesto.

Una doble excepción presenta la norma en relación con estos bienes, cuando se trate de inmuebles: en todo caso seguirán la regla de valoración que hemos estudiado en el epígrafe anterior, salvo cuando formen parte del activo circulante y el objeto de la actividad empresarial consista exclusivamente en el desarrollo de actividades empresariales de construcción o promoción inmobiliaria.

205. (sigue) Depósitos en cuenta corriente o de ahorro, a la vista o a plazo

Estos depósitos se computarán por la fecha que arrojen en la fecha del devengo del Impuesto, lo que es novedad de la nueva norma del art. 12 LIP, salvo que sea superior el saldo medio correspondiente al último trimestre del año, en cuyo caso prevalecerá éste. El saldo medio se determinará teniendo en cuenta el saldo multiplicado por el número de días que se mantuvo, divido por los días del último trimestre, es decir, 92 o durante los que efectivamente se mantuvo abierta la cuenta.

En la determinación de este saldo no se tendrán en cuenta los fondos que hayan sido destinados a la adquisición de bienes que formen parte del patrimonio en la fecha del devengo, ni aquellas cantidades que hayan sido destinadas a la reducción o cancelación de deudas. Tampoco se tendrán en cuenta, en la determinación del saldo medio, el importe de las cantidades ingresadas en concepto de préstamo o crédito, ni aparecerá tal importe entre las deudas del sujeto.

206. (sigue) Valores negociados en mercados organizados

Los arts. 13 y 15 LIP toman aquí una nueva perspectiva para fijar el criterio de valoración: el modo, que se convierte en cierto modo en el lugar, en que se forma el valor de mercado de estos bienes. Los valores representativos de la cesión a terceros de capitales propios, así como aquellos que representen la participación en fondos propios de cualquier tipo de entidad, si han sido negociados en mercados organizados, se computarán según su valor de negociación media del último trimestre del año. A estos efectos el Ministerio publica anualmente la relación de valores que se negocien en Bolsa con su cotización media correspondiente.

La Ley establece este criterio con independencia de la denominación, representación y naturaleza de los rendimientos que produzcan dichos títulos. Cuando se trate de valores representativos de la participación en fondos propios de cualquier tipo de entidad, la norma prevé dos supuestos excepcionales de valoración. En el primer caso se trata de los supuestos de suscripción de nuevas acciones, no admitidas todavía a cotización oficial, cuando la entidad emisora cotice sus títulos en mercados organizados. Se tomará como valor de las nuevas acciones el de la última negociación de los títulos antiguos dentro del período de suscripción. El segundo de los supuestos expresamente contemplados por la norma es el de las ampliaciones de capital pendientes de desembolso. La regla excepcional consiste en que formará parte del patrimonio neto, de mantenerse esa situación en el momento del devengo, la parte pendiente de desembolsar en concepto de deuda del sujeto pasivo, valorándose los títulos de acuerdo con las reglas anteriores.

207. (sigue) Otros valores

La Ley, al fijar el valor en atención a la existencia de cotización en mercados organizados, ha de establecer una regla alternativa para todos los demás títulos que no coticen en éstos. De ahí que los arts. 14 y 16 LIP se intitulen de forma residual «Demás valores...».

En el caso de la cesión a terceros de capitales propios se valorarán por su nominal incluyendo, en su caso, las primas de amortización o reembolso.

Para los títulos representativos de la participación en fondos propios de cualquier tipo de entidad la Ley establece una regla general y dos reglas especiales.

La regla general se hace depender de que el último balance aprobado, tomando como elemento temporal de referencia el devengo del Impuesto, haya sido sometido a revisión por auditores de cuenta. En este caso el valor de los títulos será el teórico resultante del último balance aprobado. Si no se hubiera producido la auditación de cuentas, el valor será el mayor de los tres siguientes: el nominal, el teórico resultante del último balance aprobado o el resultado de capitalizar al 12,5 por 100 el promedio de los beneficios de los tres ejercicios cerrados con anterioridad a la fecha del devengo.

La primera de las reglas especiales se refiere a las Sociedades y Fondos de Inversión Mobiliaria que se computarán por su valor liquidativo en la fecha del devengo del Impuesto. El legislador ha considerado suficiente garantía que ése sea el valor cuando los activos incluidos en el balance hayan sido valorados de acuerdo con las reglas de la legislación mercantil específicas para este tipo de entidades.

La segunda de las especialidades mencionadas hace referencia a la participación de los socios o asociados en el capital social de cooperativas. Su valoración se determinará en función del importe total de las aportaciones sociales desembolsadas que resulten del último balance aprobado, en su caso, con deducción de las pérdidas sociales no reintegradas.

Para facilitar la declaración del Impuesto se establece el deber de estas entidades de suministrar a los socios, asociados o partícipes certificados con las valoraciones correspondientes. Lo que excluye cualquier responsabilidad en la determinación de los valores precedentes por parte de aquéllos.

208. (sigue) Seguros de vida

Se computarán por su valor de rescate en el momento del devengo, valor que vendrá establecido, en aplicación de la legislación vigente, en las tablas de valores fijadas en la póliza. La escueta regla del art. 17.1 LIP olvida advertirnos quién debe integrar en su patrimonio este derecho. La lógica impone que sea el tomador del seguro, porque, amén de ser quien abona las primas, a él asimismo correspondería, en su caso, el importe en que se cifre el valor de rescate. La legislación sobre seguros prevé un período inicial de tiempo durante el cual no se atribuye al seguro valor de rescate. El contenido no inmediatamente económico de ese derecho durante este período de tiempo nos inclina a defender su no sometimiento al Impuesto durante el mismo.

209. (sigue) Rentas vitalicias

Se computarán por su valor de capitalización en la fecha del devengo del Impuesto. El art. 17.2 LIP se remite a las reglas del Impuesto sobre Transmisiones (§§ 409 y 414).

210. (sigue) Elementos del ajuar doméstico no exentos

Se trata de aquellos elementos que la Ley considera incluibles en el concepto del ajuar doméstico pero que quedan fueran de la exención. El art. 18 LIP menciona expresamente las joyas, las pieles de carácter suntuario, los automóviles, los vehículos de dos o tres ruedas, de cilindrada igual o superior a 125 centímetros cúbicos, embarcaciones de recreo o de deportes náuticos, aviones, avionetas, veleros y demás aeronaves. Con independencia de lo discutible de la inclusión de algunos en el concepto de ajuar, su criterio de valoración es claro: se computarán por su valor de mercado en la fecha del devengo. Valor que, como ya apuntamos (§ 202), no será de fácil determinación. El segundo párrafo del art. 18 LIP ha previsto la posibilidad de que se apliquen a estos efectos las tablas de valoración de vehículos usados aprobadas oficialmente a efectos del ITPAJD que estuviesen vigentes en la fecha del devengo. En dichas tablas aparecen asimismo valores para las embarcaciones de recreo o de deportes náuticos. En caso de controversia prevé el art. 27 LIP que se puede acudir a la tasación pericial contradictoria para la determinación de estos valores, excepto si se ha hecho uso de lo previsto en las mencionadas tablas.

211. (sigue) Otros elementos del ajuar: objetos de arte y antigüedades

Cuando no estén exentos (§ 196), también en este supuesto de elementos del ajuar doméstico la regla de valoración es la del valor de mercado en la fecha de devengo del Impuesto, en aplicación de lo dispuesto en el art. 19 LIP.

212. (sigue) Derechos reales

Como tuvimos ocasión de analizar *supra* (§ 201), la Ley sujeta a valoración sólo los derechos reales de uso y disfrute. Para su valoración el art. 20 LIP se remite a las reglas del ITPAJD (§§ 404 y 414). Dos cuestiones debemos afrontar.

De una parte, las reglas porcentuales para la valoración se aplicarán sobre el valor del bien o derecho determinado de acuerdo con las reglas que estamos estudiando: por ejemplo, si el usufructo se constituye sobre un bien rústico habrá que determinar el valor de éste de acuerdo con las reglas de los bienes inmuebles y sobre ese valor aplicar los porcentajes correspondiente según que el usufructo sea temporal o vitalicio.

De otra, hay que tener en cuenta que en toda constitución de derechos reales de uso y disfrute se produce un desgajamiento del haz de facultades en que consiste el derecho de propiedad en beneficio del titular del derecho real que es lo que se valora de acuerdo con la regla que acabamos de analizar. El resto será el valor de la nuda propiedad cuya titularidad, asimismo, constituye el hecho imponible del Impuesto. El transcurso del tiempo determinará una disminución proporcional del valor del derecho real de disfrute y el consiguiente aumento del valor de la nuda propiedad, por lo que la valoración de aquél será decreciente cada año, en la misma medida en que crecerá la de ésta.

213. (sigue) Concesiones administrativas

Cuando tengan por objeto la explotación de servicios o bienes de dominio o titularidad pública, con independencia de su duración, se valorarán siempre aplicando las reglas del ITPAJD (§§ 404 y 414) en aplicación de lo dispuesto en el art. 21 LIP.

214. (sigue) Derechos derivados de la propiedad intelectual o industrial

Como vimos cuando estudiamos las exenciones (§ 196), los derechos derivados de la propiedad intelectual e industrial están exentos **mientras** permanezcan en el patrimonio de su autor. De ahí que la regla de valoración del art. 22 LIP se refiera a **derechos adquiridos de terceros,** porque sólo en ese caso estarán sujetos estos derechos. El valor de adquisición será el criterio de valoración para éstos. La norma se cierra con la salvedad de remitirse al criterio de valoración de los bienes afectos, lo que es lógico cuando estos derechos estén afectos al ejercicio de actividades empresariales, en cuyo caso formarán parte del valor neto contable de la empresa. Sólo resta recordar que la norma de exención no extendía la sujeción a los derechos de la propiedad intelectual cuando éstos estuviesen afectos a actividades empresariales, en contra de lo que ocurre en los supuestos de propiedad industrial afecta a ese ejercicio, lo que nos parece discriminatorio.

215. (sigue) Opciones contractuales

De nuevo se remite el Impuesto en el art. 23 a las reglas de valoración del ITPAJD (§§ 411 y 414).

216. (sigue) Deudas

Siempre que estén debidamente justificadas, las deudas se valorarán por su nominal en la fecha del devengo. Aunque ha habido voces discrepantes, creemos que la referencia a su nominal debe ser entendida como el principal de la deuda más los intereses que se hubiesen devengado hasta esa fecha, en suma, lo que importaría su cancelación en esa fecha. Conviene remitirse aquí a lo que ya dijimos en los §§ 201 y 205, acerca de la posibilidad de tener en cuenta de forma indirecta las deudas canceladas o reducidas **durante** el último trimestre.

217. Base liquidable

El resultado de la suma algebraica en que consiste la base imponible, es decir, bienes y derechos menos deudas, será el patrimonio neto del sujeto pasivo. De forma directa e inmediata sólo habrá que restar las deudas existentes a 31 de diciembre; las canceladas o reducidas durante el ejercicio intervendrán en la determinación del saldo de las cuentas, por lo que ahora no aparecerán en el sustraendo de esa operación.

Las cargas o gravámenes propiamente no se restan. El titular de la nuda propiedad de un bien gravado por un usufructo habrá de valorar aquélla teniendo en cuenta la existencia de éste, es decir, restando del valor del bien el valor del derecho real. Este aparecerá, a su vez, formando parte del patrimonio del usufructuario.

En concepto de mínimo exento se reducirá la base imponible en el importe que cada Comunidad Autónoma haya aprobado, en aplicación de lo establecido en el art. 13.2 de la nueva Ley de Cesión. En defecto de regulación por la Comunidad Autónoma o si ésta no hubiere asumido competencias normativas, la base imponible se reducirá en 17.000.000 de pesetas en aplicación de lo previsto en el art. 28.2 LIP.

218. Cuota íntegra: sus límites

La base liquidable será gravada a los tipos de la escala que haya aprobado cada Comunidad Autónoma. En defecto de regulación por ésta o si la Comunidad Autónoma no hubiere asumido competencias normativas, la base liquidable será gravada a los tipos que se indican en la siguiente escala:

Base liquidable hasta pesetas	Cuota íntegra	Resto Base liquidable hasta pesetas	Tipo aplicable (Porcentaje)
0	0	26.780.000	0,20
26.780.000	53.560	26.780.000	0,30
53.560.000	133.900	53.560.000	0,50
107.120.000	401.700	107.120.000	0,90
214.240.000	1.365.780	214.240.000	1,30
428.480.000	4.150.900	428.480.000	1,70
856.960.000	11.435.060	856.960.000	2,10
1.713.920.000	29.431.220	en adelante	2,50

La tarifa regulada por una Comunidad Autónoma deberá tener, en todo caso, una progresividad similar a la de esta escala, debiendo ser idéntica la cuantía del primer tramo de base liquidable y el tipo marginal mínimo, en aplicación de lo dispuesto en el art. 13.2 de la nueva Ley de Cesión.

Respondiendo a la idea de complementariedad que caracteriza a este Impuesto el art. 31 LIP pone en relación la cuota íntegra derivada de la aplicación de esta escala con la que se derive del correspondiente IRPF. La suma de ambas cuotas no podrá exceder del 70 por 100 de la total base imponible de este último, entendiéndose como tal la suma de la parte regular e irregular de la base imponible. Para la aplicación de esta regla debe tenerse en cuenta que no se tomará en consideración la parte del Impuesto que corresponda a elementos patrimoniales que por su naturaleza o destino no sean susceptibles de producir los rendimientos gravados por el IRPF. Cuando la suma de ambas cuotas supere el límite mencionado del 70 por 100 se reducirá la cuota del Impuesto sobre el Patrimonio hasta alcanzar dicho límite. La novedad de la norma radica en que esa reducción no podrá ser superior al 80 por 100 de la cuota del Impuesto, por lo que hemos calificado a este Impuesto, en ciertos casos, de **cuota mínima** en cuanto al menos se pagará el 20 por 100 de la cuota íntegra originaria.

En los supuestos de sujetos que hayan optado por la tributación conjunta en el IRPF la cuota resultante por éste se acumulará a las cuotas del Impuesto sobre el Patrimonio, a los efectos de la determinación del 70 por 100. Cuando proceda practicar reducción se prorrateará entre los sujetos pasivos en proporción a sus respectivas cuotas íntegras en el Impuesto sobre el Patrimonio.

219. Deducciones de la cuota

Los arts. 32 y 33 contemplan dos tipos de deducciones, aunque a una de ellas le llame bonificaciones en la cuota; al cabo se sustancia mediante una reducción de ésta en el 50 por 100.

En primer lugar, se trata de la deducción que pretende hacer frente a una eventual doble imposición, en atención a que los bienes sitos en territorio extranjero y los derechos que allí pudieran ejercitarse se gravan por el Impuesto español en los casos de obligación personal de contribuir.

Cuando esos bienes, sin perjuicio de lo que dispongan los Convenios o Tratados Internacionales, sean efectivamente gravados por un Impuesto de carácter personal de similar naturaleza al Impuesto sobre el Patrimonio se reducirá la cantidad menor de las dos siguientes: el importe efectivo de lo satisfecho en el extranjero o el resultado de aplicar el tipo medio efectivo del Impuesto a la parte de base liquidable gravada en el extranjero. El Modelo de declaración del Impuesto ha ignorado esta regla y aplica el tipo medio efectivo al valor total del bien gravado en el extranjero. El tipo medio efectivo se obtiene multiplicando por 100 el cociente de dividir la cuota íntegra resultante por la base liquidable.

En segundo lugar, se trata de una reducción en la cuota como consecuencia del régimen especial que ya estudiamos cuando los bienes se sitúen o los derechos deban ejercitarse en Ceuta o Melilla y sus dependencias. Se reducirá la cuota en el 50 por 100 de la parte que proporcionalmente corresponda a dichos bienes. Esta reducción sólo se aplicará a los residentes en dichas plazas, salvo por lo que se refiera a valores representativos del capital social de entidades jurídicas domiciliadas y con objeto social en las citadas plazas o cuando se trate de establecimientos permanentes situados en las mismas, en cuyo caso podrán aplicar la deducción los sujetos con independencia de su residencia.

220. La gestión del Impuesto: órganos competentes

En la medida en que se trata de un Impuesto cedido, la titularidad de las competencias en materia de gestión, entendida ésta en sentido amplio, corresponde al Estado quien las delega en las Comunidades Autónomas. La Ley de cesión limitaba de forma notable el ámbito de las competencias cedidas en relación con este Impuesto; la nueva Ley de Cesión ha extendido el ámbito de la delegación de competencias, de tal suerte que ya no será cierto que en la mayoría de los casos la competencia sea de los órganos de la Administración Central. Al amparo de la nueva Ley se delegan las competencias en materia de gestión y liquidación (art. 15), inspección (art. 18), recaudación (arts. 16 y 17) y se amplía el ámbito de las delegadas en relación con la revisión de actos en vía administrativa (art. 19). En atención a las peculiaridades que en este campo se producen en el ámbito de aplicación de la anterior Ley de Cesión, al amparo de la nueva pierde intensidad el carácter diferenciado de tributo cedido que se advertía en relación con nuestro Impuesto.

221. El deber de declarar: las autoliquidaciones

Al tiempo que deben presentar su declaración, los sujetos pasivos están obligados a practicar la autoliquidación e ingresar la deuda tributaria. La OM de 20 de marzo de 1997 (BOE de 26 de marzo) establece que la presentación de las autoliquidaciones y la realización del ingreso resultante podrá efectuarse en la Entidad de depósito que presta el servicio de caja en la Delegación de la AEAT o Administraciones de la misma en cuya demarcación tenga su domicilio fiscal el declarante o en cualquier entidad colaboradora de la provincia correspondiente a su domicilio fiscal.

El deber de declaración surge cuando la base imponible del Impuesto sea superior a 17.000.000 de pesetas o, en todo caso, cuando el valor de sus bienes o derechos sea superior a 100.000.000 de pesetas. Norma que responde claramente al carácter censal o de aportación de información que tiene este Impuesto.

La declaración deberá realizarse en los modelos establecidos por el Ministerio de Hacienda. La Ley prevé la posibilidad de que se aprueben modalidades simplificadas o especiales de declaración, lo que no ha ocurrido hasta la fecha.

222. El pago de la deuda tributaria

Se realizará al tiempo de presentar la autoliquidación. Se ha previsto asimismo la posibilidad del pago en especie, mediante la entrega de bienes integrantes del Patrimonio Histórico Español, con determinados requisitos, de acuerdo con lo previsto en la Ley del Patrimonio Histórico Español. La Ley del Impuesto establece que los bienes gananciales responderán directamente frente a la Hacienda Pública por estas deudas.

223. Tasación pericial contradictoria

Aunque incluido entre las normas de cuantificación de la base imponible, el precepto que delimita los supuestos susceptibles de tasación pericial debe incluirse sistemáticamente entre los epígrafes que dedicamos a la gestión y pago del Impuesto. Como es sabido se trata de uno de los medios previstos en la LGT para la comprobación de valores, en el seno del procedimiento de gestión. El art. 27 LIP pretende reducir el ámbito de aplicación de este medio a ciertos supuestos que tienen como denominador común el utilizar como criterio de valoración el valor de mercado, sin advertir que éste aparece, si bien de forma indirecta, en otras muchas ocasiones a lo largo de las reglas de valoración. Consideramos, por tanto, susceptible de aplicación este medio de comprobación de valores en todos aquellos supuestos en los que de forma directa o indirecta el valor de mercado del bien o derecho es el criterio de determinación aplicable, aunque sea por la vía de remisión al valor determinado a los efectos de otros Impuestos.

224. Régimen sancionador

Siguiendo la regla general de nuestro ordenamiento tributario, el art. 39 LIP se remite al régimen sancionador de la LGT, sin perjuicio de las reglas especiales contenidas en la Ley del Impuesto. Entre éstas, se puede citar el incumplimiento del deber de nombrar representante en los supuestos de obligación real de contribuir que se califica como infracción tributaria simple sancionable con multa de 25.000 a 1.000.000 de pesetas.

III. LA OBLIGACION REAL DE CONTRIBUIR

225. Alcance y efectos

Como ya vimos (§§ 193 y 199), cuando el titular de bienes sitos en España o de derechos que aquí deban ejercitarse no sea residente en España, el ámbito objetivo del hecho imponible se limita a sujetar al Impuesto sólo estos bienes. El Impuesto no tiene por objeto un patrimonio propiamente dicho. Alcanzará sólo a los elementos patrimoniales del no residente cuyo nexo común estribe en su radicación en España.

Entre los supuestos de exención aparece uno que afecta a los no residentes. Menciona la norma los valores cuyos rendimientos estén exentos en virtud de lo dispuesto en la LIPRF en relación con los no residentes sin establecimiento permanente (§ 91). Estos sujetos están obligados a nombrar una persona física o jurídica con domicilio en España para que les represente en relación con sus obligaciones por este Impuesto. Como ya vimos *supra* (§ 224) el incumplimiento de este deber se califica de infracción tributaria simple. Responderá solidariamente del ingreso de la deuda tributaria por este Impuesto el depositario o gestor de los bienes o derechos de los no residentes.

En relación con la determinación de la base imponible se establece una limitación para incluir en ella las deudas, así como las cargas y gravámenes: que éstas estén generadas por inversiones en bienes radicados en territorio español o que aquéllas afecten a estos bienes.

En ningún caso el mínimo exento será de aplicación en los supuestos de obligación real, por lo que, en todo caso, la base imponible coincidirá con la liquidable.

Se aplicará la misma escala del Impuesto, sin que proceda limitación alguna, ni la deducción por Impuestos satisfechos en el extranjero. Aunque sí, en ciertos casos, según vimos (§ 219), la llamada bonificación de la cuota por bienes en Ceuta y Melilla.

Como directa consecuencia de la identidad entre base imponible y base liquidable, el deber de declarar surge con independencia de cuál sea el valor de su patrimonio neto.

Finalmente, por lo que se refiere a la gestión del Impuesto la peculiaridad más notable es la plena competencia de los órganos de la Administración Central al no considerarse cedida esta modalidad del Impuesto.

IV. EL IMPUESTO SOBRE EL PATRIMONIO EN LOS TERRITORIOS FORALES

226. Navarra

En virtud de lo dispuesto en la Ley de reintegración y amejoramiento del Régimen Foral de Navarra, se aprobó la Ley Foral 13/1992, de 19 de noviembre, del Impuesto sobre el Patrimonio (BOE de 4 de febrero de 1993), en la que ha introducido modificaciones la Ley Foral 25/1994 de 29 de diciembre (BOE de 22 de marzo).

Con independencia del lugar donde radiquen los bienes o puedan ejercitarse los derechos, corresponderá a la Comunidad Foral la exacción del Impuesto sobre el Patrimonio en los mismos supuestos en los que sea competente para la exacción del Impuesto sobre la Renta de las Personas Físicas, es decir, en relación con los sujetos pasivos que tengan su residencia habitual en Navarra.

La Comunidad Foral no será competente en relación con los no residentes en Navarra que allí posean bienes o en ese territorio deban ejercitar los derechos correspondientes. Como ya pusimos de relieve con anterioridad, semejante afirmación no significa la sujeción a un eventual **régimen común.** Al ser múltiple la alternativa habrá que estar a la residencia del sujeto. En el caso de que se trate de residentes en otra Comunidad distinta de Navarra estaríamos ante un claro supuesto de cesión del Impuesto con las características que en seguida veremos. La alternativa al régimen especial ahora no es única —la del sometimiento a un pretendido régimen común— sino múltiple.

También será competente la Diputación Foral en relación con aquellos sujetos no residentes en España que conserven la condición política de navarros a tenor de lo dispuesto en la Ley de Reintegración y Amejoramiento. Será competente la Diputación Foral para la gestión y recaudación del Impuesto por los bienes que se hallen en territorio español o en éste pudieran ejercitarse o hubieren de cumplirse los derechos.

Entre las peculiaridades reseñables del Impuesto Foral cabe señalar que el mínimo exento se eleva, para los sujetos residentes, a 21.000.000 de pesetas, estando obligados a presentar declaración cuando superen dicha cantidad. En segundo lugar, que los límites de la cuota íntegra del Impuesto se calcularán individualmente con independencia de la opción por la tributación conjunta o individual adoptada por los miembros de la unidad familiar.

227. Alava, Guipúzcoa y Vizcaya

El Concierto vigente en el País Vasco, aprobado por la Ley 12/1981, de 13 de mayo (BOE de 28 de mayo), modificado por la Ley 38/1997, de 4 de agosto (BOE de 5 de agosto), califica al Impuesto sobre el Patrimonio como tributo concertado de normativa autónoma. Se declaran vigentes las normas aplicables en territorio común, excepción hecha de los modelos y plazos de presentación de las declaraciones, así como de las modalidades de ingreso dentro del ejercicio.

Con la finalidad de incorporar el nuevo Impuesto sobre el Patrimonio al sistema tributario de cada una de las Diputaciones Forales, se han promulgado las Normas Forales 11/1991, de 17 de diciembre, del Impuesto sobre el Patrimonio (BOB de 11 de enero de 1992), para Vizcaya; la Norma Foral 14/1991, del Impuesto sobre el Patrimonio (BOG de 15 de enero de 1992, para Guipúzcoa; la Norma Foral 23/1991, de 11 de diciembre, del Impuesto sobre el Patrimonio (BOTHA de 20 de diciembre), para Alava.

Serán competentes cada una de las Diputaciones Forales en atención a la residencia del sujeto en el territorio de cada una de ellas. Si el contribuyente no tiene su residencia en ninguno de los Territorios Históricos, el Impuesto se exigirá por el Estado. Esta afirmación es sólo cierta en parte. En la medida en que el contribuyente no resida en el territorio del País Vasco, el rendimiento del tributo no se atribuirá a su Hacienda. Que, en todo caso, sea el Estado el competente para exigirlo, cuando no se tenga la residencia en el País Vasco, es una afirmación incierta tras la generalización del sistema de cesión consagrado por la Ley 30/1983. Cuestión que conviene no mezclar con la de la expresa remisión a la competencia del Estado cuando el sujeto «... no sea residente en territorio español...». Sin embargo, también conviene tener presente que en atención a la remisión que se hace a las reglas de sujeción del IRPF, cuando el sujeto sea no residente en territorio español pero conserve la condición política de vasco la exacción por este Impuesto corresponderá a las Diputaciones Forales, regla que ha modificado la actual redacción del art. 16 del Concierto.

Las tres normas forales citadas reproducen sustancialmente la normativa estatal del Impuesto. El elemento de mayor relevancia lo constituye el criterio de sujeción a cada una de las Diputaciones en atención a que en su territorio se tenga la residencia. Para la determinación de ésta se estará a los criterios establecidos en el IRPF (§ 12).

Asimismo las tres normas citadas mantienen idéntico criterio en relación con los no residentes en territorio español que conserven la condición política de vasco y su última vecindad administrativa hubiese sido la alavesa, vizcaína o guipuzcoana. En ese caso será competente la correspondiente Diputación Foral por los bienes y derechos de que sea titular cuando estuvieren situados o pudieran ejercitarse en territorio español, lo que ampliaba en cierto modo el ámbito de aplicación de la norma en los términos del Concierto y que en su actual redacción (art. 16) no es la pauta a seguir.

La Norma Foral de Alava ha modificado los criterios de valoración de los bienes inmuebles, que permanecen idénticos a la norma de derecho común en los otros dos supuestos. Asimismo esta norma foral fija un mínimo exento diverso. Será de 20.000.000 de pesetas para los supuestos de obligación personal de contribuir, lo que al tiempo determina que asimismo sea diverso el montante de la base liquidable a partir del que surge el deber de declarar: 20.000.000 de pesetas.

Las Normas Forales de Guipúzcoa y Vizcaya mantienen sustancialmente idénticas sus normas en relación con la Ley del Impuesto de Derecho común a excepción de la Norma Foral de Vizcaya que presenta la tarifa del Impuesto con idénticos tramos y tipos aunque de forma técnicamente confusa.

BIBLIOGRAFIA

AA.VV., *Comentarios a la Ley del Impuesto sobre la Renta de las Personas Físicas y a la Ley del Impuesto sobre el Patrimonio (Homenaje a Luis Mateo)*, Pamplona, Aranzadi, 1995.

CENCERRADO MILLÁN, Emilio, *La tributación del patrimonio empresarial y profesional de las personas físicas*, Madrid, Marcial Pons, 1995.

ESCRIBANO, Francisco, «Seis novedades en el Impuesto sobre el Patrimonio», Civitas, *Rev. Esp. Der. Fin.* 75 (1992).

— «Los criterios de valoración en el Impuesto sobre el Patrimonio», Alcabala, *RHPA*, 1 (1991).

— «El Impuesto sobre el Patrimonio en España», *RDFHP*, 236 (1995).

CAPITULO 7

EL IMPUESTO ESPECIAL SOBRE BIENES INMUEBLES DE ENTIDADES NO RESIDENTES

228. Estructura y caracterización

Este impuesto, se estableció en España a principios de esta década (Ley 18/1991), al igual que en otros países de nuestro entorno, y es consecuencia de la creciente internacionalización de las relaciones económicas. Su objetivo fundamental es impedir que la titularidad de inmuebles por sociedades extranjeras dificulte o impida la exacción de los tributos que recaen sobre los mismos o sobre las operaciones que se efectúen con ellos. De este modo, el tributo tiene una firme vocación de clarificación, hasta tal punto que, como veremos, cuando dicha titularidad está clara, la ley reconoce la exención.

La estructura del impuesto es muy sencilla, de manera que recae sobre el valor catastral del inmueble con un tipo del 3 por 100; en caso de inexistencia de valor catastral, se tomará el valor que se determine con arreglo al Impuesto sobre el Patrimonio. El impuesto se devenga cada 31 de diciembre y debe ser objeto de autoliquidación en el mes de enero siguiente a cada devengo, según el correspondiente modelo (Orden de 28.12.92). Se trata, pues, de un impuesto de carácter patrimonial y de naturaleza real; es también un impuesto instantáneo.

A pesar de esta simplicidad, en la ley hay algunos aspectos confusos. El principal es, a nuestro juicio, la forma de delimitación del sujeto pasivo, sobre el cual las normas establecen reglas poco precisas. Puesto que recae sobre los inmuebles de entidades, deben de excluirse de su ámbito, lógicamente, las personas físicas; por tanto, sólo los inmuebles de los que sean titulares personas jurídicas quedan sujetos al impuesto, y esto en su más amplio sentido, ya que la ley habla de «entidades», que es la expresión más genérica que puede utilizar al respecto. Pero donde el grado de inconcreción es mayor es en la delimitación del vínculo jurídico que debe existir entre el sujeto y el inmueble: la ley se refiere a «las entidades no residentes que sean propietarias o posean en España por cualquier título bienes inmuebles o derechos reales de goce o disfrute sobre los mismos». La referencia a la posesión, que puede traer causa, por ejemplo, de un arrendamiento, crea dificultades de interpretación. En cambio, la nueva regulación (art. 64) ha mejorado otros aspectos poco claros en la inicial normativa como, por ejemplo, los supuestos en que la propiedad está dividida, que pueden dar lugar incluso a distribución del gravamen entre los titulares del bien.

Como se dijo, cuando la titularidad del inmueble es un hecho suficientemente acreditado y justificado, la ley reconoce la exención del impuesto. Se da esta circunstancia, en primer lugar, cuando los inmuebles sean de titularidad de entidades públicas extranjeras y de organizaciones internacionales; en segundo lugar, cuando sean de entidades residentes en países con los que España tenga Convenio de doble imposición (salvo Suiza, porque en el convenio con este país no hay cláusula de intercambio de información); en tercer lugar, cuando los inmuebles sean de entidades que lleven a cabo en nuestro país actividades empresariales, de manera continuada y habitual, y diferentes de la gestión de los inmuebles; en cuarto lugar, cuando sean entidades que coticen en mercados de valores oficiales y, finalmente, cuando se trate de entidades sin ánimo de lucro y de carácter benéfico o cultural. Por último, se puede solicitar la exención declarando a la Administración los inmuebles en territorio español que se posean, la titularidad última de las acciones de la entidad y la residencia fiscal de quienes la detenten.

El transcurso del plazo para efectuar la autoliquidación abre, en caso de incumplimiento, la vía de apremio, con la especialidad de que la ejecución se lleva a cabo directamente sobre el inmueble (64.4).

La LIS señala (art. 64.7) que la cuota del impuesto tiene la consideración de gasto deducible respecto a la «base imponible del Impuesto sobre Sociedades». Sin perjuicio de que esta norma es de por sí confusa, el RIRPF (art. 74.7) la interpreta restrictivamente y dice *contra legem* que es deducible de la base constituida por los rendimientos derivados de la explotación de los inmuebles.

BIBLIOGRAFIA

CARBAJO, D., «El Impuesto especial sobre bienes inmuebles de entidades no residentes», *Actualidad Tributaria,* núm. 2, pág. 21.

CUBERO TRUYO, A., «El gravamen especial sobre bienes inmuebles de entidades no residentes», en *La nueva regulación del Impuesto sobre sociedades,* vol. 2 (Regímenes especiales), CEF, Madrid, 1996.

CAPITULO 8
EL IMPUESTO SOBRE BIENES INMUEBLES

229. Naturaleza y caracteres

El IBI constituye la figura más importante del sistema impositivo local tanto desde el punto de vista recaudatorio como del número de contribuyentes afectados por el mismo. Vino a sustituir, refundiéndolas, a las antiguas Contribuciones Territoriales, Rústica y Urbana, de las que heredó lo sustancial de su regulación, e implicó asimismo la desaparición del Impuesto de Solares del que, en cambio, no se conserva influencia alguna en el nuevo impuesto. La LRHL configura al IBI como un impuesto claramente patrimonial, cuyo objeto imponible está constituido por el patrimonio inmobiliario, cosa que ya sucedía con las anteriores Contribuciones Territoriales desde el año 1979 aunque, como consecuencia de su origen en la vieja imposición de producto, seguían definiéndose formalmente como tributos sobre la renta.

La naturaleza del IBI se puede condensar en los siguientes caracteres:

— Es un impuesto directo.

— Es un impuesto real y objetivo, ya que prescinde por completo de las circunstancias personales del contribuyente a la hora de ponderar el gravamen.

— Es un impuesto periódico, coincidiendo su período impositivo con el año natural.

— Es un impuesto proporcional, aunque con tipos impositivos diferenciados según la naturaleza, rústica o urbana, de los inmuebles objeto de gravamen.

— Es un impuesto municipal, lo que no es incompatible con la facultad que la LRHL confiere a las Areas Metropolitanas de fijar un recargo sobre el IBI de los inmuebles sitos en el territorio de la Entidad (art. 134). Este recargo recaerá sobre la base imponible del IBI y no podrá ser superior al 0,2 por 100, exigiéndose a los mismos sujetos y en los mismos casos que el Impuesto.

— Es un impuesto de exacción obligatoria por todos los Ayuntamientos.

— En su gestión podemos destacar dos características: en primer lugar, que la misma se lleva a cabo mediante recibos, matrículas o listas cobratorias, lo que le confiere ciertas peculiaridades; en segundo lugar, que no corresponde en exclusiva a las Corporaciones locales, sino que es compartida con la Administración tributaria estatal.

230. Hecho imponible

Como advertimos antes, el IBI se configura como un impuesto netamente patrimonial que grava la propiedad de bienes inmuebles rústicos o urbanos, o bien la titularidad de un derecho real de usufructo o de superficie o de una concesión administrativa sobre los mismos o sobre los servicios públicos a que se encuentren afectados (art. 61 LRHL).

Si comparamos esta definición del hecho imponible del IBI con sus precedentes inmediatos (CTU y CTRP) podemos observar una restricción y una ampliación del ámbito del mismo. La restricción es que desaparece el gravamen de la ganadería independiente, previsto en la vieja CTRP, pero carente de sentido en un impuesto sobre el patrimonio inmobiliario. La ganadería independiente sigue siendo objeto de gravamen por las Entidades Locales, pero en el ámbito que le es propio, que es el del IAE. La ampliación viene representada por la sujeción al IBI de los titulares de una concesión administrativa sobre bienes inmuebles o sobre servicios públicos a los que aquéllos estén afectados [1], saliendo así la LRHL al paso de una reiterada jurisprudencia que excluía estos supuestos de la sujeción a la anterior CTU [2].

Conviene precisar que en los supuestos de propiedad dividida el hecho imponible del IBI se realiza sólo por el titular del derecho de uso y disfrute, no por el nudo propietario. No estamos, pues, ante un esquema similar al del IP (*vid.* § 212), sino que cuando exista un usufructo, derecho de superficie o concesión administrativa, únicamente quedarán sujetos al impuesto los titulares de tales derechos, y en ningún caso el propietario o titular de la nuda propiedad (art. 61 en relación con art. 65 LRHL).

Una última precisión: aunque el hecho imponible del IBI comprende el gravamen de todos los inmuebles, rústicos o urbanos, las normas sobre determinación de la base imponible y los tipos aplicables son distintos según la naturaleza, rústica o urbana, de los bienes objeto de imposición, lo que obliga a delimitar con claridad ambos grupos.

La LRHL distingue entre el suelo y las construcciones. En cuanto al primero sigue básicamente los criterios de la legislación urbanística, incluyendo dentro de los de naturaleza urbana (art. 62 LRHL) al suelo urbano, el declarado apto para urbanizar por las normas subsidiarias y el urbanizable o asimilado por la legislación autonómica por contar con las facultades urbanísticas inherentes al suelo urbanizable en la legislación estatal. También merecen la calificación de urbanos los suelos ocupados por construcciones de tal naturaleza y los que dispongan de iguales elementos de

---

[1] Cfr. R. TEAC de 1-3-1995 (JT 1995/562).

[2] Cfr., entre otras, las SSTS de 21 de febrero, 18 de abril y 14 de mayo de 1989.

urbanización que el suelo urbano (vías pavimentadas, encintado de aceras, alcantarillado, suministro de agua y energía eléctrica y alumbrado público). Finalmente, a efectos del IBI (y sólo a esos efectos), se consideran urbanos los terrenos que se fraccionen en contra de lo dispuesto en la legislación agraria siempre que tal fraccionamiento desvirtúe su uso agrario. Cualquier otro terreno, distinto a los recién mencionados, merecerá la calificación de rústico [art. 63.*a)* LRHL].

En cuanto a las construcciones, aparece como novedad en la LRHL el concepto de construcción rústica, entendiéndose por tal cualquier edificio o instalación de carácter agrario que, situado en terrenos de naturaleza rústica, sean indispensables para el desarrollo de las explotaciones agrícolas, ganaderas o forestales [art. 63.*b)* LRHL]. Cualquier otro edificio o construcción, incluidas las obras de urbanización y mejora, merecerá la calificación de construcción urbana [3].

231. Beneficios fiscales. Exenciones

Una cuestión que caracterizaba a la imposición municipal anterior a la reforma de 1989 era la profusión de beneficios fiscales concedidos en una legislación dispersa y diferente de la que contenía la regulación sustancial de los impuestos municipales. Frente a esta situación, que producía inseguridad jurídica además de mermar considerablemente la recaudación, ha querido reaccionar la LRHL, de una parte, eliminando un buen número de exenciones en los nuevos impuestos municipales y, de otra, derogando expresamente «cuantos beneficios fiscales estuviesen establecidos en los tributos locales, tanto de forma genérica como específica, en toda clase de disposiciones distintas de las de Régimen Local, sin que su actual vigencia pueda ser invocada respecto de ninguno de los tributos regulados en la presente ley» (disp. adic. 9.ª), todo ello sin perjuicio de determinadas disposiciones de derecho transitorio. De acuerdo con esto ya podemos sentar una primera conclusión de interés: en el IBI no habrá otros beneficios fiscales que los previstos expresamente en la LRHL o bien en leyes posteriores como, por ejemplo, la Ley 20/1990, sobre el régimen fiscal de las cooperativas, que establece una bonificación del 95 por 100 de la cuota del IBI correspondiente a los inmuebles de naturaleza rústica de las Cooperativas Agrarias y de Explotación Comunitaria de la Tierra [art. 33.4.*b)* de la Ley 20/1990].

La LRHL (art. 64) contiene una enumeración de exenciones permanentes en el IBI, algunas claramente subjetivas (en favor de la Cruz Roja o del propio municipio de la imposición), otras de carácter objetivo [4] (vías terrestres salvo autopistas de peaje; vías férreas; montes poblados con especies de crecimiento lento; inmuebles históricos de interés cultural; o centros docentes privados total o parcialmente concertados) y otras de carácter mixto

[3] Cfr. STSJ de Castilla-La Mancha de 23-5-1995 (JT 1995/681) y R. TEAC de 1-2-1995 (JT 1995/404).

[4] Cfr. R. TEAC de 8-11-1994 (AT núm. 12/1995).

(inmuebles del Estado, CCAA o EELL afectos a la defensa nacional, seguridad ciudadana [5], servicios educativos o penitenciarios; algunos inmuebles de la Iglesia Católica o de Asociaciones confesionales no católicas legalmente reconocidas; o inmuebles de gobiernos extranjeros destinados a representación consular o diplomática). La Ley 13/1996 ha añadido la exención de las carreteras, los caminos, las demás vías terrestres y el dominio público marítimo terrestre e hidráulico, siempre que sean de aprovechamiento público y gratuito.

Aparte de estas exenciones permanentes, la LRHL contiene también algún beneficio de carácter temporal como la bonificación del 90 por 100 de la cuota correspondiente a los inmuebles «que constituyan el objeto de la actividad de las empresas de urbanización, construcción y promoción inmobiliaria y no figuren entre los bienes de su inmovilizado», bonificación que abarcará al tiempo de la urbanización o construcción y un año más, sin exceder en ningún caso del plazo de tres años desde el inicio de la obra (art. 74 LRHL) [6].

También gozan de una bonificación del 50 por 100 de la cuota las viviendas de protección oficial durante un plazo de tres años contados desde el otorgamiento de la calificación definitiva.

Debemos advertir, finalmente, que la concesión o denegación de los aludidos beneficios fiscales (cuando no actúen *ope legis*) es competencia de cada Ayuntamiento, exigiéndose, en todo caso, un informe técnico previo del Centro de Gestión Catastral y Cooperación Tributaria (CGCCT) que no tendrá carácter vinculante (art. 78 LRHL).

232. Sujetos pasivos

Son sujetos pasivos del IBI las personas físicas o jurídicas o los entes de hecho del artículo 33 de la LGT que sean propietarios de los inmuebles gravados o, en el caso de que estuviese desgajada de la propiedad la facultad de disfrute, quienes sean titulares de un derecho real de usufructo o de superficie sobre inmuebles gravados, o de una concesión administrativa sobre los mismos o sobre los servicios públicos a que se hallen afectados.

233. Base imponible: definición. El valor catastral. La base liquidable

La LRHL define la base imponible del IBI diciendo que «estará constituida por el valor de los bienes inmuebles» (art. 66.1), definición que no es muy clarificadora, ya que por valor de los bienes inmuebles puede entenderse muchas cosas: su valor histórico o de adquisición, el de mercado, el que resulte de capitalizar las rentas reales o potenciales del inmueble, etc.

---

[5] Cfr. STSJ de La Rioja de 28-11-1994 (AT núm. 12/1995).

[6] Cfr. STSJ de Canarias de 24-2-1995 (JT 1995/186) y R. TEAC de 5-10-1993 (JT 1993/1499).

Por ello el legislador ha precisado a continuación que «se tomará como valor de los bienes inmuebles el valor catastral de los mismos, que se fijará tomando como referencia el valor de mercado de aquéllos, sin que, en ningún caso, pueda exceder de éste» (art. 66.2). En conclusión podemos definir la base imponible del IBI como el valor catastral asignado a los inmuebles sujetos al impuesto.

¿Qué es el valor catastral? Es un valor dado por la Administración tributaria a cada inmueble, siguiendo un concreto procedimiento administrativo que luego examinaremos (*vid.* § 234), y de acuerdo con unos criterios de valoración indicados muy sumariamente en la LRHL, criterios que deben orientarse a acercar el valor catastral al de mercado sin exceder de éste. De esta definición podemos concluir algunas características del valor catastral:

1.º Es un valor **fijado administrativamente,** sin intervención alguna del sujeto pasivo. Este se limitará a comunicar a la Administración las circunstancias de orden físico, económico o jurídico que puedan incidir en la valoración catastral, pero no tendrá ninguna participación efectiva en el proceso de fijación de la misma.

2.º Es un valor **fijado siguiendo un concreto procedimiento administrativo,** con fases claramente diferenciadas y rodeado de las oportunas garantías para el contribuyente.

3.º Aunque cada finca o inmueble dispone de su valor catastral, el mismo es consecuencia de un **procedimiento de valoración masiva** y no individualizada, lo que le confiere ciertas peculiaridades.

4.º El valor catastral **tiene que tomar como referencia el de mercado** entendiendo por tal, conforme a la ya clásica definición de la LRL de 1955, la suma de dinero por la que, en condiciones normales, se hallará comprador para el inmueble. Esta declaración hay que entenderla en una doble dirección: como mandato o recomendación al gestor catastral y como garantía para el contribuyente. En cuanto a lo primero, hay que decir que la Administración tributaria ha vaciado de contenido el mandato legal al interpretar que sólo le obliga a precisar en cada revisión catastral cuál es el grado de aproximación entre ambos valores —catastral y de mercado— que se desea o se estima oportuno. Así, para las revisiones catastrales actualmente en marcha el CGCCT, a través de una Resolución de su Presidente de 15-1-1993 (BOE 27-1-1993), se ha marcado como objetivo que los valores catastrales se sitúen en el 50 por 100 de los de mercado. Esta interpretación creemos que es contraria al texto y al espíritu de la LRHL, aparte de censurable desde la perspectiva del principio constitucional de reserva de ley. Para el contribuyente dicho límite máximo sí adquiere todo su sentido, en la medida en que le permitirá impugnar el valor catastral asignado a su inmueble, si supera al de mercado, promoviendo para ello la oportuna tasación pericial contradictoria. Es más, para dicha impugnación no hace falta que el valor catastral asignado supere al de mercado, sino al porcentaje de éste fijado como objetivo en las normas técnicas de valoración catastral.

Pasando ya a los criterios para la fijación del valor catastral previstos en la LRHL, hay que distinguir según se trate de inmuebles urbanos o rústicos. En cuanto a los primeros, el valor catastral será la suma del valor dado al suelo y a las construcciones existentes sobre el mismo, lo que significa que la valoración de ambos elementos (suelo y construcción) se hace separadamente. Para la valoración del suelo todo lo que nos dice la LRHL es que «se tendrán en cuenta las circunstancias urbanísticas que le afecten» (art. 67.2 LRHL), y para la de las construcciones que «se tendrán en cuenta, además de las condiciones urbanístico-edificatorias, su carácter histórico-artístico, su uso o destino, la calidad y la antigüedad de las mismas y cualquier otro factor que pueda incidir en el mismo» (art. 67.3 LRHL). Unas indicaciones, como vemos, muy generales y que han sido desarrolladas y concretadas por el RD 1020/1993 (BOE 22-7-1993) por el que se aprueban las normas técnicas de valoración y el cuadro marco de valores del suelo y de las construcciones para determinar el valor catastral de los bienes inmuebles de naturaleza urbana. En dicho Decreto se establece una metodología de valoración que se centra en la obtención del valor del suelo por el método residual (valor de repercusión) y en la atribución a las construcciones de su valor de reposición, refiriendo uno y otro al mercado. Por último, debemos reseñar que los inmuebles urbanos, mientras no se les asigne un valor catastral conforme a las prescripciones de la LRHL, conservarán a efectos del IBI el que tuvieran en la CTU en 1989 con las actualizaciones que hayan previsto las Leyes de Presupuestos desde entonces (disp. tr. 2.ª LRHL).

Para los inmuebles rústicos la fijación del valor catastral implica mayores dificultades, entre otras razones, porque supone una novedad, ya que en la anterior CTRP no existía el concepto de valor catastral, sino que la base imponible era el producto líquido de la tierra. La LRHL muestra una notable desorientación al tratar de los criterios para valorar catastralmente los inmuebles rústicos, dando unas indicaciones muy generales. En concreto para los terrenos de esta naturaleza prevé, como regla general, la valoración por capitalización al interés que se fije reglamentariamente de las rentas reales o potenciales de los mismos. Alternativamente, cuando por las circunstancias del municipio no puedan fijarse las rentas reales o potenciales a capitalizar, permite la LRHL la valoración directa de los terrenos «atendiendo al conjunto de factores técnico-agrarios y económicos y a otras circunstancias que les afecten» (art. 68 LRHL). En cuanto a las construcciones rústicas los criterios de valoración son los mismos establecidos para las urbanas. Una muestra más de la desorientación del legislador en este tema es que, pasados tres años de la entrada en vigor del impuesto, todavía no se han aprobado las normas reglamentarias que desarrollen la valoración catastral de los inmuebles rústicos. Mientras este desarrollo reglamentario no tenga lugar y pueda asignarse un valor catastral a los inmuebles rústicos, se tomará como tal el resultante de capitalizar al 3 por 100 el importe de las bases imponibles vigentes a 31 de diciembre de 1989 en la CTRP, con las actualizaciones que hayan ordenado las sucesivas Leyes de Presupuestos (disp. tr. 2.ª LRHL).

El Real Decreto-ley 5/1997 ha introducido en el IBI el concepto de base liquidable con la finalidad de que las revisiones catastrales resultantes de ponencias de valores aprobadas con posterioridad a dicho Decreto-ley periodifiquen sus efectos a lo largo de diez años. Como regla general, se establece una reducción de 0,9 el primer año —que irá disminuyendo en 0,1 anualmente hasta su desaparición— aplicable a la diferencia positiva entre el nuevo valor catastral asignado al inmueble y la base liquidable del ejercicio inmediato anterior a la entrada en vigor de aquél.

234. Procedimiento administrativo de fijación de los valores catastrales

La valoración catastral tiene lugar a través de un procedimiento administrativo diseñado en la LRHL (art. 70) y desarrollado por el RD 1020/1993. Las fases de este procedimiento, tras la última modificación efectuada por la Ley 42/1994, se han simplificado reduciéndose a las dos siguientes:

1.ª **Elaboración y aprobación de las Ponencias de valores.** Su función tradicional consiste en concretar para una zona o territorio determinado los criterios de valoración contenidos en la Ley y en las normas técnicas aprobadas por el RD 1020/1993. Precisamente este Decreto nos define las Ponencias de valores como «los documentos administrativos que recogen los valores del suelo y de las construcciones, así como los coeficientes correctores a aplicar en el ámbito territorial al que se refieren». A partir de ahora deberán recoger también el planeamiento urbanístico vigente y la delimitación de qué suelo merece la calificación de urbano y cuál la de rústico. Por otro lado, y como novedad enmarcada dentro de la tendencia de implicar cada vez más a los Ayuntamientos en la gestión total de sus impuestos, la LRHL obliga a someter las Ponencias de valores a informe de los Ayuntamientos interesados antes de su aprobación.

Las Ponencias de valores deberán publicarse dentro del primer semestre del año anterior a aquél en que deban surtir efecto los valores catastrales derivados de las mismas, pudiendo ser objeto de reclamación en vía económico-administrativa. Podrán también impugnarse indirectamente las Ponencias de valores cuando se reciba la notificación del valor catastral resultante de las mismas, aunque en dicho caso la impugnación deberá circunscribirse a aquellos aspectos de la Ponencia que afecten de forma directa o particular al recurrente.

En municipios que cuenten con más de 750.000 unidades urbanas podrán publicarse por edicto las ponencias de valores durante el segundo semestre del año, aunque los valores catastrales resultantes de las mismas no entrarán en vigor hasta el año posterior a que finalice el proceso de notificación individualizada de los mismos.

2.ª **Asignación de los valores catastrales.** Es la última fase del procedimiento consistente en asignar a cada inmueble concreto un valor catastral a partir de las determinaciones contenidas en las Ponencias de valores. Se trata de un acto que ya no es objeto de notificación colectiva, como los anteriores, sino individualizada, debiendo hacerse antes de que finalice el año natural inmediatamente anterior a aquél en que deba surtir efecto. Por supuesto, es susceptible de reclamación en vía económico-administrativa en el plazo de un mes a partir del día siguiente al de la recepción de la notificación (art. 70.4 de la LRHL) [7]. Sólo si el valor catastral no se notificase correctamente al sujeto pasivo cabría su impugnación al recibir la primera liquidación girada sobre el mismo [8].

235. Revisión, modificación y actualización de los valores catastrales

La LRHL, con la intención de mantener al día los valores catastrales, se ocupa de la revisión, modificación y actualización de los mismos (arts. 69, 70.6, 71 y 72 LRHL). La revisión equivale a una nueva fijación de los valores, siguiendo todo el procedimiento recién descrito. Esta revisión, según la Ley, deberá hacerse cada diez años lo que, conocidos los precedentes, puede acabar siendo una declaración de intenciones.

Mayor novedad parecía representar la modificación de los valores catastrales, inicialmente prevista para que los Ayuntamientos pudieran instar la adecuación de ciertos valores catastrales al mercado cuando, por modificación del planeamiento urbanístico u otras circunstancias, se produjeran divergencias apreciables entre ambos. Sin embargo, este procedimiento de adecuación que se pretendía más ágil ha quedado reducido a una revisión antes de tiempo realizada de oficio por el CGCCT o bien a instancias de la Entidad local correspondiente.

Por último, la actualización de los valores catastrales puede realizarse anualmente en las Leyes de Presupuestos mediante la aplicación a todos los mismos de un coeficiente único para todo el territorio nacional y coincidente normalmente con la inflación prevista para el ejercicio presupuestario [9].

236. La cuota

La cuota de IBI es el resultado de aplicar sobre la base liquidable los tipos impositivos establecidos en las Ordenanzas Fiscales de cada Ayuntamiento dentro de los límites marcados por la LRHL (art. 73 LRHL). El legislador ha previsto para los inmuebles urbanos un tipo mínimo del 0,4 por 100 y para los rústicos del 0,3. Sobre esos mínimos se permite a los Ayuntamientos realizar ciertos incrementos en función de cuál sea su población de derecho, de que sean capital de provincia o Comunidad Autónoma, presten el servicio público de transporte de superficie o bien presten más servicios de los señalados como obligatorios en la Ley de Bases del Régimen Local. De esta forma, por ejemplo, un Ayuntamiento de más

---

[7] Cfr. R. TEAC de 23-11-1994 (JT 1994/1683).

[8] R. TEAC de 10-11-1993.

[9] Cfr. STSJ de Canarias de 26-4-1995 (JT 1995/429).

de 100.000 habitantes y que reúna todas las circunstancias antes indicadas podrá llevar el tipo impositivo para los inmuebles urbanos hasta un máximo del 1,3 por 100, y para los rústicos del 1,07 por 100.

En los municipios en que la revisión de los valores catastrales se haga por fases anuales —lo que sólo es posible en municipios que cuenten con más de 200.000 unidades urbanas— podrán establecerse tipos impositivos diferenciados para los inmuebles, según tengan o no revisado su valor catastral.

Conviene comentar que la cuota del IBI goza de una especial protección o garantía en cuanto a su recaudación. Tradicionalmente esta clase de tributos se ha garantizado por nuestro ordenamiento con una hipoteca legal tácita que cubría el pago de la cuota correspondiente al ejercicio en que se ejercita la acción administrativa de cobro y al inmediato anterior (arts. 73 LGT, 35 RGR y 194 LH), y la posibilidad de constituir una hipoteca especial para asegurar el cobro de anualidades distintas de las anteriores. Pues bien, a todo ello ha venido a añadir la LRHL la afección de los inmuebles al pago de las deudas pendientes en los supuestos de cambio en la titularidad de los derechos incluidos dentro del ámbito del hecho imponible del impuesto (art. 76 LRHL). De esta forma, el adquirente deberá responder del pago en términos parecidos a los de un responsable, aunque no constituya técnicamente un supuesto de responsabilidad (arts. 41 LGT y 37 RGR).

237. Período impositivo y devengo

En el IBI el período impositivo coincide con el año natural, devengándose el 1 de enero. Esto significa que las variaciones de cualquier tipo —físico, económico o jurídico— en los inmuebles sujetos al impuesto producirán efecto en el período impositivo siguiente a aquél en que tengan lugar.

238. La gestión

La gestión del IBI se distingue por dos circunstancias. La primera es que se realiza mediante recibos, matrículas o listas cobratorias lo que implica ciertas peculiaridades, siendo la más destacada que las liquidaciones, salvo la primera, no tienen que ser notificadas individualmente al sujeto pasivo, pudiendo hacerse de forma colectiva mediante edictos siempre que guarden absoluta identidad con la precedente o sea de menor cuantía que ésta [10]. La segunda es que la competencia para la gestión del impuesto se comparte entre la Administración del Estado y las Entidades Locales.

---

[10] Cfr. SSTS de 9-12-1986 (Ar. 7129) y de 30-4-1987 (GF núm. 45/1987) entre otras.

En la gestión del IBI se parte de dos documentos, estrechamente relacionados, que son los Catastros Inmobiliarios y el Padrón del impuesto. En cuanto a los primeros, cuya finalidad no es exclusivamente tributaria, nos dice la LRHL que «están constituidos por un conjunto de datos y descripciones de los bienes inmuebles rústicos y urbanos, con expresión de superficies, situación, linderos, cultivos o aprovechamientos, calidades, valores y demás circunstancias físicas, económicas y jurídicas que den a conocer la propiedad territorial y la definan en sus diferentes aspectos y aplicaciones» (disp. adc. 4.ª LRHL). A partir de estos Catastros se forma anualmente el Padrón del impuesto para cada término municipal, Padrón que consiste en «censos comprensivos de los bienes inmuebles, sujetos pasivos y valores catastrales, separadamente para los de naturaleza rústica y urbana» (art. 77.1 LRHL). Entre Padrón y Catastros debe haber una absoluta coherencia, siendo inexcusable la previa modificación de éstos para introducir alguna alteración en aquél. El Padrón anual del IBI deberá ser remitido por el CGCCT a cada Ayuntamiento antes del día 1 de marzo de cada año para su pública exposición. Tanto los Catastros como el Padrón del IBI se alimentan de diversas fuentes en su obtención de datos, interesándonos destacar aquí la obligación de los sujetos pasivos de declarar cualquier alteración de orden físico, económico o jurídico concerniente a los bienes gravados [11]. El incumplimiento de dicha obligación se califica y sanciona como infracción simple, aunque tras la reforma de la LGT efectuada por la Ley 25/1995 entendemos que hay que calificar dicho incumplimiento como infracción grave.

Por lo que hace al reparto de competencias, podemos distinguir entre la llamada «gestión catastral» y la «gestión tributaria» del IBI. La primera corresponde en exclusiva a la Administración tributaria estatal, que la ejerce a través del CGCCT. La segunda corresponde a las Entidades Locales. Entendemos por gestión catastral la formación, conservación, renovación y revisión de los Catastros Inmobiliarios, elaboración de las Ponencias de valores, fijación, revisión y modificación de los valores catastrales y formación del Padrón del impuesto. Los actos dictados en el ejercicio de estas competencias, al ser actos de la Administración estatal, serán susceptibles de reclamación en la vía económico-administrativa. En cuanto a la gestión tributaria comprende la concesión o denegación de exenciones y bonificaciones, la liquidación del impuesto, emisión de los documentos de cobro y recaudación del mismo, así como la resolución de los expedientes de devolución de ingresos indebidos. Contra los actos dictados en el ejercicio de estas competencias no cabrá acudir a la vía económico-administrativa, debiendo recurrirse directamente en lo contencioso-administrativo, previa reposición obligatoria ante el órgano que dictó el acto.

La Ley 13/1996 ha reforzado considerablemente la gestión del IBI al buscar una mayor concordancia entre los datos obrantes en el Catastro y los del Registro de la Propiedad. A tal efecto, se establece que la referencia catastral de los bienes inmuebles deberá figurar en las escrituras o documentos donde consten los actos o negocios de trascendencia real, relativos

[11] Esta obligación se encuentra desarrollada por el RD 1448/1989, de 1 de diciembre.

al dominio y demás derechos reales sobre bienes inmuebles y los contratos de arrendamiento de los mismos, así como en los documentos en los que se pongan de manifiesto cualesquiera otras alteraciones de orden físico, económico o jurídico, de los citados inmuebles. Por otro lado, los registradores, una vez calificada la documentación presentada, recogerán en el asiento como uno más de los datos descriptivos de la finca, la referencia catastral que se le atribuya por los otorgantes en el documento inscribible.

239. La imposición sobre Bienes Inmuebles en Navarra

La Ley Foral 2/1995 [12] de Haciendas Locales de Navarra ha introducido a partir de 1996 una llamada Contribución Territorial regulada a imagen y semejanza del IBI, y que vendrá a sustituir a las tradicionales Contribución Territorial Urbana y Contribución sobre las Actividades Agrícola y Pecuaria vigentes aún durante 1995. Esta nueva Contribución Territorial se configura como un impuesto netamente patrimonial que grava el valor de los bienes inmuebles, tanto rústicos como urbanos, siendo la base imponible el valor catastral definido en términos coincidentes con los estudiados en la LRHL. Como peculiaridad de la Contribución Territorial Navarra podemos señalar que los tipos impositivos previstos son más bajos que los establecidos para el IBI (art. 139 de la Ley Foral 2/1995).

Por otro lado, la nueva Ley Foral de Haciendas Locales de Navarra ha conservado el Impuesto sobre Viviendas Desocupadas [13], aunque como exacción de carácter voluntario. Este impuesto grava la tenencia de viviendas desocupadas, entendiéndose por tales aquellas que no estén ocupadas durante más de cuatro meses al año, salvo que su uso exclusivo sea el esparcimiento o recreo durante determinados períodos por quien no resida en la localidad donde esté enclavada la vivienda. La base imponible será el valor catastral de las viviendas y el tipo impositivo no podrá exceder del 40 por 100 del vigente para la exacción de la Contribución Territorial.

240. El Impuesto sobre Bienes Inmuebles en Alava

La regulación del IBI en el Territorio Histórico de Alava no presenta prácticamente ninguna peculiaridad respecto de la establecida en la LRHL que hemos examinado en los epígrafes anteriores. Dicha regulación se contiene en la Norma Foral 42/1989, de 19 de julio, del Impuesto sobre Bienes Inmuebles [14], pudiéndose destacar también el Decreto Foral 2/1994, del Consejo de Diputados de 18 de enero, por el que se aprueban las Normas Técnicas de Valoración y el Cuadro-Marco de valores del suelo y de las construcciones, para determinar el valor catastral de los bienes inmuebles de naturaleza urbana [15]. Entre las poquísimas singularidades del IBI en Alava diremos que los tipos impositivos no se fijan en función de la

[12] BON de 20-3-1995.

[13] Cfr. arts. 184 a 191 de la Ley Foral 2/1995.

[14] BOTHA núm. 98, de 25-8-1989.

[15] BOTHA núm. 14, de 2-2-1994.

población de derecho de cada Municipio u otras circunstancias, como ocurre en la regulación aplicable en el territorio común, sino que cualquier Ayuntamiento del Territorio Histórico de Alava podrá elegir para los inmuebles urbanos el tipo de gravamen que desee entre un mínimo del 0,4 por 100 y un máximo del 1,5 por 100, y para los bienes rústicos entre un mínimo del 0,3 por 100 y un máximo del 1,1 por 100. La gestión del impuesto es compartida, correspondiendo a la Diputación Foral de Alava la gestión e inspección catastral y a los Ayuntamientos la gestión tributaria.

241. El Impuesto sobre Bienes Inmuebles en Guipúzcoa

La regulación del IBI en el Territorio Histórico de Guipúzcoa no presenta prácticamente ninguna peculiaridad respecto de la establecida en la LRHL que hemos examinado en los epígrafes anteriores. Dicha regulación se contiene en la Norma Foral 12/1989, de 30 de junio, del Impuesto sobre Bienes Inmuebles [16], pudiéndose destacar también el Decreto Foral 32/1990, de 15 de mayo, por el que se aprueba el Cuadro-Marco de Coordinación de los Valores Catastrales de Guipúzcoa [17]. Entre las poquísimas singularidades del IBI en Guipúzcoa diremos que los tipos impositivos no se fijan en función de la población de derecho de cada Municipio u otras circunstancias, como ocurre en la regulación aplicable en el territorio común, sino que cualquier Ayuntamiento del Territorio Histórico de Guipúzcoa podrá elegir para los inmuebles urbanos el tipo de gravamen que desee entre un mínimo del 0,4 por 100 y un máximo del 1,5 por 100, y para los bienes rústicos entre un mínimo del 0,3 por 100 y un máximo del 1,1 por 100. La gestión del impuesto es compartida, correspondiendo a la Diputación Foral de Guipúzcoa la gestión e inspección catastral y a los Ayuntamientos la gestión tributaria.

242. El Impuesto sobre Bienes Inmuebles en Vizcaya

La regulación del IBI en el Territorio Histórico de Vizcaya no presenta prácticamente ninguna peculiaridad respecto de la establecida en la LRHL que hemos examinado en los epígrafes anteriores. Dicha regulación se contiene en la Norma Foral 9/1989, de 30 de junio, del Impuesto sobre Bienes Inmuebles [18], pudiéndose destacar también el Decreto Foral 86/1990, de 26 de junio, por el que se aprueban las Normas Técnicas de Valoración y el Cuadro-Marco de valores del suelo y de las construcciones, para determinar el valor catastral de los bienes inmuebles de naturaleza urbana [19]. Entre las poquísimas singularidades del IBI en Vizcaya diremos que los tipos impositivos no se fijan en función de la población de derecho de cada Municipio u otras circunstancias, como ocurre en la regulación aplicable en el territorio común, sino que cualquier Ayuntamiento del Territorio Histórico de Vizcaya podrá elegir para los inmuebles urbanos el

[16] BOGuip. núm. 130, de 10-7-1989.
[17] BOGuip. núm. 103, de 30-5-1990.
[18] BOV núm. 166, de 19-7-1989.
[19] BOV núm. 166, de 19-7-1990.

tipo de gravamen que desee entre un mínimo del 0,4 por 100 y un máximo del 1,5 por 100, y para los bienes rústicos entre un mínimo del 0,3 por 100 y un máximo del 1,1 por 100. La gestión del impuesto es compartida, correspondiendo a la Diputación Foral de Vizcaya la gestión e inspección catastral y a los Ayuntamientos la gestión tributaria.

BIBLIOGRAFIA

ARNAL SURIA, S., «El Impuesto sobre Bienes Inmuebles», Madrid, *El Consultor de los Ayuntamientos y los Juzgados,* Publicaciones Abella, 1991.

GARCÍA-MONCÓ, A. M., *El Impuesto sobre Bienes Inmuebles y los valores catastrales,* Valladolid, Lex Nova, 1995.

GARCÍA NOVOA, C., «El Impuesto sobre Bienes Inmuebles. Hecho imponible. Sujetos pasivos. Exenciones», en *Tratado de Derecho Financiero y Tributario Local,* Madrid, Marcial Pons, 1993.

GONZÁLEZ Y GONZÁLEZ, O., «Valoraciones de bienes inmuebles de naturaleza urbana», en *Tratado...,* Madrid, Marcial Pons, 1993.

GONZÁLEZ MENÉNDEZ, A., «El Catastro. Procedimiento para su elaboración», en *Tratado...,* Madrid, Marcial Pons, 1993.

LÓPEZ DÍAZ, A., «El Impuesto sobre Bienes Inmuebles. Base imponible. Cuota. Recargos. Gestión», en *Tratado...,* Madrid, Marcial Pons, 1993.

SIMÓN ACOSTA, E., «El Impuesto Municipal sobre Bienes Inmuebles», en *RHAL,* núms. 55-56, 1989.

CAPITULO 9
EL IMPUESTO SOBRE VEHICULOS DE TRACCION MECANICA

243. Naturaleza y caracteres

El IVTM, aunque con otro nombre, conserva prácticamente inmutada la regulación del anterior Impuesto de Circulación de Vehículos al que vino a sustituir a partir de 1990.

La LRHL configura este impuesto en términos continuistas con los del Impuesto de Circulación introducido por la Ley de reforma de las Haciendas Locales de 1966, y cuyo origen último hay que buscarlo en algunas tasas relacionadas con el estacionamiento o parada en vías públicas de los automóviles, previstas en las leyes especiales para los municipios de Madrid y Barcelona de comienzo de los años sesenta.

La naturaleza del IVTM se puede resumir en los siguientes caracteres:

— Es un impuesto directo, según indica de manera expresa la LRHL. Dentro de los impuestos directos pertenece al grupo de los que gravan el patrimonio, ya que su objeto imponible son ciertos elementos del patrimonio del sujeto pasivo, los vehículos de motor.

— Es un impuesto real y objetivo. Las circunstancias del sujeto pasivo son por completo ajenas a la ponderación del gravamen.

— Es un impuesto municipal, sin que se prevea la posibilidad de recargo alguno en favor de otras Entidades Locales, a diferencia de lo que sucedía con los impuestos examinados previamente. Ahora bien, conviene comentar que el IVTM, aunque municipal, puede ser reclamado para sí —no exactamente el impuesto, sino su materia imponible— por las Comunidades Autónomas, estableciendo lógicamente las oportunas medidas de compensación a los Ayuntamientos.

— Es un impuesto obligatorio. Deberá exigirse por todos los municipios, bien conforme a la Ordenanza fiscal que aprueben o, de no existir ésta, con arreglo a las tarifas mínimas previstas en la LRHL.

— Es un impuesto de gestión íntegramente municipal, al contrario de lo que hemos visto que sucede con los otros dos impuestos municipales de exacción obligatoria.

La existencia de un impuesto que grave la tenencia de vehículos de motor no es ninguna peculiaridad de nuestro sistema tributario, aunque sí lo es que constituya un recurso de las Haciendas municipales. En la generalidad de los países de la CEE existe un impuesto —o varios— similar al nuestro, pero configurados como tributos estatales y con cuotas normalmente más elevadas que las previstas en nuestro país.

Debemos resaltar también que el IVTM es compatible con la existencia de tasas por regulación o control del tráfico o de precios públicos por el estacionamiento en vías públicas. Así se desprende la LRHL que dispone que «los Ayuntamientos podrán establecer tasas por la realización de actuaciones singulares de regulación y control del tráfico urbano, tendentes a facilitar la circulación de vehículos y distintas a las habituales de señalización y ordenación del tráfico por la Policía Municipal; como asimismo podrán exigir precios públicos por el estacionamiento de vehículos de tracción mecánica en las vías de los municipios dentro de las zonas que a tal efecto se determinen y con las limitaciones que pudieran establecerse» (disp. adic. 6.ª).

244. Armonización comunitaria del Impuesto de Vehículos

El deseo de eliminar las distorsiones de la competencia entre las empresas de transporte de los diversos Estados miembros motivó la Directiva del Consejo 93/89/CEE, de 25 de octubre de 1993 [1], relativa a la aplicación por los Estados miembros de los impuestos sobre determinados tipos de vehículos utilizados para el transporte de mercancías por carretera, así como de los peajes y derechos de uso percibidos por la utilización de determinadas infraestructuras. En lo que aquí nos interesa diremos que la Directiva se limita a fijar una cuantía mínima al importe de los impuestos que recaigan sobre los vehículos destinados al transporte de mercancías por carretera y que tengan un peso total en carga autorizado igual o superior a doce toneladas. España, al igual que otros países de la Comunidad (Grecia, Italia, Francia y Portugal), podrá exigir hasta 1997 inclusive importes reducidos sin que en ningún caso sean inferiores al 50 por 100 de las cuantías mínimas fijadas en la Directiva.

245. El hecho imponible

El IVTM «grava la titularidad de los vehículos de esta naturaleza, aptos para circular por las vías públicas, cualesquiera que sean su clase y categoría», considerándose aptos para la circulación los que estuviesen matriculados en los registros públicos correspondientes, incluyendo los que gocen de permisos temporales y matrícula turística (art. 93.1 y 2 LRHL). El único supuesto de no sujeción va referido a los vehículos antiguos que, habiendo sido dados de baja en los registros de Tráfico, sean autorizados excepcionalmente a circular para exhibiciones o certámenes (art. 93.3 LRHL).

---

[1] DOCE núm. L 279, de 12-11-1993.

El elemento objetivo del hecho imponible hace referencia, pues, a los vehículos de tracción mecánica aptos para la circulación. Ya hemos visto que la LRHL se encarga de precisar qué debemos entender por aptitud para la circulación. No define, en cambio, el concepto de vehículo de tracción mecánica por lo que debemos estar a los términos del Código de Circulación, según el cual «es todo vehículo dotado de medios de propulsión mecánica propios e independientes del exterior, que circula sin carriles» (art. 4 del Código de la Circulación). Sin embargo, la LRHL, al establecer las tarifas del impuesto, sujeta a gravamen a algunos vehículos que no son de tracción mecánica, ya que incluye en uno de los grupos de las tarifas a los «remolques y semirremolques arrastrados por vehículos de tracción mecánica». Esta sujeción de los remolques y semirremolques no parece muy congruente ni con el nombre del impuesto ni con la definición de su hecho imponible.

En cuanto al elemento subjetivo del hecho imponible, definido como la titularidad de los vehículos objeto del impuesto, se concreta dicha titularidad en la persona a cuyo nombre conste el vehículo en el permiso de circulación (art. 95 LRHL).

246. Exenciones

Hay que comenzar señalando que también para el IVTM sirve el comentario realizado al tratar del IAE y del IBI sobre el borrón y cuenta nueva que ha supuesto la LRHL en materia de beneficios fiscales (*vid.* §§ 168 y 182). No habrá, pues, en el IVTM más beneficios que los concedidos por la LRHL o los que hayan podido establecerse por leyes posteriores.

La LRHL (art. 94.1) establece en el IVTM una exención de carácter subjetivo (en favor de los vehículos de representaciones diplomáticas o consulares, así como de organismos internacionales con sede u oficinas en España), dos de carácter objetivo (para autobuses adscritos al servicio de transporte público en régimen de concesión administrativa; y para los tractores, remolques, semirremolques y maquinaria provistos de la Cartilla de Inspección Agrícola), y tres de carácter mixto (en favor de los vehículos de las Administraciones públicas territoriales adscritos a la defensa nacional o a la seguridad ciudadana; las ambulancias y vehículos dedicados a la asistencia sanitaria que pertenezcan a la Cruz Roja; y los coches de inválidos adaptados a su conducción por disminuidos físicos y que no superen los 12 caballos fiscales) [2].

Las exenciones recién mencionadas son todas ellas de carácter automático, excepto las establecidas en favor de ciertos vehículos de la Cruz Roja y de los que dispongan de la Cartilla de Inspección Agrícola, cuya concesión deberá instarse por los interesados a la Administración municipal (art. 94.2 LRHL).

---

[2] Cfr. STSJ de Castilla y León de 8-2-1995 (JT 1995/116).

247. Sujeto pasivo

No se plantea ningún problema en este apartado. Como ya advertimos anteriormente, la LRHL considera sujeto pasivo del IVTM a la persona o entidad a cuyo nombre conste el vehículo en el permiso de circulación [3]. Con esta decisión el legislador facilita considerablemente la gestión del impuesto, evitando cualquier posible discusión sobre la titularidad real del vehículo como consecuencia de los negocios jurídico-privados que puedan realizar los particulares. Cabe destacar, asimismo, que la condición de sujeto pasivo puede recaer no sólo sobre las personas físicas o jurídicas, sino también sobre los llamados entes de hecho a que se refiere el artículo 33 de la LGT.

248. Cuota

La LRHL (art. 96) contiene para el IVTM un cuadro de tarifas en el que se especifican las cuotas de las diversas clases de vehículos en función, según los casos, de distintos parámetros como la potencia fiscal [4], el número de plazas o la carga útil del vehículo. En concreto, se distinguen seis grupos dentro de las tarifas:

— Turismos: cuyas cuotas están en relación a la potencia fiscal, oscilando entre 2.100 pesetas para los de menos de 8 caballos fiscales y 14.910 pesetas para los de más de 16 caballos.

— Autobuses: las cuotas en este caso están en función del número de plazas del vehículo y van desde 13.860 pesetas para los de menos de 21 plazas hasta 24.675 pesetas para los de más de 50 plazas.

— Camiones: el parámetro utilizado en esta ocasión es la carga útil del vehículo, fijándose unas cuotas que van desde 7.035 pesetas para los de menos de 1.000 kilogramos de carga útil hasta 24.675 pesetas para los de más de 9.999 kilogramos.

— Tractores: sus cuotas, fijadas según la potencia, van de 2.940 pesetas para los de menos de 16 caballos fiscales hasta 13.860 pesetas para los que superan los 25 caballos fiscales.

— Remolques y semirremolques: desde 2.940 pesetas para los de menos de 1.000 kilogramos de carga útil hasta 13.860 pesetas para los de más de 2.999 kilogramos.

— Ciclomotores y motocicletas: para los que las cuotas oscilan entre 735 pesetas si tienen menos de 125 centímetros cúbicos y 10.080 pesetas para las que superan los 1.000 centímetros cúbicos.

---

[3] Cfr. STSJ de Canarias de 23-12-1993 (AT núm. 5/1994) y STSJ de Murcia de 3-4-1995 (JT 1995/501).

[4] Cfr. STSJ de Murcia de 15-5-1995 (JT 1995/685) y STSJ de Galicia de 22-5-1995 (JT 1995/669).

El concepto de cada una de las categorías de vehículos contemplados en las tarifas lo podemos encontrar en la OM de 16 de julio de 1984, a la que se remite expresamente el RD 1576/1989.

El cuadro de tarifas recién aludido fija las cuantías mínimas de las cuotas del IVTM, es decir, las que se exigirán en todo caso, aunque el municipio de la imposición no hubiese aprobado la correspondiente Ordenanza fiscal. Pero esas cuotas mínimas podrán ser incrementadas por cada Ayuntamiento mediante la aplicación de un coeficiente único que, según la población de derecho del municipio, puede llegar hasta el 1,6 (población hasta 5.000 habitantes) 1,7 (de 5.001 a 20.000 habitantes), 1,8 (de 20.001 a 50.000 habitantes), 1,9 (de 50.001 a 100.000 habitantes) y 2 (más de 100.000 habitantes).

249. Período impositivo, devengo y gestión

El IVTM es un impuesto periódico (art. 97.1 y 2 LRHL), coincidiendo su período impositivo con el año natural. Esta es la regla general, pero se dan también supuestos de períodos inferiores al año cuando la primera adquisición del vehículo tenga lugar en día distinto al 1 de enero, o la baja definitiva en día distinto al 31 de diciembre. En estos supuestos, el período impositivo irá desde el día de la adquisición hasta el último día del año o desde el 1 de enero hasta la fecha de la baja definitiva, respectivamente.

El devengo del IVTM se produce siempre el primer día del período impositivo, esto es, el 1 de enero o el día de la primera adquisición del vehículo. Por otra parte, el legislador ha previsto el prorrateo de las cuotas en los casos de primera adquisición o baja del vehículo (art. 97.3 LRHL). Este prorrateo se hará por trimestres naturales, por lo que sólo tendrá verdadera efectividad cuando la primera adquisición se produzca pasado el primer trimestre o la baja antes de entrar en el cuarto trimestre del año. Debe observarse que no está previsto el prorrateo de la cuota entre los diferentes titulares en los casos de transferencia del vehículo durante el año, sino que deberá pagar íntegramente el impuesto quien fuera su titular a la fecha del devengo, es decir, el que transfiere la propiedad del vehículo.

La gestión del IVTM es competencia exclusiva de la Hacienda municipal (art. 98 LRHL), sin que exista otra Administración implicada en la misma, excepción hecha de la colaboración —muy importante— que deben prestar las Jefaturas Provinciales de Tráfico (JPT). En concreto, el Ayuntamiento competente para la exacción del impuesto será el del domicilio que conste en el permiso de circulación del vehículo. Por lo demás, el IVTM, como ya vimos en los casos del IBI y el IAE, es un impuesto que se gestiona mediante matrícula o listas cobratorias, con las peculiaridades que ello supone y sobre las que no es necesario repetirnos (§ 174). Lo que acabamos de indicar no es incompatible con la declaración de la LRHL en el sentido de que «los Ayuntamientos podrán exigir este impuesto en régimen de autoliquidación» (art. 99.1). Lo que podrá exigirse en régimen de autoliquidación será el pago de la primera cuota del IVTM, ya que las sucesivas serán abonadas conforme al recibo expedido por el Ayuntamiento de acuerdo con los datos de la matrícula del impuesto.

Hemos dicho que la colaboración de las JPT es muy importante para la gestión del impuesto y, sobre todo, representa una garantía fundamental para su recaudación. Esto es así porque, según la LRHL (art. 110), quienes pretendan la matriculación de un vehículo o la certificación de su aptitud para circular deberán acreditar previamente el pago del impuesto. También en los casos de reforma de los vehículos —que altere su clasificación—, cambio del domicilio que conste en el permiso de circulación, transferencia o baja del vehículo, deberá acreditarse el pago del último recibo del impuesto presentado al cobro. De no acreditarse previamente el pago en los términos recién indicados, las JPT no tramitarán los correspondientes expedientes.

250. Posibilidad de que las Comunidades Autónomas reclamen la materia imponible del IVTM

Concretando una previsión genérica de la LOFCA (art. 6), la LRHL (disp. adc. 5.ª) permite que las CCAA puedan reclamar para sí la materia imponible gravada por el IVTM, estableciendo lógicamente la oportuna compensación económica a los Municipios afectados. La regulación concreta podemos resumirla en los siguientes puntos:

— El uso por una Comunidad Autónoma de esta potestad no significa que a partir de ese momento ella se haga cargo de la gestión y recaudación del IVTM, sino la creación de un tributo nuevo de la Comunidad sobre la misma materia y la desaparición del IVTM en los Municipios de aquélla.

— Las compensaciones económicas de la Comunidad Autónoma a los Municipios afectados deberán revestir la forma de subvenciones incondicionadas o participación en los tributos de la Comunidad Autónoma de que se trate, distinta de la prevista en el artículo 142 de la Constitución.

— Las compensaciones no podrán suponer minoración de los ingresos que vinieran percibiendo los Ayuntamientos por el IVTM, ni merma en sus posibilidades de crecimiento futuro por dicho impuesto.

251. El Impuesto sobre Vehículos de Tracción Mecánica o de Circulación en Navarra

La Ley Foral 2/1995 [5] de Haciendas Locales de Navarra ha introducido como exacción de carácter obligatorio, el IVTM o de Circulación con una regulación similar a la estudiada para este impuesto en la LRHL [6], pudién-

[5] BON de 20-3-1995.

[6] Cfr. arts. 157 a 166 de la Ley Foral 2/1995.

dose destacar únicamente el que las cuotas son sensiblemente inferiores a las exigibles en el resto de España. El nuevo impuesto entrará en vigor en 1996, exigiéndose hasta entonces el antiguo Impuesto sobre Circulación de Vehículos cuya regulación no difiere en lo sustancial de la establecida en la nueva Ley Foral.

252. El Impuesto sobre Vehículos de Tracción Mecánica en Alava

La regulación de este impuesto en Alava es coincidente con la que acabamos de estudiar para el territorio común con la sola salvedad de que los Ayuntamientos del Territorio Histórico de Alava pueden incrementar las cuotas fijadas en las tarifas del impuesto mediante la aplicación de un coeficiente que puede ser de hasta el 2,2, en vez de hasta el 2 previsto en la LRHL (*vid.* § 247), y cuya cuantía máxima es la misma para todos los Municipios, no dependiendo de la población de derecho de los mismos. El impuesto está regulado por la Norma Foral 44/1989 [7].

253. El Impuesto sobre Vehículos de Tracción Mecánica en Guipúzcoa

La regulación de este impuesto en Guipúzcoa es coincidente con la que acabamos de estudiar para el territorio común con la sola salvedad de que los Ayuntamientos del Territorio Histórico de Guipúzcoa pueden incrementar las cuotas fijadas en las tarifas del impuesto mediante la aplicación de un coeficiente que puede ser de hasta el 2,2, en vez de hasta el 2 previsto en la LRHL (*vid.* § 247), y cuya cuantía máxima es la misma para todos los Municipios, no dependiendo de la población de derecho de los mismos. El impuesto está regulado por la Norma Foral 14/1989 [8].

254. El Impuesto sobre Vehículos de Tracción Mecánica en Vizcaya

La regulación de este impuesto en Vizcaya es coincidente con la que acabamos de estudiar para el territorio común con la sola salvedad de que los Ayuntamientos del Territorio Histórico de Vizcaya pueden incrementar las cuotas fijadas en las tarifas del impuesto mediante la aplicación de un coeficiente que puede ser de hasta el 2,2, en vez de hasta el 2 previsto en la LRHL (*vid.* § 247), y cuya cuantía máxima es la misma para todos los Municipios, no dependiendo de la población de derecho de los mismos. El impuesto está regulado por la Norma Foral 7/1989 [9].

---

[7] BOTHA núm. 99, de 28-8-1989.
[8] BOGuip. núm. 130, de 10-7-1989.
[9] BOV núm. 166, de 19-7-1989.

BIBLIOGRAFIA

MARTÍNEZ ECHEVARRÍA, R., *Los nuevos tributos municipales,* Madrid, Dykinson, 1992.

PÉREZ ROYO, F., «El Impuesto Municipal sobre Vehículos de Tracción Mecánica, en *Tratado de Derecho Financiero y Tributario Local,* Madrid, Marcial Pons, 1993.

CAPITULO 10

EL IMPUESTO SOBRE SUCESIONES Y DONACIONES

I. GENERALIDADES

255. Introducción. Naturaleza y caracteres

Históricamente el gravamen de las transmisiones lucrativas ha tenido, en nuestro ordenamiento tributario, una regulación vinculada a la de las transmisiones onerosas, debido (si nos atenemos a lo que expresaba la Exposición de Motivos del texto refundido de los Impuestos Generales sobre las Sucesiones y sobre las Transmisiones Patrimoniales y Actos Jurídicos Documentados, de 6 de abril 1967) a su origen común en el Impuesto de Derechos Reales, a la identidad de los funcionarios públicos encargados de su gestión y a la exigencia, en la función liquidadora de ambos impuestos, de una previa y especial labor jurídica de calificación. Argumentos ciertamente inconsistentes que, no obstante, mantuvieron la convivencia tributaria de ambas categorías de transmisiones hasta la promulgación de la Ley 32/1980, que regula ya de forma independiente las transmisiones patrimoniales onerosas.

En la actualidad, el Impuesto sobre Sucesiones y Donaciones (en adelante ISD) está regido por la Ley 29/1987, de 18 de diciembre, y por el Reglamento, aprobado por el Real Decreto 1629 de 8 de noviembre de 1991. La citada Ley se aplica a los hechos imponibles producidos a partir de su entrada en vigor, esto es, a partir del uno de enero de 1988, ya que los acaecidos con anterioridad se regulan por la legislación precedente, fundamentalmente contenida en el ya citado texto refundido de 6 de abril de 1967 y en el Reglamento de Derechos Reales y Transmisiones de Bienes, de 15 de enero de 1959. Precisamente la entrada en vigor de la nueva Ley introdujo importantes novedades respecto de la legislación anterior, entre las que merecen destacarse: *a)* la exclusión de las sociedades y demás Entidades como sujetos pasivos del impuesto; *b)* el establecimiento de una tarifa única, de carácter progresivo, aplicable a todos los hechos imponibles y cualquiera que sea el grado de parentesco entre adquirente y transmitente; *c)* el reconocimiento del patrimonio preexistente de los sujetos pasivos como elemento para graduar la deuda tributaria; *d)* la reducción de diez a cinco años del plazo de prescripción; *e)* una regulación coherente del gravamen sobre las donaciones; y *f)* la supresión del Impuesto sobre Bienes Inmuebles de las Personas Jurídicas (o impuesto sobre las «manos muertas»).

De todas las novedades fue sin duda la consideración del patrimonio preexistente la que más polémica provocó en fase de discusión parlamentaria de la Ley. Este nuevo elemento, que descansa en el principio de capacidad de pago, puede no obstante —se decía— favorecer la prodigalidad y perjudicar el ahorro y la inversión, pero constituye, sin duda, un importante elemento para diferenciar la progresividad del impuesto según el grado de parentesco (mientras más lejano sea el parentesco del heredero o donatario con el causante o donante, mayor será la progresividad).

Más recientemente, el régimen jurídico del impuesto se ha visto alterado como consecuencia de la cesión de competencias normativas a las Comunidades Autónomas de régimen común que acepten el nuevo modelo de financiación autonómica para el quinquenio 1997-2001 (Ley 14/1996, de 30 de diciembre).

Por lo demás, el ISD se configura en su Ley reguladora (art. 1) como un tributo de naturaleza directa y subjetiva que grava los incrementos de patrimonio obtenidos a título gratuito por las personas físicas. Es, además, un impuesto personal e instantáneo, y complementario del Impuesto sobre la Renta de las Personas Físicas.

256. Ambito espacial de aplicación. Puntos de conexión

El ISD se exige en todo el territorio español, sin perjuicio de los regímenes tributarios forales de concierto (País Vasco) y convenio (Navarra), y de lo dispuesto en los Tratados o Convenios Internacionales suscritos por España (art. 2 de la Ley).

Respecto de los Tratados o Convenios suscritos por España poco se puede decir, toda vez que en lo que comúnmente se entiende como Convenios para evitar la doble imposición no suelen incorporarse normas sobre tributación de sucesiones y donaciones.

Con independencia de los regímenes forales de concierto y convenio, la gestión, liquidación, inspección y recaudación del impuesto están cedidas en la actualidad a todas las Comunidades Autónomas (Ley 14/1996, de 30 de diciembre), a las que se atribuyen, además, competencias normativas en relación con determinados aspectos estructurales del impuesto (tarifa, cuantía y coeficientes del patrimonio preexistente y determinadas reducciones de la base imponible), como tendremos ocasión de ver (§§ 267 y 268).

Precisamente estas dos circunstancias (cesión del rendimiento del impuesto y atribución de competencias normativas a las Comunidades Autónomas) fuerzan al legislador a establecer unos criterios precisos (denominados puntos de conexión) que van a servir para delimitar territorialmente a qué Comunidad Autónoma corresponde en cada caso el rendimiento obtenido y qué legislación ha de aplicarse.

En los casos de adquisiciones *mortis causa* corresponderá el rendimiento a la Comunidad Autónoma donde el causante tuviera su residencia habitual a la fecha del devengo (art. 6 de la Ley 14/1996). En las donaciones de bienes inmuebles, a la Comunidad Autónoma donde radiquen, y en las donaciones de los demás bienes y derechos a la Comunidad donde el donatario tenga su residencia habitual a la fecha del devengo. Para determinar la residencia habitual se aplicarán las reglas del IRPF (§ 15), aunque teniendo en cuenta que para calcular la permanencia en el territorio de una determinada Comunidad se tomarán los días del año en curso y no los del período impositivo (art. 10 de la Ley 14/1996).

Por su parte, la legislación a aplicar a cada hecho imponible será la correspondiente a la Comunidad Autónoma a la que pertenezca el rendimiento, con una excepción: en los casos de adquisiciones *mortis causa* y de donaciones de derechos y de bienes que no sean inmuebles, si el causante o donatario no hubiere tenido su residencia habitual durante los cinco años anteriores a la fecha del devengo en la Comunidad Autónoma a la que corresponda el rendimiento, se aplicará la normativa del Estado o la de la Comunidad donde hubiese residido habitualmente durante esos cinco años anteriores (art. 13.Siete de la Ley 14/1996). Lo cual dará lugar a la aplicación, por parte de una Comunidad Autónoma, de la normativa aprobada por otra distinta. Aunque ello tendrá lugar sólo si la Comunidad Autónoma donde se produce el hecho imponible ha asumido en este punto el nuevo régimen de cesión de tributos establecido en la Ley 14/1996, pues en caso contrario esta última regla en relación con los puntos de conexión no tendría vigor (art. 26 de la Ley 14/1996).

En cualquier caso, los conflictos que se susciten en la aplicación práctica de los puntos de conexión se resolverán por una Junta Arbitral creada por la nueva LOFCA (art. 23 de la Ley Orgánica 3/1996, de 27 de diciembre).

257. Obligación personal y real de contribuir

Como impuesto de naturaleza personal, en el ISD existen dos formas de contribuir, cuya diferencia la determina la residencia habitual del contribuyente. Así, la Ley (art. 6) establece que a los contribuyentes que tengan su residencia habitual en España se les exigirá el impuesto por obligación personal, por la totalidad de los bienes y derechos que adquieran (art. 17.1 del Reglamento) con independencia de la situación geográfica en que se encuentren los mismos. Precisamente para evitar la doble imposición que se produciría en los sujetos sometidos a esta forma de contribuir (tributación en el país en que estén situados los bienes y en el nuestro), la propia Ley (art. 23) prevé la correspondiente deducción en la cuota del impuesto, como tendremos ocasión de ver (§ 268).

Por el contrario, a los que no tengan su residencia habitual en nuestro país se les exigirá el impuesto, por obligación real, en la forma que veremos más adelante (§ 270). Ello no obstante, se prevé igualmente esta forma de contribuir para los extranjeros residentes en España que estén sometidos a obligación real en el IRPF (art. 18.3 del Reglamento).

Para la determinación de la residencia habitual se aplican las reglas establecidas en el Impuesto sobre la Renta de las Personas Físicas (*vid.* § 15).

II. OBLIGACION PERSONAL DE CONTRIBUIR

A) EL HECHO IMPONIBLE

258. Hechos imponibles

La Ley del Impuesto al regular el hecho imponible (art. 3) está en realidad considerando tres presupuestos de hecho distintos que, aunque con alguna frecuencia se confundan en la fase liquidatoria (adquisición *mortis causa* y seguro de vida; donaciones acumuladas a herencias, etc.) tienen origen y tratamiento tributario propios. Estos tres hechos imponibles son:

a) La adquisición de bienes y derechos por herencia, legado o cualquier título sucesorio.

b) La adquisición de bienes y derechos por donación o cualquier otro negocio jurídico a título gratuito e *inter vivos*.

c) La percepción de cantidades por los beneficiarios de contratos de seguros sobre la vida, cuando el contratante sea persona distinta del beneficiario.

Este aspecto material del hecho imponible (la adquisición gratuita de bienes y derechos) se completa con el subjetivo: las personas físicas. Efectivamente, para que los incrementos patrimoniales de carácter lucrativo queden gravados por este Impuesto han de ser obtenidos por personas físicas, ya que los obtenidos por personas jurídicas no están sujetos a este Impuesto y se someterán al Impuesto sobre Sociedades (art. 3.2 de la Ley).

¿Qué ocurre entonces con los incrementos de patrimonio gratuitos obtenidos por los entes del artículo 33 de la Ley General Tributaria (sociedades civiles, comunidades de bienes, etc.)? Como la Ley reguladora del IRPF (art. 10.4 LIRPF) los excluye expresamente de sometimiento al Impuesto sobre Sociedades *(vid.* § 71), cuando el adquirente de un bien o derecho a título gratuito sea uno de los entes reseñados, se atribuirá a cada socio, comunero o partícipe la parte que le corresponda, quedando sometido, por tanto, el incremento gratuito al ISD (sólo, naturalmente, respecto de los socios, comuneros o partícipes que sean personas físicas) [1].

Otra cuestión que conviene aclarar desde un principio es la concerniente a la delimitación entre el ISD y el IRPF en relación con los incrementos de patrimonio de carácter lucrativo, ya que «en ningún caso un mismo incremento de patrimonio podrá quedar gravado por el ISD y por el IRPF» (art. 4 del Reglamento del ISD y art. 5.5 LIRPF).

---

[1] Así lo ha reconocido para las comunidades de bienes la DGT en resolución de 30-6-88.

Dejando a un lado las percepciones por contratos de seguros sobre la vida (a las que a continuación nos referiremos), lo que grava el ISD es toda **incorporación** de bienes y derechos en el patrimonio de una persona física cuando tenga su causa en la realización de alguno de los hechos imponibles configurados en la Ley (art. 2 del Reglamento), en tanto que la tributación de los incrementos de patrimonio lucrativos en el IRPF se produce como consecuencia de las diferencias de valor puestas de manifiesto por una persona física en una **transmisión** *inter vivos* [arts. 44 y 45.*a)* LIRPF]. Esto es, el IRPF grava el incremento de patrimonio lucrativo obtenido por el transmitente (por diferencia entre valor de transmisión y valor de adquisición de un bien o derecho) *(vid.* §§ 48 y 52), mientras que el ISD somete a gravamen el incremento de patrimonio obtenido por el adquirente.

En desarrollo de lo establecido en la Ley, el Reglamento del Impuesto (arts. 11 a 14) fija el alcance de los distintos hechos imponibles:

a) Así, considera como **títulos sucesorios** a efectos del Impuesto, entre otros, la donación «mortis causa», los contratos o pactos sucesorios y las cantidades asignadas por los testadores a los albaceas en cuanto excedan de ciertos límites.

b) Conceptúa como **negocios jurídicos gratuitos e *inter vivos*** (equiparables a las donaciones), la condonación total o parcial de deuda realizada con ánimo de liberalidad, la renuncia de derechos a favor de persona determinada, y el desistimiento o el allanamiento en juicio o arbitraje en favor de la otra parte realizados con ánimo de liberalidad. También considera el Reglamento como negocios jurídicos gratuitos e *inter vivos* dos tipos de contratos de seguro sobre la vida:

— El contrato de seguro sobre la vida para caso de sobrevivencia del asegurado cuando el beneficiario sea persona distinta del contratante, ya que si el beneficiario fuera el mismo contratante tributaría por el IRPF [art. 48.1.*i)* LIRPF];

— Y el contrato individual de seguro para caso de fallecimiento del asegurado que sea persona distinta del contratante, cuando igualmente el beneficiario sea persona distinta del contratante.

La equiparación de estos tipos de seguros a las donaciones tiene su importancia por cuanto supone para los perceptores la no aplicación de reducción alguna para la determinación de la base liquidable (§ 267).

A estos supuestos citados en el Reglamento hay que añadir otros previstos en otras normas, que constituyen ficciones jurídicas de incrementos patrimoniales de carácter lucrativo. Entre ellos podemos destacar dos regulados en el texto refundido de la ley del ITPAJD y otro en el Reglamento de los Fondos de Pensiones:

— Cuando en las cesiones de bienes a cambio de pensiones vitalicias o temporales, la base imponible a efectos de la cesión sea superior en más del 20 por 100 y en 2.000.000 de pesetas a la de la pensión, esta diferencia se considerará a efectos tributarios como donación a favor del cesionario (art. 14.6 TRITPAJD).

— Cuando en una transmisión onerosa *inter vivos* el valor comprobado a efectos del Impuesto sobre Transmisiones Patrimoniales exceda del consignado por las partes en más del 20 por 100 de éste y dicho exceso sea superior a 2.000.000 de pesetas, este exceso tendrá para el adquirente la consideración de donación sujeta al ISD si es persona física, y sin perjuicio de la que corresponda al transmitente a efectos del IRPF (art. 14.7 TRITPAJD) *(vid.* § 50).

— Las contribuciones voluntarias que los promotores de Fondos de Pensiones, sistema empleo, efectúen a los mismos, que tendrán la consideración de donaciones para los partícipes, aunque en este caso es lícito dudar de su validez, dada la categoría de la norma que lo establece (art. 63.2 del Real Decreto 1307/1988, de 30 de septiembre).

La jurisprudencia, por su parte, llega a considerar como donaciones los préstamos a largo plazo sin interés o con interés mínimo y la renuncia del socio a la suscripción preferente de acciones en determinados casos [2].

c) Por lo que se refiere a la **percepción de cantidades por los beneficiarios de contratos de seguros sobre la vida,** aparte de los dos supuestos equiparables a las donaciones, según acabamos de ver, tradicionalmente no ha existido una delimitación muy clara respecto de la tributación de los seguros de accidentes por este impuesto o por el Impuesto sobre la Renta de las Personas Físicas. El Reglamento del ISD (art. 13) zanja la cuestión al considerar gravable la percepción de cantidades por el beneficiario de un seguro de accidentes sólo cuando tenga su causa en el fallecimiento de la persona asegurada.

Para completar el cuadro, el art. 37.Uno.3.*f)* de la Ley del IRPF especifica que estarán sometidas a dicho impuesto las percepciones procedentes de los contratos de seguro que no incorporen los componentes mínimos de riesgo y duración establecidos en el artículo 9 del RIRPF *(vid.* §§ 40 y 59).

Por lo demás, la percepción de cantidades por seguros de vida o accidentes están sujetas al Impuesto tanto si se reciben de una sola vez como a través de prestaciones periódicas, vitalicias o temporales, en cuyo caso la Administración podrá determinar la base imponible mediante el cálculo actuarial del valor actual de la prestación (art. 14.3 del Reglamento).

259. Presunciones

El establecimiento de presunciones constituye una constante en este impuesto con la clara finalidad de combatir determinadas prácticas elusivas que suelen realizarse, bien para reducir la base imponible de la futura herencia o bien para encubrir donaciones con la apariencia de transmisiones onerosas. Efectivamente, dado el carácter progresivo del impuesto (a mayor

[2] Así, las Resoluciones del TEAC de 25-7-90 (Impuestos núm. 10 de 5-91) y 26-9-91 (Impuestos núm. 8 de 4-92).

base mayor cuota) frente a otros con tipos proporcionales (fundamentalmente el ITP), resulta más rentable efectuar transmisiones onerosas más o menos simuladas entre el futuro causante y sus herederos, o adquisiciones por ascendientes en nombre de sus descendientes sin medios económicos suficientes, con el objetivo de conseguir un ahorro fiscal. Como medio de protección frente a estas prácticas, la Administración tributaria cuenta con el cómodo recurso de las presunciones, medios de prueba fuertemente discutidos, más propios de sistemas impositivos rudimentarios que de ordenamientos progresistas y desarrollados como se predica de nuestro actual sistema.

Sea como fuere, y para no perder la tradición, la Ley del Impuesto regula dos categorías de presunciones, una referida al hecho imponible y otra —que bajo el título de «Adición de bienes» analizaremos más adelante (§ 264)— a la base imponible.

Las del hecho imponible son dos (art. 4 de la Ley) y tratan de evitar el encubrimiento de una transmisión lucrativa. Así, se presumirá la existencia de una transmisión lucrativa:

1.ª) Cuando la Administración tributaria tenga conocimiento (bien por sus propios datos o por los de un Registro Fiscal) de la disminución del patrimonio de una persona y simultáneamente el incremento patrimonial correspondiente en el cónyuge, descendientes o causahabientes. Presunción que se deberá destruir con la prueba del pago del impuesto que corresponda a la transmisión efectuada, o con la justificación fehaciente y adecuada del cambio de titularidad [3].

2.ª) Cuando un ascendiente realice una adquisición a título oneroso en nombre y representación de un descendiente menor de edad, a menos que se pruebe que se pagó con medios propios del menor. Como quiera que estos medios del menor pueden provenir de una previa donación del ascendiente no declarada, en muchos casos la no aplicación de esta segunda presunción puede conducir a la entrada en juego de la primera. Así, en la adquisición de un inmueble por los padres de un menor para inscribirlo a nombre de éste, junto a la existencia de un hecho imponible gravado por el ITP o por el IVA (la adquisición onerosa de un bien) se presume la existencia de otro: la donación que los padres efectúan al hijo, bien del propio inmueble o de los medios para adquirirlo.

En cualquiera de los dos casos la Administración no gira directamente la liquidación que corresponda a la presunción, sino que previamente deberá ponerla en conocimiento de los interesados para que puedan formular cuantas alegaciones y pruebas estimen convenientes para enervarla, pues ambas presunciones —no hay que olvidarlo— son *iuris tantum*.

---

3 Resolución TEAC de 27-9-90 (Impuestos núm. 12 de 1991).

260. Supuestos de no sujeción y exenciones

Por lo general, la configuración del hecho imponible se completa con la especificación de los supuestos de no sujeción. La Ley del Impuesto no menciona ninguno, siendo el Reglamento (art. 4) el encargado de enumerar una serie de supuestos con la finalidad primordial de deslindar este Impuesto y el IRPF, hasta el punto de establecer, como ya se mencionó, que «en ningún caso un mismo incremento de patrimonio podrá quedar gravado por el Impuesto sobre Sucesiones y Donaciones y por el Impuesto sobre la Renta de las Personas Físicas» (norma concordante con la contenida en el art. 5.5 LIRPF).

— Estos **supuestos de no sujeción** son los siguientes (art. 3 del Reglamento):

a) Los premios obtenidos en juegos autorizados.

b) Los demás premios y las indemnizaciones exoneradas del IRPF (art. 9 LIRPF).

c) Las ayudas que se concedan por Entidades públicas o privadas con ciertos fines de interés social.

d) Las cantidades, prestaciones o utilidades entregadas por las empresas o por Entidades públicas o privadas a sus empleados cuando deriven de un contrato de trabajo.

e) Las prestaciones percibidas por los beneficiarios de Planes y Fondos de Pensiones o de sus sistemas alternativos, siempre que deban integrarse en la base imponible del IRPF del perceptor. En la actualidad siempre se integran en la base imponible de este último impuesto con el carácter de rendimientos del trabajo dependiente (art. 66 del Real Decreto 1307/1988), aunque el beneficiario no coincida con la persona del partícipe. Sólo en el caso de contribuciones voluntarias del promotor (sistema empleo) tributarán los partícipes por el ISD, como ya se ha dicho (§ 258).

f) Las cantidades percibidas por un acreedor como beneficiario de un contrato de seguro sobre la vida celebrado con el objeto de garantizar el pago de una deuda anterior. Sería el caso del contrato de seguro de vida que un prestamista (como beneficiario) obliga a suscribir al prestatario (contratante y asegurado) como garantía de cobro de un préstamo que le ha concedido.

— Al margen de estos supuestos de no sujeción, la Ley del Impuesto, al declarar subsistentes algunos de los beneficios tributarios de la legislación anterior, mantiene transitoriamente dos **exenciones** de carácter objetivo, para no perjudicar los derechos adquiridos:

1.ª) Las adquisiciones por herencia, legado o donación de los bonos de caja de los Bancos industriales y de negocios, siempre que hubiesen sido adquiridos por el causante o donante con anterioridad al día 19 de enero de 1987 y hubieran permanecido en su patrimonio durante un plazo no inferior a dos años inmediatamente anteriores a la fecha de la transmisión (DT 3.ª LISD).

2.ª) Las primeras 500.000 pesetas percibidas como consecuencia de contratos de seguro sobre la vida, siempre que el beneficiario del seguro sea el cónyuge del fallecido, sus ascendientes o descendientes y el contrato hubiese sido concertado antes del 19 de enero de 1987 (DT 4.ª LISD).

La fecha citada en ambos casos no es otra que la de publicación en el Boletín Oficial de las Cortes del proyecto de Ley del nuevo ISD y trataba de evitar la adquisición masiva de bonos de caja y la previsible avalancha de contratos de seguro sobre la vida al abrigo de la normativa anterior, muy ventajosa, como tendremos ocasión de analizar, para los beneficiarios.

Por otra parte, también está exenta la adquisición del pleno dominio o del usufructo vitalicio de una explotación agraria prioritaria, en las condiciones que veremos más adelante (§ 267).

261. Sujetos pasivos y responsables

A cada hecho imponible gravado por el Impuesto corresponde un sujeto pasivo. Así, están obligados al pago del Impuesto como **contribuyentes:**

a) En las adquisiciones *mortis causa*, los causahabientes; esto es, los herederos y legatarios.

b) En las donaciones y demás transmisiones lucrativas *inter vivos* equiparables, el donatario o el favorecido por ellas.

c) En los seguros sobre la vida, los beneficiarios.

Aparte de ello y sin perjuicio de las normas sobre responsabilidad solidaria establecidas en la LGT, la Ley del Impuesto (art. 8) establece cuatro supuestos de responsabilidad subsidiaria. Así, se considerarán **responsables subsidiarios:**

a) En las transmisiones *mortis causa* de depósitos, garantías o cuentas corrientes, los intermediarios financieros y demás Entidades o personas que hubieren entregado el metálico y valores depositados o devuelto las garantías constituidas.

b) En las entregas de cantidades a quienes resulten beneficiarios como herederos o designados en los contratos, las Entidades de Seguros que las verifiquen.

c) Los mediadores en la transmisión de títulos valores que formen parte de la herencia.

d) El funcionario que autorizase el cambio de sujeto pasivo de cualquier tributo o exacción estatal, autonómica o local, cuando tal cambio suponga, directa o indirectamente, una adquisición gravada por el Impuesto y no hubiere exigido previamente la justificación del pago del mismo.

No debemos concluir el análisis del sujeto pasivo sin hacer una alusión a la figura del presentador. En este Impuesto, al igual que en el ITPAJD, es muy frecuente la intervención de un intermediario, entre la Administración tributaria y el sujeto pasivo, denominado **presentador del documento.** Tanto la Ley como el Reglamento tratan dicha figura en el Capítulo correspondiente a la «Gestión del Impuesto». El presentador ni es sujeto pasivo ni es responsable, sino un mero mandatario de los obligados al pago, y si lo traemos a este epígrafe es con la intención de resaltar su figura, que adquiere cierta relevancia a efectos de este Impuesto, ya que, de acuerdo con la Ley (art. 36.2) todas las notificaciones que se le hagan al presentador en relación con el documento que haya presentado, ya por lo que afecta a la comprobación de valores, ya a las liquidaciones que se practiquen, así como las diligencias que suscriba, «tendrán el mismo valor y producirán los mismos efectos que si se hubieran entendido con los mismos interesados».

262. El devengo del impuesto

La Ley del ISD distingue (art. 24):

— En las adquisiciones por causa de muerte y en los seguros sobre la vida (para caso de muerte del asegurado, añade el Reglamento en el art. 47.1) el impuesto se devengará el día del fallecimiento del causante o del asegurado, o cuando adquiera firmeza la declaración de fallecimiento del causante, conforme al artículo 196 del Código civil.

— En las transmisiones lucrativas *inter vivos* el impuesto se devengará el día en que se cause o celebre el acto o contrato, entendiéndose por tal, cuando se trate de la adquisición de cantidades por el beneficiario de un seguro sobre la vida para caso de sobrevivencia del contratante o del asegurado, aquel en que la primera o única cantidad a percibir sea exigible por el beneficiario (art. 47.2 del Reglamento).

— Finalmente, toda adquisición de bienes cuya efectividad se halle suspendida por la existencia de una condición, un término, un fideicomiso o cualquier otra limitación, se entenderá siempre realizada el día en que dichas limitaciones desaparezcan, atendiéndose a este momento para determinar el valor de los bienes y los tipos de gravamen (art. 47.3 del Reglamento). Claro que en el caso de existencia de condición, si se calificase como suspensiva de acuerdo con la legislación civil, no se liquidará el Impuesto hasta que la condición se cumpla, pero si se calificare como resolutoria, se exigirá el Impuesto, desde luego, sin perjuicio de la devolución que proceda en el caso de cumplirse la condición (art. 8 del Reglamento).

B) La base imponible

263. Determinación de la base imponible

Con carácter general y salvo alguna regla especial prevista en la propia Ley (por ejemplo, para la cuantificación del ajuar doméstico), la base imponible se determina en este Impuesto por estimación directa. Sólo si concurre alguna de las circunstancias previstas en el artículo 50 de la LGT se podrá aplicar el sistema de estimación indirecta.

Como quiera que la cuantificación de la base imponible presenta peculiaridades en cada uno de los hechos imponibles gravados, la analizaremos por separado.

264. La base imponible en las adquisiciones *mortis causa*

En las transmisiones *mortis causa* constituye la base imponible «el valor neto de la adquisición individual de cada causahabiente, entendiéndose como tal el valor real de los bienes o derechos minorado por las cargas y deudas que fueren deducibles» [art. 9.*a)* de la Ley].

Al tratarse de un Impuesto que grava las hijuelas es lógico que la base imponible la constituya el valor de la hijuela y no el del caudal o masa hereditaria en su conjunto. Habrá que estar, por tanto, a lo que establezcan las reglas de la sucesión para conocer cuál es el incremento de patrimonio que corresponde a cada causahabiente.

Para la determinación de la adquisición individual hay que distinguir si tiene lugar por herencia o por legado.

A) **Por herencia:**

Para calcular el valor de la adquisición individual de cada heredero hay que realizar una serie de operaciones, de cierta complejidad en muchas ocasiones, por cuanto en una herencia concurren o pueden concurrir circunstancias de la más diversa índole (existencia de usufructos u otros derechos reales de goce o disfrute; reservas; fideicomisos; acumulación de donaciones al caudal hereditario, etc.). Dejando para más adelante el estudio de estas figuras (§§ 271 y siguientes), el procedimiento a seguir para el cálculo del valor de la hijuela es, en síntesis, el siguiente:

Valor real de bienes y derechos (privativos y gananciales),
con exclusión de los legados
– Liquidación de la sociedad de gananciales

Caudal relicto
+ Ajuar doméstico
+ Bienes adicionables

Masa hereditaria bruta
– Cargas
– Deudas
– Gastos

Masa hereditaria neta

Antes de examinar cada uno de estos conceptos, conviene hacer una precisión: por su propia naturaleza, las cargas deberían deducirse directamente del valor real de los bienes sobre que recaen, antes de computar el ajuar, ya que disminuyen el valor de dichos bienes (art. 1.086 del Código civil). El hecho de posponer su deducción al lugar donde figuran en el esquema anterior obedece a meras razones didácticas ya que tanto la práctica de liquidaciones por las Oficinas liquidadoras como el propio impreso de autoliquidación (aprobado por Orden de 27-6-88, BOE de 29-6) así las configuran. Analicemos, pues, cada uno de los conceptos anteriores:

1) **Valor real de los bienes y derechos.** Ni la Ley ni el Reglamento definen qué debe entenderse por valor real, sino que se limitan a establecer (arts. 18.2 y 40.2, respectivamente) que «los interesados deberán consignar en la declaración que están obligados a presentar, el valor real que atribuyen a cada uno de los bienes y derechos incluidos en el incremento de patrimonio gravado». Posteriormente, la Administración podrá comprobar dicho valor, prevaleciendo el mayor de los dos (el declarado o el comprobado).

La valoración de los bienes y derechos a efectos de cualquier impuesto constituye una de las cuestiones más controvertidas en las no siempre cómodas relaciones Administración tributaria-contribuyente. El valor que un contribuyente asigna a un determinado bien no tiene por qué coincidir (y de hecho no coincide en la generalidad de los casos) con el asignado por la Administración. Valor real no equivale a precio de adquisición. Un bien de escaso valor se puede adquirir por un precio elevado, y viceversa, ya que todo dependerá del interés que se tenga en adquirirlo. Valor real tampoco es sinónimo de valor de mercado. Piénsese en una situación inflacionista, que eleva artificialmente los precios de los bienes; o al revés, si la situación fuera deflacionista. Aunque existan bienes y sobre todo derechos (acciones, por ejemplo) que poseen un valor de cotización en un mercado (la Bolsa) y que es aceptado por todas las partes, incluida la Administración, ello constituye la excepción. El resultado es una cierta indefensión que recae sobre el contribuyente, quien en muchas ocasiones se ve abocado a declarar unos valores alejados de su coste real con la abierta finalidad de que concilien con los comprobados por la Administración tributaria, quien puede llegar incluso a adquirir para sí el bien comprobado (art. 19.1 de la Ley).

La **comprobación de valores** (art. 18 de la Ley), consustancial en los impuestos que recaen sobre el patrimonio, se efectúa por la Administración utilizando los medios de comprobación previstos en el artículo 52 de la LGT (precios medios de mercado, dictamen de peritos, etc.). Si el valor comprobado es superior al declarado por el interesado, éste podrá impugnarlo conjuntamente con la liquidación que haya tenido en cuenta el nuevo valor (art. 40.4 del Reglamento). Por otra parte, si el valor comprobado fuese superior al resultante de las reglas del Impuesto sobre el Patrimonio, surtirá efecto en relación con dicho Impuesto hasta tanto vuelva a ser superior el valor que resulte de las reglas del Impuesto sobre el Patrimonio (art. 40.6 del Reglamento). En todo caso, la valoración resultante de la comprobación ha de estar motivada y fundamentada, según ha reiterado el Tribunal Supremo en numerosas sentencias [4].

Para suavizar en cierta medida la indefensión a que antes se aludía y evitar la sanción que correspondería imponer sobre la cuota diferencial resultante de la divergencia de valores, la propia Ley prevé la no aplicación de sanción cuando el valor consignado por el sujeto pasivo en su declaración se hubiese ajustado a las reglas de valoración del Impuesto sobre el Patrimonio (art. 18.4).

2) **Liquidación de la sociedad de gananciales.** De acuerdo con el artículo 1.392 del Código civil, si el causante era casado y su régimen económico el de sociedad de gananciales, habrá de procederse a su liquidación.

La adjudicación al cónyuge supérstite de los bienes y derechos consecuencia de dicha liquidación no está sometida al ISD, sino que constituye una transmisión sujeta al ITPAJD, aunque exenta del mismo (art. 45.B.3 de su texto refundido).

3) **Ajuar doméstico.** Una vez liquidada, en su caso, la sociedad de gananciales, resulta el caudal relicto, que no es otro que el valor de los bienes y derechos privativos del causante más la mitad de los gananciales. A dicho caudal relicto se le añade el valor del ajuar doméstico o conjunto de mobiliario, enseres y demás efectos de casa que deja el causante al morir. Este ajuar doméstico es fijado por la Ley (art. 15) con carácter general en el 3 por 100 del importe del caudal relicto, salvo que se pruebe su inexistencia (piénsese, por ejemplo, en que el causante vivía alojado en un hotel y sólo deja a su muerte dinero en metálico) [5], o que es inferior al que resulte de la aplicación de ese porcentaje. En todo caso, si los interesados asignaran a este ajuar un valor superior se tomaría éste.

Dos precisiones más sobre el ajuar doméstico (art. 34.3 del Reglamento):

— En el caudal relicto sobre el que se aplica el porcentaje del 3 por 100 no se incluye el valor de los bienes adicionados en virtud de las presunciones, ni el de las donaciones acumuladas a la herencia ni el importe de las cantidades que procedan de seguros sobre la vida. Tampoco parece que deba incluirse el valor de los legados, pues si a los legatarios no se les computa ajuar (art. 23.2 RISD) no resultaría congruente que los legados formasen parte del caudal y que el importe que les correspondiera de ajuar fuese asumido por los herederos.

— El valor del ajuar doméstico así calculado se minorará en el de los bienes que, por disposición del artículo 1.321 del Código civil, deben entregarse al cónyuge sobreviviente, bienes que se valoran en el 3 por 100

[4] Véanse, entre otras, las sentencias de 6-3-91, 30-3-92 y 2-10-92 (Imp. núms. 19 de 1991, 13 de 1992 y 23 de 1992, respectivamente).

[5] Véase Resolución TEAC de 5-5-94.

del valor catastral de la vivienda habitual del matrimonio, salvo que los interesados acrediten uno superior.

4) **Bienes adicionables.** Bajo el título de «Adición de bienes» la Ley del Impuesto (art. 11) regula una serie de presunciones *iuris tantum* (desarrolladas en los arts. 25 a 30 del Reglamento), que tratan de evitar, como ya se dijo (§ 259), la elusión mediante la sustracción de bienes a la herencia. Así, establece que se presumirá que **forman parte del caudal hereditario:**

1.º) Los bienes de todas clases que, hasta un año antes de su fallecimiento, figurasen a nombre del causante en depósitos, cuentas corrientes o de ahorro o bien inscritos a su nombre en cualquier catastro o Registro de carácter público (art. 25 del Reglamento), salvo prueba fehaciente de que fueron transmitidos por aquél y de que se hallan en poder de persona distinta de un heredero, legatario, pariente dentro del tercer grado o cónyuge de cualquiera de ellos o del causante. Esto es, si el bien se transmitió a persona distinta de las mencionadas no habría presunción [6].

La intención de la presunción parece clara: evitar que el todo o parte de la herencia se perciba en vida del causante con el propósito de reducir la carga progresiva del impuesto.

El modo de desvirtuarla se prevé en la propia Ley: la justificación de que en el caudal figuran incluidos, con valor equivalente, el dinero u otros bienes subrogados en el lugar de los desaparecidos. Con lo cual la alternativa que ofrece la Ley (o se incorpora el bien transmitido u otro que lo sustituya) produciría los mismos efectos que una presunción *iuris et de iure*. Entendemos, sin embargo, que cabría desvirtuarla alegando otras pruebas (consumo o destrucción del bien, por ejemplo).

Tal vez consciente de ello, el Reglamento señala expresamente que «la no justificación de la existencia de dinero o de bienes subrogados no obstará al derecho de los interesados para probar la realidad de la transmisión» (art. 25.1 *in fine)*.

Caso de prosperar esta presunción, afectaría a todos los causahabientes en la misma proporción en que fuesen herederos, salvo que la transmisión del bien se hubiese efectuado a alguna de las personas antes mencionadas, en cuyo caso sólo afectará a ésta que asumirá, a efectos fiscales, si ya no la tuviese, la condición de heredero o legatario.

2.º) Los bienes y derechos que, durante los tres años anteriores a su fallecimiento, hubiesen sido adquiridos por el causante a título oneroso en usufructo y en nuda propiedad por un heredero, legatario, pariente dentro del tercer grado o cónyuge de cualquiera de ellos o del causante.

En este caso lo que se presume es la adquisición del pleno dominio por parte del causante quien, simulando la sola adquisición del usufructo va a permitir al nudo propietario que al consolidar el dominio tribute por el ITP, impuesto, en principio, menos gravoso que el ISD.

---

6 Véanse, en este sentido, las Resoluciones del TEAC de 23-4-91 y 10-5-95 (Crónica Tributaria).

Para desvirtuar esta presunción el adquirente de la nuda propiedad tendrá que justificar que satisfizo al transmitente el importe suficiente para su adquisición, o de otro modo tendrá que probar la realidad de la transmisión onerosa (art. 26.1 *in fine* del Reglamento).

La adición que se efectúe, caso de prosperar esta presunción, perjudicará exclusivamente al adquirente de la nuda propiedad, al que se le liquidará por la adquisición *mortis causa* del pleno dominio del bien o derecho de que se trate.

3.º) Los bienes y derechos transmitidos por el causante a título oneroso durante los cinco años anteriores a su fallecimiento, reservándose el usufructo o cualquier otro derecho vitalicio, salvo cuando la transmisión se realice a consecuencia de un contrato de renta vitalicia celebrado con una Entidad dedicada legalmente a este género de operaciones.

Esta presunción quedará desvirtuada mediante la justificación de que en el caudal hereditario figura el importe equivalente (en dinero o en especie) a la transmisión de la nuda propiedad, o cualquier otra que pruebe la realidad de la transmisión.

Como en este caso no se exige el requisito de que la transmisión se haya efectuado a un pariente o a un presunto heredero, la adición realizada al amparo de esta presunción perjudicará exclusivamente al adquirente de la nuda propiedad, que será considerado como legatario si fuese persona distinta de un heredero y al que se liquidará por la adquisición *mortis causa* del pleno dominio del bien o derecho de que se trate.

4.º) Los valores y efectos depositados cuyos resguardos se hubiesen endosado, si con anterioridad al fallecimiento del endosante no se hubiesen retirado aquéllos o tomado razón del endoso en los libros del depositario, y los valores nominativos que hubiesen sido igualmente objeto de endoso, si la transferencia no se hubiese hecho constar en los libros de la Entidad emisora con antelación al fallecimiento del causante.

Esta presunción queda desvirtuada cuando conste que el precio o valor de los efectos transmitidos figura en el inventario de la herencia, o si se justifica que la retirada de valores o efectos o la toma de razón del endoso no ha podido verificarse con anterioridad al fallecimiento del causante por causas independientes de la voluntad de éste y del depositario.

La adición que se realice por esta presunción afectará exclusivamente al endosatario de los valores, que será considerado como legatario si no tuviese la condición de heredero.

En congruencia con la finalidad de estas presunciones, la Administración no podrá hacer uso de las mismas cuando por la transmisión onerosa de los bienes que constituyen su objeto se hubiese satisfecho por el Impuesto sobre Transmisiones Patrimoniales una cantidad superior a la que correspondería en el ISD al heredero o legatario afectado por la presunción (art. 29 del Reglamento). La tributación por el ISD se calcula aplicando al valor comprobado de los bienes objeto de la adición el tipo medio efectivo del impuesto (§ 268). Si, por el contrario, la cantidad ingresada por el ITP fue inferior, habrá lugar a la adición, pero el afectado tendrá derecho a que se le deduzca de la liquidación que se practique por el ISD lo satisfecho por el ITP.

5) **Cargas deducibles.** Una vez determinada la masa hereditaria bruta (suma del caudal relicto, ajuar doméstico y, en su caso, bienes adicionados) sobre dicha masa se podrán deducir las cargas o gravámenes de naturaleza perpetua, temporal o redimibles que aparezcan directamente establecidos sobre el valor real de los bienes y disminuyan realmente su capital o valor, como los censos y las pensiones, sin que merezcan tal consideración las hipotecas y las prendas que, no obstante, se podrán deducir, en su caso, como deudas (art. 12 de la Ley). Cuando el bien afectado por la carga haya sido atribuido por el testador en favor de persona determinada o cuando, por disposición del mismo, el pago de la deuda quede a cargo de uno de los causahabientes, la deducción afectará sólo a la persona o causahabiente de que se trate (art. 24.2 del Reglamento).

Como valor del censo se tomará el del capital que deba entregarse para su redención según los artículos 1.604 y siguientes del Código civil. Y el valor de la pensión se obtendrá capitalizando una anualidad al interés básico del Banco de España y tomando del capital resultante aquella parte que, según las reglas establecidas para valorar los usufructos, corresponda a la edad del pensionista, si la pensión es vitalicia, o la duración de la pensión si es temporal (art. 31 del Reglamento). Así, por ejemplo, si se constituye una pensión vitalicia de 1.000.000 de pesetas anuales a favor de una persona que cuenta 85 años, y suponiendo que el interés básico del Banco de España sea del 12 por 100, la base imponible correspondiente a la pensión se calculará de este modo: 1.000.000 : 0,12 = 8.333.333 ptas. (capital resultante). Por la edad del pensionista, aplicando las reglas de valoración de los usufructos vitalicios (§ 271), le corresponde un 10 por 100. Luego la base imponible de la pensión será el 10 por 100 de 8.333.333 = 833.333 pesetas.

La pensión, por tanto, se deduce como carga, tanto si venía incorporada al bien como si el causante la establece en el testamento. Pero en este último caso, se girará liquidación al pensionista por el concepto de constitución de pensión. Al extinguirse la pensión (por muerte del pensionista o por conclusión del plazo, según los casos) el adquirente del bien afectado deberá satisfacer el impuesto correspondiente al valor de la pensión deducida, según la tarifa vigente en el momento de la constitución de aquélla (art. 31.4 del Reglamento).

6) **Deudas deducibles.** La Ley del Impuesto (art. 13) considera deducibles las siguientes deudas contraídas por el causante antes de su fallecimiento:

a) Las que se acrediten por documento público.

b) Las que se acrediten por documento privado que reúna los requisitos del artículo 1.227 del Código civil o se justifique de otro modo su existencia.

Aunque en ambos casos no serán deducibles si lo fueran a favor de los herederos o de los legatarios de parte alícuota y de los cónyuges, ascendientes, descendientes o hermanos de aquéllos, aunque renuncien a la herencia. Extraña exclusión, de dudosa constitucionalidad, que claramente está desaconsejando, por ejemplo, la constitución de préstamos entre parientes.

Al margen de lo anterior, el mero hecho de la acreditación de estas deudas puede no ser suficiente por cuanto se permite a la Administración la posibilidad de que pueda exigir la ratificación de la existencia de la deuda en documento público por los herederos con la comparecencia del acreedor (art. 13.1 *in fine)*.

c) Las deudas tributarias y de la Seguridad Social, si se satisfacen por los herederos, albaceas o administradores del caudal hereditario, aunque correspondan a liquidaciones giradas después del fallecimiento.

El Reglamento, por su parte, incluye también como deducibles (art. 32) las deudas del causante que hayan sido reconocidas en sentencia judicial firme.

7) **Gastos deducibles.** Finalmente, serán deducibles de la masa hereditaria bruta tres tipos de gastos (art. 14 de la Ley), siempre que se justifiquen:

a) Los de carácter litigioso ocasionados por la testamentaría o el abintestato, siempre que lo sean en interés común de todos los herederos y no correspondan a la administración del caudal relicto.

b) Los de última enfermedad, siempre que hayan sido satisfechos por los herederos.

c) Los de entierro y funeral hasta donde guarden la debida proporción con el caudal hereditario, conforme a los usos y costumbres de cada localidad.

Aunque entendemos que esta relación no es limitativa, pudiéndose considerar como deducibles otros gastos relacionados con el fallecimiento de una persona siempre que, eso sí, estén debidamente justificados.

8) **Masa hereditaria neta.** El proceso para la determinación de la base imponible concluye con la distribución de la masa hereditaria neta (masa hereditaria bruta minorada por las cargas, deudas y gastos) entre los distintos herederos, según las normas de la sucesión (testada o intestada). Se obtiene así la **participación individual** o base imponible de cada heredero.

Cuando la participación en la herencia no se adquiere en pleno dominio, sino con otro título —nuda propiedad, usufructo, etc.—, hay que proceder a la valoración de estas participaciones a efectos de determinar la participación individual de cada heredero como paso previo a la liquidación del impuesto. Tanto la Ley como el Reglamento regulan estas figuras en las denominadas «Normas Especiales», a las que nos remitimos (§§ 271 y siguientes).

B) **Por legado:**

La base imponible en los legados estará constituida por el valor real de los bienes o derechos recibidos por el legatario menos el importe de las cargas, deudas y gastos que procedan. A los legados no les afecta ni el ajuar doméstico ni los bienes adicionables (art. 23.2 del Reglamento), salvo que por el juego de las presunciones antes analizadas deban ser imputados al legatario. Sólo en el caso de que el testador atribuyera a un causahabiente bienes determinados y una participación en el resto de la masa hereditaria, se le computará la parte del ajuar y de bienes adicionados que proporcionalmente le corresponda, según su participación en el resto de la masa hereditaria.

265. La base imponible en las donaciones

En las donaciones y demás transmisiones lucrativas *inter vivos* equiparables, constituye la base imponible «el valor neto de los bienes y derechos adquiridos, entendiéndose como tal el valor real de los bienes y derechos minorado por las cargas y deudas que fueren deducibles» [art. 9.*b)* de la Ley].

No vamos a insistir sobre lo ya expuesto en relación con el valor real. Sirvan, pues, las mismas consideraciones a las que nos remitimos. A las donaciones, por otra parte, tampoco le afectan el ajuar doméstico o los bienes adicionables.

Respecto de las cargas, serán deducibles en las mismas condiciones y con los mismos requisitos que en caso de adquisiciones *mortis causa* (§ 264). Por el contrario, las deudas sólo serán deducibles si cumplen estos tres requisitos:

1.º) Que estén garantizadas con un derecho real (prenda, hipoteca, anticresis) que recaiga sobre los mismos bienes o derechos transmitidos;

2.º) Que el adquirente haya asumido fehacientemente la obligación de pagar la deuda garantizada con liberación del primitivo deudor; y

3.º) Que el acreedor consienta la subrogación de la deuda (art. 1.205 del Código civil).

La existencia de cargas o deudas en una donación da lugar a las denominadas donaciones con causa onerosa que, junto a las remuneratorias, regula la Ley (art. 29) bajo la denominación común de **donaciones especiales:**

— Las **remuneratorias** [que (art. 619 Cc) son aquellas que se hacen a una persona por sus méritos o por los servicios prestados al donante] tributan por su total importe, ya que, al no conllevar deuda exigible, no hay reducción en el valor de lo donado;

— En las onerosas o **con causa onerosa** (en que se impone al donatario un gravamen inferior al valor de lo donado) tributará como donación solamente la diferencia, esto es, la parte gratuita, sin perjuicio de la tributación que proceda a efectos del ITP por la parte onerosa.

Una cuestión controvertida en relación con las donaciones la constituye la donación de bienes o derechos comunes de la sociedad conyugal efectuada por ambos cónyuges, que el Reglamento del Impuesto (art. 38) la considera como una sola donación [7].

266. La base imponible en los seguros de vida

En los seguros sobre la vida, la base imponible está constituida por «las cantidades percibidas por el beneficiario» [art. 9.*c)* del la Ley].

Cuando el causante sea, a su vez, como es lo habitual, el contratante del seguro individual o el asegurado en el seguro colectivo, el importe de la cantidad percibida por el beneficiario **se acumulará para su liquidación a la porción hereditaria** que, en su caso, le corresponda. En otro caso o cuando el beneficiario no fuese causahabiente, la cantidad percibida se liquidará independientemente.

El Reglamento del impuesto, siguiendo la doctrina administrativa [8], establece que «cuando el seguro se hubiese contratado por cualquiera de los cónyuges con cargo a la sociedad de gananciales y el beneficiario fuese el cónyuge sobreviviente, la base imponible estará constituida por la mitad de la cantidad percibida» (art. 39.2). Lo cual se producirá siempre que el régimen económico matrimonial sea el de gananciales y aunque no se hubiese manifestado expresamente ante la compañía aseguradora pues la ganancialidad se presume, salvo prueba en contrario (art. 1.361 del Cc). Por otra parte, el hecho de tributar por el ISD sólo la mitad de la cantidad percibida no supone, *a priori,* ninguna ventaja fiscal, por cuanto la otra mitad tributará por el IRPF como un incremento de patrimonio de carácter lucrativo obtenido por el cónyuge supérstite.

Finalmente, y en aplicación de lo dispuesto en la Disposición Transitoria Cuarta de la Ley del Impuesto, los seguros concertados antes del 19 de enero de 1987 gozan de importantes beneficios fiscales [9]. Así:

1) Las primeras 500.000 pesetas están exentas, si el beneficiario del seguro es el cónyuge, los ascendientes o descendientes, como tuvimos ocasión de ver (§ 260).

2) De las cantidades percibidas se practicarán las siguientes **reducciones:**

a) El 90 por 100 del exceso de 500.000 pesetas si el beneficiario es el cónyuge, los ascendientes o descendientes.

---

[7] En este sentido, véase también la Res. TEAC de 20-2-91 (Imp. núm. 20, de octubre de 1991) y la S. de la AN de 3-10-95 (Tribuna Fiscal).

[8] Plasmada en la Circular 2/1989 de la Dirección General de Tributos.

[9] Contenidos en los arts. 19.3.º y 20 del texto refundido de 6 de abril de 1967.

b) El 50 por 100 del total percibido (sin reducción, por tanto, de las primeras 500.000 pesetas) si los beneficiarios son colaterales de segundo grado (hermanos).

c) El 25 por 100 del total percibido (sin reducción de las primeras 500.000 pesetas) si los beneficiarios son colaterales de tercero o cuarto grado (sobrinos o tíos carnales y primos hermanos).

d) El 10 por 100 del total percibido (sin reducción de las primeras 500.000 pesetas) si los beneficiarios son colaterales de quinto o mayor grado o son extraños.

C) Liquidación del impuesto

267. La base liquidable

La base liquidable se obtiene aplicando sobre la imponible una serie de reducciones establecidas en el artículo 20 de la Ley del ISD que responden al carácter subjetivo del impuesto. Estas reducciones afectan en distinto grado a los tres hechos imponibles. Ello no obstante, conforme a lo previsto en el artículo 13.Tres de la Ley 14/1996, en el caso de adquisiciones *mortis causa*, las Comunidades Autónomas pueden regular las reducciones de la base imponible, aunque han de mantener las del Estado en condiciones análogas a las establecidas por éste y siempre que no supongan una reducción de la carga tributaria global por este tributo. Si la Comunidad Autónoma no regula estas reducciones o no asume competencias normativas en relación con el impuesto o no resultase aplicable al sujeto pasivo la normativa propia de la Comunidad, se aplicarán las reducciones del artículo 20 de la Ley del ISD. Estas reducciones son las siguientes:

a) En las adquisiciones *mortis causa* y en las de los beneficiarios de seguros sobre la vida, para determinar la cuantía de estas reducciones la Ley distingue cuatro grupos o categorías según el grado de parentesco entre causante y causahabiente (o entre causante y beneficiario para los casos de seguros de vida) y la edad de los adquirentes (punto 1 del art. 20). Salvo las adquisiciones correspondientes a los del cuarto grupo (colaterales de cuarto grado, grados más distantes y extraños) que no tienen reducción, los adquirentes encuadrados en los grupos primero (descendientes y adoptados menores de veintiún años), segundo (descendientes y adoptados de veintiuno o más años, cónyuges, ascendientes y adoptantes) y tercero (colaterales de segundo y tercer grado, ascendientes y descendientes por afinidad) tienen una reducción, distinta para cada grupo, que anualmente se actualiza a través de la Ley de Presupuestos Generales del Estado, por lo que habrá que estar a la fecha de devengo del impuesto para aplicar la reducción que corresponda.

Además de esta reducción, si el adquirente (cualquiera que sea el grupo en el que esté encuadrado) es persona con minusvalía física, psíquica o sensorial, con derecho a deducción en el IRPF [art. 78.1.*d)* de su Ley reguladora], se aplica una reducción adicional a la que pudiera corresponderle en función de su edad y del grado de parentesco con el causante.

Con independencia de las reducciones anteriores se podrán, además, practicar las siguientes:

— En las trasmisiones *mortis causa,* una de carácter genérico, para cualquier clase de bienes, regulada en el punto 3 del artículo 20 de la LISD, que trata de evitar la múltiple imposición que se produciría si unos mismos bienes fueran objeto de dos o más transmisiones de esta naturaleza en favor de descendientes en un período de diez años: en estos casos, en la segunda y ulteriores transmisiones se deducirá de la base imponible el importe de lo satisfecho en las transmisiones precedentes. Y otra específica para determinados bienes, recogida en la letra *c)* del punto 2 del mismo artículo (introducido por el Real Decreto-ley 7/1996, de 7 de junio): si en la base imponible correspondiente al cónyuge, descendientes o adoptados se incluyese el valor de una empresa individual (o de participaciones en entidades, exentas del Impuesto sobre el Patrimonio), se practicará una reducción del 95 por 100 del mencionado valor, siempre que la adquisición se mantenga durante los diez años siguientes al fallecimiento del causante y que los adquirentes no realicen actos de disposición u operaciones societarias que, directa o indirectamente, puedan dar lugar a una minoración sustancial del valor de la adquisición. Reducción que igualmente alcanzará a la transmisión *mortis causa* de la vivienda habitual a favor de ciertas personas allegadas al fallecido, aunque en este caso con un límite de 20 millones por sujeto pasivo.

— En los contratos de seguros sobre la vida, de acuerdo con la letra *b)* del punto 2 del artículo 20 LISD, se aplicará otra reducción del 100 por 100 con un límite de 1.500.000 pesetas, a las cantidades percibidas por los beneficiarios, cuando su parentesco con el contratante o asegurado fallecido sea el de cónyuge, ascendiente, descendiente, adoptante o adoptado. Reducción que será única por sujeto pasivo, cualquiera que fuese el número de contratos de seguros de vida de los que sea beneficiario, e incompatible con la establecida en la Disposición Adicional Cuarta de la Ley del impuesto a la que antes se ha aludido (§ 266).

b) En las adquisiciones por donación o título equiparable (seguro de vida para caso de sobrevivencia, por ejemplo) no se aplica reducción. La base liquidable coincide, pues, con la imponible. Ello no obstante, la transmisión a título lucrativo *inter vivos,* en favor del cónyuge, descendientes o adoptados, de una empresa individual o de participaciones en entidades, exentas del Impuesto sobre el Patrimonio, gozará igualmente de una reducción del 95 por 100 de su valor, siempre que se cumplan estas condiciones: en cuanto al donante, que tenga sesenta y cinco o más años o se halle discapacitado y que deje de ejercer y de percibir remuneraciones por el ejercicio de funciones de dirección; y en cuanto al donatario, que mantenga lo adquirido y tenga derecho a la exención en el Impuesto sobre el Patrimonio durante los diez años siguientes a la fecha de la escritura pública de donación y que no realice actos de disposición u operaciones societarias que, directa o indirectamente, puedan dar lugar a una minoración sustancial del valor de la adquisición (punto 6 del art. 20).

c) Finalmente y con independencia de todo lo anterior, en las adquisiciones del pleno dominio o del usufructo vitalicio por herencia, legado o donación de **explotaciones agrarias prioritarias** o de terrenos para constituir una explotación prioritaria, serán de aplicación, con los requisitos y condiciones en cada caso exigidos, los beneficios fiscales establecidos en la Ley de Modernización de las Explotaciones Agrarias (Ley 19/1995, de 4 de julio). Estos requisitos se refieren tanto a la explotación en sí (que ha de ser calificada como prioritaria por el órgano competente de la Comunidad Autónoma y figurar en el Catálogo General de Explotaciones Prioritarias del Ministerio de Agricultura) como al adquirente (que sea un agricultor joven, un asalariado agrario o un agricultor profesional). Los beneficios varían desde una reducción del 50 por 100 de la base imponible hasta la exención total, según los casos. Beneficios que también se extienden a las adquisiciones de superficies rústicas de dedicación forestal.

268. La deuda tributaria

La **cuota íntegra** se obtiene aplicando a la base liquidable la tarifa o escala del impuesto, cuya fijación y aprobación corresponde a las Comunidades Autónomas. Si la Comunidad Autónoma no hubiese aprobado la escala o no ha asumido competencias normativas en relación con el impuesto o no resultase aplicable al sujeto pasivo la normativa propia de la Comunidad, la base liquidable será gravada a los tipos de la siguiente escala (art. 21.2 de la Ley):

Base liquidable hasta pesetas	Cuota íntegra — Pesetas	Resto — Pesetas	Tipo aplicable — Porcentaje
0	0	1.280.000	7,65
1.280.000	97.920	1.280.000	8,50
2.560.000	206.720	1.280.000	9,35
3.840.000	326.400	1.280.000	10,20
5.120.000	456.960	1.280.000	11,05
6.400.000	598.400	1.280.000	11,90
7.680.000	750.720	1.280.000	12,75
8.960.000	913.920	1.280.000	13,60
10.240.000	1.088.000	1.280.000	14,45
11.520.000	1.272.960	1.280.000	15,30
12.800.000	1.468.800	6.390.000	16,15
19.190.000	2.500.785	6.390.000	18,70
25.580.000	3.695.715	12.780.000	21,25
38.060.000	6.411.465	25.540.000	25,50
63.900.000	12.924.165	63.900.000	29,75
127.800.000	31.934.415	en adelante	34,00

La **cuota tributaria** se obtendrá aplicando a la cuota íntegra el coeficiente multiplicador que tiene en cuenta el patrimonio preexistente del adquirente el día del devengo y su grado de parentesco con el causante, donante, contratante del seguro o asegurado, según los casos. La determinación de la cuantía de este coeficiente corresponde a las Comunidades Autónomas (art. 13.Tres de la Ley 14/1996). Ahora bien, si la Comunidad Autónoma no lo determina o no asume competencias normativas en relación con el impuesto o no resulta aplicable al sujeto pasivo la normativa propia de la Comunidad, se aplicará el coeficiente que corresponda de acuerdo con la escala del artículo 22 de la LISD.

Como consecuencia de la rigidez de estos coeficientes la propia Ley, inspirándose en el artículo 56 de la LGT, contiene una norma (art. 22.1, último párrafo) para corregir el denominado «error de salto», esto es, que a un incremento de la base corresponda una porción de cuota superior a dicho incremento. En nuestro impuesto se dará cuando el patrimonio preexistente a tener en cuenta supere sólo mínimamente la cuantía de cada uno de los tramos establecidos por la Ley.

Para valorar el patrimonio preexistente del contribuyente se aplican una serie de reglas muy precisas (arts. 22.4 de la Ley y 45 del Reglamento):

— La valoración se realizará conforme a las reglas del Impuesto sobre el Patrimonio;

— No se tendrán en cuenta las donaciones anteriores realizadas por el causante si fueron acumuladas a la adquisición *mortis causa* ni las realizadas por el mismo donante y que hubiesen sido objeto de acumulación (§ 221);

— Para calcular el patrimonio preexistente del cónyuge supérstite se incluirá el valor de los bienes y derechos que perciba como consecuencia de la disolución de la sociedad conyugal.

Finalmente, y dado el carácter personal del Impuesto, prevé la Ley (art. 23) una **deducción para evitar la doble imposición internacional** para los casos de sujetos pasivos por obligación personal que hubiesen adquirido bienes o derechos en el extranjero y hubiesen soportado un impuesto similar al español, en cuyo caso el contribuyente tendrá derecho a deducir **la menor** de las dos cantidades siguientes:

a) El importe efectivo de lo satisfecho en el extranjero por razón de un impuesto similar sobre el incremento patrimonial sometido a gravamen en España.

b) El resultado de aplicar el tipo medio efectivo del Impuesto al incremento patrimonial sometido en el extranjero. El **tipo medio efectivo** será el que resulte de dividir la cuota tributaria por la base liquidable, multiplicando el resultado por 100, y se expresará incluyendo hasta dos decimales [art. 46.*b)* del Reglamento].

269. Prescripción

La Ley se limita a establecer que «prescribirá a los cinco años el derecho de la Administración para determinar la deuda tributaria mediante la oportuna liquidación y la acción para imponer sanciones tributarias» (art. 25).

De acuerdo con la LGT (art. 65), el plazo de prescripción comenzará a contarse, en el primer supuesto, desde el día en que finalice el de presentación del documento (declaración o autoliquidación); y en el segundo, desde que se cometiere la infracción. Como el plazo de presentación de la declaración (o autoliquidación) es el de seis meses cuando se trate de adquisiciones por causa de muerte o de contratos de seguro de vida y de treinta días hábiles en el de donaciones (art. 67 del Reglamento), el plazo de prescripción para liquidar el impuesto será de cinco años y seis meses o de cinco años y treinta días, respectivamente.

En caso de donaciones u otros negocios jurídicos a título lucrativo e *inter vivos* incorporados a un documento privado, el plazo de prescripción comenzará a contarse a partir del momento en que, conforme al artículo 1.227 del Código civil, la fecha del documento surta efectos frente a terceros.

III. OBLIGACION REAL DE CONTRIBUIR

270. Tributación por obligación real

Decíamos (§ 257) que el impuesto se exige por obligación real cuando el sujeto pasivo no tiene su residencia habitual en territorio español.

La tributación por obligación real alcanza a los bienes y derechos de cualquier naturaleza que estuvieran situados, pudieran ejercitarse o hubieran de cumplirse en territorio español, así como a la percepción de cantidades derivadas de contratos de seguros sobre la vida cuando el contrato haya sido realizado con entidades aseguradoras españolas o se haya celebrado en España con entidades extranjeras que operen en ella. Disposición ciertamente más voluntarista que real, propia de un tributo que trata de aplicar conjuntamente los principios de residencia y de nacionalidad.

A estos efectos se consideran situados en territorio español:

1.º) Los bienes inmuebles que radiquen en nuestro territorio.

2.º) Los bienes muebles afectados permanentemente a viviendas, fincas, explotaciones o establecimientos industriales situados en el mismo.

Para efectuar la liquidación del impuesto por obligación real se aplican las mismas reglas que por obligación personal, esto es, tanto las analizadas hasta ahora (base imponible, base liquidable, deuda tributaria, etc.) como las que examinaremos a continuación **(Normas especiales)**, con las siguientes particularidades:

— A efectos de aplicar el coeficiente multiplicador sobre la cuota íntegra, el patrimonio preexistente de los sujetos pasivos por obligación real será el que se compute como sujeto en el Impuesto sobre el Patrimonio [art. 45.*e)* del Reglamento].

— Los contribuyentes por obligación real no tendrán derecho a deducción por doble imposición internacional (arts. 23 de la Ley *a contrario sensu)*.

IV. NORMAS ESPECIALES

Bajo el título de «Normas especiales», el Capítulo IX de la Ley del Impuesto (arts. 26 a 30) se refiere a una serie de figuras de la más diversa índole, pues junto a instituciones limitadoras de la facultad de disponer de los bienes heredados (usufructos, fideicomisos, reservas) regula las donaciones especiales (§ 208) e incluso las consecuencias que, en determinados casos, pueden tener para los contribuyentes la partición y adjudicación de bienes, la renuncia a la herencia o el efectuar sucesivas donaciones a un mismo donatario en un determinado período de tiempo.

De estas normas, algunas afectan sólo a las transmisiones *mortis causa*, otras a las *inter vivos* y otras, en fin, a ambos hechos imponibles.

Analicemos separadamente cada una de estas normas especiales siguiendo el orden de la Ley.

271. Usufructos

De todas estas instituciones la más conocida y frecuente es el usufructo. Cuando el dominio de un bien o derecho se desmembra por título lucrativo (herencia o donación) hay que determinar, para liquidar el impuesto, qué parte del valor de aquél corresponde a cada uno, al usufructuario y al nudo propietario. La Ley del Impuesto (art. 26) sólo se refiere a los tipos de usufructos más usuales (temporal, vitalicio, y el vitalicio que, a la vez, sea temporal), encargándose el Reglamento de dictar reglas sobre otros varios [el constituido a favor de persona jurídica, el sucesivo, el constituido a favor de ambos cónyuges simultáneamente y el sujeto a condición resolutoria distinta de la vida del usufructuario (art. 51.5 y 7)].

Para proceder a la liquidación de ambos derechos (usufructo y nuda propiedad) hay que situarse en dos momentos distintos: cuando se desmembra el dominio (constitución del usufructo) y cuando se consolida (extinción del usufructo).

A) Constitución:

a) Si lo que se constituye es un usufructo temporal, su valor será el 2 por 100 del valor total del bien sobre que recaiga por cada período de un año, sin que pueda exceder del 70 por 100. A estos efectos, no se computarán las fracciones inferiores al año, salvo el constituido por menos de un año, que se computará en el 2 por 100 del valor del bien [art. 49.*a)* del Reglamento].

b) Si lo que se constituye es un usufructo vitalicio, su valor se vincula a la edad del usufructuario: será igual al 70 por 100 del valor total del bien cuando el usufructuario cuente menos de veinte años, minorándose el porcentaje en la proporción de un 1 por 100 por cada año más, con el límite mínimo del 10 por 100 [art. 49.*b)* del Reglamento]. (A efectos prácticos, el cálculo es bien sencillo: al número 89 se le resta la edad del usufructuario y así obtendremos el porcentaje que le corresponde a éste, respetando, naturalmente, los límites del 10 y del 70 por 100.)

c) En uno y otro caso el valor de la nuda propiedad será lógicamente la diferencia entre el valor total del bien y el correspondiente al valor del usufructo.

Una vez determinado el valor correspondiente a cada derecho, y ante el vacío legal, el Reglamento (art. 51.1 y 2) establece las reglas para su **liquidación:**

— Al adquirente del derecho de usufructo se le gira una liquidación sobre la base del valor de este derecho, con aplicación, en su caso, de la reducción que le corresponda según su parentesco con el causante.

— Al adquirente de la nuda propiedad se le girará una liquidación teniendo en cuenta el valor correspondiente a aquélla, minorado, en su caso, por el importe de la reducción a que tenga derecho.

Estas liquidaciones en sí no presentarían ningún problema si no fuera porque el Reglamento ordena que la liquidación al nudo propietario se efectúe con aplicación del **tipo medio efectivo de gravamen** correspondiente al **valor íntegro de los bienes,** indicando a continuación cómo ha de determinarse dicho tipo medio efectivo: dividiendo la cuota tributaria correspondiente a una base liquidable teórica (para cuya determinación se ha tenido en cuenta el valor íntegro de los bienes) por esta misma base y multiplicando el cociente por 100, expresando el resultado con hasta dos decimales.

Un sencillo ejemplo nos ayudará a comprender esta norma: Supongamos que en febrero de 1997 fallece una persona. Al cónyuge viudo, de 69 años, le lega el usufructo universal de todos sus bienes y derechos y a sus dos hijos (mayores de 21 años) la nuda propiedad. La masa hereditaria neta se valora en 45.000.000 de pesetas. De acuerdo con estos datos, al cónyuge viudo se le giraría una liquidación sobre una base liquidable de 6.444.000 (20 por 100 de 45.000.000 = 9.000.000, menos la reducción de 2.556.000). Por su parte, para la liquidación de cada hijo se procederá de la siguiente manera: Base imponible = 45.000.000 – 9.000.000 = 36.000.000 : 2 = = 18.000.000. Base liquidable = 18.000.000 – 2.556.000 = 15.444.000, sobre la que se aplicará el tipo medio efectivo. Este tipo medio efectivo se calcula así: 45.000.000 : 2 = 22.500.000 – 2.556.000 = 19.944.000 (base liquidable teórica).

La cuota íntegra correspondiente a esos 19.944.000 será de 2.641.783.

Tipo medio efectivo: 13,24 por 100 (2.641.783 × 100 : 19.944.000).

Luego la cuota íntegra de cada hijo será: 15.444.000 × 13,24 por 100 = = 2.044.785.

Esta forma de liquidar la nuda propiedad que, como es tradición en este impuesto, no busca otra cosa que mantener la progresividad [10], entendemos que no tiene en la actualidad amparo legal alguno, excediéndose pues el Reglamento al regular una materia que, de acuerdo con el artículo 10 de la LGT, está reservada a la Ley [11].

B) **Extinción:**

La parquedad de la previsión legal [art. 26.*c)*] («En la extinción del usufructo se exigirá el impuesto según el título de constitución») nos lleva de nuevo al Reglamento para encontrar (art. 51) normas precisas sobre el particular. La liquidación será distinta, según la forma de extinción:

a) Si la consolidación del dominio se produce en el nudo propietario por cumplimiento del plazo o por muerte del usufructuario, el nudo propietario pagará la cuota pendiente por la desmembración del dominio. Esto es, siguiendo con el ejemplo anterior, cada uno de los dos hijos ingresaría 595.800 ptas. (resultado de aplicar el 13,24 por 100 sobre los 4.500.000 ptas. que cada uno recibe como consecuencia de la consolidación). Pero si la consolidación se produjese por otro negocio jurídico (compraventa, donación) sólo pagará la que resulte mayor de las dos siguientes: la pendiente por la desmembración del dominio o la correspondiente al negocio que extingue el usufructo.

b) Si la consolidación del dominio se produce en el usufructuario, pagará éste la liquidación correspondiente al negocio jurídico por el que adquiere la nuda propiedad.

c) Finalmente, si la consolidación se produce en un tercero, adquirente de los derechos de usufructo y de nuda propiedad, pagará únicamente las liquidaciones correspondientes a tales adquisiciones, sin que se le exija la correspondiente a la consolidación del dominio. Como esta norma la establece el Reglamento para el tercero que **simultáneamente** adquiera el usufructo y la nuda propiedad, no previendo el caso de que dichas adquisiciones lo fueran sucesivamente, habrá que entender, *a contrario sensu*, que en este otro caso sí cabría, además, liquidación por consolidación.

---

[10] Véase, si no, el art. 76.2 del texto refundido de 1967, vigente hasta 1987.

[11] Ello no obstante, la Resolución del TEAC de 9-7-92 (Imp. núm. 2 de 1993) la da por válida.

272. Derechos de uso y habitación

Aunque se trate de derechos reales distintos (véase el art. 524 Cc), las reglas de tributación a efectos del ISD son comunes [arts. 26.*b)* de la Ley y 50 y 51.1 y 2 del Reglamento]. Dichas reglas son similares a las de los usufructos con las siguientes variantes:

— El valor de estos derechos será el que resulte de aplicar al 75 por 100 del valor de los bienes sobre los que fueren impuestos las reglas correspondientes a la valoración de los usufructos temporales o vitalicios, según los casos.

— La liquidación de ambos derechos y de la nuda propiedad se efectúa de forma idéntica a la de los usufructos, con lo que nos remitimos a lo dicho anteriormente.

— En cuanto a su extinción, habrá que distinguir: Si no existiere usufructuario, se practicará al nudo propietario la liquidación correspondiente a la extinción de los derechos de uso y habitación. Si sobre el bien en cuestión existiere usufructuario, corresponderá a éste satisfacer el impuesto en razón al aumento del valor que experimenta el usufructo como consecuencia de la extinción del derecho de uso y habitación; pero si el usufructo se extingue antes de los derechos de uso y habitación, será el nudo propietario el que pague la correspondiente liquidación por la consolidación parcial operada por la extinción del usufructo en cuanto al aumento que experimente el valor de la nuda propiedad.

273. Sustituciones

A las sustituciones hereditarias se refieren la Ley y el Reglamento [arts. 26.*f)* y 53, respectivamente] distinguiendo claramente según que el sustituido haya o no disfrutado de la herencia. Así:

— En la sustitución **vulgar** (art. 774 Cc) se entiende a efectos del impuesto que el sustituto hereda al causante y, en consecuencia, se le exigirá el impuesto teniendo en cuenta su patrimonio preexistente y atendiendo a su parentesco con el causante.

— En las sustituciones **pupilar** y **ejemplar** (arts. 775 y 776 Cc, respectivamente) se entenderá que el sustituto hereda al sustituido (menor o incapacitado), girándose el impuesto atendiendo al grado de parentesco con el descendiente sustituido y sin perjuicio de lo satisfecho por éste al fallecimiento del testador.

— Finalmente, en la sustitución **fideicomisaria,** al heredero fiduciario y a los fideicomisarios (salvo al último) se les liquida el impuesto como usufructuarios, teniendo en cuenta su patrimonio preexistente y su respectivo parentesco con el causante. Al último fideicomisario se le liquida el impuesto por el pleno dominio, atendiéndose al momento en que adquiere la herencia para determinar el valor de los bienes y los tipos de gravamen aplicables.

274. Fideicomisos

En el fideicomiso, a diferencia de lo que sucede en la sustitución fideicomisaria, sólo hay un heredero fideicomisario, quien adquirirá los bienes de la herencia a través del fiduciario. Precisamente son las facultades que sobre dichos bienes concede el testador al fiduciario, las que determinan la distinta forma de tributación:

— Cuando el fiduciario pueda disfrutar en todo o en parte, temporal o vitaliciamente, o tuviera la facultad de disponer de los productos o rentas de los bienes hasta su entrega al fideicomisario, pagará el impuesto en concepto de usufructuario con arreglo a su patrimonio preexistente y parentesco con el causante. En este caso, el fideicomisario pagará el impuesto cuando entre en posesión de los bienes, no computándose en su favor lo pagado por el fiduciario (art. 54.4 del Reglamento).

— Cuando el testador haya dejado al heredero fiduciario los bienes relictos en propiedad, se le liquidará a éste en pleno dominio.

Por otra parte, el Reglamento equipara al fideicomiso el heredamiento de confianza de la legislación foral y establece reglas especiales para los fideicomisos del derecho foral de Cataluña y para la fiducia aragonesa (art. 54.6, 7 y 8 del Reglamento).

275. Reservas

Otra de las limitaciones a la facultad de disponer de los bienes heredados la constituyen las denominadas reservas que, como se sabe, obligan a determinadas personas (reservistas) a conservar ciertos bienes recibidos en herencia en favor de los parientes (reservatarios) de la línea de donde dichos bienes procedan. Pues bien, las reservas no son tratadas específicamente en la Ley sino de forma lacónica al establecer que a las mismas se aplicarán las normas de los usufructos (art. 26). De ahí que el Reglamento (art. 55) las regule en este mismo sentido, tradicional por otra parte en este impuesto:

a) En la **reserva troncal o lineal** (art. 811 Cc), el reservista satisfará el impuesto sólo en concepto de usufructuario, no liquidándosele la nuda propiedad hasta que se extinga la reserva por fallecimiento o renuncia de los reservatarios, ya que nos encontramos ante un supuesto de condición suspensiva.

b) En la reserva **ordinaria** (arts. 968, 969, 979 y 980 Cc), por el contrario, el reservista tributará por el pleno dominio, aunque tendrá derecho a la devolución de la cuota que corresponda a lo satisfecho por la nuda propiedad de los bienes reservados que transmita al reservatario.

En ambos casos, el reservatario satisfará el impuesto en pleno dominio cuando adquiera los bienes reservados, atendiendo a su grado de parentesco con la persona de quien procedan los bienes y no al que le una con el reservista.

276. Partición y excesos de adjudicación

La partición y adjudicación de bienes que realizan los herederos y legatarios tras la muerte del causante no son actos que *per se* tengan trascendencia tributaria. Esta deriva de la adjudicación a alguno de los herederos o legatarios de una parte superior a la que le corresponde según las reglas de la sucesión (testada o intestada).

La Ley, en efecto, sienta el principio de igualdad en el reparto (art. 27.1): cualesquiera que sean las particiones y adjudicaciones que los interesados hagan, la liquidación del impuesto se efectuará con arreglo a las normas de la sucesión y, en consecuencia, los aumentos resultantes de la comprobación de valores se prorratearán entre los distintos causahabientes (salvo que, lógicamente, los bienes afectados por la comprobación hubiesen sido atribuidos por el testador a persona determinada, en cuyo caso le afectará sólo a ella).

Los excesos de adjudicación se producirán en dos casos:

1.º) Cuando las normas de la sucesión no se respeten y en las adjudicaciones efectuadas a los herederos o legatarios se manifiesten diferencias, según valores **declarados** por ellos mismos.

2.º) Cuando el valor **comprobado** de lo adjudicado a uno de los causahabientes exceda del 50 por 100 del valor que le correspondería según la herencia, salvo que los valores declarados sean iguales o superiores a los del IP.

Estos excesos tributan por el concepto TPO del ITPAJD, salvo que [art. 7.2.B) de su texto refundido] sean consecuencia de dar cumplimiento a los artículos 821, 829, 1.056 (segundo) y 1.062 (primero) del Código civil (finca que no admite cómoda división, conservación de explotación económica en interés de la familia, etcétera). Claro que habrá que entender que la tributación por dicho impuesto sólo se producirá cuando los favorecidos por el exceso compensen con otros bienes o derechos de su peculio a los que lleven de menos pues, en caso contrario, los excesos de adjudicación tributarían como donaciones.

277. Repudiación y renuncia

Desde un punto de vista jurídico se pueden distinguir dos clases de renuncia a la herencia: la que produce derecho de acrecer a favor del resto de herederos (abdicativa) y la que no la produce sino a favor de alguno/s de los coherederos en particular (traslativa). Pues bien, de acuerdo con esta distinción, diferencia la Ley (art. 28) dos formas de renuncia a la herencia:

a) La renuncia **pura, simple y gratuita,** que al favorecer a todos los coherederos o colegatarios a quienes debe acrecer la porción renunciada, supone para éstos una mayor participación en la herencia. Como consecuencia, no se liquidará el impuesto al renunciante y sí a cada uno de aquéllos por el concepto de sucesión lo que le corresponda (su parte inicial más la acrecida). Ahora bien, para aplicar el coeficiente multiplicador que corresponda se tendrá en cuenta el parentesco del causante con el renunciante cuando éste tenga señalado uno superior al que correspondería al beneficiario.

b) En la renuncia **a favor de persona determinada,** al haber dispuesto el renunciante de los bienes que le correspondían en la sucesión para asignárselos a alguien en particular, se exigirán dos liquidaciones: una al renunciante por el concepto de sucesión y otra al favorecido por el concepto de donación. Solución que igualmente se daría en otros supuestos similares (renuncia de los hijos a favor del cónyuge viudo), como ha puesto de manifiesto la jurisprudencia.

Y finalmente, también prevé la Ley la renuncia hecha después de prescrito el impuesto que, siguiendo la tradición, dispone que se liquide como una donación.

Aparte de estos supuestos, el Reglamento del Impuesto (art. 58.4) se refiere a otro muy frecuente cual es la renuncia del cónyuge supérstite a sus gananciales: si la renuncia se realiza por escritura pública con anterioridad al fallecimiento del causante, los bienes renunciados pasarán a formar parte del caudal relicto. En otro caso será reputada como donación.

278. Acumulación de donaciones

La Ley dedica las últimas de las normas especiales a las donaciones especiales (ya tratadas en el § 265) y a la denominada acumulación de donaciones (art. 30).

La **acumulación de donaciones** es una regla que pretende evitar que, mediante la fragmentación de donaciones se eluda la progresividad del impuesto (obsesión que, como hemos venido observando, preside todo su articulado). La Ley prevé acumulación de donaciones entre sí y de donaciones a la herencia del donante. En cualquier caso, han de ser otorgadas por un mismo donante a un mismo donatario y no han de haber transcurrido más de tres o cinco años, respectivamente.

Así, las donaciones (y demás transmisiones *inter vivos* equiparables) que se otorguen por un mismo donante a un mismo donatario dentro del plazo de tres años, a contar desde la fecha de cada una, se considerarán como una sola transmisión a los efectos de la liquidación del impuesto. Ahora bien, para determinar la cuota tributaria se aplicará, al valor de los bienes y derechos actualmente transmitidos, el tipo medio que corresponda al valor de la totalidad de los acumulados (art. 30 LISD).

Veámoslo con un ejemplo. El 14 de marzo de 1995 el Sr. A dona a su hijo B, mayor de veintiún años (y con un patrimonio preexistente inferior a cincuenta millones de pesetas), un bien cuyo valor comprobado es de 3.000.000 de pesetas. El 21 de abril de 1997 le dona otro bien con un valor comprobado de 6.000.000 de pesetas. Pues bien, la donación de 1995 tributará de acuerdo con la tarifa de dicho año, mientras que para la liquidación de la donación de 1997 se procederá de la siguiente forma: *a)* primero se acumula el importe de ambas donaciones, ya que se cumplen los requisitos del artículo 30 LISD, 6.000.000 + 3.000.000 = 9.000.000 de pesetas; *b)* a continuación hallamos el tipo medio que corresponde a esos 9.000.000 de pesetas, aplicando la tarifa de 1997: hasta 8.960.000 = 913.920, resto 40.000 × 13,60 por 100 = 5.440 (913.920 + 5.440 = 919.360); tipo medio: 919.360 × 100 : : 9.000.000 = 10,21 por 100; *c)* finalmente, este tipo medio (10,21 por 100) se aplica sobre los 6.000.000 de pesetas donados en 1997 y nos dará la cuota íntegra: 6.000.000 × 10,21 por 100 = 612.600 pesetas.

V. GESTION DEL IMPUESTO

279. Competencia funcional

La competencia para la gestión y liquidación del impuesto corresponde a las Delegaciones y Administraciones de la Agencia Estatal de Administración Tributaria (para los casos de Madrid, Ceuta y Melilla) o a las oficinas con análogas funciones de las CC.AA. que tengan cedida la gestión del tributo (todas las demás, al margen de los casos especiales de Navarra y el País Vasco) (arts. 34.1 de la Ley y 63 del Reglamento).

Ello no obstante, dichas CC.AA. podrán, dentro del marco de sus atribuciones, encomendar a las Oficinas de Distrito Hipotecario, a cargo de Registradores de la Propiedad, funciones de gestión y liquidación de este Impuesto (DA 8.ª de la Ley 29/1991, de 16-12).

280. Declaración del Impuesto. Autoliquidación

Los sujetos pasivos del Impuesto, cualquiera que sea el hecho imponible de que se trate, pueden optar entre presentar una autoliquidación (regulada en los arts. 86 y 87 del Reglamento) o una declaración suscrita para que sea la oficina liquidadora competente la que proceda a la correspondiente liquidación (art. 64 del Reglamento). En ambos casos habrán de presentarse unos determinados documentos (especificados en el art. 66 del Reglamento) para su examen, calificación y comprobación.

El **plazo de presentación** de las declaraciones (o autoliquidaciones) en las adquisiciones por causa de muerte, incluidas las de seguros de vida, es de seis meses, contados desde el día del fallecimiento del causante. Plazo que podrá prorrogarse por otros seis meses si se cumplen determinados requisitos (art. 68 del Reglamento). Cuando se trate de donaciones, el plazo es de treinta días hábiles, a contar desde el siguiente a aquel en que se cause el acto, no admitiéndose prórroga alguna.

281. Pago del Impuesto. Liquidaciones parciales

El pago de las liquidaciones practicadas por la Administración deberá realizarse en los plazos establecidos en el RGR (art. 80 del Reglamento) y el de las autoliquidaciones al tiempo de presentar éstas (art. 87 del Reglamento).

El pago podrá aplazarse o fraccionarse, aparte de en los casos previstos en el RGR, en otros supuestos especiales contemplados en la ley (arts. 38 y 39) y en el Reglamento del Impuesto (arts. 81 a 85).

Asimismo, los sujetos pasivos podrán solicitar, tratándose de adquisiciones por causa de muerte y dentro de los plazos establecidos para la presentación de la declaración, que se les practique **liquidación parcial** a los solos efectos de cobrar seguros sobre la vida, créditos del causante, haberes devengados y no percibidos por el mismo, o retirar bienes, valores, efectos o dinero que se hallasen en depósito (art. 78 del Reglamento). En caso de que los sujetos pasivos opten por autoliquidar el impuesto, también podrán presentar autoliquidaciones parciales por los mismos motivos, aunque se exige en estos casos la previa conformidad de todos los causahabientes en caso de ser más de uno (art. 89 del Reglamento).

En todo caso, la liquidación o autoliquidación parcial se practicará aplicando sobre el valor de los bienes a que se refiera, sin reducción alguna, la tarifa del impuesto y el coeficiente multiplicador mínimo correspondiente en función del patrimonio preexistente [12].

282. Régimen sancionador

Sin perjuicio del régimen sancionador previsto en la LGT (art. 40 LISD), hasta tanto se implante el procedimiento de autoliquidación como sistema único y obligatorio en este Impuesto, la presentación de declaraciones o autoliquidaciones fuera de los plazos establecidos conllevará las siguientes consecuencias (DA 7.ª de la Ley 29/1991, de 16 de diciembre):

a) Cuando no mediase requerimiento de la Administración:

— Si la presentación tiene lugar dentro de los tres meses siguientes al término del plazo establecido para la presentación del documento: se aplicará un recargo único del 10 por 100 sobre la cuota ingresada o liquidada por la Administración, con exclusión de sanciones e intereses de demora.

— Si la presentación tiene lugar pasados esos tres meses, el recargo será del 50 por 100 (sin sanciones ni intereses de demora).

b) Cuando mediase requerimiento de la Administración: el recargo será del 100 por 100, con exclusión igualmente de sanciones e intereses de demora.

---

12 Arts. 78 y 89 del Reglamento y STS de 16-5-90 (Imp. núm. 21 de noviembre de 1990).

VI. EL IMPUESTO SOBRE SUCESIONES Y DONACIONES EN LOS TERRITORIOS FORALES

283. El Impuesto sobre Sucesiones y Donaciones de Navarra

En la Comunidad foral de Navarra el ISD se configura como un tributo propio y se rige por el Acuerdo de la Diputación Foral, de 10 de abril de 1970, que contiene las normas para la exacción de los Impuestos Generales sobre las Sucesiones y sobre Transmisiones Patrimoniales y Actos Jurídicos Documentados, con las modificaciones introducidas por la Ley 28/1990, de 26 de diciembre, del Convenio Económico con la Comunidad foral de Navarra, que lo conceptúa ya como impuesto separado de los otros dos, la Ley Foral 9/1992, de 23 de junio, de Presupuestos Generales de Navarra para 1992 y la Ley Foral 12/1992, de 20 de octubre, de modificaciones tributarias. El Convenio Económico (art. 26 de la Ley 28/1990), que conceptúa al ISD como un tributo propio de la Comunidad Foral, establece que tributarán en Navarra las herencias cuando el causante tenga allí su residencia habitual y las donaciones cuando los bienes radiquen en Navarra (si se trata de inmuebles) o cuando el donatario tenga allí su residencia habitual (para los demás bienes y derechos).

Tanto la estructura como el contenido del impuesto son muy similares al ISD de régimen común, proviniendo las diferencias fundamentalmente de su especial régimen civil sucesorio. Entre las particularidades con respecto al ISD estatal podemos destacar las siguientes:

A) Hecho imponible:

El ISD navarro grava, además de las adquisiciones *mortis causa* por herencia, de las percepciones por seguros de vida y de las donaciones *inter vivos*, las donaciones *mortis causa* (muy habituales en Navarra) y las dotes. Las donaciones *mortis causa* tributan como las herencias y las dotes se consideran como donaciones.

B) Exenciones:

El ISD navarro declara exentas, entre otras:

— Las adquisiciones por herencia o donación de los ascendientes, descendientes, adoptantes y adoptados y de los cónyuges. Dichas adquisiciones tributarán por el Impuesto sobre Actos Jurídicos Documentados al tipo impositivo del 0,80 por 100, cualquiera que sea su cuantía.

— La cantidad de un millón de pesetas en las adquisiciones *mortis causa* (no en donaciones) cuando el adquirente sea ascendiente o descendiente por afinidad o colateral de segundo o tercer grado. Dicho millón tributará también por AJD al tipo del 0,80 por 100.

— Igualmente está exento el primer millón de pesetas percibido por los beneficiarios de seguros sobre la vida cuando concurra la misma relación de parentesco anterior y el contrato se hubiese celebrado a partir del 26 de junio de 1992, ya que los concertados con anterioridad gozan de importantes bonificaciones, similares a las previstas en la normativa común para los concertados con anterioridad al 19 de enero de 1987.

— La cantidad de un millón de pesetas dejada por el testador en favor de los sirvientes que hubiesen convivido con él de forma ininterrumpida durante los cinco años anteriores inmediatos a su fallecimiento.

— Los sueldos y demás emolumentos que dejen devengados y no percibidos a su fallecimiento los funcionarios activos y pasivos, los empleados y los obreros.

C) Deuda tributaria:

En el ISD navarro no existen reducciones de la base imponible en función del parentesco con el causante.

Se establecen cinco tarifas, comunes para todos los hechos imponibles. La primera para ascendientes y descendientes por afinidad y las cuatro restantes para colaterales, según su grado. Además, existen tarifas especiales para las herencias, legados y donaciones que se hagan en favor de los pobres y en favor del alma (misas y otras atenciones de culto).

Característica importante es que las tarifas **no tienen carácter progresivo,** sino que son fijas y se aplican sobre la base liquidable que corresponda, lo que puede originar el que se dé el denominado «error de salto» (art. 56 de la LGT), previéndose en la propia norma su correción.

D) Prescripción:

El derecho de la Administración para determinar la deuda tributaria mediante la oportuna liquidación prescribe a los diez años en el ISD navarro.

284. El Impuesto sobre Sucesiones y Donaciones en el País Vasco. Alava

El Concierto Económico con el País Vasco (art. 26 de la Ley 12/1981, modificada por la Ley 38/1997) establece que el ISD es un tributo concertado de normativa autónoma y atribuye la competencia para la exacción, gestión, liquidación, inspección y recaudación del mismo a las Diputaciones Forales. El impuesto se exige en el País Vasco: en las sucesiones, cuando el causante tenga su residencia habitual en Alava, Guipúzcoa o Vizcaya; en las donaciones, cuando los bienes radiquen en Alava, Guipúzcoa o Vizcaya (si se trata de inmuebles), o cuando el donatario tenga su residencia habitual en dichos territorios (para los demás bienes y derechos); y en los seguros de vida cuando el asegurado tenga su residencia habitual en el País Vasco. Para determinar la residencia habitual en el País Vasco a efectos del ISD la Ley del Concierto Económico se atiene a los mismos criterios establecidos en el IRPF (§ 95), con la salvedad de que en el primer criterio la permanencia se refiere aquí al número de días del año y no del período impositivo.

El ISD de Alava se rige por la Norma Foral 25/1989, de 24 de abril, modificada por la Norma Foral 30/1991, de 19 de diciembre y por la Norma Foral 12/1992, de 19 de mayo. Sus diferencias más significativas respecto del ISD estatal son las siguientes:

A) Exenciones:

Se declaran exentas:

— Todas las adquisiciones lucrativas, tanto *inter vivos* como *mortis causa* sujetas al impuesto, obtenidas por los cónyuges, ascendientes, adoptantes, descendientes y adoptados.

— Las cantidades que correspondan a sueldos devengados y no percibidos por funcionarios, empleados y obreros.

— Las percepciones por seguros sobre la vida concertados para dar cobertura a una operación civil o mercantil.

B) Liquidación del impuesto:

Para efectuar la liquidación por el impuesto la masa hereditaria se divide en dos porciones: una compuesta por las cantidades percibidas por seguros sobre la vida concertados a partir del 1 de enero de 1988 y otra por el resto de los bienes y derechos. Estas dos porciones constituyen bases imponibles independientes y sobre las mismas se aplica una reducción única, que los sujetos pasivos distribuyen a su conveniencia. Dicha reducción, distinta según grado de parentesco, es siempre superior a la correspondiente en el ISD estatal.

C) Deuda tributaria:

Para determinar la cuota tributaria existen tres tarifas de tipos impositivos en función del grado de parentesco. Sobre la misma no se aplica coeficiente multiplicador alguno.

D) Normas especiales:

Se contemplan normas especiales para la especialidad foral de las herencias que se defieran por testamento por comisario (art. 13 de la Compilación de Derecho Civil Foral de Alava y Vizcaya).

285. (sigue) Guipúzcoa

El ISD está regulado por la Norma Foral 3/1990, de 11 de enero [13], con las modificaciones introducidas por la Norma Foral 3/1992, de 2 de julio [14].

Entre las diferencias con el ISD de régimen común podemos señalar las siguientes:

---

[13] BOGuip. núm. 15, de 22-1-90. [14] BOGuip. núm. 126, de 7-7-92.

A) Exenciones:

Se establece la exención total para las adquisiciones de bienes y derechos de carácter lucrativo, incluidas las percepciones por seguros sobre la vida, obtenidas por los cónyuges, ascendientes, adoptantes, descendientes y adoptados, aunque para poder gozar de la misma se requiere haber residido en Guipúzcoa durante más de diez años. En caso contrario se tributaría a la Hacienda Foral pero aplicando las normas de régimen común.

B) Base imponible:

Para determinar la base imponible no se computa cantidad alguna por ajuar doméstico.

C) Liquidación del impuesto:

Para hallar la base liquidable se efectúan sobre la imponible unas reducciones en función del grado de parentesco más elevadas que las previstas en el ISD común y que alcanzan, incluso, a los colaterales de cuarto y superior grado y a los extraños.

Por otro lado, las percepciones por seguros de vida no se acumulan al haber hereditario, sino que se liquidan de forma independiente.

D) Deuda tributaria:

Se establecen dos escalas de tipos de gravamen, una para los colaterales de segundo y tercer grado, ascendientes y descendientes por afinidad y otra para los restantes causahabientes.

Sobre la cuota resultante de la escala no se aplica coeficiente multiplicador.

286. (sigue) Vizcaya

El impuesto se rige por el Texto Refundido de la Norma Foral 2/1989, aprobado por el Decreto Foral Normativo 3/1993, de 22 de junio [15], y por el Reglamento, aprobado por el Decreto Foral 29/1986 y modificado, a su vez, por el Decreto Foral 82/1991, de 14 de mayo.

Las diferencias más importantes con respecto al ISD de régimen común son las siguientes:

A) Exenciones:

Se declaran exentas:

— Las adquisiciones hereditarias y por seguros de vida (no por donaciones) percibidas por el cónyuge, ascendientes, adoptantes, descendientes y adoptados, aunque para gozar de la exención se exige la presentación de la declaración de los bienes y derechos del causante dentro del plazo voluntario (un año).

---

[15] BOV núm. 153, de 6-7-93.

— Las cantidades correspondientes a sueldos devengados y no percibidos por funcionarios, empleados y obreros.

— Las transmisiones a título lucrativo en favor de descendientes de la casería y sus pertenencias.

— Las cantidades percibidas por seguros sobre la vida que cubran una operación principal civil o mercantil.

B) Base imponible:

Para determinar la base imponible no se aplica cantidad alguna en concepto de ajuar doméstico.

C) Liquidación del impuesto:

Para determinar la base liquidable se efectúan sobre la base imponible unas reducciones más altas que las estatales. Se prevén, además, otras reducciones por la transmisión de determinados títulos valores (de Deuda Pública emitida en la Comunidad foral y de Instituciones de Inversión Colectiva).

Las percepciones de cantidades por seguros sobre la vida se liquidan de forma independiente.

D) Deuda tributaria:

Para hallar la cuota tributaria se establecen tres tarifas, la primera para cónyuges, ascendientes, adoptantes, descendientes y adoptados; la segunda para colaterales de segundo y tercer grado y ascendientes y descendientes por afinidad; y la tercera para los demás causahabientes.

Tampoco en Vizcaya se aplica coeficiente multiplicador en función del patrimonio preexistente del adquirente.

BIBLIOGRAFIA

CAZORLA, L. M.ª, y MONTEJO, S., *El Impuesto sobre Sucesiones y Donaciones,* Civitas, 1991.

FERNÁNDEZ GALBIS, E., *Normas sustantivas del Reglamento sobre Sucesiones y Donaciones,* Ed. Revista de Derecho Privado, Madrid, 1995.

MARTÍN MORENO, J. L., *Comentarios a la Ley del Impuesto sobre Sucesiones y Donaciones,* Comares, 1989.

VELASCO ALONSO, A., *El Impuesto sobre Sucesiones y Transmisiones Patrimoniales,* Ed. de Derecho Financiero, 1977.

CAPITULO 11

EL IMPUESTO SOBRE EL VALOR AÑADIDO

I. GENERALIDADES

287. El proceso de armonización del IVA en la Comunidad Europea

Uno de los principales objetivos de la Comunidad Económica Europea desde el momento de su constitución por el Tratado de Roma de 1957 es la realización de un mercado interior, sin fronteras y sin barreras aduaneras entre los Estados miembros. Para su consecución se han ido dando sucesivos pasos mediante regulaciones parciales que han supuesto una progresiva aproximación al objetivo final. En este sentido, cabe destacar como las principales medidas adoptadas en los años siguientes a la firma del Tratado las siguientes:

a) La progresiva abolición de los derechos aduaneros en los intercambios entre los Estados miembros.

b) La adopción de una tarifa aduanera común en los intercambios con los países terceros.

c) La adopción de un impuesto sobre la cifra de negocios plurifásico no acumulativo, caracterizado por la neutralidad en los intercambios de bienes y servicios entre los Estados miembros [1]. Con ello se trataba de «eliminar, en la medida de lo posible, y tanto en el plano nacional como en el comunitario los factores susceptibles de falsear las condiciones de competencia y de alcanzar en consecuencia el objetivo consistente en la supresión de los gravámenes a la importación y de las desgravaciones a la exportación en los intercambios comerciales entre los Estados miembros» [2]. Para la consecución de dicho objetivo se establecía un sistema de imposición sobre el valor añadido como fórmula única de imposición sobre las ventas, consistente en «aplicar al comercio de bienes y servicios un impuesto general

[1] La instauración del sistema común de impuesto sobre el valor añadido se lleva a cabo mediante la Primera Directiva del Consejo 67/227/CEE, de 11 de abril de 1967 (DOCE núm. 71, de 14-4-1967); la Segunda Directiva del Consejo 67/228/CEE, de 11 de abril de 1967 (DOCE núm. 71, de 14-4-1967), regula su estructura y modalidades de aplicación, siendo la Sexta Directiva del Consejo 77/388/CEE, de 17 de mayo de 1977 (DOCE núm. L 145, de 13-6-1977), cuya última modificación la constituye la Directiva 96/95/CE (DOCE núm. L 338, de 28-12-1996), la que contiene la regulación sustantiva básica en materia de armonización de las legislaciones de los Estados miembros relativas a los impuestos sobre el volumen de negocios.

[2] Tercer Considerando de la Primera Directiva del Consejo 67/227/CEE, de 11 de abril.

sobre el consumo exactamente proporcional al precio de los bienes y de los servicios, sea cual fuere el número de transacciones que se produzcan en el circuito de producción y distribución precedente a la fase de gravamen» [3], lo que posibilita cuantificar exactamente la carga tributaria soportada por cada producto en cualquier fase de su proceso productivo, facilitándose así la aplicación de los ajustes en frontera necesarios para garantizar la libre circulación de mercancías y servicios en el seno de la Comunidad. Al constituir la base imponible del impuesto el precio del bien o servicio, y no el valor añadido, la exigibilidad del mismo en cada transacción se produce previa deducción de las cuotas impositivas devengadas por el mismo impuesto que hayan gravado directamente el coste de los diversos elementos constitutivos del precio.

No obstante, con las medidas anteriores no se lograba completamente el objetivo de crear un mercado único interior ya que los intercambios de bienes entre los Estados miembros, incluso después de la supresión de los derechos aduaneros, estaban todavía sujetos a controles en la frontera a través de la aduana, como consecuencia de que el IVA se regía por el principio de tributación en el país de destino, es decir, en el Estado en el que se produce efectivamente el consumo. La aduana era, pues, el principal instrumento mediante el cual los distintos Estados miembros abordaban la fiscalidad de las operaciones intracomunitarias. Con relación a las importaciones se aplicaba el IVA sobre el valor de los bienes importados. Respecto a las entregas de bienes destinados a la exportación éstas se declaraban exentas, por lo que sobre las mismas no se aplicaba el IVA.

La consecución de un verdadero mercado interior exigía la adopción de las siguientes medidas adicionales:

a) La supresión de las fronteras fiscales y, consecuentemente, de los controles aduaneros en la frontera.

b) La implantación del principio de tributación en el país de origen.

Es a mediados de los años ochenta, con la aprobación en Milán —el 29 de junio de 1985— del Libro Blanco y con la firma en Luxemburgo —el 17 de febrero de 1986— del Acta Unica Europea, cuando la Comunidad se decide a impulsar la realización del mercado interior, estableciéndose un plazo, el 31 de diciembre de 1992, como fecha límite para que se adopten las medidas destinadas a establecer progresivamente el mismo [4]. Es en 1987 cuando la Comisión presenta las propuestas correspondientes [5] con el objetivo de otorgar a los intercambios comerciales transfronterizos dentro de la Comunidad el mismo trato que a los efectuados dentro de los Estados miembros. Ello implicaba que el IVA debía ser facturado por el sujeto pasivo que efectúa la venta en el Estado miembro de exportación y deducido por el sujeto pasivo que efectúa la compra en el Estado miembro de importa-

[3] Art. 2 de la Primera Directiva del Consejo 67/227/CEE, de 11 de abril.

[4] Art. 13 del Acta Unica Europea, que añade el art. 8.A al Tratado Constitutivo de la Comunidad Económica Europea.

[5] Conocido como el «Plan Cockfield», englobaba siete propuestas de Directivas; *vid.* COM (87) 320 a 328.

ción. Dicho mecanismo permitiría la supresión de las formalidades en la frontera en el interior de la Comunidad en lo que respecta al IVA. La aplicación de este sistema exigiría, asimismo, el establecimiento de un procedimiento de compensación (*«clearing»*) que permitiera que las cuotas impositivas ingresadas en el Estado de la venta se atribuyesen al Estado miembro en el que se hubieran deducido y en el que se hubiese producido el consumo final, de acuerdo con la naturaleza del IVA como un impuesto general sobre el consumo.

La imposibilidad de que antes del 31 de diciembre de 1992 se dieran las condiciones necesarias para la aplicación del sistema descrito, principalmente de adecuación de las estructuras administrativas de los distintos países y de aproximación de los tipos impositivos, impidieron aprobar las medidas anteriores y obligaron a adoptar una solución de compromiso que permitiera una progresiva aproximación al objetivo final. Fue la Directiva del Consejo 91/680/CEE, de 16 de diciembre de 1991 [6], la que plasmó dicha solución mediante el establecimiento de un **período transitorio**, en principio hasta el 1 de enero de 1997. La magnitud de los trabajos llevados a cabo por la Comisión con vistas a la presentación de propuestas al Consejo destinadas a introducir el nuevo sistema común de IVA para el mercado único impidió la presentación de las mismas (el plazo inicialmente previsto finalizaba el 31 de diciembre de 1994), habiendo considerado la Comisión, en el Documento COM(96) 328 final, de 22 de julio de 1996, prematuro presentar de manera inmediata propuestas de textos legales orientadas a la transición al nuevo sistema, por lo que ha elaborado un programa de trabajo formado por cinco etapas que permitirán avanzar progresivamente hacia el nuevo sistema, y cuya culminación está prevista para mediados de 1999. Asimismo, la Comisión advierte que la entrada en vigor de las disposiciones aprobadas por el Consejo no deberá producirse antes de que transcurran dos años desde su adopción, con la finalidad de dar a los operadores económicos y a las administraciones el tiempo necesario para implantar el nuevo régimen sin sobresaltos. En conclusión, el plazo de aplicación del régimen transitorio vigente, previsto hasta el 31 de diciembre de 1996, se verá automáticamente prorrogado, tal como preveía la Directiva 91/680/CEE, en el mejor de los casos, hasta el año 2001.

Durante el tiempo que dure el período transitorio citado:

a) Para las operaciones entre sujetos pasivos con derecho a deducción se continuará aplicando el principio de tributación en el país de destino, mediante la técnica de declarar exenta la entrega con destino a otro país de la Comunidad, y considerar sujeta la adquisición de la mercancía en el país de destino (**adquisición intracomunitaria de bienes**), debiendo el adquirente ingresar el IVA correspondiente. En consecuencia, se suprimen los controles aduaneros en la frontera. No obstante, se establece un régimen

[6] DOCE núm. L 376, de 31-12-1991. El 14 de diciembre de 1992, el Consejo adoptó la Directiva 92/111/CEE (DOCE núm. L 384, de 30-12-1992), por la que se simplifica el régimen transitorio del IVA establecido por la Directiva 91/680/CEE y se prevén las medidas necesarias para pasar del régimen precedente al transitorio.

particular para las adquisiciones por sujetos pasivos exentos o por personas jurídicas no sujetas al impuesto.

b) Para los particulares este sistema supone la libertad de comprar, en el Estado miembro de su elección, las mercancías gravadas en las condiciones de dicho Estado y de utilizarlas libremente en su Estado de residencia, quedando, por lo tanto, totalmente suprimidas las franquicias para viajeros. No obstante, se establecen regímenes especiales para las adquisiciones de **medios de transporte nuevos** y para las **ventas por correspondencia**.

En conclusión, puede decirse que durante el período transitorio se han eliminado las barreras aduaneras, pero se mantienen todavía las «fronteras fiscales» para las empresas y otros sujetos pasivos, desplazándolas al interior del territorio de cada Estado y haciendo recaer directamente sobre el contribuyente la liquidación del impuesto aplicable a las adquisiciones intracomunitarias de bienes.

La desaparición de los controles en las fronteras internas obligó a crear un marco para la **cooperación entre administraciones fiscales nacionales**, aprobándose a tal efecto el Reglamento (CEE) núm. 218/92, de 27 de enero [7], en el que se prevé un intercambio de información sobre el comercio intracomunitario sujeto al IVA y la creación de una red informática para realizar dicho intercambio de una forma rápida y eficaz.

Para finalizar, hay que advertir que junto con el establecimiento del régimen definitivo de tributación para las operaciones intracomunitarias, son tareas todavía pendientes en materia de armonización de los impuestos sobre el volumen de negocios las siguientes:

— Establecimiento de reglas comunes relativas a **gastos que no generan derecho a deducción del Impuesto sobre el Valor Añadido** [8].

— Régimen particular aplicable a las **pequeñas y medianas empresas** [9].

— Régimen de **exención** del Impuesto sobre el Valor Añadido de **determinadas importaciones definitivas de bienes** [10].

— **Supresión** de ciertas **excepciones al régimen normal del sistema común del Impuesto sobre el Valor Añadido** [11].

[7] DOCE núm. L 24, de 1-2-1992.

[8] Véase la Propuesta de Duodécima Directiva del Consejo, presentada por la Comisión el 25 de enero de 1983, DOCE núm. C 37, de 10-2-1983. La propuesta inicial fue modificada por la Comisión el 16 de febrero de 1984, DOCE núm. C 56, de 29-2-1984.

[9] Véase la Propuesta de Directiva del Consejo, presentada por la Comisión el 9 de octubre de 1986, DOCE núm. C 272, de 28-10-1986, y las modificaciones a dicha propuesta en DOCE núm. C 310, 20-11-1987.

[10] Véase la Propuesta de Directiva del Consejo, presentada por la Comisión el 15 de septiembre de 1994, DOCE núm. C 282, de 8-10-1994.

[11] Véase la Propuesta de Directiva del Consejo, presentada por la Comisión el 2 de julio de 1992, DOCE núm. C 205, de 13-8-1992, y las modificaciones a dicha propuesta, presentadas por la Comisión el 2 de agosto de 1993, DOCE núm. C 231, de 27-8-1993.

— Régimen aplicable al **transporte de personas** [12].

— Régimen especial aplicable al **oro** [13].

288. La introducción del IVA en el sistema tributario español. Características del impuesto

La incorporación de nuestro país a la CEE exigía la sustitución del impuesto sobre la cifra de negocios existente hasta entonces —el Impuesto General sobre el Tráfico de las Empresas (IGTE)— que respondía a las características de los impuestos acumulativos en cascada, prohibidos por la normativa comunitaria, por un impuesto del tipo IVA. Dicha sustitución se llevó a cabo por la Ley 30/1985, de 2 de agosto [14], que ha estado en vigor hasta el 31 de diciembre de 1992, fecha en la que fue derogada por la Ley 37/1992, de 28 de diciembre [15], que incorporó a nuestro ordenamiento el contenido de la Directiva 91/680/CEE, de 16 de diciembre de 1991 [16], y que junto con el Reglamento del impuesto, aprobado por el RD 1624/1992, de 29 de diciembre [17], constituyen la normativa básica del tributo.

De la regulación llevada a cabo por la Ley 37/1992 se deduce que el IVA es un tributo de naturaleza **indirecta, real, objetivo e instantáneo.** Sobre esta última característica es conveniente efectuar ciertas consideraciones. El impuesto es instantáneo porque el presupuesto de hecho, en cualquiera de sus modalidades, se realiza mediante un acto aislado que, por su propia naturaleza, se agota en un determinado período de tiempo —entregas de bienes, prestaciones de servicios, adquisiciones intracomunitarias de bienes o importaciones—. Esta característica no se ve alterada por el hecho de que se trate de un impuesto de **declaración periódica** en la que se comprenden todos los hechos imponibles realizados durante un determinado período, el período de declaración, que en modo alguno debe confundirse con período impositivo, que no existe en el IVA al tratarse de un impuesto instantáneo.

No obstante, para una completa delimitación de la naturaleza del impuesto es necesario, además, tomar en consideración las que, a juicio del TJCE [18], constituyen las características esenciales de un impuesto sobre el

[12] Véase la Propuesta de Directiva del Consejo, presentada por la Comisión el 5 de noviembre de 1992, DOCE núm. C 307, de 25-11-1992, y las modificaciones a dicha propuesta, presentadas por la Comisión el 7 de septiembre de 1994, DOCE núm. C 266, de 23-9-1994.

[13] Véase la Propuesta de Directiva del Consejo, presentada por la Comisión el 27 de octubre de 1992, DOCE núm. C 302, de 19-11-1992.

[14] BOE de 9 de agosto.

[15] BOE de 29 de diciembre.

[16] DOCE núm. L 376, de 31-12-1991.

[17] BOE de 31 de diciembre.

[18] Véanse, entre otras, las Sentencias de 3 de marzo de 1988, *Bergandi* (252/86, Rec. p. 1343); de 13 de julio de 1989, *Wisselink y otros* (Asuntos acumulados 93 y 94/88, Rec. p. 2671); de 19 de marzo de 1991, *Giant* (C-109/90, Rec. p. I-1385); de 7 de mayo de 1992, *Bozzi* (C-347/90, Rec. p. I-2947); de 31 de marzo de 1992, *Dans Denkavit y otros* (C-200/90, Rec. p. I-2217); de 16 de diciembre de 1992, *Beaulande* (C-208/91, Rec. p. I-6709).

volumen de negocios que responda a los principios del sistema común del IVA, y que se resumen en las siguientes:

a) Su aplicación con carácter **general** a las transaciones que tengan por objeto bienes y servicios. Es precisamente esta vocación de generalidad del impuesto, la que exige la progresiva eliminación de las exenciones previstas en la Sexta Directiva y, mientras se mantengan éstas, su regulación expresa y precisa, así como su interpretación estricta [19].

b) Su carácter **proporcional** al precio de los bienes y servicios.

c) Su carácter **plurifásico,** al percibirse en cada una de las fases del proceso de producción y distribución.

d) Su aplicación **sobre el valor añadido** de los bienes y servicios, al exigirse en cada transacción previa deducción del impuesto abonado en la transacción precedente. La técnica adoptada, deducción de cuota sobre cuota o crédito de impuesto, evita el complejo cálculo del valor añadido a los bienes o servicios en cada fase, de tal forma que el impuesto devengado se calcula en función de la contraprestación total de la operación, mientras que la cantidad a ingresar será la diferencia entre dicho impuesto devengado y el importe de las cuotas impositivas soportadas por el mismo impuesto que hayan gravado directamente el coste de los diversos elementos constitutivos del precio.

Ejemplo (con un IVA del 16 por 100)

Fase	Precio	IVA reper.	IVA sopor.	IVA a ingresar
Materias primas	20.000	3.200	0	3.200 – 0 = 3.200
Productos terminados	50.000	8.000	3.200	8.000 – 3.200 = 4.800
Venta mayoristas	60.000	9.600	8.000	9.600 – 8.000 = 1.600
Venta minoristas	70.000	11.200	9.600	11.200 – 9.600 = 1.600

Por último, a las notas anteriormente enumeradas hay que añadir su carácter de impuesto **sobre el consumo.** Aunque el hecho imponible no está constituido por el consumo sino por las entregas de bienes y prestaciones de servicios que realicen empresarios y profesionales —más las adquisiciones intracomunitarias y las importaciones—, debido al mecanismo de la **repercusión** el impuesto se va trasladando hasta el consumidor final que es el que está llamado a soportar efectivamente el impuesto. En el ejemplo puede observarse cómo la carga tributaria total soportada por el producto (3.200 + 4.800 + 1.600 + 1.600) es igual al impuesto devengado en la última fase (11.200), repercutido al consumidor final.

[19] Véanse las Sentencias de 11 de julio de 1985, *Comisión/Alemania* (107/84, Rec. p. 2655); de 26 de marzo de 1987, *Comisión/Países Bajos* (235/85, Rec. p. 1471); de 13 de julio de 1989, *Skatteministeriet/Henriksen* (173/88, Rec. p. 2763); de 26 de junio de 1990, *Velker International Oil Company* (C-185/89, Rec. p. I-2561) y de 27 de octubre de 1993, *Muys' en De Winter's Bouwen Aannemingsbedrijf* (C-281/91, Rec. p. I-5405).

289. Ambito espacial de aplicación

De acuerdo con el artículo 3 de la Ley, el ámbito espacial de aplicación del impuesto es el territorio español, incluyendo en él las islas adyacentes, el mar territorial hasta el límite de las 12 millas náuticas y el espacio aéreo correspondiente a dicho ámbito. No obstante, como veremos a continuación, a efectos del IVA, el territorio español no coincide con el que así se considera por nuestro ordenamiento, sino que aquél viene delimitado por la normativa comunitaria con un alcance distinto. En efecto, de acuerdo con la Sexta Directiva quedan **excluidos del «territorio español»,** y por lo tanto del territorio de aplicación del impuesto, **Ceuta, Melilla** (territorios no comprendidos en la Unión Aduanera) y **Canarias,** territorios excluidos de la armonización de los impuestos sobre el volumen de negocios (en los mismos términos se expresa el art. 3.Dos de la Ley).

Sólo, pues, las operaciones realizadas en el territorio peninsular español e Islas Baleares estarán sujetas al IVA español *(vid.* §§ 306 y 307).

La creación del nuevo hecho imponible «adquisiciones intracomunitarias de bienes», en relación con los intercambios de bienes entre dos puntos del territorio comunitario del sistema común del IVA, aconseja la clara delimitación de dicho territorio, indicando las zonas o partes de la Comunidad que se excluyen de él, ya que en función de la procedencia de los bienes nos encontraremos ante una «adquisición intracomunitaria» o ante una «importación», y en función del destino de los mismos, ante una «entrega intracomunitaria» o una «exportación». Tanto la Sexta Directiva como la Ley del IVA, en su artículo 3, llevan a cabo dicha delimitación, excluyendo del ámbito espacial en el que se aplica el sistema común del IVA determinados territorios de los países miembros, entre ellos los ya citados en relación con el Estado español: Ceuta, Melilla y Canarias, que, como el resto de las exclusiones, tendrán, a efectos del IVA, la consideración de terceros países, lo que implica que las operaciones con ellos realizadas no darán lugar nunca a una adquisición o entrega intracomunitaria de bienes, sino que constituirán «importaciones» o «exportaciones», estando, pues, sujetas al régimen de las mismas.

Respecto a la situación en que se encuentran los denominados Territorios Históricos del País Vasco y la Comunidad Foral de Navarra véase el § 365. Para el resto de las Comunidades Autónomas —excepto para Canarias, donde se aplica el Impuesto General Indirecto Canario, y Ceuta y Melilla, en las que hasta el 31 de diciembre de 1996 se aplicaba el Impuesto General sobre el Tráfico de las Empresas y en 1997 deberán aprobar las Ordenanzas Fiscales del Impuesto sobre la Producción, los Servicios y la Importación *(vid.* §§ 366 y ss.)— la LO 8/1980, de 22 de septiembre [20], de Financiación de las Comunidades Autónomas, contempla la posibilidad de que el IVA en su fase minorista sea cedido a las mismas. Problemas técnicos de difícil solución, dada la especial mecánica aplicativa del impuesto en dicha fase *(vid.* §§ 361 y ss.) han impedido que tal previsión se cumpla, por

[20] BOE de 1 de octubre.

lo que no existe especialidad alguna respecto de la aplicación del impuesto en dichas Comunidades.

290. Operaciones sujetas

El artículo 1 de la Ley contempla tres modalidades distintas de operaciones sujetas, que vienen a constituir prácticamente tres impuestos distintos —en tal sentido habría que interpretar la regulación separada que se hace por la Ley de los elementos esenciales del impuesto en relación con cada una de dichas operaciones:

a) Las entregas de bienes y prestaciones de servicios efectuadas por empresarios o profesionales en el interior del territorio de aplicación del impuesto.

b) Las adquisiciones intracomunitarias de bienes.

c) Las importaciones de bienes.

291. Delimitación entre el IVA y otros impuestos indirectos

Los principales problemas que se presentan cuando se trata de delimitar el ámbito objetivo de aplicación del IVA y el de otros impuestos indirectos se plantean respecto del ITPAJD.

En principio, dicha delimitación, cuando se refiere a la modalidad de Transmisiones Patrimoniales Onerosas (TPO), aparece clara si se tiene en consideración que el IVA somete a tributación el tráfico mercantil mientras que el ITPAJD grava el tráfico civil, es decir, entre particulares que carecen de la condición de empresarios o profesionales. La regla general consiste en que las operaciones sujetas a este impuesto no estarán sujetas al concepto «transmisiones patrimoniales onerosas» (art. 4.Cuatro LIVA). El mismo criterio se reproduce en el TR del ITPAJD, de acuerdo con el cual no estarán sujetas al concepto de «transmisiones patrimoniales onerosas» las operaciones que constituyan entregas de bienes o prestaciones de servicios sujetas al Impuesto sobre el Valor Añadido [21].

Así pues, en principio, resulta incompatible la sujeción de una misma operación al IVA y a TPO. No obstante, como veremos a continuación, existen excepciones a dicha regla, excepciones que implican que, en ciertos casos, una operación esté sujeta a ambos impuestos, aunque gravada sólo por TPO.

En primer lugar, hay que citar las **entregas de bienes inmuebles** cuando estén **exentas del IVA** [art. 4.Cuatro.*a)* LIVA]. Excepción que se reitera en el artículo 7.5.º del TR del ITPAJD, citado anteriormente, al declarar que quedarán sujetas a dicho concepto impositivo —TPO— las

[21] Art. 7, apartado 5 del RDL 1/1993, de 24 de septiembre (BOE de 20 de octubre), que aprueba el Texto Refundido del ITPAJD.

entregas de bienes inmuebles cuando gocen de exención en el Impuesto sobre el Valor Añadido. En relación con la exención de dichas entregas, hay que adelantar aquí la peculiar regulación de la misma, configurada como renunciable en determinados supuestos (art. 20.Dos LIVA). En consecuencia, hay que entender que cuando dicha renuncia se ejercite la operación estará gravada exclusivamente por el IVA.

Quedan excluidos también de la regla de incompatibilidad el **arrendamiento de bienes inmuebles** y la **constitución o transmisión de derechos reales de goce o disfrute** que recaigan sobre dichos inmuebles cuando dicha operación esté, asimismo, **exenta del IVA** [art. 4.Cuatro.*a)* LIVA, aquí no cabe la renuncia a la exención, como en el caso anterior].

Por último, hay que mencionar la excepción que afecta a la **transmisión de acciones y títulos valores exenta del IVA** [art. 20.Uno.18.*k)* LIVA], que tributarán por el concepto de TPO cuando la transmisión encubra realmente una transmisión de inmuebles [22].

En relación con las operaciones efectuadas por empresarios o profesionales en el ejercicio de su actividad, no sujetas al IVA *(vid.* § 301), la regla general es su no sujeción tampoco a TPO, si bien existe una excepción que considera sujetas a TPO «las entregas de aquellos inmuebles que estén incluidos en la transmisión de la totalidad de un patrimonio empresarial, cuando por las circunstancias concurrentes la transmisión de este patrimonio no quede sujeta al Impuesto sobre el Valor Añadido» [23]. Nos encontramos, pues, ante operaciones realizadas por empresarios o profesionales, no sujetas al IVA que, excepcionalmente, se sujetan a TPO.

Si nos referimos al ITPAJD, en su modalidad de OS, están **gravadas por ambos impuestos** las «aportaciones no dinerarias efectuadas por los sujetos pasivos del impuesto de elementos de su patrimonio empresarial o profesional a sociedades o comunidades de bienes y las adjudicaciones de esta naturaleza en caso de liquidación o disolución total o parcial de aquéllas» (art. 8.Dos.2.° LIVA). El supuesto descrito hace referencia, por un lado, a transferencias de bienes *in natura* del patrimonio empresarial o profesional de un sujeto pasivo del IVA, al de sociedades o comunidades de bienes, con motivo de aportaciones en la constitución o ampliación de capital. Y por otro, a las transferencias de bienes, asimismo *in natura,* del patrimonio de sociedades o de comunidades de bienes, al patrimonio de cualquier otra persona o entidad, en caso de liquidación o disolución de aquéllas. Aunque no se cite expresamente hay que entender incluidas entre estas operaciones las adjudicaciones no dinerarias como consecuencia de una reducción de capital. Tanto en el caso de las aportaciones como en el de las adjudicaciones de bienes es requisito imprescindible para que resulten

[22] Art. 4.Cuatro.*b)* LIVA que incorpora al texto de la LIVA lo dispuesto en el art. 108 de la Ley 24/1988, de 28 de julio, del Mercado de valores (BOE de 29 de julio). Los motivos que determinan la aplicación de esta regla se presumen cuando concurran las circunstancias descritas en el citado art. 108.2, apartados 1.° y 2.°

[23] Art. 7.5.° del TR del ITPAJD. Las circunstancias que determinan la no sujeción de dicha operación son las establecidas en el art. 7.1.° de la LIVA.

gravadas por el IVA que la aportación o adjudicación lo sea de bienes *in natura*, es decir, que no se trate de transferencias en metálico.

Respecto a la modalidad de Actos Jurídicos Documentados, hay que señalar que su compatibilidad con el IVA no plantea problema alguno ya que ambos impuestos recaen sobre operaciones totalmente distintas.

Finalmente, en relación con los Impuestos Especiales, éstos recaen sobre el consumo de determinados bienes, cuyas entregas normalmente estarán, asimismo, gravadas por el IVA, previendo la propia LIVA que el importe de los mismos, salvo el Impuesto Especial sobre Matriculación de determinados Medios de Transporte, forme parte de la base imponible del IVA (art. 78.Dos.4.º).

II. ENTREGAS DE BIENES Y PRESTACIONES DE SERVICIOS

A) EL HECHO IMPONIBLE

292. Definición del hecho imponible en las operaciones interiores

El hecho imponible de las que hemos denominado operaciones interiores, realizadas en el ámbito espacial de aplicación del impuesto —territorio peninsular español e Islas Baleares— viene constituido por las entregas de bienes y prestaciones de servicios efectuadas por empresarios o profesionales a título oneroso, con carácter habitual u ocasional, en el desarrollo de su actividad empresarial o profesional (art. 4.Uno LIVA).

Los distintos elementos que integran dicho concepto son desarrollados por la propia Ley en los artículos siguientes cuyo análisis se lleva a cabo a continuación.

293. Concepto de entrega de bienes

El concepto de entrega de bienes se define inicialmente, en el artículo 8 de la Ley, equiparándola a la transmisión del poder de disposición sobre bienes corporales, no siendo preciso, como ha declarado el TJCE, la transmisión de la titularidad jurídica sobre un bien, sino que basta con que se produzca la **transmisión del poder de disposición equivalente al del propietario** [24].

Este concepto inicial de entrega de bienes se completa con enumeraciones ejemplificativas, en los artículos 8.Dos y 9, en las que se les otorga tal consideración a una serie de operaciones cuya realización plantearía dudas sobre la calificación de las mismas o sobre su sujeción al impuesto.

---

[24] STJCE de 8 de febrero de 1990, *Shipping and Forwarding enterprise Safe* (C-320/88, Rec. p. I-285).

En primer lugar, se configuran como entregas de bienes las ejecuciones de obra inmobiliaria cuando el empresario que ejecute la obra aporte materiales cuyo coste exceda del 20 por 100 de la base imponible (art. 8.Dos.1.º). El Real Decreto-ley 12/1995, de 28 de diciembre, al adaptar el ordenamiento interno a lo dispuesto por la Directiva 95/7/CE de 10 de abril, ha suprimido del concepto de entrega de bienes las ejecuciones de obra mobiliaria que han pasado a considerarse prestaciones de servicios (art. 11.Dos.6.º).

Especial atención merece la calificación como entrega de determinadas aportaciones a sociedades o comunidades de bienes, así como ciertas adjudicaciones efectuadas por dichas entidades (art. 8.Dos.2.º). En concreto se hace referencia a las aportaciones no dinerarias efectuadas por sujetos pasivos del impuesto de elementos de su patrimonio empresarial o profesional. No constituyen entregas y, en consecuencia, no están sujetas, las aportaciones en metálico ni las de bienes del patrimonio particular del sujeto. Paralelamente, se califican como entregas sujetas al impuesto las adjudicaciones de la misma naturaleza en caso de liquidación o disolución total o parcial de las entidades citadas. En este último supuesto no se exige la condición de sujeto pasivo del IVA del adjudicatario de los bienes. Por último, la Ley advierte que la sujeción al IVA se producirá con independencia de las consecuencias que se deriven de la aplicación del ITPAJD, lo que implica que tales operaciones puedan resultar gravadas por ambos impuestos (*vid.* § 291).

Se consideran, asimismo, entregas las cesiones de bienes efectuadas en virtud de negocios jurídicos caracterizados por la puesta de los bienes en posesión del adquirente antes de que se materialice la transferencia de la propiedad (art. 8.Dos.4.º y 5.º LIVA). Se trata de negocios sujetos a una condición suspensiva o en los que existe una cláusula de transferencia de la propiedad vinculante para ambas partes. A este tipo de contratos pertenecen la venta con pacto de reserva de dominio o los contratos de arrendamiento-venta (a estos últimos se asimilan por la Ley los contratos de arrendamiento con opción de compra desde el momento en que el arrendatario se comprometa a ejercitar dicha opción; hasta tanto no se formalice la misma se considerará que existe una prestación de servicios). En tales supuestos se considera entrega la puesta en posesión del adquirente de los bienes objeto del contrato, devengándose el impuesto en dicho momento (art. 75.Uno.1.º), aunque, como hemos señalado, con la puesta en posesión no se transmite el poder de disposición sobre dichos bienes, que tendrá lugar posteriormente cuando se produzcan los efectos traslativos de la entrega.

En los contratos de comisión de venta o de compra de bienes, la actuación del comisionista en nombre propio determinará la existencia de una entrega en la transmisión que se efectúa entre éste y el comitente (art. 8.Dos.6.º). Ello obligará al establecimiento de reglas especiales para la determinación de la base imponible de dichas entregas, así como para la determinación del devengo [25]. De esta manera la regulación fiscal de la figura acoge la concepción formalista del Código de Comercio, al considerar que el comisionista en nombre propio adquiere primero la propiedad de los bienes, que luego transferirá al comitente o al tercero mediante una nueva

[25] Arts. 79.6.º y 7.º y 75.Uno.3.º y 4.º LIVA.

tradición [26]. En los supuestos en que el comisionista actúa en nombre ajeno nos encontraremos ante una prestación de servicios (art. 11.Dos.15.º).

Por último, en relación con el suministro de productos informáticos en los que se integran la prestación de un servicio (los programas o informaciones) y la entrega de un bien (el soporte), se considerarán entregas de bienes cuando se trate de productos informáticos normalizados, es decir, fabricados en serie, de forma que puedan ser utilizados indistintamente por cualquier consumidor final. En caso contrario, cuando se trate de productos informáticos específicos, es decir, producidos previo encargo del cliente, tendrán la consideración de prestación de servicios (arts. 8.Dos.7.º y 11.Dos.16.º).

Además de efectuar la enumeración anterior, la LIVA asimila a las entregas de bienes dos tipos de operaciones diferentes [27]. En primer lugar, las denominadas **autoconsumo de bienes,** caracterizadas todas ellas por la ausencia de contraprestación y, en algunos casos por la inexistencia de transmisión del bien. Dada la complejidad e importancia de este tema su tratamiento se aborda en el § 298. En segundo lugar, se asimilan a las entregas de bienes algunos **movimientos intracomunitarios de bienes**.

En relación con estos últimos, se dispone que todo sujeto pasivo que envíe bienes de su empresa con destino a otro Estado miembro para afectarlos a sus necesidades en este último, estará efectuando una entrega sujeta, aunque exenta (véase § 305). Se considera que el sujeto pasivo se autosuministra bienes y, por tanto, debe tratar esa «venta» como si se tratara de una operación cualquiera con terceros. Paralelamente, dichas operaciones tendrán la consideración de adquisiciones intracomunitarias de bienes en el Estado miembro de destino (véase § 316). Con dichas disposiciones se pretende que todo bien utilizado para la realización de operaciones sujetas en un determinado Estado miembro se grave a los tipos y en las condiciones vigentes en ese Estado miembro. Sin embargo, no todo movimiento intracomunitario de bienes da lugar a una entrega sujeta; de las exclusiones enumeradas en la Ley [28] se deduce que sólo se contemplan los casos en que los bienes transportados están destinados a la realización de operaciones imponibles en el Estado miembro de destino del transporte, quedando, pues, excluidos del mecanismo descrito los envíos con carácter temporal (envío de una grúa a una obra, envío de bienes para ser reparados, etcétera), y limitándose los supuestos de entregas sujetas, principalmente, a los movimientos de existencias para su almacenamiento y posterior venta («existencias intracomunitarias de reserva», «ventas en depósito», «venta previa comprobación», «venta condicionada a prueba satisfactoria», etc.) y a los traslados de bienes de inversión (debido a que pueden gozar de distintos regímenes de deducción en cada Estado).

Como hemos visto al principio de este epígrafe, el Real Decreto-ley 12/1995, de 28 de diciembre, con la finalidad de adaptar el ordenamiento interno a lo dispuesto en la Directiva 95/7/CE, de 10 de abril, suprimió

---

[26] Art. 246 del C. de c.
[27] Art. 9 LIVA.
[28] Art. 9.3.º LIVA.

del concepto de entrega de bienes las ejecuciones de obra mobiliaria; consecuentemente se han suprimido, asimismo, de entre las operaciones asimiladas a las entregas de bienes, las denominadas ejecuciones de obra en régimen intracomunitario bilateral, consistentes en la expedición desde el territorio de aplicación del Impuesto, con destino a otro Estado miembro del que proceden las materias primas, del resultado de una ejecución de obra realizada sobre un bien mueble corporal, que pasa a calificarse, siempre, como prestación de servicios.

294. Concepto de prestación de servicios

El concepto de prestación de servicios se define en el artículo 11 de la Ley por exclusión al referirlo a toda operación que no pueda considerarse como entrega de bienes, y, por supuesto, que no se trate de una adquisición intracomunitaria o importación de bienes. Esta definición, junto con la enumeración ofrecida por la LIVA, ponen de manifiesto que en realidad se engloban bajo dicho concepto supuestos que no responden al significado jurídico de prestación de servicios, que implica siempre una vinculación personal entre dos sujetos diferentes, uno con el deber de realizar un trabajo determinado y otro con el derecho a exigir su cumplimiento.

En dicha enumeración se alude, en primer lugar, al ejercicio independiente de una profesión, arte u oficio, caso característico, por antonomasia, de prestación de servicios, cuya principal nota delimitadora radica en la ausencia de dependencia laboral o administrativa, ya que dicha dependencia los excluiría del ámbito de aplicación del IVA (art. 7.5.º).

En segundo lugar se consideran prestaciones de servicios, ciertos supuestos de cesión del uso o disfrute de determinados bienes (art. 11.Dos.2.º y 3.º): arrendamientos de bienes, industria o negocio, subarrendamientos, servidumbres, etc. Hay que advertir aquí que los arrendamientos de bienes se consideran sujetos incluso cuando se efectúan por un particular, que en tal caso, a efectos del IVA, se considera empresario [art. 5.Uno.*c)*]. Asimismo, respecto de los arrendamientos con opción de compra, éstos son prestaciones de servicios en tanto que el arrendatario no se comprometa a ejercitar dicha opción, ya que dicho compromiso da lugar a una entrega de bienes (art. 8.Dos.5.º).

Se incluyen, asimismo, entre las prestaciones de servicios los denominados «contratos de concesión mercantil» (art. 11.Dos.5.º), de creciente difusión en la actualidad. Se trata de contratos en los que un comerciante o empresario (concesionario) se compromete a vender en una zona y en determinadas condiciones los productos de otro empresario (concedente) y a prestar a los adquirentes de estos productos determinada asistencia. De la variedad de modalidades que se emplean en el tráfico está adquiriendo especial auge en la actualidad la denominada «franquicia» en la que el contrato va dirigido a que el concesionario utilice los signos distintivos del concedente y, bajo las instrucciones precisas de éste, colabore con la elaboración y venta de los productos, o bien en la prestación de determinados servicios.

Respecto al resto de los supuestos que se contienen en la enumeración llevada a cabo por la Ley, algunos son consecuencia de los requisitos exigidos para la consideración como entrega de bienes de ciertas operaciones (apartados 6.º, 15.º y 16.º), otros se ven afectados por el establecimiento de exenciones (apartados 4.º, 10.º, 11.º, 12.º y 13.º), y entre los demás (apartados 7.º, 8.º, 9.º y 14.º) cabe destacar la calificación como prestación de servicios de las ventas de bebidas o alimentos para su consumo inmediato en el mismo lugar.

La modificación del impuesto que supuso la aprobación de la Ley 37/1992, alteró la consideración que ciertas operaciones tenían en la Ley 30/1985. Nos estamos refiriendo a la constitución, transmisión o modificación de derechos reales de uso o disfrute sobre bienes inmuebles (usufructo, uso y habitación, servidumbre, enfiteusis, y superficie) que anteriormente tenían la consideración de entrega de bienes [29]. La no inclusión de dicho supuesto en la enumeración del artículo 8.Dos de la Ley vigente, y la calificación como prestación de servicios de las operaciones que no constituyan entregas, provocó la modificación de la calificación de dichas operaciones. Así se desprende de la Exposición de Motivos de la Ley, que justifica dicha modificación por el deseo de darles el mismo tratamiento fiscal que corresponde al arrendamiento de bienes inmuebles, que tiene un significado económico similar a la constitución de los mencionados derechos reales.

Por último, se asimila a las prestaciones de servicios el **autoconsumo de servicios** (art. 12). Al igual que acontecía con el autoconsumo de bienes se trata de operaciones caracterizadas por la ausencia de contraprestación y a cuyo análisis dedicaremos el § 298.

295. Concepto de empresario y profesional

Para que las entregas de bienes o prestaciones de servicios constituyan el hecho imponible del impuesto se exige que sean efectuadas por empresarios o profesionales. Es, pues, necesario delimitar el concepto de empresario y profesional. En primer lugar, hay que advertir que éste, a efectos del IVA, tiene un alcance distinto respecto a otros impuestos, al calificarse como tales sujetos que en modo alguno puede admitirse que desarrollen una actividad empresarial o profesional y que, sin embargo, para el IVA tienen la consideración de empresarios. Nos estamos refiriendo a los que podríamos denominar **«empresarios por definición legal»**, que adquieren la condición de empresarios no por la actividad que desarrollen sino por el tipo de operación que efectúen. Se incluyen en este tipo de sujetos pasivos:

a) Quienes realicen una o varias entregas de bienes o prestaciones de servicios que supongan la explotación de un bien corporal o incorporal con el fin de obtener ingresos continuados en el tiempo. Se incluyen aquí los arrendadores de bienes [art. 5.Uno.*c)*]. La exigencia de perseguir una finalidad lucrativa en la operación excluye de estos supuestos las cesiones gratuitas.

---

[29] Art. 6.2.1.º de la Ley 30/1985.

b) Los que urbanicen terrenos, promuevan, construyan o rehabiliten edificaciones para su venta, adjudicación o cesión por cualquier título, aunque se realicen ocasionalmente [art. 5.Uno.*d)*]. De acuerdo con este apartado, siempre que se realice una actividad urbanizadora o constructora encaminada a la posterior transmisión, dicha actividad estará sujeta al IVA, por ser realizada por un empresario. Tales consecuencias alcanzan incluso al supuesto en que varias personas ponen en común dinero y contratan la construcción de una edificación, cuyos pisos se distribuirán posteriormente entre los comuneros (comunidad *ad aedificandum)*, ya que la comunidad goza de la consideración de sujeto pasivo del IVA (art. 84.Tres), y las adjudicaciones que ésta realice a su disolución se consideran entregas de bienes (art. 8.Dos.2.º).

c) Quienes realicen a título ocasional entregas de medios de transporte nuevos expedidos o transportados al territorio de otro Estado miembro. La inclusión de este nuevo supuesto de «empresario por definición legal» se justifica por el establecimiento de un régimen particular aplicable durante el período transitorio a las entregas intracomunitarias de medios de transporte nuevos *(vid.* § 327), que tributan sin excepción en destino como adquisición intracomunitaria de bienes, cualquiera que sea la condición del comprador. El sometimiento de la operación exclusivamente al impuesto vigente en el país de destino se consigue declarando la exención plena de la entrega en el país de origen (art. 25.Dos), con lo que el vendedor no repercutirá el IVA, pudiendo, en su condición de empresario, deducir la cuota soportada en la adquisición hasta la cuantía de la cuota que procedería repercutir si la entrega no estuviese exenta *(vid.* § 338). La configuración como empresarios de dichos sujetos, generalmente particulares, se produce a los solos efectos de dichas operaciones.

Al margen de los citados «empresarios por definición legal», en relación con el IVA se consideran empresarios las personas o entidades que realicen actividades empresariales o profesionales [art. 5.Uno.*a)*], salvo que realicen exclusivamente entregas de bienes o prestaciones de servicios a título gratuito. Esta definición resulta aplicable exclusivamente a las personas físicas y entidades que no sean sociedades mercantiles (entidades públicas, corporaciones públicas, mutualidades, comunidades de bienes, sociedades civiles, etc.), ya que estas últimas se califican como empresarios en todo caso [art. 5.Uno.*b)*].

Es, pues, el desarrollo de una de dichas actividades lo que califica de empresario o profesional a un sujeto. A tales efectos, para que exista una actividad empresarial o profesional el artículo 5.Dos de la Ley exige la concurrencia de dos requisitos: *a)* **ordenación por cuenta propia de factores de producción,** lo que implica la asunción de los riesgos derivados de la actividad, y *b)* **finalidad de intervenir en la producción o distribución de bienes o servicios;** este último requisito resulta decisivo para calificar de empresarial la actividad que, en ciertos casos, pueden desarrollar determinados entes públicos.

La nueva Ley ha omitido la referencia al requisito de la «habitualidad», que anteriormente se consideraba como elemento integrante del concepto de actividad empresarial o profesional [30]. No obstante, las circunstancias que en la legislación anterior presumían la habitualidad, en la ley vigente presumen el ejercicio de una actividad empresarial o profesional, con lo que las consecuencias son casi idénticas. Dicha presunción se produce, según el artículo 5.Tres:

a) en los supuestos a que se refiere el artículo 3 del Código de Comercio, es decir, «desde que la persona que se proponga ejercerlo anunciare por circulares, periódicos, carteles, rótulos expuestos al público, o de otro modo cualquiera, un establecimiento que tenga por objeto alguna operación mercantil»; y

b) cuando para la realización de las operaciones sujetas se exija contribuir por el Impuesto sobre Actividades Económicas.

Por otro lado, tanto la caracterización del concepto de actividad empresarial o profesional, como el propio término «actividad», parecen llevar implícitos la nota de la habitualidad. Por dichos motivos consideramos que debería ser válida a estos efectos la jurisprudencia aparecida al amparo de la anterior legislación, en la que se venía exigiendo para la sujeción al impuesto la habitualidad en la realización de las operaciones, ofreciendo criterios interpretativos como la «continuidad en la realización de las operaciones sujetas al impuesto», continuidad que vendría provocada por la «realización ordinaria y frecuente» de dichas operaciones [31], entendiendo que «la ejecución aislada de algún acto comercial exigido por las necesidades de la vida» no puede calificarse de habitual, por lo que no estaría sujeto al IVA.

Como hemos advertido anteriormente, las sociedades mercantiles se reputarán empresarios, en todo caso. Se trata, pues, de un supuesto de **empresario por la forma** que adopta la entidad, y que puede dar lugar a consecuencias contrarias a la interpretación que el TJCE hace del artículo 4 de la Sexta Directiva, cuando niega la condición de sujeto pasivo a «una sociedad *holding* cuyo único objeto sea la adquisición de participaciones en otras empresas, sin inmiscuirse directa o indirectamente en la gestión de dichas empresas» [32]. También, pues, en estos supuestos despliega su eficacia la exigencia arriba mencionada respecto de los empresarios personas físicas o entidades no mercantiles, referente a la finalidad de intervenir en la producción o distribución de bienes o servicios, circunstancia que no concurre en la sociedad *holding* citada.

Para completar la delimitación de empresario o profesional, hay que advertir que los organismos públicos no tienen tal consideración cuando desarrollen actividades u operaciones actuando como autoridad pública, en el ejercicio de sus funciones públicas, lo que acontece cuando realizan operaciones en el marco de su régimen jurídico propio, incluso si por ello percibieran derechos, cánones, cotizaciones o retribuciones [33].

---

[30] Cfr. art. 4.2.1.º de la Ley 30/1985.

[31] Cfr. Resolución de la DGT de 30 de octubre de 1986 y STS de 26 de abril de 1987.

[32] *Vid.* STJCE de 20 de junio de 1991, *Polysar Investiments Netherlands* (C-60/90, Rec. p. I-3111).

[33] Así se desprende del art. 4.º, apartado 5 de la Sexta Directiva. *Vid.* § 301, en lo referente a la no sujeción de determinadas actividades desarrolladas por entes públicos.

296. El desarrollo de la actividad empresarial o profesional como marco delimitador del hecho imponible

Para que las operaciones efectuadas por los sujetos pasivos del impuesto den lugar a la realización del hecho imponible se exige por la Ley que se efectúen en el desarrollo de su actividad empresarial o profesional. Las operaciones realizadas por empresarios o profesionales fuera del desarrollo de la actividad no están, pues, sujetas al impuesto.

Tratándose de sociedades mercantiles todas las entregas de bienes y prestaciones de servicios efectuadas por las mismas se entienden realizadas en el desarrollo de la actividad [art. 4.Dos.*a)*]. Conviene recordar aquí la consideración como entregas de bienes sujetas de las adjudicaciones *in natura* en caso de liquidación o disolución total o parcial de sociedades o comunidades de bienes (art. 8.Dos.2.º), que, en consecuencia, también se entienden realizadas en el desarrollo de la actividad.

Para el resto de los sujetos pasivos, personas físicas y entidades que no sean sociedades mercantiles, los bienes o derechos transmitidos o cedidos deberán integrar el patrimonio empresarial o profesional para que se produzca la sujeción al impuesto. Entre estas transmisiones se incluyen también las realizadas con ocasión del cese en el ejercicio de la actividad [art. 4.Dos.*b)*]. Asimismo, hay que recordar que la consideración como entrega de bienes de las transmisiones realizadas en virtud de una norma o de una resolución administrativa o jurisdiccional, incluida la expropiación forzosa (art. 8.Dos.3.º), implica que dichas transmisiones deben considerarse efectuadas en el desarrollo de la actividad cuando afecten a un empresario o profesional.

297. La onerosidad de la prestación

Aunque la LIVA exige en un primer momento el carácter oneroso de la operación, posteriormente asimila a las entregas de bienes y prestaciones de servicios realizadas a título oneroso el denominado autoconsumo de bienes o de servicios, caracterizado en todos sus supuestos por la **ausencia de contraprestación,** con lo que la onerosidad de la prestación deja de ser un requisito integrante del hecho imponible del impuesto.

La justificación de la tributación de las operaciones realizadas a título gratuito se comprende fácilmente con un sencillo ejemplo en el que la última transmisión se realiza a título gratuito. El efecto que se produciría de no someterse a gravamen sería el siguiente:

(Con un IVA del 16 por 100)

Fase	Precio	IVA reper.	IVA sopor.	IVA a ingresar
Materias primas	20.000	3.200	0	3.200 – 0 = 3.200
Productos terminados	50.000	8.000	3.200	8.000 – 3.200 = 4.800
Venta mayoristas	60.000	9.600	8.000	9.600 – 8.000 = 1.600
Venta minoristas	0	0	9.600	0 – 9.600 = –9.600

Si la última transmisión es gratuita y no se sujeta al IVA, el efecto final producido comporta que dicho producto haya sido consumido sin que se produzca tributación alguna por el mismo, ya que lo ingresado en las anteriores fases debe ser íntegramente devuelto al que realiza la operación gratuita, lo que contradice la naturaleza del IVA que pretende gravar el consumo y persigue que sea el último destinatario de los bienes y servicios el que soporte la carga del impuesto. Para evitar dicha consecuencia es por lo que se someten al impuesto, también, la mayor parte de las operaciones gratuitas.

Las mismas razones que justifican su sujeción sirven de argumento para establecer la no sujeción de las operaciones gratuitas efectuadas por sujetos pasivos del IVA en las que el que las realiza no pudo deducir el IVA soportado (art. 7.7.º), ya que en tales supuestos, al no recuperar el sujeto pasivo el IVA soportado, finalizando en él la cadena de repercusiones del impuesto, éste asume la posición del consumidor final, evitando la no sujeción una doble imposición sobre dichos bienes o servicios. Las entregas gratuitas de muestras, impresos, objetos de carácter publicitario o la prestación de servicios de demostración a título gratuito se declaran no sujetas en base a que carecen de valor comercial estimable o intrínseco y sólo son utilizables con fines de promoción (art. 7.2.º, 3.º y 4.º).

298. El autoconsumo: concepto y tipos

Por autoconsumo entiende la ley la realización de diversas operaciones caracterizadas por la ausencia de contraprestación y en algunos casos incluso por no existir transmisión de bienes a terceros, que por diversos motivos el legislador ha creído conveniente sujetar al impuesto.

A efectos expositivos se puede distinguir entre el autoconsumo externo y el interno.

El autoconsumo externo de bienes incluye las transferencias de bienes corporales del patrimonio empresarial o profesional al patrimonio personal o al consumo particular del sujeto pasivo, así como las transmisiones a terceros del poder de disposición sobre dichos bienes, efectuadas a título gratuito [art. 9.1.º*a)* y *b)*]. En ambos casos se produce una desafectación de los bienes citados, si bien en el primer supuesto no existe transmisión propiamente dicha, ya que éstos permanecen en el patrimonio del sujeto (v.gr., el taxista que da de baja su vehículo manteniendo la propiedad del mismo para destinarlo a un uso privado).

El autoconsumo externo de servicios está integrado por: *a)* las transferencias de bienes incorporales y de derechos, del patrimonio empresarial o profesional al patrimonio personal del sujeto, *b)* el uso particular por el sujeto pasivo o para fines ajenos a la actividad de los bienes que integran el patrimonio empresarial o profesional, y *c)* las prestaciones de servicios efectuadas a título gratuito (art. 12).

Las razones por las que estos supuestos de autoconsumo se sujetan al impuesto han quedado expuestas en el epígrafe anterior, al que nos remitimos.

La otra modalidad de autoconsumo, al principio mencionada, el **autoconsumo interno,** sólo cabe referirla al **de bienes** ya que no existe el autoconsumo interno de servicios, y se caracteriza porque no existe transmisión del bien que, incluso, sigue formando parte del patrimonio empresarial. Se incluyen en este tipo de autoconsumo dos clases de operaciones:

A) el cambio de afectación de bienes corporales entre sectores diferenciados de actividad [art. 9.1.º*c)*]. Los requisitos para que se produzca el autoconsumo son los siguientes:

1.º Que el cambio de afectación se refiera a **bienes corporales.** En la normativa anterior se aludía también a los derechos reales de goce o disfrute sobre bienes inmuebles. Como vimos anteriormente la nueva regulación altera la calificación de la constitución, transmisión o modificación de dichos derechos, que antes se consideraban entregas de bienes y ahora se incluyen entre las prestaciones de servicios. Consecuentemente, la inexistencia del autoconsumo interno de servicios ha provocado que los cambios de afectación internos de dichos derechos no constituyan un supuesto de autoconsumo.

2.º Que el cambio de afectación se produzca entre **sectores diferenciados de actividad,** entendiéndose por tales los siguientes:

a) Aquellos en los que las actividades económicas realizadas sean distintas porque tengan asignados grupos diferentes en la CNAE, salvo que se trate de actividades accesorias [34], y los porcentajes de deducción aplicables, según la regla de la prorrata *(vid.* § 343), difieran en más de 50 puntos porcentuales del correspondiente a la actividad principal.

b) Las actividades acogidas a los regímenes especiales simplificado; de la agricultura, ganadería y pesca o del recargo de equivalencia. La consideración como sector diferenciado en estos casos se justifica por la imposibilidad de deducir el IVA soportado en dichos regímenes especiales.

c) Las operaciones de arrendamiento financiero. Este apartado afecta especialmente a las entidades financieras, autorizadas desde el 1 de enero de 1990 a desarrollar dicha actividad, la cual será considerada como sector diferenciado de la actividad principal, la financiera, que como actividad exenta, no permite la deducción del IVA soportado *(vid.* § 339).

La razón por la que se somete a gravamen tales operaciones no es otra que la de evitar que se beneficie del derecho a deducir el IVA soportado quien carece de él, lo que daría lugar a una ausencia de tributación por el consumo final de los bienes afectados. En efecto, supongamos un sujeto que desarrolla dos actividades, una en la que se permite la deducción total

[34] Sobre el concepto de actividad accesoria *vid.* art. 9.1.º*c).a')*, tercer párrafo LIVA.

del IVA soportado, y otra en la que no puede practicarse dicha deducción por tratarse, por ejemplo, de una actividad exenta. La adquisición de un bien destinado en principio exclusivamente a la primera actividad le permitiría deducir todo el IVA soportado, de ahí que un posterior cambio de afectación del bien a la actividad exenta deba someterse a gravamen, ya que, en caso contrario, el sujeto habría recuperado un IVA soportado que no le correspondería por el destino definitivo de los bienes adquiridos.

B) La afectación de bienes producidos, construidos, extraídos o transformados por el propio sujeto pasivo, para su utilización como bienes de inversión, y el cambio de afectación de existencias adquiridas de terceros, para su utilización, asimismo, como bienes de inversión de su propia actividad. La razón de sujetar el autoconsumo en el primer supuesto descrito —v.gr., la matriculación de vehículos a su propio nombre por una sociedad dedicada a la fabricación y venta de automóviles, para atender las necesidades de la propia sociedad en los desplazamientos que realizan sus empleados [35]— reside en que en dichos casos el sujeto elude soportar el IVA por su propia actividad, situación que no podría evitar si los bienes se hubieran adquirido de terceros. Ahora bien, teniendo en cuenta que el IVA soportado resulta normalmente deducible, con lo que se recupera el importe del mismo, para simplificar la aplicación del impuesto, se establece que cuando al sujeto pasivo se le hubiera atribuido el derecho a deducir íntegramente el IVA soportado en caso de adquirir a terceros bienes de idéntica naturaleza no se produce un autoconsumo sujeto [36] —v.gr., la fábrica de muebles que procede con sus propios medios a la fabricación de los muebles de sus instalaciones.

En los supuestos de cambio de afectación de existencias —v.gr., el empresario dedicado a la venta de ordenadores que decide cambiar la afectación de algunos destinándolos al servicio de la propia empresa—, el autoconsumo interno sólo se produce cuando las cuotas soportadas sean deducibles [37], y la razón de someterlo al impuesto radica en las peculiaridades que presenta la deducción de las cuotas soportadas en las adquisiciones de bienes de inversión *(vid.* § 345).

En todos los casos de autoconsumo hasta aquí analizados hay que recordar que cuando el sujeto no tenga atribuido el derecho a la deducción del IVA efectivamente soportado en la adquisición de los bienes o servicios objeto del autoconsumo, éste no estará sujeto (art. 7.7.º).

299. Irrelevancia del carácter habitual u ocasional de la operación

La sujeción al impuesto se produce con independencia del carácter habitual u ocasional de la operación.

Mientras que para delimitar el concepto de empresario y profesional, en caso de personas físicas y entidades no mercantiles, la nota de la habituali-

---

[35] CNV 14-10-86.

[36] Art. 9.1.º*d)*, párrafo 2.º LIVA.

[37] Art. 7.7.º LIVA, *a sensu contrario.*

dad va implícita en el propio concepto de actividad —salvo los supuestos de empresario por definición legal, ya analizados—; una vez calificado como empresario o profesional, **todas las operaciones** que realice en el desarrollo de su actividad **están sujetas,** tanto si son típicas y habituales de su tráfico como si tienen un carácter meramente ocasional. En consecuencia, estarán sujetas al impuesto no sólo las operaciones que constituyen el objeto de la actividad, sino también las que afecten a elementos del activo fijo o inmovilizado de la empresa, incluso, como ya hemos visto, las que se produzcan con ocasión del cese en la actividad [38], o las adjudicaciones *in natura* en caso de liquidación o disolución total o parcial de sociedades o comunidades de bienes, o las derivadas de expropiación forzosa o venta en pública subasta por resolución judicial.

300. Irrelevancia de los fines o resultados perseguidos con la actividad u operación

La sujeción al impuesto se produce con independencia de los fines o resultados perseguidos en la actividad o en cada operación en particular (art. 4.Tres). Con ello se trata de poner de manifiesto, como recuerda el propio TJCE [39], el **carácter objetivo** que se le otorga al **concepto de actividad económica,** en el sentido de que se atiende a la actividad en sí misma, independientemente de sus fines y resultados. No obstante, la interpretación de este apartado debe realizarse en el contexto de la Ley, debiendo recordarse aquí, como ya hemos señalado, que para que una actividad pueda calificarse de empresarial o profesional debe tener como objetivo intervenir en la producción o distribución de bienes y servicios.

Hecha esta salvedad, la persecución de fines no lucrativos o de resultados ajenos a los propios de una actividad comercial, carece de relevancia a efectos de determinar la sujeción del impuesto. En este sentido, el propio artículo 4 de la Ley, al definir el hecho imponible, incluye las operaciones que se efectúen en favor de los propios socios, asociados, miembros o partícipes de las entidades que las realicen, supuestos estos en los que el objetivo perseguido con dichas operaciones puede ser distinto del estrictamente comercial.

Es interesante traer a colación aquí la jurisprudencia del TJCE en la que declara que no cae bajo el ámbito de aplicación del IVA la entrega de productos cuya introducción en el circuito económico y comercial de la Comunidad esté prohibida. Así ocurriría, por ejemplo, con la circulación ilícita de estupefacientes o la importación de moneda falsa, que dará lugar a medidas represivas, pero que son completamente ajenas a las finalidades de la Sexta Directiva y, en consecuencia, al nacimiento de una obligación tributaria en materia de impuesto sobre el volumen de negocios. A juicio del Tribunal, ello no supone ninguna quiebra del principio de neutralidad fiscal dada la situación específica en que dichos productos se encuentran,

---

[38] Salvo los supuestos del art. 7.1.º de la Ley.

[39] *Vid.* STJCE de 26 de marzo de 1987, *Comisión/Países Bajos* (235/85, Rec. p. 1471).

la cual excluye toda competencia entre un sector económico lícito y otro ilícito [40].

301. Operaciones no sujetas

La delimitación del hecho imponible del impuesto en las operaciones interiores se completa con la enumeración, en el artículo 7 de la Ley, de los supuestos de no sujeción.

De la enumeración efectuada por dicho artículo sólo dos supuestos recogen auténticos casos de no sujeción —de acuerdo con el significado que a dicho concepto le da la doctrina— ya que su mención era innecesaria al deducirse de la propia delimitación positiva del hecho imponible contenida en los artículos 4 y 5 o de la propia naturaleza del impuesto asumida por el artículo 1. El primero de ellos es el relativo a los servicios prestados por personas físicas en régimen de dependencia derivado de relaciones laborales o administrativas (art. 7.5.º), cuya no sujeción es consecuencia del propio concepto de actividad profesional del artículo 5.2.º donde se exigía la ordenación por cuenta propia de factores de producción con la consecuente asunción del riesgo por el sujeto que la desarrolla, circunstancias que no se dan en las relaciones a que alude este apartado. El segundo es el relativo a las entregas de dinero a título de contraprestación o pago (art. 7.12.º). Resulta obvio que lo que es objeto de consumo es la entrega del bien o la prestación del servicio, pero no su contraprestación dineraria. Habría que advertir aquí que en los casos en los que la contraprestación sea *in natura*, sí estaríamos ante dos entregas sujetas. Por otro lado cualquier entrega de dinero que no sea a título de contraprestación sí está sujeta (v.gr., entregas de monedas o billetes de colección), con independencia de que en muchos casos esté declarada exenta.

Al comentar las operaciones realizadas en el desarrollo de la actividad, pudimos ver cómo se incluían las transmisiones a terceros de la totalidad o parte de cualesquiera bienes o derechos que integren el patrimonio empresarial o profesional del sujeto pasivo; pues bien, el artículo 7.1.º declara «no sujetas» algunas de estas operaciones. En concreto se refiere, por un lado, a la **transmisión de la totalidad del patrimonio empresarial o profesional** del sujeto, realizada en favor de un solo adquirente si se trata de transmisión *inter vivos*, o de varios, si se trata de transmisión *mortis causa*, siempre que, en ambos casos, éstos continúen el ejercicio de la misma actividad del transmitente. Por otro lado, se declara no sujeta la transmisión *mortis causa* de parte del patrimonio citado con el mismo requisito de que los adquirentes continúen el ejercicio de la actividad. La posterior desafectación de los bienes o derechos transmitidos en estos casos determinará la sujeción de la transmisión inicialmente no sujeta. Y, finalmente, se establece

[40] *Vid.* SSTJCE de 28 de febrero de 1984, *Einberger/Hauptzollamt Freiburg* (294/82, Rec. p. 1177), de 5 de julio de 1988, *Moll Inspecteur de Invoerrechten en Accijnzen* (269/86, Rec. p. 3627), de 6 de diciembre de 1990, *Witzeman* (C-343/89, Rec. p. I-4477) y de 2 de agosto de 1993, *Comisión/Francia* (C-276/91, Rec. p. I-4413).

la no sujeción de las transmisiones realizadas en virtud de fusiones, escisiones, aportaciones no dinerarias de ramas de actividad y canje de valores, a las que les sea aplicable el régimen tributario especial de la Ley 29/1991, de 16 de diciembre, de adecuación de determinados conceptos impositivos a las Directivas y Reglamentos de las Comunidades Europeas [41].

Del contenido de este apartado 1.º podemos extraer las siguientes conclusiones:

a) Salvo en las operaciones a las que les sea aplicable la Ley 29/1991, la transmisión, si es *inter vivos*, debe afectar a la totalidad del patrimonio empresarial o profesional, es decir, al conjunto de bienes y derechos afectados a la realización de todas las actividades empresariales y profesionales realizadas por dicho sujeto pasivo [42].

b) En relación con el requisito de la continuidad en la actividad por parte del adquirente, la Administración ha declarado que al no establecerse un tiempo mínimo de duración en el ejercicio continuado de dicha actividad no resulta procedente fijar dicho requisito adicional, añadiendo que no se entenderá que el adquirente continúa en el ejercicio de la misma actividad del transmitente cuando el escaso tiempo de dedicación a dicha actividad ponga de manifiesto que no pretendía realmente continuar el ejercicio de la misma [43].

c) Si la transmisión es *inter vivos* debe realizarse en bloque a un solo adquirente. Si es *mortis causa* puede realizarse en bloque o por partes a uno o varios adquirentes.

Finalmente, la nueva Ley ha introducido un último párrafo a este apartado con la finalidad de adecuar dicha regulación al contenido de la Sexta Directiva, en la que se prevé la subrogación del adquirente en la posición del transmitente respecto de los bienes adquiridos en relación con la regularización de los bienes de inversión, y con la calificación de primera o segunda entrega de las edificaciones *(vid.* §§ 303 y 345).

Al analizar el hecho imponible del impuesto advertíamos como la exigencia del carácter oneroso de la operación quedaba desvirtuada cuando a continuación se asimilaban, entre otras, las entregas de bienes efectuadas a título gratuito. Pues bien, el artículo 7 que estamos comentando declara, en sus apartados 2.º, 3.º y 4.º, la no sujeción de determinadas entregas gratuitas de muestras u objetos publicitarios sin valor comercial estimable o intrínseco y las prestaciones de servicios de demostración a título gratuito, realizadas unas y otras para la promoción de las actividades empresariales o profesionales.

Los restantes casos de autoconsumo, no estarán sujetos cuando no se le hubiere atribuido al sujeto pasivo el derecho a efectuar la deducción total o parcial del impuesto efectivamente soportado al realizar la adquisición o

[41] BOE de 17 de diciembre.

[42] *Vid.* las Resoluciones del TEAC de 21-9-1995 y 4-10-1995.

[43] CNV 07-01-88.

importación de los bienes a que se refieran o de sus elementos componentes (art. 7.7.º); por ejemplo, las entregas de bienes en concepto de atenciones a clientes, ya que las cuotas soportadas en las adquisiciones de dichos bienes no son deducibles (art. 96.Uno.5.º). La Administración, refiriéndose a la normativa anterior, interpretaba que para la aplicación de la no sujeción debe acreditarse por el sujeto pasivo haber soportado la cuota del IVA, con lo que quedarían fuera del mismo los casos en que el bien se adquirió en virtud de operaciones no sujetas, v.gr. las referidas a la transmisión de la totalidad del patrimonio empresarial [44]. La nueva Ley ha introducido la exigencia de que dichas cuotas hayan sido «efectivamente» soportadas con lo que parece acoger la doctrina administrativa citada. A nuestro juicio ello producirá efectos contrarios a la justificación de este supuesto de no sujeción, ya que si los bienes objeto de autoconsumo se adquirieron mediante una operación no sujeta, y el transmitente de esta última operación gozó del derecho a deducir el IVA soportado en la adquisición de los bienes transmitidos, es coherente con la justificación del supuesto aquí analizado que el autoconsumo esté sujeto. Pero si el transmitente citado no pudo deducir el IVA soportado, lo lógico sería permitir que el adquirente pudiera subrogarse en la posición de aquél a los efectos de futuros autoconsumos, con lo que éstos continuarían estando no sujetos, evitándose de esta manera que se produzca un supuesto de sobreimposición en el consumo de dichos bienes.

El autoconsumo consistente en la prestación de servicios a título gratuito, cuando no implique la prestación del mismo servicio recibido, al que se le aplica la regla anterior, no estará sujeto siempre que dichas prestaciones sean obligatorias para el sujeto pasivo en virtud de normas jurídicas o convenios colectivos (art. 7.10.º); por ejemplo, la prestación gratuita por parte de una empresa a sus trabajadores del servicio de transporte, en virtud del convenio colectivo aplicable.

A continuación se declara la no sujeción de determinadas **operaciones** —aunque posteriormente se intenta referir a las actividades— **realizadas por los entes públicos,** dándose así cumplimiento al artículo 4.º, apartado 5 de la Sexta Directiva, ya comentado con anterioridad, de acuerdo con el cual los organismos públicos no tendrán la condición de sujetos pasivos en las actividades u operaciones que desarrollen en el ejercicio de sus funciones públicas, incluso cuando en su desarrollo percibieran derechos, cánones, cotizaciones o retribuciones, salvo que ello provoque distorsiones graves de la competencia. Este artículo ha sido interpretado por la jurisprudencia comunitaria, la cual, en la STJCE de 17 de octubre de 1989, declara que son las modalidades de ejercicio de las actividades lo que permite determinar el alcance de la no sujeción de los organismos públicos, quedando, pues, excluidas de la no sujeción aquellas actividades que los referidos organismos públicos no llevan a cabo en su condición de sujetos de Derecho público, sino como sujetos de Derecho privado. Por consiguiente, el único criterio que permite distinguir con certeza ambas categorías de actividades viene dado por el régimen jurídico aplicable en virtud del Derecho nacional.

---

[44] CNV 06-04-89.

Asimismo, se declara que los Estados miembros están obligados a garantizar la consideración de sujeto pasivo de los organismos de Derecho público en cuanto a las actividades que desarrollan en el ejercicio de sus funciones públicas cuando estas actividades puedan también realizarse por particulares, en competencia con aquéllos, si el hecho de no considerarlos sujetos pasivos pudiera llevar a distorsiones graves de la competencia.

Pues bien, el legislador español ha optado por no reproducir literalmente la fórmula utilizada por la Sexta Directiva, empleando una técnica distinta, cuyos resultados pueden no ser totalmente coincidentes con los perseguidos por la norma comunitaria. En efecto, la LIVA declara, en principio, no sujetas dichas operaciones cuando se realicen directamente por organismos públicos y se efectúen mediante contraprestación de naturaleza tributaria (art. 7.8.º).

El primer requisito exigido es la actuación directa del ente público, añadiéndose que estarán sujetas las operaciones cuando el ente actúe por medio de empresas mercantiles. En consecuencia, se encontrarán sujetas las operaciones cuando se realicen en régimen de concesión, concierto o arrendamiento, así como en los casos en que se trate de sociedades mercantiles cualquiera que sea la participación del capital público.

Con la alusión a las operaciones realizadas mediante «contraprestación» de naturaleza tributaria, se está haciendo referencia a los servicios por cuya prestación se exigen tasas, que, por lo tanto, constituyen ejercicio de autoridad, y, como tales, no suponen ejercicio de actividad empresarial o profesional. A este respecto, hay que señalar que la nueva regulación sobre tasas y precios públicos, niega la naturaleza tributaria de estos últimos con lo que los servicios por cuya prestación se exija un precio público estarán sujetos al IVA siempre que se presten en el desarrollo de su actividad empresarial, aunque sean prestados directamente por un ente público. (¿Incluso cuando se presten en régimen de Derecho público? Según la ley española parece que sí, según la jurisprudencia comunitaria no, salvo que distorsione la competencia.)

El apartado 8.º, que estamos analizando, ha incluido un segundo párrafo nuevo respecto de la legislación anterior, con la finalidad de que el ámbito de la no sujeción abarque a las actividades y no a operaciones concretas. En este sentido se considera que la actividad no está sujeta, y por lo tanto el conjunto de las operaciones que la integran, cuando sus operaciones principales se realicen mediante contraprestación de naturaleza tributaria, considerándose operaciones principales aquéllas que representen al menos el 80 por 100 de sus ingresos, excluidos los derivados de operaciones financieras [45]. En caso contrario habrá que entender que la no sujeción afectará exclusivamente a las operaciones que se realicen mediante «contraprestación» de tal naturaleza. La exposición de motivos de la Ley, al justificar este nuevo criterio, incluye entre dichas operaciones principales las que se realicen sin contraprestación, lo que carece de sentido ya que

[45] Art. 1 RIVA.

difícilmente dichas operaciones pueden representar más del 80 por 100 de los ingresos de la actividad. Cuando en el desarrollo de la actividad el ente público realice operaciones sin contraprestación y otras mediante contraprestación no tributaria, estas últimas, de acuerdo con el criterio del artículo 8, estarían sujetas al impuesto en todo caso, cualquiera que sea su importe. Respecto de las operaciones efectuadas sin contraprestación la no sujeción sólo les afectará en los casos en los que se realicen en el desarrollo de actividades no sujetas, es decir, aquellas en las que más del 80 por 100 de sus ingresos sean de naturaleza tributaria, en caso contrario estarán sujetas en concepto de autoconsumo.

La regulación de la no sujeción de las operaciones realizadas por los entes públicos se completa con la enumeración de una serie de actividades, en el desarrollo de las cuales todas las entregas de bienes o prestaciones de servicios que se realicen estarán, en todo caso, sujetas al impuesto; actividades tales como telecomunicaciones, distribución de agua, gas, electricidad, transporte de bienes y personas, etc.

Como operaciones realizadas por entes públicos, habría que citar aquí el supuesto de no sujeción referente a las concesiones y autorizaciones administrativas, excepto las que tengan por objeto la cesión del derecho a utilizar inmuebles o instalaciones en puertos y aeropuertos (art. 7.9.º).

Tampoco están sujetas las prestaciones de servicios a título gratuito que sean obligatorias para el sujeto pasivo en virtud de normas jurídicas o convenios colectivos, incluso los servicios telegráficos o telefónicos prestados en régimen de franquicia (art. 7.10.º) (v.gr., la prestación del servicio consistente en el transporte gratuito, por parte de una empresa de transportes, de los empleados, siempre que dicho servicio se preste en virtud de convenio colectivo); este supuesto de no sujeción no ampara, pues, a las entregas de bienes efectuadas a título gratuito.

Por último hay que citar la incorporación al texto de la Ley de la doctrina administrativa que venía considerando como una actividad que no tiene naturaleza empresarial la desarrollada por las comunidades de regantes para la ordenación y aprovechamiento de las aguas (art. 7.11.º).

302. Operaciones exentas

Junto con los supuestos de no sujeción, analizados en el epígrafe anterior, la Ley contiene, asimismo, una larga lista de exenciones.

En un primer momento es preciso distinguir por un lado las exenciones que afectan a las entregas de bienes expedidos o transportados al territorio de otro Estado miembro que constituyan adquisición intracomunitaria de bienes en dicho Estado, y las operaciones de exportación, y por otro, las exenciones que afectan a las operaciones interiores, ya que, aunque en ninguna de ellas se devenga el IVA, consecuencia primordial de la exención, los efectos de unas y otras son distintos.

Las primeras constituyen una parte del mecanismo que garantiza la neutralidad del impuesto en las transacciones internacionales, lo que se consigue otorgando al sujeto pasivo el derecho a deducir el IVA soportado en las adquisiciones de bienes y servicios utilizados en dichas operaciones —razón por la que se les denomina **exenciones plenas**.

Las exenciones relativas a las operaciones interiores responden a distintas causas y persiguen distintos objetivos, pero, generalmente, constituyen un factor perturbador del funcionamiento del tributo y de sus efectos en el sistema económico general, ya que suponen una quiebra de la neutralidad del impuesto, rompiendo la cadena de deducciones que es la clave de bóveda del tipo de IVA adoptado. Asimismo, el establecimiento de exenciones afecta a la generalidad del impuesto. Por dichos motivos, la Sexta Directiva establece un sistema rígido de exenciones de aplicación en todos los Estados comunitarios, por lo que sólo puede ser reconocida la exención del IVA por parte de los Estados miembros en los casos fijados por la Sexta Directiva, no estando autorizado el reconocimiento de exenciones no previstas en las normas comunitarias [46].

Estas exenciones tienen unos efectos distintos a las anteriores, siendo el de mayor relevancia, la imposibilidad en la mayoría de los casos, de recuperar el IVA soportado —motivo por el que se les denomina **exenciones limitadas**—. Además, hay que señalar como consecuencia derivada de la realización conjunta de operaciones exentas y no exentas la aplicación de la regla de la prorrata, con la finalidad de calcular el IVA soportado que resulta deducible.

303. (sigue) Operaciones interiores

El artículo 20 de la Ley contiene una larga lista de exenciones relativas a una serie de actividades de interés general [47], exenciones de carácter técnico [48], exenciones cuya finalidad es gravar exclusivamente el proceso de producción de las edificaciones [49], o exenciones derivadas de las exigencias de armonización fiscal comunitaria [50].

De todas ellas, desde nuestro punto de vista, merecen una especial atención las denominadas exenciones técnicas, y aquellas que afectan a las entregas y arrendamientos de terrenos y edificaciones.

Entre las **exenciones de carácter técnico** hay que citar, en primer lugar, la relativa a determinados juegos de azar, cuya justificación reside en las dificultades que plantea el sometimiento de las apuestas y el juego de azar al sistema del valor añadido, siendo más factible su gravamen por impuestos específicos [51].

---

[46] Véase jurisprudencia citada en la nota 20.

[47] En este grupo cabría incluir las enumeradas en los apartados 1.º a 15.º

[48] Apartados 19.º, 24.º y 25.º

[49] Apartados 20.º, 21.º y 22.º

[50] Apartados 16.º, 17.º, 18.º, 23.º y 26.º

[51] Este era el punto de vista de la Comisión en su Propuesta de Sexta Directiva. No obstante, la letra *f)* del epígrafe B del art. 13 permite a determinados Estados miembros mantener los impuestos sobre el volumen de negocios sobre ciertas formas de juegos de azar, principalmente el uso de máquinas tragaperras.

En segundo lugar se establece la exención de las entregas de bienes que hayan sido utilizados por el transmitente en la realización de operaciones exentas del impuesto en virtud de lo establecido en este artículo, siempre que al sujeto pasivo no se le haya atribuido el derecho a efectuar la deducción total o parcial del impuesto soportado al realizar la adquisición, afectación o importación de dichos bienes o de sus elementos componentes (apartado 24.º). Lo relevante para la aplicación de la exención es la imposibilidad de recuperar el IVA soportado en la adquisición de los bienes ahora transmitidos. Al no atribuirse al sujeto el derecho de deducir el IVA soportado, consecuencia de las exenciones limitadas, se está soportando el impuesto con carácter definitivo, sin que sea posible su recuperación, con lo que se produce el mismo efecto que se deriva del consumo final de cualquier bien. Someter de nuevo a tributación la posterior transmisión del mismo implicaría una doble imposición por el consumo de un mismo bien. Nos encontramos aquí con una regla equivalente a la que declaraba la no sujeción del autoconsumo cuando el sujeto que lo efectuaba no había recuperado el IVA soportado en la adquisición del bien autoconsumido (art. 7.7.º). También en este caso, la doctrina administrativa entiende que para que la exención resulte aplicable es preciso la existencia de un IVA soportado no deducible. Sobre este extremo caben las mismas consideraciones efectuadas en el § 301 sobre el autoconsumo no sujeto.

Por último, se establece que la exención en cuestión no scrá aplicable a las entregas de bienes de inversión que se realicen durante su período de regularización. Dicha excepción se justifica en el sometimiento de tales bienes a la regularización prevista en el artículo 110 de la Ley, lo que hace innecesario la aplicación de la exención. Así, cuando se transmite un bien de inversión durante el período de regularización, la configuración de dicha operación como no exenta permitirá al sujeto pasivo recuperar la cuota residual correspondiente a los años que restan de dicho período.

Las mismas razones justifican la exención relativa a las entregas de bienes cuya adquisición o importación o la de sus elementos componentes, no hubiera determinado el derecho a deducir en favor del transmitente (apartado 25.º) porque los bienes o servicios no estén afectados directa y exclusivamente al ejercicio de la actividad, o por tratarse de las cuotas soportadas no deducibles (*vid.* art. 96).

En relación con la **exención de las entregas de terrenos y edificaciones,** ésta afecta a los terrenos rústicos o no edificables y los destinados exclusivamente a parques y jardines públicos o a superficies viales de uso público (apartado 20.º), a las entregas de terrenos como consecuencia de aportaciones iniciales a las Juntas de Compensación o de adjudicaciones efectuadas por estas mismas (apartado 21.º), y a las segundas y ulteriores entregas de edificaciones, incluidos los terrenos en que se hallen enclavadas, después de terminada su construcción o rehabilitación (apartado 22.º).

Respecto a este último supuesto citado hay que hacer hincapié en los siguientes extremos. Para que la exención resulte aplicable es necesario que no se trate de una primera transmisión, concepto que viene delimitado por la propia Ley al considerar como tal la realizada por el promotor, una vez terminada la construcción o rehabilitación (las transmisiones que se realicen de edificaciones en construcción estarán gravadas en todo caso). No obstante, la utilización ininterrumpida del inmueble por un plazo igual o superior a dos años por su propietario o por titulares de derechos reales de goce o disfrute o por arrendatarios, convierte en segunda entrega la realizada por el promotor del mismo siempre que el adquirente sea persona distinta de quien utilizó la edificación durante el referido plazo.

Conviene recordar aquí lo ya señalado en el § 301 en relación con la no sujeción de la transmisión de la totalidad o parte del patrimonio empresarial y la subrogación de los adquirentes en la posición del transmitente en cuanto a las edificaciones comprendidas en dicha transmisión y su consideración como primera entrega, declarándose en la exención que estamos comentando que dichas transmisiones no tendrán la consideración de primera entrega a efectos de lo dispuesto en la misma (apartado 22.º).

Por último, se establece que la exención no se extiende a la entrega que supone la formalización del compromiso de ejercitar la opción de compra, ni el ejercicio de la opción de compra inherente a los contratos de arrendamiento financiero *(vid.* art. 8.Dos.5.º), tampoco a las entregas de edificaciones para su inmediata rehabilitación por el adquirente, o para su demolición previa a una nueva promoción urbanística (apartado 22.º).

Hay que resaltar la posibilidad que se concede al sujeto pasivo, siempre que no le sea aplicable el régimen especial del recargo de equivalencia, de **renunciar a las exenciones** relativas a las entregas de terrenos y edificaciones que acabamos de comentar (art. 20.Dos). Dicha renuncia sólo podrá ejercitarse cuando el adquirente sea, a su vez, sujeto pasivo del impuesto con derecho a la deducción total del IVA soportado por la correspondiente adquisición, requisito cuyo cumplimiento implica que el porcentaje de deducción provisionalmente aplicable en el año en que se haya de soportar el impuesto permita su deducción íntegra [52].

Queda por citar la **exención relativa a los arrendamientos y a la constitución y transmisión de derechos reales de goce y disfrute,** que tengan por objeto **terrenos o edificios destinados exclusivamente a viviendas** (art. 20.Uno.23.º), en los supuestos enumerados en la propia Ley. La delimitación del concepto de «vivienda», ante la falta de definición legal, se ha intentado llevar a cabo por la jurisprudencia declarando que «la exención relativa a las viviendas hay que referirla únicamente a las que lo sean por naturaleza, según su sentido usual», es decir, «los edificios en que se vive, la morada donde la vida familiar se desarrolla» [53].

304. (sigue) Exportaciones

Como ya apuntábamos en el § 302, junto con las exenciones interiores la Ley contempla, asimismo, la exención de las exportaciones, que como

[52] Los requisitos reglamentarios para el ejercicio de la renuncia se recogen en el art. 8 del Reglamento.

[53] Sentencia de la Audiencia de Barcelona de 11-07-88.

tales, constituyen entregas de bienes localizadas en el territorio de aplicación del impuesto *(vid.* art. 68), y por lo tanto, sujetas al mismo. A diferencia de las exenciones analizadas en el epígrafe anterior, éstas se denominan, como hemos señalado más arriba, **exenciones plenas**, al permitir deducir el IVA soportado en las adquisiciones de bienes y servicios empleados en dichas operaciones [art. 94.Uno.1.º*c)*].

En relación con esta exención, regulada en los artículos 21 a 24 de la Ley, es conveniente destacar los siguientes aspectos. En primer lugar, sólo se contempla por la Ley la **exportación de bienes,** no existiendo, pues, el concepto de exportación de servicios —si bien las reglas de localización territorial de las prestaciones de servicios, con la aplicación del criterio de localización en destino, consigue similares efectos—, aunque sí se incluyen en la exención aquellos que estén directamente relacionados con la exportación de bienes. En segundo lugar, para que pueda hablarse de exportación es preciso que los bienes **se expidan o transporten fuera de la Comunidad,** quedando **asimiladas** ciertas operaciones relacionadas con buques y aeronaves, así como determinadas operaciones interiores derivadas de relaciones y Convenios internacionales, el transporte marítimo o aéreo de viajeros procedente o con destino fuera del ámbito espacial del impuesto, las entregas de oro al Banco de España (art. 22). Asimismo, se amplía el ámbito de la exención a las entregas de bienes destinados a ser introducidos en zona franca, depósito franco, o que se encuentren vinculados a regímenes aduaneros o fiscales (arts. 23 y 24).

Tomando en consideración el sujeto que realiza la expedición de los bienes objeto de exportación, la Ley distingue: *a)* las entregas de bienes exportados o enviados por el transmitente o por un tercero que actúe en nombre y por cuenta de éste, y *b)* las entregas de bienes exportados o enviados por el adquirente o por un tercero que actúe en nombre y por cuenta de éste, entre las que se encuentran las entregas en régimen comercial, las entregas en régimen de viajeros y las entregas en las tiendas libres de impuestos.

De las distintas operaciones citadas merecen especial mención las **entregas de bienes a viajeros,** en las que la exención se hará efectiva mediante el reembolso del impuesto soportado en las adquisiciones documentadas en una factura cuyo importe total, impuestos incluidos, sea superior a 15.000 ptas., que el viajero tenga su residencia habitual fuera del territorio de la Comunidad, que los bienes adquiridos salgan efectivamente de dicho territorio (en el plazo de los tres meses siguientes a la expedición de la factura [54]) y que, por supuesto, no constituyan expedición comercial. Este tipo de operaciones vienen a constituir un régimen especial ya que la exención se hace efectiva mediante la aplicación de mecanismos distintos a los habituales, al producirse inicialmente la repercusión del impuesto y posteriormente su devolución [55].

[54] Art. 9.1.2.ºB) RIVA.

[55] Art. 9.1.2.ºB) RIVA.

305. (sigue) Entregas intracomunitarias de bienes

La creación del nuevo hecho imponible «adquisiciones intracomunitarias de bienes» con la finalidad de hacer efectivo durante el período transitorio el principio de tributación en destino, ha obligado, asimismo, al establecimiento de la exención de las entregas intracomunitarias de dichos bienes, produciéndose así respecto de tales operaciones efectos similares a los analizados en el epígrafe anterior en relación con las exportaciones. En este sentido, la Ley declara la exención de las entregas de bienes y operaciones asimiladas (art. 9.3.º) —movimientos intracomunitarios de bienes (véase § 293)—, cuando constituyan una adquisición intracomunitaria sujeta para el adquirente (art. 25). La exención no afecta, pues, a aquellas entregas que no den lugar a una adquisición intracomunitaria en el país de destino, v.gr. ventas no sujetas a personas en régimen especial, ventas a distancia o por correspondencia, ventas a particulares y entregas de bienes acogidos al régimen especial de bienes usados, objetos de arte, antigüedades y objetos de colección, que en consecuencia estarán gravadas en el país de origen en las condiciones previstas en la Ley. Por otro lado, hay que recordar que en relación con los medios de transporte nuevos existe adquisición intracomunitaria incluso cuando ésta se realiza por personas que no tengan la condición de empresario o profesional (art. 13.2.º), de ahí que el artículo 25.Dos establezca, asimismo, la exención de dichas entregas.

Por último, hay que citar la exención de las entregas, efectuadas en las tiendas libres de impuestos, de bienes que transporten en su equipaje personal los viajeros que se desplacen a otro Estado miembro, así como de las entregas efectuadas a bordo de un avión o buque en el transcurso de un viaje intracomunitario de viajeros, siempre que, en ambos casos, el valor global de los citados bienes no exceda, por persona, del contravalor en pesetas de 90 Ecus (art. 25.Cuatro).

B) Puntos de conexión

306. Lugar de realización de las entregas de bienes

Como vimos en el § 289, sólo las entregas de bienes y prestaciones de servicios realizadas en el territorio de aplicación del impuesto están sujetas al mismo. El establecimiento, pues, de unos puntos de conexión claros es imprescindible en un impuesto «comunitario» como es el IVA, con la doble finalidad de evitar, tanto la doble imposición internacional, como la ausencia de imposición de una determinada operación.

Para determinar el lugar donde se consideran efectuadas las entregas de bienes la Ley fija una regla general en virtud de la cual se consideran realizadas donde los bienes se **pongan a disposición** del adquirente (art. 68). En los casos en los que el bien es objeto de expedición o transporte, la entrega se considera efectuada en el país de origen donde se encuentra la mercancía en el momento de iniciarse la expedición de la misma. De ahí que las operaciones de exportación o las entregas intracomunitarias de bienes se consideren operaciones interiores, sujetas al IVA del país de origen, si bien, posteriormente, para garantizar la neutralidad de las transacciones internacionales, dichas operaciones se declaren exentas. El criterio determinante es, pues, el del lugar en que se hallen los bienes en el momento de la entrega o del inicio de la expedición o transporte, careciendo de relevancia, a estos efectos, el lugar de establecimiento del vendedor.

Junto con la regla general citada se establecen unas reglas especiales de localización de ciertas entregas de bienes. La primera de ellas está prevista para el supuesto en que unas mercancías que hayan de ser objeto de importación, lo que implica que el lugar de inicio del transporte esté situado en un país tercero, se transmitan por el importador o por sucesivos adquirentes. En tales casos, se establece la regla de que dicha entrega, la efectuada por el importador, y las sucesivas se entenderán realizadas en el **país de destino de la importación.** La tributación de la operación de entrega es independiente, pues, de la que corresponda por el concepto de importación cuando se produzca la entrada efectiva de tales bienes en el territorio de aplicación del impuesto (art. 68.Dos.1.º, párrafo 2.º).

Otra excepción a la regla general es la relativa a bienes cuya entrega exija previa instalación o montaje, que se considera efectuada en el **lugar en que se ultime la instalación o montaje,** es decir, el país de destino. Para la aplicación de esta regla se exige que dichas operaciones de instalación o montaje determinen la inmovilización de los bienes entregados, y su coste exceda del 15 por 100 de la contraprestación total (art. 68.Dos.2.º).

Respecto de las entregas de bienes inmuebles, al no requerir dichas transmisiones el transporte del bien, su localización se simplifica bastante, considerándose realizadas en el **lugar donde radiquen** los mismos (art. 68.Dos.3.º).

Como novedad se introduce en la Ley un criterio de localización de las entregas de bienes a los pasajeros que se efectúen a bordo de medios de transporte (buque, avión o tren) durante viajes intracomunitarios que se entenderán realizadas en el territorio del país donde tenga su **inicio el transporte** (art. 68.Dos.4.º).

Mención especial merece el análisis del criterio de localización de las denominadas **ventas a distancia o por correspondencia.** Dichas operaciones se caracterizan por las siguientes notas: *a)* no hay desplazamiento físico del comprador, *b)* el transporte del bien siempre es por cuenta del vendedor, *c)* el adquirente ha de ser una persona en régimen especial cuyas adquisiciones intracomunitarias no están sujetas como tales *(vid.* § 325) o un particular, y *d)* los bienes deben expedirse o transportarse de un Estado miembro a otro. La localización de dichas operaciones en el territorio de aplicación del impuesto **varía en función del volumen de operaciones** realizadas por el sujeto pasivo establecido en otro Estado miembro con destino a dicho territorio. A tales efectos, se establece un límite (4.550.000 ptas.) [56] por encima del cual las entregas se entienden localiza-

[56] *Vid.* art. 68.Tres.4.º. Para el supuesto contrario, bienes expedidos o transportados desde el territorio de aplicación del impuesto a otro Estado miembro, habrá que conocer los límites fijados en dicho Estado a los efectos de entender localizada la entrega en su territorio.

das en el territorio de aplicación del impuesto; en caso contrario, cuando el volumen de operaciones no supere el límite señalado, su localización se produce en el país de origen donde está establecido el sujeto pasivo vendedor y, en consecuencia, la operación no estará sujeta al IVA español. No obstante, la Ley contempla la posibilidad de que el sujeto que efectúa la entrega **opte** por la localización de la operación en el territorio de aplicación del impuesto, aunque su volumen de operaciones no supere el límite señalado.

Finalmente, cuando se trate de las entregas a que nos hemos referido en el párrafo anterior que afecten a medios de transporte nuevos, a bienes objeto de instalación o montaje o a bienes que sean objeto de los Impuestos Especiales (cerveza, vinos y bebidas fermentadas, productos intermedios, alcohol y bebidas derivadas, hidrocarburos y labores del tabaco), el criterio de localización es siempre el del país de destino de la expedición o transporte, sin que se establezca límite cuantitativo alguno (art. 68.Tres.3.º y Cinco). Asimismo, cuando la operación de venta afecte a bienes acogidos al régimen especial de bienes usados, objetos de arte, antigüedades y objetos de colección, no resultará aplicable el régimen aquí analizado, por lo que dichas entregas quedarán sometidas en todos los casos al tipo impositivo y a las condiciones de imposición del país donde se produce la venta.

307. Lugar de realización de las prestaciones de servicios

Las prestaciones de servicios se entenderán realizadas, por regla general, en el territorio donde tenga la **sede de actividad económica** o, en su defecto, el domicilio el **prestador** de los mismos (art. 69). El criterio delimitador, «sede de actividad económica», viene dado por la centralización de la gestión y el ejercicio habitual de la actividad empresarial o profesional, salvo cuando el servicio se preste desde un establecimiento permanente ya que en este caso es la radicación del establecimiento lo que determina la localización territorial del servicio.

No obstante la regla general que acabamos de exponer, también aquí se establecen una serie de criterios especiales de localización. Respecto a los servicios directamente relacionados con inmuebles, se sigue el mismo criterio establecido para las entregas de los mismos: **lugar donde radiquen los inmuebles** a que se refieran los servicios; considerándose directamente relacionados con inmuebles, entre otros, los servicios de arrendamiento; los de preparación, coordinación y ejecución de las construcciones; los prestados por arquitectos, aparejadores o ingenieros, etcétera (art. 70.Uno.1.º).

El criterio del **lugar de realización del servicio** se aplica a los de carácter cultural, artístico, deportivo, científico, docente, recreativo o similares; los accesorios a los transportes de mercancías, etc. (art. 70.Uno.2.º y 3.º).

El servicio de transportes se entiende realizado en el lugar en que éste se efectúe, en función de las distancias recorridas [57]. La eliminación de todo tipo de control en las fronteras intracomunitaras hace que ya no sea posible conocer las distancias recorridas, respectivamente, en los distintos territorios, por lo que la efectividad práctica de esta regla es dudosa. No obstante, hay que recordar que tratándose de un transporte aéreo o marítimo de pasajeros o sus equipajes, el artículo 22.Trece declara exento el trayecto nacional efectuado dentro de un recorrido internacional. A la vista de la caótica situación en la que se encuentra la imposición del transporte de personas, la Comisión tiene presentada una Propuesta de Directiva del Consejo, en la que se sustituye el criterio actual por el del punto de partida como lugar de imposición de las prestaciones de servicios de transporte de personas efectuado por carretera o vías de navegación interna (véase § 287).

Para los servicios de mediación, en nombre y por cuenta de terceros, el criterio de localización varía según el tipo de operaciones a que se refieran. Así, los relacionados con transacciones inmobiliarias se entienden realizados en el territorio donde radique el inmueble (art. 70.Uno.1.º); los que se presten en los servicios que se consideran efectuados en el territorio donde tiene la sede de actividad el destinatario, siguen el mismo criterio de localización que las operaciones a que se refieren: sede del destinatario (art. 70.Uno.5.º); mientras que los relacionados con los transportes intracomunitarios de bienes y servicios accesorios se localizan territorialmente de acuerdo con las reglas establecidas específicamente para ellos (art. 74. *Vid.* § 308). Para el resto de los supuestos, dichos servicios de mediación se entenderán localizados en el territorio del Estado miembro donde se realicen las operaciones a que se refieran, salvo que el destinatario del servicio de mediación comunique al prestador del mismo un número de identificación atribuido por otro Estado miembro (art. 70.Uno.6.º).

Un criterio parecido es el que ha introducido el Real Decreto-ley 12/1995, de 28 de diciembre, en relación con los trabajos efectuados sobre bienes muebles corporales, que actualmente se consideran en todo caso prestaciones de servicios, al haberse suprimido del concepto de entrega de bienes las ejecuciones de obra en régimen intracomunitario bilateral; tanto para los citados trabajos como para los informes periciales, valoraciones y dictámenes relativos a bienes muebles corporales, el art. 70.1.7.º de la Ley establece como criterio de localización el del territorio donde materialmente se realicen, salvo que el destinatario comunique al prestador de los servicios un número de identificación atribuido por otro Estado miembro y los bienes a que se refieren los servicios se expidan o transporten fuera del territorio donde materialmente se presten. Excepcionalmente, si los citados servicios se refieren a medios de transporte, éstos se localizarán, en

[57] Art. 70.Uno.2.º LIVA. Sobre los transportes intracomunitarios de bienes, *vid.* § 308. A los efectos de lo dispuesto en este artículo, la Resolución 3/1996, de 9 de octubre, de la DGT, ha fijado la parte del trayecto de un transporte entre la Península y las Islas Baleares que se entiende comprendida en el ámbito territorial del Impuesto. Posteriormente, la Resolución de 20 de enero de 1997 ha venido a completar la de 9 de octubre de 1996.

todo caso, en el territorio en el que se presten y se encuentre matriculado el medio de transporte.

Por último, hay que hacer mención a la regla especial aplicable a una larga lista de servicios —cesiones de derechos de la propiedad intelectual o industrial, servicios publicitarios, servicios profesionales de asesoramiento, operaciones de seguro y financieras, servicios de traducción, cesiones de personal, arrendamiento de bienes muebles corporales, telecomunicaciones, etc.—, en virtud de la cual se consideran prestados donde radique la **sede de actividad económica o el establecimiento permanente del destinatario,** o, en su defecto, en el lugar de su domicilio (art. 70.Uno.5.° y 8.°) [57 bis]. Esta regla especial será de aplicación cuando el destinatario de los servicios esté establecido o domiciliado fuera de la Comunidad, o sea un empresario o profesional establecido en otro Estado miembro. En consecuencia no se aplicará cuando nos encontremos ante un destinatario establecido o domiciliado en la Comunidad y que no sea empresario o profesional, o los servicios prestados no estén relacionados con el ejercicio de su actividad (art. 70.Dos). Tras la entrada en vigor de la Ley 13/1996, de 30 de diciembre, tampoco se aplicará la indicada regla especial cuando el destinatario no tenga la condición de empresario o profesional y esté domiciliado en Canarias, Ceuta o Melilla, operaciones éstas que se consideran, pues, realizadas donde esté establecido el prestador del servicio.

La correcta comprensión de este criterio exige tener presente la existencia de la figura del sujeto pasivo por inversión (art. 84.Uno.2.°), dado que, en los casos en que el hecho imponible se localiza en la sede del destinatario, éste será normalmente el sujeto pasivo, por inversión, del impuesto. De ahí que queden excluidos de la regla especial de localización los supuestos en que el destinatario, domiciliado en la Comunidad, no sea empresario o profesional o los servicios recibidos no estén relacionados con el desarrollo de su actividad. De no contemplarse esta excepción se configuraría como sujetos pasivos a particulares que no desarrollan actividad alguna.

En relación con los servicios prestados a los pasajeros a bordo de un buque, avión o tren en el curso de un transporte intracomunitario, se establece el mismo criterio que para las entregas de bienes que se efectúen a bordo de los mismos, es decir, se considera realizado el servicio en el territorio **donde se inicie el transporte** (art. 70.Uno.7.°).

308. Lugar de realización de los transportes intracomunitarios de bienes

El transporte en el tráfico intracomunitario de bienes se configura como una operación autónoma de las entregas y adquisiciones, a diferencia de la normativa anterior donde éste se encontraba estrechamente vinculado a la

[57 bis] El apartado 8.° ha sido añadido por el Real Decreto-ley 14/1997, de 29 de agosto, que ha incorporado la Decisión del Consejo, de 17 de marzo de 1997, con la que se trata de evitar en el ámbito comunitario situaciones de doble tributación o de no imposición por el consumo de los servicios de telecomunicación.

operación sobre la que recaía. Así, los servicios de transportes y operaciones accesorias a las exportaciones se declaraban exentos, mientras que en las importaciones se incorporaban al valor de los bienes declarados en la aduana sobre el cual se aplicaba el IVA a la importación. En la actualidad, los servicios de transportes y operaciones accesorias (cargas, descargas, etc.) tributan autónomamente.

En consecuencia, es preciso fijar las reglas sobre localización territorial de dichos servicios. A tales efectos, se establece que dichos transportes, así como los transportes accesorios directamente relacionados con un transporte intracomunitario de bienes [58] se entenderán realizados en el territorio del **Estado miembro de partida, salvo que la empresa** por cuenta de la cual se efectúa el transporte **esté registrada** a efectos del IVA **en otro Estado miembro,** y haya comunicado al transportista su número de identificación, en cuyo caso el servicio se entiende realizado en el territorio del Estado miembro de dicha empresa [59]. La aplicación de la regla anterior implica, pues, que toda prestación de servicios de transporte intracomunitario de bienes a personas no identificadas a los efectos del IVA (v.gr., servicios de empresas de mudanzas internacionales) esté sujeta al impuesto en el Estado miembro de inicio del transporte, sea cual sea el lugar de establecimiento del transportista. Asimismo, cuando el tomador del servicio esté identificado a efectos del IVA en un Estado miembro distinto del Estado de partida, el transporte se gravará en el lugar de identificación del tomador, lo que dará lugar, cuando el transportista no esté establecido en dicho Estado miembro de imposición, a la aplicación de la regla de la inversión del sujeto pasivo, siendo, pues, deudor del impuesto el tomador. Para los servicios accesorios a los transportes intracomunitarios de bienes (carga, descarga, etc.) se establecen unas reglas similares a las anteriores, sometiendo también al requisito de la comunicación del número de IVA por el cliente, el que se localicen en el territorio del Estado miembro donde materialmente se presten o en el del Estado miembro del cliente [60].

C) El devengo

309. El devengo en las entregas de bienes

En relación con las entregas de bienes el impuesto se devengará cuando tenga lugar su **puesta a disposición** (art. 75.Uno.1.º), concepto este que como ya hemos advertido (véase § 293), dado los distintos supuestos calificados de entrega, no siempre equivale en el IVA a la transmisión del dominio. Asimismo, como también se dijo, no se exige la entrega material del bien, sino sólo la puesta a disposición del adquirente.

---

[58] Estos transportes han dejado de estar exentos desde el 1 de enero de 1996, debido a las modificaciones introducidas por el RD-Ley 12/1995.

[59] Art. 72 LIVA. La misma regla se aplica para los servicios de mediación en dichos transportes (art. 74.Uno LIVA).

[60] Art. 73 LIVA. La misma regla se aplica en los servicios de mediación en dichos servicios accesorios (art. 74.Dos LIVA).

La existencia de contratos de venta sujetos a condición suspensiva, de arrendamientos-venta de bienes o de arrendamientos de bienes con cláusula de transferencia de la propiedad vinculante para ambas partes, en los que el bien se pone en posesión del adquirente antes de que se produzca la transmisión del poder de disposición, y que se califican como entregas (art. 8.Dos.5.º), justifica la regla que fija el devengo en tales supuestos cuando los bienes **se pongan en posesión del adquirente** (art. 75.Uno.1.º). Es preciso, sin embargo, distinguir este tipo de contratos de los de arrendamientos con opción de compra (habituales en la actividades empresariales o profesionales bajo la denominación de *leasing* o arrendamiento financiero). Estos últimos, a efectos de su sujeción al IVA se configuran como un acto complejo ya que durante la duración de los mismos se califican sucesivamente de prestación de servicios mientras no se formalice la opción de compra y como entrega de bienes en dicho momento. En tales contratos lo relevante para que se produzca la entrega no es la posesión ni el traslado del dominio, sino la formalización del compromiso del arrendatario a ejercitar la opción de compra, momento en el que se producirá el devengo del impuesto.

La configuración como bienes corporales del calor, frío, energía eléctrica y demás modalidades de energía, implica la calificación de entrega de bienes del suministro de los mismos. Nos encontramos aquí ante operaciones de «tracto sucesivo» en las que el suministrador realiza en favor del suministrado prestaciones periódicas o continuadas de cosas, fijándose períodos de tiempo para el pago del precio. Pues bien, en estos supuestos la Ley establece que el devengo se produce en el **momento en que resulte exigible la parte del precio que comprenda cada percepción** (art. 75.Uno.7.º).

La calificación como entrega de las transmisiones de bienes entre comitente y comisionista, cuando este último actúe en nombre propio, obliga a establecer una regla específica para la fijación del devengo en tales transmisiones referida al momento en que **el comisionista efectúe la entrega** de los bienes en los contratos de comisión de venta, o **les sean entregados** en los de compra (art. 75.Uno.3.º y 4.º).

Si tomamos en consideración las condiciones de pago estipuladas en la operación, hay que advertir que en los casos de ventas a plazos, el impuesto se devenga íntegramente con la puesta a disposición del bien, aunque parte del precio se perciba aplazado en el tiempo. **El aplazamiento del pago no aplaza el devengo.** Sin embargo, cuando se efectúen **pagos anticipados,** el impuesto se devengará en el **momento del cobro,** por los importes efectivamente cobrados (art. 75.Dos), salvo en las entregas intracomunitarias de bienes exentas. Como puede comprobarse, el criterio del legislador consiste en adelantar el momento del devengo lo máximo posible, incluso a un momento anterior a la realización del hecho imponible.

310. El devengo en las prestaciones de servicios

En las prestaciones de servicios, el impuesto se devengará cuando se **presten, ejecuten, o efectúen** (art. 75.Uno.2.º).

En los casos en los que el servicio recaiga sobre bienes que deban entregarse con el servicio incorporado —ejecuciones de obra mobiliaria, e inmobiliaria, cuando, en este último caso, el empresario que ejecute la obra no aporte materiales o el coste de los aportados no exceda del 20 por 100 de la base imponible [61]—, se establece que el devengo se produce cuando tenga lugar la puesta a disposición de los bienes sobre los que recaiga el servicio.

Cuando nos encontremos ante prestaciones de servicios continuadas —por ejemplo, arrendamientos de bienes (salvo los arrendamientos-venta o con cláusula de transferencia de la propiedad vinculante para ambas partes, que como hemos visto constituyen entregas de bienes), cesiones de derechos de autor a través de un contrato editorial sobre ventas efectivamente realizadas, arrendamiento de servicios de asesoramiento permanente, o cualquier otra operación de tracto sucesivo— el devengo se produce en el momento en que resulte exigible la parte del precio que comprenda cada percepción (art. 75.Uno.7.º).

A las prestaciones de servicios les resultan, asimismo, aplicables las reglas analizadas en el epígrafe anterior sobre los pagos aplazados y anticipos.

D) La base imponible

311. La base imponible del impuesto. Conceptos incluidos y excluidos de la base

Desde la perspectiva comunitaria la base imponible del IVA adquiere una doble relevancia, que justifica su especial sometimiento a las normas armonizadoras. De un lado, por la conveniencia de diseñar un tributo neutral que no distorsione los intercambios internacionales. De otro, por el hecho de que uno de los principales mecanismos de financiación de la Comunidad deriva de la aplicación de una tarifa común a la base del IVA.

Desde un punto de vista técnico, la base imponible en el IVA es, por un lado, el resultado de la cuantificación del hecho imponible, y por otro, la cantidad a la que se le aplica el tipo impositivo para calcular la cuota. Dicho concepto, por todos conocido, debe ser recordado en esta sede para evitar caer en la confusión de identificar con dicho elemento esencial del impuesto conceptos como el de base imponible global, al que se refieren los modelos de liquidación para referirse a la suma de las base imponibles correspondientes a los distintos hechos imponibles devengados durante el período, y que no tiene más finalidad que la de permitir la cuantificación del IVA a ingresar en Hacienda por cada período de liquidación. Parecidas consideraciones cabe hacer respecto de la denominada, asimismo, base imponible global del régimen especial de las agencias de viajes, o del régimen especial de determinación proporcional de las bases imponibles, así como del «margen de beneficio global» del régimen especial de los bienes usados, objetos de arte, antigüedades y objetos de colección que no persi-

[61] Art. 11.Dos.6.º LIVA.

guen la cuantificación del impuesto a repercutir sino la del impuesto a ingresar por cada período de liquidación. En definitiva, cuando se habla de la base imponible del impuesto, ésta no puede ser otra que la que permite cuantificar el IVA devengado en una concreta operación, a repercutir al destinatario de los bienes o servicios, o a ingresar directamente por el sujeto.

Como regla general se establece que la base del impuesto está constituida por el **importe total de la contraprestación** (art. 78.Uno). Con esta expresión se está haciendo referencia a un concepto distinto del precio de los bienes o servicios adquiridos, ya que para la determinación de la contraprestación total deberá adicionarse a dicho precio las comisiones; el importe de los envases y embalajes; portes y transportes; seguros; subvenciones vinculadas directamente al precio; los tributos que recaigan sobre la operación a excepción del propio IVA (v.gr. los Impuestos Especiales, salvo el que recae sobre la matriculación de determinados medios de transportes); las percepciones retenidas por el sujeto pasivo en los casos de resolución de la operación, etc. (art. 78.Dos).

Respecto de las subvenciones vinculadas al precio, únicas que integran la base imponible, se consideran tales las establecidas en función del número de unidades entregadas o del volumen de los servicios prestados, cuando se determinen con anterioridad a la realización de la operación (art. 78.Dos.3.º). En tales casos, el precio pagado por el consumidor, al tratarse de un precio subvencionado, es inferior a la base imponible que se utiliza para el cálculo de la cuota repercutida.

En relación con los **intereses** en los pagos aplazados o como consecuencia del retraso en el pago del precio, el TJCE consideró que, en principio, éstos constituyen un crédito exento del IVA; sólo cuando se produzca «un aplazamiento del pago del precio, mediante el pago de intereses, **solamente hasta la entrega,** dichos intereses no constituyen la remuneración de un crédito, sino un elemento de la contraprestación obtenida por el suministro de los bienes o la prestación de servicios», y, por tanto, integra la base imponible del impuesto [62]. Dicha doctrina ha sido acogida por el legislador español mediante la modificación del artículo 78.1.º LIVA en el sentido expuesto en la sentencia citada.

A la enumeración anterior hay que añadir un supuesto más como consecuencia de la incorrecta aplicación de la regulación del impuesto. Nos estamos refiriendo al caso en que no se repercuta de forma expresa el IVA estando obligado a ello, lo que dará lugar a considerar que la contraprestación no incluyó la cuota correspondiente (art. 78.Cuatro). El efecto que se producirá por la aplicación de dicho criterio será el de la inclusión en la base de la cantidad incorrectamente repercutida.

Junto con estas adiciones al precio de los bienes o servicios, se contemplan una serie de partidas que lo minorarán a efectos de la determinación de la base, tales como los **descuentos y bonificaciones** que figuren en

---

[62] STJCE de 27 de octubre de 1993, *Muys' en De Winter's Bouw-en Aannemingsbedrijf* (C-281/91, Rec. p. I-5405).

factura y no constituyan remuneración de otras operaciones. Asimismo, no se incluirán en la base imponible los **suplidos** pagados en nombre y por cuenta del adquirente, por mandato expreso del mismo (art. 78.Tres), ni las **indemnizaciones** que no supongan contraprestación de la operación gravada (art. 78.Tres.1.º). Se está haciendo referencia aquí a indemnizaciones que no tienen relación alguna con la prestación principal (v.gr., las percibidas por los arrendadores de vehículos en compensación de los daños causados a los mismos por los arrendatarios de los mismos, o las percibidas como consecuencia del retraso en la ejecución de la prestación, o las percibidas por los arrendadores como consecuencia de obras realizadas por los arrendatarios sin la preceptiva autorización de aquéllos).

312. Las reglas especiales de determinación de la base imponible

Junto con el criterio general comentado en el epígrafe anterior, la Ley contiene una serie de reglas especiales de determinación de la base imponible que responden, en unos casos a finalidades antidefraudatorias y en otros a razones de carácter técnico, como la que se deriva de la existencia de contraprestaciones no dinerarias o de la falta de contraprestación, que, como sabemos, no obsta para que nos encontremos ante una operación sujeta al impuesto. A todos los supuestos de aplicación de estas reglas específicas les serán también aplicables las reglas analizadas anteriormente sobre los conceptos que deben incluirse o excluirse en la determinación de la base.

En las operaciones cuya contraprestación no consista en dinero se establece un criterio basado en la necesidad de traducir a términos monetarios la cuantía de dicha contraprestación para lo que se efectúa una remisión al **valor de mercado** (art. 79.Uno). Hay que tener en cuenta que en tales supuestos, normalmente, existen dos entregas de bienes, una es contraprestación de la otra, y que sólo las entregas de dinero a título de contraprestación o pago no están sujetas, con lo que, si los que participan en la operación son sujetos pasivos del IVA, ambas entregas estarían sujetas al impuesto.

Cuando la contraprestación consista parcialmente en dinero, se establece una regla específica aplicable sólo cuando el resultado de la misma fuese superior al determinado por aplicación de la regla anterior. Así, se considera base imponible el resultado de añadir al valor de mercado de la parte no dineraria de la contraprestación —obsérvese que el valor de mercado no es aquí el de la prestación efectuada— el importe de la parte dineraria de la misma. Un ejemplo de la aplicación de esta regla especial estaría constituido por la permuta de un solar por un piso y una cantidad de dinero. La base imponible en la transmisión del solar estaría formada por el valor de mercado del solar transmitido, salvo que, la suma del valor de mercado del piso y el dinero recibido sea notoriamente superior al valor de mercado del solar, en cuyo caso prevalecería como base imponible el valor resultante de la adición mencionada.

Cuando en una misma operación y por precio único se entreguen bienes o se presten servicios de diversa naturaleza, la base imponible correspondiente a cada uno de ellos se determinará en proporción al valor de mercado de los bienes entregados o de los servicios prestados (art. 79.Dos). En la Memoria del Proyecto de Ley de la Ley 30/1985 se justificaba esta regla afirmando que hay que tener en cuenta que en la transmisión de una universalidad de bienes, el hecho imponible no viene constituido por la transmisión de dicha universalidad como tal, sino que los hechos imponibles están constituidos por cada una de las transmisiones particularmente consideradas y, en consecuencia, es necesario aplicar a cada uno de los hechos imponibles su normativa específica. Esta exigencia legal obliga al desglose de la contraprestación total para hallar cada base imponible particular. En realidad, la regla en cuestión no viene a modificar el criterio de valoración que corresponda según el tipo de operación, sino que lo que se establece es un criterio de prorrateo de la contraprestación global en función del valor de mercado de dichos bienes, dadas las consecuencias que la «diversa naturaleza» de los bienes o derechos transmitidos puede tener respecto del impuesto, por la aplicación de distintos tipos impositivos, o de la regla de la prorrata, a efectos de determinar la cuota a repercutir o de calcular las deducciones pertinentes, para lo que será preciso desglosar la contraprestación única y determinar la correspondiente a cada uno de los bienes o derechos de distinta naturaleza.

Las operaciones de **autoconsumo** gravadas plantean una específica problemática a la hora de determinar la base imponible, ya que en ningún caso existe contraprestación, con lo que resulta inaplicable la regla general. A estos efectos, la regla específica establecida para estos supuestos varía en función de que los bienes se entreguen, o no, en el mismo estado en que fueron adquiridos, sin haber sido sometidos a proceso alguno de fabricación, elaboración o transformación. En los casos en que los bienes se entreguen en el mismo estado en que se adquirieron, la base imponible será la misma que se fijó en la adquisición de aquéllos. Cuando los bienes se hubiesen sometido a procesos de elaboración o transformación por el transmitente, la base imponible estará constituida por el coste de obtención de los bienes entregados, en el que se incluirá el coste de los bienes y servicios utilizados y los gastos de personal (art. 79.Tres). En ambos supuestos, si el valor en el mercado de los bienes ha sufrido variación como consecuencia de su utilización, deterioro, revalorización o cualquier otra causa, la base imponible será el valor que corresponda en el momento de la entrega.

Respecto del autoconsumo de servicios, se utiliza un criterio parecido al anterior, al referirse la base imponible al coste imputable de los bienes o servicios utilizados por el sujeto pasivo en dicho autoconsumo (art. 79.Cuatro).

En los supuestos en que exista vinculación entre las partes se establece una regla especial, con una clara finalidad cautelar, tendente a evitar el fraude. Para la aplicación de dicha regla deben darse dos requisitos: la vinculación entre las partes que intervienen en la operación [63] y la fijación

[63] Vinculación que se presume en los supuestos enumerados en el art. 79.Cinco LIVA.

de precios notoriamente inferiores a los normales en el mercado. La regla especial establece que cuando se den los requisitos anteriores, la base imponible no podrá ser inferior a la que resulta por aplicación de las reglas del autoconsumo, anteriormente analizadas.

En las transmisiones de bienes entre comitente y comisionista actuando en nombre propio, por cuenta del comitente, supuestos en los que se produce, como ya sabemos, una entrega sujeta al impuesto, la base imponible estará constituida por la contraprestación convenida por el comisionista más el importe de la comisión, en caso de comisión de compra, o menos dicho importe, en caso de comisión de venta (art. 79.Seis y Siete). La misma regla se aplica cuando el objeto de la comisión no es una entrega de bienes sino una prestación de servicios (art. 79.Ocho y Nueve). Hay que insistir en que esta regla especial sólo tiene aplicación cuando el comisionista actúa en nombre propio, ya que, en caso contrario, nos encontramos con una prestación de un servicio de mediación por parte del comisionista al comitente, cuya base imponible vendrá determinada por el importe de la contraprestación percibida por el comisionista por el servicio prestado.

En los casos en que la contraprestación se fije en moneda extranjera la base imponible se determina de acuerdo con las reglas anteriormente analizadas, pero para su conversión en moneda española se tendrá en cuenta el tipo de cambio vendedor fijado por el Banco de España el día del devengo, o, en su defecto, el inmediato anterior (art. 79.Diez).

Por último, hay que citar como supuesto excepcional de determinación de la base el que tiene lugar cuando el importe de la contraprestación no se conozca en el momento del devengo, estableciéndose la regla de que ésta se fije provisionalmente aplicando criterios fundados, sin perjuicio de su rectificación cuando dicho importe fuera conocido (art. 80.Cuatro).

313. La modificación de la base imponible

Los supuestos de modificación de la base imponible se encuentran tasados por la Ley y sujetos a estrictos requisitos de forma *(vid.* art. 24 RIVA) dadas las implicaciones que tienen en la cuota del impuesto a ingresar por el sujeto pasivo y a deducir por el repercutido. Como supuestos de reducción de la base se contemplan las devoluciones de envases y embalajes susceptibles de reutilización (art. 80); la modificación de la base en este caso es consecuencia de la previa inclusión en el concepto de contraprestación total del importe de dichos envases o embalajes. Asimismo, darán lugar a la reducción de la base los descuentos y bonificaciones otorgados con posterioridad a la realización de la operación. Los concedidos previa o simultáneamente a dicho momento no formaban parte de la base imponible. Finalmente, hay que incluir entre los supuestos de reducción de la base imponible el que se deriva de la ineficacia total o parcial de la operación, siempre que sea como consecuencia de resolución firme, judicial o administrativa, o con arreglo a derecho o a los usos de comercio (art. 80.Dos). En consecuencia no dan lugar a modificación de la base imponible situaciones como la calificación de cliente de dudoso cobro, la morosidad o falta de pago del precio pactado salvo que, con posterioridad al devengo de la operación, se dicte providencia judicial de admisión a trámite de la suspensión de pagos o auto judicial de declaración de quiebra de aquél. La modificación deberá efectuarse en el plazo de los seis meses siguientes a la fecha de las indicadas resoluciones judiciales y comunicarse a la Administración en el plazo que reglamentariamente se determine [64]. Asimismo, se excluye la posibilidad de modificar la base imponible cuando, a pesar de darse las situaciones descritas, el acreedor cuente con las garantías de cobro que se indican en la Ley o exista vinculación con el deudor.

La modificación de la base, al alza o a la baja, se producirá cuando se altere el precio después del momento en que la operación se haya efectuado (art. 80.Dos).

E) El sujeto pasivo

314. Concepto de sujeto pasivo

Aunque, como hemos visto, el IVA es un impuesto que recae sobre el consumo, siendo el consumidor final el que económicamente soporta el impuesto, la mecánica aplicativa del mismo, basada en el expediente de la repercusión, y la propia definición del hecho imponible, ha llevado al legislador a configurar como sujeto pasivo, con carácter general, no al consumidor de los bienes o servicios, sino al empresario o profesional que los entrega o presta.

Así, se consideran sujetos pasivos «las personas físicas o jurídicas que tengan la condición de **empresarios o profesionales** y realicen las entregas de bienes o presten los servicios sujetos al impuesto» (art. 84.Uno). Junto a las personas físicas o jurídicas, el apartado Tres del artículo 84 otorga la condición de sujetos pasivos a las herencias yacentes, comunidades de bienes y demás entidades que, careciendo de personalidad jurídica, constituyan una unidad económica o un patrimonio separado susceptible de imposición, cuando realicen operaciones sujetas al impuesto.

Especial mención requiere la consideración como sujetos pasivos de los entes públicos. En cuanto que personas jurídicas, serán sujetos pasivos siempre que desarrollen una actividad empresarial y realicen operaciones sujetas al impuesto. Asimismo, es importante recordar el principio establecido por la Sexta Directiva de no considerarlos sujetos pasivos respecto de las actividades u operaciones que desarrollen en el ejercicio de funciones públicas, salvo que ello produzca distorsiones graves de la competencia.

Por último se declaran responsables solidarios de la deuda tributaria a los destinatarios de las operaciones que, mediante declaraciones o manifes-

[64] La Ley 13/1996, de 30 de diciembre, ha sustituido la anterior exigencia de autorización administrativa previa, para poder efectuar la modificación, por la mera comunicación, que deberá realizarse en el plazo de 1 mes a contar desde la fecha de expedición de la factura rectificativa [art. 24.2.1.º*b)* RIVA].

taciones inexactas se beneficiasen indebidamente de exenciones, supuestos de no sujeción o de la aplicación de tipos impositivos menores de los procedentes conforme a derecho (art. 87).

315. La inversión del sujeto pasivo

Aunque como ya hemos visto en el epígrafe anterior, el sujeto pasivo del IVA en las operaciones interiores es quien realice las entregas de bienes o preste los servicios sujetos al impuesto, la Ley contempla una regla especial, con una finalidad antielusiva y de simplificación en la aplicación del impuesto, aplicable principalmente a los supuestos en que, tratándose de operaciones realizadas en el territorio de aplicación del impuesto, quien realice la entrega o preste el servicio no esté establecido en dicho territorio, casos en los que las posibilidades de control por la Administración tributaria española del ingreso del impuesto son mínimas. La aplicación de la regla cuando los que efectúan la operación están establecidos fuera del territorio de aplicación del IVA afecta también a los casos de operaciones realizadas por sujetos establecidos en Canarias, Ceuta y Melilla, supuestos no contemplados en la normativa anterior, y en los que la finalidad que justifica dicha medida pierde razón de ser.

El criterio establecido para los supuestos descritos consiste en configurar como sujetos pasivos a **los destinatarios de las operaciones,** siempre que éstos sean **empresarios o profesionales** (art. 84.Uno.2.º). Nunca hay inversión del sujeto pasivo cuando el destinatario es un particular, pero sí cuando sea un sujeto pasivo que realice exclusivamente operaciones que no originen el derecho a la deducción, o a las que les sea aplicable el régimen especial de la agricultura, ganadería y pesca, o el del recargo de equivalencia, lo que obligará al mismo a liquidar el impuesto por dichas operaciones. Tampoco se produce la inversión del sujeto pasivo cuando el **destinatario no esté establecido** en el territorio de aplicación del impuesto —en tal caso los dos sujetos que intervienen en la operación, prestador y destinatario, tienen la condición de no establecidos, por lo que alterar su posición subjetiva frente al impuesto carecería de sentido—, salvo que se le presten ciertos servicios cuya localización se hace depender del número de identificación a efectos del IVA comunicado por el destinatario, en cuyo caso, aunque no esté establecido, si comunica un número de identificación atribuido por la Administración española el servicio se localiza en el territorio de aplicación del impuesto y el destinatario será sujeto pasivo por inversión. En las denominadas **ventas a distancia o por correspondencia,** cuando se consideren realizadas en el territorio de aplicación del impuesto, obligarán al vendedor a designar un representante para el cumplimiento de las obligaciones derivadas del impuesto.

Excepcionalmente, la regla de la inversión del sujeto pasivo se aplica también en los suministros a los fabricantes de objetos elaborados con metales preciosos, realizados por empresarios establecidos en el propio territorio de aplicación del impuesto. En este caso, a la finalidad antielusiva del mecanismo descrito, se añade la de tratar de equiparar las operaciones nacionales y las intracomunitarias en lo que se refiere a la posibilidad de deducir inmediatamente el impuesto, sin tener que anticiparlo al proveedor (*vid.* § 342), equiparación que, aunque no se produce en el resto de las operaciones sujetas, parece justificada en este caso por el alto valor de los bienes afectados.

III. ADQUISICIONES INTRACOMUNITARIAS DE BIENES

Como vimos al principio, la desaparición de los trámites fiscales en las fronteras del interior de la Comunidad Europea el 1 de enero de 1993 y el mantenimiento, durante un período transitorio cuya duración en este momento es difícil de prever (*vid.* § 287), del principio de tributación en destino ha obligado a la creación de un nuevo hecho imponible del impuesto que afecta a las operaciones intracomunitarias denominado «adquisición intracomunitaria de bienes», que viene a sustituir al constituido en la normativa anterior por las importaciones entre los Estados miembros.

316. Concepto de adquisición intracomunitaria de bienes

Antes de entrar en el análisis de los distintos regímenes aplicables a las adquisiciones intracomunitarias de bienes es preciso delimitar claramente dicho concepto. De acuerdo con la LIVA se entenderá por tal «la obtención del poder de disposición sobre bienes muebles corporales expedidos o transportados al territorio de aplicación del impuesto, con destino al adquirente, desde otro Estado miembro, por el transmitente, el propio adquirente o un tercero en nombre y por cuenta de cualquiera de los anteriores» (art. 15). Nos encontramos, pues, con un concepto idéntico al de las entregas de bienes en las operaciones interiores [65], si bien, para que exista una adquisición intracomunitaria se exige el transporte físico del bien desde el país origen de la transmisión hasta el territorio de aplicación del impuesto. Si no hay transporte físico no existe adquisición intracomunitaria.

La Ley asimila a las adquisiciones intracomunitarias de bienes ciertas operaciones en las que no existe transmisión del poder de disposición, ya analizadas en el § 293, relativas a los traslados de bienes entre Estados miembros que no supongan venta de los mismos sino cambios de afectación dentro de la empresa [66].

[65] El art. 16.4.° declara además la asimilación a las adquisiciones intracomunitarias de bienes de cualquier adquisición resultante de una operación que, si se hubiese realizado en el interior del país por un empresario o profesional, sería calificada como entrega de bienes. Queda, sin embargo, fuera de esta asimilación el autoconsumo de bienes.

[66] *Vid.* art. 16 LIVA.

A) RÉGIMEN GENERAL

317. El hecho imponible

La Ley contempla, en primer lugar, el que podemos denominar régimen general aplicable a las adquisiciones intracomunitarias de bienes, refiriéndolo a las efectuadas a título oneroso por empresarios o profesionales o por personas jurídicas que no actúen como tales, cuando el transmitente sea a su vez un empresario o profesional (art. 13.1.º). La aplicación de este régimen está, pues, condicionada a la concurrencia de varios requisitos:

a) **El carácter oneroso de la operación.** No obstante, el artículo 16 de la Ley asimila a las adquisiciones intracomunitarias de bienes a título oneroso los traslados de bienes entre países miembros que no supongan venta de los mismos sino cambios de afectación dentro de la empresa.

b) **El carácter de empresario o profesional del transmitente.** El mismo artículo añade la exigencia de que dicho sujeto no se beneficie del régimen de franquicia del impuesto en el Estado miembro desde el que se inicie la expedición o el transporte. Dicho régimen es aplicable en determinados Estados a empresas de dimensiones reducidas las cuales no están identificadas en el IVA en lo que afecta a sus entregas, por lo que éstas no darán lugar a adquisiciones gravadas en el Estado miembro de llegada, tratándose, por lo tanto, de entregas exentas sin derecho a deducción en el Estado miembro de salida.

c) **El adquirente ha de ser un empresario o profesional o una persona jurídica que no actúe como empresario o profesional** (fundamentalmente entes públicos). Respecto a este último sujeto es preciso tener en cuenta la aplicación del régimen particular aplicable a personas en régimen especial, de acuerdo con el cual tributarán por el régimen general que estamos analizando cuando el volumen de sus adquisiciones supere determinado límite o cuando opten por la aplicación del mismo *(vid.* § 325).

Cuando se den dichos requisitos nos encontraremos ante una adquisición intracomunitaria de bienes sujeta al impuesto que tributará de acuerdo con el régimen general que estamos exponiendo. Recordemos aquí que la existencia de una adquisición intracomunitaria de bienes gravada en el país de destino lleva aparejada la exención de la entrega en el país de origen *(vid.* § 305). Precisamente por no existir una entrega exenta en origen no se comprenden entre estas adquisiciones intracomunitarias las adquisiciones de bienes cuya entrega haya tributado con sujeción a las reglas establecidas para el régimen especial de bienes usados, objetos de arte, antigüedades y objetos de colección, así como las adquisiciones de bienes cuya entrega se localiza en destino.

318. Supuestos de no sujeción (remisión)

Los supuestos de no sujeción recogidos en el artículo 14 de la Ley son precisamente algunos de los que dan lugar a los regímenes particulares aplicables a ciertas adquisiciones intracomunitarias de bienes. En concreto, de la no sujeción regulada en este artículo resulta el **régimen particular aplicable a las «personas en régimen especial»:** las acogidas al régimen especial de la agricultura, ganadería y pesca; las que sólo realicen operaciones exentas (colegios, hospitales, compañías de seguros, bancos...) y las personas jurídicas que no actúen como empresarios o profesionales (entes públicos, holdings...). Con independencia de que analicemos dicho régimen con posterioridad *(vid.* § 325), hay que resaltar aquí que se trata de un régimen opcional, por lo que si los sujetos citados lo desean pueden optar por tributar de acuerdo con el régimen general que estamos describiendo.

319. Supuestos de exención

Las exenciones relativas a las adquisiciones intracomunitarias de bienes afectan, en primer lugar, a aquellas cuya entrega en el territorio de aplicación del impuesto o importación hubiera estado, en todo caso, no sujeta o exenta, así como a las realizadas por personas no establecidas en el ámbito de aplicación del impuesto que gocen del derecho a la devolución del mismo *(vid.* § 351).

Especial mención merece el tratamiento de las denominadas **operaciones triangulares,** respecto de las cuales se dictaron medidas de simplificación por la Directiva 92/111/CEE, de 14 de diciembre, transpuestas al ordenamiento español por el RD-L 7/1993, de 21 de mayo. Dichas medidas de simplificación afectan a las operaciones consistentes en una entrega de bienes efectuada por un proveedor a un intermediario, identificados ambos en Estados miembros distintos, con transporte de los bienes desde el Estado miembro del proveedor al territorio de aplicación del impuesto, en el cual el intermediario realiza una adquisición intracomunitaria de bienes seguida de una entrega al cliente final, identificado a efectos del IVA en nuestro país. La medida de simplificación consiste en declarar exenta la adquisición intracomunitaria efectuada por el intermediario (art. 26.Tres) y configurar como sujeto pasivo de la subsiguiente entrega al cliente al que van destinados los bienes (sujeto pasivo por inversión) [67]. De esta forma, el intermediario no establecido no tendrá que estar identificado ni efectuar declaración alguna en el territorio de aplicación del impuesto. Dichas medidas de simplificación no serán aplicables cuando el intermediario esté identificado en el territorio de aplicación del impuesto (en tal caso deberá tener designado un representante fiscal) o no esté identificado a efectos del IVA en ningún Estado miembro o lo esté solamente en el Estado miembro de partida del transporte.

---

[67] Art. 84.Uno.2.º y 3.º LIVA.

320. Lugar de realización del hecho imponible

Las adquisiciones intracomunitarias de bienes se entienden realizadas en el territorio de aplicación del impuesto cuando se encuentre en este territorio el **lugar de llegada de la expedición o transporte con destino al adquirente**. Es decir, se aplica el criterio de localización en destino. No obstante, cuando dichas adquisiciones no hayan sido gravadas en el Estado miembro de llegada de la expedición o transporte, se entenderán realizadas en el territorio de aplicación del impuesto si el adquirente ha comunicado al vendedor su número de identificación a efectos del IVA atribuido por la Administración española. En definitiva, se trata de aplicar el criterio de localización en destino o, en su defecto, en el territorio del Estado miembro que haya atribuido el número de identificación a efectos del impuesto bajo el cual el adquirente ha efectuado la adquisición.

321. El devengo

Para la determinación del devengo serán aplicables las mismas reglas establecidas por la LIVA para las operaciones interiores (art. 76), salvo la relativa a los pagos anticipados. La eliminación de los trámites fiscales en la frontera no permite ya utilizar la normativa de la legislación aduanera para establecer el devengo de tales operaciones.

Como regla especial aplicable a los cambios de afectación de bienes que originan traslados de un Estado miembro a otro *(vid.* § 293), se establece como momento del devengo el del inicio de la expedición o transporte de los bienes en el Estado miembro de origen.

322. La base imponible

Para la determinación de la base imponible de la adquisición intracomunitaria serán aplicables las mismas reglas establecidas para las operaciones interiores (art. 82.Uno).

323. El sujeto pasivo

Los sujetos pasivos de las adquisiciones intracomunitarias de bienes son **quienes las realicen** (art. 85). Como ya hemos apuntado, las adquisiciones intracomunitarias de bienes sujetas al régimen general sólo se producen cuando el adquirente es un empresario o profesional o una persona jurídica que no actúe como empresario o profesional. Luego sólo dichas personas o entidades podrán ser sujetos pasivos por dicho concepto.

B) Regímenes particulares

Como ya hemos señalado, el régimen general de imposición de las adquisiciones intracomunitarias de bienes se aplica, con carácter general, sólo a los sujetos pasivos con derecho a deducción. **Las ventas destinadas a consumidores finales u operadores sin derecho a deducción, en principio se gravan en el Estado miembro desde el que se efectúan.** No obstante, ante el riesgo de falseamiento de la competencia debido a una insuficiente aproximación de los tipos impositivos, se han creado tres regímenes particulares de imposición en destino: compras efectuadas en otros Estados miembros por sujetos pasivos totalmente exentos o por personas jurídicas que no son sujetos pasivos; ventas a distancia y ventas de medios de transporte nuevos. A estos regímenes habría que añadir el régimen tributario aplicable a las adquisiciones en régimen de viajeros.

324. El régimen de viajeros

Se trata de un régimen no regulado expresamente por la Ley pero que se deduce del contenido de la misma. Es el régimen aplicable a las adquisiciones intracomunitarias de bienes efectuadas directamente por un particular en otro Estado miembro con desplazamiento físico al mismo. Como vimos al analizar el régimen general de las adquisiciones intracomunitarias éste sólo se aplica cuando el adquirente es un empresario o profesional o persona jurídica que no actúe como tal. Si el adquirente es un particular que se desplaza a un Estado miembro dicha adquisición resulta gravada en origen, el país de compra, como si se tratase de una operación interior, sin ningún tipo de especialidad ni limitación de franquicia en la frontera. El único requisito exigible es que los bienes que adquiera no constituyan una expedición comercial. Se trata, pues, de adquisiciones a las que ya se les aplica el régimen definitivo basado en la **tributación en origen.**

325. El régimen de personas en régimen especial

Se trata de un régimen particular aplicable a determinadas personas, consistente en que para las mismas, cuando sus adquisiciones intracomunitarias superen determinados límites, quedarán sujetas al impuesto en el Estado miembro de llegada de los bienes, recibiendo, pues, el mismo tratamiento que los sujetos pasivos con derecho a deducción. No obstante, hay que advertir que se configura como un **régimen opcional** ya que aunque no superen el umbral fijado, se permite que puedan optar por la sujeción de dichas adquisiciones al régimen general de tributación en destino (art. 14.Cuatro).

Los sujetos a los que resulta aplicable son los acogidos al régimen especial de la agricultura, ganadería y pesca; los que sólo realicen operaciones exentas sin derecho a deducción (colegios, hospitales, compañías de seguros, bancos...) y las personas jurídicas que no actúen como empresarios o profesionales (principalmente entes públicos). Como veremos más adelante, se trata de personas que no tienen derecho a la deducción de las cuotas soportadas, y que, en consecuencia, resultan equiparadas a los consumidores finales.

El límite cuantitativo al que hemos aludido anteriormente hace referencia al importe total de las adquisiciones intracomunitarias de bienes efectuadas por dichas personas que no podrá superar los 10.000 Ecus en el año natural precedente o en el año en curso.

Por último, hay que señalar que se excluyen de la aplicación de este régimen particular las adquisiciones de medios de transporte nuevos y de los bienes que constituyen el objeto de los Impuestos Especiales (cerveza, vinos y bebidas fermentadas, productos intermedios, alcohol y bebidas derivadas, hidrocarburos y labores del tabaco), que siempre tributan en destino (art. 14.Tres).

326. El régimen de ventas a distancia

Las ventas a distancia constituyen un sistema de ventas por el que pueden adquirirse bienes por correspondencia, a través de catálogos, anuncios o cualquier otro procedimiento, sin necesidad de que exista un desplazamiento físico del comprador para efectuar dichas adquisiciones, asumiendo el vendedor o efectuándose por su cuenta el transporte de los bienes.

El régimen de ventas a distancia se aplica a las entregas efectuadas a las personas en régimen especial mencionadas en el epígrafe anterior cuando sus adquisiciones intracomunitarias no estén sujetas al IVA y a los particulares, operadores no identificados en el IVA, y deriva de las reglas de localización del hecho imponible establecidas por el artículo 68.Tres, que localizan en el territorio de aplicación del impuesto dichas entregas cuando el importe total de las efectuadas por el empresario o profesional desde otro Estado miembro con destino a dicho territorio exceda de 4.550.000 ptas. Se trata en definitiva de la aplicación del principio de **tributación en destino,** aunque no en concepto de adquisición intracomunitaria sino de entrega de bienes, por lo que para su aplicación práctica el sujeto pasivo vendedor deberá identificarse a efectos del IVA en el Estado miembro de llegada de sus expediciones o, en su caso, nombrar un representante a los efectos del cumplimiento de las obligaciones relativas al impuesto (en estas operaciones no se produce la inversión del sujeto pasivo).

Mientras el volumen de operaciones del sujeto pasivo que efectúa las ventas a distancia no supere el límite previsto éstas **tributarán en origen.** No obstante, hay que advertir que también este **régimen es opcional** [68], por lo que los empresarios en cuestión pueden optar por aplicar a dichas operaciones el criterio de localización en el Estado miembro donde está establecido o reside el adquirente de los bienes (localización en destino).

---

[68] Art. 68.Tres.4.º tercer párrafo y 68.Cuatro tercer párrafo LIVA.

El mismo tratamiento recibirán dichas operaciones cuando se trate de ventas a distancia realizadas desde el territorio de aplicación del impuesto con destino a otro Estado miembro. En tal caso será preciso conocer el límite fijado por dicho Estado a estos efectos.

Por último, hay que señalar que quedan excluidas de la aplicación de este régimen las adquisiciones de medios de transporte nuevos, los bienes objeto de instalación o montaje, y los bienes objeto de los Impuestos Especiales (art. 68.Tres.3.º y Cuatro), entregas todas ellas que se caracterizan por la tributación en destino independientemente del volumen de operaciones efectuadas por el vendedor.

327. El régimen de los medios de transporte nuevos

Este régimen se aplica a las adquisiciones intracomunitarias de medios de transporte nuevos que **tributarán,** sin excepción, **en el país de destino,** con la finalidad de evitar distorsiones de la competencia y pérdidas de ingresos que podrían derivarse de las diferencias de tipos existentes en los distintos países.

El régimen se aplica a las adquisiciones a título oneroso de dichos bienes [69] efectuadas por personas en régimen especial *(vid.* § 325) o por cualquier otra persona que no tenga la condición de empresario o profesional (art. 13.2.º). Si el adquirente fuese un sujeto pasivo del IVA resultaría aplicable el régimen general de las adquisiciones intracomunitarias de bienes. La aplicación de dicho régimen convierte en sujetos obligados a liquidar el IVA por la adquisición intracomunitaria del medio de transporte nuevo al particular que la efectúe, o a personas que normalmente no están obligadas a ello (personas en régimen especial). El vendedor puede ser cualquiera, incluso una persona en régimen especial o un particular, que adquirirá la condición de sujeto pasivo por el hecho de realizar la entrega de un medio de transporte nuevo [art. 5.Uno.*e)*].

En estas operaciones se aplica la misma técnica que en el régimen general de las adquisiciones intracomunitarias de bienes. El vendedor no repercute IVA por tratarse de una entrega exenta (art. 25.Dos), pudiendo deducir el impuesto soportado en la adquisición con el límite de la cuantía de la cuota del impuesto que procedería repercutir si la entrega no estuviese exenta (art. 94.Dos). El comprador, por su parte, deberá liquidar el impuesto por dicha adquisición.

---

[69] Sobre el concepto de medio de transporte nuevo, *vid.* art. 13.2.º LIVA.

IV. IMPORTACIONES DE BIENES

328. El hecho imponible

Como ya hemos señalado la importación de bienes constituye uno de los hechos imponibles del IVA, si bien debido a la creación del mercado interior comunitario y la consecuente abolición de las fronteras fiscales entre los países miembros de la Comunidad, el concepto de importación ha sufrido un importante cambio respecto de la normativa anterior. En efecto, el hecho imponible «importación» sólo se produce respecto de los **bienes procedentes de terceros países o de zonas extracomunitarias** (art. 18), ya que la entrada en el país de bienes procedentes de otros Estados miembros configuran el nuevo hecho imponible «adquisiciones intracomunitarias». Hay que recordar a estos efectos que se considera importación la entrada en el territorio de aplicación del impuesto de bienes procedentes de Canarias, Ceuta y Melilla.

Asimismo, se hace referencia a la situación aduanera de los bienes, de tal forma que no tendrán la consideración de importaciones las entradas de bienes en el interior del país cuando cumplan las condiciones de los artículos 9 y 10 del Tratado (ser originarios de la Comunidad Europea o haber satisfecho en otro Estado miembro los derechos de importación) o cuando se encuentren en libre práctica de acuerdo con el Tratado constitutivo de la Comunidad Europea del Carbón y del Acero.

La delimitación del concepto de importación se completa con la referencia a la entrada de bienes en el territorio de aplicación del impuesto con **introducción** de los mismos **en áreas exentas** (zonas francas, depósitos francos y otros depósitos) **o** cuando **se vinculen a regímenes aduaneros suspensivos.** Ambos tipos de operaciones no están sujetas al impuesto, produciéndose la importación en el momento y lugar en que los bienes salen de las áreas exentas o abandonan los regímenes suspensivos.

329. Supuestos de exención

La regulación de las importaciones exentas contenida en la Ley es la más exhaustiva de todas las abordadas por la misma ya que abarca nada menos que a 41 artículos de los 171 de que consta. Así, se declaran exentas las importaciones de determinados bienes cuya entrega interior estuviese exenta del impuesto (art. 27), las importaciones definitivas de bienes que gozan de un régimen de franquicia en los derechos de aduana [70], las reimportaciones de bienes (art. 63), las importaciones de determinados

[70] Arts. 28 a 58 LIVA. En relación con las importaciones de bienes en régimen de viajeros, las franquicias aplicables en la actualidad están fijadas en el contravalor en pesetas de 175 Ecus o, tratándose de viajeros menores de 15 años de edad, 90 Ecus. Para las importaciones de mercancías en régimen de viajeros procedentes de las Islas Canarias, de Ceuta y de Melilla, que entren en el territorio de aplicación del impuesto, la Disposición Transitoria Primera de la Ley fija el importe de dicha franquicia en 600 Ecus, y tratándose de viajeros menores de quince años, en 150 Ecus.

bienes efectuadas en el marco de relaciones internacionales (arts. 60, 61 y 62), ciertas importaciones efectuadas por empresas de pesca marítima (art. 59), las prestaciones de servicios relacionados con las importaciones cuya contraprestación esté incluida en la base imponible de las importaciones de los bienes a que se refieran (art. 64), las importaciones de bienes que se vinculen al régimen de depósito distinto del aduanero (art. 65) y, finalmente, se establecen dos exenciones de carácter técnico para evitar la doble imposición.

Las exenciones de carácter técnico se refieren, en primer lugar, a la importación de bienes que hayan de ser objeto de instalación o montaje antes de su puesta a disposición. Como vimos en el § 306 la entrega de dichos bienes se consideraba realizada en el territorio de aplicación del impuesto cuando en él se ultimaba la instalación. De no declararse exenta la importación el vendedor se configuraría como importador de dichos bienes al entrar en nuestro país debiendo pagar el impuesto a la importación y, posteriormente, se produciría una entrega interior, gravada de nuevo, en la que generalmente habría que aplicar la regla de la inversión del sujeto pasivo prevista por el artículo 84.2.º Tan compleja situación, que es la que se producía con la anterior regulación, es la que se trata de evitar declarando exenta la importación de dichos bienes. Situación parecida es la que contempla el apartado 2.º del artículo 66, en la que con ocasión del arrendamiento de bienes muebles éstos entran en el territorio de aplicación del impuesto provenientes de países terceros. La localización de dichas operaciones en el mencionado territorio *[vid.* art. 70.Uno.5.º*l)*] justifica la exención de su importación temporal, tributándose exclusivamente por los servicios prestados en el interior del territorio citado.

330. El devengo

El devengo del IVA en las importaciones se vincula al devengo de los derechos de importación de acuerdo con la legislación aduanera (art. 77), la cual lo refiere normalmente al momento en que tiene lugar la Admisión por los Servicios de Aduanas de la declaración de despacho a libre práctica o a consumo [71].

331. La base imponible

Como regla general la base imponible de las importaciones se determina partiendo del **«valor en aduana»**, que generalmente viene determinado por el valor de transacción, que a su vez está formado por el precio efectivo, ajustado de acuerdo con lo dispuesto en el CAC [72]. Cuando no pueda determinarse dicho valor de transacción por inexistencia de contraprestación, vinculación entre las partes o restricciones o condicionamientos de la

[71] Arts. 201 a 205 CAC.

[72] Aprobado por el Reglamento (CEE) 2913/1992 del Consejo, de 12 de octubre de 1992 (DOCE núm. L 302, de 19 de octubre).

operación que incidan en la contraprestación, el reglamento citado prevé hasta cinco métodos distintos para la determinación del «valor en aduana». A dicho valor se le adicionarán, por un lado, los gravámenes que se devenguen fuera del territorio de aplicación del impuesto o con motivo de la importación (Derechos de Arancel, Impuestos Especiales...), excepto el propio IVA, y, por otro, los gastos accesorios que se produzcan hasta el primer lugar de destino de los bienes en el interior de la Comunidad (art. 83.Uno). Recuérdese aquí que los servicios prestados en el territorio de aplicación del impuesto que ocasionen estos gastos accesorios están exentos por el artículo 64, con la finalidad de evitar una doble imposición al formar parte de la base imponible de las importaciones.

332. El sujeto pasivo

Los sujetos pasivos de las importaciones son **quienes las realicen** (art. 86). No se exige, pues, ninguna cualidad específica del importador, éste podrá ser un empresario o profesional o un particular. Asimismo, tampoco se establece ninguna exigencia respecto del destino de los bienes importados, que puede ser, en consecuencia, su empleo en una actividad económica o el consumo final de los mismos.

Es, pues, la condición de importador la que determina su configuración como sujeto pasivo del impuesto. A estos efectos, se considerarán importadores los destinatarios de los bienes, entre los que se incluyen los consignatarios cuando actúen en nombre propio, aunque lo hagan por cuenta del propietario. Sólo la actuación de aquél en nombre propio lo convierte en sujeto pasivo de la importación, constituyendo la posterior entrega de los bienes al propietario el hecho imponible de una entrega de bienes realizada en el interior del territorio de aplicación del impuesto (art. 8.Dos.6.º). Cuando se trate de una importación en régimen de viajeros, el sujeto pasivo será, lógicamente, el viajero, respecto de los bienes que conduzca al entrar en el territorio de aplicación del impuesto.

V. LA REPERCUSION DEL IMPUESTO

333. El deber de repercutir el impuesto

Como ya se ha comentado con anterioridad, el IVA, en las operaciones interiores, configura como sujetos pasivos, realizadores del hecho imponible, a los que efectúan las entregas de bienes o prestaciones de servicios sujetas al impuesto; pero para que se produzcan los efectos propios de un impuesto general sobre el consumo resulta imprescindible que tenga lugar la incidencia efectiva de la carga tributaria sobre el consumidor final de los bienes o servicios cuya entrega o prestación son gravadas por el mismo, lo que se consigue a través del mecanismo de la repercusión o traslación de la cuota tributaria.

Por dicho motivo la LIVA establece el **deber** de los sujetos pasivos de repercutir íntegramente el importe del impuesto sobre aquél para quien se realice la operación gravada, quedando éste obligado a soportarlo, cualesquiera que fueren las estipulaciones existentes entre ellos (art. 88.Uno). Es importante aclarar que **las cuotas que se repercuten por el sujeto pasivo no son las que éste ha soportado en la adquisición de bienes y servicios, sino las correspondientes a las operaciones por él efectuadas.** Las cuotas soportadas podrán, en su caso, deducirse de las cuotas repercutidas, pero nunca repercutirse al cliente (art. 92.Uno).

No todos los sujetos pasivos están obligados a repercutir, en su significado técnico, el impuesto. La repercusión sólo se produce cuando no exista identidad de partes entre el sujeto pasivo definido por la Ley y el destinatario de la operación gravada. Así, no se repercute el impuesto por los sujetos pasivos por inversión, ya que en tales casos no existe dualidad de partes, el sujeto pasivo y aquel para quien se realiza la operación coinciden en una misma persona. El sujeto pasivo por inversión no soporta el impuesto por repercusión de quien le entrega el bien o presta el servicio, sino que lo ingresa directamente en Hacienda, actuando como si de un sustituto se tratase, aunque la ley no lo configure como tal. Lo mismo sucede con los importadores de bienes, los que realicen adquisiciones intracomunitarias de bienes y con los supuestos de autoconsumo. En este sentido, el artículo 92, cuando establece las cuotas tributarias deducibles, distingue entre las soportadas por repercusión directa y las satisfechas.

334. Requisitos de la repercusión

En primer lugar se exige que la repercusión se efectúe mediante la **factura o documento análogo** (art. 88.Dos). ¿Cuáles son estos documentos análogos mediante los cuales se efectúa la repercusión? El RD 2402/1985, de 18 de diciembre, por el que se regula el deber de expedir y entregar factura que incumbe a empresarios y profesionales [73], contempla en el artículo 4.2 los «documentos sustitutivos de las facturas»: talonarios de vales numerados o, en su defecto, tickets expedidos por máquinas registradoras. Sólo en los casos enumerados en dicho artículo se puede repercutir el impuesto en un documento distinto de la factura, aunque la repercusión no se realizará de forma expresa sino mediante la expresión «IVA incluido» [74].

Por otro lado, la regla general es la de la **repercusión expresa,** es decir, separadamente de la base imponible, indicando el tipo impositivo aplicado (art. 88.Dos). De no hacerse así, se entenderá que la contraprestación no incluyó dichas cuotas (art. 78.Cuatro). No obstante, tanto la LIVA como

[73] BOE de 30 de diciembre.

[74] Los «documentos equivalentes» a que alude el art. 165.Uno LIVA y el art. 8.bis del RD 2402/1985 en los supuestos de inversión del sujeto pasivo y adquisiciones intracomunitarias de bienes, a los efectos de poder deducir la cuota satisfecha en dichas operaciones, no deben considerarse «documentos análogos» a los que alude el art. 88.Dos de la LIVA en relación con la repercusión, ya que en dichas operaciones, como hemos apuntado no puede hablarse de repercusión en sentido técnico.

el RD 2402/1985 contemplan excepciones a esta regla general [75]. En dichos supuestos, ya se expida factura o documento sustitutivo, podrá omitirse la consignación expresa de la cuota tributaria repercutida y del tipo impositivo aplicado, haciendo constar la expresión «IVA incluido» a continuación del precio. No obstante, hay que tener en cuenta, que los empresarios o profesionales tendrán derecho a exigir la expedición de factura completa [76], siempre que las cuotas repercutidas sean deducibles [77].

La repercusión del impuesto no sólo debe hacerse en la forma establecida sino también en el tiempo previsto: al expedir y entregar la factura [78] o documento análogo correspondiente (art. 88.Tres), siempre que no haya transcurrido **un año** desde la fecha del devengo (art. 88.Cuatro).

335. La rectificación de las cuotas repercutidas: causas, formas y plazos

Los motivos que permiten rectificar la cuota repercutida se encuentran tasados por la LIVA, que los refiere a la incorrecta fijación de dichas cuotas —ya sea consecuencia de error de hecho o de derecho—, a la variación de las circunstancias determinantes de su cuantía y a la ineficacia de las operaciones gravadas (art. 89). Dicha lista de motivos que justifican la rectificación constituye un *numerus clausus*. Hay que destacar que no sc incluye como supuesto de rectificación de la cuota repercutida la declaración de fallido de la totalidad o parte del crédito frente al deudor destinatario de la operación, salvo en los casos de quiebra o suspensión de pagos del deudor, que como supuesto de modificación de la base imponible implicará una rectificación de la cuota repercutida (véase § 313). Sólo la ineficacia, con arreglo a derecho, de la operación permitirá dicha rectificación. La Ley 13/1996, de 30 de diciembre, ha ampliado el ámbito de la rectificación al permitir la misma en los casos en que no habiéndose repercutido cuota alguna, se hubiese expedido la factura o documento análogo correspondiente a la operación. Con ello lo que se consigue, en definitiva, es ampliar el plazo para que el sujeto pasivo pueda trasladar a su cliente la carga impositiva, no sometiéndose al más limitado de 1 año para efectuar la repercusión (art. 88), sino al más dilatado de 5 años para efectuar la rectificación.

Por razones operativas y de control, se prohíbe que puedan rectificarse las cuotas repercutidas a sujetos que no actúen como empresarios o profesionales, si la rectificación implica un aumento de dichas cuotas (art. 88.Dos), salvo que se deba a una modificación legal de los tipos impositivos, a la fijación provisional del importe de la contraprestación

[75] Agencias de viajes (art. 142 LIVA), entregas de bienes a las que resulte aplicable el Régimen especial de bienes usados, objetos de arte y objetos de colección (art. 138 LIVA) y operaciones relacionadas en el art. 4.2 del RD citado.

[76] Se considera factura completa la que se ajusta a los requisitos del art. 3 del RD 2402/1985.

[77] Art. 2.3 RD 2402/1985.

[78] Los plazos para expedir y entregar la factura están establecidos en el art. 6 del RD 2402/1985.

(art. 80.Cuatro) o a la alteración del precio después de que la operación se haya efectuado (art. 80.Dos). Para evitar situaciones de fraude, se exceptúan también las rectificaciones de cuotas derivadas de actuaciones inspectoras cuando la conducta del sujeto pasivo sea merecedora de sanción por infracción tributaria.

Finalmente, hay que resaltar que la práctica de la rectificación está sometida a un plazo de **cinco años** desde el devengo o del acaecimiento de las circunstancias modificativas de la contraprestación o determinantes de la ineficacia de la operación, según los casos (art. 89.Uno).

VI. LA CUOTA

336. Los tipos impositivos

El tipo impositivo es el porcentaje que aplicado a la base imponible permite el cálculo de la cuota correspondiente a la operación realizada por el sujeto pasivo, que normalmente se repercute al destinatario de la operación, y que, generalmente, no coincide con la deuda tributaria a ingresar en Hacienda (véase § 354).

La armonización de los tipos impositivos del IVA es una de las cuestiones a la que plantean mayores resistencias los Estados miembros de la Comunidad. No obstante, en 1992 se consiguió aprobar la Directiva 92/77/CEE, de 19 de octubre [79] con la que se tratan de aproximar los distintos tipos impositivos aplicados en dichos Estados. De acuerdo con los criterios establecidos en dicha Directiva la Ley 37/1992 establece tres tipos impositivos distintos, que tras la Ley 41/1994, de 30 de diciembre, han quedado fijados en:

— Un **tipo general del 16 por 100** (art. 90).

— Un **tipo reducido del 7 por 100** para las operaciones enumeradas en el artículo 91.Uno, entre las que se pueden citar las entregas de viviendas (con ciertas salvedades relativas a las VPO), los servicios de hostelería, los relativos a espectáculos y cultura, los transportes de viajeros [79 bis], etc.

— Un **tipo superreducido del 4 por 100** para las adquisiciones de los bienes enumerados en el artículo 91.Dos.1 (básicamente bienes de primera

---

[79] DOCE núm. L 316, de 31 de octubre de 1992; el 20 de diciembre de 1996 se aprobó por el Consejo la Directiva 96/95/CE, por la que se decidió mantener, en lo que respecta al tipo normal, por un período adicional de 2 años, el nivel del tipo mínimo fijado por la Directiva 92/77/CEE.

[79 bis] El Real Decreto-ley 14/1997, de 29 de agosto, aplica al transporte aéreo o marítimo de viajeros el mismo tipo reducido al que se gravaba ya el transporte terrestre; y además, asimila a estos servicios los de utilización de autopistas de peaje. Tal asimilación pretende dar cumplimiento a lo dispuesto en la Ley 13/1996, de 30 de diciembre, la cual, no obstante, condicionaba la aplicación del tipo reducido a estos servicios a que «ello fuera posible de acuerdo con la normativa comunitaria». A nuestro juicio, ello no es posible, al no incluirse los mismos en el Anexo H de la Sexta Directiva; en efecto, tal Anexo, que enumera los bienes y servicios que pueden estar sujetos a tipos reducidos en las legislaciones de los Estados miembros, menciona en quinto lugar sólo «el transporte de personas y de sus equipajes».

necesidad) y los servicios de reparación y adaptación de vehículos para minusválidos (art. 91.Dos.2).

El RD-ley 12/1995 ha añadido un apartado Tres al artículo 91, en virtud del cual las ejecuciones de obra constitutivas de una prestación de servicios, según la nueva regulación, tributarán al tipo reducido correspondiente a las entregas de bienes cuando aquéllas tengan como resultado inmediato la obtención de alguno de los bienes a cuya entrega resulte aplicable el citado tipo.

VII. LAS DEDUCCIONES

337. El derecho a la deducción del IVA soportado

Como exponíamos al principio, el IVA es un tributo que se aplica sobre el valor añadido de los bienes y servicios, si bien la técnica adoptada para ello es la de «deducción de cuota sobre cuota o crédito impuesto», evitándose así el complejo cálculo del valor añadido en cada fase. A tales efectos, en cada período de liquidación, los sujetos pasivos podrán **deducir globalmente** el montante total de **las cuotas deducibles soportadas** en sus adquisiciones, **del montante global de cuotas devengadas** por sus entregas de bienes y servicios. La cantidad a ingresar no tiene, pues, por qué coincidir (en la mayoría de los casos no coincidirá) con la cantidad repercutida a los clientes, sino que, normalmente, se ingresará una cantidad menor, o no se ingresará cantidad alguna, en los casos en que el IVA soportado durante el período sea superior al IVA devengado.

338. Requisitos subjetivos

No todos los sujetos que soportan cuotas de IVA pueden practicar su deducción. El primer requisito que se exige para gozar de dicho derecho es la **condición de empresario o profesional.** No pueden, pues, deducir la cuotas del IVA soportado los particulares.

En segundo lugar se exige que se haya **presentado la declaración de comienzo de actividad** [80]. Los gravosos efectos que puede tener para el sujeto la no presentación de dicha declaración censal, con la imposibilidad de deducir las cuotas soportadas con anterioridad, son paliados por la propia Ley cuando permite que se puedan deducir dichas cuotas desde el momento en que se hubiere presentado dicha declaración o, en su defecto, la declaración-liquidación correspondiente al período en que dichas cuotas hubiesen sido soportadas (art. 71 RIVA), siempre que no hubiere mediado

---

[80] Art. 93.Uno.2.º LIVA. Sobre la declaración de comienzo de actividad, *vid.* art. 164 LIVA. La determinación de los sujetos obligados a presentar dicha declaración censal se lleva a cabo por el art. 1 del RD 1041/1990, de 27 de julio (BOE de 10 de agosto), en cuyo apartado 3 se excluye a las personas o entidades que realicen exclusivamente las entregas a título ocasional de medios de transporte nuevos que, en consecuencia, tendrán derecho a practicar la deducción señalada sin que estén obligados a la presentación de la citada declaración.

requerimiento de la Administración o actuación inspectora (art. 93.Tres, segundo párrafo).

En último lugar, se establece el requisito de **haber iniciado la realización efectiva de las entregas de bienes o prestaciones de servicios** correspondientes a su actividad económica (art. 93.Uno.3.º). Con esta exigencia no se trata de impedir la deducción de las cuotas soportadas con anterioridad al inicio de la actividad, entendido el mismo como la realización por el propio empresario o profesional de operaciones sujetas al impuesto, sino de establecer distintos regímenes de deducción, remitiéndose a un régimen específico la regulación de los requisitos para que puedan deducirse las cuotas soportadas en dicho período [81]. Sobre la adecuación de esta regulación al ordenamiento comunitario a la luz de la jurisprudencia del TJCE véase § 346.

Asimismo, el ejercicio del derecho a la deducción de las cuotas soportadas en las actividades sujetas a algunos de los regímenes especiales contemplados por la Ley se somete a la regulación específica de cada uno de ellos.

339. Requisitos objetivos

No todas las cuotas soportadas resultan deducibles. El artículo 92 viene a fijar los requisitos objetivos de dichas cuotas para que se origine el derecho a su deducción. En primer lugar, sólo son deducibles las cuotas soportadas que se hayan **devengado en el interior del país** *(vid.* arts. 68 a 74). En relación con las cuotas soportadas devengadas en otros Estados miembros, la Octava Directiva del Consejo 79/1072/CEE establece que cada Estado miembro devolverá a todo sujeto pasivo que no esté establecido en el interior del país el IVA soportado en dicho territorio. De acuerdo con el procedimiento en ella previsto los sujetos pasivos del IVA español podrán obtener la devolución del IVA soportado en territorios en los que no están establecidos. La imposibilidad de deducir dichas cuotas se ve así compensada por este procedimiento especial de devolución a no establecidos en el interior del país.

En segundo lugar, dichas cuotas deben ser **soportadas por repercusión directa o satisfechas** en las importaciones, adquisiciones intracomunitarias, autoconsumo interno o adquisiciones a no establecidos en el territorio de aplicación del impuesto que impliquen la inversión del sujeto pasivo (art. 92.Uno). Como veremos más adelante, desde el 1 de enero de 1995, las únicas cuotas para cuya deducibilidad se exige el requisito de que hayan sido previamente satisfechas son las correspondientes a las importaciones; las restantes podrán ser deducidas en los términos indicados en el § 342. No son deducibles las cuotas satisfechas en los supuestos de autoconsumo externo, ya sea de bienes o de servicios.

En tercer lugar, se exige que los bienes y servicios adquiridos o importados **se utilicen en la realización de operaciones que cumplan los siguientes requisitos** [82]:

---

[81] Art. 93.Tres LIVA en relación con los arts. 111, 112 y 113.

[82] *Vid.* art. 92.Dos, en relación con el 94.Uno.

— Las realizadas en el territorio de aplicación del impuesto o fuera de él, siempre que en este último caso dichas operaciones hubieran originado el derecho a la deducción si se hubieran efectuado en el interior de dicho territorio [83].

— Las operaciones interiores sólo originan el derecho a la deducción si se trata de **operaciones sujetas y no exentas** del impuesto, salvo las operaciones de exportación o las entregas intracomunitarias de bienes, así como los servicios cuyo valor esté incluido en la base imponible de las importaciones (§ 331) y los prestados por agencias de viajes en régimen especial fuera de la Comunidad (§ 360) que, por gozar de exención plena, permiten la deducción de las cuotas soportadas [art. 94.Uno.1.º*c)*]. Hay que señalar que las entregas gratuitas de muestras, impresos u objetos de carácter publicitario no sujetas (art. 7.2.º y 4.º) sí permiten deducir las cuotas soportadas en las adquisiciones de dichos bienes (art. 96.Uno.5.º).

— Los bienes o servicios adquiridos o importados deben estar **afectados directa y exclusivamente a la actividad empresarial o profesional** (art. 95.Uno), permitiéndose el uso para necesidades personales o particulares de forma accesoria y notoriamente irrelevante [84]. Esta inicial afirmación del artículo 95.Uno resulta matizada en el apartado Cuatro del mismo artículo, cuya introducción intenta responder a los criterios establecidos por el TJCE, que en la Sentencia de 11 de julio de 1991 declara que «todo sujeto pasivo que utilice bienes para las necesidades de una actividad económica tiene derecho, en el momento de la adquisición de dichos bienes, a deducir el IVA soportado..., por reducida que sea la proporción en que los referidos bienes se usen para fines profesionales». En este sentido, el apartado Cuatro citado establece que cuando se trate de elementos patrimoniales que sirvan sólo parcialmente al objeto de la actividad se entenderá producida la afectación por aquella parte de los mismos que se utilice realmente en la actividad de que se trate. Pero añade a continuación que sólo se considerarán afectadas aquellas partes de los elementos patrimoniales que sean susceptibles de un aprovechamiento separado e independiente del resto, negando la posibilidad de afectación parcial de los elementos patrimoniales indivisibles. A nuestro juicio, esta restricción a la posibilidad de **afectación parcial,** y consecuentemente a la deducción, no se ajusta a los criterios de la Sentencia citada.

340. Exclusiones y restricciones del derecho a la deducción

La Sexta Directiva, en su artículo 17.6, contempla la posibilidad de que determinados gastos no generen el derecho a la deducción del IVA por

---

[83] También son deducibles las cuotas soportadas en la adquisición de bienes y servicios empleados en las operaciones de seguro, reaseguro, capitalización y servicios relativas a las mismas, así como las bancarias o financieras que estarían exentas de haberse realizado en el territorio de aplicación del impuesto, siempre que el destinatario de tales prestaciones esté establecido fuera de la Comunidad o que las citadas operaciones estén directamente relacionadas con exportaciones fuera de la Comunidad y se efectúen a partir del momento en que los bienes se expidan con tal destino (art. 94.Uno.3.º LIVA).

[84] Art. 95.Tres. Sobre el alcance de dicha regla, *vid.* art. 27 RIVA.

considerarse que no tienen un carácter estrictamente profesional, tales como los de lujo, recreo o representación. El Proyecto de Duodécima Directiva del Consejo amplía dichos gastos a aquéllos en los que la distinción entre la parte correspondiente a la actividad empresarial o profesional y la correspondiente a la privada no puede ser objeto de un control preciso por lo que existen riesgos de abuso o de fraude fiscal. En la línea descrita por dichas disposiciones, la Ley lleva a cabo una delimitación negativa de las cuotas soportadas deducibles, estableciendo las que no podrán ser objeto de deducción salvo que se trate de bienes que objetivamente considerados sean de exclusiva aplicación industrial, comercial, agraria, clínica o científica, o que estén destinados a ser objeto de entrega o cesión de uso a título oneroso, o de servicios recibidos para ser prestados mediante contraprestación en virtud de operaciones sujetas al impuesto (art. 96). Entre las exclusiones contempladas cabe destacar las que afectan a la práctica totalidad de las operaciones y servicios relacionados con automóviles de turismo, motocicletas, aeronaves o embarcaciones deportivas o de recreo, permitiéndose, excepcionalmente, su deducción cuando su utilización no dé lugar a una retribución en especie en los impuestos sobre la renta (art. 96.Uno.1.º); así como las soportadas en adquisiciones, arrendamientos o importaciones de alimentos, tabaco, bebidas, espectáculos, joyas, alhajas o piedras preciosas. En relación con las cuotas soportadas en los servicios de desplazamiento o viajes éstas resultan deducibles cuando lo satisfecho por los citados servicios tuviera la consideración de gasto deducible a efectos del IRPF o del IS; mientras que cuando se trata de servicios de hostelería o restaurante hay una clara contradicción entre lo dispuesto en el número 2.º del artículo 96.Uno, que considera deducibles las cuotas soportadas en los mismos casos que en los desplazamientos o viajes, y el número 3.º que prohíbe su deducción en todo caso. En nuestra opinión, el principio de neutralidad del impuesto debe llevar a la prevalencia del número 2.º sobre el 3.º

341. Requisitos formales

En relación con los requisitos de carácter formal para poder ejercitar el derecho a la deducción de las cuotas soportadas hay que señalar que sólo podrán ejercitarlo los sujetos pasivos que **estén en posesión del documento justificativo** de su derecho (art. 97). Este documento será distinto según el tipo de operación de que se trate. Normalmente vendrá constituido por la factura original expedida por quien realice la entrega o preste el servicio. Cuando se trate de cuotas satisfechas en importaciones el documento justificativo será el acreditativo del pago del impuesto a la importación; y en caso de adquisiciones intracomunitarias de bienes o inversión del sujeto pasivo, el documento emitido por el propio sujeto pasivo [85]. Asimismo, hay que recordar que en los casos de autoconsumo interno, cuya cuota como sabemos es deducible, existe obligación de expedir la correspondiente factura [86].

---

[85] *Vid.* art. 8 bis del RD 2402/1985, de 18 de diciembre (BOE de 30 de diciembre).

[86] Art. 2.1 RD 2402/1985.

Aunque en sentido estricto no se trate de un supuesto de deducción de la cuota del IVA soportado, hay que mencionar aquí el derecho a la deducción de la compensación a tanto alzado satisfecha a los sujetos incluidos en el régimen especial de la agricultura, ganadería y pesca (art. 134). Para el ejercicio de dicho derecho será preciso que el sujeto pasivo que pretende deducir la compensación esté en posesión del recibo original firmado por el titular de la explotación (art. 97.Uno.4.º).

342. Nacimiento y ejercicio del derecho a deducir

La regulación del impuesto distingue entre el nacimiento del derecho a deducir el IVA soportado y el ejercicio de dicho derecho. En relación con la regulación de esta materia hay que resaltar las modificaciones introducidas por la Ley 42/1994, de 30 de diciembre, que entraron en vigor el 1 de enero de 1995. Tras dichas modificaciones el derecho a deducir **nace** en todos los casos, salvo en las importaciones, en el **momento en que se devenguen** las cuotas deducibles. Con ello se ha producido un importante cambio respecto del tratamiento que recibían las cuotas soportadas sin repercusión por otro sujeto pasivo: adquisiciones intracomunitarias de bienes, supuestos de inversión del sujeto pasivo y autoconsumo interno, respecto de las cuales España había hecho uso de la autorización contenida en el artículo 2 de la Directiva 92/111/CEE del Consejo, de 14 de diciembre de 1992, que le permitía no aplicar el **principio de deducción inmediata,** por lo que difería el nacimiento del derecho a deducir las cuotas soportadas al momento en que éstas hubiesen sido satisfechas, de tal forma que dichas cuotas debían declararse como IVA devengado en el período correspondiente, pudiendo deducirse en la declaración del siguiente período. Ello obligaba a las empresas a que tuviesen que efectuar el ingreso de una cuota del IVA que no recuperarían, en el mejor de los casos, hasta transcurridos tres meses, con la carga financiera que ello implica. La expiración del plazo por el que se concedió dicha autorización obligó a modificar esta situación, permitiendo que el IVA soportado pueda deducirse en la misma declaración en la que se computa como IVA devengado, evitándose así el desfase citado. Para ello se modificó el apartado Dos del artículo 98 incluyendo dichas cuotas entre aquellas respecto de las cuales el derecho a deducir nace con el devengo de las mismas.

Sólo, pues, en relación con las **importaciones,** el derecho a la deducción nace cuando las cuotas deducibles resultan **satisfechas.** Dado que dichas cuotas se liquidan por las Aduanas, siempre cabrá la posibilidad de deducirlas en el período de liquidación en el que se han soportado. No obstante, en relación con las operaciones asimiladas a las importaciones contempladas en el artículo 19, las cuales tienen fijado un plazo de declaración e ingreso por el sujeto pasivo (art. 73.3 RIVA), la nueva redacción del apartado Dos del artículo 98 establece que el derecho a la deducción nacerá al finalizar el período a que se refieran estas últimas declaraciones.

Una vez nacido el derecho a deducir éste sólo podrá **ejercitarse** en la declaración-liquidación relativa al **período** de liquidación en que su titular haya **soportado** las cuotas deducibles o en las de los **sucesivos,** siempre que no hubiera transcurrido el plazo de **cinco años** desde el nacimiento del mencionado derecho, es decir, desde el devengo o momento del pago, según los casos. A tales efectos, la Ley dispone que se entenderán soportadas las cuotas deducibles en el momento en que su titular reciba la correspondiente factura o demás documentos justificativos del derecho a deducir o, en su caso, emita el documento equivalente a la factura previsto en el artículo 165, apartado uno (siempre que se haya producido el devengo con anterioridad, ya que, en caso contrario, el derecho no habrá nacido todavía). No obstante, para las importaciones las cuotas deducibles se entenderán soportadas en el momento en que nazca el derecho a la deducción, es decir, cuando se efectúe el ingreso de dichas cuotas.

La nueva regulación del **régimen especial de bienes usados, objetos de arte, antigüedades y objetos de colección** (véase § 359), que permite que los sujetos pasivos revendedores renuncien a la aplicación del régimen especial a cualquiera de las operaciones en él incluidas, en cuyo caso tendrán derecho a deducir las cuotas del impuesto soportadas o satisfechas en la adquisición o importación de los bienes objeto de reventa, justifica la introducción de una regla especial. En efecto, dado que la opción por la aplicación del régimen especial o el régimen general se efectúa en el momento de la entrega de los bienes por el revendedor, para evitar el riesgo de fraude, se establece que el **derecho a la deducción** de las cuotas soportadas o satisfechas con ocasión de la adquisición o importación de los bienes revendidos **nace** en el momento en que se **devengue** el impuesto correspondiente a las **entregas** de dichos bienes (art. 98.Cuatro), momento en el que se entenderán, asimismo, **soportadas** dichas cuotas (art. 99.Cuatro) y, en consecuencia, será el momento que determina el período en el que podrá ejercitarse el derecho a la deducción. Se produce, pues, un diferimiento de la deducción de las cuotas de IVA soportadas, que no se efectuará en el período en que se produce la adquisición de los bienes sino en aquel en que se revenden.

Asimismo, en las **entregas ocasionales de medios de transporte nuevos** exentas, el derecho a la deducción (en realidad se trata de un supuesto de devolución) sólo podrá ejercitarse en la declaración-liquidación especial de carácter no periódico prevista al efecto [87], con un plazo de presentación propio: 30 días naturales a contar desde el día en que tenga lugar la entrega [88].

En los supuestos en que el importe de las cuotas deducibles en un determinado período supere el de las cuotas devengadas, el exceso podrá ser **compensado** en las declaraciones-liquidaciones posteriores, durante un plazo de **cinco años** a contar desde el momento en que se presentó la declaración-liquidación en que se origine dicho exceso (art. 99.Cinco). Transcurrido dicho plazo sin que se haya ejercitado el derecho a la deducción se entenderá caducado el mismo.

---

[87] Art. 71.7.º1.º RIVA.

[88] Número décimo, cuatro de la Orden de 30 de diciembre de 1992 (BOE de 31 de diciembre).

343. La regla de la prorrata. Clases de prorrata y criterios de aplicación

Como hemos visto en apartados anteriores, las operaciones realizadas por el sujeto pasivo condicionan la deducibilidad del IVA soportado en la adquisición de bienes y servicios empleados en las mismas. No todas las operaciones efectuadas por el sujeto pasivo originan el derecho a la deducción. Eso ocurre, por ejemplo, en las denominadas «exenciones limitadas».

Cuando un sujeto realiza conjuntamente operaciones de ambos tipos, que originen el derecho a la deducción y que no habiliten para el ejercicio del mismo, se plantea el problema de determinar la cuantía del IVA soportado en las adquisiciones que resulta deducible, especialmente cuando los bienes y servicios adquiridos se emplean simultáneamente en ambos tipos de operaciones. Para solucionar dicho problema, el legislador ha previsto la aplicación de una regla denominada prorrata, cuya finalidad es establecer un «prorrateo» del grado de utilización de los bienes y servicios adquiridos en las distintas operaciones realizadas por el sujeto, permitiendo la deducción del IVA soportado en la misma proporción que resulta de dicho prorrateo.

La Ley contempla dos modalidades de aplicación (art. 103): la **prorrata general** y la **prorrata especial;** estableciendo que esta última procederá sólo cuando con la aplicación de la prorrata general resulte una cantidad a deducir un 20 por 100 superior a la que se produciría con la aplicación de la prorrata especial, o bien cuando el sujeto pasivo opte por la utilización de la misma [89].

Para el cálculo de la prorrata se determina el porcentaje que representan las operaciones que originan el derecho a la deducción respecto del total de las operaciones realizadas por el sujeto pasivo (art. 104.Uno). La fórmula a aplicar es la siguiente:

$$\% = \frac{\text{Volumen operaciones con derecho a deducción}}{\text{Volumen total operaciones}} \times 100$$

El cálculo de dicho porcentaje se efectúa de acuerdo con los siguientes criterios:

1. No se computarán las operaciones realizadas desde establecimientos permanentes situados fuera del territorio de aplicación del impuesto, cuyos costes no sean soportados por establecimientos situados dentro de dicho territorio; las no sujetas enumeradas en el artículo 7 [en el denominador deberán computarse las operaciones exentas y las no sujetas distintas de las del artículo 7 (art. 104.Cuatro)]; ni las que suponen cambio de afectación de bienes producidos por la empresa, o de existencias, a bienes de inversión.

[89] El procedimiento para el ejercicio de dicha opción viene establecido por el art. 28 del RIVA.

2. El importe de las operaciones a computar se tomará sin incluir la cuota de IVA que las grave.

3. No se computarán las entregas de bienes de inversión utilizados en la actividad, ni las operaciones inmobiliarias o financieras que no constituyan actividad típica del sujeto pasivo.

4. El porcentaje resultante se redondeará por exceso.

El porcentaje así calculado se aplicará al total de las cuotas soportadas por el sujeto pasivo durante el año natural correspondiente, excluidas las no deducibles por incumplir el requisito de afectación de los bienes al ejercicio de la actividad, o por estar excluidas de deducción en el artículo 96. El resultado obtenido es el IVA soportado deducible.

El importe de las operaciones a considerar para el cálculo de la prorrata es el relativo al año que corresponda, es decir, referido al año en que se va a aplicar dicho porcentaje. Ahora bien, si tenemos en cuenta que el IVA es un impuesto de liquidación trimestral o mensual *(vid.* § 354), difícilmente se podrá aplicar la regla en cuestión respecto de los tres primeros trimestres del año, ya que en tales fechas se desconoce el importe de las operaciones del mismo. Para solventar dicho obstáculo se establece la aplicación de una **prorrata provisional,** en base a las operaciones del año precedente, y su posterior regularización, en la última liquidación del impuesto, de acuerdo con la **prorrata definitiva,** en función, ya, de las operaciones realizadas en el año de aplicación de la prorrata (art. 105.Uno y Cuatro).

La prorrata especial no es más que una especificación de la prorrata general para aquellos supuestos en que puedan individualizarse los bienes y servicios adquiridos y utilizados exclusivamente en operaciones que originen el derecho a la deducción, o en las que no habiliten para el ejercicio del mismo. En el primer caso, el IVA soportado en la adquisición de dichos bienes y servicios es deducible en su integridad. En el segundo, no podrá ser objeto de deducción alguna. Para el resto de los bienes y servicios adquiridos, los utilizados conjuntamente en ambos tipos de operaciones, se aplica la regla de la prorrata general.

344. Régimen de deducciones en sectores diferenciados de la actividad empresarial o profesional

Para los sujetos pasivos que realicen actividades económicas en sectores diferenciados de actividad (§ 298) la Ley prevé que deberán aplicar con independencia el régimen de deducciones respecto de cada uno de ellos, régimen que será aplicable respecto de los bienes o servicios utilizados exclusivamente en cada sector diferenciado, mientras que para las adquisiciones o importaciones de bienes o servicios para su utilización en común en varios sectores diferenciados el porcentaje de deducción aplicable será el que resulte de la aplicación de la prorrata general, computando a tal efecto el volumen de operaciones realizadas en los sectores diferenciados correspondientes (art. 101).

Asimismo se establece que la opción por la aplicación de la prorrata especial excluiría la aplicación del régimen de deducciones que estamos comentando, si bien se restringen los efectos de dicha opción que no abarcarán a las actividades incluidas en los regímenes especiales simplificado; de la agricultura, ganadería y pesca; y del recargo de equivalencia, en los que el derecho a la deducción se practicará según las normas previstas para ellos.

Por último, hay que mencionar la posibilidad de que la Administración autorice un régimen de deducción común a determinados sectores diferenciados de actividad y con los efectos previstos legalmente.

345. Deducciones de cuotas soportadas en la adquisición de bienes de inversión y regularización de las mismas. Transmisión de bienes de inversión durante el período de regularización

La deducción de las cuotas soportadas en el IVA se rige por el principio de deducción inmediata, a practicar desde el momento de la adquisición de los bienes. Dicho principio se aplica sin distinguir el tipo de bienes a los que afecte, por lo tanto también a los bienes de inversión. Ello supone prescindir de la consideración de que los bienes de inversión son por naturaleza susceptibles de utilización durante varios años. Consecuentemente, para prevenir distorsiones en el funcionamiento del impuesto, cuando se produzcan variaciones superiores a **diez puntos** en la prorrata aplicable en los años inmediatamente posteriores a la adquisición del bien de inversión respecto de la que prevaleció en el año en que se soportó la repercusión, se establece la obligación de **regularizar** las deducciones inicialmente practicadas. Dicha obligación permanece durante un plazo de cuatro años o, tratándose de inmuebles o edificaciones, de nueve, a partir del siguiente al del inicio de la utilización efectiva de dichos bienes (art. 107). Excepcionalmente, cuando los bienes se adquieran mediante una transmisión de la totalidad o parte del patrimonio empresarial no sujeta, la Ley prevé la subrogación del adquirente en la posición del transmitente, debiendo aquél regularizar exclusivamente durante los años que resten para finalizar el período de regularización (art. 107.Cinco).

El cálculo de la regularización a practicar en cada uno de los años del período de regularización se efectúa aplicando la siguiente fórmula:

$$\frac{d^n - d^m}{p}$$

d^n = deducción efectuada en el año en que tuvo lugar la repercusión.

d^m = deducción que procedería si la repercusión de las cuotas se hubiese soportado en el año que se considere.

p = 5 o, tratándose de terrenos o edificaciones, 10.

En caso de transmisión del bien de inversión antes de haber transcurrido el período de regularización, la LIVA establece un criterio para regularizar de una sola vez, por todo el tiempo que queda por transcurrir hasta la expiración de dicho período (art. 110).

El criterio fijado toma en consideración el tipo de transmisión que se realice. Si la transmisión corresponde a una operación sujeta y no exenta, o con exención plena (exportaciones y entregas intracomunitarias de bienes), se considera que el bien de inversión se empleó, exclusivamente, en la realización de operaciones que originan el derecho a deducir, durante todo el año en que se realizó dicha entrega y en los restantes hasta la expiración del período de regularización. En tales supuestos se pueden producir deducciones adicionales, cuando la cuota soportada en la adquisición del bien no se haya deducido íntegramente en el período en que se soportó como consecuencia de la aplicación de la regla de la prorrata. Las deducciones adicionales a que dé lugar dicha regularización tienen un límite constituido, para las operaciones sujetas y no exentas, por la cuota repercutida al adquirente en la transmisión del bien a que se refiera, y para las operaciones con exención plena, por la cuota que resultaría de aplicar el tipo impositivo vigente al valor interior de los bienes exportados o enviados a otro Estado miembro de la Comunidad.

Si la entrega corresponde a una operación exenta, salvo las indicadas en el párrafo anterior, o no sujeta, se considerará que el bien se empleó exclusivamente en operaciones que no originan el derecho a deducir, durante todo el año en que se realizó la entrega y los restantes hasta la expiración del período de regularización. En estos casos, como consecuencia de la regularización, se puede producir una cuota adicional a ingresar, dependiendo de la prorrata aplicada en el año en que se soportó la cuota.

Por último, la Ley contiene una excepción a las reglas que acabamos de comentar, referida a la transmisión de bienes de inversión integrantes de un patrimonio empresarial o profesional transmitido mediante una operación no sujeta. En tales supuestos no se aplica la regularización por transmisión, debiendo el adquirente subrogarse en la posición del transmitente continuando las regularizaciones anuales que resten hasta agotar el período de regularización (art. 110.Cuatro).

346. Deducciones anteriores al comienzo de la actividad

Como vimos en el § 338, uno de los requisitos subjetivos exigidos por la Ley para ejercitar el derecho a practicar la deducción consiste en haber iniciado efectivamente la realización de las entregas de bienes o prestaciones de servicios que constituyan el objeto de la actividad del sujeto pasivo. No obstante, la realidad demuestra que en muchas ocasiones se soportan cuotas del IVA con anterioridad al comienzo efectivo de la actividad. Para que dichas cuotas puedan ser objeto de deducción, el artículo 111 de la Ley, tras la modificación introducida por la Ley 13/1996, de 30 de diciembre, establece dos procedimientos distintos a tal efecto; el primero de ellos permite la práctica de la deducción a partir del momento en que se inicien las actividades, es decir, a partir del momento en que se inicien las entregas de bienes o prestaciones de servicios que constituyan el objeto de la actividad. Con el fin de evitar a los sujetos pasivos la carga financiera que habrían de soportar por el plazo que transcurre entre los primeros gastos de inversión y el inicio de la realización de operaciones sujetas, se prevé un procedimiento especial que permite la deducción a partir del momento en que se hubiere presentado la declaración de comienzo de la actividad o, en su defecto, la declaración-liquidación correspondiente al período en que dichas cuotas hubiesen sido soportadas; pero se somete esta posibilidad al doble requisito de haber presentado la indicada declaración previa e iniciar las actividades en el plazo de un año, prorrogable, desde que se presentó la solicitud de deducción. Las limitaciones que condicionan el ejercicio del derecho a la deducción en estos casos resultan, en nuestra opinión, contrarias a la interpretación que hace de la Sexta Directiva el TJCE, quien ha declarado la deducibilidad de dichas cuotas incluso cuando posteriormente la actividad económica prevista no haya dado lugar a operaciones gravadas [90].

Para la práctica de dichas deducciones se aplicará provisionalmente el porcentaje de deducción que se proponga por el sujeto y sea aceptado por la Administración, practicándose su **regularización** posterior en función del porcentaje definitivo que globalmente corresponda al período diferenciado de actividad, de los cuatro primeros años naturales del ejercicio de la actividad. Tratándose de edificaciones y terrenos deberá practicarse, además, una regularización complementaria durante los cinco años siguientes a los cuatro primeros de actividad.

De la aplicación de este procedimiento especial resultan excluidos aquellos sujetos que deban quedar sometidos al Régimen especial del recargo de equivalencia, por las actividades en él incluidas, dado que una de las características del mismo es la imposibilidad de deducir las cuotas soportadas. Asimismo, la solicitud de aplicación de las deducciones aquí comentadas condiciona futuras opciones del sujeto pasivo, ya que, para dichas actividades, no podrá acogerse a los regímenes especiales en los que no se permite la deducción del IVA soportado (Simplificado o de la Agricultura, Ganadería y Pesca) hasta que finalice el quinto año natural del ejercicio de dichas actividades (art. 111.Ocho).

Hay que advertir que de este régimen especial de las deducciones quedan excluidas las cuotas soportadas como consecuencia de la adquisición de terrenos, las cuales sólo serán deducibles a partir del momento en que se inicien efectivamente las operaciones sujetas.

---

90 *Vid.* las Sentencias de 14 de febrero de 1985, *Rompelman/Minister van financiën* (268/1983, Rec. p. 655) y de 29 de febrero de 1996, *Intercommunale voor zeewaterontzilting (INZO)* (C-110/1994, Rec. p. I-857).

347. La rectificación de las deducciones: requisitos y plazos

Las causas que justifican la rectificación de las deducciones ya practicadas guardan, por lo general, una estrecha relación con las que determinaban la modificación de la base imponible (art. 80) y la rectificación de las cuotas repercutidas (art. 89). El único supuesto en que dicha conexión resulta inexistente es el referido a la incorrecta determinación de las mismas, como consecuencia de una actuación propia del sujeto que practica la deducción, por ejemplo, la deducción de un importe distinto al que figura en la factura o una incorrecta aplicación de la regla de la prorrata. Los demás supuestos de rectificación de las deducciones son provocados por la existencia de una causa previa que determinó la rectificación de la repercusión por aplicación del artículo 89: determinación incorrecta de la cuota repercutida, alteración del precio después de haber realizado la operación, corrección del importe de la contraprestación provisionalmente fijado, supuestos de suspensión de pago o quiebra, etc.

La rectificación de las deducciones se contempla por la norma como un derecho del sujeto pasivo, al igual que ocurre con las deducciones, sin embargo, se configura como un deber cuando implique una minoración de las cuotas deducibles (art. 114.Uno), debiendo efectuarse en la declaración-liquidación del período en que se hubiese recibido el documento rectificativo, o en la de los siguientes, siempre que no haya transcurrido el plazo que se indica a continuación.

El plazo establecido para la rectificación de las deducciones es el de **cinco años** desde el nacimiento del derecho (el devengo o el pago de las cuotas deducibles, según los casos), o desde la fecha de realización del hecho que determine la variación del importe de las cuotas a deducir (art. 114.Dos). No obstante, cuando la rectificación implique un incremento de las cuotas a deducir, y se deba a un error en la liquidación de las cuotas repercutidas, el plazo se reduce a un año desde la expedición de la factura o documento equivalente. Esta última excepción al plazo general deja fuera de ella los supuestos de rectificación con incremento de cuotas a deducir derivados de una previa modificación de la base imponible que, en consecuencia, estarían sometidos al plazo general de cinco años.

VIII. LAS DEVOLUCIONES

348. Las devoluciones: Régimen general

Puede suceder que el importe total de las cuotas devengadas en un período sea inferior al de las soportadas en el mismo período. Más atrás *(vid.* § 342) hemos visto que, para tales situaciones, el legislador ha previsto que dicha diferencia se pueda recuperar en períodos sucesivos durante un plazo de cinco años, a partir del cual el sujeto que no haya podido compensar tales excesos soportaría definitivamente el impuesto, con lo que su posición en la cadena del IVA quedaría asimilada a la del consumidor final.

De no existir alternativa a la situación descrita, se produciría una quiebra en un aspecto básico del IVA: la recuperación de las cuotas soportadas por los sujetos pasivos y el traslado del impuesto al consumidor final. Para evitar dicha consecuencia, la Ley prevé que cuando la cuantía de las cuotas soportadas deducibles exceda continuadamente de las cuotas devengadas, el sujeto pasivo tendrá derecho a solicitar la devolución del **saldo a su favor existente a treinta y uno de diciembre** de cada año (art. 115). Dicha solicitud deberá efectuarse en la declaración-liquidación correspondiente al último período de liquidación de dicho año.

349. Devoluciones a exportadores y otros operadores económicos en régimen comercial

La LIVA contempla un **procedimiento especial de rápida devolución** con el fin de evitar costes a los empresarios cuya actividad origina continuadamente créditos de impuesto (art. 116). Dicho régimen se aplica, por un lado, a los sujetos pasivos que durante el año anterior o en curso hubieran realizado, por un importe global superior a veinte millones, operaciones de exportación o asimiladas, entregas intracomunitarias de bienes exentas o ventas a distancia no sujetas al IVA por entenderse efectuadas en el Estado miembro de destino, así como prestaciones de servicios relacionados con las importaciones cuya contraprestación esté incluida en la base imponible de las mismas; y, por otro lado, desde el 1 de octubre de 1994, también a los sujetos pasivos que, superando igualmente el volumen de operaciones anteriormente señalado, realicen las operaciones enumeradas en el artículo 30.4 del RIVA (transportes intracomunitarios de bienes no sujetos; entregas de productos alimenticios, libros, periódicos y revistas gravadas al tipo del 4 por 100; entregas de viviendas o ejecuciones de obra que tengan por objeto dichas viviendas; operaciones exentas relativas a las zonas francas, depósitos francos y otros depósitos o a regímenes aduaneros suspensivos; servicios propios de salas cinematográficas, operaciones a las que se les aplique el régimen especial de las agencias de viaje exentas del impuesto, y entregas de coches de minusválidos y de las sillas de ruedas y servicios de reparación de dichos bienes).

Dichos sujetos pasivos, cuando se encuentren inscritos en el Registro de Exportadores y otros Operadores Económicos, podrán ejercitar el derecho a la devolución del saldo a su favor existente al término de cada período de liquidación y no el 31 de diciembre de cada año, como ocurre en el régimen general. No obstante, el importe de la devolución efectiva tiene fijado un límite en el resultado de aplicar el tipo impositivo general del impuesto al importe total, en dicho período, de las mencionadas operaciones (art. 116.Uno).

350. Devoluciones en las exportaciones en régimen de viajeros

Como vimos en el § 304, las entregas de bienes a viajeros residentes fuera del territorio de la Comunidad se configuran como operaciones exentas, con derecho a devolución del IVA soportado, cuando el importe de la factura sea superior a 15.000 ptas., dichos bienes salgan efectivamente del territorio de la comunidad y no constituyan una expedición comercial (art. 21.2.ºA). A tales efectos, el RIVA regula el procedimiento a seguir para hacer efectiva dicha devolución (art. 9.2.ºB RIVA): el viajero presentará los bienes en la aduana de exportación, que acreditará la salida mediante la correspondiente diligencia en la factura, y remitirá ésta al proveedor, quien le devolverá la cuota repercutida en el plazo de 15 días mediante cheque o transferencia bancaria. El mismo apartado prevé la posibilidad de que el reembolso del impuesto se efectúe a través de entidades colaboradoras, autorizadas por la Agencia Estatal de Administración Tributaria.

En cuanto al vendedor, si no está incluido en el régimen especial del recargo de equivalencia, incluirá las cuotas inicialmente repercutidas en la declaración-liquidación del período en que se hubiese efectuado la repercusión. Una vez reembolsadas las cantidades correspondientes minorará, en la declaración-liquidación del período en que se produzca el reembolso, las bases imponibles y cuotas repercutidas respectivas en la cuantía en que hayan sido objeto de devolución.

Si el vendedor es un comerciante minorista sometido al recargo de equivalencia la recuperación de las cuotas reembolsadas a sus compradores se obtendrá mediante la presentación de la declaración-liquidación especial de carácter no periódico en la que solicitará su devolución.

351. Devoluciones a sujetos pasivos no establecidos en el territorio de aplicación del impuesto

También los empresarios o profesionales no establecidos en el territorio de aplicación del impuesto gozan de un régimen especial de devoluciones de las cuotas que hayan satisfecho o les hayan repercutido en dicho territorio.

Según el artículo 28.Séptimo de la Sexta Directiva dicho derecho a la devolución debe reconocerse tanto en favor de sujetos pasivos que estén establecidos en otro Estado miembro [91], como de aquellos que no estén establecidos en el territorio de la Comunidad [92]. Se trata con ello de evitar que dichos sujetos soporten definitivamente el impuesto que se le haya liquidado en un Estado miembro en el que no están establecidos, o que hayan satisfecho por las importaciones a dicho Estado.

En cumplimiento de las disposiciones citadas, la Ley regula un procedimiento especial de devolución en favor de empresarios y profesionales que carezcan de establecimiento en el territorio de aplicación del impuesto,

[91] Aplicando el procedimiento previsto por la Octava Directiva del Consejo 79/1072/CEE (DOCE núm. L 331, de 27 de diciembre de 1979).

[92] Aplicando el procedimiento previsto por la Decimotercera Directiva del Consejo 86/560/CEE (DOCE núm. L 326, de 21 de noviembre de 1986).

estableciéndose los siguientes requisitos subjetivos (art. 119): *a)* estar establecido en la Comunidad, o en terceros países cuando se acredite la reciprocidad en favor de los empresarios y profesionales establecidos en España; *b)* no estar establecido en el territorio de aplicación del impuesto; *c)* realizar en el territorio donde está establecido una actividad empresarial o profesional sujeta al IVA o a un tributo análogo [art. 31.1.1.º*a)* RIVA]; y *d)* que durante el período a que se refiere la solicitud el sujeto no haya realizado, en el territorio de aplicación del impuesto, ninguna operación sujeta al IVA, ya que ello le permitiría ejercitar el derecho a la deducción de forma ordinaria. No obstante, procederá la aplicación de este procedimiento especial cuando el beneficiario realice en España determinadas operaciones sujetas al impuesto que no originen para éste obligación de efectuar el pago de cuotas tributarias, bien porque se trate de operaciones en las que se produce la inversión del sujeto pasivo, o porque se trate de operaciones de transporte y prestaciones de servicios accesorias a las exportaciones o importaciones que gocen de exención [art. 119.Dos.2.º*a)*].

Las cuotas del IVA cuya devolución pueden solicitar son las soportadas en las adquisiciones o importaciones de bienes o en los servicios que les hayan sido prestados en el territorio de aplicación del impuesto, siempre que dichos bienes o servicios se utilicen en la realización de operaciones que originen el derecho a la deducción *(vid.* art. 94.Uno), o en las que dan lugar a la inversión del sujeto pasivo [93].

352. Devoluciones por entregas a título ocasional de medios de transporte nuevos

Como hemos visto con anterioridad las entregas ocasionales de medios de transporte nuevos constituyen un régimen particular de las adquisiciones intracomunitarias, en virtud del cual, quienes realicen dichas entregas exentas, aunque sean particulares [que a estos efectos se consideran sujetos pasivos —art. 5.Uno.*e)*—], tendrán derecho a la devolución del IVA soportado en su adquisición hasta la cuantía de la cuota del impuesto que procedería repercutir si la entrega no estuviese exenta.

Para el ejercicio de dicho derecho deberán presentar una declaración-liquidación especial de carácter no periódico (art. 71.7.1.º RIVA) en el plazo de 30 días naturales a contar desde el día en que tenga lugar la entrega,

[93] Art. 84.Dos LIVA. El Reglamento, en su art. 31.1, añade dos requisitos adicionales para ejercitar este derecho a la devolución: estar en posesión de los originales de las facturas y demás documentos justificativos, y que la solicitud sea por un importe global superior a 25.000 ptas., permitiéndose la solicitud de devoluciones por importe superior a 3.000 ptas. sólo cuando el período de referencia sea el año natural. El plazo para la presentación de las referidas solicitudes es el de los seis meses siguientes al año natural en el que se hayan devengado las cuotas a que se refieran, que podrán ser las soportadas durante un trimestre natural o en el curso de un año natural, o incluso un período inferior al trimestre cuando constituyan el conjunto de operaciones realizadas en un año natural. La Orden de 27 de octubre de 1996 ha aprobado el modelo de solicitud de devolución.

debiendo acompañar la factura en la que conste la cuota cuya devolución se solicita y la factura correspondiente a la entrega a título ocasional.

IX. DEBERES DE LOS SUJETOS PASIVOS

Además de la obligación de presentar declaraciones, autoliquidaciones e ingresar el impuesto, que se analizará en el § 354, dentro del capítulo dedicado a la gestión del impuesto, a los sujetos pasivos del IVA les afectan una serie de deberes de carácter formal que pasamos a comentar a continuación.

353. Deberes de carácter censal, de facturación y registrales

Los sujetos pasivos del impuesto tienen el deber de presentar **declaraciones relativas al comienzo, modificación y cese** de las actividades que determinen su sujeción al impuesto (art. 164.Uno). El alcance del mismo se establece en el RD 1041/1990, de 27 de julio [94], por el que se regulan las declaraciones censales que han de presentar a efectos fiscales los empresarios, profesionales y otros obligados tributarios.

Paralelamente al deber de presentar la declaración de comienzo de actividad, se establece el deber de **solicitar el NIF** (art. 164.Uno.2.º), cuya regulación se contiene en el RD 338/1990, de 9 de marzo [95], de cuyo contenido hay que destacar la creación de un número de identificación específico para las personas o entidades que realicen operaciones intracomunitarias [96]. Disponer de este número es determinante para la localización de las operaciones intracomunitarias.

Como un aspecto básico para el correcto funcionamiento y control del IVA hay que considerar el deber a cargo del sujeto pasivo del impuesto de **expedir y entregar facturas** o documentos equivalentes de las operaciones que realice. El alcance y contenido de dicho deber se encuentra regulado en el RD 2402/1985, de 18 de diciembre. Hay que resaltar aquí que la emisión de una factura completa [97] es obligatoria siempre que el destinatario de las operaciones así lo exija para poder practicar las correspondientes minoraciones o deducciones en la base o en la cuota de aquellos tributos de los que sea sujeto pasivo. Sólo en los casos en que no concurra dicha circunstancia y se encuentren expresamente previstos por la norma se eximirá al sujeto de dicho deber de facturación [98].

Los «documentos equivalentes» son los que deben emitir los sujetos pasivos por inversión, los que realicen adquisiciones intracomunitarias de bienes o los sujetos pasivos que deban efectuar el reintegro de las compen-

[94] BOE de 10 de agosto.
[95] BOE de 14 y 16 de marzo.
[96] Art. 16 del RD 338/1990, de 9 de marzo.
[97] *Vid.* art. 3 del RD 2402/1985, de 18 de diciembre.
[98] *Vid.* art. 2.2 del RD 2402/1985, de 18 de diciembre, y Resolución de 30-6-1986.

saciones al adquirir los bienes o servicios de personas o entidades acogidas al régimen especial de la agricultura, ganadería y pesca *(vid.* § 358), dichos documentos tendrán los mismos efectos que la factura para el ejercicio del derecho a la deducción.

En cuanto a los deberes de carácter registral, el RIVA establece el deber de los sujetos pasivos del IVA de llevar los siguientes libros registros (art. 62 RIVA):

— Libro registro de facturas emitidas.

— Libro registro de facturas recibidas.

— Libro registro de bienes de inversión.

— Libro registro de determinadas operaciones intracomunitarias.

X. LA GESTION DEL IMPUESTO

354. La autoliquidación del impuesto y otras declaraciones

La LIVA, salvo en caso de importación donde es la Aduana quien liquida *(vid.* art. 73 RIVA), acoge el sistema de **autoliquidación** y simultáneo ingreso de la deuda tributaria (art. 167). Son pues los propios sujetos pasivos los que tienen que determinar la deuda tributaria y efectuar su ingreso en el Tesoro.

El establecimiento de períodos de liquidación y la adopción en la modalidad de IVA elegida por la Comunidad de la técnica de deducción de cuota sobre cuota o crédito de impuesto *(vid.* § 288) hacen del acto de liquidación un acto complejo, cuya dificultad justifica la existencia de algunos regímenes especiales que persiguen la simplificación del mismo. En efecto, el importe de la deuda tributaria a ingresar en el Tesoro en cada período de declaración no se determina mediante la suma de las cuotas del IVA devengadas por el sujeto pasivo durante el mismo —ello sólo sería viable si la base imponible del impuesto estuviera constituida por el valor añadido en la operación—, sino mediante la diferencia entre la totalidad del IVA devengado y la totalidad del IVA soportado deducible, correspondientes al período citado *(vid.* § 337). Es pues en el momento de efectuar la autoliquidación del impuesto cuando el sujeto pasivo recupera el IVA soportado en sus adquisiciones al deducirlo del IVA devengado, y generalmente repercutido, ingresando en el Tesoro sólo la diferencia —en los supuestos en que dicha diferencia sea negativa, la recuperación efectiva del IVA soportado se ve trasladada a los períodos posteriores en los que se permite su compensación o a la última autoliquidación del año en que se puede solicitar su devolución *(vid.* § 348).

La desaparición de las importaciones entre los Estados miembros de la Comunidad ha dado lugar a que se haya producido una transferencia a los sujetos pasivos de las funciones de control que anteriormente venían desarrollando las Aduanas, con lo que ha aumentado la complejidad de las distintas declaraciones-liquidaciones que aquéllos deben efectuar.

En un primer lugar cabe diferenciar entre las **declaraciones-liquidaciones periódicas** (art. 71.3 RIVA) y las **especiales de carácter no periódico** (art. 71.7 RIVA).

Al margen de las peculiaridades que presentan ciertos regímenes especiales, y salvo los sujetos pasivos que realicen exclusivamente operaciones con exención limitada o adquisiciones intracomunitarias de bienes exentas, todos los sujetos pasivos del IVA están obligados a presentar declaraciones-liquidaciones de carácter periódico. El período de liquidación coincide con el **trimestre natural,** salvo para los sujetos pasivos cuya facturación en el año anterior haya excedido de mil millones de ptas. y para aquellos que tengan derecho a solicitar la devolución del saldo a su favor existente al término de cada período de liquidación (§ 349), para los cuales el período de liquidación coincidirá con el mes natural.

El plazo de presentación de dichas declaraciones-liquidaciones es el de los veinte primeros días naturales del mes siguiente al correspondiente período de liquidación mensual o trimestral, según proceda, salvo la correspondiente al período de liquidación del mes de julio cuyo plazo de presentación termina el 20 de septiembre, y la del último período del año que se presentará durante los treinta primeros días naturales del mes de enero.

Junto con las declaraciones-liquidaciones periódicas se establece el deber de presentar una **declaración-resumen anual,** a presentar conjuntamente con la declaración-liquidación correspondiente al último período de liquidación del año.

Las declaraciones-liquidaciones especiales de carácter no periódico deberán presentarse ocasionalmente con motivo de la realización de ciertas operaciones, principalmente por parte de sujetos que realicen entregas o adquisiciones intracomunitarias a las que se les apliquen algunos de los regímenes particulares de dichas operaciones, sujetos pasivos por inversión, sujetos acogidos al régimen especial de la agricultura, ganadería y pesca y al régimen especial del recargo de equivalencia.

Además de las declaraciones-liquidaciones que acabamos de mencionar, el RIVA establece el deber de los sujetos pasivos que efectúen entregas o adquisiciones intracomunitarias de bienes de presentar trimestralmente una **declaración recapitulativa** de las mismas (art. 78 RIVA). El plazo de presentación de esta declaración es el mismo establecido para las declaraciones-liquidaciones correspondientes a dichos períodos de declaración (art. 81 RIVA), si bien se prevé la posibilidad de que en determinados casos se autorice la declaración anual (esta medida de simplificación, prevista en el artículo 22.12 de la Directiva 77/388/CEE, ha sido autorizada al Reino de España por la Decisión del Consejo 92/616/CEE, de 21 de diciembre [99]).

[99] DOCE núm. L 408, de 31 de diciembre de 1992. A esta modalidad de declaración podrán acogerse los sujetos pasivos cuyo volumen total de operaciones no haya sobrepasado la cifra de 4.550.000 ptas., ni el de sus entregas intracomunitarias exentas la

Por último, hay que citar la Orden de 23 de diciembre de 1992 [100], por la que se establece el deber de los sujetos pasivos del IVA que realicen operaciones intracomunitarias y los particulares que adquieran medios de transporte nuevos de suministrar a las oficinas provinciales y locales Intrastat los datos relativos a dichas operaciones.

355. La liquidación provisional de oficio

Con la finalidad de evitar los perjuicios que al Tesoro Público puedan ocasionar las omisiones o demoras en la presentación de las autoliquidaciones que deben efectuar los sujetos pasivos, la LIVA prevé la denominada liquidación provisional de oficio, cuya aplicación procederá cuando se produzca la falta de presentación de las declaraciones-liquidaciones por parte del sujeto pasivo, y hayan transcurrido 30 días desde la notificación del requerimiento para ello por parte de la Administración (art. 168).

La determinación de la deuda en esta liquidación se asemeja al procedimiento de estimación indirecta [101], ya que la LIVA establece que se realizará en base a los datos, antecedentes, signos, índices, módulos o demás elementos de que disponga la Administración tributaria y que sean relevantes al efecto, especialmente los establecidos para determinados sectores en el régimen simplificado del impuesto (art. 76.2 RIVA).

Esta liquidación, dado su carácter de «provisional», permite la posterior comprobación de la situación tributaria del sujeto pasivo, practicando, en su caso, la liquidación definitiva que proceda.

XI. LOS REGIMENES ESPECIALES

356. Normas generales

Los Títulos IX de la Ley y VIII del Reglamento contienen la normativa específicamente aplicable a los distintos regímenes especiales del impuesto a los que se someten los sujetos pasivos que cumplan los requisitos y desarrollen las actividades previstas; de ellos sólo el de las agencias de viajes y el del recargo de equivalencia tienen carácter obligatorio (art. 120.Dos). El resto son opcionales, si bien el ejercicio de la opción se articula de manera distinta. Mientras que el régimen simplificado, el de la agricultura, ganadería y pesca, y el de los bienes usados, objetos de arte, antigüedades y objetos de colección exigen la renuncia a los mismos —el régimen simplificado viene, asimismo, condicionado por la opción que para la actividad se haya ejercitado en relación con el Impuesto sobre la Renta de las Personas Físicas—, en el régimen de determinación proporcional de las bases imponibles se debe ejercitar la opción para la inclusión en el mismo.

---

de 1.300.000 ptas., ambas cifras referidas al año natural anterior (art. 80 RIVA).

[100] BOE de 29 de diciembre.

[101] Cfr. art. 50 de la LGT.

357. El régimen especial simplificado

Los **requisitos subjetivos** para la aplicación de este régimen especial son (art. 34 RIVA):

1. Que se trate de **personas físicas o entidades en régimen de atribución de rentas** en el IRPF cuyos miembros sean todos personas físicas [102].

2. Desarrollar con habitualidad alguna de las **actividades enumeradas en el artículo 37 del RIVA.**

3. **No haber renunciado** a la aplicación del **método de estimación objetiva por signos, índices o módulos del IRPF** *(vid.* § 47). Obviamente este requisito sólo es exigible cuando a la actividad desarrollada por el sujeto le resulte aplicable el método señalado. En relación con los efectos materiales de la renuncia hay que advertir que éstos afectarán a todas las actividades del sujeto pasivo susceptibles de acogerse al régimen simplificado (art. 122.Tres).

4. En los casos de actividades a las que no resulte aplicable el método de signos, índices o módulos del IRPF, el volumen de operaciones durante el año natural inmediatamente anterior no puede haber excedido de **cincuenta millones** de pesetas para el conjunto de dichas actividades. Cuando el año natural inmediatamente anterior sea el año de comienzo de la actividad, será preciso elevar al año la cifra correspondiente. Asimismo, el límite no resulta aplicable para el primer año de ejercicio de la actividad.

5. Que no se ejercite la **renuncia** al mismo. También aquí, cuando la renuncia afecte a una actividad incluida en la modalidad de signos, índices o módulos del método de estimación objetiva del IRPF, sus efectos se extenderán al conjunto de las actividades del sujeto pasivo susceptibles de acogerse al régimen simplificado.

Distintas de la renuncia son las **causas de exclusión** del régimen especial, de las que hay que resaltar el haber rebasado el límite del volumen de operaciones citado anteriormente, y el haber renunciado a la aplicación de la modalidad de signos, índices o módulos en el método de estimación objetiva del IRPF (art. 36 RIVA). Los efectos de la exclusión se producirán en el año inmediato posterior a aquel en que se produzcan las circunstancias citadas.

Refiriéndonos al **ámbito objetivo** de aplicación del régimen simplificado, éste se aplica, exclusivamente, a las actividades señaladas en el artículo 37 del RIVA, el cual distingue dos grupos independientes:

1. Las actividades a las que resulta aplicable la modalidad de signos, índices o módulos del método de estimación objetiva del IRPF, salvo que les fuese aplicable otro de los regímenes especiales del IVA [103].

---

[102] Dichas entidades son las citadas en el art. 10 de la LIRPF: sociedades civiles, herencias yacentes, comunidades de bienes y demás entidades a que se refiere el art. 33 de la LGT.

[103] Dicha delimitación se lleva a cabo, para el ejercicio de 1997, por la Orden de 27 de noviembre de 1996, apartado Primero.

2. Las actividades incluidas en la relación del artículo 37.1.2.º del RIVA. Dichas actividades están excluidas del ámbito de aplicación del método de estimación objetiva del IRPF en la modalidad de signos, índices o módulos, y son las que están sometidas al límite del volumen de operaciones de cincuenta millones de pesetas.

Para completar la delimitación del ámbito objetivo de aplicación de este régimen hay que tener en cuenta que están **excluidas** del mismo (art. 123.Cinco):

1. Las importaciones y adquisiciones intracomunitarias de bienes.

2. Las operaciones en las que se produzca la inversión del sujeto pasivo.

3. Las entregas de edificios e instalaciones industriales no habitables, buques y activos fijos inmateriales.

El **contenido** del régimen simplificado consiste en la determinación por el propio sujeto pasivo del importe de las cuotas a ingresar por el IVA y, en su caso, por el recargo de equivalencia, mediante la imputación a su actividad económica de los índices o módulos que, con referencia concreta a cada sector de actividad y por un período anual, fije la Administración. Hay que advertir, pues, que con la aplicación de este régimen no se persigue la determinación objetiva de la cuota del impuesto, que no es otra que la que se devenga en cada operación y se repercute o satisface por el sujeto pasivo, sino la de la **cuota a ingresar** en Hacienda por cada período de liquidación.

Los índices o módulos citados han sido fijados para 1997 por la Orden de 27 de noviembre de 1996 que, sustancialmente, ha venido a prorrogar los fijados para 1996 por dos Ordenes Ministeriales, ambas de fecha 28 de noviembre de 1995 [104], una para las actividades a las que resultan aplicables, asimismo, los signos, índices o módulos del método de estimación objetiva del IRPF y la otra para los sectores de actividad enumerados en el artículo 37.1.2.º del RIVA. Los índices o módulos establecidos por las Ordenes citadas podrán reducirse de oficio por la propia Administración o a solicitud del sujeto pasivo cuando el desarrollo de la actividad se viese afectado por incendios, inundaciones u otras circunstancias excepcionales que afectasen a un sector o zona determinada, o supongan alteraciones graves en el desarrollo de la actividad del sujeto.

La cuota calculada por aplicación de las instrucciones contenidas en las Ordenes citadas es la correspondiente al período anual de que se trate. Al establecer el RIVA una periodificación del ingreso, que deberá efectuarse por cuartas partes, referidas a cada trimestre natural (art. 39 RIVA), es preciso calcular inicialmente la cuota anual correspondiente de acuerdo con los datos base existentes el primer día del año al que corresponda la aplicación del régimen especial (art. 38.3 RIVA). Cuando durante el año natural se hubiesen modificado los datos-base inicialmente considerados, se procederá a efectuar una regularización, en la declaración correspondien-

---

[104] BOE de 30 de noviembre.

te al cuarto trimestre, tomando en cuenta para la misma el promedio de los datos-base relativos a todo el período en que se haya desarrollado la actividad. Si como consecuencia de dicha regularización resultase una cantidad a ingresar inferior a la ya ingresada, el sujeto pasivo podrá solicitar la devolución de la diferencia, por el procedimiento general previsto para las devoluciones, u optar por compensar dicha cuota en años posteriores.

Por último, hay que añadir que cuando el sujeto pasivo realice alguna de las operaciones excluidas del régimen simplificado de las mencionadas anteriormente, deberá adicionar a la cuota resultante de aplicar la normativa propia del régimen simplificado la resultante de dichas operaciones (salvo en las importaciones, cuya cuota se liquida en la Aduana). Asimismo, podrá deducir, con los mismos requisitos que los establecidos en el régimen general, las cuotas soportadas en la adquisición o importación de edificios e instalaciones industriales no habitables, buques y activos fijos inmateriales (art. 123.Cinco).

Otra de las consecuencias de estar incluido en este régimen especial es la **simplificación de los deberes de carácter formal.** En este sentido, los sujetos pasivos acogidos al mismo, si no desarrollan ninguna otra actividad, no están obligados a llevar registros contables en relación con el IVA. Sólo cuando realice otras actividades deberán cumplir con los deberes registrales establecidos en el artículo 40.1.1.º y 2.º del RIVA, básicamente anotar en el libro registro de facturas recibidas, con la debida separación, las correspondientes a las adquisiciones del régimen especial simplificado.

En cuanto al deber de facturación, se exigirá sólo cuando el adquirente actúe en calidad de empresario o profesional [105]. En tal caso la factura deberá ajustarse a los requisitos establecidos reglamentariamente [106]. Sí deberán conservar las facturas recibidas de los proveedores y los documentos que contengan la liquidación del impuesto en las adquisiciones intracomunitarias de bienes y en los casos de inversión del sujeto pasivo, numeradas por orden de fechas y agrupadas por trimestres.

Por último, los sujetos pasivos acogidos a este régimen especial deberán presentar cuatro declaraciones-liquidaciones, en los veinte primeros días naturales de los meses de abril, julio y octubre, y en los treinta primeros días naturales del mes de enero.

358. El régimen especial de la agricultura, ganadería y pesca

Se trata de un régimen especial de carácter **voluntario** al que deben renunciar los titulares de explotaciones agrícolas, forestales, ganaderas o pesqueras a quienes resulte aplicable si no quieren estar incluidos en él.

El **ámbito subjetivo** de aplicación está formado por los titulares de las explotaciones citadas cuando su volumen de operaciones no exceda de cincuenta millones de ptas. (salvo que tributen en el IRPF por el sistema

[105] Art. 2.2.º y 3.º del RD 2402/1985.

[106] Art. 3 del RD 2402/1985.

de estimación objetiva, en la modalidad de signos, índices o módulos, en cuyo caso no existe límite al volumen de operaciones). Quedan excluidas del mismo, las sociedades mercantiles, cooperativas, y sociedades agrarias de transformación a las que, por su naturaleza, se supone capacitadas para cumplir las obligaciones formales establecidas con carácter general por la normativa del impuesto (art. 124.Dos).

No se consideran titulares de explotaciones a los efectos del régimen especial los propietarios de fincas o explotaciones que cedan la explotación de las mismas, y los que realicen explotaciones ganaderas en régimen de ganadería integrada (art. 43 RIVA).

La superación del límite impuesto al volumen de operaciones implicará, lógicamente, la exclusión de dicho régimen, por un plazo de cinco años, a contar a partir del siguiente a aquel en que se produzca dicha circunstancia.

El **ámbito objetivo** de aplicación viene delimitado por el concepto de explotación agrícola, forestal, ganadera o pesquera [107], y por la exclusión de las siguientes actividades: *a)* transformación, elaboración o manufactura; *b)* comercialización de productos mezclados con otros adquiridos a terceros o desde establecimientos situados fuera de la explotación o en los que se realicen otras actividades, y *c)* explotaciones cinegéticas de carácter recreativo o deportivo, pesca marítima, y ganadería independiente [108].

Asimismo, hay que tener en cuenta también las operaciones que quedan excluidas de la aplicación de dicho régimen (art. 129.Uno y Dos):

— Las entregas de bienes inmuebles.

— Las importaciones y adquisiciones intracomunitarias de bienes.

— Las operaciones en que se produzca la inversión del sujeto pasivo.

La principal característica del **contenido** del régimen es la práctica exención del IVA de que disfrutan los que a él están acogidos. Así se deduce del artículo 129 de la Ley cuando establece que los sujetos pasivos acogidos a este régimen especial no estarán sometidos, en lo que concierne a las actividades incluidas en el mismo, a las obligaciones de liquidación, repercusión o pago del impuesto. El único deber, de los hasta ahora analizados, que tienen los sujetos pasivos acogidos al régimen especial, por las operaciones en él incluidas, es el de soportar el IVA que le repercutan en las adquisiciones de bienes y servicios, cuotas que se soportarán definitivamente al no gozar del derecho a su deducción (art. 130.Uno). Para evitar que, en consecuencia, tales sujetos queden asimilados a los consumidores finales soportando económicamente el impuesto con carácter definitivo, la Ley reconoce el derecho de aquéllos a percibir una **compensación a tanto alzado,** por las cuotas soportadas en las adquisiciones de bienes o en los servicios que les hayan sido prestados, consistente en el **4 por 100 del precio de venta** (art. 130.Dos). Dicha compensación deberán abonársela general-

---

107 Arts. 125 LIVA y 44 RIVA.

108 Art. 126 LIVA. Respecto de los servicios accesorios a la explotación, sólo los enumerados en el art. 46 del Reglamento están incluidos en el régimen especial.

mente los empresarios o profesionales que adquieran los productos directamente de los sujetos pasivos acogidos al régimen especial (salvo que dichos adquirentes estén, asimismo, acogidos al régimen especial y utilicen dichos productos en el desarrollo de las actividades correspondientes al mismo) o la Hacienda Pública cuando nos encontremos ante una exportación o entrega intracomunitaria de bienes (art. 131).

Las dificultades que plantea el sometimiento de los sujetos pasivos que desarrollan este tipo de actividades al conjunto de deberes formales que implica la aplicación del régimen general del impuesto es una de las principales razones que justifica la existencia de este régimen especial. La práctica exención que se establece para los mismos se acompaña de su exclusión del cumplimiento de la práctica totalidad de las distintas obligaciones de índole contable o registral, así como de las restantes recogidas en los Títulos X y XI de la Ley. En este sentido, la Ley declara que los únicos deberes que les afectan son los de presentar la declaración de comienzo, modificación o cese de la actividad, solicitar a la Administración el número de identificación fiscal y presentar periódicamente o a requerimiento de la Administración, información relativa a sus operaciones económicas con terceras personas (art. 129.Uno). Sólo cuando desarrollen otras actividades a las que les sea aplicable el régimen general del impuesto o cualquiera otro de los regímenes especiales estarán obligados a anotar en el libro registro de facturas recibidas, con la debida separación, las que correspondan a las adquisiciones referentes al régimen especial de la agricultura, ganadería y pesca.

Aunque no están sometidos al deber de facturación, sí están obligados a firmar el recibo expedido por el adquirente en el que conste el reintegro de las compensaciones (art. 48.2 RIVA).

En cuanto a las declaraciones-liquidaciones del impuesto hay que señalar que aunque no están obligados a presentar declaraciones-liquidaciones periódicas, deberán presentar una de carácter especial no periódica cuando realicen alguna operación por la que deban liquidar el IVA correspondiente (ciertas adquisiciones intracomunitarias de bienes [109]; adquisiciones a no establecidos en el país que impliquen la inversión del sujeto pasivo, entregas de inmuebles no exentas del impuesto [110]) o por las que pretendan solicitar la devolución del IVA soportado o satisfecho (entregas intracomunitarios de medios de transporte nuevos [111]).

359. El régimen especial de los bienes usados, objetos de arte, antigüedades y objetos de colección

Para las entregas de bienes usados, objetos de arte, antigüedades y objetos de colección la LIVA prevé un régimen especial de carácter voluntario cuya regulación ha sido objeto de reciente modificación como consecuencia de la aprobación por el Consejo de la Directiva 94/5/CE,

109 Arts. 14 LIVA y 71.7.4.º RIVA.
110 Art. 71.7.5.º RIVA.
111 Art. 71.7.1.º RIVA.

de 14 de febrero [112]. El objetivo fundamental del régimen especial es evitar la doble imposición que se produce cuando un sujeto pasivo revendedor adquiere bienes a personas que no son sujetos pasivos o a sujetos pasivos que no tuvieron derecho a deducir el IVA que gravó su adquisición —así como en las adquisiciones de ciertos bienes que por su antigüedad no han estado nunca sujetos al IVA—; bienes que al ser transmitidos por el sujeto revendedor vuelven a resultar gravados por el impuesto. Para evitar dicha situación el régimen especial obliga al sujeto pasivo revendedor de los bienes a estimar el valor añadido en sus actividades (de aquí su caracterización como régimen especial de **imposición del margen beneficiario**), suprimiendo así toda plusvalía obtenida en la fase anterior por el particular (no sujeto al impuesto) o por el sujeto pasivo que no haya tenido derecho a deducción cuando cedió el bien al sujeto pasivo revendedor.

Se trata de un régimen especial que se aplica con **carácter voluntario** a las operaciones en él incluidas, debiendo el sujeto pasivo revendedor optar por la aplicación a cada operación particular del régimen especial o del régimen general, salvo que se trate de bienes respecto de los cuales haya optado por la determinación de la base imponible mediante el margen de beneficio global, en cuyo caso la opción afectará a todas las entregas de los referidos bienes realizadas durante el período de aplicación de la misma, es decir, hasta su renuncia, que no puede producirse hasta la finalización del año natural siguiente. En consecuencia, con la salvedad indicada, la aplicación del régimen afecta, no al conjunto de operaciones realizadas por el sujeto pasivo, sino a cada una de ellas, individualmente consideradas (art. 135.Dos). La finalidad perseguida mediante el establecimiento de la opción por el régimen general encuentra su justificación principal en los casos en que un sujeto pasivo revendedor concluya operaciones de venta con otros sujetos pasivos. En efecto, en lo que respecta a estas operaciones, la imposición del margen beneficiario obtenido por el sujeto pasivo revendedor permite evitar la doble imposición en este estadio pero, en cambio, provoca una doble imposición en la fase siguiente, la del sujeto pasivo comprador que por principio no tiene derecho a deducir la cuota que le haya sido repercutida, la cual no podrá consignarse separadamente en la factura. No obstante, tanto la LIVA como la Sexta Directiva, quizá para evitar perjuicios para los consumidores finales, han generalizado dicha opción a todas las operaciones incluidas en el régimen especial y cualquiera que sea el destinatario de la operación [113].

El **ámbito objetivo de aplicación** se circunscribe a los bienes usados, objetos de arte, antigüedades y objetos de colección que son adquiridos a personas que no son sujetos pasivos o a sujetos pasivos que no tuvieron derecho a deducir el IVA en el momento de la compra, a los objetos de arte adquiridos a empresarios o profesionales en operaciones sujetas al tipo impositivo reducido y a los objetos de arte, antigüedades y objetos de colección que hayan sido importados por el propio sujeto pasivo revende-

[112] DO núm. L 60, de 3 de marzo de 1994.

[113] Arts. 125.Dos LIVA y 26 bis Sexta Directiva.

dor [114]. Quedan excluidas del régimen especial las entregas intracomunitarias exentas de medios de transporte nuevos que, como ya hemos visto (§ 327), tributan siempre como adquisición intracomunitaria de bienes en el Estado miembro de destino, al contrario que las entregas sujetas a este régimen especial que tributan en el Estado miembro de origen, no estando sujeta la adquisición en destino [arts. 25.Uno y 13.1.º*b)* LIVA].

En cuanto al **ámbito de aplicación subjetivo,** éste viene configurado por los «**revendedores de bienes**», es decir, empresarios que realicen con carácter habitual entregas de los bienes incluidos en el régimen especial, que hubiesen sido adquiridos o importados para su posterior reventa; así como los **organizadores de ventas en subasta pública** de dichos bienes cuando actúen en nombre propio en virtud de un contrato de comisión de venta (art. 136.5.º).

El contenido fundamental del régimen especial reside en el establecimiento de una regla específica para la determinación de la base imponible que permite cuantificar el IVA a ingresar en la Hacienda Pública. No se trata, pues, de determinar la base imponible a los efectos de calcular el IVA a repercutir al destinatario de la operación. Dicho IVA no precisa ser calculado puesto que se considera comprendido en el precio total de la operación, no estando permitido que el sujeto pasivo revendedor consigne separadamente la cuota repercutida, que tampoco podrá ser deducida por el adquirente de los bienes. A tal efecto, la LIVA establece que la **base imponible** estará constituida por el **margen de beneficio** —diferencia entre precio de venta y precio de compra o, en su caso, base imponible de la importación— aplicado por el sujeto pasivo revendedor, minorado en la cuota del IVA correspondiente a dicho margen (art. 137). Desde el 1 de enero de 1997, con la finalidad de simplificar la percepción del impuesto, el sujeto pasivo tiene la posibilidad, en relación con las operaciones referidas a ciertos bienes —sellos, efectos timbrados, discos, libros, revistas...— cuya comercialización plantea dificultades prácticas en la determinación del margen de beneficio operación por operación, de optar por la determinación de la base imponible mediante el **margen de beneficio global,** para cada período de liquidación. En relación con dichas entregas, el margen de beneficio global será la diferencia entre el precio de venta y el precio de compra de todas las efectuadas en cada período de liquidación. Si ésta resulta negativa, la base imponible del período será cero y el referido margen se añadirá al importe de las compras del período siguiente. Asimismo, con la finalidad de evitar que los sujetos pasivos disfruten de ventajas o sufran perjuicios injustificados, se exige la práctica de una regularización de las existencias, que deberá practicarse anualmente o con motivo del inicio o cese en la aplicación de esta modalidad de determinación de la base imponible (art. 137.4.º y 6.º LIVA).

En relación con la **repercusión** del impuesto, la LIVA establece que en las facturas que documenten las operaciones a que resulte aplicable este

[114] Art. 135.Uno.1.º, 2.º y 3.º LIVA.

régimen especial, los sujetos pasivos no podrán consignar separadamente la cuota repercutida, debiendo entenderse ésta comprendida en el precio total de la operación. Esta medida tendrá como consecuencia que la cuota impositiva correspondiente al margen de beneficio no se pueda deducir en la siguiente fase provocando una situación de doble imposición, dado que a la cuota residual inicial incorporada en el precio del bien se añadirá, para el sujeto pasivo comprador, la cuota residual por el margen del sujeto pasivo revendedor. Como indicábamos anteriormente, ésta es la razón por la que se permite que el sujeto pasivo revendedor pueda optar por aplicar el régimen general del impuesto a cualquiera de las operaciones en él incluidas.

Sobre el **derecho a deducir,** la LIVA establece que los sujetos pasivos revendedores no podrán deducir las cuotas del Impuesto soportadas o satisfechas por la adquisición o importación de bienes que sean a su vez transmitidos por aquéllos en virtud de entregas sometidas a este régimen especial (art. 139). Las cuotas a que se hace referencia son las satisfechas en las importaciones de objetos de arte, antigüedades y objetos de colección, o las soportadas en las adquisiciones a otro sujeto pasivo de objetos de arte en virtud de las operaciones a las que haya sido de aplicación el tipo impositivo reducido. En las restantes adquisiciones, a personas que no tienen la condición de empresario o profesional, a otro sujeto pasivo revendedor que haya aplicado a su entrega el régimen especial, o que correspondan a entregas exentas, la cuota soportada no figurará consignada separadamente en la factura o no existirá cuota del impuesto soportada, si bien es cierto que, normalmente, en el precio de adquisición se comprenderá una cuota residual del IVA procedente de la anterior adquisición del bien por quien ahora lo transmite a un sujeto pasivo revendedor.

Por último, en relación con los deberes de carácter formal y de declaración, los sujetos pasivos que apliquen el régimen especial están sometidos a los mismos que se establecen con carácter general, más el de expedir una factura de compra por cada una de las adquisiciones efectuadas a quienes no tengan la condición de empresarios o profesionales, y el de llevar un libro registro específico en el que se anotarán cada una de las adquisiciones o importaciones y las entregas afectadas por el régimen especial realizadas por el sujeto pasivo (arts. 50 y 51 RIVA).

360. El régimen especial de las agencias de viajes

El régimen especial de las agencias de viajes es un régimen **obligatorio** que se aplica a determinadas operaciones realizadas por dichas agencias o por los organizadores de circuitos turísticos: aquéllas en las que concurran los siguientes requisitos (art. 141):

1. Que actúen en nombre propio respecto de los viajeros. Si actúan en nombre ajeno las operaciones quedarán sometidas al régimen general aplicable a las actividades de los comisionistas.

2. Que utilicen en la realización del viaje bienes entregados o servicios prestados por otros empresarios o profesionales, aunque sólo sea en parte,

en cuyo caso el régimen especial se aplicará exclusivamente respecto de los servicios prestados mediante medios ajenos.

El régimen especial no se aplicará a las ventas al público efectuadas por agencias minoristas de viajes organizados por mayoristas. Asimismo, hay que tener en cuenta la exención de que gozan los servicios prestados por las agencias sometidas al régimen especial cuando las entregas de bienes o prestaciones de servicios, adquiridos en beneficio del viajero y utilizados para efectuar el viaje, se realicen fuera de la Comunidad [115].

La peculiaridad más importante de este régimen afecta a la determinación de la base imponible que está constituida por el **margen bruto** de la agencia (art. 145.Uno). Es decir, la diferencia entre lo cargado al cliente, excluido el IVA que grave la operación, y lo pagado en la adquisición de bienes y servicios, impuestos incluidos, para su utilización en el viaje. La base imponible resultante de la diferencia anterior es la que, aplicándole el tipo correspondiente, determina el IVA devengado a repercutir al cliente.

Por otro lado, el régimen especial altera el procedimiento general para la liquidación periódica del impuesto, que puede realizarse de dos maneras distintas, a opción del sujeto.

El primer método consiste en restar del IVA repercutido a los clientes —calculado por el procedimiento descrito anteriormente cuando se trate de operaciones incluidas en el régimen especial— el IVA soportado en las adquisiciones de bienes y servicios que no se hayan tenido en cuenta para la determinación del margen bruto anteriormente descrito, es decir las que no se hayan efectuado para la realización de las operaciones sujetas al régimen especial.

El segundo método consiste en determinar de forma global para cada período de liquidación la base imponible correspondiente a las operaciones a las que resulte aplicable el régimen especial. A dicha base imponible global [116], se le aplicará el tipo impositivo correspondiente obteniendo así el importe global del IVA repercutido durante el período por las operaciones sujetas al régimen especial. A dicho importe se le agregará el IVA repercutido en el resto de las operaciones realizadas por el sujeto pasivo. La diferencia entre este IVA repercutido total y el IVA soportado en las adquisiciones de bienes y servicios que no se hayan tenido en cuenta para la determinación del margen bruto de las correspondientes operaciones, determinará la cantidad a ingresar o a compensar en cada período.

En relación con los deberes de carácter formal y de declaración que afectan a este régimen especial, hay que señalar el sometimiento de los sujetos pasivos en él incluidos a los mismos deberes aplicables a los del régimen general. No obstante, en cuanto al deber de facturación, la cuota repercutida puede no consignarse separadamente de la base imponible, entendiéndose, en tal caso, incluida en el precio de la operación (art. 142). Respecto de los deberes registrales, el RIVA añade el de anotar en el libro

---

[115] Arts. 141.Dos y 143 LIVA.

[116] Determinada por el procedimiento previsto en el art. 146.Dos y Tres LIVA.

registro de facturas recibidas, con la debida separación, las correspondientes a las adquisiciones de bienes o servicios efectuadas directamente en interés del viajero, es decir, las que afectan a las operaciones sujetas al régimen especial (art. 53 RIVA). Por último, están sometidos a los mismos deberes de declaración-liquidación que afectan a los sujetos pasivos del régimen general.

361. Los regímenes especiales del comercio minorista. Disposiciones comunes

Dos son los regímenes especiales aplicables al comercio al por menor (art. 184):

— El régimen de determinación proporcional de las bases imponibles.

— El régimen del recargo de equivalencia.

A los efectos de la aplicación de ambos regímenes se consideran **comerciantes minoristas** aquellos en quienes concurran los siguientes requisitos (art. 149):

1. Realización habitual de ventas de bienes muebles o semovientes sin haberlos sometido a proceso alguno de fabricación, elaboración o manufactura, por sí mismos o por medio de terceros [117].

2. Que el importe de las ventas realizadas a quienes no sean sujetos pasivos del IVA o a la Seguridad Social exceda, durante el año precedente, del 80 por 100 del total de las realizadas, salvo que se trate de minoristas, según las normas reguladoras del IAE, y no hayan desarrollado actividades comerciales en el año precedente o estén aplicando la modalidad de signos, índices y módulos del método de estimación objetiva del IRPF, a los cuales sólo se les exige el requisito citado en el párrafo anterior.

362. (sigue) El régimen especial de determinación proporcional de las bases imponibles

Se trata, como ya sabemos, de un régimen especial **voluntario,** al que pueden optar aquellos comerciantes minoristas que, sin estar incluidos en el régimen especial del recargo de equivalencia, realicen con habitualidad **entregas** de bienes a las que corresponda aplicar **tipos impositivos diferentes.**

A esta inicial delimitación de su ámbito de aplicación hay que añadir las exclusiones relativas a los comerciantes minoristas que comercialicen vehículos accionados a motor para circular por carretera, embarcaciones y buques, y aviones, avionetas, veleros y demás aeronaves (art. 56.2 RIVA).

[117] Sobre la delimitación de las operaciones consideradas como de transformación, *vid.* art. 54 RIVA.

El contenido del régimen especial responde a la justificación que el mismo tiene: **simplificar el cálculo de la cuota a ingresar** por los sujetos pasivos, ya que al efectuarse la repercusión, generalmente, mediante tickets de máquinas registradoras con la expresión «IVA incluido», no se distingue, según los tipos, las bases correspondientes a cada uno de ellos. Dicho objetivo se consigue a través de un procedimiento que resumidamente consiste en realizar un cálculo objetivo de las bases imponibles globales a las que resulten aplicables cada uno de los tipos impositivos, distribuyendo entre ellas el importe total de las ventas, en función de los importes totales de las adquisiciones realizadas a los distintos tipos impositivos (art. 152). Determinadas las distintas bases se les aplica el tipo impositivo correspondiente con lo que se obtiene el IVA repercutido global del período de que se trate. Por sustracción del IVA soportado en las adquisiciones de bienes y servicios utilizados en la actividad se obtendrá la cuota a ingresar (en su caso habría que añadir la cuota correspondiente a las posibles entregas de bienes excluidos del régimen especial).

Respecto a los deberes de carácter formal estos sujetos están sometidos a todos los que afectan a los sujetos pasivos del régimen general, con las peculiaridades señaladas en materia de facturación, y con la obligación de anotar, con la debida separación, las adquisiciones o importaciones efectuadas a cada uno de los tipos impositivos, de tal forma que pueda determinarse mensualmente la cuantía de los importes correspondientes (art. 58 RIVA).

363. (sigue) El régimen especial del recargo de equivalencia

Se trata de un régimen especial de carácter **obligatorio,** cuyo ámbito subjetivo de aplicación viene delimitado por los comerciantes minoristas *(vid.* § 361) que sean **personas físicas** o **entidades en régimen de atribución** de rentas en el IRPF (sociedades civiles, herencias yacentes, comunidades de bienes y demás entidades a que se refiere el artículo 33 de la LGT).

El ámbito objetivo de aplicación excluye de la inclusión en dicho régimen especial, entre otras, la comercialización de vehículos, embarcaciones, aviones, sus accesorios y piezas de recambio, joyas y alhajas, maquinaria de uso industrial, etc. (art. 59.2 RIVA).

En cuanto al contenido de este régimen, la principal peculiaridad afecta al **ingreso del impuesto,** que no se realiza mediante el procedimiento ya analizado, consistente en que el sujeto pasivo determina la cuota a ingresar por diferencia entre el IVA repercutido y el IVA soportado, sino que serán los **proveedores** de los sujetos pasivos minoristas quienes deberán ingresar una cantidad, el **recargo de equivalencia,** que deberán repercutir a estos últimos.

En consecuencia los sujetos pasivos incluidos en el citado régimen **no deberán liquidar ni ingresar el IVA** en la Hacienda Pública en relación con las operaciones comerciales por ellos efectuadas a las que resulte aplicable este régimen especial, ni por las transmisiones de los bienes o derechos utilizados exclusivamente en dichas actividades. Asimismo, **tampoco podrán deducir las cuotas soportadas** en las adquisiciones de bienes y servicios utilizados en la realización de las actividades incluidas en el citado régimen (art. 154.Dos).

Por último, respecto a las operaciones realizadas por los comerciantes minoristas sometidos al recargo de equivalencia, éstos repercutirán a sus clientes la cuota resultante de aplicar el tipo del impuesto a la base imponible correspondiente, sin que en ningún caso puedan repercutir el recargo de equivalencia (art. 154.Tres).

También en este régimen especial se simplifican enormemente los deberes de carácter formal exigibles a los sujetos pasivos sometidos al mismo. Así, en relación con el deber de facturación están excluidos del mismo, salvo que el destinatario de las operaciones exija la factura para poder practicar las correspondientes minoraciones en la base o en la cuota de los impuestos de los que sea sujeto pasivo [118]. El RIVA los exime, a su vez, de la obligación de llevar libros registros en relación con el IVA, salvo que desarrollen otras actividades no sometidas al régimen especial (art. 61.2 RIVA). Tienen, sin embargo, el deber de acreditar ante sus proveedores o, en su caso, ante la aduana, el hecho de estar sometidos o no al régimen especial del recargo de equivalencia.

Respecto al deber de autoliquidar el impuesto, ya hemos señalado que no están obligados a ello. No obstante el RIVA recuerda la obligación que tienen de presentar declaraciones-liquidaciones especiales de carácter no periódico cuando realicen adquisiciones intracomunitarias de bienes o reciban servicios en los que se produzca la inversión del sujeto pasivo (art. 61.3 RIVA). En tales casos deberán ingresar directamente el impuesto y, en su caso, el recargo correspondiente. Asimismo, deberán presentar una declaración de las citadas cuando soliciten la devolución de las cantidades que hubiesen reembolsado por las entregas de bienes a viajeros con derecho a devolución del impuesto *(vid.* § 350).

364. El recargo de equivalencia

Como ya hemos comentado, el recargo de equivalencia consiste en una cantidad que los proveedores deben ingresar en Hacienda y repercutir a sus clientes, comerciantes minoristas, en sustitución de la cuota de IVA que correspondería ingresar a dichos comerciantes minoristas si, sujetos al régimen general, debieran liquidar el IVA por el procedimiento normal.

El recargo se exigirá tanto en las entregas de bienes muebles o semovientes sujetas y no exentas del IVA, como en las importaciones o adquisiciones intracomunitarias de bienes realizadas por los comerciantes sujetos al régimen especial, así como en los supuestos en los que dichos comerciantes sean los destinatarios de las operaciones en las que se produce la inversión del sujeto pasivo (art. 156).

---

118 Art. 2 del RD 2402/1985.

Para que en dichas operaciones resulte exigible el recargo es necesario, además, que el destinatario sea un comerciante minorista sujeto al régimen especial, que se trate de **bienes objeto de comercio por el adquirente** y que no se refieran a los artículos excluidos del régimen especial (art. 157).

Dada la peculiaridad del régimen especial de la agricultura, ganadería y pesca, no resulta aplicable el recargo a las entregas efectuadas por los sujetos pasivos incluidos en el mismo (art. 157.2.º).

El **sujeto pasivo** del recargo de equivalencia es **el proveedor** que efectúe las entregas sometidas al mismo o, en los casos de importaciones, adquisiciones intracomunitarias de bienes o inversión del sujeto pasivo, **el propio comerciante minorista** incluido en dicho régimen (art. 158). Serán, pues, dichos sujetos quienes deberán efectuar el ingreso en la Hacienda Pública, si bien, los proveedores tienen el deber de repercutirlo sobre los adquirentes de los bienes, en forma distinta y separada de la repercusión del propio IVA, que, no ha de olvidarse, también grava dichas operaciones (art. 159).

La **cuantía** del recargo se determina aplicando los tipos establecidos a la base imponible. Esta última será la misma que constituye la base imponible del IVA (art. 160). Los tipos tributarios a aplicar con carácter general son tres según cuál sea el tipo que se utilice para calcular la cuota del IVA. El **4 por 100** cuando se trate de operaciones a las que les corresponda el tipo general del IVA (16 por 100), el **1 por 100** para las operaciones a las que les corresponda el tipo reducido (7 por 100), y el **0,5 por 100** para las operaciones a las que resulte aplicable el tipo superreducido del 4 por 100. La Ley 13/1996, de 30 de diciembre, ha establecido un tipo específico del recargo, el 1,75 por 100, para las entregas de bienes objeto del Impuesto Especial sobre las Labores del Tabaco.

Por último, hay que añadir que la liquidación e ingreso del recargo se efectuará conjuntamente con el IVA, de acuerdo con las normas establecidas para la liquidación de este último.

XII. REGIMENES FISCALES ESPECIALES POR RAZON DEL TERRITORIO

365. El Impuesto sobre el Valor Añadido en el País Vasco y Navarra

Tanto en el País Vasco como en Navarra las normas que aprueban el correspondiente Concierto o Convenio [119] establecen que las Diputaciones

[119] El Concierto Económico con el País Vasco fue aprobado por la Ley 12/1981 de 13 de mayo (BOE de 18 de mayo), norma que ha sufrido cuatro modificaciones que afectan al Impuesto sobre el Valor Añadido. La primera, por la Ley 49/1985, de 27 de diciembre (BOE de 30 de diciembre), la segunda, por la Ley 27/1990, de 26 de diciembre (BOE de 27 de diciembre), la tercera, por la Ley 11/1993, de 13 de diciembre (BOE de 14 de diciembre) y la última por la reciente Ley 38/1997, de 4 de agosto (BOE de 5 de agosto). En cuanto al Convenio Económico entre el Estado y la Comunidad

Forales y la Comunidad Foral de Navarra tienen potestad para mantener, establecer y regular su propio régimen tributario *(vid.* § 5). En relación con el Impuesto sobre el Valor Añadido, la normativa citada dispone que éste se regirá por las mismas normas sustantivas y formales establecidas en cada momento por el Estado [120]. No obstante, las Instituciones competentes de los Territorios Históricos y la Administración de la Comunidad Foral de Navarra podrán aprobar los modelos de declaración e ingreso, que contendrán, al menos, los mismos datos que los del territorio común, y señalar plazos de ingreso para cada período de liquidación, que no difieran sustancialmente de los establecidos por la Administración del Estado.

En cuanto a la Administración competente para la exacción del impuesto, los criterios establecidos por el Concierto o el Convenio son casi idénticos, y atribuyen a las correspondientes Diputaciones Forales o a la Comunidad Navarra la misma:

1.° Cuando los sujetos pasivos tengan su domicilio fiscal en el territorio foral y su volumen total de operaciones en el año anterior no hubiere excedido de quinientos millones, si se trata del País Vasco, y trescientos millones en el caso de Navarra. Se aplica el mismo criterio del domicilio fiscal en las operaciones siguientes:

— Entregas realizadas por explotaciones agrícolas, forestales, ganaderas o pesqueras y armadores de buques de pesca, de productos naturales no sometidos a procesos de transformación que procedan directamente de sus cultivos, explotaciones o capturas.

— Servicios de transporte y arrendamiento de medios de transporte.

2.° Cuando los sujetos pasivos operen exclusivamente en territorio vasco, cualquiera que fuese su volumen de operaciones; o en territorio navarro y su volumen de operaciones en el año anterior hubiere excedido de trescientos millones de pesetas, cualquiera que sea el lugar en el que tengan su domicilio fiscal.

Cuando los sujetos pasivos operen en territorio común y foral y su volumen total de operaciones en el año anterior haya excedido de trescientos millones de pesetas, tributarán conjuntamente a ambas administraciones en proporción al volumen de operaciones efectuado en cada territorio.

A los efectos de determinar el territorio donde operan los sujetos pasivos se tendrán en cuenta los siguientes puntos de conexión:

Foral de Navarra, se encuentra vigente el aprobado por la Ley 28/1990, de 26 de diciembre (BOE de 27 de diciembre), modificado en lo referente al IVA por la Ley 12/1993, de 13 de diciembre (BOE de 14 de diciembre).

[120] Respetando los principios citados, algunos Territorios Históricos vascos y la Comunidad Foral de Navarra han dictado su propia normativa sustantiva sobre el impuesto: En Navarra, la Ley Foral 19/1992, de 30 de diciembre, del Impuesto sobre el Valor Añadido (BON de 31 de diciembre); en Guipúzcoa, el Decreto Foral 102/1992, de 29 de diciembre (BOGuip. de 31 de diciembre); en Alava, el Decreto Foral 12/1993, de 19 de enero (BOTHA de 29 de enero), y en Vizcaya, la Norma Foral 7/1994, de 9 de noviembre (BOV de 14 de diciembre).

a) Entregas de bienes:

— Las entregas de bienes muebles corporales se entenderán realizadas, por regla general, en el territorio donde se pongan a disposición del adquirente o donde se encuentren al iniciarse el transporte. Excepcionalmente, cuando se trate de bienes transformados por quien realiza la entrega o de productores de energía eléctrica, la entrega se entenderá realizada en el territorio foral si en él se ultima el proceso de transformación o están situados los centros generadores de la energía.

— Las entregas de bienes que deban ser objeto de instalación o montaje se entenderán realizadas en el territorio donde se ultime ésta, siempre que el coste de la instalación exceda del 15 por 100 del total de la contraprestación.

— Las entregas de bienes inmuebles se entenderán realizadas donde radiquen los inmuebles.

b) Prestaciones de servicios:

— Las prestaciones de servicios se entenderán realizadas en el territorio donde se efectúen, salvo los servicios directamente relacionados con inmuebles que se consideran realizados donde radique el inmueble.

3.º En las adquisiciones intracomunitarias de bienes, transportes intracomunitarios de bienes y servicios accesorios y de mediación en los mismos, así como en las operaciones efectuadas por sujetos no establecidos en el territorio de aplicación del impuesto que impliquen la inversión del sujeto pasivo: cuando los sujetos pasivos tributen exclusivamente a la Administración del territorio foral correspondiente. Cuando dichos sujetos tributen conjuntamente a la Administración de un territorio foral y a la del territorio común, el resultado de las correspondientes liquidaciones se imputará a las Administraciones competentes en proporción al volumen de las contraprestaciones, correspondientes a las operaciones gravadas y las exentas que originen derecho a deducción, realizadas en los territorios respectivos.

4.º En las adquisiciones intracomunitarias de medios de transporte nuevos: cuando los mismos se matriculen definitivamente en el territorio foral correspondiente.

5.º En las adquisiciones intracomunitarias de bienes efectuadas por «personas en régimen especial» cuando se localicen en destino; o por sujetos en régimen simplificado; régimen especial de la agricultura, ganadería y pesca; o régimen del recargo de equivalencia: cuando el domicilio fiscal de dichos sujetos esté situado en el territorio foral correspondiente.

La exacción del IVA a la importación que se lleva a cabo en las Aduanas corresponde a la Administración del Estado, estando previstos en el Concierto y Convenio los ajustes necesarios para atribuir al territorio foral correspondiente un porcentaje de la recaudación por dicho concepto.

366. El Impuesto General Indirecto Canario

Dentro del régimen fiscal especial de las Islas Canarias destaca la regulación de la fiscalidad sobre la cifra de negocios.

Aunque, de acuerdo con la Directiva 77/388/CEE, Canarias constituye un territorio excluido de la armonización de los impuestos sobre el volumen de negocios, razón por la que en el mismo no se aplica el Impuesto sobre el Valor Añadido, la profundización de la integración de Canarias en las políticas de la Comunidad Europea han aconsejado el establecimiento del Impuesto General Indirecto Canario (IGIC) [121], que ha venido a sustituir, con fecha 1 de enero de 1993 [122] al Impuesto General sobre el Tráfico de las Empresas y al Arbitrio Insular sobre el Lujo, que hasta entonces venían exigiéndose en el territorio canario.

La titularidad de la potestad normativa sobre dicho Impuesto corresponde al Estado, quien dictará, asimismo, previo informe de la Comunidad Autónoma, las disposiciones necesarias para el desarrollo y aplicación del mismo. No obstante la Comunidad Autónoma regulará reglamentariamente los aspectos relativos a la gestión, liquidación, recaudación e inspección, disponiendo, además, de la iniciativa para las modificaciones de los tipos impositivos que, en su caso, hayan de realizarse a través de una Ley estatal. En cuanto a la gestión del Impuesto, ésta corresponde a la Comunidad Autónoma.

El IGIC se configura como un impuesto estatal sobre el volumen de ventas, de estructura y naturaleza similar a la del IVA aplicable en el territorio peninsular e Islas Baleares, que grava las entregas de bienes y prestaciones de servicios efectuadas en las Islas Canarias por empresarios y profesionales, así como las importaciones de bienes en dicho territorio [123], y que recae sobre el consumo en virtud del mecanismo de la repercusión.

El hecho imponible del impuesto es, pues, parecido al del IVA, si bien, las operaciones calificadas como autoconsumo en el IVA, no están sujetas al IGIC. Por otro lado, la generalidad del Impuesto se ve bastante recortada respecto del IVA ya que se declaran exentas las entregas de bienes que efectúen los comerciantes minoristas, y las entregas de bienes o prestaciones de servicios realizadas por sujetos pasivos personas físicas cuyo volumen de operaciones no supere los 3.446.400 pesetas [124] (régimen de franquicia). Asimismo, para los empresarios que no sean comerciantes minoristas, se declaran parcialmente exentas (sólo la parte de la base imponible que corresponda al margen minorista que se incluya en la contraprestación) las entregas de bienes muebles que éstos efectúen para quienes no tengan la condición de empresarios o profesionales. Para garantizar la neutralidad

---

[121] Creado por la Ley 20/1991, de 7 de junio, de modificación de los aspectos fiscales del Régimen Económico Fiscal de Canarias (BOE de 8 de junio), modificada por el Real Decreto-ley 7/1993, de 21 de mayo (BOE de 27 de mayo), por la Ley 16/1994, de 7 de junio (BOE de 8 de junio) y por la Ley 13/1996, de 30 de diciembre (BOE de 31 de diciembre), y desarrollada por el RD 2538/1994, de 29 de diciembre (BOE de 31 de diciembre). El Decreto de 15 de diciembre de 1992, de la Consejería de Economía y Hacienda de Canarias (BOCan. de 18 de diciembre), contiene las normas de gestión, liquidación, recaudación e inspección y revisión de los actos dictados en aplicación del IGIC.

[122] *Vid.* Ley 14/1992, de 5 de junio (BOE de 11 de junio).

[123] Arts. 2 y 3 Ley 20/1991.

[124] Dicho límite ha sido fijado por la Resolución de la DGT de 17 de septiembre de 1996 (BOCan. de 7 de octubre).

internacional del impuesto se declaran, asimismo, exentas, con derecho a deducción del IVA soportado, las exportaciones de bienes.

En cuanto a la regulación del sujeto pasivo del Impuesto se adopta idéntica técnica que en el IVA, considerando como tales a los empresarios o profesionales que realicen las operaciones sujetas, o a los destinatarios de las mismas, empresarios o profesionales, cuando se efectúen por personas o entidades no establecidas en Canarias. La repercusión obligatoria del Impuesto sobre el destinatario de la operación garantiza que el mismo recaiga finalmente sobre el consumo de los bienes o servicios.

En cuanto al tipo impositivo existen cuatro diferentes:

— Un tipo general del 4,5 por 100.

— Un tipo cero, con derecho a deducción del IVA soportado, aplicable a determinadas entregas de bienes, prestaciones de servicios o importaciones, tales como captación, producción y distribución de agua; medicamentos; periódicos, revistas y libros; viviendas de protección oficial; transportes marítimos o aéreos; productos alimenticios básicos; etc.

— Un tipo reducido del 2 por 100.

— Un tipo incrementado del 13 por 100 (tabaco, alcoholes, embarcaciones, vehículos, joyas, aeronaves, pieles de carácter suntuario, etc.).

Para garantizar efectivamente el traslado del impuesto hasta el consumidor final, sin que incida en los costes empresariales, se establece el derecho a deducir el IGIC soportado en las adquisiciones de bienes y servicios —estableciéndose para ello los mismos requisitos que en el IVA— del IGIC devengado y repercutido en sus operaciones. Dicho derecho se ejercita en el período de liquidación en el que se hayan soportado, o en los sucesivos, siempre que no haya transcurrido el plazo de cinco años desde el devengo, permitiéndose que cuando no se hayan podido efectuar dichas deducciones por exceder continuadamente la cuantía de las mismas de la de las cuotas devengadas, se solicite la devolución del saldo a favor del sujeto pasivo existente a 31 de diciembre de cada año.

Se contemplan, asimismo, seis regímenes especiales: el Simplificado; el de los Bienes Usados; el de Objetos de Arte, Antigüedades y Objetos de Colección; el de las Agencias de Viajes; el de la Agricultura y Ganadería; y el de comerciantes minoristas, cuyo ámbito de aplicación y contenido es similar a los previstos en los correspondientes regímenes especiales del IVA [125].

[125] Al régimen simplificado podrán acogerse también los comerciantes minoristas que realicen primeras entregas de bienes importados por ellos mismos en el desarrollo de su actividad comercial y cuyo volumen de operaciones por dichas entregas no hubiere excedido de 50 millones de pesetas.

Los módulos e índices correctores aplicables en el régimen simplificado del IGIC para el año 1997 han sido fijados por la Orden de 11 de diciembre de 1996, de la Consejería de Economía y Hacienda de Canarias (BOCan. de 23 de diciembre).

En el régimen especial de la agricultura y ganadería el importe de la compensación a tanto alzado a percibir por los sujetos acogidos al mismo es de 1 por 100 del precio de venta de los productos.

En cuanto al régimen especial del comercio minorista, al estar exentas las entregas

El importe de la recaudación líquida del IGIC, una vez descontados los gastos de administración y gestión del Impuesto se distribuirán de la siguiente forma:

— El 50,35 por 100 a la Comunidad Autónoma de Canarias.

— El 49,65 por 100 a los Cabildos Insulares, los cuales, una vez deducidos los gastos de gestión, distribuirán y librarán a los Ayuntamientos de su isla, el 40 por 100.

367. El Arbitrio sobre la Producción e Importación en las Islas Canarias

Regulado por las mismas normas básicas que el IGIC, se configura como un impuesto estatal indirecto que grava la producción o elaboración, así como la importación de toda clase de bienes muebles corporales en las Islas Canarias. Este impuesto ha venido a sustituir, a partir del 1 de julio de 1991, a la Tarifa General del Arbitrio Insular a la entrada de Mercancías [126].

La titularidad de la potestad normativa sobre dicho Impuesto corresponde al Estado, quien dictará, asimismo, previo informe de la Comunidad Autónoma, las disposiciones necesarias para el desarrollo y aplicación del mismo. No obstante la Comunidad Autónoma regulará reglamentariamente los aspectos relativos a la gestión, liquidación, recaudación e inspección, pudiendo, además, fijar los tipos del Arbitrio dentro de los límites establecidos. En cuanto a la gestión del Impuesto, ésta corresponde a la Comunidad Autónoma. El importe de la recaudación, sin embargo, será entregado por la Comunidad Autónoma a los Cabildos Insulares para su distribución entre las Corporaciones locales Canarias [127].

El hecho imponible del impuesto está constituido por la producción o elaboración, con carácter habitual, de bienes muebles corporales realizada por empresarios en el desarrollo de su actividad empresarial, así como la importación de dichos bienes en el ámbito territorial de las Islas Canarias. No obstante, durante los diez primeros años de aplicación del Arbitrio quedará exenta del mismo la producción o elaboración de bienes muebles corporales en las Islas Canarias. En consecuencia, durante dicho período el Arbitrio recae exclusivamente sobre las importaciones, respecto de las cuales

---

realizadas por los minoristas en su comercio habitual, sólo se prevé un recargo sobre las importaciones de bienes objeto de su comercio, efectuadas por los mismos comerciantes, con la finalidad de gravar el margen mayorista que obtienen.

[126] En cuanto a la Tarifa Especial del Arbitrio Insular a la Entrada de Mercancías, la Disposición Adicional Segunda de la Ley 20/1991, de 7 de junio dispone que continuará vigente en los términos previstos en el art. 6 del Protocolo 2 del Tratado de Adhesión. El Reglamento del Consejo 564/93/CEE, de 8 de marzo, prorroga hasta el 31 de diciembre del año 2000 la aplicación de dicho arbitrio a aquellos productos considerados «sensibles», enumerados en su Anexo, procedentes de otras partes de la Comunidad. El art. 66 de la Ley 13/1996, de 30 de diciembre, ha establecido el calendario al que deberá ajustarse la reducción progresiva de los tipos de la Tarifa Especial hasta su supresión en la fecha indicada.

[127] *Vid.* Disposición Adicional Primera de la Ley 20/1991, de 7 de junio.

habrá que tener en cuenta la existencia de numerosas exenciones, prácticamente las mismas que afectan al IGIC a la importación.

Los sujetos pasivos del arbitrio son quienes importen, produzcan o elaboren los bienes muebles corporales. Estando prevista la repercusión de la cuota devengada, salvo en las importaciones, sobre los adquirentes de los bienes, así como la deducción, por parte de los sujetos pasivos del Arbitrio, de las cuotas soportadas por dicho tributo respecto de las de las devengadas en las operaciones que realicen.

Los tipos impositivos aplicables son:

— El 2 por 100 para los bienes no especificados en las Tarifas.

— Entre el 0,1 y el 5 por 100 para los comprendidos en las Tarifas, salvo los cigarros o puros y cigarrillos de tabaco que puede llegar hasta el 15 por 100 [128].

368. El Impuesto sobre la producción, los servicios y la importación en las ciudades de Ceuta y Melilla

No se trata éste de un nuevo impuesto, sino de la nueva denominación que el artículo 68 de la Ley 13/1996, de 30 de diciembre, da al Arbitrio sobre la Producción y la Importación en las ciudades de Ceuta y Melilla, regulado por la Ley 8/1991, de 25 de marzo. Las modificaciones introducidas no se han limitado a la denominación del impuesto sino que han afectado a numerosos preceptos de la regulación anterior [129]. Paralelamente, a partir del 1 de enero de 1997, se suprime el Impuesto General sobre el Tráfico de las Empresas que venía aplicándose hasta dicha fecha.

De acuerdo con el artículo 1 de su ley reguladora se trata de un impuesto indirecto de carácter municipal, que grava la producción, elaboración e importación de toda clase de bienes muebles corporales, las prestaciones de servicios y las entregas de bienes inmuebles situados en las ciudades de Ceuta y Melilla. Su conexión con el Impuesto sobre el Valor Añadido se pone de manifiesto a lo largo de su regulación al remitir expresamente a la normativa del IVA importantes elementos del impuesto, como el concepto de prestación de servicios, el de empresario o profesional, los supuestos de no sujeción, la enumeración de las operaciones exentas, la determinación de la base imponible, la repercusión del impuesto, su deducción, etc.

---

[128] La Decisión de la Comisión de 20 de diciembre de 1995 (96/34/CE) establece que los tipos de gravamen de este arbitrio se reducen en el 20 por 100 del tipo de gravamen inicial el 31 de diciembre de cada año y por primera vez el 31 de diciembre de 1996, con el fin de permitir la supresión del mismo el 31 de diciembre del año 2000. A este respecto, hay que tener en cuenta que el art. 67 de la Ley 13/1996, de 30 de diciembre, dispone que, con efectos desde el 30 de diciembre, se incrementan en un 15 por 100 de su importe inicial todos los tipos de gravamen del Arbitrio.

[129] En los Boletines de Ceuta, de 30 de junio de 1997, y de Melilla, de 7 de agosto de 1997, se publicaron las respectivas Ordenanzas Fiscales del Impuesto, el cual venía aplicándose, no obstante, desde el mes de enero, por acuerdo expreso de las respectivas Asambleas.

Aunque en la definición del hecho imponible se alude a la producción y elaboración de bienes muebles corporales, el impuesto se devenga con la puesta a disposición de los adquirentes de dichos bienes, manteniéndose así el paralelismo con el IVA que somete a gravamen las entregas.

Los tipos de gravamen, que deberán fijarse por las Ordenanzas respectivas, estarán comprendidos entre el 0,5 y el 10 por 100. Si bien, en el supuesto de que se produzca la aplicación inmediata del Impuesto, hasta tanto no se aprueben las Ordenanzas respectivas, los tipos de gravamen aplicables serán los establecidos en las vigentes Ordenanzas (reguladoras del Arbitrio) en relación con las operaciones de producción e importación; el 1 por 100 en el consumo de energía eléctrica y el 4 por 100 en las entregas de bienes inmuebles y prestaciones de servicios. Asimismo, en las labores del tabaco y ciertos carburantes y combustibles se aplicará un gravamen complementario.

Especial mención debe hacerse de la prohibición de deducir las cuotas soportadas o satisfechas en relación con las entregas de bienes inmuebles, las prestaciones de servicios y el consumo de energía eléctrica. La posibilidad, pues, de recuperar las cuotas soportadas, y el carácter de impuesto que recae sobre el valor añadido, sólo puede predicarse de la producción, elaboración e importación de bienes muebles corporales.

Finalmente, acorde con el carácter municipal del impuesto, la gestión, liquidación, recaudación e inspección del mismo, así como la revisión de los actos dictados en su aplicación, corresponden a los Ayuntamientos de Ceuta y Melilla.

BIBLIOGRAFIA

AA.VV., *Introducción del Impuesto sobre el Valor Añadido en España*, Instituto de Estudios Fiscales, Madrid, 1982.

— XXX Semana de Estudios de Derecho Financiero, 1984.

— *El IVA en el sistema tributario español,* Escuela de Hacienda Pública, Ministerio de Economía y Hacienda, Madrid, 1986.

— *El IVA en España,* Lex Nova, Valladolid, 1987.

— *Impuesto sobre el Valor Añadido,* 3.ª ed., Escuela de Hacienda Pública, Ministerio de Economía y Hacienda, Madrid, 1993.

ABELLA POBLET, E., y DEL POZO LÓPEZ, J., *Manual del IVA,* 2.ª ed., Publicaciones Abella, Madrid, 1996.

ALBIÑANA GARCÍA-QUINTANA, C., *El Impuesto sobre el Valor Añadido,* Deusto, Bilbao, 1993.

BANACLOCHE, J., *El IVA y los profesionales,* Ministerio de Economía y Hacienda, Madrid, 1985.

— *El Impuesto sobre el Valor Añadido,* CISS, Valencia, 1985.

CALLE SAIZ, R., *El IVA en la Comunidad Económica Europea,* Ministerio de Economía y Hacienda, Madrid, 1985.

CASADO OLLERO, G., *La estructura jurídica y el procedimiento de aplicación del IVA,* Instituto de Estudios Fiscales, Madrid, 1979.

— *Código del IVA,* Comares, Granada, 1986.

CHECA GONZÁLEZ, C., «El sistema IVA: notas sobre su estructura jurídica», *Hacienda Pública Española,* 86, 1984.

— *Los regímenes especiales de liquidación del IVA,* Comares, Granada, 1986.

DEROUIN, P., *El Impuesto sobre el Valor Añadido en la CEE,* Edersa, Madrid, 1981.

DURÁN-SINDREU BUXADÉ, A., *El IVA, la factura y su anotación contable,* Análisis práctico, Bosch, Barcelona, 1986.

GARCÍA-MARGALLO RIAZA, M., *Impuesto sobre el Valor Añadido y Mercado Común Europeo,* Instituto de Estudios Fiscales, Madrid, 1976.

GONZÁLEZ SÁNCHEZ, M., *Los sujetos pasivos del Impuesto sobre el Valor Añadido,* Instituto de Estudios Fiscales, Madrid, 1976.

— *Impuesto sobre el Valor Añadido,* Operaciones sujetas, Aranzadi, Pamplona, 1993.

LASHERAS MERINO, M. A., *El IVA y la actividad municipal,* Ministerio de Economía y Hacienda, Madrid, 1985.

LINARES Y MARTÍN DE ROSALES, J., y RODRÍGUEZ CATIVIELA, E., *El Impuesto sobre el Valor Añadido y las Comunidades Autónomas,* Diputación General de Aragón, Departamento de Economía y Hacienda, Zaragoza, 1984.

LÓPEZ LIZ, J., *El IVA en las operaciones financieras e inmobiliarias,* Bosch, Barcelona, 1987.

MATA SIERRA, M.ª T., *El I.V.A. comunitario: configuración del sistema definitivo,* Valladolid, Lex Nova, 1995.

NÚÑEZ PÉREZ, G. G., *El Impuesto General Indirecto y el Régimen Fiscal en Canarias,* CEDECS, Barcelona, 1996.

ORTIZ GUTIÉRREZ, R., *El Impuesto sobre el Valor Añadido,* Pirámide, Madrid, 1982.

PUEYO MASÓ, J. A., *El Impuesto sobre el Valor Añadido y las operaciones inmobiliarias,* Ministerio de Economía y Hacienda, Madrid, 1986.

RAMÍREZ GÓMEZ, S., *El Impuesto sobre el Valor Añadido,* Civitas, Madrid, 1994.

VEGA MOCOROA, I., *La armonización del IVA y el logro del mercado interior,* Lex Nova, Valladolid, 1991.

ZURDO RUIZ-AYÚCAR, J., *El Impuesto sobre el Valor Añadido en la CEE,* Instituto de Estudios Económicos, Madrid, 1981.

— *Tratado sobre el IVA (Comentarios a la Ley 37/1992 y al RD 1624/1992),* Centro de Estudios Financieros, Madrid, 1993.

CAPITULO 12
LOS IMPUESTOS ESPECIALES

I. GENERALIDADES

369. Introducción

Desde muy antiguo, determinados bienes han venido soportando una imposición específica, superpuesta por lo general a otros impuestos sobre el consumo. El número de dichos bienes ha sido muy variable según los países y las distintas épocas, pero generalmente se caracterizaban por ser elementos de consumo muy extendido y cuyos circuitos comerciales eran controlables y reducidos. El origen del comercio restringido de estos bienes cabe situarlo, ya en el hecho de tratarse de especies importadas, ya en que el Estado los sometía a un régimen de monopolio público o de control administrativo.

En estas circunstancias, tales tributos venían asegurando una elevada capacidad recaudatoria, a la vez que una cierta facilidad de gestión; a estas razones hay que añadir la capacidad de estos tributos para no ser percibidos cabalmente por los contribuyentes. Ello explica no sólo que aún subsistan, sino que se alumbre alguna figura nueva, como es el caso del impuesto sobre determinados medios de transporte; aprovechando el filón, el legislador ha introducido también el nuevo Impuesto sobre las Primas de Seguros, que no puede considerarse formalmente un impuesto especial, porque está fuera de la Ley de los Impuestos Especiales (LIIEE, en adelante), pero que se acerca mucho a la naturaleza de éstos; no obstante, lo trataremos aparte (§ 386) para no originar confusiones.

Por otro lado, las **accisas** —que es el nombre por el que se conoce a estas figuras entre los hacendistas— se justifican también por la importante función que desarrollan como instrumentos de «ordenación» del consumo de ciertos bienes, ya que permiten a la comunidad resarcirse de algunos gastos específicos que debe efectuar a causa del uso de dichos elementos; como tales frecuentemente se mencionan parte de los gastos de carácter sanitario, los de construcción de carreteras, los de conservación del ambiente, etc. Estas otras razones ponen de manifiesto la ambigua naturaleza de estas figuras como instrumentos de carácter tanto fiscal, para la consecución de recursos financieros, como extrafiscal, para la consecución de otros fines y objetivos públicos.

Además, al ser impuestos sobre el consumo exigidos en el momento de producirse los bienes gravados, las operaciones de exportación e importación deben dar lugar a los correspondientes ajustes fronterizos, efectuados normalmente mediante la devolución en la exportación y el gravamen en el país de destino de la importación correspondiente. Por eso, con vistas al Mercado Unico Europeo, ha sido preciso, como ha ocurrido con el IVA, someterlos al debido proceso de armonización, que luego veremos (§ 371), para hacer posible la circulación de los productos en el interior de la CEE sin barreras fiscales. Como consecuencia de ello, la regulación de estos impuestos en nuestro país ha sido completamente modificada con efectos desde principios de 1993 [1].

370. Naturaleza

Los especiales son impuestos **indirectos** por las mismas razones que lo es el IVA; son también impuestos **reales** y **objetivos**, porque la delimitación de su presupuesto atiende fundamentalmente al objeto gravado y la fijación de las cuotas se hace sin considerar el conjunto de circunstancias que rodean al sujeto pasivo.

Por otro lado, son impuestos **monofásicos**, en el sentido de que para gravar finalmente el consumo, inciden, al contrario que el IVA, exclusivamente sobre una fase del proceso de producción, la cual es, generalmente, la fabricación o importación de los productos gravados, salvo en el caso del Impuesto sobre Determinados Medios de Transporte que incide en el momento de la solicitud de matriculación [2]. La Ley de los Impuestos Especiales distingue así este último impuesto de los que denomina **impuestos especiales de fabricación** [3]. Todos ellos son impuestos **instantáneos**, sin perjuicio de que en el caso de los de fabricación se apliquen atendiendo a un período de liquidación trimestral, salvo cuando recaigan sobre la importación, en cuyo caso se liquidan con la deuda aduanera.

Estos impuestos, además, presentan una configuración jurídica muy característica debido a que su presupuesto de hecho es, en palabras del C.c. [4], «específico», precisamente porque recaen sobre bienes y elementos muy concretos. Esta exigencia obliga a las normas a una labor constante de delimitación y definición de los términos que se utilizan [5] con el fin de que los impuestos recaigan en todo caso, pero también exclusivamente, sobre los bienes gravados. Este es, por tanto, un campo donde los términos utilizados por las normas tributarias han de interpretarse según su significado técnico [6].

Podría destacarse, por último, que estos impuestos son especiales, además de por las notas ya expuestas, por el hecho de configurarse como distintos del impuesto general sobre el consumo (IVA).

---

[1] Ley 38/1992, de 28 de diciembre y RD 1165/1995, de 7 de julio, que contienen la ley y el reglamento de los impuestos especiales, respectivamente.

[2] Art. 68.1 LIIEE.

[3] Art. 2.

[4] Art. 4.1.

[5] Arts. 4, 20, 27, etc.

[6] Art. 23 de la LGT.

371. Armonización comunitaria de los Impuestos Especiales

Como se indicó al principio, en el conjunto de los países de la CEE existía con anterioridad al proceso de armonización un variado número accisas las cuales, a su vez, se encontraban reguladas por normas de contenido muy diferente, sobre todo en lo que respecta a los tipos de gravamen.

La armonización se propone, pues, en primer lugar, uniformar las clases de impuestos especiales y encuadrarlos en el más amplio marco de la imposición indirecta comunitaria; en segundo lugar, eliminar los ajustes en las fronteras intercomunitarias para hacer posible el Mercado Unico y, por último, establecer un conjunto de reglas comunes para los impuestos armonizados. Para hacer frente a estos objetivos, la CEE promulgó a lo largo de 1992 una amplia serie de disposiciones que asumían estos objetivos en su conjunto [7] o para cada uno de los impuestos regulados [8].

Respecto a la unificación de los impuestos especiales de los distintos países, las normas comunitarias se proponen objetivos que podrían considerarse modestos, en el sentido de que, por un lado, establecen el régimen armonizado de los productos que ya eran objeto de impuestos especiales en todos los países de la CEE (sólo hidrocarburos, alcohol y bebidas alcohólicas y labores del tabaco) y, por otro, permiten establecer otros impuestos adicionales sobre dichos productos u otros distintos siempre que respeten las normas impositivas aplicables en materia de imposición indirecta y no supongan el establecimiento de formalidades relativas al cruce de fronteras.

En lo relativo a la eliminación de los ajustes en frontera, la regulación se basa en dos criterios complementarios consistentes, el primero, en disponer el gravamen en la fase de fabricación con devengo en el momento de salida de la fábrica o, como dice la Directiva [9], en el momento de «la puesta a consumo» de los bienes; el segundo criterio supone la generaliza-

---

[7] Directiva 92/12/CEE del Consejo, de 25 de febrero de 1992, modificada por la Directiva 94/74/CE, de 22 de diciembre de 1994 (DOCE núm. L 365, de 31-12-1994), relativa al régimen general, tenencia, circulación y controles de los productos objeto de los Impuestos Especiales (DOCE núm. L-76, de 23 de marzo de 1992) y Reglamento (CEE) n.º 2719/92, de 11 de septiembre de 1992, relativo al documento administrativo de acompañamiento de los productos sujetos a impuestos especiales que circulen en régimen de suspensión (DOCE núm. L-276, de 19 de septiembre de 1992).

[8] Para el **tabaco,** Directiva 95/59/CE relativa a los Impuestos distintos a los Impuestos sobre el volumen de negocios que gravan el consumo de las Labores del Tabaco, Directiva 92/79/CEE del Consejo, relativa a la aproximación de los impuestos sobre los cigarrillos y Directiva 92/80/CEE del Consejo, relativa a la aproximación de los impuestos sobre el tabaco elaborado, excluidos los cigarrillos; para los **hidrocarburos,** Directiva 92/81/CEE del Consejo, relativa a la armonización de las estructuras del impuesto sobre los hidrocarburos y Directiva 92/82/CEE del Consejo, relativa a la aproximación de los tipos del impuesto especial sobre los hidrocarburos; y para los **alcoholes,** Directiva 92/83/CEE del Consejo, relativa a la armonización de las estructuras de los impuestos especiales sobre el alcohol y las bebidas alcohólicas y Directiva 92/84/CEE del Consejo, relativa a la aproximación de los tipos del impuesto especial sobre el alcohol y las bebidas alcohólicas. Todas ellas de 19 de octubre de 1992 y publicadas en el DOCE núm. L-316, de 31 de octubre de 1992.

[9] Art. 6.1 de la Directiva 92/12/ CEE.

ción de un denominado «régimen suspensivo» que permite la circulación de los bienes en el interior de la Comunidad sin que, por tanto, se graven las operaciones hasta que finalice el régimen suspensivo con la llegada de los bienes a su destino.

En lo que respecta a las reglas comunes a que se someten los distintos impuestos armonizados, las Directivas establecen los criterios para concretar las bases imponibles, ordinariamente expresadas en unidades de volumen, menos en el caso de las labores del tabaco en el que se toman en consideración su valor y el número de unidades. La regulación comunitaria armoniza asimismo los tipos de gravamen mediante técnicas que, de ordinario, suponen un tipo mínimo o la posibilidad de elección por cada estado entre un mínimo y un máximo preestablecidos.

La legislación española de reciente promulgación a la que acabamos de referirnos se ha elaborado atendiendo a estas exigencias comunitarias.

372. Diferenciación de los Impuestos Especiales

Ya se dijo anteriormente que la propia LIIEE distingue entre los denominados «impuestos especiales de fabricación» y el nuevo «impuesto sobre determinados medios de transporte»; los primeros son propiamente las accisas tradicionales que recaen sobre el consumo de productos específicos. El impuesto sobre ciertos medios de transporte, en cambio, es una institución reciente que, propiamente, no toma la fabricación como momento fundamental de la vida del tributo sino que, en realidad, incide en el momento en que legítimamente comienzan a aplicarse al propio uso, mediante la matriculación, determinados vehículos; esto significa, en definitiva, que el gravamen está más cercano al momento del consumo que al de la fabricación, lo cual es determinante para articular jurídicamente el tributo de manera muy distinta a los de fabricación.

Según la LIIEE [10], son impuestos especiales de fabricación: los que recaen sobre el alcohol y las bebidas alcohólicas (Cerveza, Vino y Bebidas fermentadas, Productos intermedios y Alcohol y Bebidas derivadas), sobre los hidrocarburos y sobre las labores del tabaco. El impuesto sobre determinados medios de transporte grava [11] la matriculación de los vehículos de motor para el transporte terrestre, para el recreo o el deporte náuticos y las aeronaves.

Las diferencias de régimen jurídico entre uno y otro tipo de impuestos especiales son muy considerables y ello aconseja su tratamiento separado.

---

[10] Art. 2.

[11] Art. 65.

[12] Art. 5.1.

II. IMPUESTOS ESPECIALES DE FABRICACION

1.º ELEMENTOS ESTRUCTURALES

373. El hecho imponible

La LIIEE establece [12] que el hecho imponible está constituido por «la fabricación e importación de los productos objeto de dichos impuestos dentro del ámbito territorial comunitario». Los distintos ingredientes de esta definición están regulados y delimitados por otros preceptos de la propia ley.

Así, en primer lugar, la ley define la «fabricación» [13] y la «importación» [14] como procesos de obtención de los productos o su introducción en el territorio comunitario. En cualquier caso, al margen de otras especificaciones intrínsecas respecto a los conceptos de fabricación [15] e importación que hace la ley, lo determinante de tales elementos del hecho imponible es su ubicación en determinadas circunstancias de lugar —ámbito territorial de los impuestos— y de tiempo —devengo y régimen suspensivo— que también la ley regula con minuciosidad, y a las que nos referiremos posteriormente.

Por otro lado, las normas delimitan también negativamente el hecho imponible mediante la definición de supuestos de no sujeción. A través de estos supuestos se atiende al hecho de que no todo el producto fabricado puede ser objeto de consumo porque, o bien naturalmente, o bien en su proceso de manipulación y distribución, sufre pérdidas y mermas [16] comprendidas dentro de los límites reglamentariamente fijados o, en su caso, fehacientemente probadas ante la Administración.

Debe precisarse, no obstante, que la ley concreta el perfeccionamiento del hecho imponible mediante la referencia al momento del **devengo** [17]; esto significa que, aunque el hecho imponible consista en la fabricación o la importación, la relevancia jurídica de esas operaciones no se verifica hasta que tenga lugar el devengo o perfeccionamiento del hecho imponible, que ocurre en un momento posterior cuando los bienes entran ya en los circuitos comerciales. Más técnicamente la LIIE dice que el devengo se produce, en los casos de fabricación, en el momento de la salida de la fábrica de los productos gravados y, en el de la importación, cuando nace la deuda aduanera. Hay que tener en cuenta a este respecto dos situaciones específicas: la primera es que también está gravado el **autoconsumo** [18], por lo que en este caso, como dice la ley, el devengo se producirá cuando el autoconsumo tenga lugar; la segunda consiste en el caso de que la salida de la fábrica o la importación se efectúen con dirección a otra fábrica o depósito de los mismos bienes o con destino a la exportación. En estos casos, al no tener lugar la «puesta a consumo» de los bienes gravados, el devengo no se produce hasta la recepción por el destinatario de dichos bienes, momento

[13] Art. 4.10 de la LIIEE.
[14] Art. 4.11 de la LIIEE.
[15] Art. 14 LIIEE.
[16] Art. 6 de la LIIEE.
[17] Art. 7.
[18] Art. 4.2.

en el cual finaliza uno de los denominados **regímenes suspensivos** [19]. A este respecto debe señalarse que, a la finalización de un régimen suspensivo se produce el devengo salvo en el caso de que el sujeto que recibe los bienes los vincule de nuevo a otro régimen suspensivo, en cuyo caso aquél queda enervado [20].

Hay que indicar, por último, que las importaciones al ámbito territorial interno de productos sometidos a estos impuestos, y adquiridos en otro país comunitario, hechas directamente por quienes los destinan a sus propias necesidades, no están sometidas a estos impuestos [21].

374. Ambito espacial de aplicación

La LIIEE distingue a este respecto dos ámbitos espaciales distintos: el «ámbito territorial comunitario» [22], que es la delimitación espacial en la que juegan las normas sobre circulación intracomunitaria de los bienes gravados [23] y el «ámbito territorial interno» [24] que es el territorio del Estado español en el que rigen los distintos Impuestos Especiales.

En lo referente a este último ámbito territorial hay que señalar que los Impuestos Especiales rigen en todo el territorio del Estado menos en Canarias, Ceuta y Melilla [25]. No obstante, en Canarias se aplican los Impuestos sobre la Cerveza, sobre Productos Intermedios y sobre el Alcohol y Bebidas Derivadas; las especialidades que supone este régimen están reguladas en la LIIEE [26]. Por su parte, en Ceuta y Melilla se aplica el Impuesto sobre las Labores del Tabaco, aunque también con algunas especialidades que recoge la ley [27].

Además, debe tenerse en cuenta que la LIIEE salva expresamente la situación de los regímenes tributarios especiales por razón del territorio [28] a los cuales nos referiremos en el capítulo posterior.

El «ambito espacial comunitario» juega especialmente, como ya se ha dicho, a efectos de los regímenes suspensivos e implica la circulación de los productos al amparo de una documentación específica que puede acreditar la existencia de un régimen suspensivo o el previo pago del impuesto.

375. El sujeto pasivo

La LIIEE [29] establece dos posibilidades respecto a la condición de sujeto pasivo de estos tributos: como contribuyentes o como sustitutos de los contribuyentes.

---

[19] Art. 7.3, 5 y 6 de la LIIEE.
[20] Art. 7.3 de la LIIEE.
[21] Art. 16.1 de la LIIEE.
[22] Art. 4.1.
[23] Art. 16 de la LIIEE.
[24] Art. 3 de la LIIEE.
[25] Art. 3.1. de la LIIEE.
[26] Art. 23.
[27] Art. 64.
[28] Art. 3.2.
[29] Art. 8.

Se consideran **contribuyentes**: *a)* los depositarios autorizados (que son los titulares de una fábrica o depósito fiscal [30]) en cuyo ámbito tenga lugar «la puesta a consumo» o el autoconsumo de los bienes gravados, *b)* el obligado al pago de la deuda aduanera en el caso de las importaciones, considerando como tal la salida de las mercancías de una zona o depósito francos, *c)* los operadores, registrados o no [31], con cuya recepción de los productos finaliza el régimen suspensivo, y *d)* los receptores autorizados [32] en el devengo del impuesto que se produce en el país de destino.

Según la LIIEE [33], son **sustitutos** del contribuyente los representantes fiscales [34] que deben designarse en el caso de las ventas a distancia, en las que el devengo se produce en el momento de la entrega al destinatario [35], o que pueden designarse en España (excluidas Canarias, Ceuta y Melilla) por los depositarios autorizados establecidos en otros países de la CEE con el fin de facilitar el pago del impuesto que aquéllos deberán realizar por los productos enviados a operadores, registrados o no, en el ámbito territorial interno.

Además de los deberes generales relativos a la gestión de los tributos a los que también están sometidos estos sujetos [36], los contribuyentes y sustitutos de los Impuestos Especiales tienen un deber sustantivo fundamental que es el de la **repercusión** [37] de las cuotas devengadas sobre los adquirentes de los productos gravados, los cuales tienen el deber de soportarla. Este es el mecanismo fundamental que permite, mediante la incorporación del impuesto al precio de los productos gravados, funcionar a los Impuestos Especiales como impuestos sobre el consumo.

La LIIEE regula algunos casos de responsabilidad [38] para mayor garantía de la percepción de la deuda tributaria. Además, la ley considera que la simple posesión, utilización o transporte de los productos sometidos a los impuestos sin acreditar el pago del impuesto especial lleva aparejada la obligación de satisfacerlo [39].

376. Exenciones

La ley contempla [40] una serie de exenciones en favor de las adquisiciones de los productos gravados efectuadas en el marco de las relaciones diplomáticas o consulares o por organismos y entidades de carácter internacional. La exención se verifica ordinariamente mediante la devolución del impuesto previamente satisfecho.

Estas exenciones, aunque de carácter específico, tienen su fundamento en última instancia en que los consumos efectuados fuera del ámbito territorial comunitario no deben de soportar los impuestos, y por eso se

[30] Art. 4.5 de la LIIEE.
[31] Art. 4.14 y 15 de la LIIEE.
[32] Art. 4.19 de la LIIEE.
[33] Art. 8.2.
[34] Art. 4.22 de la LIIEE.
[35] Art. 7.8 de la LIIEE.
[36] Art. 18 de la LIIEE.
[37] Art. 14 de la LIIEE.
[38] Art. 8.3, 4 y 5.
[39] Art. 8.7 de la LIIEE.
[40] Art. 9 de la LIIEE.

articula el mecanismo de la devolución [41]. Lo mismo cabe decir respecto al avituallamiento [42] de buques y aeronaves destinadas al tráfico internacional.

En este terreno hay otras especialidades que afectan principalmente al gravamen sobre el alcohol (exenciones del alcohol destinado a la fabricación de productos no consumibles como bebidas: medicamentos, vinagre, etc.), y al gravamen de los hidrocarburos (exención de los hidrocarburos no utilizados como combustibles o carburantes, exención para el gasóleo destinado a la pesca de bajura, exención parcial para el destinado a la agricultura, etc.); a pesar de la terminología legal, algunos de éstos son propiamente casos de no sujeción.

377. Devoluciones

Como se acaba de decir, no tiene ningún sentido gravar el consumo que vaya a efectuarse fuera del ámbito de aplicación de los impuestos especiales; es por eso por lo que las normas ordenan también la devolución [43] de los Impuestos Especiales en caso de exportación [44].

Debe distinguirse, no obstante, entre las devoluciones que se practican para hacer efectiva la exención de las exportaciones en sentido propio, de aquellas otras devoluciones que se conceden para impedir la duplicación del gravamen sobre unos mismos bienes cuando éstos son enviados a otros países del ámbito territorial comunitario habiendo soportado con anterioridad alguno de los impuestos especiales.

Del primer supuesto se ocupa la LIIEE concediendo la devolución de los impuestos especiales soportados en la adquisición de los productos exportados, en la de los productos contenidos en aquellos que sean exportados o en la de aquellos que se hubiesen consumido en la fabricación de los que se exporten.

El segundo grupo de devoluciones se produce cuando, habiéndose devengado ya el impuesto especial correspondiente, los bienes no son puestos al consumo directamente sino enviados a otro país miembro de la Comunidad. En estos casos, atendiendo al principio de efectuar el gravamen en el país donde finalmente van a ser consumidos los bienes gravados, se produciría una duplicación del mismo impuesto, por lo cual las normas ordenan la devolución de la primera imposición cumpliendo los requisitos reglamentariamente establecidos [45].

---

[41] Arts. 6 y 7 del RIIEE.
[42] Art. 9.1.*e)* y *f)* de la LIIEE.
[43] Art. 10 de la LIIEE.
[44] Art. 4.8 de la LIIEE.
[45] Arts. 10, 11 y 12 del RIIEE.

378. Gestión

Uno de los aspectos más característicos de estos impuestos es el riguroso régimen de control al que están sometidos los distintos operadores de los productos sujetos.

Las normas establecen un amplio conjunto de deberes que afectan a todo el ciclo de producción y distribución de estos bienes, disponiendo exigencias que van desde la inscripción en el Registro territorial de los «depositarios autorizados», hasta las relativas a la circulación de los productos y el control de los establecimientos [46]. La circulación de los productos sometidos a estos impuestos se legitima mediante los denominados documentos de circulación, previstos incluso por la normativa comunitaria [47], los cuales varían según la clase de mercancía y de transporte [48]. El control de los establecimientos implica deberes generales de registro y contabilización, pudiendo llegar, en determinados casos, al control permanente de concretas instalaciones [49]. El incumplimiento de estos deberes está fuertemente sancionado por preceptos específicos que, en algún caso, califican las correspondientes infracciones como de contrabando [50].

Por otro lado, debe indicarse que estos impuestos se gestionan ordinariamente mediante las debidas autoliquidaciones de carácter mensual (Hidrocarburos y labores del Tabaco) o trimestral [51] (los demás), salvo en el caso de las importaciones que, como se ha dicho, se gestionan junto con los aranceles aduaneros.

2.º ESTUDIO DE LAS DISTINTAS FIGURAS

379. El Impuesto sobre el Alcohol y las Bebidas Alcohólicas

Esta denominación engloba, en realidad, cuatro impuestos distintos. Alguno de ellos, como el que recae sobre el **Vino y las Bebidas Fermentadas**, no es más que formalmente, por lo menos en la actual regulación, un verdadero impuesto, porque la LIIEE [52] los somete a un tipo de gravamen igual a cero; su razón de ser estriba en aplicar a esta clase de bebidas el beneficioso régimen de circulación comunitaria que establecen las normas generales de los impuestos especiales.

El Impuesto sobre la **Cerveza** [53] grava esta bebida con tipos específicos crecientes en función de su graduación y por hectolitros. El que recae sobre los **Productos Intermedios** grava ciertos vinos a los que se añade alcohol con un tipo específico por hectolitro. Por último, el que recae sobre el **Alcohol y Bebidas Derivadas** es un impuesto que recae sobre un amplio

---

[46] Art. 18.7 de la LIIEE.

[47] Reglamento (CEE) n.º 2719/92, de 11 de septiembre de 1992.

[48] Art. 30 del RIIEE.

[49] Art. 50 del RIIEE.

[50] Art. 44.2 de la LIIEE.

[51] Art. 18.1 de la LIIEE.

[52] Art. 30.

[53] Art. 26 de la LIIEE.

número de productos determinados por referencia a la Nomenclatura Combinada [54] y que, como es lógico, contienen alcohol apto para el consumo humano. La base imponible está constituida por la cantidad de alcohol puro contenida en cada producto, y se grava a un tipo específico por cada hectolitro de alcohol. Este régimen tiene especialidades en el caso de la denominada **destilación artesanal** [55] en la que, junto a la forma de determinación del impuesto a la que se acaba de aludir, se aplica otra tarifa relacionada con la capacidad de destilación de los correspondientes instrumentos. Hay previstas, además, una amplia serie de exenciones aplicables, bien al regulado como **régimen de cosechero** [56], bien a los casos en que el alcohol no está destinado a los consumos gravados ya sea desnaturalizándolo, ya sea por su uso sanitario, en medicamentos, etc.

380. El Impuesto sobre Hidrocarburos

La LIIEE determina aquí también los productos gravados por referencia a la Nomenclatura Combinada; en general, puede decirse que se grava el consumo de todos los productos derivados del petróleo y asimilados que puedan utilizarse como combustibles o carburantes. No está gravado el uso de estos combustibles en la propia fabricación de los hidrocarburos [57], además de que la ley [58] contempla la exención de la aplicación de estos productos a usos distintos de los de combustible o carburante.

El impuesto se exige mediante tipos específicos girados sobre bases medidas en unidades de volumen o de energía.

381. El Impuesto sobre las Labores del Tabaco

Este impuesto recae sobre los distintos elaborados del tabaco para fumar.

El gravamen combina los tipos específicos, en función del número de unidades, con tipos *ad valorem* de los diferentes productos.

III. EL IMPUESTO ESPECIAL SOBRE DETERMINADOS MEDIOS DE TRANSPORTE

382. Hecho imponible

El impuesto grava la primera matriculación definitiva de vehículos automóviles de motor para el transporte privado de personas, que no pueda considerarse transporte colectivo de viajeros, de embarcaciones y buques de

[54] Art. 36 de la LIIEE.
[55] Art. 40 de la LIIEE.
[56] Art. 41 de la LIIEE.
[57] Art. 47 de la LIIEE.
[58] Art. 51.

recreo o deporte náuticos de más de siete metros y medio de eslora y de aeronaves de motor; a estos efectos es indiferente que sean nuevos o usados.

En relación a los **automóviles** la LIIEE [59] contempla una larga serie de supuestos de no sujeción en los que atiende, ya al destino de los vehículos (los de uso industrial, comercial o agrario, las ambulancias, los de las FFAA, los de minusválidos, etc.) ya a su clase (autobuses, vehículos especiales, motocicletas de pequeña cilindrada, etc.). Algunas especificaciones de esta naturaleza efectúa la ley también en el caso de las **aeronaves**.

La ley contiene una cláusula de cierre del hecho imponible disponiendo que también se realiza éste por la mera circulación o utilización de dichos medios de transporte sin haber solicitado su matriculación definitiva [60].

Hay previstas una serie de **exenciones** [61] concedidas en función del uso de cada tipo de vehículo y que se caracterizan, en general, por la necesidad de su previo reconocimiento por la Administración.

El impuesto se **devenga** en el momento en que se solicta la matriculación.

383. Régimen aplicable

Es **sujeto pasivo** la persona o entidad a cuyo nombre se matricule el vehículo.

La **base** del impuesto está constituida, en el caso de los vehículos nuevos, por la misma base imponible del IVA [62] y, en el caso de los usados, por su valor de mercado, pudiéndose utilizar a estos efectos las tablas de valoración que el Ministerio de Hacienda aprueba a efectos del ITP y AJD.

El impuesto se gira a un **tipo** del 13 por 100, salvo en Ceuta y Melilla, donde es del 0 por 100 y en Canarias, donde es del 11 por 100. Hay un régimen especial de tipos de gravamen para los vehículos tipo *jeep* aplicable hasta el año 1997, en que quedarán equiparados a los demás medios de transporte. Hay que tener en cuenta que disposiciones recientes [63], con la finalidad de promover la renovación del parque de vehículos y de promover la industria del automóvil, concedían reducciones en la cuota del impuesto devengada por las matriculaciones que se efectuaran hasta junio de 1995 por los sujetos que cumplieran las condiciones allí establecidas.

La gestión se basa en la autoliquidación [64] que debe presentarse antes de obtener la matriculación definitiva.

Está previsto que la recaudación obtenida por este tributo en Ceuta y Melilla y en Canarias se atribuya a los correspondientes Ayuntamientos o autonomías.

---

[59] Art. 65.1.

[60] Art. 65.1.*d)* de la LIIEE.

[61] Art. 66 de la LIIEE.

[62] Art. 78 de la LIVA.

[63] Real Decreto-ley 4/1994, de 8 de abril (BOE de 12 de abril) y Real Decreto-ley 10/1994, de 30 de septiembre (BOE de 12 de octubre).

[64] Art. 71 de la LIIEE.

IV. LOS IMPUESTOS ESPECIALES Y LOS TERRITORIOS DE REGIMEN ESPECIAL

384. Los Impuestos Especiales en Navarra y el País Vasco

Estos impuestos están afectados en las mencionadas comunidades por los regímenes de Convenio [65], en el caso de Navarra, o de Concierto [66], en el caso del País Vasco.

En lo que atañe a **Navarra,** debe decirse que, según el Convenio, a esta comunidad corresponde la imposición sobre la Cerveza, sobre el Vino y las Bebidas Fermentadas, sobre los Productos Intermedios y sobre el Alcohol y las Bebidas Derivadas, por lo cual ha dictado la legislación correspondiente [67]. El punto de conexión es, realmente la ubicación de la fábrica en territorio navarro [68], puesto que las normas señalan que estos impuestos corresponden a Navarra cuando el devengo se produzca en su territorio, es decir, cuando tenga lugar la salida de los productos de las fábricas que estén allí situadas. La misma legislación contiene las normas del Impuesto Especial sobre Determinados Medios de Transporte. Tanto las normas relativas a lo impuestos de fabricación, como las que regulan el Impuesto sobre Determinados Medios de Transporte, sólo formalmente difieren de las comunes porque responden a los mismos criterios y principios que las aplicables en el resto del Estado.

Por lo que se refiere al **País Vasco,** la situación es muy parecida. El Concierto atribuye a las Diputaciones Forales tanto los Impuestos Especiales de fabricación como el que recae sobre Determinados Medios de Transporte. Como en el caso de Navarra, los impuestos corresponden a las citadas Diputaciones cuando el devengo se produzca en el territorio del País Vasco, lo que, como se ha dicho, depende del punto donde tenga lugar la salida de la fábrica de los productos sujetos o, en caso de los Medios de Transporte, la solicitud de matriculación. También se atribuye a las Diputaciones el Impuesto sobre las Primas de Seguros.

Por otro lado, hay que recordar que el País Vasco tiene sus propios Impuestos Especiales, que son reminiscencias la Reforma tributaria de 1964 [*vid.* § 3 *g)*], y que gravan consumos muy específicos: el uso del teléfono y las bebidas refrescantes.

---

65 Aprobado por la Ley 28/1990, de 26 de diciembre (BOE de 27 de diciembre) y adaptada a la nueva regulación del IVA y de los IIEE por la Ley 12/1993, de 13 de diciembre (BOE de 14 de diciembre).

66 Aprobado por la Ley 12/1981, de 13 de mayo (BOE de 18 de mayo), adaptada a la nueva regulación del IVA y de los IIEE por la Ley 11/1993, de 13 de diciembre (BOE de 14 de diciembre).

67 Ley Foral 20/1992, de 30 de diciembre.

68 Art. 31.1 de la Ley 28/1990.

385. Los Impuestos Especiales en Canarias, Ceuta y Melilla

Como ya se señaló anteriormente (§§ 6 y 374), la LIIEE se refiere al ámbito territorial de cada uno de estos impuestos. Es conveniente recordar, sin embargo, que en **Canarias** sólo se aplica uno de los IIEE de fabricación, que es el que grava la Cerveza, los Productos Intermedios y el Alcohol y las Bebidas Derivadas. Salvo para la Cerveza, que soporta el mismo gravamen, los tipos aplicables en Canarias son más bajos que los del resto del Estado, lo cual obliga a hacer los ajustes consistentes en pagar por la diferencia de tipos, si los productos entran en la Península o Islas Baleares desde Canarias, o en obtener la devolución del exceso, si los productos entran en Canarias desde la Península o las Baleares [69]. Insistiendo en lo que ya se dijo (§ 2), recuérdese que la CA de Canarias tiene establecido su propio Impuesto sobre los Combustibles Derivados del Petróleo [70]. Por su parte, el Impuesto Especial sobre Determinados Medios de Transporte, según dispone la LIIEE [71], se aplica en Canarias por la Administración del Estado, pero su recaudación corresponde a la CA.

Por lo que se refiere a **Ceuta y Melilla,** debe tenerse en cuenta que en su ámbito sólo se aplican el Impuesto Especial sobre las Labores del Tabaco, aunque con especialidades [72], y el que recae sobre Determinados Medios de Transporte; este último se gestiona por la Administración del Estado, sin perjuicio de que su recaudación se atribuya por la LIIEE [73] a los respectivos municipios.

V. OTRAS FIGURAS

385 bis. El impuesto sobre las Primas de Seguros

A partir de enero de 1997, se ha introducido en nuestro país un nuevo impuesto que recae sobre las primas derivadas de determinados contratos de seguro. El nuevo tributo es un impuesto indirecto, instantáneo y monofásico, ya que se devenga en el momento en que se satisfacen las primas de los seguros gravados, obligándose a la compañía aseguradora a repercutir sobre el tomador del seguro.

Desde el punto de vista territorial las normas no contemplan más que su aplicación a todo el territorio español, dejando a salvo los regímenes de Convenio y Concierto, que no tenían previsto este tributo, y señalando como punto de conexión la localización del riesgo en nuestro país.

Están sujetas al impuesto las operaciones de seguro, sin perjuicio de lo cual, la ley enumera una serie de operaciones no sujetas o exentas. En realidad, los seguros sometidos al tributo son algunos de los denominados seguros contra daños (incendio, robo, responsabilidad civil, defensa jurídi-

---

69 Art. 23 de la LIIEE.
70 Ley de 28 de julio de 1986.
71 Art. 74.
72 Art. 64 de la LIIEE.
73 Art. 73.

ca), y otros específicos de los llamados seguros de personas (accidentes, enfermedad, asistencia sanitaria, etc.), así como otros no típicos. En todo caso, muchas de las operaciones de aseguramiento que son legalmente obligatorias están exentas del tributo.

El sujeto pasivo es la compañía aseguradora, que repercutirá el impuesto sobre la totalidad de la prima satisfecha a un tipo del 4 por 100. Dicho sujeto pasivo está obligado a declarar mensualmente y a ingresar la suma correspondiente a las cuotas repercutidas en dicho período.

BIBLIOGRAFIA

ALONSO GONZÁLEZ, L. M., «Comentarios a la nueva Ley de Impuestos Especiales», *Revista Española de Derecho Financiero* (Civitas), núm. 77 (1993).

DUE, J. F., *Impuestos indirectos,* ed. Instituto de Fiscales, Madrid, 1972.

FERREIRO LAPATZA, J. J. y MÁRQUEZ MÁRQUEZ, A., *Impuestos Especiales,* Edersa, Madrid, 1983.

VV.AA., *Jornadas de Estudios sobre Impuestos Especiales,* núm. 71 (monográfico) de la revista Hacienda Pública Española, 1981.

YEBRA MARTULL-ORTEGA, P., *Cuestiones en torno al Impuesto Especial sobre Determinados Medios de Transporte,* Revista Española de Derecho Financiero (Civitas), núm. 80 (1993).

CAPITULO 13
EL IMPUESTO SOBRE CONSTRUCCIONES, INSTALACIONES Y OBRAS

386. Naturaleza y caracteres

El ICIO, cuyo objeto imponible viene constituido por las construcciones u obras realizadas en el Municipio que requieran licencia urbanística, es la única figura verdaderamente novedosa de la nueva imposición local, la única que no viene a sustituir o refundir impuestos anteriores. Esto no significa, sin embargo, que carezca de inspiración en el sistema tributario local anterior a la reforma. La opinión generalizada, puesta ya de manifiesto en la discusión parlamentaria del Proyecto de Ley, es que este impuesto viene a convalidar la frecuente práctica municipal de utilizar la tasa por licencia urbanística como instrumento de allegar recursos a las arcas municipales por encima del coste del servicio que se trataba de cubrir con aquélla, degenerando de esta forma su inicial naturaleza de tasa [1]. Se reconoce así en la LRHL la actividad constructora como hecho imponible de un nuevo impuesto municipal, impuesto que se declara expresamente compatible con la subsistencia de la tasa por concesión de licencias de obra [art. 23.2.*b)* LRHL] [2]. Ahora bien, habrá que poner especial cuidado en que, vigente el ICIO —y aunque no lo estuviera—, la llamada tasa por licencia urbanística funcione verdaderamente como tal, sin que los ingresos derivados de la misma superen los costes reales o previsibles del servicio que origina su devengo [3].

En cuanto a la naturaleza jurídica del ICIO la podemos resumir en los siguientes caracteres:

— Es un impuesto indirecto, según calificación dada por el propio legislador (art. 101 LRHL).

— Es un impuesto real y objetivo, característica coherente con su condición de impuesto indirecto.

— Es un impuesto instantáneo.

— Es un impuesto municipal, sin que quepa posibilidad alguna de recargo por una Administración distinta.

---

[1] Cfr. la STSJ de Cataluña de 20-9-1991 (AT núm. 6/1992); y las Sentencias del TSJ de Aragón de 9-2-1991 (AT núm. 22/1991) y de 7-5-1991 (AT núm. 26/1991).

[2] Cfr. STS de 11-10-1994 (AT núm. 15/1995).

[3] Cfr., especialmente, la STSJ de Cataluña de 29-11-1991 (AT núm. 6/1992).

— Es un impuesto de exacción voluntaria, esto es, sólo se aplicará en aquellos Municipios que decidan de manera expresa su exigencia y aprueben la correspondiente Ordenanza fiscal dentro de las líneas marcadas por la LRHL.

— Es un impuesto gestionado en su integridad por la Hacienda municipal.

No debemos cerrar este apartado sin comentar las dudas que suscita la compatibilidad de este impuesto con el IVA. Es conocido que la Sexta Directiva del Consejo de la CEE impide la existencia, junto al IVA, de otros impuestos sobre el volumen de negocio o facturación de las actividades económicas que no sean las famosas «accisas» o impuestos especiales que gravan consumos específicos. Pues bien, el ICIO no viene a ser sino un impuesto sobre el volumen de negocio de una actividad concreta, la constructora, diferenciándose del IVA en que no utiliza la técnica de la repercusión sobre el consumidor final, sino que éste será directamente el contribuyente, o bien soportará la traslación de hecho del gravamen. No obstante, la presencia del mecanismo de la repercusión es uno de los requisitos exigidos por la jurisprudencia comunitaria para que pueda hablarse de incompatibilidad con el IVA.

387. Hecho imponible

Constituye el hecho imponible del ICIO «la realización dentro del término municipal de cualquier construcción, instalación u obra para la que se exija obtención de la correspondiente licencia de obras o urbanística, se haya obtenido o no dicha licencia, siempre que su expedición corresponda al Ayuntamiento de la imposición» (art. 101 LRHL). La definición dada por la ley delimita con claridad el ámbito de sujeción al impuesto:

— Quedarán sujetas todas las construcciones, instalaciones y obras cuya realización requiera licencia urbanística, lo que habremos de concretar acudiendo a la correspondiente legislación sobre el suelo dictada por el Estado o por las CCAA en uso de sus competencias en materia urbanística.

— La sujeción al impuesto es independiente de que se obtenga o no la preceptiva licencia. Lo importante es que ésta sea necesaria, no que se haya obtenido efectivamente. Así pues, construcciones ilegales o desamparadas desde el punto de vista urbanístico, en la medida en que se realicen quedarán sometidas al impuesto.

— Otro requisito para la sujeción es que la concesión de la licencia urbanística sea competencia del Ayuntamiento de la imposición. De modo que si correspondiera a una Administración distinta como, por ejemplo, una Comunidad Autónoma, la obra no quedaría sujeta. Este requisito —aunque irrelevante en la práctica si reparamos en la legislación urbanística vigente— no parece muy congruente con la naturaleza del impuesto. Lo decisivo debía ser que la construcción se realizara dentro del término municipal, y no la Entidad competente para la concesión de la licencia.

388. Exenciones

La LRHL no contemplaba inicialmente ninguna exención en este impuesto. Fue el Decreto-ley 7/1989 el que introdujo la exención en el ICIO de cualquier construcción, instalación u obra de la que sean dueños el Estado, las CCAA o las CCLL y que vayan a ser directamente destinadas a carreteras, ferrocarriles, puertos, aeropuertos, obras hidraúlicas, saneamiento de poblaciones y aguas residuales, tanto si se trata de obras de inversión nueva como de conservación.

389. Sujetos pasivos

La LRHL (art. 102.1) define como contribuyente del ICIO al dueño de la obra cuya realización origina el devengo del impuesto, independientemente de que coincida —que será lo habitual— o no con el propietario del suelo sobre el que se lleve a cabo la construcción [4]. Ahora bien, con la finalidad de facilitar la recaudación del impuesto y evitar posibles discusiones jurídicas sobre quién sea el dueño de la construcción, el legislador ha colocado como sustitutos del contribuyente a «quienes soliciten las correspondientes licencias o realicen las construcciones, instalaciones u obras, si no fueran los propios contribuyentes» (art. 102.2 LRHL).

390. Base imponible y cuota

Según la LRHL, «la base imponible del impuesto está constituida por el coste real y efectivo de la construcción, instalación u obra» (art. 103.1 LRHL). Se trata de una definición concisa y sencilla que, tal vez por lo mismo, ha planteado algún problema en su interpretación, en concreto sobre qué debe entenderse por «coste real y efectivo» de la obra. Utilizando la terminología de la legislación sobre contratación del Estado, cabe discutir si dicho coste real y efectivo se identifica con el llamado «presupuesto de ejecución material» de la obra o con el «presupuesto de ejecución por contrata». En definitiva, los honorarios técnicos de arquitecto y aparejador, los tributos que gravan la propia obra, los gastos generales o el beneficio industrial, ¿forman o no parte del «coste real y efectivo»? Aunque en la doctrina la opinión mayoritaria se inclina por la inclusión de tales partidas —salvo el IVA— en la base imponible del ICIO, los pronunciamientos jurisdiccionales habidos hasta la fecha resultan contradictorios, decantándose algunos por una interpretación muy restrictiva de las cantidades a incluir dentro del «coste real y efectivo» [5] y otros, en cambio, por una interpretación extensiva del concepto [6]. No obstante, el TS parece resuelto a zanjar la cuestión ya que en una Sentencia muy reciente ha interpretado

---

[4] Cfr. STS de 17-5-1994 (AT núm. 14/1995).

[5] Cfr., por ejemplo, la STSJ de la Comunidad Valenciana de 23 de septiembre de 1991 (GF núm. 93).

[6] Cfr., por ejemplo, la STSJ de Cataluña de 8 de octubre de 1991.

que «el presupuesto a que ha de atenderse para cuantificar la base imponible es el de ejecución material de la obra en el que no se integran ni los honorarios del arquitecto y aparejador que intervienen en su elaboración y ejecución ni el beneficio industrial del contratista o el porcentaje de gastos generales de aquél» [7].

La cuota será el resultado de aplicar sobre la base imponible el tipo impositivo previsto en la Ordenanza fiscal del Ayuntamiento de la imposición, tipo cuya cuantía mínima será del 2 por 100 y que podrá llegar, en función de la población de derecho del Municipio, hasta un máximo del 2,40 por 100 (hasta 5.000 habitantes), 2,80 por 100 (de 5.001 a 20.000 habitantes), 3,20 por 100 (de 20.001 a 50.000 habitantes), 3,60 por 100 (de 50.001 a 100.000 habitantes) y 4 por 100 (más de 100.000 habitantes) (art. 103.3 LRHL).

391. Devengo

El impuesto se devenga, según la LRHL, «en el momento de iniciarse la construcción, instalación u obra, aun cuando no se haya obtenido la correspondiente licencia» (art. 103.4 LRHL). Este inicio de la obra, que podemos situar en el replanteo de la misma, será en ocasiones difícil de precisar [8] siendo, sin embargo, un dato de capital importancia si tenemos en cuenta que el tipo impositivo aplicable será el vigente en el momento del devengo. Concretar, por ejemplo, si el inicio de una obra ha tenido lugar el 30 de diciembre de un año o el 2 de enero del siguiente puede suponer la aplicación de uno u otro tipo de gravamen.

392. Gestión

La gestión del ICIO es competencia exclusiva de la Administración tributaria local. Hecha esta advertencia inicial, cabe señalar que la LRHL distingue en este impuesto entre una liquidación provisional y otra definitiva. La primera se girará sobre el presupuesto, visado por el Colegio Oficial correspondiente, que los interesados presenten a efectos de obtener la licencia urbanística, o bien sobre el coste estimado de la obra si dicho presupuesto no se presentase. La liquidación definitiva se realizará, una vez finalizada la obra, mediante comprobación por el Ayuntamiento del coste real y efectivo de la construcción efectuada.

Lo que llama la atención dentro del esquema anterior es que el legislador sitúa el momento de la liquidación provisional en la fecha de concesión de la licencia urbanística, es decir, en un momento anterior al devengo del impuesto, que tendrá lugar con el inicio efectivo de la obra. Indudablemente, si girada una liquidación provisional con la concesión de la licencia, la

[7] SSTS de 3 de febrero de 1994 (AT núm. 21/1994) y de 29-4-1994 (AT núm. 42/1994).

[8] Cfr. STS de 31-10-1994 (AT núm. 11/1995).

obra por las razones que fuese no llegara a realizarse, el sujeto pasivo tendrá derecho a la devolución de las cantidades abonadas. También tendrá derecho a la oportuna regularización si el tipo impositivo vigente en el momento del devengo fuera distinto del que se aplicó en la liquidación provisional. Estos inconvenientes se pueden evitar adoptando el sistema de autoliquidación, previsto expresamente (art. 104.3 LRHL), e iniciando el plazo para la misma a partir del devengo del impuesto.

393. El Impuesto sobre Construcciones, Instalaciones y Obras en Navarra

La Ley Foral 2/1995 [9] de Haciendas Locales de Navarra ha introducido en dicho territorio el ICIO con una regulación semejante a la estudiada en la LRHL para el resto de España. Como peculiaridades del ICIO en Navarra podemos destacar dos: 1.ª, que se trata de un impuesto de exacción obligatoria (cfr. art. 132 de la Ley Foral 2/1995), y no voluntaria; y 2.ª, que el tipo impositivo puede moverse entre un mínimo del 2 y un máximo del 5 por 100 (cfr. art. 170.2 de la Ley Foral 2/1995). El impuesto entrará en vigor el 1 de enero de 1996.

394. El Impuesto sobre Construcciones, Instalaciones y Obras en Alava

La regulación del Impuesto sobre Construcciones, Instalaciones y Obras en el Territorio Histórico de Alava es coincidente con la vigente en el territorio común, con la sola salvedad de que el tipo impositivo puede ascender hasta el 5 por 100, en lugar de hasta el 4 por 100 que prevé como máximo la LRHL. El impuesto se regula por la Norma Foral 45/1989 [10].

395. El Impuesto sobre Construcciones, Instalaciones y Obras en Guipúzcoa

La regulación del Impuesto sobre Construcciones, Instalaciones y Obras en el Territorio Histórico de Guipúzcoa es coincidente con la vigente en el territorio común, con la sola salvedad de que el tipo impositivo puede ascender hasta el 5 por 100, en lugar de hasta el 4 por 100 que prevé como máximo la LRHL. El impuesto se regula por la Norma Foral 15/1989 [11].

---

[9] BON de 20-3-1995.
[10] BOTHA núm. 99, de 28-8-1989.
[11] BOGuip. núm. 130, de 10-7-1989.

396. El Impuesto sobre Construcciones, Instalaciones y Obras en Vizcaya

La regulación del Impuesto sobre Construcciones, Instalaciones y Obras en el Territorio Histórico de Vizcaya es coincidente con la vigente en el territorio común, con la sola salvedad de que el tipo impositivo puede ascender hasta el 5 por 100, en lugar de hasta el 4 por 100 que prevé como máximo la LRHL. El impuesto se regula por la Norma Foral 10/1989 [12].

BIBLIOGRAFIA

AGULLÓ AGÜERO, A., «Impuesto sobre Construcciones, Instalaciones y Obras», en *Jornadas sobre l'aplicació de la Llei reguladora d'Hisendes Locals,* Diputación de Barcelona, 1989.

CORS MEYA, F. X., «Impuestos sobre Construcciones, Instalaciones y Obras», en *Tratado de Derecho Financiero y Tributario Local,* Madrid, Marcial Pons, 1993.

FERNÁNDEZ JUNQUERA, M., «El Impuesto sobre Construcciones, Instalaciones y Obras», en *La reforma de las Haciendas Locales,* t. I, Lex Nova, 1991.

PAGÉS I GALTES, J., *La Impugnación del Impuesto sobre Construcciones, Instalaciones y Obras,* Barcelona, Eina, 1992.

SIMÓN ACOSTA, E., «El Impuesto sobre Construcciones, Instalaciones y Obras», en *RHAL,* núm. 57, 1989.

---

[12] BOV núm. 166, de 19-7-1989.

CAPITULO 14

EL IMPUESTO SOBRE TRANSMISIONES PATRIMONIALES Y ACTOS JURIDICOS DOCUMENTADOS

I. GENERALIDADES

397. Introducción y fuentes normativas

La complejidad de este Impuesto radica en la refundición que se llevó a cabo en 1964 de los antiguos Impuestos de Derechos Reales y Timbre. En esa refundición está la raíz de la prolijidad de figuras que constituyen sus hechos imponibles claramente diferenciables.

El Impuesto se compone básicamente de tres **modalidades** que tienen por objeto el tráfico patrimonial —Transmisiones Patrimoniales (TPO)— o la formalización de ciertos actos —Actos Jurídicos Documentados (AJD)— en atención a la especial protección que el ordenamiento jurídico concede a su forma y solemnidad; por último, la modalidad de Operaciones Societarias (OS) está a caballo entre las dos señaladas y atiende esencialmente al desplazamiento patrimonial que se origina en relación con la vida de los entes societarios.

El TR que recoge la normativa vigente, aprobado por RD-L 1/1993, de 24 de septiembre (BOE de 20 de octubre), es el corolario del anterior y las innumerables modificaciones que en él se habían introducido desde su aprobación en 1980. En la nueva norma se han incorporado además numerosísimos beneficios fiscales que desde entonces se encontraban desperdigados en las más variopintas normas del ordenamiento. El RD 828/1995, de 19 de mayo (BOE de 22 de junio), aprueba el nuevo Reglamento del Impuesto.

El rendimiento de este Impuesto está cedido a las Comunidades Autónomas: el alcance y condiciones de la cesión se recogen en la L 30/1983, de 28 de diciembre (BOE de 29 de diciembre), reguladora de la cesión de tributos a las Comunidades Autónomas; posteriormente se amplió el alcance de la cesión mediante la L 32/1987, de 22 de diciembre (BOE de 23 de diciembre). En aplicación del Acuerdo 1/1996, por el que se aprueba el Sistema de Financiación de las Comunidades Autónomas para el quinquenio 1997-2001, se ha promulgado una nueva Ley de Cesión. Su novedad más notable radica en la posibilidad de que las Comunidades Autónomas ejerzan competencias normativas. En relación con nuestro Impuesto podrán regular el tipo de gravamen en ciertos supuestos que señalaremos oportunamente. Hasta la fecha ninguna Comunidad ha ejercido la citada competencia normativa.

398. Naturaleza y caracteres

Tal vez la nota más caracterizadora de la actual regulación de este Impuesto sea que bajo su denominación se contienen tres figuras bien diferenciables. En realidad nos encontramos ante tres Impuestos distintos. Y esta nota no tiene sólo un carácter académico o profesoral: son abundantes las ocasiones en las que una referencia genérica al Impuesto, como por ejemplo para definir el ámbito de una exención, es equívoca en la medida en que puede estar referida sólo a uno de los **conceptos** o **modalidades** del Impuesto, a pesar de encontrarse reguladas bajo el Título IV que se intitula *Disposiciones Comunes.* La Jurisprudencia ha subrayado el origen del Impuesto para comprender las relaciones entre las tres modalidades actuales [1].

A esta cuestión se hace referencia dentro del capítulo genérico de la **Naturaleza y contenido** del Impuesto. Y ya desde este momento cabe establecer algunas reglas de funcionamiento interno o de concurrencia entre las diversas modalidades. A su tenor sólo se excluye explícitamente la posibilidad de concurrencia de las modalidades de Transmisiones y Operaciones Societarias. De ahí cabe afirmar:

— La posibilidad de concurrencia de transmisiones y actos jurídicos documentados.

— La posibilidad de concurrencia de operaciones societarias y actos jurídicos documentados.

— La no necesaria extensión a cualquiera de las modalidades, incluso respecto de las eventualmente concurrentes, de las referencias que se hagan a una sola de ellas: por ejemplo, la exención de transmisiones patrimoniales no supondrá la exención de actos jurídicos documentados necesariamente.

Pero esta regla de exclusión, al tiempo que de eventual concurrencia, no sólo es necesario tenerla en cuenta en relación a lo que podríamos denominar el **juego interno.** De importancia capital son las reglas de determinación de las relaciones de este Impuesto, en sus tres modalidades, con el IVA, o **juego externo** (§ 233).

La razón de estas tormentosas relaciones tanto del IVA con nuestro Impuesto, como de las tres modalidades de éste entre sí, hay que encontrarla en la relativa similitud de algunos de los hechos imponibles que constituyen el IVA en relación con TPO —ambos gravan el tráfico, aquél el tráfico empresarial, éste el que se opera en el ámbito *civil,* es decir, entre dos personas no dedicadas habitualmente a ello— o de TPO y OS, en algunos supuestos. Una aportación de bienes por un socio a una sociedad implica

[1] Véanse las SSTS de 13 de febrero de 1987 (Ar. 551); de 19 de enero de 1990 (Ar. 8544); de 23 de marzo de 1990 (Ar. 8251); de 9 de octubre de 1992 (Ar. 8470).

siempre necesariamente una transmisión onerosa, por eso en estos casos es necesario arbitrar reglas como las que acabamos de mencionar.

No obstante, nótese que la radical y clara norma del precepto citado deja sin resolver el aspecto positivo de la cuestión: ya sabemos que no se gravará una misma operación por ambas modalidades, pero ¿cuál es la aplicable? De nuevo habrá que estar al tipo de acto de que se trate: habrá muchos supuestos en los que la duda no se presentará atendiendo precisamente al negocio jurídico de que se trate, así no planteará este tipo de problemas la constitución de un usufructo, que está claramente sometida a la modalidad de TPO sin que haya similitud posible o norma concurrente en la modalidad de OS. Diversa es la situación en los supuestos en los que la operación societaria se concreta en una transmisión: en estos casos la doctrina es pacífica al admitir que hay que acudir al criterio de la prevalencia de la regla especial, es decir, en cuanto toda operación societaria supone una transmisión, pero no siempre ésta se realiza mediante una operación societaria; como se ha dicho con acierto, lo contrario significaría vaciar de contenido la modalidad OS.

El TR caracteriza el Impuesto como de **naturaleza indirecta.** Además de este carácter explícito se puede añadir que nos encontramos ante un impuesto: de naturaleza real y carácter objetivo; de hecho imponible genérico para cada modalidad; de devengo instantáneo y de realización esporádica; cedido a las Comunidades Autónomas, con las precisiones que veremos en seguida.

399. Ambito territorial de aplicación del Impuesto

En relación con el ámbito de aplicación territorial del Impuesto conviene deslindar dos cuestiones: las reglas dirigidas a determinar cuándo el Impuesto se exige **en España,** atendiendo a las reglas o criterios del **ámbito de aplicación territorial del Impuesto** y la consideración del Impuesto como **impuesto cedido,** es decir, el conjunto de reglas que determinarán la atribución del rendimiento del Impuesto a una determinada CCAA, amén de la atención a los regímenes tributarios especiales o a las exclusiones de la aplicación de la primera regla o criterio en aplicación de los Tratados o Convenios Internacionales.

Por lo que se refiere a las primeras, ateniéndonos a las diversas modalidades del Impuesto las reglas son las siguientes:

— TPO: Estarán sujetas al Impuesto las operaciones sobre bienes y derechos que estuvieren **situados, pudieran ejercitarse** o **hubieran de cumplirse** en territorio español. La peculiar forma de entender el criterio de territorialidad determina que **también** se estará sujeto al Impuesto español cuando, aun realizándose en territorio extranjero la operación sujeta, el obligado al pago del Impuesto tenga su residencia en España. Esa regla ambiciosa, cuanto menos, se excepciona en aquellos supuestos en los que el objeto sea de naturaleza **inmobiliaria,** así como en todos aquellos supuestos en los que la operación eventualmente sujeta, por razón de la residencia del sujeto, hubiere de surtir efectos **fuera del territorio español.**

— OS: Se producirá la sujeción al Impuesto cuando las sociedades tengan su residencia en España.

— AJD: Estarán sujetos los actos jurídicos que se **formalicen** en territorio español o que en éste deban **surtir cualquier efecto jurídico o económico,** fórmula que puede dar lugar a situaciones absurdas por su indeterminación.

Estas reglas se aplicarán sin perjuicio de lo establecido en relación a los regímenes tributarios especiales y de los Tratados y Convenios Internacionales.

Como ya dijimos, nos encontramos ante un Impuesto cedido. Habrá que analizar al tiempo si la cesión es total o parcial y, en el segundo supuesto, qué parte del Impuesto se cede, así como los criterios de esa cesión, es decir, los llamados **puntos de conexión.**

El **régimen común** de este Impuesto consiste en su carácter de tributo cedido con el alcance y condiciones previstas legalmente. La imprecisión de la referencia al impuesto sobre transmisiones patrimoniales que se encontraba en la LOFCA se ha subsanado tras su reciente reforma explicitándose que la cesión se extiende a las tres modalidades del Impuesto.

Las condiciones y el alcance de la cesión se encuentran en la L 30/1983, ámbito de cesión ampliado posteriormente por la L 32/1987. La nueva Ley de Cesión 14/1996 ha venido a ampliar el concepto de tributo cedido en cuanto atribuye a las Comunidades que así lo asuman competencias normativas. Conviene precisar que la cesión se ha verificado atendiendo a la polivocidad de los hechos imponibles en que se diversifica el Impuesto y en relación con cada uno de ellos se determina el alcance de ésta, técnica que asimismo ha seguido la nueva Ley de Cesión.

Por lo que se refiere al aspecto de la cesión de tributos que consiste en la delegación de competencias en materia de cesión hay que subrayar que nos encontramos aquí con el máximo grado posible de ésta. Se extiende la cesión a la titularidad de las competencias en materia de gestión, liquidación, recaudación, inspección y revisión en los términos previstos en la L 30/1983.

400. Armonización comunitaria del Impuesto

El conjunto del Impuesto no se ha visto afectado por disposiciones comunitarias con finalidad armonizadora. Plenamente integrada en la legislación del Impuesto se encuentra la Directiva que regula el régimen fiscal aplicable a ciertas operaciones societarias [2].

[2] Directiva 90/434/CEE del Consejo, de 23 de julio (DOCE L 225, de 20 de agosto) y Ley 29/1991, de 16 de diciembre (BOE de 17 de diciembre).

Por su parte la Directiva 69/335/CEE [3] trata de evitar las discriminaciones que pudieran producirse como consecuencia de la existencia de impuestos que gravan las aportaciones a sociedades y el impuesto de timbre sobre los títulos.

401. Principios comunes a las diversas modalidades

Siguiendo los principios que inspiraron la antigua regulación de esta figura se recogen en los arts. 2 a 5 TR lo que se ha venido en llamar los principios comunes, criterios que denotan, a su vez, la vocación a la independencia de cada una de las modalidades del Impuesto.

1. **Principio de calificación.**

La verdadera naturaleza jurídica del acto o contrato prevalecerá sobre la denominación que las partes le hayan atribuido. Esa independización **a efectos tributarios** puede llegar a prescindir «... de los defectos, tanto de forma como intrínsecos, que puedan afectar a su validez y eficacia».

2. **Principio de eficacia tributaria de las condiciones a que se someten los actos o contratos y sus efectos.**

La calificación de los actos o contratos en los que medie alguna condición se hará con arreglo a las prescripciones del Código civil. A estos efectos si la condición fuese **suspensiva** se aplazará el pago del Impuesto hasta que se cumpla la condición, debiéndose dejar constancia del aplazamiento de la inscripción en el Registro Público.

Si se tratase de una condición **resolutoria** no se aplazará el pago, es decir, se producirá de inmediato la exigencia del Impuesto a reserva de la oportuna devolución (véase *infra* § 45).

3. **Principio de calificación jurídica de bienes y derechos.**

Para la calificación jurídica de los bienes y derechos sujetos al Impuesto se estará a lo dispuesto en el Cc o, en su defecto, el Derecho Administrativo. Regla que no carece de excepciones. **A los efectos de este impuesto,** el párrafo segundo del art. 3 TR propone un concepto específico de **bien inmueble:** instalaciones de cualquier clase establecidas con carácter permanente aunque sean transportables o el terreno sobre el que se hallen situadas no pertenezca al dueño de las mismas. La calificación de los bienes será especialmente importante para la determinación del tipo aplicable en la modalidad de TPO, como veremos más adelante.

4. **Principio de unicidad de convenciones y exigencia del tributo.**

Se consagra aquí el principio de que un mismo acto o contrato —una sola convención, en la rancia terminología del antiguo texto del Impuesto sobre Derechos Reales— sólo puede estar contemplado por un hecho

---

[3] Directiva del Consejo de 17 de julio de 1969 relativa a los impuestos indirectos que gravan la concentración de capitales (DOCE L 249, de 3 de octubre de 1969).

imponible, con independencia de que varias convenciones puedan estar comprendidas en un mismo documento [4], en cuyo caso, si están separadamente sujetas al Impuesto, se exigirá asimismo de forma separada el tributo, salvo expresas excepciones, como la que se produce en relación con los derechos reales en garantía de préstamos. Así como sin perjuicio de la posibilidad de que se produzca el gravamen por dos modalidades del Impuesto, por ejemplo TPO y AJD o bien OS y AJD, como ya vimos (§ 398).

5. Derecho de afección de los bienes transmitidos.

Los bienes y derechos transmitidos quedarán afectos a la responsabilidad del pago de los impuestos que graven las correspondientes transmisiones. Esta afección se producirá cualquiera que sea el poseedor del bien, salvo que resulte ser un tercero protegido por la fe pública registral o pueda justificar la adquisición de los bienes con buena fe y justo título en establecimiento mercantil o industrial en el caso de bienes muebles no inscribibles. Los Notarios deberán hacer la oportuna advertencia de esta afección que de constar en el Registro tampoco liberará al tercero amparado por la fe pública registral.

Cuando el disfrute de un exención o beneficio dependa del ulterior cumplimiento de requisitos por el sujeto pasivo, deberá hacerse constar en el documento por el que se reconoce la exención o beneficio el importe de la liquidación que hubiera procedido de no haber mediado el beneficio tributario. Los Registradores de la Propiedad o Mercantiles deberán hacer constar por nota marginal la afección de los bienes transmitidos en previsión del incumplimiento de los requisitos o condiciones para el disfrute del beneficio tributario.

En los supuestos de desmembración del dominio por la constitución de derechos reales de disfrute, por ejemplo, se hará constar la afección de los bienes al pago de la liquidación que proceda por la extinción del derecho real, que deberá consignarse por las oficinas liquidadoras en el momento de la constitución del derecho real.

II. TRANSMISIONES PATRIMONIALES ONEROSAS

402. Hecho imponible: análisis de los diversos presupuestos de hecho

Configurado de forma prolija y con estructura descriptiva, el hecho imponible de esta modalidad tiene por objeto el desplazamiento de un derecho con causa onerosa, es decir, la llamada **adquisición derivativa.** El resultado será el cambio en la titularidad de ese derecho y el fundamento del tributo residirá en la capacidad económica que se pone de manifiesto

---

[4] Véase la STS 23-2-1987 (GF núm. 43) en relación con un negocio jurídico complejo que determina la realización de un único hecho imponible.

como consecuencia de esa adquisición. El ejemplo típico sería la compraventa.

También se gravan aquellas adquisiciones de derechos que no suponen una alteración plena en la titularidad, sino un debilitamiento en esa plenitud, es decir, una cierta limitación que se origina respecto del anterior titular en el goce pleno de su titularidad y que se traslada al adquirente, que lo será precisamente de ese derecho o facultad. El usufructo o el arrendamiento serían claras ilustraciones de esa otra forma de manifestarse el hecho imponible.

Constitución de derechos en favor de una persona («adquirente» porque lo es de ese derecho que ahora mediante la constitución nace) y en detrimento del haz de facultades que hasta ese momento eran de la titularidad de aquella persona que cede ese derecho o facultad.

En todo caso se gravarán estos negocios jurídicos por este Impuesto cuando tengan causa onerosa, novedad del texto vigente que supone la exclusión de su ámbito de aplicación de las operaciones lucrativas que, en todo caso, quedarán sujetas al Impuesto sobre Sucesiones y Donaciones.

En la medida en que se trata de operaciones onerosas y el objeto del hecho imponible es la adquisición del bien o derecho correspondiente hemos de tener en cuenta que la contraprestación está asimismo sujeta al Impuesto: el ejemplo más significativo lo tenemos en la permuta en la que evidentemente se producen dos adquisiciones, ambas sometidas al Impuesto, como expresamente reconoce el art. 23 RITPAJD. Los supuestos en los que la contraprestación se concreta en la entrega de una suma de dinero se produce asimismo la sujeción aunque —tal vez también precisamente por ello— el art. 45.I.B).4 TR la declara exenta.

También conviene recordar brevemente aquí lo que ya dijimos en relación con aquellas transmisiones onerosas que se realizaban al hilo de las vicisitudes de un ente societario: en estos casos, dada la incompatibilidad declarada entre las dos modalidades de TPO y OS, opta el legislador por someterlas a la operación específica, es decir, a la modalidad de OS.

El Impuesto se construye sistemáticamente a partir de la configuración de un hecho imponible de forma genérica que se «amplía» mediante reglas de asimilación o bien mediante el agrupamiento de figuras que pretende una equiparación o similitud, a los efectos del Impuesto. Así, por ejemplo, a los efectos de este Impuesto, los contratos de aparcería se equiparan a los de arrendamiento. Entre las **Reglas especiales** también es posible encontrar normas de especificación del hecho imponible junto a otras que se refieren a la base imponible o a criterios de determinación del tipo aplicable.

403. (sigue) Transmisiones típicas

Se refiere el art. 7.1.A) TR a las transmisiones onerosas por actos *inter vivos* de toda clase de bienes y derechos. Se trata por consiguiente de gravar las adquisiciones que se realicen en virtud de contratos cuyo objeto y función es la transmisión de la titularidad de bienes [5]: así nos encontramos con la compraventa, la permuta y aquellos supuestos en los que se produce asimismo una adquisición de bienes o derechos mediante títulos asimilados a aquélla, señaladamente, por ejemplo, las transmisiones de créditos y demás derechos incorporales que están regulados en el Código civil en el mismo Título que la compraventa.

La subrogación en los derechos del acreedor prendario, hipotecario o anticrético se considerará, a los efectos del Impuesto, como transmisión de derechos lo que es coherente con lo dispuesto en el Cc acerca de los efectos de la cesión de un crédito.

Con ocasión de la constitución de censos enfitéuticos o reservativos podrá originarse una transmisión de bienes que, con independencia de la liquidación que proceda por la constitución de aquéllos, supondrá la realización del hecho imponible por este concepto de transmisiones.

La transmisión puede verificarse con cláusula de retro, lo que supondrá una modificación de la valoración de la base imponible, regla especial que habrá de tenerse en cuenta asimismo cuando el objeto de la transmisión sea el propio derecho de retro, así como cuando se opere la traslación del dominio mediante el ejercicio de ese derecho. La extinción del derecho de retraer como consecuencia del transcurso del tiempo se considera asimismo sujeta y dará lugar a una liquidación complementaria al adquirente del bien que ahora se libera definitivamente del eventual ejercicio de ese derecho de retracto.

404. (sigue) Supuestos asimilados

Atendiendo al efecto traslativo y con finalidad antidefraudatoria nos encontramos con una serie de supuestos que están asimilados al hecho imponible específico de transmisiones que acabamos de comentar. Estos supuestos son:

a) **Las adjudicaciones en pago y para pago de deudas.** Las adjudicaciones en pago de deuda suponen una entrega de bienes por el valor de la deuda. Se trata de un pago en especie, es decir, se entregan bienes o se ceden derechos para saldar una deuda. El art. 7.2.A) TR, con buen criterio, se fija en la traslación de titularidad que este negocio supone y grava la adquisición de los bienes por el acreedor. Por el contrario, en los supuestos de adjudicaciones para pago de deuda no hay una adquisición «definitiva» de los bienes que se entregan ya que el adjudicatario se compromete a entregar esos bienes a un tercero a fin de que el adjudicante salde la deuda que tiene con él. El primer desplazamiento patrimonial que se produce entre el adjudicante y el adjudicatario no tiene carácter oneroso, nota que se dará en la transmisión del bien al tercero por parte del adjudicatario. La solución legal consiste en someter al Impuesto la primera traslación de la titularidad,

[5] La Jurisprudencia ha mantenido que sin tradición o entrega no hay transmisión: SSTS 26-12-1990 (*Impuestos,* I/91); 25-1-1993 (*CaT,* ref. 4435).

es decir, la «adquisición» realizada por el adjudicatario, al tiempo que establece la devolución del impuesto satisfecho (§ 441) cuando se pruebe por parte del adjudicatario que se entregaron los bienes al tercero acreedor dentro del plazo de dos años. La doctrina mantiene posturas divergentes acerca de si también deben considerarse sujetas las adjudicaciones en pago de asunción de deudas debido a que no aparecen expresamente mencionadas por el TR, cuando sí lo estaban en la anterior normativa. Estamos de acuerdo con la novedosa opinión de que en estos casos se produce una adquisición onerosa de bienes por parte del adjudicatario que «paga» mediante la asunción de la deuda del adjudicante, por lo que se realiza el hecho imponible de TPO tanto desde la perspectiva del presupuesto de hecho genérico, cuanto si entendemos que nos encontramos ante una especie del género adjudicaciones. Así lo ha entendido el art. 29 RITPAJD.

b) **Los excesos de adjudicación.** Se realiza el hecho imponible como consecuencia de adquisiciones que excedan de la simple especificación de los derechos correspondientes cuando se dividen patrimonios tenidos en común por varios sujetos. La norma excluye de forma expresa algunos supuestos en los que el exceso se produce como consecuencia de diversos supuestos de indivisibilidad de la cosa previstos en el Código civil: bienes que no admiten una cómoda división, especificación de la mejora en cosa determinada cuyo valor exceda del correspondiente a este tercio, indivisibilidad de explotaciones agrícolas, industriales o fabriles por expresa voluntad del testador o cuando el bien sea indivisible o desmerezca mucho con su división. Tampoco se entenderán sujetos los que se produzcan en virtud de Disposiciones Forales basadas en el mismo fundamento. Por su parte el art. 7.2.B) TR establece que se liquidarán excesos de adjudicación por TPO cuando existan diferencias, según el valor declarado, en las adjudicaciones efectuadas a herederos o legatarios en relación con el título hereditario, así como en los supuestos en los que el valor comprobado de lo adjudicado exceda del 50 por 100 del valor que le correspondería en virtud de su título. No procederá esa liquidación, en ese segundo supuesto, cuando los valores declarados fueren iguales o superiores a los que correspondiesen por aplicación de las reglas del Impuesto sobre el Patrimonio.

c) **Los expedientes de dominio, actas de notoriedad y certificaciones inscribibles.** Se trata de gravar la adquisición de bienes verificada en un momento anterior. En estos casos la legislación hipotecaria, a fin de poder restaurar el tracto sucesivo o posibilitar la inscripción en el Registro a nombre de quien efectivamente adquirió en su día el bien, prevé diversos procedimientos que tiene por objeto la inscripción del bien a nombre del sujeto. Se trata de gravar la adquisición que ahora se registra. Lógicamente, por tanto, se excluye el gravamen en aquellos supuestos en los que se acredite haber satisfecho el Impuesto en el momento de la adquisición o que ésta estaba exenta.

d) **El reconocimiento de dominio en favor de persona determinada.** Guarda este supuesto una estrecha similitud con el que acabamos de analizar. Mediante el reconocimiento del dominio no se produce una transmisión, sino que se da pública noticia de una traslación de la titularidad que se produjo con anterioridad. El Impuesto procederá salvo que se pruebe el pago en el momento anterior de verificarse la adquisición o que en ese momento procedía la exención.

e) **Las transacciones.** Hemos considerado incluible esta regla dentro de los conceptos asimilados a transmisiones onerosas en la medida en que el art. 14.5 TR presume la onerosidad de la transmisión y se remite a esta modalidad del Impuesto en aquellos supuestos en los que la adquisición de los bienes derivados de la transacción se verifique sin que sea posible determinar el título por el que se lleva a cabo, en caso contrario se liquidará el impuesto atendiendo a ése.

405. (sigue) Constitución de derechos reales de uso y disfrute

Como ya vimos con anterioridad (§ 402) el hecho imponible contempla la constitución de derechos reales atendiendo a la adquisición de derechos o facultades que se opera en el patrimonio del sujeto en cuyo favor se constituye el derecho real correspondiente. El art. 7.1.B) TR no distingue entre derechos reales de garantía o derechos reales de uso y disfrute. Como tendremos ocasión de ver la diversidad de tratamiento que reciben justifica que hayamos tratado de cada uno de ellos por separado.

En el apartado mencionado la norma no se refiere a derechos reales de uso y disfrute de forma específica, quizás en atención al carácter abierto de su clasificación, aunque a lo largo de las reglas de cuantificación el TR se refiere a los más habituales como el usufructo o el uso, cerrando su regulación con la referencia a «otros derechos reales». El TR se refiere a la constitución del derecho real, por lo que no se grava la extinción como venía ocurriendo hasta su promulgación. Esta regla tiene una excepción importante. Se trata de lo dispuesto en el art. 14.1 TR a cuyo tenor la consolidación del dominio en el nudo propietario a consecuencia de la extinción del usufructo tributará por TPO atendiendo al valor del derecho que ingrese en su patrimonio, que será exactamente el del usufructo en el momento de su constitución. El art. 42.2 RITPAJD menciona como causas que pueden dar lugar a esta consolidación la extinción del plazo o la muerte del usufructuario —lo que corresponde a usufructos bien sean temporales o vitalicios—. Si la consolidación se operara por otro negocio jurídico se exigirá al nudo propietario la liquidación correspondiente a éste si fuere mayor que la anteriormente prevista. Si la consolidación se operara en el usufructuario no nos encontraríamos propiamente ante la misma figura y la liquidación tendría en cuenta el negocio jurídico en cuya virtud se adquiere la nuda propiedad. El art. 42.5 RITPAJD prevé norma similar para el supuesto de adquisición por un tercero de los derechos de usufructo y nuda propiedad.

Se asimila a constitución de derechos su ampliación en la medida en que ésta suponga para el titular del derecho real una ampliación de sus facultades o derechos en relación con la situación anterior.

406. (sigue) Constitución de derechos reales de garantía

Como ya vimos, el TR no menciona derecho real concreto alguno, ni siquiera distingue entre los de uso y disfrute y los de garantía. Al igual que ocurría con los anteriormente estudiados, el TR menciona algunos supuestos específicos de este tipo de derechos, como las hipotecas, la prenda o la anticresis cuando establece los criterios de cuantificación.

En atención al carácter constitutivo que para el derecho real de hipoteca tiene su inscripción en el Registro, se ha defendido con acierto, en mi opinión, que aunque el legislador considera devengado el impuesto con la simple formalización del acuerdo, procedería la devolución del Impuesto en los casos en los que la posterior inscripción no se llevara a efecto.

En aquellos supuestos en los que estos derechos se constituyan en garantía de un préstamo el art. 15.1 TR considera que la constitución no está sujeta y tributará «... exclusivamente por el concepto de préstamo».

En aquellos supuestos en los que se produzca una subrogación en los derechos del acreedor prendario, hipotecario o anticrético se producirá el hecho imponible de esta modalidad como transmisión de derechos, aunque con la peculiaridad de aplicarse el mismo tipo previsto para la constitución de estos derechos de garantía.

Se asimilan a la constitución de hipotecas en garantía del pago del precio aplazado las condiciones resolutorias explícitas de las compraventas a que se refiere la Ley Hipotecaria. El art. 7.3 TR no hace sino identificar en el ámbito tributario lo que tiene iguales efectos en el ámbito privado a tenor de lo dispuesto en el art. 11 de la Ley Hipotecaria. Cuando se constituyan en garantía del pago de operaciones sujetas al IVA no estarán sujetas a este Impuesto. Contempla expresamente la norma los supuestos de transmisiones empresariales de bienes inmuebles, aplicándose, a su vez, el mismo régimen a las hipotecas que garanticen el precio aplazado en las transmisiones empresariales de bienes inmuebles.

407. (sigue) Préstamos y asimilados

Los préstamos, así como operaciones asimiladas como las cuentas de créditos, el reconocimiento de deuda y el depósito retribuido [6], están sujetas a la modalidad de TPO en virtud de lo dispuesto en el art. 15 TR.

La entrada en vigor del IVA supuso la exención de este tipo de operaciones, lo que determina que nos encontremos con una operación sujeta pero exenta tanto en el IVA como en esta modalidad de TPO, calificación no privada de relevancia a los efectos de la aplicación de la modalidad de AJD (§ 431).

---

[6] La STS 3-5-1989 (*Impuestos,* II/89) considera sujeto al Impuesto el reconocimiento de deuda en favor de una entidad bancaria, atendiendo al carácter no habitual de este negocio por parte de aquélla.

408. (sigue) Fianzas

Constituye una operación accesoria de la obligación principal en cuya garantía se constituye. Se extiende a las fianzas lo establecido en relación con los derechos de hipoteca, prenda y anticresis cuando se constituyan en garantía de un préstamo.

409. (sigue) Arrendamientos

El arrendamiento de cosas está sujeto a esta modalidad del Impuesto, así como los contratos de aparecería y los subarriendos, que se consideran asimilados a los efectos de este Impuesto.

La prórroga del contrato en virtud de pacto o por disposición legal tiene diverso tratamiento tributario. El segundo párrafo del art. 48 RITPAJD asimila el supuesto de prórroga convencional a los de ampliación de derechos por lo que se realiza de nuevo el hecho imponible de esta modalidad del Impuesto. Las prórrogas forzosas, es decir, las producidas en virtud de disposición legal no están sometidas al Impuesto.

410. (sigue) Pensiones

En virtud del contrato aleatorio de renta vitalicia se obliga a una persona a pagar una pensión o renta anual durante la vida de una persona determinada por un capital en bienes muebles o inmuebles cuyo dominio se le transfiere. Constituirá el hecho imponible la constitución de la pensión. No estarán sujetas al Impuesto las constituidas en virtud de sentencia judicial en el ámbito del Derecho de Familia, por ejemplo.

Las cesiones de bienes que constituyen la contraprestación de la pensión estarán lógicamente sujetas por esta modalidad del Impuesto en atención a la adquisición del bien que se realiza, estableciendo el art. 22 RITPAJD los criterios de valoración y la tributación por el concepto de donación en ciertos supuestos.

411. (sigue) Concesiones administrativas

Estará sujeta a esta modalidad del Impuesto la constitución de concesiones administrativas salvo cuando tengan por objeto la cesión del derecho a utilizar inmuebles o instalaciones en puertos y aeropuertos. Se equipararán a éstas los actos y negocios administrativos por los que se origine un desplazamiento patrimonial en favor de particulares, como consecuencia del otorgamiento de facultades de gestión de servicios públicos o de la atribución del uso privativo o del aprovechamiento especial de bienes de dominio o uso público. Tributarán por el concepto de constitución de derechos cualquiera que sea su naturaleza, duración o bienes sobre los que recaigan.

412. (sigue) Opciones y promesas

Las opciones y promesas de contratos tributarán como éstos. La expresión es equívoca en cuanto existen reglas especiales de cuantificación que se recogen en el art. 14.2 TR, pero significativa en lo que se refiere a la aplicación de los tipos o al específico encuadramiento del hecho imponible. El Código civil recoge expresamente promesas de compraventa o de hipoteca o prenda.

413. Sujetos pasivos

La regla general que es posible establecer consiste en que será sujeto pasivo a título de contribuyente el adquirente de los bienes o derechos; aquel que ve incrementado su patrimonio en cuanto se constituye en su favor un derecho real o, en general, aquel en cuyo favor se realizan los actos sujetos que acabamos de estudiar. Asimismo en coherencia con el principio que ya estudiamos (§ 400), el sujeto al pago del Impuesto, con independencia de las estipulaciones que puedan haberse realizado, será el establecido de acuerdo con estos criterios legales. El art. 8 TR no ha enunciado ninguna regla abstracta o principio general y se limita a establecer una lista que convendrá completar en atención a las consideraciones que ya hemos realizado al analizar las diversas manifestaciones del hecho imponible.

a) **Transmisiones típicas.** En los supuestos de transmisiones de bienes y derechos de todas clases será sujeto pasivo a título de contribuyente el adquirente. Por consiguiente, en la compraventa lo será el comprador —ya vimos que las entregas de dinero están exentas—; en los supuestos de permuta cada uno de los contratantes y en el de las cesiones de crédito el cesionario. En los supuestos de subrogación en los derechos del acreedor prendario, hipotecario o anticrético el nuevo titular de los mismos. En los supuestos de transmisiones de bienes como consecuencia de la constitución de censos, el enfiteuta o el censatario. En los supuestos de transmisiones con cláusula de retro el adquirente, si se trata de la transmisión del propio derecho de retro el adquirente de ese derecho y si la transmisión fuese el resultado del ejercicio de ese derecho aquel que adquiere en virtud del retracto; cuando se extinga el derecho de retraer por haber transcurrido el plazo estipulado o el legal —cuatro años a falta de pacto expreso o diez años como máximo en caso de estipulación— el adquirente del bien que no sufrirá ya las consecuencias del ejercicio del derecho extinguido.

b) **Supuestos asimilados.** El art. 8 TR no menciona expresamente el sujeto pasivo de algunas operaciones que hemos estudiado en el § 403 como **supuestos asimilados.** En concreto se mencionan los supuestos de inmatriculación: será sujeto pasivo quien promueva dichos expedientes, es decir, aquel que adquirió en su momento y en cuyo favor el expediente determinará la posibilidad de la inscripción. En los supuestos de reconocimiento de dominio la persona en cuyo favor se realice. Entre los supuestos no expresamente contemplados nos encontramos con las adjudicaciones en pago y para pago de deuda. Será sujeto pasivo el adjudicatario al igual que en los supuestos de excesos de adjudicación en que lo será quien se beneficia del exceso, es decir, quien adquiere en exceso. En los supuestos de transacciones, la persona que obtenga los bienes en virtud de la transacción.

c) **Constitución de derechos reales.** Será sujeto pasivo aquel en cuyo favor se realice este acto. Será sujeto a título de contribuyente el usufructuario, el usuario o el habitacionista. En los supuestos de consolidación del dominio, el nudo propietario o el usufructuario en quienes se consolidan los derechos. Como ya advertimos, en el resto de los supuestos contemplados por el art. 42 RITPAJD y que guardan una aparente similitud con este supuesto estaríamos sencillamente ante un supuesto de adquisición de derechos por lo que el sujeto pasivo sería el adquirente. En los supuestos de ampliación de derechos será sujeto pasivo el titular del derecho real que ahora es objeto de ampliación.

En relación con los derechos reales de garantía será sujeto pasivo asimismo el acreedor hipotecario, prendario o anticrético. En los supuestos de subrogación de estos derechos aquel que se subrogue en los mismos. En los supuestos de condiciones resolutorias explícitas la persona en cuyo favor se realiza el acto, es decir, el vendedor.

d) **Fianzas.** Siguiendo el mismo criterio que en los supuestos de derechos reales de garantía, será sujeto el acreedor afianzado.

e) **Arrendamientos.** Reflejando el criterio general que hemos definido con anterioridad, será sujeto pasivo el arrendatario. En los supuestos asimilados al arrendamiento como son el subarrendamiento y la aparcería, serán sujetos por esta misma lógica el aparcero y el subarrendatario.

f) **Pensiones.** Quien disfruta de la pensión o renta vitalicia será el sujeto pasivo del Impuesto, es decir, el pensionista. Como ya vimos (§ 409) si la pensión se adquiere mediante la entrega de bienes o derechos aquel que adquiera estos bienes será sujeto pasivo del Impuesto en cuanto adquirente, es decir, en atención a la regla del apartado primero.

g) **Concesiones administrativas.** El concesionario. El beneficiario, en los actos y contratos equiparados a la concesión.

h) **Opciones y promesas.** El TR no se refiere a este supuesto en el precepto dedicado al sujeto pasivo. Lógicamente será sujeto pasivo aquel que adquiere el derecho de opción. En los supuestos de promesas la persona en cuyo favor se hace la promesa.

414. Responsables tributarios

El art. 9 TR prevé tres supuestos de responsabilidad subsidiaria. El primero de ellos carece de relevancia en atención a la exención establecida en relación con los préstamos.

En los supuestos de **arrendamientos,** será responsable el arrendador si recibiese el primer plazo de renta sin exigir justificación del pago del Impuesto.

Serán responsables subsidiarios del pago del impuesto los funcionarios públicos que admitiesen el cambio «... de sujeto pasivo de cualquier tributo...» en la medida en que tal cambio suponga directa o indirectamente una transmisión gravada, sin haber exigido previamente la justificación del pago del Impuesto.

415. Base imponible

La regla general establecida en el art. 10 TR es que la base imponible será el valor real de los bienes o derechos objetos de la transmisión o el valor real del derecho que se constituya o ceda. La cuestión esencial a subrayar es que no se trata de gravar el **precio** sino el **valor real.** Evidentemente el problema fundamental consistirá en la determinación de ese valor real [7]. Como veremos más adelante, la Administración podrá comprobar los valores declarados por los sujetos a fin de establecer ese valor real que tomará como elemento de referencia el valor de mercado del bien o derecho. Sin lugar a dudas ésta es la norma que da lugar a mayores conflictos con la Administración y ha adquirido una relevancia extraordinaria en cuanto este valor así estimado tiene una gran fuerza expansiva pues puede llegar a constituirse en el valor del bien a efectos de otros Impuestos.

De ese valor sólo podrán deducirse aquellas cargas que efectivamente disminuyan el valor del bien, pero no las deudas aunque estén garantizadas. En definitiva, sólo serán relevantes para la determinación del valor aquellos derechos reales de uso o disfrute que supongan una limitación de las facultades del titular y, por consiguiente, minoren su valor.

El TR contiene numerosas reglas específicas de valoración en relación con las distintas formas de presentarse esta modalidad del Impuesto. Siguiendo la misma sistemática que nos sirvió para analizar el hecho imponible pasamos a reseñarlas, teniendo en cuenta que aquéllas no expresamente reseñadas se rigen por el criterio general del valor real del derecho que se constituya.

a) **Transmisiones típicas.** Dentro de este específico concepto podemos citar, en primer lugar, los supuestos de **transmisión de títulos-valores.** En aplicación de lo dispuesto en los arts. 10.2.*g)* y 45.I.B).9 TR estas transmisiones están exentas, salvo la de aquellos títulos cuya transmisión enmascare la de bienes inmuebles. En los casos de **transmisiones de bienes que se originen con ocasión de la constitución de censos** la cesión de aquéllos estará sujeta a este concepto de transmisiones siendo la base imponible el valor de los bienes que se cedan deduciendo el capital de los censos. Por lo que se refiere a las **transmisiones con cláusula de retro,** servirá de base el precio declarado si fuese igual o mayor que los 2/3 del valor comprobado de los bienes transmitidos. Cuando el objeto de la transmisión consista en el propio derecho de retraer constituirá la base el

[7] La Jurisprudencia ha considerado valor indubitado el precio cuando éste se ha formado mediante mecanismos que no ofrecen dudas al juzgador; SSTS 28-6-1991; 8-7-1983; 1-12-1993.

precio pactado por la transmisión, salvo que sea inferior a 1/3 del valor del bien o derecho. Si se ejercita el derecho de retracto servirá de base las dos terceras partes del valor comprobado de los bienes o derechos retraídos o el precio de la retrocesión en caso de que fuese superior. Cuando se extinga el derecho de retraer por haber transcurrido el plazo estipulado o el legal se producirá una liquidación complementaria a los adquirentes sirviendo de base la diferencia, si la hubiere, entre la base de la liquidación girada con ocasión de la transmisión y el total valor comprobado de los bienes. El ejercicio de derecho de retracto ejercitado después de vencido el plazo estipulado o, en todo caso, transcurrido el plazo legal máximo, que es de diez años, se asimila a nueva transmisión constituyendo la base el valor real de los bienes transmitidos. En los supuestos de **transmisiones de bienes a cambio de pensiones** temporales o vitalicias la base imponible de aquéllas se valorará en el valor de la pensión y si el valor del bien adquirido por el cesionario es superior en más del 20 por 100 y en 2.000.000 de pesetas al valor de la pensión, se practicará por la diferencia una liquidación por el concepto de donación.

b) **Supuestos asimilados.** Sólo existe regla especial en el art. 10.2.*h)* TR para los supuestos de actas de notoriedad que tengan como objeto la inscripción de aguas destinadas al riego. La base será el resultado de capitalizar al 16 por 100, es decir de multiplicar por 6,25, la riqueza imponible asignada a las tierras que con tales aguas se beneficien. La práctica administrativa sigue entendiendo por riqueza imponible el valor catastral lo que tras la vigencia del IBI es un craso error que, no obstante su baja valoración actual, puede originar resultados inicuos.

c) **Derechos reales de uso y disfrute.** En primer lugar, se refiere el art. 10.2.*a)* TR a los **usufructos** distinguiendo entre los temporales y los vitalicios. El valor de los temporales se reputará proporcional al del bien sobre el que recaen en razón del 2 por 100 por cada período de un año. En ningún caso su valor excederá del 70 por 100. En los usufructos vitalicios también el límite máximo se fija en el 70 por 100, que será el valor del usufructo cuando su titular cuente menos de 20 años. Se minorará, en la proporción de un 1 por 100 menos por cada año, a medida que aumente la edad del titular. Para los supuestos de titulares de edad superior a 79 años el usufructo se valorará en el 10 por 100 del valor total del bien. La regla práctica consiste en restar de 89 la edad del usufructuario, teniendo en cuenta los límites ya señalados. Si el usufructuario es persona jurídica y el usufructo se estableciese por tiempo indeterminado o por un período superior a los treinta años se considerará fiscalmente con transmisión de plena propiedad sujeta a condición resolutoria, con los efectos que vimos que ésta aparejaba (§ 400) y el valor será el valor real del bien sobre el que se ha constituido el usufructo. El valor de la **nuda propiedad** será la diferencia entre el valor del usufructo y el valor total de los bienes. Cuando el usufructo vitalicio sea, a su vez, temporal, es decir, aquellos que aun siendo temporales se extinguen con la muerte del usufructuario, la nuda propiedad se valorará aplicando de las reglas anteriores aquella que le atribuya menor valor, lo que viene a significar la aplicación al usufructo de la regla que le atribuya mayor valor.

En relación con los derechos reales de **uso y habitación** su valor será el que resulte de aplicar al 75 por 100 del valor de los bienes sobre los que recaen las reglas correspondientes a los usufructos vitalicios o temporales, según los casos.

En el caso de constitución de **otros derechos reales de uso y disfrute** diversos de los mencionados, el art. 10.2.*d)* TR señala que su valor será el capital, precio o valor que las partes hubiesen pactado al constituirlos siempre que esa cantidad no fuere inferior al resultado de la capitalización al interés básico del Banco de España, que es el 8 por 100, de la renta o pensión anual, en cuyo caso prevalecerá éste.

Como ya se advirtió no se sujetan los supuestos de extinción de los derechos reales, es decir, la incorporación de este derecho al nudo propietario, salvo en el supuesto de la consolidación del nudo propietario como consecuencia de la extinción del usufructo por cumplimiento del plazo previsto o por muerte del usufructuario, constituyendo el valor el del derecho que ingresa en su patrimonio, es decir, el del usufructo en el momento de su constitución. Los restantes supuestos contemplados en el art. 42 RITPAJD suponen sencillamente el gravamen de adquisiciones de derechos que responden al concepto de transmisiones típicas y se aplicará la regla del valor del derecho objeto de la transmisión.

d) **Derechos reales de garantía.** El art. 10.2 TR distingue entre los específicos como la **hipoteca, la prenda o la anticresis** y otros diversos no expresamente mencionados. En relación con los primeros, su valor será el importe de la obligación o capital garantizado, comprendiendo las sumas aseguradas por intereses, indemnizaciones, penas por incumplimiento u otro concepto análogo. En caso de no constancia de la cantidad garantizada se tomará por base el capital y tres años de intereses. No tributarán si se han constituido en garantía de un préstamo. En cuanto asimiladas a las hipotecas, las **condiciones resolutorias explícitas** se valorarán de acuerdo con estas reglas. En caso de constitución de **otros derechos reales de garantía** se estará a la misma regla que ya vimos para los derechos reales de uso y disfrute diversos de los expresamente mencionados.

e) **Arrendamientos.** Servirá de base la cantidad total a satisfacer por todo el período de duración del contrato. Si éste no constase se valorará computándose seis años de duración; si continuase vigente después del expresado período temporal se practicarán valoraciones adicionales en atención a la duración de la prórroga. En los supuestos de arrendamientos de fincas urbanas sujetas a prórroga forzosa se computará, como mínimo, un plazo de duración de tres años.

f) **Pensiones.** El criterio de valoración depende de si la pensión está o no cuantificada en unidades monetarias. Si no lo estuviese el valor se determinaría capitalizando al interés básico del Banco de España el importe anual del salario mínimo interprofesional. Si estuviesen cuantificadas en unidades monetarias se obtendría el valor capitalizando la pensión anual al interés básico del Banco de España, que es del 8 por 100, por tanto multiplicándolas por 12,5, y tomando del capital resultante aquella parte que, a tenor de las reglas de valoración de los usufructos, correspondiese a la edad del pensionista, si fuese vitalicia o a la duración de la pensión, si fuese temporal.

g) **Aparcerías.** En los contratos de aparcerías de fincas rústicas a tenor de lo dispuesto en el art. 10.2.*i)* TR servirá de base el 3 por 100 del valor catastral asignado en el IBI a la finca objeto del contrato, multiplicado por el número de años de duración de éste.

h) **Préstamos.** En los préstamos sin otra garantía que la personal, en los afianzados y en los contratos de reconocimiento de deuda y de depósito retribuido, será la base el capital de la obligación o el valor de la cosa depositada, sin perjuicio de la exención que ya analizamos (§ 323).

i) **Concesiones administrativas.** Constituirá la base imponible el valor real del derecho originado para la concesión, el cual se fijará en atención a la naturaleza de las obligaciones impuestas al concesionario de acuerdo con reglas muy prolijas que tendrán en cuenta el canon exigible, así como la duración de la concesión. Cuando no pudieran aplicarse estas reglas se valorará la concesión mediante un porcentaje sobre el valor de los activos fijos afectos. En su defecto se estará al valor señalado por la propia Administración o al valor declarado, sin perjuicio de la comprobación administrativa.

j) **Opciones y promesas.** En los supuestos de promesas u opciones de contratos constituirá el valor el precio especial convenido. A falta de éste, o si fuere menor, el 5 por 100 de la base aplicable al contrato objeto de la promesa u opción.

416. Cuota tributaria

Será el resultado de aplicar a la base liquidable los tipos impositivos que podrán variar en atención a la naturaleza de los bienes objeto de la transmisión o de la constitución del derecho. El art. 11 TR habla de base liquidable, aunque hay que entender base imponible pues ésta no se reduce en cantidad alguna. Las tipos aplicables serán los siguientes:

a) En los supuestos de **transmisiones de bienes inmuebles o constitución y cesión de derechos reales que recaigan sobre éstos,** con excepción de los derechos reales de garantía, con el tipo que, en aplicación del art. 13.4 de la nueva Ley de Cesión, haya sido aprobado por la Comunidad Autónoma. Si ésta no hubiere ejercido esa competencia o no la hubiere asumido se aplicará el 6 por 100. Cuando un mismo acto o contrato comprenda bienes muebles e inmuebles, sin especificación de la parte de valor que a cada uno de ellos corresponda, se aplicará también este tipo. Asimismo éste será el tipo aplicable en las transmisiones de títulos valores que enmascaren transmisiones de inmuebles en las condiciones señaladas por la Ley del Mercado de Valores.

b) En la **transmisión de bienes muebles y semovientes, así como en la constitución de derechos reales sobre los mismos,** salvo los de garantía, el 4 por 100. Este tipo será asimismo aplicable a cualquier acto o contrato no expresamente comprendido en el resto de los apartados del precepto que tiene por objeto la cuota tributaria. De forma expresa establece el art. 13.1 TR que en todo caso tributarán como constitución de derechos, a este tipo de gravamen del 4 por 100, las **concesiones administrativas** cualquiera que sea su naturaleza, duración y los bienes sobre los que recaigan, salvo que en aplicación de lo previsto en el art. 13.4 de la nueva Ley de Cesión la Comunidad Autónoma haya aprobado un tipo diverso.

c) En la constitución de **derechos reales de garantía, pensiones, fianzas, préstamos,** incluso los representados por obligaciones, y la **cesión de créditos** de cualquier naturaleza, el 1 por 100.

d) En los **arrendamientos de fincas urbanas** podrá satisfacerse la cuota mediante la utilización de efectos timbrados, de acuerdo con la escala contemplada en el art. 12.1 TR. Cuando no se utilicen efectos timbrados, se liquidará a metálico de acuerdo siempre con la referida escala.

e) En los supuestos de **transacciones** establece el art. 15.1 TR que el Impuesto se liquidará según el título por el que se adjudiquen, declaren o reconozcan los bienes litigiosos. En caso de que no constare, por el concepto de transmisión onerosa, es decir, 6 por 100, 4 por 100 o 1 por 100 en atención a la naturaleza del bien que se transmite.

f) En la **transmisión de créditos o derechos** mediante cuyo ejercicio se obtengan bienes determinados, se exigirá el Impuesto aplicando el mismo tipo que los aplicados por la adquisición de esos bienes o derechos, por consiguiente 6 por 100, 4 por 100 o 1 por 100, en atención a la naturaleza del bien o derecho que se adquiera.

III. OPERACIONES SOCIETARIAS

417. Hecho imponible: análisis de los diversos presupuestos de hecho

La nueva regulación del Impuesto significó la atribución de personalidad propia a esta modalidad del Impuesto, es decir, la caracterización específica de esta forma de «adquisición patrimonial» que, en parte, constituye el sustrato jurídico de las operaciones que se gravan, a pesar de que en la misma Exposición de Motivos de la citada Ley se encontrara una caracterización del gravamen que «... deja de proyectarse sobre el desplazamiento patrimonial para recaer sobre el acto o la operación social». Es decir, una especie de transición hacia la caracterización formalista del gravamen que no acaba de concretarse en opinión mayoritaria de la doctrina.

Las operaciones que constituyen el hecho imponible del Impuesto tienen por objeto una puesta en común de dinero, bienes o industria que da lugar a su adquisición por un ente ajeno, que nace al tiempo de esa puesta en común o que preexiste en otros supuestos, que se constituye en titular de las mismas: es precisamente esa adquisición, ese acto traslativo, lo que constituye el objeto del hecho imponible en la modalidad «operaciones societarias». No obstante también ha de tenerse en cuenta la peculiaridad de esa adquisición, es decir, la naturaleza misma de esa aportación del socio que no es sino una operación de financiación con el correspondiente nacimiento en favor del transmitente de un derecho.

En los casos en que el acto traslativo es de sentido inverso se producirá una adquisición por parte de los socios de bienes de la sociedad y será sujeto pasivo el socio. Un ejemplo claro de esta forma de presentarse el hecho imponible sería el de reducción de capital social o el supuesto extremo de disolución de sociedad, cuando se produzca, claro está, atribución de bienes y derechos a los socios.

Tampoco cabe ignorar que la concepción formalista está presente también en esta modalidad del Impuesto y, como ya vimos, algunos la han configurado como una mezcla de ambas concepciones. De hecho en ciertos supuestos sometidos a esta modalidad del Impuesto, el hecho imponible se fija, antes que en el contrato por el que dos o más personas se obligan a poner en común bienes o industria con el ánimo de partir las ganancias, es decir, en el contrato de sociedad, en el ente que surge como consecuencia de un acto formal: el de la inscripción de ese ente. De ahí que, aunque como veremos no en todos los casos, sólo se considere realizado el hecho imponible y devengado el Impuesto cuando se formalice el acto sujeto.

El art. 20 TR ha previsto un principio de protección de la competencia mediante la búsqueda de un tratamiento fiscal similar para aquellas sociedades que a través de sucursales o establecimientos permanentes realicen operaciones de su tráfico en territorio español, cuando su domicilio social, así como la sede de su dirección efectiva, se encuentre en países no pertenecientes a la Comunidad Económica Europea o encontrándose en éstos no estuviesen sometidas a un gravamen análogo a esta modalidad del Impuesto. Vendrán obligadas a tributar por los mismos conceptos y en las mismas condiciones que las españolas, por la parte de capital destinadas a dichas operaciones. Las Sociedades deberán hacer constar expresamente éste en el documento en el que conste el acuerdo social encaminado a la realización de estas operaciones.

418. (sigue) Constitución de sociedades

Como ya vimos, se produce aquí un supuesto en el que mediante la puesta en común de bienes o industria, es decir, mediante una transmisión patrimonial de los participantes en el contrato de sociedad, surge un ente colectivo que actúa en el tráfico relacionándose con terceros de forma autónoma para lo que el ordenamiento, cumplidos determinados requisitos, atribuye personalidad jurídica. Los arts. 19.1.1.º y 49.1.*b)* TR se refieren lacónicamente a la constitución de sociedades al tiempo que se considera devengado el Impuesto el día de la formalización del acto sujeto a gravamen, acto de formalización que, a su vez, será en el ordenamiento privado requisito esencial para que el ente adquiera personalidad jurídica. De ahí que, aun con ciertas dubitaciones, la doctrina se ha inclinado por afirmar que nos encontramos con un supuesto en el que ha primado la concepción formalista y consiste el hecho imponible en la constitución del ente que no puede desligarse de su aspecto formal, es decir, de la inscripción como tal en el Registro Mercantil.

419. (sigue) Aumento del capital social

Se trata de gravar el específico acto societario de aumento del capital atendiendo al momento de su formalización. En efecto nótese que el acuerdo de aumento y la ejecución del mismo han de ser inscritos simultáneamente en el Registro Mercantil y que a ese momento se referirá el TR para considerar realizado el hecho imponible. El art. 19.2 TR considera no sujeta la ampliación de capital que se haga con cargo a reservas constituidas **exclusivamente** por prima de emisión de acciones. En los supuestos de aumento de capital mediante aportación dineraria de nuevos socios en los que se exija prima de emisión ésta será incluida en el cálculo de la base, como veremos.

420. (sigue) Aportaciones de los socios para reponer pérdidas sociales

Dada la relativa similitud con la cuestión tratada en el epígrafe anterior ubicamos aquí este supuesto aunque no sea de aumento de capital pues éste permanecerá idéntico. Se trata de una operación similar en cuanto se produce una transmisión de bienes del socio a la sociedad para reestablecer el debido equilibrio entre la cifra de capital social y el patrimonio social, que de otra manera supondría la necesidad de una reducción de la cifra de capital, como veremos en el epígrafe siguiente. El TR le ha dado un tratamiento similar al del aumento de capital y, tal vez, debido a que éste ya estaba incluido como elemento del hecho imponible, su inclusión diferenciada se deba al deseo de claridad en torno a una cuestión debatida.

421. (sigue) Disminución del capital social

La disminución o reducción del capital social puede tener su origen en diversas causas de la vida del ente societario que determinan un tratamiento tributario diferenciado. La aparente sujeción de la operación societaria propiamente dicha no se corresponde con el sujeto que realiza el hecho imponible, el socio, no la sociedad, ni con la base imponible, que en estos casos es el valor real de los bienes entregados a los socios. De ahí que haya que concluir que no toda operación de reducción de capital está sujeta, sino sólo aquellas que dan lugar a devoluciones de bienes y derechos a los socios. El art. 64.5 RITPAJD no contempla explícitamente este supuesto, a diferencia de lo que hacía el texto del anterior Reglamento. En definitiva, estará sujeta sólo aquella reducción de capital que conlleve una salida de fondos del patrimonio social y no aquellas que se materializan en una reducción nominal o contable, como son los supuestos de reducción por pérdidas.

422. (sigue) Fusión

A los efectos de esta modalidad del Impuesto tendrá la consideración de fusión la operación mediante la que una o más entidades transmiten en bloque a otra entidad ya existente sus respectivos patrimonios sociales mediante la atribución a sus socios de valores representativos del capital social de la otra entidad; asimismo la operación por la que se crea una nueva entidad a partir del mismo fenómeno o la transmisión del conjunto del patrimonio social de una entidad a otra que es titular de la totalidad de los valores representativos de su capital social. En los tres supuestos las sociedades originarias se disolverán sin liquidación.

423. (sigue) Escisión

La Ley 29/1991, de 16 de diciembre (BOE de 17 de diciembre), a la que se remite el art. 21 TR, contempla la posibilidad de dividir en dos o más partes el patrimonio social como consecuencia de su disolución sin liquidación, con transmisión en bloque a dos o más entidades ya existentes o nuevas, atribuyendo a sus socios valores representativos del capital social de las sociedades adquirentes. Asimismo se considera escisión la operación mediante la que una sociedad segrega una o varias partes de su patrimonio social que formen ramas de actividad, transmitiéndolas en bloque a una o varias entidades nuevas o ya existentes, recibiendo a cambio valores representativos del capital de estas últimas, que habrá de repartirlo entre sus socios. Se califica de aportación no dineraria de ramas de actividad la operación por la que una entidad aporta, sin disolverse, a otra entidad la totalidad o partes de sus ramas de actividad, mediante la entrega de valores representativos del capital social de la adquirente. Constituirá el hecho imponible del Impuesto la creación del nuevo ente societario como consecuencia de la escisión.

424. (sigue) Disolución

Entre las variadas causas de disolución previstas en la LSA no todas darán lugar a la realización de esta manifestación del hecho imponible. En efecto, al igual que ocurría con los supuestos de disminución de capital, el TR sólo sujeta aquellas operaciones de disolución que supongan para el socio la adquisición de bienes como consecuencia de ésta. Al tiempo que, como veremos, será asimismo sujeto el socio y constituirá la base imponible el valor real de los bienes entregados. Finalmente, conviene advertir que entre las mencionadas causas de disolución están contempladas la fusión y escisión total de la sociedad que, a su vez, como ya sabemos, constituyen manifestaciones autónomas del hecho imponible de esta modalidad del Impuesto.

425. (sigue) Traslado a España del domicilio social

Supone un claro ejemplo de la formalización del gravamen en cuanto no se pone de manifiesto transmisión patrimonial alguna. Se producirá cuando el domicilio o la sede de dirección efectiva no estuviesen situados en un Estado miembro de la Comunidad Económica Europea o en éstos la entidad no hubiese sido gravada por un Impuesto similar al de esta modalidad.

426. (sigue) Supuestos de equiparación subjetiva

Como ya pusimos de relieve supra (§ 398), el elemento subjetivo determinante de la aplicación de esta modalidad del Impuesto radica en la existencia de una sociedad. A estos efectos se equipararán a las sociedades y estarán, por consiguiente, sometidas a esta modalidad del Impuesto por las diversas manifestaciones del hecho imponible que hemos estudiado los siguientes entes:

a) Personas jurídicas no societarias que persigan fines lucrativos.

b) Cuentas en participación.

c) La copropiedad de buques.

d) La comunidad de bienes, constituida por actos *inter vivos* que realice actividades empresariales.

e) La comunidad de bienes constituida u originada por actos *mortis causa* cuando se continúe en régimen de indivisión la explotación del negocio del causante por un plazo superior a tres años.

Como ha puesto de relieve la doctrina la asimilación ha de entenderse extendida a cualquiera de las manifestaciones del hecho imponible, aunque lógicamente algunos serán de difícil realización por este tipo de entes sin personalidad.

427. Sujetos pasivos

Con independencia de las estipulaciones que se establezcan se consideran sujetos pasivos a título de contribuyente:

a) **La sociedad** en los supuestos de constitución, aumento de capital, fusión y escisión, traslado de sede de dirección o domicilio social y en el supuesto de aportaciones de los socios para reponer pérdidas sociales.

b) **Los socios** en los supuestos de disolución de sociedades y reducción del capital social. En relación con este segundo supuesto hay que tener en cuenta lo que ya dijimos en relación con el objeto del hecho imponible, es decir, no en todos los supuestos de reducción de capital o de disolución se liquidará el Impuesto, sólo en aquellos en los que se produzca una atribución de bienes a los socios.

c) En los **supuestos de asimilación** que vimos *supra* (§ 425) será el ente carente de personalidad el sujeto en los supuestos en que está llamada la sociedad y lo serán los copropietarios, comuneros o partícipes en los casos en los que el socio es el sujeto pasivo.

428. Responsables tributarios

Los promotores, administradores o liquidadores de las sociedades serán responsables subsidiarios del pago del Impuesto siempre que se hubieren hecho cargo del capital aportado o hubiesen entregado los bienes cuando hayan intervenido en el acto de constitución, aumento y reducción de capital social, fusión, escisión, aportaciones de los socios para reponer pérdidas, disolución y traslado de la sede de dirección efectiva o del domicilio social.

429. Base imponible

La determinación de la base imponible está a caballo entre la caracterización formalista del Impuesto y la manifestación de la transmisión de bienes y derechos en que a veces se concreta el acto societario. El TR distingue los siguientes supuestos:

a) **Supuestos de constitución y aumento de capital social.** En estos casos hay que distinguir entre las sociedades que limiten de alguna manera la responsabilidad de los socios y las demás. En el primer caso la base imponible será el importe nominal en que quede fijado el capital social inicialmente (constitución) o ampliado con adición de las primas, en su caso (ampliación). Cuando estas operaciones sean realizadas por las demás sociedades la base imponible se fijará en el valor neto de la aportación, entendiéndose como tal el valor real de los bienes y derechos aportados minorados por las cargas y gastos que fueren deducibles y por el valor de las deudas que queden a cargo de la sociedad con motivo de la aportación.

b) **Aportaciones de los socios para reponer pérdidas sociales.** El criterio es idéntico para cualquier tipo de sociedad: el valor neto de la aportación.

c) **Escisión y fusión de sociedades.** Se atenderá a la cifra de capital social del nuevo ente creado. En los supuestos en los que la operación se concrete en una absorción se estará al aumento experimentado por el capital social de la sociedad absorbente, con adición, en su caso, de las primas de emisión.

d) **Traslados a España del domicilio social o sede de dirección efectiva.** Se gravará el haber líquido que tenga la sociedad cuya sede o domicilio se traslada el día en que se adopte el preceptivo acuerdo social.

e) **Disminución de capital social y disolución.** La base imponible será el valor real de los bienes y derechos entregados a los socios, sin deducción de gastos y deudas.

430. Cuota tributaria

De nuevo el TR comete la incorrección técnica de referirse a la base liquidable, cuando no está prevista ninguna reducción de la base imponible. La cuota será el resultado de aplicar el tipo de gravamen del 1 por 100 a la base imponible.

IV. ACTOS JURIDICOS DOCUMENTADOS

431. Introducción. Principios generales

La formalización a la que hacíamos referencia con ocasión del análisis de la modalidad operaciones societarias, alcanza aquí su máxima expresión: en efecto, nótese, sobre todo en aquellas ocasiones en las que el tributo se aplica atendiendo a que el documento que se formaliza, otorga o expide no tenga por objeto cantidad o cosa valuable, que la manifestación de capacidad económica pasa a un segundo plano y se atiende básicamente a las ventajas derivadas de la propia documentalización, es decir, al plus de seguridad o a la especial protección que se deriva de esa forma documental en la que se recoge el acto o contrato. En este sentido se desdibuja el carácter impositivo del tributo que estará más cercano al de la tasa. El fundamento de la prestación tributaria habrá que encontrarlo en la especial protección que el ordenamiento jurídico presta a los actos cuya documentación aquí se somete a gravamen.

El hecho imponible se divide en tres categorías atendiendo a la clase de documentos, notariales, mercantiles y administrativos.

Finalmente, conviene referirse a los intitulados Principios generales de aplicación a las tres manifestaciones de esta modalidad del Impuesto. El criterio de cuantificación de la prestación se hace depender de que el acto o contrato que es objeto de formalización, otorgamiento o expedición tenga o no por objeto cantidad o cosa valuable en dinero, en algún momento de su vigencia. En caso afirmativo el tributo se satisfará mediante cuotas variables, en caso contrario mediante cuotas fijas. Se entenderá que el acto es de objeto no valuable cuando en ningún momento de su vigencia, ni siquiera en el momento de su extinción, pueda determinarse la cuantía de la base. Si en un momento posterior al de su celebración pudiera determinarse su cuantía se complementará la liquidación sobre cuota fija que se hubiera realizado en un primer momento. Finalmente establece el art. 27.3 TR que los documentos notariales se extenderán necesariamente en papel timbrado.

Para terminar, advertimos que en esta modalidad del Impuesto alteramos la sistemática que hasta ahora veníamos utilizando y estudiaremos de forma conjunta y bajo el mismo epígrafe los diversos elementos esenciales que constituyen cada una de las manifestaciones del hecho imponible.

432. Documentos notariales

a) **Hecho imponible.** A tenor de lo dispuesto en el art. 28 TR estarán sujetas las escrituras, actas y testimonios notariales. No estarán sujetas las copias simples.

b) **Sujeto pasivo.** Serán sujetos pasivos los adquirentes de los bienes o derechos que se escrituren. En segundo lugar, serán también sujetos pasivos aquellas personas que insten o soliciten los mencionados documentos notariales. Finalmente aquellas personas en cuyo interés se expidan. De forma ilegal, por cuanto manifiestamente no se expiden en su interés, el art. 68 RITPAJD considera adquirente al prestatario, y por tanto sujeto pasivo, en los supuestos de escritura de constitución de préstamo con garantía.

c) **Base imponible.** Distingue la norma entre primeras copias de escrituras y actas notariales. Por lo que se refiere a las primeras, cuando tengan por objeto directo cantidad o cosa valuable, la base imponible será el valor declarado, salvo posterior comprobación administrativa de la que se derive mayor valor. En relación con las actas notariales se seguirá igual regla, salvo en relación con las actas de protesto. En estos casos la base imponible será 1/3 del valor nominal del efecto protestado o de la cantidad que hubiese dado lugar al protesto, por ejemplo en los casos de pagos parciales del efecto.

d) **Cuota tributaria.** El TR nos advertía, al establecer el hecho imponible, que los actos allí sujetos lo están en los términos del precepto que regula la cuota tributaria. Este al establecer los criterios para la determinación de la cuantía de la cuota pone de relieve, como ha advertido la doctrina, un hecho imponible diferenciable en relación con estos documentos: un derecho de cuantía fija y otro de cuantía variable que, en ciertos supuestos, se superpone al anterior, es decir, que se pagará **además.**

Por lo que se refiere a la primera de las modalidades mencionadas, se extenderán en todo caso en papel timbrado de 50 pesetas por pliego o de 25 por folio, a elección del fedatario, las matrices y las copias de las escrituras y actas notariales, los testimonios, así como las segundas y sucesivas copias expedidas a nombre de un mismo otorgante.

La segunda de las modalidades señaladas opera como un complemento de tributación, es decir, se pagará además de lo señalado anteriormente cuando concurran determinados requisitos: que se trate de primeras copias de escritura y actas notariales, que tengan por objeto cantidad o cosa valuable, que contengan actos y contratos inscribibles en los Registros de la Propiedad, Mercantil y de la Propiedad Industrial, que esos actos no estén sujetos al Impuesto sobre Sucesiones y Donaciones o a cualquiera de las dos modalidades de este Impuesto anteriormente estudiadas. El tipo será el aprobado por la Comunidad Autónoma en cuya circunscripción radique el Registro en el que debería procederse a la inscripción o anotación en aplicación de lo dispuesto en el art. 13.5 de la nueva Ley de Cesión. En defecto del ejercicio de esta competencia o si ésta no se hubiese asumido se aplicará el 0,50 por 100. Mediante la utilización de efectos timbrados y por el mismo tipo tributarán las copias de las actas de protesto. La aplicación de este gravamen complementario a los préstamos hipotecarios ha provocado un intenso debate con decisiones jurisprudenciales contradictorias. Inclinándose por la sujeción se ha manifestado recientemente el TS [8], aunque sin afrontar un problema capital cual es la determinación del sujeto que en este caso, obviamente, es el acreedor hipotecario en interés de quien se extiende la escritura para su inscripción en el Registro.

433. Documentos mercantiles

a) **Hecho imponible.** Se grava el giro de la letra de cambio, así como aquellos documentos que realicen función de giro o suplan a aquéllas. Se entiende que un documento cumple función de giro cuando acredite remisión de fondos o signo equivalente de un lugar a otro, así como cuando implique una orden de pago, aun en el mismo en que ésta se haya dado, o en el documento figure la cláusula «a la orden».

Asimismo se someten a gravamen por esta modalidad los resguardos o certificados de depósitos transmisibles. Por último, se añaden a esta relación de documentos mercantiles sujetos los pagarés, bonos, obligaciones y demás títulos análogos emitidos en serie por plazo no superior a 18 meses representativos de capitales ajenos por los que se satisfaga una contraprestación que viene establecida por la diferencia entre el importe de la emisión y el comprometido a reembolsar a su vencimiento.

b) **Sujeto pasivo.** El TR distingue dos grandes apartados. En primer lugar, en relación con las letras de cambio, será sujeto pasivo el librador; si la letra se hubiese expedido en el extranjero, lo será su primer tenedor en España. En segundo lugar, para el resto de los documentos sujetos, las personas o entidades que los expidan.

c) **Responsables tributarios.** Toda persona o entidad que intervenga en la negociación o cobro de estos efectos será responsable solidario del pago del Impuesto.

d) **Base imponible.** Se distinguen cuatro supuestos: certificados de depósitos, letras de cambio, documentos que realicen función de giro o las suplan, resto de los documentos sujetos. En el primer caso, constituirá la base imponible el importe nominal del certificado. En el supuesto de letras de cambio la base será la cantidad girada, salvo que el vencimiento de la letra sea superior a seis meses en que se exigirá el impuesto que corresponda al duplo de la base. En evitación de elusiones del pago del Impuesto procederá la adición de las bases respectivas en aquellos supuestos en los que en relación con un mismo acto o contrato se expidiesen dos o más letras originando una disminución del Impuesto. No se considerará producido ese fraccionamiento cuando entre las fechas de vencimientos exista una diferencia superior a los 15 días o en los supuestos de cobros a plazos. En cualquier caso, por aplicación de la escala no siempre se producirá un ahorro

---

[8] Sentencia de 9 de marzo de 1992 (Ar. 2043).

como consecuencia de las mencionadas operaciones de expedición múltiple de efectos. En relación con los documentos que cumplan funciones de giro serán de aplicación las mismas reglas de determinación de la base imponible a excepción de la que dobla la base cuando el vencimiento sea superior a seis meses. En el resto de los documentos sujetos la base estará constituida por la cantidad que la entidad emisora de los mismos se compromete a reembolsar a su vencimiento.

e) **Cuota tributaria.** De acuerdo con la escala progresiva contenida en el art. 37.1 TR, las letras se extenderán necesariamente en el efecto timbrado de la clase que corresponda a su cuantía. Su extensión en efecto timbrado de menor cuantía priva al documento de la eficacia ejecutiva que le atribuyen las leyes. En los supuestos de letras expedidas en el extranjero que deban surtir cualquier efecto en España se reintegrarán a metálico. Los documentos que cumplan función de giro o suplan a las letras, así como los certificados de depósito tributan por esa misma escala mediante el empleo de timbres móviles. El resto de los documentos sujetos tributarán al tipo de 3 pesetas por cada mil o fracción, que se liquidará en metálico.

434. Documentos administrativos

a) **Hecho imponible.** En la actualidad sólo se sujetan las anotaciones preventivas que se practiquen en los Registros Públicos, siempre que tengan por objeto un derecho o interés valuable y no vengan ordenadas de oficio por la autoridad judicial. También están sometidas la rehabilitación y transmisión de grandezas y títulos nobiliarios. Nótese que se extiende el Impuesto a la transmisión, incluso *mortis causa,* por lo que sería la única ocasión en que una transmisión *mortis causa* se sujeta a este Impuesto. Asimismo se extiende el hecho imponible a los supuestos de reconocimiento de uso de títulos extranjeros en España. Se sujeta a gravamen la rehabilitación siempre que haya existido interrupción en la posesión de una grandeza o título.

b) **Sujetos pasivos.** En los supuestos de transmisiones y rehabilitaciones de títulos, sus beneficiarios. Las personas que las soliciten, en los supuestos de anotaciones preventivas.

c) **Base imponible.** Sólo existe regla o criterio de determinación de la base imponible para el supuesto de las anotaciones preventivas, ya que en la otra manifestación del hecho imponible nos encontramos con un supuesto de cuota fija. Constituirá la base imponible en el caso de las anotaciones el valor del derecho o interés que se garantiza, publique o constituya.

d) **Cuota tributaria.** En los supuestos de anotaciones preventivas se aplicará un tipo del 0,50 por 100 y se liquidará a metálico. Una relativa mayor complejidad supone la determinación de la cuota en los supuestos de rehabilitación y transmisión de títulos nobiliarios. Se liquidarán de acuerdo con una escala de cuotas fijas y doble entrada que tendrá en cuenta el objeto de la transmisión directa o transversal, así como la rehabilitación de títulos o el reconocimiento de títulos extranjeros que se asimilan a ésta.

Tendrán la consideración de transmisiones directas las que tengan lugar entre ascendientes y descendientes o entre hermanos cuando el título haya sido utilizado por alguno de los padres. Tendrán la consideración de transmisiones transversales todas las demás. Se gravará la rehabilitación siempre que haya habido interrupción en la posesión, sin que pueda liquidarse en cada supuesto más que un solo derecho al sujeto pasivo. Por esta misma parte de la escala tributará el derecho a usar en España títulos extranjeros.

V. DISPOSICIONES COMUNES

435. Beneficios fiscales

Aunque presentados en el art. 45 TR en el Título IV bajo el epígrafe general de Disposiciones comunes, hay que señalar que las exenciones se configuran con delimitación exacta de su contenido y alcance: es decir, cada una de ellas se refiere a una modalidad o, para ser más exactos, a un específico negocio o acto que está sujeto a una de las modalidades del Impuesto: alcanza aquí también relevancia la distinción e independencia de las dos modalidades: transmisiones onerosas, operaciones societarias, sin que se pueda establecer regla genérica alguna respecto de la aplicación de las exenciones. Es decir, no necesariamente la exención afectará a ambas modalidades del Impuesto, por lo que en todo caso habrá que determinar cuál es el ámbito efectivo de su aplicación objetiva. Excepción de esa afirmación la constituye la regla general establecida en el art. 45.II TR a cuyo tenor se excluyen de cualquier posible exención las letras de cambio, los documentos que las suplan o los que cumplan función de giro, así como las escrituras, actas o testimonios notariales.

De otra parte, también conviene recordar la posibilidad de convivencia de las diversas modalidades que despliega aquí sus efectos en el sentido de admitirse la posibilidad de declarar la exención del negocio o acto pero no extender sus efectos a la documentación del mismo. Es posible declarar una determinada operación exenta de transmisiones onerosas pero no la documentación de esa operación gravada por actos jurídicos documentados.

Con la intención de sistematizar mínimamente el prolijo listado del art. 45 podemos distinguir entre exenciones objetivas y subjetivas.

a) **Subjetivas.** Con independencia de la peculiaridad que significa la existencia de estas exenciones en el contexto de un Impuesto real, quedan circunscritas a entidades públicas o a entidades con finalidad benéfica, cultural, docente o científica. Habitualmente en los casos de que el beneficiario sea una entidad pública la exención es **automática.** Requerirán concesión previa específica mediante un procedimiento dirigido a la constatación del cumplimiento de los requisitos que dan derecho a la exención aquéllas de que pueden gozar las entidades privadas de carácter benéfico o docente, etc.

b) **Objetivas.** La relación del TR no permite sistematización alguna.

Han quedado sin efecto cuantas exenciones y bonificaciones no figuren expresamente mencionadas en el TR. Para dar cumplimiento a este criterio aparece en el art. 45.I.C) TR un larguísimo listado de normas que contienen beneficios fiscales, sin expresa mención del precepto específico que los contemplan, no siempre consistentes en exenciones, a veces en reducciones en la base imponible, otras en bonificaciones en la cuota.

436. Devengo

En la modalidad de TPO el devengo se entenderá producido el día en que se realice el acto o contrato gravado. Por su parte, en relación con la modalidad de OS y AJD el devengo se datará el día en que se formalice el acto sujeto a gravamen. Por formalización habrá de entenderse en los supuestos de OS el día del otorgamiento de la escritura correspondiente; cuando no sea necesario el otorgamiento de escritura pública se estará al momento del otorgamiento o formalización del acto o contrato.

En aquellos supuestos en los que cualquier adquisición de bienes se halle suspendida por la concurrencia de una condición, término, fideicomiso o cualquiera otra limitación se entenderá realizado el día en que dichas limitaciones desaparezcan (§ 317).

437. Prescripción

El art. 50 TR se remite a la LGT en materia de prescripción. A estos efectos cuando un documento deba presentarse a liquidación el plazo de prescripción comenzará a contarse desde el momento de su presentación, a menos que con anterioridad hubiese sido incorporado o inscrito en un registro público, se hubiere producido la muerte de cualquiera de los firmantes o se hubiere entregado a un funcionario público por razón de su oficio. En este caso se computará a efectos de la prescripción la fecha de la incorporación o inscripción en cualquier registro público, la del fallecimiento de cualquiera de los que firmaron o la de la entrega a un funcionario público por razón de su oficio. Si el contrato careciere de reflejo documental se estará a la fecha en la que los sujetos presenten el documento a liquidación.

VI. GESTION DEL IMPUESTO

438. Consideraciones generales

Incluidas entre los preceptos agrupados sistemáticamente por el TR bajo el título de *Disposiciones comunes,* se encuentran las normas que tiene por objeto la gestión del Impuesto. En relación con ésta dos cuestiones básicas hay que subrayar. En primer lugar el carácter cedido del Impuesto, salvo en la modalidad AJD, y su significado, según ya vimos (§ 399), en relación con la gestión del Impuesto: serán competentes por delegación los órganos de la Comunidad Autónoma. En segundo lugar, la adopción del sistema de autoliquidaciones, también en este Impuesto, como medio habitual de proceder a su gestión, salvo en aquellos supuestos en los que el pago del Impuesto se hace mediante efectos timbrados, lógicamente.

En el plazo de 30 días hábiles, a contar desde el momento en que se produzca el hecho imponible, habrán de presentarse por los sujetos pasivos los documentos comprensivos de los hechos imponibles y, en caso de no existir aquéllos, una declaración. No se extiende este deber de presentación de documentos a aquellos supuestos en los que está previsto el pago del Impuesto mediante efectos timbrados como es el caso de las pólizas de los Corredores Oficiales de Comercio, los contratos de arrendamientos de fincas urbanas, las letras de cambio y las actas de protesto, etc.

439. Autoliquidación

Aunque se incluye en el Reglamento entre los procedimientos especiales, ya dijimos que una característica notable del procedimiento de gestión del Impuesto es la generalización de las autoliquidaciones con las excepciones señaladas.

Dentro de los 30 días hábiles siguientes a la realización del hecho imponible practicará el sujeto pasivo la autoliquidación ingresándose su importe en el Tesoro de acuerdo con las reglas de competencia orgánica. La autoliquidación se realizará en el modelo oficial y se acompañará la copia auténtica del documento notarial, judicial o administrativo en que conste el acto que origina el tributo. Efectuado el ingreso deberá presentar el contribuyente la autoliquidación con el documento original y su copia ante la Dependencia de Relaciones con los Contribuyente de la Delegación o Administración competente a fin de que se le devuelva el documento original con nota estampada en el mismo acreditativa del ingreso. En los supuestos de exención o no sujeción se presentarán los documentos señalados directamente en la Dependencia de Relaciones con los Contribuyentes que hará constar dicho extremo en la autoliquidación y extenderá nota en el documento original. La autoliquidación presentada podrá ser objeto del expediente de comprobación de valores en los términos que analizaremos en el epígrafe siguiente.

440. Comprobación de valores

Mediante el expediente de comprobación de valores, la Administración podrá en todo caso comprobar el valor real de los bienes y derechos transmitidos. Para llevarla a efecto se acudirá a cualquiera de los medios señalados en el art. 52 LGT, aunque el más habitual será el dictamen pericial. Si el resultado de la comprobación determinase valores superiores a los declarados prevalecerán aquéllos, en caso contrario éstos, lo que se nos antoja de dudosa constitucionalidad. A su vez, si el resultado de la comprobación de valores fuese superior al que se derivaría de la aplicación de las reglas del Impuesto sobre el Patrimonio, el valor resultante prevalecerá a los efectos de la declaración por este Impuesto por la anualidad corriente y las siguientes, con lo que se pone en entredicho la funcionalidad del Impuesto sobre el Patrimonio en el conjunto del sistema tributario.

La Jurisprudencia ha exigido que las valoraciones realizadas en los expedientes de valoración sean fundamentadas, sin que se haya considerado suficiente que reflejen el resultado obtenido, debiendo contener los elementos de juicio y de cálculo que se hayan tenido en cuenta [9].

A la Administración se le reconoce un derecho de tanteo sobre los bienes objeto de la comprobación en los supuestos en los que el resultado de ésta determine que el valor excede en el 100 por 100 del valor declarado. Si se hiciera efectivo este derecho habrá de devolverse el Impuesto pagado por el contribuyente y a la ocupación de los bienes y derechos habrá de preceder el completo pago del precio.

El resultado de la comprobación de valores podrá ser impugnado con ocasión de la impugnación de la liquidación a que den lugar. Si como consecuencia de la aplicación de lo dispuesto en el TR estos valores pudieran tener efectos también para los transmitentes se les notificará asimismo a éstos para que a su vez puedan impugnarlos en reposición o mediante la vía económico administrativa. En corrección del resultado de la comprobación de valores los interesados podrán promover la tasación pericial contradictoria mediante solicitud presentada dentro del plazo de la primera reclamación que proceda.

441. Liquidación, pago y devolución del Impuesto

En atención a la generalización de las autoliquidaciones el pago, entendido como la fase final del procedimiento de liquidación, sólo se producirá en los supuestos patológicos en los que se produzca una liquidación administrativa que rectifique la autoliquidación. En los supuestos en los que un tercero presente los documentos en nombre del contribuyente adquirirá el carácter de mandatario de los obligados al pago por el solo hecho de la presentación y las comunicaciones que se le hagan así como las diligencias que suscriba tendrán los mismos efectos que si se hubiesen realizado con los propios interesados. El pago se realizará en el plazo de 15 días contados desde el siguiente al señalado en el recibo de presentación para personarse en la oficina de liquidación o, en su caso, desde el siguiente al día en que la notificación tenga lugar.

Como ha puesto de relieve con acierto la doctrina, a veces la tensión existente entre el carácter esencialmente formalista del Impuesto y la sustantiva capacidad económica que se pone de relieve con ocasión de la transmisión, constitución de un derecho u operación societaria tiene su

[9] Véanse las SSTS de 6 de marzo de 1991 (Ar. 1978); de 9 de julio de 1984 (Ar. 4226); por todas, véase la de 26 de mayo de 1989 (Ar. 4608).

reflejo en las soluciones normativas del TR. Un claro ejemplo es la regulación de los supuestos de devolución, en los que a veces parece atenderse más a la segunda característica o fundamento para concluir en la inexistencia del gravamen y su consiguiente devolución.

El art. 57 TR regula la devolución en el mismo precepto al que se remite con ocasión de la regulación de los efectos de las condiciones resolutorias [10]; para comprender su alcance conviene tener presente lo dispuesto en el TR en torno al devengo. Este se producirá en las TPO el día de realización del acto o contrato gravado; en las OS y en los AJD el día de la formalización del acto sujeto a gravamen, sin olvidar que las adquisiciones de bienes cuya efectividad se encuentre suspendida (por condición, término, fideicomiso o cualquiera otra limitación) se entenderá realizada el día en que dichas limitaciones desaparezcan.

Por último, téngase en cuenta que las reglas de este precepto para supuestos de nulidad, rescisión o resolución de un acto o contrato declaradas, judicial o administrativamente, mediante resolución firme, se aplican también a los supuestos de existencia de condición resolutoria. Extensión aplicativa que es necesario tener presente desde la perspectiva de la exigencia de requisitos concurrentes y condiciones para hacer efectiva la pretendida devolución.

VII. EL ITPAJD EN LOS TERRITORIOS FORALES

442. El ITPAJD de Navarra

En relación con Navarra el art. 32 de la Ley 28/1990, de 26 de diciembre, por la que se aprueba el Convenio Económico entre el Estado y la Comunidad Foral de Navarra (BOE de 29) atribuye este Impuesto a la Comunidad Foral en la modalidad TO cuando el bien inmueble radique en Navarra, si los bienes son muebles, en atención a la residencia del adquirente; en la constitución de hipoteca mobiliaria y prenda sin desplazamiento, cuando la garantía sea inscribible en territorio navarro; en la constitución de préstamos en atención a la residencia del prestatario, si se trata de préstamos con garantía real en atención a donde radiquen los inmuebles hipotecados; en la constitución de fianzas, arrendamientos no inmobiliarios y pensiones, se atenderá a la residencia; en las concesiones administrativas de bienes, cuando éstos radiquen en Navarra; si se trata de explotaciones de servicios en atención a la residencia del concesionario.

En la modalidad OS se estará siempre al criterio del lugar del domicilio del ente societario, lo que no parece tener en cuenta que a veces los sujetos pasivos en esta modalidad no son las sociedades.

---

[10] La STS 30-10-88 *(CaT* ref. 3499) sostiene la inexistencia de derecho a la devolución en presencia de condición resolutoria por denegación de licencia de obras en transmisión de inmuebles.

En la modalidad AJD se estará siempre a que el acto se formalice en territorio de la Comunidad Foral.

En el BON de 27 de marzo se publica el Acuerdo de 17 de marzo de 1981 del Parlamento Foral mediante el que se aprueban las normas reguladoras del Impuesto aplicable en Navarra.

El art. 2.1 de la citada Norma Foral, al establecer el ámbito de aplicación territorial del Impuesto, se ha separado, en algunos casos, de lo previsto en la Ley del Convenio. Así, por ejemplo, en los supuestos de transmisiones onerosas de bienes muebles y asimilados, se estará no a la residencia del adquirente, sino a la exigencia de que éste tenga la condición civil foral de navarro.

En relación con la modalidad OS, tampoco se produce plena coincidencia entre la Norma Foral del Impuesto y lo previsto en la Ley del Convenio. Aquélla exige no que el domicilio social del ente radique en Navarra, sino que las correspondientes escrituras se formalicen en el territorio foral siempre que en las colectivas, comanditarias y limitadas tengan la mayoría de sus socios la condición civil foral de navarros y les pertenezca la mayoría del capital social. En relación con las sociedades anónimas se exige que la mayoría del capital social pertenezca a persona o personas que tengan la condición civil foral de navarros.

Al igual que ocurría con las normas forales del País Vasco, la navarra introduce una modificación del tipo del 0,5 por 100 en el gravamen complementario de las primeras copias de escritura con las condiciones previstas en el art. 31.2 TR, consistente en una rebaja del tipo que queda en el 0,1 por 100. Se mantiene, sin embargo, el tipo del 0,5 por 100, al igual que en el TR, para las copias de las actas de protesto.

El Hecho imponible Documentos judiciales dentro de la modalidad AJD no contempla la rehabilitación y transmisión de grandezas y títulos nobiliarios, por lo que debe entenderse que la competencia en la gestión de éste corresponde en todo caso a la Administración Central, rigiéndose por las normas del TR.

443. El ITPAJD en el País Vasco: Alava, Guipúzcoa y Vizcaya

La Ley del Concierto, modificada por la Ley 38/1997, de 4 de agosto (BOE de 5 de agosto), establece que los impuestos indirectos se regirán por los mismos principios básicos, normas sustantivas y elementos esenciales del tributo que los establecidos en cada momento por el Estado. Este Impuesto tendrá el carácter de tributo concertado de normativa autónoma, salvo en las operaciones societarias, letras de cambio y documentos que las suplan o realicen función de giro que se regirán por la normativa común (art. 27.3). Asimismo se establecen los criterios para la determinación de los puntos de conexión (art. 30).

En las operaciones que tengan por objeto un bien inmueble, corresponderá el Impuesto a la respectiva Diputación cuando radiquen en su territorio.

Se extiende este criterio también a los supuestos de préstamos con garantía hipotecaria, hipoteca mobiliaria y prenda sin desplazamiento, transmisiones de títulos y participaciones, y concesiones administrativas de bienes.

En las transmisiones onerosas de bienes muebles, semovientes y créditos, así como en la constitución y cesión onerosa de bienes sobre los mismos se atenderá a la residencia del adquirente si es persona física o a su domicilio fiscal si lo es jurídica. Este será asimismo el criterio en los supuestos de concesiones administrativas de explotación de servicios.

En los supuestos de constitución de sociedades y en el de fusión con creación de nueva sociedad corresponderá el Impuesto al País Vasco cuando el domicilio social del nuevo ente radique en ese territorio. En los supuestos de aumento o disminución de capital; fusión por absorción, transformación y disolución cuando la sociedad tenga su domicilio fiscal en el País Vasco.

Por lo que se refiere a la modalidad AJD, en las escrituras, actas y testimonios notariales cuando se autoricen u otorguen en territorio vasco. En relación con las letras de cambio cuando se giren en ese territorio; si se giraren en el extranjero cuando su primer tenedor en España tenga su residencia en el País Vasco. En los supuestos de resguardos o certificados de depósito se estará al domicilio de la sociedad que los expida.

Al igual que sucede con otros Impuestos, cada una de las Diputaciones Forales han promulgado sus normas forales. Para Alava la Norma Foral aprobada por las Juntas Generales por Acuerdo de 31 de mayo de 1981 (BOP extraordinario de 1 de junio de 1981); en relación con Vizcaya la Norma Foral 3/1989, de 21 de marzo (BOB de 11 de abril); finalmente, para Guipúzcoa la Norma Foral 18/1987, de 30 de diciembre (BOG de 31 de diciembre).

Sustancialmente idénticas, presentan pocas diferencias con el TR de Derecho común. Entre las más reseñables aparece una modificación del tipo del 0,5 por 100 en el gravamen complementario de las primeras copias de escritura con las condiciones previstas en el art. 31.2 TR. En las tres normas forales el tipo se rebaja al 0,1 por 100. El resto de los tipos impositivos es idéntico a los establecidos en el TR con dos excepciones. El art. 11.1.*a)* de la Norma Foral de Vizcaya fija en el 5 por 100 el tipo aplicable a las transmisiones de inmuebles, así como a la constitución y cesión de derechos reales que recaigan sobre los mismos. Por su parte, la Norma Foral de Guipúzcoa estable un tipo del 2 por 100 para aquellas operaciones no expresamente mencionadas en su art. 11, a diferencia del resto de las Normas Forales y del propio TR que grava esa operaciones al tipo de las operaciones con muebles y semovientes, es decir, al 4 por 100.

Por último, la Norma Foral para Alava ha establecido unos criterios diferenciales para la valoración de los bienes y derechos a los efectos de la modalidad TPO. Se establecen específicos criterios para los inmuebles rústicos y urbanos presididos por el principio de adecuación de estos valores a la realidad económica mediante actualización anual. En coherencia con éstos se establecen asimismo criterios específicos para la realización de la comprobación de valores.

BIBLIOGRAFIA

BENÍTEZ DE LUGO Y GUILLÉN, Francisco, «El Impuesto sobre Transmisiones Patrimoniales en las transmisiones onerosas», *Crónica Tributaria* 38 (1981).

— «El Impuesto sobre Transmisiones en las operaciones societarias», *Crónica Tributaria* 39 (1981).

COLOMER FERRÁNDIZ, Carlos, *El Impuesto sobre Transmisiones al día (Texto Refundido y Reglamento con Jurisprudencia)*, Valencia, editorial Siete, 1995.

MARTÍNEZ LAFUENTE, Antonio, *Manual del Impuesto sobre Transmisiones Patrimoniales y Actos Jurídicos Documentados*, Madrid, Instituto de Estudios Fiscales, 1980, 2.ª ed.

PABLO VARONA, Carlos de, *El Impuesto sobre Operaciones Societarias. Su régimen jurídico*, Pamplona, Aranzadi, 1995.

VILLARÍN LAGOS, Marta, *La Tributación de los Documentos Notariales en el Impuesto sobre Actos Jurídicos Documentados*, Pamplona, Aranzadi, 1997.

CAPITULO 15

TASAS Y CONTRIBUCIONES ESPECIALES

444. Las tasas fiscales en el sistema tributario estatal. Régimen general

El sistema tributario estatal se nutre también, aunque en una medida prácticamente irrelevante en relación con los ingresos impositivos, del producto obtenido de las tasas establecidas por la prestación de determinados servicios por parte de la Administración. Ya sabemos que la tasa es una categoría tributaria caracterizada porque en su hecho imponible aparece siempre como elemento central una determinada actuación administrativa, la prestación de un servicio público, respecto del cual es posible identificar a los sujetos particularmente beneficiados. Se trata de un tributo recientemente disminuido en su extensión como consecuencia de la creación del precio público, recurso financiero de naturaleza no tributaria que ha venido a absorber buena parte de la materia imponible tradicional de las tasas. De esta forma, a partir de la LTPP sólo aquellas prestaciones de servicios que reúnan a la vez la condición de obligatorias y de estar reservadas al sector público pueden originar el establecimiento de una tasa.

La regulación general de las tasas se contiene en la LTPP [1], pudiéndose resumir en los siguientes puntos:

— La LTPP contiene una enumeración en su artículo 13 de las actuaciones administrativas que pueden dar lugar al establecimiento de una tasa, enumeración de escaso valor al cerrarse con una referencia genérica a «servicios o actividades en general que se refieran, afecten o beneficien a personas determinadas o que hayan sido motivados por éstas, directa o indirectamente». Lo que sí resulta relevante, en cambio, es la propia definición de tasa ofrecida por la LGT o la LTPP, ya que es la que permite al intérprete, y en concreto a los órganos jurisdiccionales, determinar si estamos o no en presencia de una tasa o si la actuación administrativa de que se trate puede originar o no el establecimiento de una tasa [2].

— Son sujetos pasivos de las tasas las personas físicas o jurídicas, y en su caso las entidades del artículo 33 de la LGT, afectadas o benefi-

[1] Artículos 6 a 23 de la Ley 8/1989, de 13 de abril, de Tasas y Precios Públicos (BOE de 15 de abril).

[2] Cfr. al respecto las SSTS de 17-3-1992 (AT núm. 44/1992) y de 14-4-1992 (AT núm. 45/1992).

ciadas por la actuación administrativa que origine el devengo de la tasa. Junto a esta definición del contribuyente, la LTPP establece también algunos supuestos de responsabilidad. Así, configura como responsables solidarios a las «Entidades o Sociedades aseguradoras de riesgo que motiven actuaciones o servicios administrativos que constituyan el hecho imponible de una tasa» (art. 17.1 de la LTPP), y como responsables subsidiarios a los propietarios de los inmuebles «en las tasas establecidas por razón de servicios o actividades que beneficien a los usuarios u ocupantes de viviendas, naves, locales o, en general, de inmuebles» (art. 17.2 de la LTPP). Por otra parte, el TRTF de 1966 [3] dispone con carácter general la responsabilidad solidaria de «los funcionarios o asimilados obligados a la liquidación o exigencia de la tasa y que accedan a lo solicitado por el sujeto pasivo sin que por parte del mismo se haya pagado, afianzado o consignado el importe correspondiente de la tasa» (art. 3.2 del TRTF).

— Las tasas se devengarán cuando se inicie la prestación del servicio o se realice la actividad, o bien cuando se presente la solicitud que inicie la actuación o el expediente (art. 15.1 de la LTPP), siendo habitual en esta figura tributaria la exigencia del depósito previo de su importe, depósito que lógicamente deberá ser objeto de devolución si el hecho imponible de la tasa no se realiza por circunstancias no imputables al sujeto pasivo. Pero hay también tasas periódicas, circunstancia esta que las aleja de la naturaleza de tasas para acercarlas más bien a la de impuestos [4], como es el caso destacado de las tasas sobre juegos de suerte, envite o azar, en las que el período impositivo suele coincidir con el año natural y el devengo producirse el primer día de cada período impositivo.

— En la configuración de los elementos cuantitativos de las tasas se parte del llamado principio de equivalencia, según el cual «las tasas tenderán a cubrir el coste del servicio o de la actividad que constituya su hecho imponible» (art. 7 de la LTPP), coste que, a su vez, representa un límite máximo para el importe de la tasa (art. 19.1 de la LTPP). Para la determinación de la cuantía de la tasa se tomarán en consideración los gastos directos e indirectos que contribuyan a la formación del coste total del servicio o actividad, incluso los de carácter financiero, amortización de inmovilizado y generales que sean de aplicación. De cara al efectivo control de este límite máximo en la cuantía de las tasas, señala el legislador que «los proyectos del Real Decreto que acuerden la aplicación de una tasa y aquellos que desarrollen la regulación de la cuantía de la misma deberán incluir, entre los antecedentes y estudios previos para su elaboración, una Memoria económico-financiera sobre el coste o valor del recurso o actividad de que se trate y sobre la justificación de la cuantía de la

[3] Decreto 3059/1966, de 1 de diciembre, por el que se aprueba el Texto Refundido de Tasas Fiscales (BOE de 19 de diciembre).

[4] Cfr. al respecto, entre otras, las SSTS de 17-4-1988, 29-9-1990 y 30-1-1991 (todas ellas en GF núm. 98).

tasa propuesta» (art. 20 de la LTPP), determinando la falta de este requisito la nulidad de pleno derecho de la disposición.

— En cuanto a la gestión de las tasas no hay nada especial que destacar, salvo que las de devengo periódico se gestionan a veces mediante matrículas o listas cobratorias, pudiendo ser objeto de notificación colectiva las liquidaciones subsiguientes a la motivada por el alta en el respectivo registro, padrón o matrícula (art. 15.2 de la LTPP).

445. Las tasas fiscales. A) El Canon de Superficie de Minas

La primera de las tasas fiscales recogidas en el TRTF de 1966 es el llamado Canon de superficie de minas, cuya regulación (arts. 8 a 14 del TRTF) puede sintetizarse en los siguientes puntos:

— El hecho imponible viene constituido por el otorgamiento de los permisos de investigación o concesiones de explotación de minerales e hidrocarburos líquidos o gaseosos.

— Son sujetos pasivos del Canon las personas físicas o jurídicas, así como sus herederos, causahabientes o cesionarios a quienes sean otorgados los correspondientes permisos de investigación o concesión de explotación.

— Por lo que hace a los elementos cuantificadores del Canon hay que distinguir varias Tarifas según se trate de permisos de investigación o concesión de explotación de hidrocarburos, o de permisos de exploración, de investigación o de explotación de minerales. En general, las Tarifas están organizadas como una escala de tipos de gravamen aplicable sobre el valor de dos parámetros fundamentales: hectáreas y años de la concesión. Las cuantías de los tipos vienen siendo objeto de sistemática actualización por las Leyes de Presupuestos de cada año.

— El Canon se devengará el día 1 de enero de cada año, en cuanto a los permisos o concesiones existentes en esa fecha; respecto de los demás, el día en que sea firme y subsistente la disposición o acuerdo otorgando la concesión.

446. B) Tasa por expedición de títulos académicos y profesionales

Su regulación (arts. 20 a 25 del TRTF) se resume así:

— Se exige por la expedición de los títulos académicos citados en el artículo 22 del TRTF, así como de los que habiliten para el ejercicio de cualquier profesión u oficio.

— Son sujetos pasivos las personas en cuyo favor se expidan los títulos.

— El devengo se produce con la expedición del título.

— Las Tarifas se instrumentan en forma de cuotas fijas que van siendo actualizadas por las sucesivas Leyes de Presupuestos.

447. C) Tasa por actuaciones y servicios en materia de navegación marítima y aérea y registro de especialidades farmacéuticas

Inicialmente este grupo recogía también las tasas por actuaciones y servicios en materia de propiedad industrial. Sin embargo, la Ley 17/1975 [5], sobre creación del organismo autónomo Registro de la Propiedad Industrial, derogó lo dispuesto en el TRTF en materia de propiedad industrial, disponiendo una nueva regulación. Posteriormente, la Ley 11/1986 [6], de Patentes, contiene en anexo la regulación de las tasas por servicios del Registro de la Propiedad Industrial, y la Ley 20/1987 [7] regula las tasas que deben satisfacer los solicitantes y concesionarios de patentes europeas por determinadas actividades a realizar en el Registro de la Propiedad Industrial.

Centrándonos ya en la regulación (art. 117 de la Ley 25/1990) de la Tasa por actuaciones en materia de navegación marítima y aérea y registro de especialidades farmacéuticas, podemos condensarla en los siguientes apartados:

— El hecho imponible viene constituido por el otorgamiento de las autorizaciones, prestaciones de servicios y realización de las inscripciones y registros en materia de navegación marítima y aérea y de registro de especialidades farmacéuticas, efectuados por las autoridades o servicios competentes.

— Son sujetos pasivos de la tasa las personas físicas o jurídicas, nacionales o extranjeras, a cuyo favor se presten los servicios, se otorguen las autorizaciones o se efectúen las inscripciones o registros.

— La cuantía de esta tasa resulta de la aplicación de las cuotas fijas contenidas en las dos tarifas previstas, una para las concesiones y autorizaciones en materia de navegación marítima y aérea, y otra para el registro de especialidades farmacéuticas. Debe indicarse que esta última tarifa, aunque no haya sido expresamente derogada, debe entenderse sustituida por la contenida en la Ley 25/1990 [8], del Medicamento, que regula una tasa por prestación de servicios y realización de actividades administrativas relativas al medicamento.

— Por lo que hace al devengo, en materia de navegación marítima o aérea, la tasa se devengará al concederse las patentes de navegación o expedirse los certificados de matrícula o navegabilidad. En las actuaciones en materia de registro de especialidades farmacéuticas la tasa se devengará al concederse las autorizaciones, autorizarse las

[5] BOE de 5 de mayo de 1975.
[6] BOE de 26 de marzo de 1986.
[7] BOE de 8 y 9 de octubre de 1987.
[8] Cfr. artículo 117 de la Ley 25/1990 (BOE de 22 de diciembre).

transferencias, efectuarse los registros o tomas de razón o expedirse los certificados que constituyan el hecho imponible de la misma.

448. D) Tasa sobre rifas, tómbolas, apuestas y combinaciones aleatorias

La regulación de esta tasa (arts. 36 a 40 del TRTF) podemos resumirla en los siguientes puntos:

— El hecho imponible en este caso es la autorización, celebración u organización de rifas, tómbolas, apuestas y combinaciones aleatorias.

— Quedan exentos del pago de la tasa los siguientes supuestos:

a) La celebración de apuestas mutuas deportivas cuando sean organizadas por el Organismo Nacional de Loterías y Apuestas del Estado.

b) Los sorteos organizados por la ONCE.

c) Los sorteos de amortización y capitalización que estén legalmente autorizados.

d) La celebración de las tómbolas diocesanas de caridad.

e) La celebración de sorteos, tómbolas y rifas que organice la Cruz Roja española.

— Tienen la condición de contribuyentes de esta tasa los organizadores de rifas y tómbolas y las Empresas cuyas actividades incluyan la celebración de apuestas o desarrollen combinaciones aleatorias con fines publicitarios. En el caso de las apuestas serán responsables solidarios del pago los dueños o empresarios de los locales en que se celebren.

— Por lo que se refiere a la cuantía de esta tasa hay que distinguir los diversos supuestos incluidos en el hecho imponible:

a) Las rifas y tómbolas tributarán con carácter general al 35 por 100 del importe total de los boletos o billetes ofrecidos, salvo las declaradas de utilidad pública o benéfica que lo harán al 15 por 100.

b) Las apuestas tributarán al 7 por 100 del importe total de los boletos o billetes vendidos, haciéndolo sólo al 3 por 100 las que sean organizadas por la Sociedad de Fomento de la Cría Caballar de España y las que se celebren en frontones.

c) En las combinaciones aleatorias el tipo impositivo será del 10 por 100 y se aplicará sobre el valor de los premios ofrecidos.

— En cuanto al devengo de la tasa, en las apuestas tendrá lugar cuando se celebren u organicen, y en las rifas, tómbolas y combinaciones aleatorias al concederse la preceptiva autorización, o bien cuando se celebren efectivamente aunque la autorización no se hubiese solicitado o concedido.

449. E) Tasa sobre juegos de suerte, envite o azar

En realidad, esta tasa pertenece al grupo de las recién estudiadas tasas sobre rifas, tómbolas, apuestas y combinaciones aleatorias, aunque la separemos en este epígrafe porque su regulación no se encuentra en el TRTF sino en el RD-L 16/1977 [9] por el que se regulan los aspectos penales, administrativos y fiscales de los juegos de suerte, envite o azar y apuestas, y en el RD 2221/1984 [10]. Se trata de una tasa muy importante desde el punto de vista recaudatorio y que, según ha manifestado frecuentemente la jurisprudencia al calificarla como la «sedicente tasa sobre el juego» [11], por la estructura de su hecho imponible se acerca más a lo que sería un impuesto sobre el juego que a una tasa propiamente dicha. Debe añadirse que esta tasa se encuentra cedida a las Comunidades Autónomas, habiendo sido además objeto de recargo por muchas de ellas.

Los principales elementos jurídicos de esta tasa los podemos resumir así:

- El hecho imponible viene constituido por la autorización, organización o celebración de juegos de suerte, envite o azar. Así definido, el hecho imponible parece acomodarse al concepto o naturaleza de las tasas. Sin embargo, si ponemos en relación el hecho imponible con las normas rclativas al devengo y gestión de la tasa sobre el juego podemos comprobar que lo que verdaderamente origina el pago de la tasa no es la actuación administrativa dirigida a la autorización de estos juegos de suerte, envite o azar, sino sencillamente la celebración de estos últimos. De ahí que estemos ante un tributo periódico, de devengo normalmente anual y liquidaciones periódicas, características todas ellas más propias de un impuesto que de una tasa.
- Por lo que se refiere al devengo, dispone el legislador que «la tasa se devengará, con carácter general, por la autorización y, en su defecto, por la organización o celebración del juego» (art. 3.1 del RD 2221/1984). Aunque el tenor literal del precepto parece indicar que estamos ante un hecho imponible y, por lo tanto, ante un devengo instantáneo —la autorización de estos juegos—, en realidad no es así. La tasa se devenga no sólo con la autorización de estos juegos de suerte, envite o azar, sino con la utilización de la misma mientras esté vigente. Por eso hay preceptos que nos advierten que «la tarifa aplicable a los casinos de juego es anual...» (art. 8.1 del RD 2221/1984), o que «en el juego del bingo, la tasa se satisfará normalmente mientras esté vigente la autorización que determina su devengo a medida que se haga uso de la misma con la adquisición de los cartones necesarios para el desarrollo del juego...» [art. 9.*a)* del RD 2221/1984].

En los casos de explotación de máquinas o aparatos automáticos aptos para la realización de juegos de azar —popularmente llamadas tragaperras—, la tasa

---

[9] BOE de 5 de marzo de 1977.

[10] BOE de 20 de diciembre de 1984.

[11] Cfr., por todas, la STS de 30-1-1991 (GF núm. 98).

será exigible por años naturales, devengándose el 1 de enero de cada año en cuanto a los autorizados en años anteriores. En el año en que se obtenga la autorización, el devengo se producirá en el momento de su otorgamiento, reduciéndose la cuota a la mitad si aquél tiene lugar después del 1 de julio (cfr. arts. 3.2 y 6.2 *in fine* del RD 2221/1984).

— Son sujetos pasivos de la tasa las personas o Entidades a quienes se otorgue la correspondiente autorización administrativa o permiso de explotación y, en defecto de este último, las personas cuyas actividades incluyan la celebración u organización de juegos de azar.

Como responsables solidarios del pago de la tasa se sitúan los dueños o empresarios de los locales en que se celebren los juegos de suerte, envite o azar.

— Por lo que hace a la cuantía de la tasa, debemos distinguir los supuestos para los que el legislador prevé una cuota fija y aquellos otros para los que dispone una cuota variable resultante de aplicar sobre la base imponible los tipos impositivos correspondientes.

Las cuotas fijas están dispuestas para la explotación de máquinas o aparatos automáticos para la realización de juegos de suerte, envite o azar, exigiéndose una cuota por cada máquina o aparato de acuerdo con su clasificación según el Reglamento de Máquinas Recreativas y de Azar aprobado por el RD 539/1990. De una manera resumida, las cuotas actualmente en vigor fijadas por la Ley 12/1996 de PGE para 1997 son las siguientes:

— Máquinas tipo «B» o recreativas con premio: cuota anual de 456.000 pesetas. Cuando se trate de máquinas o aparatos automáticos tipo «B» en los que puedan intervenir dos jugadores de forma simultánea e independiente se exigirán dos cuotas de 456.000 pesetas. Si pudieran hacerlo tres o más jugadores la cuota sería de 929.000 pesetas más el resultado de multiplicar por 2,235 el producto del número de jugadores por el precio máximo autorizado para la partida. Para estas máquinas se prevé un incremento de las cuotas para el supuesto de modificación del precio máximo de 25 pesetas autorizado para la partida.

— Máquinas tipo «C» o de azar: cuota anual de 669.000 pesetas.

En los restantes casos (juego de bingos o mediante boletos y casinos de juego) las cuotas son variables y resultan de aplicar sobre la base imponible los tipos impositivos previstos en la legislación. En cuanto a la base imponible, la regla general es que estará constituida por el importe total de las cantidades que los jugadores dediquen a dichos juegos, debiendo tenerse en cuenta las siguientes precisiones:

— En los casinos de juego se tomará como base imponible la diferencia entre el importe total de los ingresos obtenidos procedentes del juego y las cantidades satisfechas a los jugadores procedentes de sus ganancias.

— En los juegos de bingo y mediante boletos será la base imponible la suma total de lo satisfecho por los jugadores por la adquisición de los cartones o boletos sin ninguna deducción.

En cuanto a los tipos impositivos, con carácter general se aplicará el 20 por 100. Y para los casinos de juego se aplica el 20 por 100 a la porción de base imponible comprendida hasta los 220 millones de pesetas; el 35 por 100 a la porción de base imponible comprendida entre los 220 y los 364 millones; el 45 por 100 a la comprendida entre 364 y 726 millones de pesetas y el 55 por 100 a la que exceda de 726 millones de pesetas.

— En la gestión de esta tasa debemos distinguir varios supuestos:

— En el caso de máquinas recreativas y de azar, y cuando se trate de las autorizadas en años anteriores, se presentará una declaración-liquidación en los primeros veinte días naturales del mes de enero con la liquidación total de la cuota única devengada, ingresándose simultáneamente la mitad de la misma. El pago de la otra mitad deberá hacerse en los primeros veinte días naturales del mes de septiembre.

— En el caso de los bingos, el pago de la tasa se realiza con la adquisición por el sujeto pasivo de los cartones necesarios para el desarrollo del juego, cartones que serán obligatoria y exclusivamente los expedidos por el Servicio Nacional de Loterías, elaborados al efecto por la Fábrica Nacional de Moneda y Timbre.

— En el caso de los casinos de juego, los sujetos pasivos deberán presentar una declaración-liquidación en los veinte primeros días naturales del mes siguiente al vencimiento de cada trimestre natural. Como quiera que la tarifa prevista para los casinos es anual, la misma se aplicará trimestralmente a los ingresos acumulados desde el comienzo del año hasta el último día del trimestre de que se trate, aplicándose a cada uno de los tramos de la base imponible el tipo correspondiente de la tarifa y deduciendo de la cuota total resultante el importe de lo ingresado en los trimestres anteriores del mismo año.

450. Las tasas en el sistema tributario local

Ha sido en el ámbito de la tributación local donde tradicionalmente han tenido un mayor peso o importancia los tributos basados en el principio del beneficio, es decir, las tasas y contribuciones especiales. En la actualidad sigue siendo así aunque, igual que ocurre en el ámbito estatal o autonómico, un gran número de tasas han dejado de serlo para convertirse en precios públicos. La Ley 39/1988, reguladora de las Haciendas Locales, establece una regulación general de las tasas como tributos locales que podemos resumir en los siguientes puntos:

— El concepto de tasa que ofrece es lógicamente el mismo de la LGT y de la LTPP. Las Corporaciones Locales podrán establecer tasas por la prestación de servicios o la realización de actividades de su competencia que sean de solicitud o recepción obligatoria y que no sean susceptibles de ser prestados por la iniciativa privada. Ahora bien, para que esta actividad administrativa pueda originar el establecimiento de una tasa debe referirse, afectar o beneficiar de modo particular al sujeto pasivo. No pueden exigirse tasas por la prestación de servicios que no sean individualizables o que no beneficien directamente a los que deben pagarlas. Precisamente por ello el TS ha reiterado la doctrina de que es improcedente la tasa establecida por muchos Ayuntamientos por los servicios especiales de vigilancia que debe prestar la policía municipal con ocasión de la organización de espectáculos públicos de masas (partidos de fútbol, corridas de toros, etcétera.), ya que la persona o Entidad organizadora del espectáculo y llamada al pago de la tasa no puede considerarse como beneficiaria de los servicios especiales prestados por el Ayuntamiento [12].

— En la regulación anterior a la Ley 39/1988 existía una enumeración de las tasas que podían establecer las Corporaciones Locales. Dicha enumeración ha desaparecido en la vigente LRHL que, sin embargo, contiene un listado de servicios esenciales por los que no podrá exigirse el pago de tasa alguna:

- Abastecimiento de aguas en fuentes públicas.
- Alumbrado de vías públicas.
- Vigilancia pública en general.
- Protección civil.
- Limpieza de la vía pública.
- Enseñanza en los niveles de educación preescolar y educación general básica (art. 21 de la LRHL).

— Las tasas por la prestación de servicios son compatibles con la exacción de contribuciones especiales por el establecimiento o ampliación de los mismos. Ahora bien, los gastos sufragados por contribuciones especiales no podrán tenerse en cuenta a la hora de cuantificar el importe de la tasa correspondiente.

— Como sujetos pasivos de las tasas a título de contribuyentes coloca la LRHL a las personas o Entidades que soliciten o que resulten beneficiadas por los servicios o actividades locales. Además establece tres supuestos concretos de sustitución:

- En las tasas que se exijan por servicios o actividades que beneficien o afecten a los ocupantes de viviendas o locales, los propietarios de

[12] Cfr., por todas, las SSTS de 23-12-1991 y 14-4-1992 (TF núm. 29).

los inmuebles tendrán la condición de sustitutos pudiendo, en su caso, repercutir las cuotas sobre los beneficiarios.

- En las tasas establecidas por el otorgamiento de licencias urbanísticas son sustitutos del contribuyente, es decir, del dueño de la obra, los constructores y contratistas de la misma.
- En las tasas establecidas por la prestación del servicio de extinción de incendios será sustituto la Entidad o Sociedad aseguradora del riesgo.

— En cuanto a la cuantía de las tasas, la LRHL parte como principio esencial del de equivalencia, al disponer que «el importe estimado de las tasas por la prestación de un servicio o por la realización de una actividad no podrá exceder, en su conjunto, del coste real o previsible del servicio o actividad de que se trate» (art. 24.1 de la LRHL). Junto a esto tiene en cuenta también el principio de capacidad contributiva —de muy difícil concreción en el caso de las tasas— al señalar que «para la determinación de la cuantía de las tasas deberán tenerse en cuenta criterios genéricos de capacidad económica de los sujetos obligados a satisfacerlas» (art. 24.3 de la LRHL).

451. Las contribuciones especiales

La contribución especial es la otra figura tributaria que, junto a la tasa, clasificaba la ciencia de la Hacienda entre los tributos basados en el principio del beneficio. En su hecho imponible, como en el de la tasa, aparece siempre como elemento central una actuación administrativa, actuación que en este caso ha de consistir en la realización de una obra pública o en el establecimiento o ampliación de un servicio público. Es un tributo de aplicación prácticamente exclusiva en el ámbito local, por lo que pasamos a resumir lo esencial de su regulación en la LRHL.

Según la LRHL, «constituye el hecho imponible de las contribuciones especiales la obtención por el sujeto pasivo de un beneficio o de un aumento de valor de sus bienes como consecuencia de la realización de obras públicas o del establecimiento o ampliación de servicios públicos, de carácter local, por las Entidades respectivas» (art. 28 de la LRHL). Como puede observarse, son dos los elementos esenciales en toda contribución especial:

— En primer lugar, una actividad administrativa de realización de una obra pública o de establecimiento o ampliación de un servicio público. Cabe observar que la nueva LRHL ha excluido la «mejora» de un servicio público de entre las actuaciones susceptibles de provocar una contribución especial, lo que parece razonable ya que la ambigüedad del término «mejora» podía llevar a sufragar con contribuciones especiales, en lugar de con tasas o impuestos, gastos corrientes de funcionamiento del servicio en cuestión. También se encarga la LRHL de precisar qué debe entederse a estos efectos por obras y servicios locales: los que realicen las Entidades locales dentro del ámbito de sus competencias, o por haberles sido atribuidos o delegados por otras Entidades Públicas, así como los que realicen otras Entidades Públicas, o los concesionarios de las mismas, con aportaciones económicas de la Entidad Local.

— En segundo lugar, es necesario que dicha actividad administrativa reporte un beneficio especial a personas o personas determinadas.

Debemos añadir que la LRHL ha eliminado los supuestos de contribuciones especiales obligatorias previstos en la legislación anterior, de manera que pasa a ser un tributo de exacción en todo caso voluntaria, pudiendo establecerse por las Corporaciones Locales siempre que concurran los elementos antes aludidos.

En cuanto a los sujetos pasivos de las contribuciones especiales, serán lógicamente las personas físicas o jurídicas, o las Entidades del artículo 33 de la LGT, especialmente beneficiadas por la realización de las obras o por el establecimiento o ampliación de los servicios locales que originen la obligación de contribuir. Se consideran especialmente beneficiadas (art. 30.2 de la LRHL):

— En el caso de obras o servicios que afecten a bienes inmuebles, los propietarios de los mismos.

— En el caso de obras o servicios a consecuencia de explotaciones empresariales, los titulares de éstas.

— En el caso de establecimiento o ampliación del servicio de extinción de incendios, además de los propietarios de bienes afectados, las compañías de seguro que desarrollen su actividad en el ramo, en el término municipal correspondiente.

— En el caso de construcción de galerías subterráneas, las Empresas suministradoras que deban utilizarlas.

Vamos a ocuparnos ahora de los elementos de cuantificación de las contribuciones especiales, empezando por advertir que cuando la LRHL, al referirse a estas últimas, utiliza la expresión «base imponible» lo hace en un sentido que no es el habitual en las restantes figuras tributarias. Lo que la LRHL llama base imponible es más bien la cuota global de las contribuciones especiales, cuota que se repartirá entre los sujetos afectados con arreglo a los criterios marcados por el legislador. Hecha esta precisión, diremos que «la base imponible de las contribuciones especiales está constituida, como máximo, por el 90 por 100 del coste que la Entidad local soporte por la realización de las obras o por el establecimiento o ampliación de los servicios» (art. 31.1 de la LRHL). Por tanto, la llamada base imponible será una magnitud fijada libremente por la Corporación local con el único límite de no sobrepasar el 90 por 100 del coste soportado por aquélla en la actuación que haya originado el establecimiento de la contribución especial. Serán precisos, pues, los siguientes pasos:

1. Determinación del coste total de la obra o servicio en el que habrá que integrar (art. 31.2 de la LRHL) el coste total de los trabajos periciales, de redacción de proyectos y de dirección de obras, planes y programas

técnicos; el importe de las obras a realizar o de los trabajos de establecimiento o ampliación de los servicios; el valor de los terrenos que hubieren de ocupar permanentemente las obras o servicios, salvo que se trate de bienes de uso público; las indemnizaciones procedentes por el derribo de construcciones o instalaciones, así como las que procedan a los arrendatarios de los bienes que hayan de ser derruidos u ocupados; y el interés del capital invertido en las obras o servicios cuando se deba apelar al crédito para financiar la porción no cubierta por contribuciones especiales.

2. Determinación del coste soportado por la Entidad local que será el resultado de restar a la cifra del coste total el importe de las subvenciones o auxilios que aquélla obtenga del Estado o de cualquier otra persona.

3. Determinación de qué parte de dicho coste soportado va a cubrirse mediante el establecimiento de la contribución especial, porción que no podrá exceder del 90 por 100.

Una vez determinada la llamada base imponible global la misma se repartirá entre los sujetos pasivos conforme a los criterios previstos en la ley. Según la LRHL, «con carácter general se aplicarán conjunta o separadamente, como módulos de reparto, los metros lineales de fachada de los inmuebles, su superficie, el volumen edificable de los mismos y el valor catastral a efectos del Impuesto sobre Bienes Inmuebles» [art. 32.1.*a)* de la LRHL]. El reparto con arreglo a dichos criterios concretará la cuota a satisfacer por cada uno de los sujetos pasivos de la contribución especial.

BIBLIOGRAFIA

ABAD FERNÁNDEZ, M. y otros, *Tasas y Precios Públicos en el ordenamiento jurídico español,* Madrid, Marcial Pons, 1991.

AGUALLO AVILÉS, A., *Tasas y Precios Públicos,* Valladolid, Lex Nova, 1992.

CAPITULO 16
LOS DERECHOS DE ADUANA

452. Introducción

Si la aduana siempre ha representado un obstáculo para el libre paso de personas o de mercancías y si desde un principio los derechos que se exigían en la aduana por permitir el paso de mercancías extranjeras tuvieron un carácter esencialmente recaudatorio, llegando en determinadas épocas a constituir la principal fuente de sustentación del poder establecido cuando aún no existía la imposición indirecta sobre el consumo, con el desarrollo del comercio internacional derivado de la revolución industrial y con la aparición de las primeras formulaciones de los economistas clásicos sobre el proteccionismo económico, los derechos de aduana se constituyeron en una eficaz medida de política comercial y en el instrumento básico de protección de las economías nacionales.

Efectivamente, la polémica librecambio-proteccionismo convierte a los derechos de aduana en el factor determinante de los sistemas económicos basados en ambas teorías. Así, la opción por un régimen económico proteccionista suponía que los derechos de aduana, o más propiamente, la aduana se convirtiera en una oficina compleja que no sólo servía para recaudar fondos para las siempre exiguas arcas del Estado, sino también y sobre todo para proteger los productos nacionales frente a los procedentes de otros países. De esta manera, junto a los derechos de aduana propiamente dichos (que comienzan a denominarse derechos arancelarios por venir recogidos en un arancel) se empezaron a exigir una serie de formalidades administrativas para entorpecer la entrada de mercancías (creándose el denominado «proteccionismo administrativo»), cuando no su limitación (con el establecimiento de contingentes) o su prohibición. Más adelante, al generalizarse la imposición indirecta en los países industrializados los derechos de aduana van a cumplir también una función compensatoria: someter al mismo trato fiscal las mercancías importadas y las producidas en el interior del país.

Surge así, junto a una política arancelaria propiamente dicha que se va a ocupar de los derechos arancelarios, una más amplia política aduanera encargada de regular todos los demás aspectos relacionados con el paso de mercancías por las aduanas (importaciones, exportaciones, tránsitos, declaraciones, autorizaciones, prohibiciones, destino de las mercancías, etc.). De acuerdo con estos planteamientos cada país establecía con total autonomía y según sus circunstancias económicas la política aduanera y arancelaria que mejor conviniera a sus intereses en cada momento.

Aunque ya antes de la Segunda Guerra Mundial hubo intentos de acabar con esta situación fue a partir de la misma cuando se sentaron las bases de una cooperación y una convergencia internacional en ambos aspectos (aduanero y arancelario) y de que las aduanas comenzaran a abandonar su papel de obstáculo a los intercambios entre los distintos países. Surgieron así una serie de convenios internacionales, auspiciados en la mayoría de los casos por las Naciones Unidas, para facilitar el intercambio de productos en determinadas circunstancias: convenios sobre facilidades para el turismo; para facilitar la importación de materiales de carácter educativo, científico, cultural, postal; para facilitar los trámites aduaneros; etc.

Desde el punto de vista comercial destacaron desde un principio tres acuerdos: uno de alcance mundial, el del GATT (Acuerdo General de Aranceles de Aduanas y Comercio), con la finalidad de reducir las barreras arancelarias para facilitar los intercambios comerciales entre todos los países, y los otros dos limitados a los países europeos, el de la EFTA, que estableció una zona de libre comercio entre sus Estados miembros aunque manteniendo cada uno su propio arancel frente a terceros países, y el de la CEE.

La Comunidad Económica Europea (hoy Comunidad Europea o Unión Europea) surge del Tratado de Roma [1] y se funda «en una unión aduanera que se extiende al conjunto de los intercambios de mercancías y que incluye la prohibición, entre los Estados Miembros, de los derechos de aduanas a la importación y a la exportación y de cualquier tributo de efecto equivalente, así como en la adopción de un **arancel común** en sus relaciones con terceros países». Para el logro de esta unión aduanera, el Tratado se va a apoyar en dos instrumentos básicos: un arancel de aduanas común frente a terceros países y una armonización de las legislaciones aduaneras de los Estados miembros para evitar la aplicación de procedimientos distintos y de desviaciones no deseables del tráfico comercial hacia unos países en detrimento de otros.

El primer arancel aduanero común fue aprobado en 1968 [2] y entró en vigor el 1 de julio de dicho año para los países entonces integrantes de la Comunidad. Por el contrario, la armonización de la legislación aduanera ha marchado más lentamente y no se ha alcanzado plenamente hasta octubre de 1992 con la aprobación del Código aduanero comunitario, consecuencia de la creación del mercado único intracomunitario.

Por lo que respecta a nuestro país y tras un siglo XIX y un primer tercio del presente donde fueron alternándose las políticas aduaneras y arancelarias proteccionistas y librecambistas según las circunstancias políticas imperantes, aunque con fuerte predominio de las primeras, surge tras la guerra civil una larga etapa de aislamiento político y autarquía económica que

---

[1] Suscrito el 25 de marzo de 1957.

[2] Reglamento CEE/950/68, de 28 de junio.

ocasiona un comercio exterior muy reducido y sometido a elevados derechos arancelarios y a toda clase de restricciones y trabas a la entrada de productos extranjeros. Aislamiento político y económico sólo roto, desde el punto de vista aduanero, a partir de 1959 con la promulgación del Decreto-ley de Ordenación Económica que trajo consigo la primera liberalización de nuestra economía, con la aprobación en 1960 de un nuevo arancel que adoptaba la nomenclatura arancelaria utilizada en los países de la CEE (esto es, la armonización de nuestra terminología arancelaria y de la clasificación de las mercancías dentro del arancel con la utilizada por los países comunitarios) y con la firma del Tratado Preferencial con la CEE en 1970.

Durante esos años los derechos arancelarios se exigían a través de la denominada **renta de aduanas,** tributo complejo que abarcaba tanto los derechos arancelarios a la importación y a la exportación recogidos en el arancel como otros impuestos de finalidad compensatoria (fundamentalmente el Impuesto de Compensación de Gravámenes Interiores), que trataban de hacer soportar a las mercancías procedentes del exterior la tributación acumulativa indirecta que soportaban las mercancías fabricadas en el interior del país, así como una serie de derechos menores de diversa naturaleza. Como contrapunto, la «desgravación fiscal a la exportación» más que restituir la imposición indirecta por los productos que se exportaban constituía una verdadera prima a la exportación.

Tras el restablecimiento de la democracia en 1976 se acelera el proceso de acercamiento a Europa que culmina con la firma del Tratado de Adhesión que supone nuestra plena integración en las Comunidades Europeas a partir de 1986, año en que entra en vigor el IVA y en que comienza a aplicarse el arancel comunitario a los intercambios con terceros países.

453. Fuentes normativas: El Código Aduanero Comunitario

El Código Aduanero Comunitario [3] (en adelante CAC) constituye el cuerpo legal que refunde toda la normativa aduanera vigente en la Unión Europea, normativa que se hallaba dispersa en multitud de reglamentos y directivas comunitarias.

El CAC equivale, respecto al sistema aduanero comunitario, a lo que nuestra Ley General Tributaria representa (o debería representar) en relación al sistema tributario español: define los distintos elementos que conforman la deuda aduanera y regula los principios y procedimientos generales que garantizan la aplicación de las medidas arancelarias contenidas en el Arancel Aduanero Común y de otras medidas establecidas a escala comunitaria para controlar los intercambios de mercancías entre la Comunidad y terceros países, incluidas las medidas de política agrícola y política comercial.

---

[3] Aprobado por el Reglamento CEE/2913/92, de 12 de octubre de 1992, DOCE de 19-10-92.

Así, el CAC precisa el territorio aduanero de la Comunidad a efectos de la aplicación del Arancel Aduanero Común y de la política aduanera y arancelaria, territorio que, en general, coincide con el territorio político de los Estados miembros con contadas excepciones y que, en lo que se refiere a nuestro país, incluye a las islas Canarias pero no a Ceuta y Melilla. Distingue las mercancías comunitarias de las que no lo son; define el origen de las mercancías (concepto básico para la aplicación de los derechos arancelarios y de la política arancelaria común), el valor en aduana de las mercancías, los derechos de importación y exportación; establece los supuestos de franquicia y exención de derechos (las denominadas «operaciones privilegiadas»); regula la deuda aduanera y sus elementos integrantes; determina cuáles son los destinos y regímenes aduaneros que pueden darse a las mercancías y establece los procedimientos administrativos aplicables a cada uno de ellos.

El CAC ha sido objeto de desarrollo reglamentario [4], al tiempo que un denominado Comité del Código aduanero garantiza la aplicación uniforme del mismo por todos los países miembros.

454. (sigue) El Arancel Aduanero Común: El Arancel Integrado Comunitario (TARIC)

Dice el CAC que «los derechos legalmente devengados en caso de que se origine una deuda aduanera se basarán en el arancel aduanero de las Comunidades Europeas» (art. 20.1) y que dicho arancel comprenderá (art. 20.3):

a) La nomenclatura combinada de las mercancías y cualquier otra nomenclatura establecida por disposiciones comunitarias específicas.

b) Los tipos de gravamen aplicables a dichas mercancías, tanto en concepto de derechos de aduana como de exacciones de carácter agrícola.

c) Las medidas arancelarias previstas en la normativa comunitaria (derechos preferenciales; suspensiones, reducciones o exenciones de derechos de importación; derechos antidumping, etc.).

Pues bien, el comercio entre la Comunidad Europea y los países terceros se rige por el Arancel Aduanero Común [5] (en adelante AAC), que constituye un instrumento dinámico que anualmente se publica en el Diario Oficial de las CC.EE. en forma de Reglamento para adaptarlo a las circunstancias económicas y a los acuerdos comerciales que la Comunidad haya suscrito con terceros países.

---

[4] Principalmente por el Reglamento (CEE) 2454/93, de 2 de julio de 1993, DOCE núm. L 253, de 11-10-93, cuya última modificación es el Reglamento 89/97 de la Comisión (DOCE núm. L 17, de 21-1-97).

[5] Aprobado por el Reglamento CEE/2658/87, de 23 de julio de 1987.

Ahora bien, dada la diversidad de estos acuerdos y las diferentes medidas de política arancelaria que la Comunidad utiliza, en la práctica los países miembros aplican un documento denominado **Arancel Aduanero Comunitario Integrado** que, conocido con el anagrama **TARIC** («Tarif Integré Communautaire»), recoge la totalidad de los derechos arancelarios y de las demás medidas aplicables y en vigor en el territorio aduanero de la Comunidad [6].

455. El hecho imponible. El despacho a libre práctica

El hecho imponible que da origen a una deuda aduanera lo constituye la importación o la exportación de una mercancía. Se entiende por importación (arts. 201 a 203 del CAC) el despacho a libre práctica de una mercancía, la inclusión de una mercancía en el régimen de importación temporal con exención parcial de los derechos de importación, la introducción irregular en el territorio aduanero de la Comunidad de una mercancía o la sustracción a la vigilancia aduanera de una mercancía sujeta a derechos de importación. También se producirá el hecho imponible importación cuando una mercancía en depósito temporal o introducida al amparo de un régimen aduanero suspensivo (tránsito, depósito aduanero, importación temporal, etc.) incumpla las condiciones establecidas en los mismos (art. 204 CAC), o cuando se consuma o utilice sin autorización una mercancía en una zona o en un depósito franco (art. 205 CAC). No constituye, por tanto, importación, la que no es definitiva, esto es, la entrada de mercancías en áreas exentas o al amparo de regímenes suspensivos. Además, la importación sólo tiene lugar cuando se trate de la entrada en el territorio de la Comunidad de una mercancía que no sea comunitaria, bien por no ser originaria de la Comunidad o bien por no haber sido despachada a libre práctica (art. 4.7 y 8 CAC).

Por su parte, la exportación se configura como la salida, fuera del territorio aduanero de la Comunidad, de una mercancía comunitaria con o sin declaración en aduana (arts. 209 y 210 CAC), así como el incumplimiento de las condiciones que hayan permitido la salida de las mercancías fuera del territorio aduanero de la Comunidad con exención total o parcial de los derechos de exportación (art. 211 CAC).

El despacho a libre práctica constituye el destino aduanero que por antonomasia se da a las mercancías importadas de terceros países. El despacho a libre práctica «confiere el estatuto aduanero de mercancía comunitaria a una mercancía no comunitaria» (art. 79 CAC). Por tanto, una mercancía habrá sido despachada a libre práctica en un Estado miembro cuando se ha introducido en dicho Estado procedente de un país tercero después de cumplir todos los trámites previstos para su importación y de pagar los derechos correspondientes del TARIC.

---

[6] El TARIC aplicable desde 1 de enero de 1997 está recogido en la Resolución de 16 de diciembre de 1996, del Departamento de Aduanas e Impuestos Especiales de la AEAT, publicada en el BOE de 23 de diciembre.

456. Exenciones

Con la denominación de «operaciones privilegiadas» el CAC (arts. 184 a 188) regula una serie de supuestos de exención de derechos (de importación y/o exportación), que no hay que confundir con los regímenes de suspensión de derechos a los que luego nos referiremos (§ 461). Estas exenciones afectan a:

a) Los despachos a libre práctica o exportaciones de determinadas mercancías para las que el Consejo, a propuesta de la Comisión, establece un régimen de franquicia de derechos de importación o de derechos de exportación.

b) Los despachos a libre práctica de las denominadas mercancías de retorno, que son aquellas mercancías comunitarias que, después de haber sido exportadas fuera del territorio aduanero de la Comunidad, se reimportan y despachan a libre práctica dentro de un plazo de tres años con exención de los derechos de importación.

c) Los despachos a libre práctica de productos de la pesca marítima y demás productos extraídos de las aguas territoriales de un tercer país por buques matriculados o registrados en un Estado miembro, así como los productos obtenidos a partir de los anteriores a bordo de buques factoría que reúnan dichos requisitos.

457. El devengo

El devengo de la deuda aduanera de importación en el caso de despacho a libre práctica se origina en el momento de la admisión de la declaración en aduana. En los demás casos, en el momento en que se produzcan las circunstancias que los generan (introducción irregular, sustracción a la vigilancia aduanera, incumplimiento de los requisitos exigidos en el área exenta o régimen aduanero suspensivo, destrucción o utilización indebida) (arts. 202 a 205 CAC).

El devengo en la exportación se originará en el momento en que tenga lugar la admisión de esta declaración en aduana (art. 209.2 CAC), o en el momento en que se produzca la salida efectiva de la mercancía del territorio de la Comunidad si no ha existido previa declaración (art. 210.2 CAC).

El devengo se genera en el lugar del territorio aduanero en que se produzcan los hechos que originan la deuda (art. 215 CAC), pero el destino final de una mercancía puede encontrarse en un lugar distinto al de su entrada en la Comunidad. En este caso, mediante la utilización del denominado régimen de «tránsito externo» (§ 462), la mercancía circulará de uno a otro punto de la Comunidad y el devengo tendrá lugar allá donde se ultime el tránsito, que será donde se produzca efectivamente la importación.

458. El sujeto pasivo

En el despacho a libre práctica o en la inclusión de una mercancía en el régimen de importación temporal con exención parcial de los derechos de importación el sujeto pasivo es el declarante, definido en el CAC (art. 4.18) como la persona que efectúa la declaración en aduana en nombre propio o la persona en cuyo nombre se realiza la declaración en aduana. En los casos de introducción irregular en el territorio aduanero de la Comunidad de una mercancía o de su sustracción a la vigilancia aduanera el sujeto pasivo será, solidariamente, la persona que haya procedido a la introducción irregular o sustracción, la que haya participado en dichos actos o la que haya adquirido la mercancía con conocimiento de la irregularidad (arts. 202.3 y 203.3). Cuando la importación se genera por el incumplimiento de las condiciones establecidas en un régimen aduanero de carácter suspensivo, el sujeto pasivo será el incumplidor. En los casos de consumo o utilización no autorizados de una mercancía en un depósito franco el sujeto pasivo será la persona que la haya consumido o utilizado.

En la exportación con declaración en aduana el sujeto pasivo es el declarante (art. 209.3 CAC), pero si la exportación se produce sin previa declaración en aduana el sujeto pasivo será, solidariamente, la persona que haya procedido a esta salida y las que hayan participado en la misma sabiendo o debiendo saber razonablemente que no se había presentado la declaración (art. 210.3 CAC). Cuando la exportación se produce por el incumplimiento de las condiciones que hayan permitido la salida de las mercancías fuera del territorio aduanero de la Comunidad con exención total o parcial de los derechos de exportación, el sujeto pasivo será el declarante.

459. La base imponible: el valor en aduana

En la importación la base imponible sobre la que se van a aplicar los derechos *ad valorem* previstos en el TARIC está constituida por el denominado «valor en aduana de las mercancías», que el CAC define (art. 29) como el **valor de transacción,** es decir, «el precio efectivamente pagado o por pagar por las mercancías cuando éstas se vendan para su exportación con destino al territorio aduanero de la Comunidad», siempre que se den determinadas circunstancias (ausencia de condiciones o vinculaciones entre las partes, inexistencia de restricciones en la cesión o utilización de las mercancías, etc.).

La determinación de este valor de transacción reviste cierta complejidad por cuanto al precio efectivamente pagado o por pagar hay que adicionarle, cuando no estén incluidos, una serie de gastos que soportan las mercancías hasta su lugar de introducción en el territorio aduanero de la Comunidad (comisiones y corretajes de venta, coste de envases y embalajes, transporte, seguro, cánones y derechos de licencia, carga y manipulación).

Cuando el valor en aduana no pueda determinarse mediante el valor de transacción, el propio CAC (art. 30) dispone que con carácter supletorio y sucesivo se utilicen otros procedimientos: valor de transacción de mercancías idénticas, valor de transacción de mercancías similares, valor basado en el precio unitario al que se venda en la Comunidad la mayor cantidad total de las mercancías importadas o de mercancías idénticas o similares y valor calculado según los costes de producción o fabricación. En defecto de los anteriores se utilizará un método deductivo utilizando medios razonables compatibles con los principios y disposiciones generales del GATT y del propio CAC (art. 31).

460. La deuda aduanera

El artículo 4.9 del CAC define la deuda aduanera como «la obligación que tiene una persona de pagar los derechos de importación (deuda aduanera de importación) o los derechos de exportación (deuda aduanera de exportación) aplicables a una determinada mercancía con arreglo a las disposiciones comunitarias vigentes».

Así pues y como se ha indicado, la deuda aduanera sólo se producirá cuando tenga lugar alguno de los supuestos de importación o exportación sujetos al pago de derechos (§ 456).

Los derechos de importación son los derechos de aduana y exacciones de efecto equivalente establecidos para la importación de las mercancías, así como las exacciones reguladoras agrícolas y demás gravámenes a la importación establecidos en el marco de la política agrícola común (art. 4.10 CAC). Por derechos de exportación se entienden los derechos de aduana y exacciones de efecto equivalente establecidos para la exportación de las mercancías y las exacciones reguladoras agrícolas y demás gravámenes a la exportación establecidos en el marco de la política agrícola común (art. 4.11).

Los derechos de aduana suelen ser de tres clases: *ad valorem,* que se aplican sobre el valor en aduana de las mercancías y consisten en un tipo porcentual sobre el mismo; específicos, que se aplican en función del peso, número de unidades o medida de las mercancías; y mixtos, cuando las mercancías se gravan al mismo tiempo por derechos *ad valorem* y específicos. Los derechos que contiene el TARIC son *ad valorem* y toman como base el valor en aduana. No obstante, para la mayoría de los productos agrarios se aplican las denominadas «exacciones reguladoras» («prélèvements»), instrumento de la Política Agraria Común para igualar los precios de los productos agrícolas importados con los de los comunitarios, pero que no tienen la naturaleza de derechos específicos. En síntesis, las exacciones reguladoras agrícolas son el resultado de la diferencia entre el precio en el mercado mundial y el precio en el interior de la Comunidad (que normalmente es más elevado). Para algunos productos agrarios se emplean simultáneamente los derechos *ad valorem* y las exacciones reguladoras.

Aparte de los derechos de aduana y de las exacciones reguladoras, se aplican en determinados casos una serie de gravámenes, previstos igualmente en la Política Agrícola Común, que recaen sobre las importaciones o exportaciones de los productos agrícolas: montantes suplementarios, montantes compensatorios, derechos adicionales sobre el azúcar y la harina, cláusulas de salvaguardia, etc.

En la exportación tanto los derechos de aduana como las exacciones de carácter agrícola carecen de relevancia ya que únicamente se aplican en circunstancias excepcionales para evitar desabastecimientos de mercancías en el interior de la Comunidad.

461. El destino aduanero. Los regímenes económicos y de suspensión de derechos

El artículo 48 del CAC establece que las mercancías no comunitarias presentadas en la aduana deberán recibir uno de los destinos aduaneros admitidos para tales mercancías. Estos destinos aduaneros (regulados en el Título IV del CAC, arts. 58 a 182) son los siguientes:

a) La inclusión de las mercancías en un régimen aduanero. Este régimen aduanero, a su vez, puede ser:

— El despacho a libre práctica.

— Uno de los regímenes económicos o de suspensión de derechos.

— La exportación.

b) La introducción de las mercancías en una zona o depósito franco, su reexportación, destrucción o abandono.

Analizados los supuestos de despacho a libre práctica y de exportación, nos referiremos en este epígrafe a los regímenes económicos y de suspensión de derechos y en el siguiente a las zonas y depósitos francos.

Los regímenes aduaneros económicos y de suspensión de derechos permiten la introducción de mercancías no comunitarias en el territorio aduanero de la Comunidad sin pago de los derechos de aduana a la espera de un destino posterior, así como, en algunos casos, la utilización o transformación total o parcial de las mercancías introducidas al amparo de los mismos.

Estos regímenes son [art. 84.1.*a)* y *b)* CAC]:

— El tránsito externo.

— El depósito aduanero.

— El perfeccionamiento activo.

— La transformación bajo control aduanero.

— La importación temporal.

— El perfeccionamiento pasivo.

El régimen de **tránsito externo** permite la circulación de uno a otro punto del territorio aduanero de la Comunidad de mercancías no comunitarias sin pago de derechos de importación y demás gravámenes y sin aplicación de medidas de política comercial, así como de mercancías comunitarias que sean objeto de una medida comunitaria que requiera su exportación a países terceros (art. 91 CAC). Cuando las mercancías comunitarias circulan de un punto a otro del territorio aduanero de la Comunidad pasando por el territorio de un país tercero sin que su estatuto aduanero se modifique nos encontramos ante lo que el CAC (art. 163) denomina **tránsito interno**. La circulación en uno y otro caso se efectúa al amparo de alguno de los Convenios internacionales de tránsito suscritos por la Comunidad (Convenios TIR, ATA, etc.).

El régimen de **depósito aduanero** permite el almacenamiento en el territorio aduanero de la Comunidad de mercancías no comunitarias sin pago de derechos de importación y sin aplicación de medidas de política comercial, o de mercancías comunitarias para las que una normativa comunitaria específica disponga el beneficio de medidas relacionadas con la exportación (art. 98.1 CAC). Se entiende por depósito aduanero, que puede ser público o privado, todo lugar reconocido por las autoridades aduaneras y sometido a su control en el que puedan almacenarse mercancías en las condiciones establecidas.

El régimen de **perfeccionamiento activo** permite elaborar, en el territorio aduanero de la Comunidad, mediante operaciones de montaje, ensamblaje, transformación o reparación, mercancías no comunitarias o mercancías despachadas a libre práctica para su reexportación. En el primer caso las mercancías no estarán sujetas a derechos de importación ni a medidas de política comercial, mientras que si se trata de mercancías ya despachadas a libre práctica tendrán derecho al reintegro o condonación de los derechos de importación una vez se exporten en forma de productos compensadores (esto es, productos resultado de las operaciones de perfeccionamiento) (art. 114 CAC).

El régimen de **transformación bajo control aduanero** permite introducir en el territorio aduanero de la Comunidad mercancías no comunitarias para someterlas a operaciones que modifiquen su especie o estado sin estar sujetas a los derechos de importación ni a medidas de política comercial, y despachar a libre práctica con los derechos de importación que les correspondan los productos que resulten de estas operaciones. Dichos productos se denominarán «productos transformados» (art. 130 CAC). A diferencia del régimen de perfeccionamiento activo, en el de transformación bajo control aduanero el destino de los productos obtenidos no es la reexportación sino su despacho a libre práctica.

Por su parte, el régimen de **importación temporal** permite el uso en el territorio aduanero de la Comunidad, con exención total o parcial de los derechos de importación y sin aplicación de medidas de política comercial, de las mercancías no comunitarias destinadas a ser reexportadas sin haber sufrido modificaciones, a excepción de su depreciación normal por el uso que se haga de ellas (art. 137 CAC). La inclusión de una mercancía en el régimen de importación temporal con exención parcial de derechos constituye, como vimos, uno de los presupuestos de hecho que da origen a la deuda aduanera (§ 456). En este caso, el importe de los derechos de importación exigibles se fijará, por cada mes o fracción de mes que las mercancías permanezcan en régimen de importación temporal con exención parcial, en el 3 por 100 de la cuantía de los derechos que habrían sido percibidos por dichas mercancías si hubieran sido despachadas a libre práctica en la fecha en la que se incluyeron en el régimen de importación temporal, aunque la cuantía máxima a pagar por el tiempo de permanencia tendrá como límite el importe total de dichos derechos (art. 143.1 y 2 CAC). A diferencia de los dos regímenes anteriores, en el de importación temporal no se permite modificación alguna de las mercancías a su amparo que no sea la depreciación normal de su uso, ya que este régimen está concebido para las mercancías importadas para ser expuestas en ferias, exposiciones y manifestaciones similares.

Como contrapunto al régimen de perfeccionamiento activo, el de **perfeccionamiento pasivo** permite exportar temporalmente mercancías comunitarias fuera del territorio aduanero de la Comunidad para someterlas a operaciones de perfeccionamiento (elaboración, transformación o reparación) y despachar a libre práctica, con exención total o parcial de los derechos de importación, los productos que resulten de esas operaciones (art. 145 CAC).

462. (sigue) Las zonas francas y los depósitos francos

Las zonas y depósitos francos, instituciones aduaneras de gran tradición en todos los países, constituyen partes del territorio político de un Estado no incluidas en el territorio aduanero del mismo. En este sentido, el artículo 166 del CAC los define como partes del territorio aduanero de la Comunidad (zonas francas) o locales (depósitos francos) situados en ese territorio, separados del resto del mismo, en los cuales:

a) Se considerará que las mercancías no comunitarias, para la aplicación de los derechos de importación y de las medidas de política comercial de importación, no se encuentran en el territorio aduanero de la Comunidad, siempre que no se despachen a libre práctica, ni se incluyan en otro régimen aduanero, ni se utilicen o consuman en condiciones distintas de las establecidas en la normativa aduanera.

b) Las mercancías comunitarias se beneficiarán de las medidas relacionadas con la exportación de mercancías.

La creación, límite geográfico y puntos de acceso y salida de las zonas francas y depósitos francos corresponde a los Estados miembros [7]. En las zonas y depósitos francos podrán almacenarse mercancías comunitarias y no comunitarias sin límite de tiempo, salvo para determinadas mercancías objeto de la Política Agrícola Común (art. 171 CAC).

La entrada de mercancías en una zona o depósito franco no está sujeta al pago de derechos de importación ni sometida a medidas de política comercial, no requiriéndose su presentación a las autoridades aduaneras ni la presentación de una declaración en aduana, excepto cuando se trate de mercancías que se encuentren incluidas en un régimen aduanero y la

[7] Art. 167 CAC. El Anexo I del Reglamento CEE/2562/90, de 30 de julio de 1990, cita como zonas francas existentes en nuestro país las de Barcelona, Cádiz y Vigo.

entrada en zona franca o depósito franco ocasione la liquidación de dicho régimen, o de mercancías objeto de una decisión de concesión de devolución o condonación de derechos de importación que autorice su inclusión en estas áreas (art. 170 CAC).

En las zonas francas y depósitos francos se podrá desarrollar cualquier actividad de tipo industrial o comercial o de prestación de servicios, salvo que se prohíban o limiten por las autoridades aduaneras atendiendo a la naturaleza de las mercancías o a la falta de garantías de las personas interesadas en ejercerlas (art. 172 CAC).

Durante su estancia en una zona franca o en un depósito franco las mercancías no comunitarias podrán ser objeto de las manipulaciones usuales destinadas a garantizar su conservación, a mejorar su presentación o su calidad comercial; podrán ser despachadas a libre práctica, exportarse o reexportarse fuera del territorio aduanero de la Comunidad; podrán incluirse en alguno de los regímenes aduaneros de suspensión (perfeccionamiento activo, transformación bajo control aduanero o importación temporal), o finalmente podrán abandonarse o destruirse (arts. 173 a 177 CAC). Como se dijo anteriormente (§ 456) el consumo o la utilización de mercancías, en una zona franca o en un depósito franco, en condiciones distintas de las previstas en la normativa aduanera, dará origen a una importación sujeta a los correspondientes derechos.

463. Gestión del impuesto

El procedimiento de gestión de los derechos de aduana es normalmente muy complejo por lo copiosa y prolija que resulta la legislación aplicable, por la diversidad de trámites que deben cumplimentar los sujetos pasivos en todos y cada uno de los destinos y regímenes aduaneros aplicables a las mercancías y por la multiplicidad de controles y medidas de que disponen las autoridades aduaneras para su fiscalización.

El CAC dedica varios Títulos a lo podríamos llamar estrictamente gestión del impuesto. Así, el Título III (arts. 37 a 57) regula los trámites que deben cumplir las mercancías introducidas en el territorio aduanero de la Comunidad antes de habérseles atribuido un destino aduanero, el Título IV (arts. 58 a 182) el procedimiento a seguir según el destino aduanero de que se trate, el Título V (art. 183) se refiere a las mercancías que salgan del territorio aduanero de la Comunidad, el Título VII al cobro de la deuda y a los modos de extinción de la deuda y el Título VIII a los recursos que se pueden interponer ante las autoridades aduaneras.

Esquemáticamente, el procedimiento se inicia con la introducción en el territorio aduanero de la Comunidad de una mercancía, que deberá llevarse hasta la aduana de entrada o a cualquier otro lugar designado o autorizado por las autoridades aduaneras. Dicha mercancía deberá ser objeto, de forma inmediata, de una declaración sumaria para darle un destino aduanero. Hasta tanto reciban un destino aduanero las mercancías presentadas en aduana tendrán el estatuto de «mercancías en depósito temporal», no pudiendo ser objeto de más manipulaciones que las destinadas a garantizar su conservación sin modificar su presentación o sus características técnicas.

Posteriormente la mercancía será objeto de una «declaración en aduana», normalmente por escrito, a la que se acompañarán todos los documentos cuya presentación sea necesaria para la aplicación de las disposiciones que regulan el régimen aduanero para el cual se declara la mercancía.

Una vez admitida la declaración en aduana, las autoridades aduaneras podrán proceder a una comprobación documental de dicha declaración y sus documentos adjuntos o al examen de la mercancía y a la extracción de muestras para su análisis antes de conceder el «levante» (esto es, la puesta a disposición) de la misma. Cuando la admisión de una declaración en aduana implique el nacimiento de una deuda aduanera (§ 458) el levante de la mercancía sólo se concederá cuando haya sido pagado o garantizado el importe de la deuda aduanera correspondiente, salvo que se trate del régimen de importación temporal con exención parcial de los derechos de importación.

La concesión del levante servirá de notificación del importe de la deuda aduanera contraída, debiendo efectuarse el pago dentro de los diez días a partir de la fecha de la notificación, salvo en los casos de prórroga, aplazamiento u otras facilidades de pago [8].

La recaudación obtenida por los derechos de importación y exportación, exacciones de efecto equivalente, exacciones reguladoras agrícolas y demás gravámenes establecidos en el marco de la política agrícola común corresponde a la Comunidad y constituye uno de los denominados «recursos propios tradicionales» de la misma. La puesta a disposición de la Comisión de estos recursos está regulada en un Reglamento de la Comunidad [9] y su procedimiento por lo que respecta a nuestro país se establece en la Orden ministerial de 20 de julio de 1992.

BIBLIOGRAFIA

ALVAREZ GÓMEZ-PALLETE, J. M., *La Aduana en el Mercado Común,* Madrid, Banco Exterior de España, 1985.

GALLEGO RODRIGO, S., *Derecho aduanero español y comunitario,* Madrid, Civitas, 1995.

— *La política comercial del Mercado Común,* McGraw-Hill/Interamericana de España S.A., 1992.

PELECHÁ ZOZAYA, F., *El Código Aduanero Comunitario y su aplicación en España,* Madrid, Marcial Pons, 1995.

SERRANO SOBRADO, J. A., y MONTERREAL LASHERAS, A., *Todo sobre el IVA 93,* Praxis, 1993.

[8] En la práctica, de acuerdo con el art. 13 del Reglamento CEE/1854/89, de 14 de junio, DOCE de 30-6-89, se concede con carácter general un plazo de 30 días.

[9] Reglamento CEE/1552/89, de 29 de mayo de 1989.

INDICE ALFABETICO DE MATERIAS

I. EL SISTEMA TRIBUTARIO ESPAÑOL

II. IMPUESTO SOBRE LA RENTA DE LAS PERSONAS FISICAS

III. IMPUESTO SOBRE SOCIEDADES

IV. IMPUESTO SOBRE EL PATRIMONIO

V. IMPUESTO SOBRE SUCESIONES Y DONACIONES

VI. IMPUESTO SOBRE EL VALOR AÑADIDO

VII. IMPUESTOS ESPECIALES

VIII. IMPUESTO SOBRE TRANSMISIONES PATRIMONIALES

IX. TASAS FISCALES

X. REGIMENES ESPECIALES POR RAZON DEL TERRITORIO

XI. IMPUESTOS LOCALES

A) Impuesto de actividades económicas

B) Impuesto sobre bienes inmuebles

C) Impuesto sobre construcciones, instalaciones y obras

D) Impuesto sobre el incremento de valor de los terrenos de naturaleza urbana

E) Impuesto sobre vehículos de tracción mecánica

XII. DERECHOS DE ADUANA

INDICE GENERAL

Págs

Págs

Págs

Capítulo 11. El Impuesto sobre el Valor Añadido

Págs

Págs

Págs